马玉臣 ● 著

杨高凡 ● 整理

河南大学中国古代史研究丛书

一隅斋宋史文存

中国社会科学出版社

图书在版编目（CIP）数据

一隅斋宋史文存 / 马玉臣著；杨高凡整理 . —北京：中国社会科学出版社，2021.8

（河南大学中国古代史研究丛书）

ISBN 978 - 7 - 5203 - 8598 - 5

Ⅰ.①一… Ⅱ.①马…②杨… Ⅲ.①中国历史—宋代—文集 Ⅳ.①K244.07 - 53

中国版本图书馆 CIP 数据核字（2021）第 110383 号

出 版 人	赵剑英
责任编辑	宋燕鹏
责任校对	夏慧萍
责任印制	李寡寡

出　　版	中国社会科学出版社
社　　址	北京鼓楼西大街甲 158 号
邮　　编	100720
网　　址	http://www.csspw.cn
发 行 部	010 - 84083685
门 市 部	010 - 84029450
经　　销	新华书店及其他书店

印刷装订	北京市十月印刷有限公司
版　　次	2021 年 8 月第 1 版
印　　次	2021 年 8 月第 1 次印刷

开　　本	710×1000　1/16
印　　张	36.75
插　　页	2
字　　数	546 千字
定　　价	185.00 元

凡购买中国社会科学出版社图书，如有质量问题请与本社营销中心联系调换
电话：010 - 84083683
版权所有　侵权必究

序 一

程民生

写序虽是一件辛苦的工作，总是一桩愉快的事情。去年盛暑时连写三序，也热赫赫地操笔，乐呵呵地交稿。这篇不行，不仅加倍辛苦，更是沉痛哀怜。一个年过花甲的老师，为一个英年早逝的学生写序，何其不幸！问世间有几人曾有此难？民生无状，祸及爱徒，遭此罪责，不亦当乎？

马玉臣君原本是河南大学历史文化学院的本科生，后为贾玉英教授、刘坤太教授和我招收的第一位研究生。面试时，我看中了他的冲劲儿，期待他学业奋进，学术创新。尽管后来我常批评他说话冲，不知掩饰，可以理解为性格耿直，无法求全责备。

短短十余年间的学术生涯，他在《中国史研究》《史学史研究》《中国农史》《中国历史地理论丛》《中国经济史研究》《宗教学研究》等著名刊物发表了30多篇论文，出版了30余万字的《〈中书备对〉辑佚校注》，还有一些合著、参编的著作，成果累累，可谓有功于史学。

2010年担任学院科研副院长，也是众望所归。他兢兢业业，督促学院的国家项目论证和申报，激励老师们论文写作和发表，鼓励研究生深入思考和继续学习，对学院科研建设和研究生培养方面，都做出了重要贡献。实有功于学院。

生前具体操办的一件大事，就是筹备"宋都开封与十至十三世纪中国史"国际学术研讨会暨中国宋史研究会第十五届年会。以中国宋史研究会副秘书长的身份，他竭尽全力，办好了那次规模空前的年会，诚有功于宋史学界。

这颗冉冉升起的新星，各方都寄予诸多希望，前途光明，道路宽阔，可消失得如此忽然、如此不讲道理，莫非真的是天妒英才？

玉臣君生病期间，正是我赴韩国授课讲学的一学期。去以前有一次宴席，他说自己喉咙不舒服，所以不喝酒了。当时，大家都没在意。到高丽大学后，陆续打听、听说他的病情，我虽震惊，但并不揪心，坚信以其年轻体壮和冲劲，必定化险为夷。2012年9月22日，我发出邮件：

玉臣：

　　近好！你的病情我原本不多清楚，近来经过广泛了解，和我原来感觉的一样，没事。额外的收获应当很多，对人生、对工作都会有新的感悟和促进。

　　祝
康复！

一个多月后的2012年11月17日（星期六）下午3：38，玉臣君给我的最后电邮是：

尊敬的程老师：

　　你好！

　　托老师的福，学生已经脱离生命危险，谢谢老师的关心和问候！我现已放疗结束，出院在家休息，20天后再去化疗。请老师放心，学生一定坚持下来，至少一定要见到老师，并为老师接风！

　　程老师，前天回到院里，听说咱们《河南经济通史》仍未问世，请老师过问一下，为什么这么难产！

　　鲍老师前些日子来看望我，非常感谢！

　　祝老师韩国生活愉快！

　　　　　　　　　　　　　　　学生马玉臣，即日

阅毕，我自是十分宽慰，满心想着回去时他一定会彻底康复。我太天真了，或许是因为自己太为他自信了，当那一天终于到来时，无论如何不能接受。他被从郑州接回来时，我早早到校医院门口等他，接他。但当面包车上的人下来后，留下他躺在担架上、白单下。我却踟蹰不前——不知该如何面对。害怕情绪崩溃？不知道，不知道。

学术界没有忘记他。在编辑"宋都开封与十至十三世纪中国史"国际学术研讨会暨中国宋史研究会第十五届年会论文集的过程中，中国宋史研究会会长、北京大学邓小南教授提醒，在写《编后记》时，"是否还是应该提及马玉臣老师？"所以我写道："还要特别感谢为本次年会做出贡献、英年早逝的马玉臣博士。"这是学界的怀念。

《中国社会科学报》2013年12月27日的B06版，要出学界《2013逝去的背影》，玉臣君作为一个年轻人也入选了，这是学界给他的待遇。责编邀请我写不超过30字的介绍，我写的是："才华横溢多建树，热情诚恳有人缘，实宋史学界青年学者的佼佼者。"连标点符号，满满30个字。

这本论文集，是新星闪烁留下的光斑。

读者在阅读时，想来也会感到惋惜，更期望诸君掩卷之余，有所感悟，善自珍摄。或许，这是告慰逝者最好的方式啊。

2020年7月6日

序二 又为学林哭英才

——《一隅斋宋史文存》序

玉臣与我的关系较为复杂。玉臣是师兄程民生培养的第一位硕士研究生，我是他的师叔。我自1996年起即有博士生导师资格，故玉臣硕士毕业前的2000年年初，民生师兄写信郑重推荐玉臣考我的博士生。但当年河北大学历史研究所（后来的宋史研究中心）招收博士研究生均是列在漆侠师的名下。玉臣考取博士研究生后，到河北大学报到不久，漆侠师就比较赏识玉臣。第一学期结束时，玉臣的博士毕业论文也选择了与熙丰新法理财有关的题目，随即跟漆侠师做毕业论文。有了这层关系，玉臣又是我名副其实的小师弟。2001年11月2日因医疗事故，漆侠师遽归道山，宋史研究中心重新安排玉臣的指导老师，刘秋根学兄和我被指定为玉臣的指导老师，这样我和玉臣之间又有了特殊的"师生关系"。如果准确地讲，玉臣于我应是"亦师亦友"的关系。尽管如此，玉臣对我一直执弟子礼，且恭敬有加。2005年以后，在河南大学的漆门诸位学兄程民生、贾玉英、苗书梅开始陆续有了博士毕业生，特别是苗书梅掌门历史文化学院，我去河南大学参加答辩的机会也多起来，加上其他学术活动，我差不多每年都要去河南大学。而每次迎送我的又总是玉臣。玉臣每次见面，总是用很浓的河南地方口音"老师，老师"亲切称呼我，起初我对他说你也是漆侠师的学生，你是我的小师弟，玉臣总是用不容分辩的口气说："我管不了那么多，在我心里你就是老师，就是我的亲老师。"每每想起玉臣，耳旁犹响彻着那沁入心扉的声声呼唤："老师、老师，亲老师。"

2013年2月21—22日，我专程赴开封参加玉臣的告别式。玉臣身长近1.9米，可是遗体只有六七岁小孩那么大。他得的是食道癌，不能进食，想必生前经历了相当剧烈的痛苦，真是令人扼腕相泣。我知道他得病是2012年8月在河南大学召开的"'宋都开封与十至十三世纪中国史'国际学术研讨会暨中国宋史研究会第十五届年会"期间。有人说他得病与平素生活习惯有关，如他喜食盐度很高的咸菜，喜食滚烫的稀饭，我想这种说法有一定根据，但我想可能更主要的原因是他太劳累了。玉臣的年龄正处在人生事业、家庭中义务、责任都很繁重的阶段。我在与玉臣频繁的接触中，从其言谈、从我所目击，真切感到他处处在拼命，他拼命干工作、拼命搞课题、拼命写论文。玉臣经常跟我聊历史文化学院未来的发展远景，聊他今后的研究计划，也聊国内宋史研究的喜和忧，他是很有抱负的人。他担任主管科研的副院长之后，河南大学历史文化学院的国家社科基金项目申报工作就上了一个台阶，每年都能通过五六项，甚至更多。我知道申请国家课题是件很麻烦很琐碎的工作，国内很多大学都下很大气力，成效并不显著。我曾问玉臣，这样的成绩是怎样取得的，听了玉臣讲他的工作"经验"——其组织之缜密、外联之勤奋、督查之严谨、工作之细致，前所未之闻也，令我感动。对工作如此的认真努力、尽职尽责，那要付出多少心血和精力呀！玉臣又是典型的暖男，舐犊相濡，有情有义。尊老爱幼，四面八方的亲戚都要照顾到。玉臣待人热情，乐于助人，朋友多，交际广，总有说不完的新闻和趣事。有时偶尔也听他说，不想干了，太疲乏太劳累，但是说过之后又一笑了之。玉臣身虽长却不甚强壮，甚至有点瘦弱，过快的工作节奏和过重的事业压力，不断悄悄地侵蚀着他瘦弱的肌体，使他的身体常处于亚健康或易于引发疾病的状态。

尤其值得一提的是，玉臣有一种先忧后乐忘我的品质。自2010年武汉大学举办第十四届中国宋史研究会年会，参会人数超越200人之后，承办年会对于组织者来说形成了很大的压力。玉臣是河南大学历史文化学院主管科研的副院长，负责筹办年会，他是苗书梅院长的主要得力助手，也是具体事务的操盘手。可以说他是年会筹办和会议期间最为忙碌的人之一。据说玉臣早在2012年上半年就感到身体的不适，苗书梅院长和他的老师、家人、同事都劝他早点检查，早点医治，可是他总说年会筹备工作很繁忙，待到年会结束后再去看医生。我在年会会议结束离开开封前也曾督促他早点去看病，他还是说把代表们都安全送走，会议结束之后马上就去，可是等到有时间去检查时，已经到了不能治愈的晚期。痛哉！惜哉！

2021年，按传统说法，玉臣虚岁五十，河南大学历史文化学院编辑出版《一隅斋宋史文存》，很有意义。玉臣生前正逢其时，学术的春天在拥抱他。玉臣在中国宋史学界有三个第一：其一，玉臣21岁读大学，应是比较晚，其后用10年时间在河南大学、河北大学，先后完成本科、硕士、博士的学历教育，接着又在四川大学完成博士后工作经历，玉臣是中国宋史学界第一个完成中国教育、人事系统各个阶段学习训练的"70后"。其二，我曾在一篇文章中说过，新中国成立70年来宋史研究之所以从落后到兴盛，原因很多，其中最重要的原因之一就是研究队伍的扩大。1977年、1978年以后进入大学学习的第三代宋史研究者，至世纪之交逐渐成为宋史研究的主力军，由第三代学者培养的第四代宋史研究者也渐次成为近十年来的宋史研究生力军。玉臣所受的教育、训练背景恰好是经历第二代向第三代培育相传的第一人。其三，2012年8月宋史年会期间，河南大学研究生院的负责人找到我，说历史文化学院拟增补玉臣为博士生导师，研究生院经过考核同意历史文化学院的增补申请，但玉臣当时还是副教授职称，属于破格增补，故请我以校外专家的身份客观评议玉臣是否具有博士生导师资格，由于我对玉臣有很深入的了解，我当下就表示同意和签名，而且我还说河南大学不拘一格提拔人才的做法值得称道。玉臣是中国宋史学界1970年以后出生的第四代学人中的第一位博士生导师。

《一隅斋宋史文存》收了四十篇论文，大多数发表在他2003年博士毕业之后。此外，出版《〈中书备对〉辑佚校注》一部，主持国家社科基金项目一项，另参与其他科研项目多项，参与编写著作两部。

这个成绩单在当时同年龄段的学者中应当是颇为突出的，由此也可看出玉臣是非常勤奋的。现收入《文存》的四十篇文章，从目录上看，差不多有一半我都读过，个别文章玉臣在发表前跟我交换过意见。对于《文存》所收文章，我的总体印象是，基本功比较扎实，问题意识强，视野开阔，其研究始终站在宋史研究的高点，把握宋代历史的发展大势，这在"70 后"中是比较突出的。虽然文章研究的问题多集中在北宋时期，但议题比较广泛，涉猎政治、经济、军事、社会、制度等诸多方面。王安石变法是玉臣研究的重点，这个问题已有很深的学术积淀，玉臣的数篇文章仍能挖掘出新问题并赋予新的解释，譬如从神宗时期主客户消长变化看王安石变法的主旨和实践，是颇有独到见解。宋代"三冗"问题是宋史研究中的又一个大问题，过往研究者虽多，但深入讨论的不多，2010 年玉臣申请获得批准的国家社科基金课题"宋代三冗问题与积贫积弱现象的历史教训研究"，力图在学界研究基础上，对这个问题做综合全面的考察，以期有突破性的进展。虽然这个心愿成了玉臣的未竟事业，但是他的遗孀杨高凡继承遗志做了有深度的探索。户口数量、家庭规模均是宋代经济史研究中的核心问题，玉臣补苴罅漏对于宋代家庭规模的再推算、宋代城镇草市人口的再统计，都是很有学术价值的研究。毕仲衍《中书备对》有关熙丰之际各种数据统计不仅对于研究宋代经济史，特别是对于研究宋代财政史有重要意义，而且这种性质的资料为清中叶之前的中国古代财经史所仅见，目前虽然学界对这部书已有很高的评价，但是还有相当大的空间可以开拓。众所周知，"精确地量度"是现代经济史研究乃至一切科学重大发现的基础，古代经济史因缺乏"精确地量度"数据统计，一般定性描述远远大于定量研究，所以《中书备对》所载"精确地量度"（当时条件下）资料的价值尤显珍贵，对于古代经济史研究的重要意义是不言而喻的，由此可见，玉臣对《中书备对》的辑佚和研究显然具有很高的学术眼光。

总之，从玉臣生前生逢其时、学术践行、组织能力和学术境界来看，他都具备了成为中国宋史学界第四代具有代表性学人之一的资质，是不可多得的人才，但是天妒英才，天不假年，让他早早遽归道山，悲夫，痛哉！

是为序。

2020 年 8 月 23 日星期日

目　　录

"易进难退"的兵制与北宋前期之冗兵 …………………………………（1）
从县的密度与官民对比看宋代冗官 ……………………………………（20）
试论北宋前期之枢相 ……………………………………………………（34）
略论北宋前期之裁军 ……………………………………………………（46）
宋代官吏失入死罪法规初探 ……………………………………………（63）
宋代第一批提举常平官派遣时间考 ……………………………………（101）
试论宋神宗时期的州县省废 ……………………………………………（106）
试论熙丰农田水利建设的劳力与资金问题 ……………………………（135）
论宋神宗时期宗教改革政策及其影响 …………………………………（150）
宋神宗时期的户口问题述评 ……………………………………………（164）
论王安石对宋代常平仓的改革及影响 …………………………………（185）
关于王安石变法中方田法的几个问题 …………………………………（198）
熙丰党争新论 ……………………………………………………………（207）
郭沫若的王安石研究及其特色 …………………………………………（216）
论王安石的救荒思想 ……………………………………………………（224）
略论曾巩的经济思想 ……………………………………………………（234）
宋代家庭规模再推算 ……………………………………………………（241）
宋代镇市、草市户口及其有关问题 ……………………………………（253）
唐、北宋时期今河南对应区域政区之演变
　　——基于不同视野的考察 …………………………………………（262）

宋代毕氏家族论略
　　——以世系、官宦与婚姻为中心 …………………………（298）
北宋毕仲衍论略 ……………………………………………………（323）
宋代的清明节 ………………………………………………………（340）
毕仲衍《中书备对》目录的发现及其意义 ………………………（349）
《四库全书》文渊阁本与文津阁本比较：以毕仲游《西台集》为例
　　——兼论文津阁本《四库全书》的价值 …………………（371）
宋代富弼家族墓志史料价值刍议 …………………………………（422）
清代地方志中的《唐蕃会盟碑》汉文文本及其价值 ……………（448）
《续资治通鉴长编》重印点校本校勘献疑 ………………………（456）
《宋史》勘误一则 …………………………………………………（484）
荥（滎）经县，还是荣（榮）经县？
　　——关于荥经县地名误写问题 …………………………（488）
事因难能，所以可贵
　　——评《晚宋时期财政危机研究》 ……………………（493）
攻克宋代物价史研究的难关
　　——程民生《宋代物价研究》读后 ……………………（496）
体大思精　开拓创新
　　——读燕永成博士《南宋史学研究》 …………………（501）
中国气候史研究最新成果
　　——读葛全胜《中国历朝气候变化》 …………………（507）
知今识古　究古察今
　　——读王福鑫《宋代旅游研究》 ………………………（512）
宋代经济史研讨会综述 ……………………………………………（519）
2008年全国硕士研究生入学统考历史学基础试题简析 ………（523）
2009年全国硕士研究生入学统考历史学基础试题
　　（主观题）简析 ……………………………………………（531）
稳中求变　难度增大
　　——2010年研究生入学考试历史学试卷主观题分析 …（540）

历史学研究生全国统考的回顾及对本科教学的启示
　　——基于考生答卷情况的分析 …………………………（547）
硕士研究生入学考试统考科目命题改革刍议 ……………（562）
后　记 …………………………………………………………（570）

"易进难退"的兵制与北宋前期之冗兵

宋代是中国古代史上第一个全面推行募兵制的朝代。募兵制即所谓"为农者出租以养兵,为兵者事征守以卫民"兵农分离的养兵制、雇佣兵制、职业兵制。兵民各司其职,各从其便,各得其利。但不幸的是,募兵制带来了冗兵冗费之弊端而倍遭古今人之"横议"。从宋太祖开宝年间至宋英宗治平年间,上自皇帝下至文武百僚无不极言冗兵问题,在北宋前期之历史上,格外注目。今之学者十分关注这一现象,推出不少研究成果,但涉及者多专论者少。笔者不揣浅陋,欲从"易进难退"之兵制特点及其造成兵员兵费增长过快与经济发展、财政收入增长相对迟缓之角度,予以浅论,望方家多加指正。

一 "易进难退"兵制特点与兵员数量之膨胀

所谓"易进难退",是指宋代军队容易招进而难以汰退。据《宋史·兵志七》所载,宋之军队来源大盖有四:"或募土人就所在团立,或取营伍子弟听从本军,或募饥民以补本城,或以有罪配隶给役。"[1]

募饥为兵,招流从伍,是宋朝一传统"家法"。据记,宋太祖曾得意地说:"可以利百代者,惟养兵也。方凶年饥岁,有叛民而无叛

---

[1] 脱脱等撰:《宋史》卷193《兵七》,中华书局1977年版,第4799页。

兵；不幸乐岁而变生，则有叛兵而无叛民。"① 北宋名臣欧阳修在《原弊》一文中说，灾年流民"不收为兵，则恐为盗"，故"一遇凶岁，则州郡吏以尺度量民之长大而试其壮健者，招之去为禁军，其次不及尺度而稍怯弱者，籍之以为厢兵"。为此，宋政府还实施激励机制，"吏招人多者有赏，而民方穷时争投之"，其结果"所留在南亩者，惟老弱也"②。南宋人吴儆强调指出，"饥岁莫急于防民之盗，而防盗莫先于募民为兵"，"桀黠强悍之人既已衣食于县官，而驯制之，则饥民虽欲为盗，谁与倡之？是上可以足兵之用，下可以去之盗，一举而两得之"。③ 这项可以利百代的"家法"，是宋统治者对付饥民反抗之法宝，为历朝统治者所沿用。王禹偁《小畜集》载，宋真宗时，潭州饥荒，官府便"募兵置籍，强梁亡赖者悉拘于军"④。宋仁宗皇祐中，河北水灾，农民流入京东者30余万，安抚使富弼募以为兵，"拔其尤壮者得九指挥"，约4500人。⑤ 类似记载颇多，兹不胜举。

欧阳修曰："年岁丰凶，固不可定，其间丰年常少，而凶岁常多。"⑥ 邢昺亦云："民之灾患大者有四，一曰疫，二曰旱，三曰水，四曰畜灾。岁必有其一，但或轻或重耳。"⑦ 今人康弘对宋代灾害作过专门统计：两宋共发生各种自然灾害多达1219次，其中960年至1079年百余年间，各种灾害545次，平均每年约为4次。⑧ 年年有灾，岁岁多灾，而若每灾即招饥充军，军队数量岂能不增？即使逢大灾有流民而招充，那么军队数量也是极易增长的。

---

① 晁说之：《嵩山文集》卷1《元符三年应诏封事》，四部丛刊续编，商务印书馆1934年版，第380册，第29页。

② 欧阳修：《欧阳修全集》卷60《原弊》，李逸安点校，中华书局2001年版，第870—871页。

③ 吴儆：《吴文肃公文集》卷2《论募兵》，宋集珍本丛刊，线装书局2004年版，第46册，第607—608页。

④ 王禹偁：《小畜集》卷17《潭州岳麓山书院记》，宋集珍本丛刊，线装书局2004年版，第1册，第645页。

⑤ 《宋史》卷189《兵三》，第4643页。

⑥ 欧阳修：《欧阳修全集》卷114《言青苗钱第一札子》，第1731页。

⑦ 《宋史》卷431《邢昺传》，第12799页。

⑧ 康弘：《宋代灾害与荒政述论》，《中州学刊》1994年第5期。

所谓"以有罪配隶给役",就是发配有罪之人充军。小说《水浒传》中,林冲发配充军看管草料场即此例。宋律规定:窃盗不用威力,得财为钱至十千者始刺为兵;而京城持杖窃盗,得财为钱四千者亦刺为兵。① 盗赃计四千或十千,应是罪情较轻者。沈遘亦说:"小民有犯法,情稍不善者,不问法轻重,辄刺为兵。"② 凡应配役者"傅军籍"。③ 看来,此亦是扩大兵源之快捷方式。宋仁宗时番号为"清边军"者,就是"募黥配厢军三千余人"而组建的。④ 在宋代招刺罪犯者比较常见,历朝不免。⑤ 无论何朝何代,"罪犯"可谓无处不在,无时不有。尽管史书缺载,每年罪犯究竟有多少,不得详知,但是我们可以从侧面记载来推测。如宋太祖从开宝二年至八年三月丁亥,"诏所贷死罪凡四千一百八人"。⑥ 仁宗庆历年间贾黯上奏说:"臣尝判尚书刑部,见天下岁断死刑多至四千余人。"⑦ 死罪属于重刑犯人,每年多达几千人,而轻刑罪犯每年至少也有五千人以上。即便不是所有轻刑罪犯都配军,仅数百人乃至数千余人发配充军,年积月累,数量亦相当惊人。

所谓"取营伍子弟听从本军",即是鼓励营伍子弟继承行伍之业。据《武经总要》记载:"阵亡军士之家子孙及亲弟侄,取最长一名年二十已上,充填本军。"⑧ 宋英宗治平二年（1065）,募陕西土民、营伍子弟隶禁军。⑨ 宋神宗元丰五年（1082）四月,河东路经略司请以麟州飞骑、府州威远子弟二十五岁以下刺为兵。⑩ 宋制一方面鼓励营

---

① 《宋史》卷199《刑法一》,第4977页。
② 《宋史》卷331《沈遘传》,第10652页。
③ 《宋史》卷201《刑法三》,第5015页。
④ 李焘:《续资治通鉴长编》（以下简称《长编》）卷136,庆历二年五月甲辰,中华书局2004年版,第3246页。
⑤ 王曾瑜:《宋朝兵制初探》,中华书局1983年版,第208页。
⑥ 《长编》卷16,开宝八年三月丁亥,第337页。
⑦ 《宋史》卷176《食货上四》,第4278页。
⑧ 曾公亮等撰:《武经总要》前集卷14《宣例》,陈建中、黄明珍点校,商务印书馆2017年版,第228页。
⑨ 《宋史》卷193《兵七》,第4801页。
⑩ 《宋史》卷193《兵七》,第4803页。

伍子弟积极从军，另一方面允许士兵老疾者由其强壮的子弟们"承替"①。虽然没有严格规定营伍之人另立军籍，世代为兵不得改业，但也说明，宋代募兵制在职业化道路上又出现了局部世袭化之特点。人们熟悉的"杨家将"，杨业，子杨延郎、延浦、延训、延环、延贵、延彬，孙杨文广，父子孙三代从军为业，即是典型的世袭化军人。②

所谓"募土人就所在团立"，一是"就其乡井募以御盗为土军"，③即为地方治安军。二是国防军，如宋英宗治平二年，募陕西土民营伍子弟隶禁军，一营填止八分。④神宗元丰七年（1084），广西都钤辖司言："本路土兵阙额数多。"⑤宋徽宗崇宁元年（1102），湖北都钤辖舒亶奉旨召募施、黔二州土丁。⑥土军在南宋也被列为兵种之一。南宋除屯驻大军外，叶适在《厢禁军弓手土兵》一文中，列出了四种"吃皇粮"之兵，即"厢军供杂役，禁军教战守，弓手为县之巡徼，土兵为乡之控扼"。⑦在宋代，土军作战能力很强，据苏辙言："今世之强兵，莫如沿边之土人"，"土兵一人其材力足以当禁军三人"。⑧故孙抃于皇祐五年（1053）《上仁宗论增置土兵》一文中说："国朝有天下，所置州郡，必招置本土人充军，或三两指挥，名额各异。"⑨由此可知，土军在宋代占据一定之地位，既是四大兵源之一，亦是兵种之一。

上述四种兵源有一个共同特点：入伍比较容易，或招募自愿者，或强配刑徒人，或承替子弟。一般情况下，年二十以上体格符合规定者即可为兵。前引《武经总要》前集卷14《宣例》说，阵亡将士之

---

① 《宋史》卷194《兵八》，第4831页。
② 《宋史》卷272《杨业传》，第9308页。
③ 《宋史》卷163《职官三》，第3855页。
④ 《宋史》卷193《兵七》，第4801页。
⑤ 《宋史》卷193《兵七》，第4803页。
⑥ 《宋史》卷193《兵七》，第4805页。
⑦ 叶适：《叶适集·水心别集》卷12《厢禁军弓手土兵》，刘公纯、王孝鱼、李哲夫点校，中华书局1961年版，第785页。
⑧ 赵汝愚：《宋朝诸臣奏议》卷103《上神宗乞去三冗》，北京大学中国中古史中心点校整理，上海古籍出版社1999年版，第1103页。
⑨ 赵汝愚：《宋朝诸臣奏议》卷122《上仁宗论增置土兵》，第1347页。

家子孙及亲弟侄，"取最长一名年二十已上，充填本军"，"内十五以上，身无残疾，愿充军者，且支半分请受，候年及二十，据等配军"。此规定虽有抚恤阵亡将士之意味，但也表明年二十方可为军系硬性规定。但是，退军须至年六十一以上。这是宋神宗熙宁四年（1071）以前之规定。宋神宗熙宁时规定"五十已上愿为民者听"。[1] 宋哲宗元祐四年（1089）诏令："今后岁拣禁军节级，筋力未衰者年六十五始减充剩员。"[2] 南宋孝宗隆兴二年（1164），殿前司言，"诸军法：兵级年六十，将校年六十五减充剩员给请，内有战功亦止半给"。[3] 一般士兵年六十或六十五，充剩员，至七十岁乃"停放"为民。[4] 所谓"剩员"，即处老弱残伤怯懦之退兵，初置于宋太祖建隆二年（961）。[5] 退居剩员，并非削籍为民，仍是享有禄廪之军人。[6] 宋代士兵二十从军，六十一为剩员，七十拣汰为民，军役期长达五十年之久，可谓长矣。按照宋制，"男夫二十为丁，六十为老"[7]，宋人从军者将其壮年甚至老年时光都献给了戎戍之业。由此，我们不难理解庆历年间张方平所说"凡内外增置禁军约四十万余人，通三朝旧兵且百万"[8]，盖指真宗、太宗时招进的兵，至仁宗庆历年间仍在军籍。《太平宝训政事纪年》载富弼评论说："近代养兵之法，一系名籍，非老不去。"大中祥符四年（1011）九月丁亥，宰相王旦抱怨说："民间或有小歉及游手者，皆宜募置军籍，然一列军门，何由复业？"[9] 庆历元年（1041）八月甲午知谏院张方平说："今既籍（按强壮、弓手即乡兵）为正兵，处之连营，则其衣食财用，终身仰给县官。"[10] 因

---

[1]《宋史》卷194《兵八》，第4836页。
[2]《宋史》卷194《兵八》，第4837页。
[3]《宋史》卷194《兵八》，第4847页。
[4]《长编》卷112，明道二年七月癸未，第2625页。
[5]《长编》卷2，建隆二年五月甲戌，第45页。
[6] 王曾瑜：《宋朝兵制初探》，第239页。
[7] 马端临：《文献通考》卷11《户口二》，上海师范大学古籍研究所、华东师范大学古籍研究所点校，中华书局2011年版，第295页。
[8]《长编》卷161，庆历七年十二月庚午，第3897页。
[9]《长编》卷76，大中祥符四年九月丁亥，第1735页。
[10]《长编》卷133，庆历元年八月甲午，第3167页。

此，宋代募兵制，又称之为职业军制、养兵军制，可谓入木三分。军门一入深如海，进则容易退则难，这就是宋代募兵制一显著特征。

"易进难退"之军制，带来的恶果就是：军队老龄化，军队素质低下，新老更替周期长，军队数量极易膨胀。军队老龄化之弊端，是"显性"的，极易为人发现。嘉祐七年（1062），陕西转运副使薛向报告说，陕西禁厢军总25万，"其间老弱、病患、伎巧占破数乃过半"。① 陕西如此，河北、河东亦如此，据范镇《上仁宗论益兵困民》中记，仁宗年间，河北、河东养兵三十余万，"就三十余万中，半皆老弱怯懦"。② 宋仁宗时全国军队更是如此，"羸疾老怯者，又常过半"。③ 老弱过半，军队素质低下，正如前引《上仁宗论益兵困民》所述，"遇敌则先自败亡。非独先自败亡，适所以为骁壮者之累"。吕景初亦论之称，老弱兵"徒费粟帛，战则先奔，致勇者亦相牵以败……自数十年来用数倍之兵，所向必败"。④ 南宋人罗大经于《鹤林玉露》中说，本朝"兵力最弱，皆缘官自养兵"。⑤ 养兵终身，兵老则弱，弱则累勇，累则败绩，败则募新，募则员众，员众则冗，故易进难退，新老更替太慢，引起恶性连锁反应。这个弊端是"隐性"的，人们易知员众，但很难发现这是宋代"易进难退"兵制所造成的。

容易招进而艰于汰退，则军队会在相当长时间内保持净增长之势。北宋前期军队总数只增不减的史实，恰印证了这一点。请看下面北宋前期军队数量之变化。依据《长编》卷327、《通考》卷152《兵考四》、《宋史》卷187《兵一》之记载，见表1。

---

① 《长编》卷196，嘉祐七年正月癸卯，第4742页。
② 赵汝愚：《宋朝诸臣奏议》卷120《上仁宗论益兵困民》，第1323页。
③ 《宋史》卷302《吕景初传》，第10020页。
④ 《宋史》卷302《吕景初传》，第10020页。
⑤ 罗大经：《鹤林玉露》卷1《民兵》，王瑞来点校，中华书局1983年版，第11页。

表1 北宋前期五朝军队数量变化统计简表

年代	军队总额（禁厢军）	增长百分指数	时间差及净增值
太祖建国初年（960—）	22.0万	100	
太祖开宝年间（968—976）	37.8万	172	16年/15.8万
太宗至道年间（995—997）	66.6万	303	21年/28.8万
真宗天禧年间（1017—1021）	91.2万	415	24年/24.6万
仁宗庆历年间（1041—1048）	125.9万	572	27年/34.7万
英宗治平年间（1064—1067）	116.2万	528	19年/-9.7万

由表1可知，自宋初至英宗治平末百余年间，军队数量总趋势是上升的，平均每年净增兵员约1万人。但是每个时段净增量有差异，前四个时段，都是以平均每年1万人左右递增。而最后一个时段，以平均每年5000人左右递减。出现递减现象主要是由于宋仁宗庆历三年（1043）宋夏战争之后之裁军，如皇祐元年（1049）十二月，宋仁宗应文彦博、庞籍等臣僚请求，诏令拣汰老弱8万余人，其中6万余人放归于农，2万人减半给粮。① 在这次前后亦有小规模之裁并拣汰。按理讲，宋朝军队以41年至50年为一放兵为农的周期。那么宋初三朝之兵员，至仁宗朝与英宗朝应该出现一个拣汰之高峰期。但是，由于宝、康年间，用兵西夏，居然"增兵四十万"②，加之战争期间不敢轻易减兵。因此宋真宗至仁宗时段内，净增34.7万，兼之战争死亡，实际上此时段应有的"停放"军员为农民之高潮没有"显形"。而仁宗距英宗之时段，幸有递减之势，应有之高潮亦不明显，这主要是宝、康年间新增兵40万人抵消了减退人数，从而影响了应有之变化趋势。当然，须考虑影响军队数量变化之因素是多方面，如招募、正常减退、有意识裁军、士兵逃亡、战争死亡等，但起决定性作用的应是招充与拣放二因素。因此，我们可以认为导致北宋

---

① 《长编》卷167，皇祐元年十二月壬戌，第4023页。
② 司马光：《涑水记闻》卷4《陕西兵增减》，邓广铭、张希清点校，中华书局1989年版，第82页。

前期军队数量不断膨胀之根本原因在于"易进难退"之兵制。

北宋前期,兵员一般是二十从军,六十一才拣汰。老弱过半,耗财败绩,有识之才无不痛斥,并主张"罢招补,而汰冗滥"。①"忧世之士屡以为言,竟莫之改。"②宋统治者总是犹豫不决,迟迟不敢措置,其原因何在?其因有二。

第一,宋统治者担心拣汰退兵容易致乱。从兵源上看,其刺配罪犯充军与募饥为兵,是统治者强化自己统治,扼制、瓦解反抗力量之"得意之作"。在宋人眼中,"今为募兵者,大抵皆偷惰顽猾不能自振之人",③"皆天下落魄无赖之人"④。从某种意义上说,宋朝军队是关押罪犯的集中营、大监狱,"竭国力以养兵,奉之若骄子,用之若庸人"。⑤"养兵"可内则弭盗,外则御敌,但以"防内"为主。为防患于未然而招之入军,退之当然须谨之又慎。宋人认为,兵"不可去者,动众害事,弊未除而乱先作也"⑥。庆历年间,朝臣们讨论拣汰老弱,"停放为民",议者曰:"兵骄久,一旦遽加澄汰,则恐立以致乱。"⑦皇祐年间,枢密使庞籍与宰相文彦博以国用不足,建议省兵,"众议纷然陈其不可,缘边诸将争之尤力,且言兵皆习弓刀,不乐归农,一旦失衣粮,必散之闾阎,相聚为盗贼"。仁宗听后,"亦疑焉"。⑧嘉祐四年(1059)七月,时任河北都转运使李参拣退诸军老羸者万余人,军士"颇出怨言"。骁骑兵张玉"素凶险,疑三司使包拯以裕享甫近,爱惜赏给,风参为此,因突入三司诟拯"。⑨拣退老弱之兵居然诟骂包拯,若是健壮者,则后果不只是质问谩骂。即便是汲汲于裁汰老弱的王安石,也担心汰兵生乱,他在《省兵》一诗中

---

① 《宋史》卷302《吕景初传》,第10020页。
② 《宋史》卷187《兵一》,第4570页。
③ 《宋史》卷192《兵六》,第4778页。
④ 《长编》卷233,熙宁五年五月丙戌,第5651页。
⑤ 《宋史》卷194《兵八》,第4849页。
⑥ 叶适:《叶适集·水心别集》卷12《厢禁军弓手土兵》,第785页。
⑦ 《长编》卷154,庆历五年正月丙戌,第3743页。
⑧ 《长编》卷167,皇祐元年十二月壬戌,第4023页。
⑨ 《长编》卷190,嘉祐四年七月甲辰,第4578页。

说："骄惰习已久，去归岂能田？"①宋统治者最担心"盗贼"，好不容易才将其拘禁起来，又将其放出，犹如纵虎归山，不能不掂量再三。故宁愿留之耗财，"使之自安于营伍之中"②，也不愿纵之而致寇。

第二，宋统治者担心减汰则守备不足。宋太祖惩唐末五代"兴亡以兵"和"外重内轻"之历史弊端，采取了内外相制、强干弱枝和崇文抑武的基本国策，有效地扼制"兴替以兵"频繁换代的历史悲剧之重演。然而不幸的是矫枉过正，太祖之后的历朝天子将此奉为"家法"，甚至变本加厉。"摇手举足辄有法禁"，③结果付出了"武事不振"之沉重代价。宋太宗高梁河之战与雍熙北伐两次失利，使宋丧失了对外战略进攻的主动权，陷入了消极防御、被动挨打的局面。④真宗澶州之战，订立了"以钱换退兵"之盟。从此，"重誓约，畏先事，以金帛啖虏，本景德以来立国之素规耳！"⑤笃信"和约"，疏于武备，致使"与契丹大小八十一战，惟张齐贤太原之战才一胜耳！"⑥此即说明，自"澶渊之盟"至神宗、熙丰70余年间，宋屡败于辽。而与西夏宝、康年间三次大战，宋军都是败绩丧师！"百战而百败者，未战而先自屈者也。"⑦愈是吃败仗，则愈恐惧敌人，而心理障碍则愈加严重。在对外战争中，宋军总是不能将相对"优势"（如军队数量、财力）转化为"胜势"，当然也更谈不上将"劣势"扭转为"胜势"。对外作战，屡战屡败，已至少暴露出其军队素质低下。军队素质低劣，宋统治者不去想方设法（如训练、汰弱、改良装备、更新战术等）来提高，而是习惯于以"数量"来弥补"质量"上不足之"快捷方式"，迷信于"量多"而不是"质优"。"每有警急，将帅不

---

① 王安石：《王文公文集》卷51《省兵》，唐武标点校，上海人民出版社1974年版，第578页。
② 叶适：《叶适集·水心别集》卷11《兵总论二》，第781页。
③ 叶适：《叶适集·水心别集》卷12《法度总论二》，第789页。
④ 漆侠：《辽国的战略进攻与澶渊之盟的订立——宋辽战争研究之三》，《探知集》，河北大学出版社1999年版，第220页。
⑤ 叶适：《叶适集·水心别集》卷15《上殿劄子》，第831页。
⑥ 《长编》卷259，熙宁八年正月乙卯，第6322页。
⑦ 叶适：《叶适集·水心别集》卷4《兵权上》，第681页。

问得失辄请益兵"①"盖当多事之秋，患兵之不足，望增补以壮军容！"②"西鄙用兵"，沿边"屯兵四十余万，招刺宣毅、保捷二十五万人，皆不得其用，卒无成功"③。有意思的是，宋人总喜欢为自己的拙举辩解。元祐八年（1093），知定州苏轼言："臣观祖宗以来，沿边要害，屯聚重兵，止以壮国威而消敌谋，盖所谓先声后实，形格势禁之道耳！"④宋军屡战屡败铁的事实，足以证明苏轼所述的"壮国威而消敌谋""先声后实""形格势禁"辩解词之空乏无力。宋人笃信"国依兵而立"⑤之策，故"召募之日广，供馈之日增，盖雍熙[端拱]以后，契丹横不可制而然耳。康定、庆历谋国日误，恃兵为固之说大炽不禁，而后天下始有百万之兵"⑥。此即道出"依兵而立""恃兵而固"之策略与军队膨胀之必然联系。军队尤其是相当规模之军队，是宋人心理上的"马其诺防线"。兵冗民困已甚，仍"惟恐招置之不多也"⑦，那么减兵，则更觉"守备不足"⑧。熙宁初，宋神宗意在减兵，而枢密使吕公弼强烈反对说："缘兵不可多减。若遇大阅，人数全少，北戎观之，非便。"⑨非独他人，一向有改革精神的王安石，亦对减兵颇有怀疑。他在《省兵》一诗中这样写道："有客语省兵，兵省非所先。方今将不择，独以兵乘边。前攻已破散，后距方完坚。以众亢彼寡，虽危犹幸全。将既非其才，议又不得专。兵少败孰继，故来饮秦川。万一虽不尔，省兵当何缘？"⑩虽然，王安石对省兵问题有统筹措置之略，但他还是流露出"兵少败孰继，胡来饮秦川"的担忧。由此可见宋人对"兵"之倚重、对量多而胜之迷信程

---

① 赵汝愚：《宋朝诸臣奏议》卷103《上神宗乞去三冗》，第1102页。
② 《宋史》卷194《兵八》，第4839页。
③ 《宋史》卷190《兵四》，第4726页。
④ 《宋史》卷190《兵四》，第4726页。
⑤ 《长编》卷209，治平四年三月丙午，第5089页。
⑥ 叶适：《叶适集·水心别集》卷11《兵总论二》，第781页。
⑦ 《长编》卷161，庆历七年十二月庚午，第3897页。
⑧ 《长编》卷149，庆历四年五月壬戌，第3598页。
⑨ 杨仲良：《皇宋资治通鉴长编纪事本末》（以下简称《长编纪事本末》）卷66《议减兵数杂类》，台北文海出版社1967年版，第2108页。
⑩ 王安石：《王文公文集》卷51《省兵》，第578页。

度。这样，减兵裁弱理所当然难以推行。

二　冗兵与经济、财政之关系

上文已述，宋朝"易进难退"的兵制导致了军队数量之急剧膨胀。但是否可以说军队数量大，就是"冗兵"呢？笔者认为，军队数量多少是造成"冗兵"现象的直接原因，但不是唯一原因，也不是根本原因。判定是否"冗兵"，应从军队数量及军费开支与经济发展水平、财政状况对比关系入手来考察。如果经济发展水平、财政收支状况比较好，能够承担起一定数量之军费开支，那么即便军员数量相当可观，也不会出现"冗兵"现象。否则，如果军费开支规模超过社会经济、财政之承受能力，即便军队数量不多，也会出现"冗兵"现象。据此，不妨来探讨一下北宋前期所谓的"冗兵"问题。

为清楚说明军队数量、军费开支、经济（以户数、田地为代表）、财政收入之间的关系，综合已有研究成果，见表2。

太祖朝。宋太祖初得天下，只有111州，638县，967353户。[①]据程民生之考证，这个户数是部分主户数[②]，而这时的军队数为22万人，平均每4税户（即主户）养1名士兵。唐德宗时，天下税户308.5万余户，岁收谷215.7万余斛，在籍军队有76.7万余人，平均"税户四、谷斛三而养一兵，他用不与焉"。[③] 比较而言，二者相差无几。但是宋初有那么多的主户，而没有那么大的"生财"能力。因为自唐末五代以来，兵连祸结，人口锐减，宋初主户仅及唐德宗税户时1/3。宋初忙于统一战争，生产很难得到恢复发展。没有生财能力，即便杀"鸡"亦没有"卵"。据《王文正公笔录》记："国初，方隅未一，京师储廪仰给，唯京西、京东数路而已。"[④] 在此情况下，虽仅有22万军队，但军俸养给已是当时沉重之包袱。于是宋太祖征求

---

① 《宋史》卷85《地理一》，第2093页。
② 程民生：《宋代户数探研》，《河南大学学报》2003年第6期。
③ 《文献通考》卷19《征榷六》，第539页。
④ 王曾：《王文正公笔录》，张其凡点校，中华书局2017年版，第8页。

表2　北宋前期军队数量、军俸开支与经济、财税收入对比表

朝代	军队数[①]（万）	变化指数	户口[②]	变化指数	在籍田地[③]（顷）	变化指数	年均每年支费[④]	军俸总计（万贯）	变化指数	财政收入（万贯）	变化指数	军费开支占财政收入百分比（%）
太祖[⑤]	22（末初） 37.8（开宝末） 禁军19.3 厢军18.5		967353（主户，建隆元年） 3090504（主户，开宝九年）		2953320（开宝九年）		禁军17贯 厢军10贯	513.1		1600[⑥]		32

① 军队，据《宋史》卷187《兵一》；《长编》卷327，元丰五年六月壬申条统计。
② 户口，据程民生《宋代户数研究》，2000年宋史第九届年会交流论文。另参吴松弟《中国人口史》第三卷《辽宋金元时期》，复旦大学出版社2001年版，第346—347页。
③ 田地，据《文献通考》卷4《田赋四》统计。
④ 年均每年支费，据王育济《关于北宋"养兵之费"的数量问题》，《山东大学学报》1990年第1期。
⑤ 由于太祖朝未统一，故不作为比较之起点。
⑥ 据李心传《建炎以来朝野杂记》甲集卷14《国初至绍熙天下岁收数》。

续表

朝代	军队数（万）	变化指数	户口	变化指数	在籍田地（顷）	变化指数	年均每年支费	军俸总计（万贯）	变化指数	财政收入（万贯）	变化指数	军费开支占财政收入百分比（%）
太宗	66.6（至道）禁军35.8 厢军30.8	100	6499145（太宗初年）	100	3125251（至道二年）	100	禁军17贯 厢军10贯	916.6	100	3575.8①（至道末年）	100	25.6
真宗	91.2（天禧）禁军43.2 厢军48	137	8677677（天禧五年）	133.5	5247584（天禧五年）	168	禁军17贯 厢军10贯	1214.4	132.5	5311.2②（天禧五年）	148.5	22.9

---

① 据包伟民《宋代地方财政史研究》，上海古籍出版社2001年版，第316—317页，表7—5、表7—6、表7—7、表7—8统计而得出。
② 据包伟民《宋代地方财政史研究》，第316—317页，表7—5、表7—6、表7—7、表7—8统计而得出。

续表

朝代	军队数（万）	变化指数	户口	变化指数	在籍田地（顷）	变化指数	年均每卒支费	军俸总计（万贯）	变化指数	财政收入（万贯）	变化指数	军费开支占财政收入百分比（%）
仁宗	125.9（庆历） 禁军82.6 厢军43.3	189	10723695（庆历八年）	165	2280000（皇祐中）	73	禁军30贯 厢军18贯[①]	3257.4	334.4	6727[②]（庆历中）	188	48.4
英宗	116.2（治平） 禁军66.3 厢军49.9	174.5	12917221（治平三年）	199.6	4400000（治平中）	141	禁军50贯 厢军30贯	4812	525	6000[③]	168	80.2

[①] 厢军每卒支费，依据宋初三朝禁军与厢军每人平均支费比推算出来。即宋初三朝禁军与厢军人平均支费比例验证，即 $30 \div \frac{50}{30} = \frac{900}{50} = 18$。二者基本一致。再依据治平年间禁军与厢军人平均支费比例验证，即 $30 \div \frac{17}{10} = \frac{300}{17} \approx 18$ 贯。

[②] 此数为二税收入与征榷收入之和。其中二税收入折钱数暂以 "天禧" 之数，为 2641 万贯（见包伟民之统计表 7—6）；据《宋朝诸臣奏议》卷 102 张方平《上神宗论国计》记，庆历中商税 1975 万余贯，酒税 1710 万余贯（经本息 40∶60 折算，是年输入酒税钱 1026 万贯），盐税 725 万余贯，"茶"（比景德）亦有增而不多尔"约为 360 万贯，天圣元年正月壬午，总商、酒、盐、茶等各项征榷收入为 4086 万贯。

[③] 据蔡襄《蔡襄集》卷 22《论兵十事》。

赵普之意见，果敢地采取先南后北之统一天下战略，即如江少虞《皇朝事实类苑》卷1引《杨文公谈苑》所述："中国自五代以来，兵连祸结，帑廪虚竭，必先取西川、次及荆广、江南，则国用富饶矣"，所谓"养六军又取天下"①。此即"以战养战"之战略，暂时解决了军队给养问题，没有出现"冗兵"现象。

但是，宋太祖晚年，情况发生了变化。开宝之末，军队增加至37.8万人，16年间净增15.8万人，平均每年增加约1万人。再看人口。随着统一战争节节取胜，至开宝九年（976），已先后灭掉荆南、湖南、后蜀、南汉、南唐等政权，人口显著倍增，已有3090504户。是时，平均每8户养1兵，比宋初每4户养1兵，扩大了一倍，百姓负担要舒缓不少。但是，宋朝"民之所谓第一等户，尽其赋入不足以衣食一兵"②，而一等户又甚少，故压力依然很大。加之，宋太祖在位十几年，连年征战，生产难有恢复发展。人口虽比建隆年间增加2倍，但财税增加估计不会太快。但37.9万军队，每年要支付513.1万贯养给费，约占当时收入之1/3，已是不小之开支。是时，"冗兵"现象已经显形。开宝九年四月，围绕迁都洛阳而展开了一场争论，宋太祖首先提出了"冗兵"，"吾将西迁者无它，欲据山河之胜而去冗号"，又说若不迁都则"不出百年，天下民力殚矣"。③这已表明，"冗兵"现象在太祖末年已经出现。

宋太宗朝。由于将太宗朝各项参数作为比较之起点，实已掩盖了历史真相。太宗先后灭掉了漳泉、吴越、北汉三个政权，经过二十年恢复发展，户口比太祖时增加不少。按表中统计，太宗时户数约为太祖末年的一倍，财政收入比"天下混一之初"约增一倍。但是，宋太宗朝经济恢复还比较缓慢。据《乐全集》附录《张方平行状》中说："初，吴越归国，郡邑地旷人杀，占田无限，但指四至泾浜为界。"④

---

① 《长编》卷112，明道二年七月癸未，第2623页。
② 叶适：《叶适集·水心别集》卷12《厢禁军弓手土兵》，第785页。
③ 《长编》卷17，开宝九年四月癸卯，第369页。
④ 张方平：《乐全集》附录《张方平行状》，文渊阁四库全书，台北商务印书馆1986年版，第1104册，第518页。

直至端拱二年，王禹偁还说："今郡县虽多，要荒且远，除河北备边之外民力可用者，惟东至登、莱，西尽秦、凤，南抵淮、泗而已。此数十州者，中土之根本，不可不惜也。"① 至道二年（996），即太宗在位二十年后，陈靖仍说："方今天下土田，除淮海、江浙、荆湖、陇蜀、河东，已外郡邑，各在远处，或废或开，假使劝课必行，即日未见其利。""京畿之地，南北东西环绕三二十州，连接三数千里，其田之耕稼者十才二三。又其耕稼之田，所入租税者十无五六，既有坐家破逃之户，又有惰农废业之夫"②。"地旷人杀"，"要荒且远"，"田辟者十才二三"，"税入者十无五六"，很难提供大量税赋。田地数缓慢增长亦说明经济发展缓慢，至道二年比开宝九年，增加了17万顷，约增加6%。太宗"雍熙后数用兵，岐沟、君子馆败衄之后，河朔之民，农桑失业，多闲田，且戍兵倍增"③。伐辽战争连连告败，民流田废，而戍兵倍增。太宗时军队数是宋初的3倍，是开宝末年军队数之1.7倍，21年内净增28.8万人，年均增1.35万人，此增速为北宋前五朝之最。伴随着军队数量之增长，军俸开支亦增至916.6万贯，约占财政收入3575.8万贯的1/4之多。这样，军队增速及军俸开支增速与经济、财政收入变化速度大体一致。出现于太祖开宝之末的"冗兵"，并没有通过经济发展、财政增收之手段将其"消化""稀释"，反有滋长之势。太宗崩于至道三年（997）三月癸巳，真宗即位，是年五月王禹偁上疏陈五事，其二事便是"冗兵"问题。他说：

  减冗兵，并冗吏，使山泽之饶，稍流于下。伏以乾德、开宝以来，国家之事，臣所目睹，当时东未得江、浙、漳、泉，南未得荆湖、交、广，朝廷财赋，可谓未丰。然而击河东，备北敌，国用亦足，兵威亦强，其义安在？所蓄之兵锐而不众，所用之将

---

① 《长编》卷30，端拱二年正月，第674页。
② 赵汝愚：《宋朝诸臣奏议》卷105《上太宗乞从京东西起首劝课》，第1124页。
③ 《文献通考》卷7《田赋七》，第163页。

专而不疑故也。自后尽取东南数国，又平河东，土地财赋可谓广矣，而兵威不振，国用转急，其义安在？所蓄之兵冗而不尽锐，所用之将众而不自专故也。今诚能简锐卒，去冗兵，而委之将帅，用恩威法令驾驭之，资以天下财赋，而曰兵不振、用不丰，未之有也。臣愚以为宜经制兵赋如开宝中，则可以高枕而治矣……冗吏耗于上，冗兵耗于下，此所以尽取山泽之利，而不能足也。①

按李焘将此奏疏系于至道三年十二月甲寅。王禹偁向刚继位之真宗奏疏，反映的是太祖、太宗之事，作为目击者，其所述应是可信的。其所述"冗兵"发生于"取东南数国，又平河东"之后，即公元979年以后，与前文所述"冗兵"出现于太祖末年不尽一致。但它告诉我们，太宗朝亦存在"冗兵"现象，而且亦出现了"冗吏"；"冗吏耗于上，冗兵耗于下"，国家财政不仅是因"冗兵"而感到吃力，且也是因"冗吏"而有压力。此也说明了太宗朝军俸开支虽仅占国家财政收入之1/4，反而出现"冗兵"之内在原因。

真宗朝。这一时期"冗兵"现象不突出，甚至可以说比旧有所缓和。据汪圣铎研究表明：真宗在位时期是宋朝的"全盛时期"。② 就财政收支对比而言，汪之判断甚为准确。从各项统计数字来看，真宗朝与太宗朝相比，军队增长了37%，而人口增加了33.5%，略低于军队增幅；田地增加了68%，高于军队增幅；综合而言，军队增速低于经济增速。再看军俸、财税之对比。与太宗朝相比，军俸增加了32.5%，而财政收入增加了48.5%，军俸增幅低于财政收入增幅；军俸开支占财税收入22.9%，为前五朝之最低。因此，我们可以断言：出现于太祖、太宗朝之"冗兵"负担，在真宗朝部分由经济、财税快速增长而被"消化"掉；部分通过裁兵减费而使之趋于纾缓。史

---

① 《长编》卷42，至道三年十二月甲寅，第897页。
② 汪圣铎：《两宋财政史》，中华书局1995年版，第14页。

载，"及契丹请和，祥符以后，稍稍消汰，弛马牧地给耕民"①，"祥符以后，住招募，斥疲劳，以减冗食"。② 真宗时出现了"兵众而不冗"之景象。无怪乎宋人少议真宗"冗兵"，恐怕正由此。

仁宗朝。此时"冗兵"问题已相当突出，"冗兵冗费"之势积重难返。与太宗朝相比，军队增加了89%，人口增加了65%，而田地减少了近30%，这表明军队增幅已超过经济发展水平。由于物价上涨，平均每卒军俸亦随之增长，则军俸总开支大幅度增加，仁宗时已是太宗朝3.3倍，约为真宗朝之2.6倍，而财政收入仅为太宗时2.07倍，慢于军俸之增速，军俸开支占财税收入总额之44%。仁宗庆历五年（1045）五月，田况上奏言："今天下兵已蹶百万，比先朝几三倍矣，自昔以来，坐费衣食，养兵之冗，未有如今日者。"③ 随着财政收支对比日益失衡，入不敷出现象加剧，"盖财无乏于嘉祐、治平"④。宋仁宗嘉祐时期，是北宋前期财政最困难时期之一，军俸每年开支3257万贯，比真宗朝"增岁费二千万缗也"⑤，给宋财政造成的压力则更加沉重。故仁宗朝，"忧世之士屡以为言"冗兵。⑥ 宝元元年，贾昌朝上疏言："臣又尝掌京廪，计江淮岁运粮六百余万，以一岁之入，仅能充朝廷之用，三分二在军旅，一在冗食。"⑦ 皇祐元年（1049）十二月枢密使庞籍与宰相文彦博共奏曰："今公私困竭，上下皇皇，其故非他，正由养兵太多尔。若不减次，无由苏息。"⑧ 至和二年（1055），谏官范镇上言说："兵多而民稀，田旷而赋役重也。"⑨ 甚至有人认为，"朝廷之忧不在边陲，而在冗兵与穷民也"⑩。

---

① 《长编》卷161，庆历七年十二月庚午，第3897页。
② 《长编》卷163，庆历八年三月辛亥，第3923页。
③ 《长编》卷154，庆历五年正月丙戌，第3743页。
④ 叶适：《叶适集·水心别集》卷11《财总论二》，第772页。
⑤ 赵汝愚：《宋朝诸臣奏议》卷102《上神宗论国计》，第1097页。
⑥ 《宋史》卷187《兵一》，第4570页。
⑦ 赵汝愚：《宋朝诸臣奏议》卷101《上仁宗乞减省冗费》，第1082页。
⑧ 《长编》卷167，皇祐元年十二月壬戌，第4023页。
⑨ 《长编》卷179，至和二年五月癸亥，第4336页。
⑩ 《长编》卷177，至和元年十月己亥，第4285页。

凡此议论颇多，试举数例而已。大臣们激烈议论"冗兵"，恰反映了宋仁宗朝"冗兵"问题之突出与严重。

英宗朝。英宗在位不长，但是冗兵问题最为严重。与太宗朝相较，军队增长了74.5%，户数增长98.6%，在籍土地增长41%；是时人多地少矛盾已突出，生产要素内部发生碰撞！经济自身发展受到影响，其增速反遭制约。军费增长快于财税增速，正说明这个问题。与太宗朝相比，军俸开支增长了425%，而财税仅增68%，前者为后者的5倍多！军俸开支总额之所以如此快地增长，主要是由于禁军、厢军人均养给费比太宗、真宗朝增加了2倍，比仁宗时增加2/3，故相对于仁宗庆历时，英宗治平之时出现了"兵减而费增"现象。养兵之费在财政收入中占80.2%，即"十分之八"之多。前引叶适所说，"盖财无乏于嘉祐、治平"，甚至府库"比于仁宗晚年，又益朘削"[1]，而其咎在于冗兵。治平四年（1067）闰三月，翰林学士张方平奏议国计曰："臣在仁宗庆历中充三司使，嘉祐初再领邦计，尝为朝廷言此事，累有奏议，所陈利害安危之体，究其本原，冗兵最为大患。"[2]继英宗为帝者神宗，面对是时局势而感叹曰："穷吾国用者，冗兵也。"[3] 总之，导致北宋前期军队数量膨胀者，是其"易进难退"的军制；决定北宋前期是否冗军者，是军队数及军俸开支与经济财税之对比。解决冗兵问题方法有二，一是裁减军队，使其适应经济发展；二是发展生产，提供充足财物以增强承载力，即减员与增产。

原刊于《烟台大学学报》2003年第2期，与杨高凡合作

---

[1] 赵汝愚：《宋朝诸臣奏议》卷93《上神宗乞罢遗留赐物》，第1011页。
[2] 《长编》卷209，治平四年三月丙午，第5089页。
[3] 《宋史》卷196《兵十》，第4899页。

从县的密度与官民对比看宋代冗官

有宋一代，"冗官"问题是一个热门话题。自宋太宗端拱二年（989）王禹偁[①]、淳化二年（991）王化基[②]提出之后，"冗官"一词经常出没于宋人之口。学界对此关注较多，推出了丰富的成果。[③] 但是，宋人议论及今人研究多集中于宋代冗官的表现、成因与影响；而在论冗官表现时，多将宋代冗官解释为官多阙少与官员数额恶性膨胀；在论其成因时，又将其简单归结于宋代科举或恩荫等入仕泛滥上；在论述其影响时，几乎众口一词否定之[④]，甚至受宋人影响而不惜夸大其弊端。笔者不大赞同上述观点，认为冗官问题是中国古代社会一大共性问题，并非宋代特有现象；讨论宋代冗官问题时，应将其置于整个传统社会中去把握；宋代冗官突出表现为"地狭官多"与"民稀官稠"；宋代冗官相对突出，其根本原因在于唐宋变革与专制主义中央集权的进一步加强，直接原因在于"易进而难退"的"养官"体制；宋代冗官影响，表现于多方面，但各朝情况又不尽相同，应区

[①] 《长编》卷30，端拱二年春正月，第673页。
[②] 《长编》卷32，淳化二年九月庚子，第722页。
[③] 白文固：《北宋文武官员恩荫制度探究》，《史学月刊》2002年第3期；张希清：《论宋代科举取士之多与冗官问题》，《北京大学学报》1987年第5期；刘立夫：《论宋代冗官之成因》，《华中理工大学学报》1997年第3期；文畅平：《宋代"冗官"现象的形成及其影响》，《衡阳师范学院学报》1999年第4期；何忠礼：《科举与宋代社会》，商务印书馆2006年版，第130—131页；苗书梅：《宋代官员选任和管理制度》，河南大学出版社1996年版，第112—135页；汪圣铎：《两宋财政史》，第28—29页；张金岭：《晚宋冗官与财政危机》，《四川师范大学学报》2001年第1期；李裕民：《宋代冗官问题新论》，朱瑞熙主编：《宋史研究论文集》（第十辑），兰州大学出版社2004年版，第32—41页。
[④] 按，据笔者所知，对宋代冗官持肯定态度者，仅有李裕民一人。

别对待。限于篇幅,这里仅对宋代冗官现象略陈浅见,其他问题将另做专文加以讨论。

一 从县的密度看宋代"冗官"的表现

关于宋代"冗官"的表现,学者们讨论很多,概括之如下:一是官僚机构重叠、臃肿,编制庞大;二是官多阙少,待阙者多;三是官员素质低下,骄横、贪婪、无能,于政事无益,于民事为蠹;四是添差官、祠禄官多。[1] 这些论述揭示了宋代冗官的某些现象,也揭示了中国古今社会共有的一些现象,但未说明宋代冗官特有的东西。笔者认为,与前朝相比,宋代冗官集中表现于两个方面:一是"地狭官多";二是"民稀官稠"。先看"地狭官多"。

所谓"地狭官多",是指宋代疆域小于汉唐,而官僚机构却多于汉唐。在中国古代政体中,行政区划制度千变万化,但有一点共性:历朝各代都实行县级行政区划制。[2] 这里权以县为例,具体考察一下历朝各代的县级行政区划密度大小,借以说明宋代官僚机构情况,进而判断宋代冗官与否。为清楚说明这一问题,特将有关记载摘撷一起,列表如下(见表1):

表1　　　　　　　　　汉至清县之密度统计

朝代	时间	县数(个)	国土面积(km^2)	县均面积(km^2)	备注
西汉	元始二年(2)	1577	4338829	2751	面积,据梁方仲《统计》甲表4累计而得。县数,据《统计》甲表89
东汉	永和五年(140)	1160	4385284	3780	面积,据《统计》甲表8累计而得。县数,据《统计》甲表89
		1180		3716	

---

[1] 张希清:《论宋代科举取士之多与冗官问题》,《北京大学学报》1987年第5期;苗书梅:《宋代官员选任和管理制度》,第113页。

[2] 周振鹤:《中国历代行政区划的变迁》,商务印书馆1998年版,第77页。

续表

朝代	时间	县数（个）	国土面积（km²）	县均面积（km²）	备注
隋	大业五年（609）	1253 或 1255	不详		县数，据《统计》甲表89
唐	贞观十三年（639）	1408	3694340	2623	面积，据《统计》甲表28。县数，据《统计》甲表89；其中元和年间县数1453，据《文献通考》卷10《户口一》所记
唐	天宝元年（742）	1570	3694340	2353	
唐	元和年间（806—820）	1453		2543	
宋	建隆元年（960）	638	2504987		县数，《宋史》卷85《地理一》记之为638、1086；而曾巩《曾巩集》卷49《户口版图》为630、1806，当考。太祖朝国土未统一，面积无法计之
宋	开宝末（976）	1086			
宋	太宗初统一（979）	1226		2043	县数1226，据《宋史》卷85《地理一》所记，以太祖开宝末1086加新得三政权所辖140县而得之
宋	庆历八年（1048）	1250		2004	县数1250，据《包拯集校注》卷3《论冗官财用等》；《长编》卷一六七，皇祐元年十二月末
宋	嘉祐二年（1057）	1200		2087	县数1250，据《长编》卷186，嘉祐二年七月辛卯；卷468，元祐六年十二月乙卯。此是约数
宋	治平末（1067）	1262		1984	县数1262，系推算得之。据《元丰九域志序》元丰初县数为1135；而据江少虞《宋朝事实类苑》卷33《省并州县》，熙宁元年至八年，并废县127，二者和得之

续表

朝代	时间	县数（个）	国土面积（km²）	县均面积（km²）	备注
宋	元丰初年（1078）	1135	2504987	2207	县数1135，据《元丰九域志序》正文记1235，"校勘记"为1135
	崇宁元年（1102）	1265		1980	县数1265，据《统计》甲表89。面积，据《统计》甲表40
	南宋灭亡时（1276）	698	1724356	2470	县数698，据胡祗遹《紫山大全集》卷11。面积，据《统计》甲表40
		733		2352	县数733，据宋濂《元史》卷9《世祖纪六》。面积，同上
元	至元十三年（1293）	1165	7549200	6480	县数1165，据《元史》卷17《世祖纪十四》；县数1127，据《元史》卷58《地理志一》。面积，据《统计》甲表50
		1127		6698	
明	万历六年（1578）	1138	3298462	2898	县数1138，据《统计》甲表89。面积，据《统计》甲表72
清	乾隆十八年（1753）	1305	5352480	4101	县数1305，据《统计》甲表89。面积，据《统计》甲表87
现今（2002年）		2860	9600000	3357	据陈三朝、胡洪玲《中华人民共和国行政区划沿革地图集》，中国地图出版社2003年版

注：《统计》系梁方仲《中国历代户口、田地、田赋统计》之简称，上海人民出版社1980年版。

就表1统计来看，两汉、唐、宋、元、明、清等各朝，都是中国古代社会中统一的且持续时间较长的（均超过50年）的王朝，又都实行县级行政体制，故具有可比性。从版图面积大小而言，宋朝最小，北宋统一后的国土面积尚不及清之半、元之1/3；而南宋则更小，仅为北宋版图的2/3。但是，就辖区所设县级政权而言，宋朝置县可谓众多。宋统一后的县数多在1200个以上，宋神宗于熙宁元年至八年有意识地省并127个后，至元丰初仍有1135个。这些县数，较东汉、元、明为多，与隋、明相类。疆域狭小而设县过多，造成县级政权建置密度过大，平均每县辖区面积多在2000平方公里左右，撇开南宋灭亡前夕的数字不说，① 宋代尤其是北宋每县平均面积比其他诸朝都小。近代人康有为曾认为"宋官制最善"，其列举有"五善"："一曰中央集权；二曰分司详细；三曰差［遣］易官；四曰供奉归总；五曰州郡地小。凡此五者，中国历朝所未有。"② 康氏所列"五美"，未必尽是，但说"州郡地小"为"中国历朝所未有"，却属事实。宋代县平均面积小恰印证了这一点。宋代面积小而县数多，县之密度大，从政权机构设置上说明宋代"官冗"。

二　从官民数对比看宋代的冗官

苏辙曾说："有是民也，而后有是官，有是官也，而后有是吏，量民而置官，量官而求吏，其本凡以为民而已。"③ 苏辙说"置官为民"是假，但"量民而置官"则是古今遣官委吏的普遍原则。一般而言，机构和官员多寡，与统治区域的大小、人口的多少、社会经济类型的繁简成正比，政治机构和官员超过一定的数量，即一种政治病态，就产生出人所悉知的"冗官"或"官冗"。④ 因此，依照户口多

---

① 按，南宋灭亡前夕的县数为698个或733个，可能不是南宋最大疆域内所有县数。
② 康有为：《康南海官制议》卷4《宋官制最善》，广智书局1906年版，转引自龚延明《宋代官制辞典·总论》，中华书局1997年版，第2页。
③ 苏辙：《栾城集》卷21《上皇帝书》，曾枣庄等点校，上海古籍出版社1987年版，第464页。
④ 陈峰、刘经华：《中国病态社会史论》，河南人民出版社1991年版，第80页。

少来判定官员冗简与否，是分析宋代冗官问题又一种方法。但是，多少户设置一官为宜呢？我们无法确定，只能从中国古代各朝户数、官员数对比分析中来判断。这里不妨先看宋代以前诸朝户数与官员数对比情况（见表2）。

表2　　　　　　　　汉至宋户口数与官员数对比分析①

朝代	官员数	户数	户、官数比	备注
西汉	约6000（建平二年，公元前5年）	12356470（元始二年，公元2年）	2509	班固《汉书》卷19上《百官公卿表第七上》，记吏员自佐史至丞相为120285人。《文献通考》卷47《职官一·官数》、章如愚《山堂考索》后集卷15《官制门·官数类》，均记为130285。以东汉官员数占官吏数1/20比率，而得西汉官员数
东汉	7567	9698630（永和五年，即140）	1282	《文献通考》卷47《职官一·官数》，《山堂考索后集》卷1《官制门·官数类》。其官吏总计为152986，官员数占1/20
西晋	6836	2494125（太康元年，即280）	365	同上出处。官吏总计118672
刘宋	6172	906870（大明八年，即464）	147	同上出处。官吏总数为7633，吏仅有1461

---

① 据2005年3月14日的《国际先驱导报》中《中国官员系统的哥德巴赫猜想》一文记，唐高宗时，中国的官民比例达到了1∶3927，元成宪年间为1∶2613，明神宗时为1∶2299，清康熙年间比例是最高的，约为1∶900。以普遍能够接受的1.5亿人来说，大约当时已经有了将近170万的官员。目前，吃财政饭的人数已经高达4572万人，还有500万人仰赖于政府所赐予的权利实行自收自支。官民比例为1∶26。由于没有提供可靠的历史文献资料作依据，仅述此以为参考。

续表

朝代	官员数	户数	户、官数比	备注
后魏	7764	5000000（熙平、神龟年间，即516至520）	644	同上出处
北齐	2322	3032528（承光元年，即577）	1306	同上出处
北周	2989	3599604（大定元年，即581）	1204	同上出处
隋	12576	9070,414（大业五年，即609）	721	同上出处。总官吏数195937
唐	18805（开元二十五年即737）	8973634（天宝元年，即742）	477	同上出处。总官吏数368668。汉至唐各时期户数，据梁方仲《统计》甲表1、89，页4、280，二处所载数据不统一者，取其多
宋真宗景德中	9785	7417570（景德三年，即1006）	758	
宋仁宗庆历八年	19360	10723695（庆历八年，即1048）	553	
宋仁宗皇祐中	20000	10792705（皇祐五年，即1053）	540	宋代所有官员数，引自汪圣铎《两宋财政史》后附表28、王曾瑜《宋朝阶级结构》。个别数字有误，已核定之。户数，据吴松弟《中国人口史·辽宋金元时期》表8—1、表8—2，复旦大学出版社2000年版
宋英宗皇祐中	24000	12917221（治平三年，即1066）	538	
宋神宗元丰初年	24549	16402631（元丰元年，即1078）	668	
宋哲宗元祐三年	34000	18289375（元祐三年，即1088）	538	
宋徽宗政和二年（1112）	43000	20882258（大观三年，即1109）	485	

续表

朝代	官员数	户数	户、官数比	备注
宋徽宗宣和元年（1119）	48377	20882258（大观三年）	432	
宋徽宗宣和末年	35000	20882258（大观三年）	597	
宋孝宗乾道中	10000	11849328（乾道九年，即1173）	1184	
宋光宗绍熙二年	33016	12355800（绍熙元年，即1190）	374	宋代所有官员数，引自汪圣铎《两宋财政史》后附表28、王曾瑜《宋朝阶级结构》。个别数字有误，已核定之。户数，据吴松弟《中国人口史·辽宋金元时期》表8—1、表8—2
宋宁宗庆元二年	42000	12355800（绍熙元年）	294	
宋宁宗嘉泰元年（1201）	37800	12669310（开禧三年，即1207）	335	
宋宁宗嘉定六年（1213）	38864	12669684（嘉定十一年，即1218）	326	
宋理宗宝祐四年（1256）	24000	11746000（德祐二年，即1276）	498	

虽然户数系年与官员数系年不尽一致，但表2仍能粗略地反映由汉至宋户口数、官员数及二者比值变化。除刘宋、后魏、北齐、北周四个政权疆域小、户口少而官员数亦寡外，其他诸朝如两汉、西晋、隋、唐、宋等统一中央集权的封建王朝，地广户众，官员数不但多而且不断地增加。两汉、西晋官员不过万人，隋、唐不过2万人，而宋则猛增至4.8万人。由此可知，隋唐官员数倍于汉晋，而宋数倍于隋

唐。若单从官员数来衡量是否冗官，则宋朝显然出现了严重的冗官。

不同朝代间官员数额不等，且与日俱增，而同一朝代之内也是如此。有宋一朝官员情况即清楚地说明了这一点。宋太祖时官不满员，①太宗太平兴国初，文武朝官班簿才200人，②但至太宗末年，已经出现了"冗官"，"京僚过于胥徒，朝臣多于州县"。③因此，端拱二年王禹偁、淳化二年王化基率先提出"省冗官"。④至道三年（997），王禹偁再次向新继皇位的真宗告诫说，太宗朝末期，不仅有"冗兵"，还出现了"冗吏"。⑤但是，自此而后，官员数额依然只增不减，"官冗"病易患难除，并日趋严重。北宋徽宗时官员多达4.8万人，约为真宗景德时5倍。南宋烽镝余生，国土狭促，但冗官数如同北宋一样单增不减，最多时达4.2万人，约为孝宗乾道年中1万员的4倍。

官员数多少是考查官员冗简的一个方法。但这种方法本身存在某种欠缺，即官员多有时也未必冗，而官员少有时未必不冗。如西晋、刘宋朝官员数少于宋朝，而宋神宗元丰时官员数明显多于仁宗庆历八年，我们能否说宋朝官冗而西晋、刘宋朝不冗，或说元丰时官冗于庆历之时呢？当然不能如此决断。而弥补"官员数定冗简法"缺限的另一种方法，即"户、官数参照法"。以此方法，宋以前诸朝官员冗简与否可以立见。由表2知，两汉、北齐、北周户数与官数比值都超过了1000；西晋、刘宋、后魏、隋之比值均在1000以下，刘宋比值只有147，为历代最低。唐朝距宋朝最近，官员情况与宋相似。唐玄宗极盛时，户、官比值为477。安史之乱后，官多民少的情况更为突出。史载：唐玄宗时官员总数为18805员，其中"外官"16185员，唐宪宗元和六年（811），单"外官"已达26023员⑥，若加上内官恐

---

① 《长编》卷12，开宝四年二月乙未，第261页。
② 《长编》卷114，景祐元年二月乙未，第2665页。
③ 《长编》卷42，至道三年九月壬午，第882页。
④ 《长编》卷30，端拱二年春正月，第673页；《长编》卷32，淳化二年九月庚子，第722页。
⑤ 《长编》卷42，至道三年十二月甲寅，第897页。
⑥ 王溥：《唐会要》卷59《兵部侍郎》，中华书局1955年版，第1031页。

会超过3万人。元和二年户数为2440254余①，户、官数比值为80，即约80户养1官，唐之冗官由此可知。南宋人叶适总结宋以前冗官问题时说："盖其（按指冗官）渐始于魏、晋，而蔓延于唐……唐自兵兴，中外滥授，随时增损，固宜其有冗也……然则冗官之患安在？夫计其大无以异于唐、虞之简，举其小不能如两汉之多。然而两汉无冗官，何也！"②叶适分析了宋以前冗官形成的过程，揭示了一个事实：冗官问题由来已久，并非宋朝所特有。

但是，叶适曾强调说，冗官问题"最甚于今日"！③宋朝户、官数比值情况大致上可佐证之。宋代户、官比值大多数情况在600以下，比两汉、北齐、北周、隋、后魏低，而略高于唐、西晋、刘宋。就两宋而言，南宋情况更为糟糕，比值多数情况下在300左右。故叶氏言："最甚于今日"，即最甚于南宋孝宗以后，是有一定根据的。如果按照户、官比值大小将两宋冗官问题演变过程作一描述的话，我们有理由说，冗官始于太宗中后期，蔓延于真宗，恶化于仁宗、英宗，缓解于神宗，泛滥于哲、徽宗，而极于南宋孝宗以后。

通过由汉至宋户、官比值的考察，我们认为宋代官多民稀，冗官问题甚于此前多数朝代。

三　宋代冗官的地域差异

上文从县级政区的密度与官民数对比两方面纵向分析了宋代冗官的特征，不难发现宋代冗官在不同时期其轻重程度是不一样的，然而这种不平衡性还表现在空间上。先从县级政区的密度来看宋代冗官程度的地域不平衡性（见表3）。

---

① 刘昫：《旧唐书》卷14《宪宗纪上》，中华书局1975年版，第424页。
② 叶适：《叶适集·水心别集》卷3《官法中》，第670页。
③ 叶适：《叶适集·水心别集》卷3《官法中》，第670页。

表3　　　　　宋神宗元丰年间各路县级政区密度对比

路	面积（km²）	县数（个）	平均每县面积（km²）	次第
开封府界	16990	17	999	2
京东路	151200	79	1914	8
京西路	192630	88	2189	10
河东路	128900	75	1719	7
河北路	120120	106	1133	3
陕西路	281930	121	2330	11
淮南路	180060	69	2610	12
两浙路	122770	79	1554	5
江南东路	81740	48	1703	6
江南西路	131510	47	2798	14
荆湖南路	134300	34	3950	18
荆湖北路	152810	47	3251	17
福建路	120600	45	2680	13
成都府路	50740	58	875	1
梓州路	67140	49	1370	4
利州路	80700	39	2069	9
夔州路	97320	30	3244	16
广南东路	165950	40	4149	19
广南西路	185300	64	2895	15
总计	2463000	1135	2170	
史料来源	胡道修：《宋代人口的分布与变迁》，载《宋辽金史论丛》（第二辑），中华书局1991年版	《元丰九域志》各卷所记		

由表3统计可知，宋代各路县级政区的面积相差很大，成都府路、开封府界每县平均不到1000平方公里，只有全国平均值的一半、广南东路与荆湖南路的1/4。换言之，成都府路、开封府界县级政区

的密度明显大于其他地区。因此，仅从县级政区设置密度而言，宋神宗元丰时冗官程度虽然是北宋各朝最轻的时期，但各路冗官情况迥然有别，成都府路、开封府界冗官程度最严重，比历史上任何时期全国平均程度都严重！从较大区域看，北方地区（开封府界、京东路、京西路、河东路、河北路、陕西路）县级政区的面积普遍要小于南方地区，县级政区的密度相反要大于南方地区，冗官程度也相对较重。如河北路，"四方不及千里"，而所置"州军县寨一百八十有七"，① 故被时人批评为"本路州县至多"②。北方是宋代的政治中心和国防重心，多置县级政区是符合政治统治的需求，所以县级政区的密度大、冗官程度严重完全是情理之中。在南方，两浙路、江南东路、淮南路、成都府路，是宋代经济发达地区，人口稠密，多设县级政区是为加强控制、收敛财富，故而县级政区的密度相对较大、冗官问题比较严重。而梓州路、利州路远离京师，经济又落后，县级政区的密度反而也很大。

再从官民数对比来看宋代冗官程度的地域不平衡性（见表4）。

表4　　　宋神宗元丰年间户数与地方职事官员数对比

路	元丰元年（1078）户数	元丰七年（1084）地方职事官员数	户与官比值	次第
开封府界	235599	50	4112	10
京东路	1420079	307	4626	13
京西路	880459	308	2859	6
河东路	574208	270	2127	2
河北路	1234929	420	2940	7
陕西路	1354604	522	2595	4
淮南路	1351063	305	4430	12
两浙路	1778963	301	5910	16
江南东路	1056815	194	5448	14

---

① 欧阳修：《欧阳修全集》卷118《论河北财产上时相书》，第1825—1827页。
② 欧阳修：《欧阳修全集》卷117《举官札子》，第1782页。

续表

路	元丰元年（1078）户数	元丰七年（1084）地方职事官员数	户与官比值	次第
江南西路	1357642	164	8278	18
荆湖南路	871214	120	7260	17
荆湖北路	657533	153	4298	11
福建路	1043839	114	9156	19
成都府路	864403	158	5471	15
梓州路	478171	150	3188	8
利州路	372429	142	2623	5
夔州路	254361	111	2292	3
广南东路	579253	161	3598	9
广南西路	238390	168	1419	1
地方职事官总数		4118		
全国总户数	16603954			
全国总官员数（元丰初）		24549	676	
史料来源	吴松弟：《中国人口史·辽宋金元时期》表4—2	地方职事官数，据庞元英《文昌杂录》卷5。全国总官员数，据方勺《泊宅编》卷10		

在传世的有关宋史的文献中很难找到详细记载各路官员数的材料，宋人庞元英《文昌杂录》卷五所提供的数字，虽然只是宋神宗元丰七年（1084）十九路"文武职事官"员数，不包括中央政府的官员数，"幕职、判司簿尉又在其外"，但因"他处则无"而弥足珍贵。将这些官员数与元丰元年（1078）各路户数对照，从中可以清晰看出各路冗官的大致程度。据表2统计知，宋神宗元丰年间冗官问题得到相当程度地减轻，即便如此，各路冗官问题轻重程度差别很大，与表3显示的情况一样，北方地区（开封府界、京东路、京西路、河东路、河北路、陕西路）冗官程度依然普遍严重于南方地区。而各路实

际冗官程度要比表 4 所反映的情况更严重。如河北路，庆历五年（1045）"主客之民七十万五千有七百户，官吏在职者一千二百余员"，① 平均每 588 户 1 官，而表 4 所统计的数据仅为 1133 户养 1 官。而在南方各路，经济落后的梓州路、利州路、夔州路、广南东路、广南西路 5 路，则为冗官问题的"重灾区"。这一点与表 3 所揭示的南方地区冗官情况不尽一致。

综合表 3、表 4 所反映的情况，我们认为在冗官问题得到相当程度地减轻的宋神宗元丰年间，各路冗官问题轻重程度差异很大，处于政治中心和国防前沿的北方地区冗官问题比南方地区普遍严重，而经济落后地区（如利州路、梓州路）往往是冗官问题的严重地区。

总之，宋代地狭县多、官多民稀，充分地说明宋代存在冗官，而且其冗官程度甚于此前诸朝。诚如前引叶适的话说，冗官"渐始于魏晋，而蔓延于唐，最甚于"宋。冗官现象不是赵宋王朝所独有，而是为大多数封建王朝所共有；在宋代各朝，冗官问题出现于太宗中后期，蔓延于真宗朝，恶化于仁、英两朝，缓和于神宗朝，泛滥于哲、徽宗，造极于南宋之时。在宋朝各路，北方地区冗官问题比南方地区普遍严重，而经济落后地区（如利州路、梓州路）往往是冗官问题的"重灾区"。

原刊于《河北大学学报》2005 年第 6 期

---

① 欧阳修：《欧阳修全集》卷 118《论河北财产上时相书》，第 1825 页。

试论北宋前期之枢相

在有关宋史记载的文献中,"枢相"一词频频出现。其含义所指,古人、今人各执一词。总述之,盖有以下几种观点:(一)宋代枢相即宰相,认为寇准于大中祥符七年(1014)六月至八年(1015)四月之枢相、王钦若于大中祥符五年(1012)九月至七年(1014)六月之枢相、晏殊于庆历二年(1042)七月至三年(1043)二月之枢相,即为宰相;(二)枢相就是宰相兼枢密使;(三)枢相是带有"侍中"或"同平章事"之衔的枢密使,又被称为"枢密相""枢密使相"等;(四)枢相为宰相、枢密使之合称。四说中以前三说影响为大,第四说偶尔有之,盖指中书、枢府二机构,而不指具体某一实任者,故影响不大。笔者经一番考辨,认为前两说错误,第三说比较可靠。同时,也对北宋前期枢相之有关特征、人数、影响等问题试述浅见,以求教于方家。

一 北宋前期枢相不是宰相

宋代宰相制度极为复杂,名称多、变化多、体系多,而尤以北宋前期为最。下文试用三个特例说明枢相不是宰相。

寇准先后于景德元年(1004)八月至三年(1006)四月、天禧三年(1019)六月至天禧四年(1020)六月两度为相,史书记载很明白,没有什么疑义。但在大中祥符七年(1014)六月至八年(1015)四月所任官,史书记载不够明确,给今人理解带来麻烦。请看以下诸则史料之记载。

（1）《宋史·真宗纪三》记：[大中祥符七年六月]乙亥枢密使王钦若罢为吏部尚书，陈尧叟为户部尚书，以寇准为枢密使、同平章事。

（2）《长编》卷82大中祥符七年六月乙亥条记：兵部尚书寇准为枢密使、同平章事，王旦荐之也。

（3）《宋史·宰辅一》记：六月乙亥，寇准自行兵部尚书加检校太尉兼同平章事、枢密使。

（4）《宋宰辅编年录》卷3"寇准拜枢相制"记：自行兵部尚书除检校太尉兼同平章事，充枢密使。

以上史料记载的是寇准拜官，再看几条其罢官之有关记载。

（1）《宋史·真宗纪三》记：[大中祥符八年四月]壬戌，以寇准为武胜军节度使、同平章事。

（2）《宋史·宰辅一》记：[大中祥符八年四月]壬戌，行兵部尚书、检校太尉、同平章事、枢密使寇准数与林特忿争，以武胜军节度等使免。

（3）《宋宰辅编年录》卷3记：四月壬戌寇准罢枢密使，自行兵部尚书依前检校太尉、同平章事，充武胜军节度等使。

（4）《长编》卷84大中祥符八年四月壬戌条记：以枢密使、同平章事寇准为武胜军节度使、同平章事。

以上8条史料，表达两层意思：第一，寇准于大中祥符七年至八年之所任为枢密使，而非宰相；第二，其所任官以"枢密使、同平章事、检校太尉"结衔。按宋制，"检校太尉"是宋代文臣为枢密使之标志性官衔。据宋敏求《春明退朝录》卷上记："文臣为枢密使，皆带检校太尉、太傅兼本官。乾兴元年，钱文僖以兵部尚书为枢密使，不带检校官，有司之失也。"[①] 这表明凡任枢密使者，必须加带检校官（检校太师、太尉、太傅）等衔，若不加则为"有司"之过失。至于"枢密使兼平章事"之衔，《宋宰辅编年录》称之为"枢相"。若以为这是"孤例"，不足为证，且看王钦若、晏殊之任官称谓，或

---

① 宋敏求：《春明退朝录》卷上，诚刚点校，中华书局1980年版，第3页。

可晓知。

王钦若在大中祥符年间两度任枢密使：第一次是大中祥符五年（1012）九月戊子至七年（1014）六月乙亥，第二次是大中祥符八年（1015）四月壬戌至天禧元年（1017）八月庚午。两次所任官都以"检校官、同平章事、枢密使"结衔，《长编》、《宋史·真宗纪三》、《宋宰辅编年录》卷3、《宋史·宰辅一》等史书所记基本一致，而独有《宋宰辅编年录》以"枢相"称之。实际上，除《宋宰辅编年录》这样称谓外，其他史书亦有这样称谓，如《宋大诏令集》卷52《枢相王钦若拜相制》即记载了王钦若天禧元年八月由"枢相"升为宰相之事。宋敏求《春明退朝录》卷上，有"国朝宰相为仆射""枢相为仆射""枢密使为仆射"条，有"宰相谥""枢密使谥""枢密使相谥"等条不仅将宰相、枢相、枢密使分项列举，且所列为枢相者大多数与《宋宰辅编年录》所记吻合。李心传《建炎以来朝野杂记》记有"陈枢相（尧叟）"，① 按陈尧叟两次拜枢密使，没有任过宰相，两次所任都是以"枢密使、同平章事、检校官"结衔，《宋宰辅编年录》称之为"枢相"，故李心传所记"陈枢相"即为此也。李焘在《长编》中很少用"枢相"之称谓，笔者检索《长编》，还是找到几例，一是李焘引《文潞公私记》称"治平元年八月……时富弼为枢相"。② 按富弼于嘉祐八年五月戊午至治平二年七月癸亥期间，任官以"枢密使、检校太师、同平章事"等结衔③，故此处"枢相"应是"枢密、检校太师、同平章事"之别称，二者所指一致。二是《长编》元祐五年正月甲午条引给事中、兼侍读范祖禹言："英宗、神宗时，（文彦博）为枢密相八九年。"④ 按：文彦博于治平二年（1065）

---

① 李心传：《建炎以来朝野杂记》甲集卷9《状元年三十以下数》，徐规点校，中华书局2000年版，第182页。
② 《长编》卷202，治平元年八月丙辰，第4900页。
③ 《长编》卷198，嘉祐八年五月戊午，第4808页；《长编》卷205，治平二年七月癸亥，第4976页。《宋史》卷211《宰辅二》，第5478页。
④ 《长编》卷437，元祐五年正月甲午，第10549页。

七月庚辰以"淮南节度使、兼侍中为枢密使"①，熙宁六年（1073）四月已亥，以"枢密使、剑南西川节度使、守司空兼侍中"罢。② 所谓"枢密相"即谓此也。不过，文彦博之枢相是以"节度使兼侍中、枢密使"结衔而已，这恰是北宋早期枢相称谓的另一种类型，下文将专论之。三是《长编》庆历七年三月乙未条引宋之典制说，"故事，文臣自使相除枢相，必纳节还旧官，独（夏）竦不然（景祐元年八月王曾事可考）"。③ 按李焘这里虽在追忆旧制，但也表明：他承认是时王曾、夏竦所任官为"枢相"，而二人所任官以枢密使兼同平章事结衔。因此，"枢相"所指在北宋前期是"枢密使兼侍中或同平章事"之义，应该是没有问题的。

不仅今人容易将"枢相"与宰相混淆，古人亦有之。《宋史》修订者竟然将晏殊于庆历二年（1042）七月戊午拜官，误列于"宰相栏"中。据《宋史·宰辅二》记载，庆历二年七月壬午"晏殊自枢密使加同平章事"；三年三月戊子，"晏殊自检校太尉、刑部尚书、同平章事加同中书门下平章事、集贤殿大学士兼枢密使"。二者记载前后抵触，既然庆历二年七月所拜官为宰相，那么三年三月拜官称"同平章事加同中书门下平章事"，岂不重复吗？换言之，既已为宰相，带"平章事"衔，再加之就没有必要。问题在于，晏殊庆历二年七月任官虽带"同平章事"衔，但他不是宰相，而是"枢相"。故不应置于"宰相进拜加官"栏，应置于"执政进拜加官"栏。这样，就不会与后文进拜宰相内容相冲突。顺便提一下，庆历二年七月戊午至五年十月庚辰，宰相兼任枢密使。晏殊是年所任为"枢相"，《宋宰辅编年录》卷4有"殊拜枢相制"可以为证。还有一则史料，可以佐证，晏殊是年之任非宰相也。据《挥麈录·前录》卷2《五朝俱立三相》记，其中宋仁宗至和三年（1056），刘沆、文彦博、富弼三相共主。若晏殊庆历二年七月任宰相，则其时当有三相，即晏殊、吕夷

---

① 《长编》卷205，治平二年七月庚辰，第4979页。
② 《长编》卷244，熙宁六年四月已亥，第5944页。
③ 《长编》卷160，庆历七年三月乙未，第3866页。

简、章得象，《挥麈录》当收录而没有收录，恰说明晏殊是时所任非宰相。

宋人在一些典籍中，记录宋朝宰辅三度入相者，如王明清《挥麈录·前录》卷2《本朝三入相者六人》、宋敏求《春明退朝录》卷下"宰相三人者"、江少虞《宋朝事实类苑》卷24《宰相三入》等，都没有列寇准、王钦若于其中，正说明他们不是三度入相者。因此，今人误将其列入三度入相者，实不应该。其问题恰在于对宋朝前期宰相认定不清，枢相与宰相分不开。

二 宋代前期枢相不是"宰相兼枢密使"的省称

宋代，中书与枢密号称"二府"，对掌文武大权。宰臣兼枢密长官之制，在南宋断断续续施行了149年①，占两宋享国320年近半，共有61名宰相兼任过枢密院事②，占宋宰相总数139人之近半。但是认为枢相即宰臣兼枢密使者，马氏与龚氏二人。马端临《文献通考》之"宰相兼枢密使"之条下有这样一句话："枢密使带相印为枢相，自后唐始。"然联系《通考》之上下文，马氏"枢相"之定义，盖指宰臣兼枢密使。龚延明《宋代官制辞典》所言"枢相"之定义，类似于马端临，即"宋代宰相或兼枢密使。常省称'枢密宰相''枢相'等"。龚为此还引史料佐证。然经笔者考察，其征引材料所述内容，并非其所说的"宰相兼枢密使"。其所引《邵氏闻见录》卷9，"富（弼）除丧，英宗已即位，魏公已迁左相，故用富公为枢密宰相"之中"枢密宰相"是"枢密使"，而非"宰相"。其所引《宋宰辅编年录》卷6，"英宗嘉祐八年五月戊午，富弼拜枢相。弼既除丧，

---

① 梁天锡：《宋宰辅制度研究论集》，中国佛教文化出版有限公司1996年版，第8页。

② 北宋有7人次：魏仁浦、章得象、吕夷简、晏殊、杜衍、贾昌朝、陈执中。南宋有宰相不兼者13人，既兼又不兼者4人，而南宋有宰相67人，故曾兼任枢密院事者有54人次。

授枢密使、检校太师,行礼部尚书、同平章事"之内容,更为清楚地解释了"枢密宰相"之含义。富弼因丧而去相位,丧除而归,时已有韩琦、曾公亮二相,英宗无奈,除授其为"枢相",班仪居枢密使之前,以示优宠。若是时富弼为宰相,则又有"三相共主"之例,而《挥麈录》又怎能会漏举呢?至于其所引另两则史料中"枢相"与"枢辅",可视作枢密使、宰相之省称、合称,但理解为"宰相兼枢密使"似乎不妥。

前文已经说过,枢相在北宋前期不是宰相,实已否定了"枢相是宰相兼枢密使省称"之结论。笔者检索了一些常用史书,发现北宋前期凡宰相兼枢密使者,概不称枢相。而惯用"枢相"的徐自明《宋宰辅编年录》,也没有以此来称谓宰相兼枢密使者。《长编》中用"枢相"一词,除了是指兼侍中或同平章事之衔的枢密使之义外,还有三处别有所指:

(1) 吏部郎中、直集贤院田锡奏:"今宰相、枢密使是陛下运筹帷幄之臣……望陛下速宣枢、相……"①

(2) 侍御史知杂事田锡言:"朝廷宜制理于未乱,枢相当经始而图终。"②

(3) 侍御史知杂事田锡言:"又访闻密院、中书,政出吏胥之手……枢、相商议,别无选择……"③

按此三条史料中"枢相"显然不是指"宰相兼枢密使"之义,因为此时没有宰相兼枢密使者,前文已述自乾德二年至庆历二年60余年间,没有宰相兼枢密使之常例,只是有"向敏中权发遣枢密院公事"之特例,不过发生于大中祥符七年六月极为短暂时刻④。同时,这里之"枢相"亦非指本书所述的带侍中或平章事之枢密使,因为咸

---

① 《长编》卷51,治平五年正月戊申,第1110页。
② 《长编》卷52,咸平五年五月壬戌,第1134页。
③ 《长编》卷53,咸平五年十月癸未,第1160页。
④ 《长编》卷82,大中祥符七年六月乙亥,第1883页。

平五年前后没有这样的枢密使。联系其上下文，此处"枢相"概统称中书、枢密之机构或长官（宰相、枢密使）而已。

因此我们似可断言北宋前期的枢相不是指"宰相兼枢密使"。尽管有少数"枢相"是中书、枢密院二机构及长官之统称，但多数者是指枢密使兼有侍中、平章事之衔者。

三　北宋前期枢相的几个问题

在解决了上述两个极易混淆的问题之后，我们应对北宋前期关于枢相之结衔方式、除拜资格、待遇、人数、任期以及影响等问题作明确的说明，以便从整体上认识北宋前期之枢相。

1. 北宋前期枢相之结衔方式

北宋前期，凡枢密使或知枢密院事带同中书门下平章事或侍中，谓之"枢相"①。枢密使或带平章事或带侍中，虽没有明文规定，但行之有别。一般兼平章事衔者多见，或兼侍中衔少见。盖侍中品位极高，不轻易授人，北宋前期枢相中兼有此衔者唯有曹彬、曹利用、张耆、王贻永、文彦博等人。曹彬开国元勋，三朝元老，兼侍中也只是在宋太宗即位以后；曹利用，于"澶渊之盟"之大事上有功于真宗，于乾兴元年（1022）二月（时仁宗即位）加侍中，而后又得幸于刘太后；张耆，宋真宗藩邸旧人，屡立战功，曾引刘氏得幸于真宗，故刘太后预政"宠遇最厚"②。王贻永，国初宰相王溥之孙，又尚太宗女郑国长公主，仁宗以宗室之礼遇待之；文彦博，在仁宗朝二度拜相，英宗时拜枢相加侍中以优宠之。另外，枢相吴延祚以同中书门下二品结衔，是因避讳父名"璋"字。

北宋前期之枢相中，亦有带节度使者。宋初规定，文臣自使相除

---

① 参考了梁天锡、姜锡东二之观点。详见梁天锡《宋枢密院制度》，第250、254页；姜锡东《关于北宋前期宰相制度的几个问题》，《中州学刊》1990年第2期。

② 《宋史》卷290《张耆传》，第9711页；司马光：《涑水记闻》卷6《宫美与刘后》，第109页。

"枢相"要罢节度使还旧官。景祐元年（1034），王曾自使相带检校官，复为吏部尚书、同平章事，充枢密使，已不再还旧官。迨庆历七年（1047），夏竦自河阳三城节度使、检校太尉、同平章事、知大名府（使相）入枢相，仍带河阳三城节度使已不再"罢节"，故史书称之为"非旧制也"①。自此而后，凡由使相入枢相者例加节度使，如王德用、王贻永、文彦博等人。武臣曹彬初授枢密使不罢节度使，太宗即位后加同平章事充枢密使，即为枢相，立即罢节度使。但是曹利用于乾兴元年（1022）七月加节度使，张耆于明道元年（1032）十二月加昭德军节度使。看来，武臣充枢相罢不罢节度使，没有严格之定制。

宋制还规定，枢密使带检校官。作为特殊枢密使的枢相亦不例外，例加检校官。宋初检校官有19阶，前三阶即检校太师、太尉、太傅为枢密使相之加衔。初授者，一般加检校太傅，如王钦若、陈尧叟、冯拯等，由使相或曾为宰相、枢密使而入枢相者，多加检校太尉。位尊者加检校太师，如曹彬、王曾、王贻永、富弼、张耆、王德用等少数人获此殊衔。

宋代前期之枢相，还有在任拜爵者，如王贻永为邓国公、宋庠为莒国公等，这种现象罕见。

另外，还有枢相在任带仆射者。如王贻永罢前为右仆射，宋敏求《春明退朝录》卷上记述了北宋前期枢相为仆射者4人：陈尧叟、曹利用、张耆、王贻永。概因"仆射是正二品官，师长百僚"②。"故事，尝为宰相而除枢密使，始得迁仆射"③，故不轻易授人。

2. 北宋前期枢相除授资格

据司马光《涑水记闻》卷5称："枢密使、同平章事"（即枢相），"名位极矣"，故北宋前期不轻易授人。据笔者统计，入枢相者

---

① 《长编》卷160，庆历七年三月乙未，第3866页。
② 《长编》卷205，治平二年七月壬戌，第4977页。
③ 徐自明：《宋宰辅编年录》卷3，王瑞来校补，中华书局1986年版，第138页。

可分为以下几类：其一，由枢密长官而入枢相者，曹彬、王钦若、陈尧叟、曹利用、晏殊、王贻永、吴延祚等人；其二，曾为宰相或枢密长官罢为他官，而后入者，如寇准、王曾、宋庠、贾昌朝、富弼、冯拯、王德用、陈升之、文彦博等人。由此可知，枢相多由曾任宰相、枢密长官或现任执政充任，与枢密使除授资格相比，资格可谓苛刻。①因此，北宋前期，百余年间，除授者不过19人。

3. 北宋前期枢相之待遇

前文已提到，北宋前期枢相亦是"使相"，是拥有最高军事决策权的特殊枢密院长官。与一般枢密使相比，枢相之特殊性在于待遇十分优厚。按照宋制，凡枢密使兼中书令、侍中、同平章事者（即枢相、使相），其立朝班序位于宰相之后，而又在三师三公、枢密使、知枢密院事之前。② 枢相之经济待遇则更优，宰相、枢密使月俸钱300贯，而带侍中、平章事的枢密使月俸钱400贯；宰相、枢密使、知枢密院事禄粟每月100石，而"枢密使带使相"之禄粟每月200石；枢相的禄俸比宰相还高，约为其2倍。③ 枢相在位享受使相之待遇，退位亦恩宠有加，其罢任后去向有以下几类情况：（1）以使相出判州府，如曹利用、夏竦、张耆、宋庠、富弼、陈升之、文彦博等人；（2）升拜宰相，如王钦若、冯拯、王曾、晏殊等人；（3）授节度使等衔而为他用者，如吴延祚、曹彬（第一任）、寇准、王德用、王贻永、贾昌朝等；（4）守本官而罢者，王钦若（第一任）、陈尧叟等；（5）卒，如曹彬（第二任）、王曙等。除死于任上与升迁拜宰相外，大多数枢相获得"使相"之衔或节度使等衔。

另外，枢相罢任，恩荫之制亦优于枢密使。据《宋史》卷159《选举·补荫》规定："宰臣、枢密使兼平章事因事罢者，陈乞转官一人，指射差遣二人。余执政官，并各一人。"④

---

① 梁天锡：《宋枢密院制度》，第172页。
② 《宋史》卷168《职官八》，第3987页。
③ 《宋史》卷171《职官十一》，第4101页。
④ 《宋史》卷159《选举》，第3729页。

4. 北宋前期枢相之人数、任期

北宋前期枢相人数多少，梁天锡在《宋枢密院制度》一书中两次提到，计有13人，即吴延祚、曹彬、王钦若、陈尧叟、寇准、冯拯、王曾、夏竦、王德用、贾昌朝、宋庠、富弼、陈升之。① 据笔者统计，北宋前期枢相为19人，除上述13人外，尚有曹利用、王贻永、张耆、王曙、晏殊、文彦博6人。就北宋前期六朝分布来看，太祖朝1人，太宗朝1人，真宗朝5人，仁宗朝10人，英宗朝1人，神宗朝1人②。真宗、仁宗二朝共15人，可谓滥矣。

北宋前期枢相任期，长短不等，多数不过二三年；亦有不足一年，如冯拯4个月，王曾6个月、王曙1个月、晏殊8个月；亦有七八年者，如曹彬初任为近7年、曹利用近8年、张耆近7年、王贻永8年、文彦博近8年。

5. 北宋前期枢相之影响

北宋前期枢相的存在，在宋代政治史中应有一定的影响。笔者认为可从以下两方面来考虑。

第一，枢相的存在，有助于最高统治者调配权力中枢。

北宋前期虽是中书、枢密、三司分掌民政、军政、财政权，然三司之地位与权力远远逊色于中书、枢密。在政治生活中，中书、枢密发挥着中枢权力之作用。而处于宰相与枢密使之间的枢相，并非宋代常设之定制，在实际中却不时地有人被除拜。这表明在文武并举之时代，枢相存在有积极之作用。除拜者多是曾任宰执或现任执政官，尤以宰相、枢密使为多。这批人往往是勋臣耆旧，若人事安排不当，既损恩信又会妨碍权力运作。如枢密使曹彬，系开国元勋，宋太祖没有兑现给予他"使相"衔之承诺，曹彬"怏怏而退"，怨叹曰："好官

---

① 梁天锡：《宋枢密院制度》第250、254页。
② 按初任时间为准，累任者以前任时间计。

亦不过多得钱耳，何必使相也！"① 宋太宗即位立刻满足了曹彬之要求，授之枢相，以稳住这位颇有政治影响能力的勋臣。真宗即位，再授之枢相，又给这位三朝元老加侍中衔以优宠之。若按曹彬之资历授之宰相亦未尝不可，但他是武将，不以授之，但授以枢密使又不能抚慰他，而授之枢相，使其有倍于宰相之恩赐，而行枢密使之实权，实属妥当之安排。有时设枢相，是考虑到中书人员之搭配。如夏竦，其初降制为宰相，而夏竦素与宰相陈执中议论不合，不可与之共事，刚降制三日，"遂贴麻改命"为枢相②。原宰相因丧而离，相位待丧除而归，位已被占，这时授之以枢相，便可解决人事安排上之困难。如富弼、陈升之即属此种状况。再如冯拯、王钦若、王曾等人授之枢相，作为暂时过渡，待相缺而补之。驸马王贻永长期任枢相，宠之又不碍大政。诸如此类，不一而论。一言以蔽之，枢相在北宋前期中枢权力之分配上有一定调节之作用，有利于政局的稳定。

第二，过多的枢相存在给财政带来负担。

前文已经提过，枢相待遇倍于现任宰相，在任与去任俸禄一样。枢相富弼曾曰："使相者文武中并是第一等俸禄。"③ 换言之，枢相享文武中第一等俸禄，因为枢相是有实权的特殊使相。枢相俸高恩崇又有实权，即便是皇亲旧人、故相勋臣，朝廷一般不轻授。太祖"爱惜爵，不妄（使相）与人"④。太宗皇帝在位二十余年也仅授曹彬一人为枢相。"太祖、太宗时，文臣为使相，惟赵令一人。"⑤ 大概"真宗以前惜此（按指使相）官禄，未尝轻有除拜。"自此以后，便滥于除授。富弼曾曰："仁宗冲幼即位，不曾检详祖宗故事，兼当时执政者徇私，亦欲自为地，遂开此例。终仁宗一朝，罢相罢枢密使者，皆除使相。"⑥ 真宗朝5人，仁宗朝多达10人，占北宋前期19名枢相之一

---

① 《长编》卷17，开宝九年二月庚戌，第364页。
② 《长编》卷160，庆历七年三日乙未，第3866页。
③ 《长编》卷205，治平二年七月壬戌，第4977页。
④ 《长编》卷17，开宝九年二月庚戌，第364页。
⑤ 宋敏求：《春明退朝录》卷上，第13页。
⑥ 《长编》卷205，治平二年七月壬戌，第4977页。

半。枢相拜授之滥，恰印证了富弼之论。仁宗朝枢相11人，除卒1人，拜相2人外，其余7人或授以使相，或授以节度使，而枢相罢为节度使者，俸同使相。故7人枢相罢任后，仍享使相之俸。枢相随意除授，使本以优待勋臣耆旧，有意识调控中枢权力之良法美意，变调走味"泛泛者容易付与"，且给财政造成不小的负担。

四　余　论

北宋前期枢相，除在极少数文献中统称中书、枢府二机构或长官外，在绝大多数史书中指的是带侍中或平章事衔的枢密使，可视作特殊的枢密使，但不可视作宰相或宰相兼枢密使；可视作使相之特例，但不可与使相对等。它有"枢密相""枢密使相"等别称。

原刊于《中州学刊》2002年第5期

略论北宋前期之裁军

北宋前期冗兵冗费问题滋生并日趋严重。兵冗费广造成了民穷国匮、老弱病疲。是时"忧世之士屡以为言"① 极陈冗兵之弊。于是汰弱裁员、减费增效之裁军活动，在北宋前期渐次进行。学界以往对此重视不够。本文考察了宋神宗朝及其以前诸朝之裁军，并着重对比分析了神宗朝与前五朝裁军活动的特点，以企对了解宋代军政建设和评价王安石变法有所帮助。不足之处，望大家指正。

一

有宋一代，实行所谓"为农者出租以养兵、为兵者事征守以卫民"②的募兵制、职业兵制、养兵制。但是，由于军队数量急剧膨胀，军费支出不断增长，军费支出规模大小与是时经济发展水平高低、财税支付能力强弱不甚协调，从而产生了兵冗费广、国匮民穷之恶果。"兵所以卫民者也"，然"卫民者，反残民也"③。养兵之患，遭到士大夫们交口斥论。

早在宋太祖开宝九年，太祖曾提议迁都洛阳，"欲据山河之胜而去冗兵，"遭众人反对而议遂止。太祖无奈地说，"不出百年，天下民力殚矣"④。此预见不幸言中！太宗至道三年（997），王禹偁提出

---

① 《宋史》卷187《兵一》，第4570页。
② 《宋史》卷194《兵八》，第4840页。
③ 赵汝愚：《宋朝诸臣奏议》卷120《上仁宗论益兵困民》，第1321页。
④ 《长编》卷17，开宝九年四月癸卯，第369页。

"减冗兵,赢冗吏",表明太宗时"冗兵"与"冗吏"并至。"冗吏耗于上,冗兵耗于下,此所以尽取山泽之利,而不能足也。"① 二者交困国用。真宗时不断选汰"冗兵",② 说明真宗朝亦有"冗兵"。大概在仁宗宋夏战争以前,"冗兵"问题虽有却不严重,议论亦不激烈。但是,仁宗宝元、康定以后,冗兵问题严重恶化,论者雀起。庆历四年(1044)六月,枢密副使富弼说:"兵冗财竭,赋敛暴兴,生民膏血,掊取无极,譬投石入井,到底乃止。"③ 至和年间,谏官范镇亦大呼曰:"今田甚旷、民甚稀,赋役甚重,国用甚不足,所以然者,正由兵多也。"④ 皇祐元年,枢密使庞籍与宰相文彦博亦极言说:"今公私困竭,上下皇皇,其故非他,正由养兵太多尔。若不减次,无由苏息。"⑤ 类似论议不绝史书。兹从军员、财用、民力与生产之角度极言"冗兵"之弊。亦有不少大臣从冗兵与兵弱之角度论述冗兵之害。嘉祐七年(1062),陕西转运副使薛向报告说,陕西禁厢军25万,"其间老弱病患、伎巧占破数乃过半"。⑥ 陕西驻军老弱过半,河东、湖北亦如此。据范镇《上仁宗论益兵困民》中说,河北、河东养兵30万,"就三十余万中,半皆老弱怯懦;老弱怯懦之人,遇敌则先自败亡;非独先自败亡,适所以为骁壮者之累。是骁壮者不可不拣练,而老弱怯懦者不可不抑去也。骁壮者不拣练兵殆,老弱怯懦者不抑去则费广,费广则民罢,民罢则不自爱养。以殆兵卫不自爱之民,臣恐朝廷之忧,不在塞外而在塞内也"。⑦ 而宋代全国更是老弱过半。据吕景初说,"羸疾老怯者,又常过半,徒费粟帛,战则先奔,致勇者亦相牵以败"。⑧ 顷刻间,"忧世之士屡以为言",⑨ 于是裁弱汰老、

---

① 《长编》卷42,至道三年十二月甲寅,第897页。
② 《长编》卷112,明道二年七月癸未,第2625页。
③ 《长编》卷150,庆历四年六月戊午,第3656页。
④ 《长编》卷179,至和二年五月癸亥,第4335页。
⑤ 《长编》卷167,皇祐元年十二月壬戌,第4023页。
⑥ 《长编》卷196,嘉祐七年二月癸卯,第4742页。
⑦ 赵汝愚:《宋朝诸臣奏议》卷120《上仁宗论益兵困民》,第1323页。
⑧ 《宋史》卷302《吕景初传》,第10020页。
⑨ 《宋史》卷187《兵一》,第4570页。

减费苏民的裁军行动艰难地展开了。

宋太祖为解决"冗兵"之患，曾采取两种办法：一是置"剩员"。其设于建隆二年，专处老弱残伤怯懦之退兵。① 自此番号为"剩员"者，历朝皆有。退居剩员，并非削籍为民，仍是享受禄原之军人。② 二是减兵。据曾公亮于庆历八年（1048）《上仁宗答诏条画时务》中说："至乾德中，两川、江、岭已平，则又减二万。"③ 但是，太祖裁兵举措收效甚微，没有阻止军队增长之势，军队自宋初22万④增至37.8万⑤，唯有置"剩员"汰老弱以提高战斗力而已。

太宗朝几乎连年征战，士兵死逃在所难免。即便如此，"戍兵倍增"⑥平均每年约增1.35万人。⑦ 这表明太宗朝使裁汰军队，效果亦不明显。

真宗朝备夏战辽，军队一度快速增长，总数号称"百万"之众。⑧ 宋辽"盟好"之后，逐渐裁汰老弱。史载："及契丹请和，祥符已后，稍稍消汰……住招募、斥疲劳，以减冗食。"⑨ 明道二年（1033）七月，范仲淹追述真宗朝裁军事说，"祥符中选退冗兵，无归之人，大至失所"，⑩ 安置被裁减士兵的措施不力，致使"无归之人，大至失所"。真宗时，裁减军队之法，除"住招募"与"斥疲劳"之外，还有"省并"军营，以减少将校官。据《宋史·兵志》记："其省并法，自咸平始。"⑪ 省并法，好是整顿编制，合并缺兵少员之军营。此法在宋神宗时得到大力推广。宋真宗时裁减军队，虽然没有阻止住

---

① 《长编》卷2，建隆二年五月甲戌，第45页。
② 王曾瑜：《宋朝兵制初探》，第239页。
③ 赵汝愚：《宋朝诸臣奏议》卷147《上仁宗答诏条画时务》，第1678页。
④ 《长编》卷327，元丰五年六月壬申，第7883页。
⑤ 《宋史》卷187《兵一》，第4576页。
⑥ 《文献通考》卷7《田赋七》，第163页。
⑦ 《宋史》卷187《兵一》，第4576页。
⑧ 《长编》卷44，咸平二年闰三月庚寅，第937页。
⑨ 赵汝愚：《宋朝诸臣奏议》卷148《上仁宗答诏条画时务》，第1682页。
⑩ 《长编》卷112，明道二年七月癸未，第2625页。
⑪ 《宋史》卷194《兵八》，第4839页。

军员增长之势头，但兵额91.2万①比之"百万"应略有减少，而不是在"百万"基数之上继续膨胀。减少数万军队，岁可节约百万贯之费用，其作用不容忽视。

宋仁宗庆历时，经过宝元、康定宋夏战争军队死亡之后，仍有125.9万人，②为宋朝兵数之最。军费给财政带来了沉重的负担，而且前"三朝旧兵"尚在军营，③老弱现象可想而知。宋夏盟约之后，在群臣之极论压力下，仁宗被迫接受裁军建议。据史料记载："自康定庆历以来，诸军营间有并废。"④"西师既罢，上患兵冗，帑庾不能给，乃诏省兵数万人。"⑤类似记载颇多，兹列举如下。

第一，庆历四年（1044）韩琦汰边兵1万余人。据田况于庆历五年（1045）上奏说："去年韩琦汰边兵万余人。"⑥第二，庆历五年遣8名内臣于京西等8路选汰赢兵。据《长编》记载，庆历五年二月戊子，分遣内臣往诸路选汰赢兵。兹次裁军范围包括京西、淮南、两浙、江东、江西、福建、湖南、湖北8路，范围虽广，但裁汰人数不详。第三，庆历六年（1046）汰兵5万人。据《长编》卷159，庆历六年八月乙巳与九月庚寅条记，夏安期与诸路经略安抚使议损边费，减罢官员、使臣44人，⑦减汰边兵不任役者5万人。⑧第四，皇祐元年（1049）拣汰8万人。皇祐元年枢密使庞籍与宰相文彦博以国用不足，建议省兵，"众纷然陈其不可"，担心汰兵"相聚为盗贼"。仁宗"亦疑焉"。文彦博与庞籍共奏曰，"万一果聚为盗贼，二臣请死之"。仁宗"意乃决"，下诏减汰陕西、河北、河东、京东、京西等路赢兵，约8万人。其中6万余人放归为农，另2万余人"减

---

① 《宋史》卷187《兵一》，第4576页。
② 《宋史》卷187《兵一》，第4576页。
③ 《长编》卷167，庆历七年十二月庚午，第3897页。
④ 杨仲良：《长编纪事本末》卷66《议减兵数杂类》，第2116页。
⑤ 《宋史》卷187《兵一》，第4574页。
⑥ 《长编》卷154，庆历五年正月丙戌，第3743页。
⑦ 《长编》卷159，庆历六年八月乙巳，第3842页。
⑧ 《长编》卷159，庆历六年九月庚寅，第3846页。

衣粮之半"。① 第五，皇祐元年陕西省兵3万余人。皇祐元年十二月，"诏陕西保捷兵年五十以上及短弱不任役者听归农，若无田可归者，减为小分。凡放归者三万五千余人，皆欢呼反其家。在籍者尚五万余人，皆悲涕，恨己不得去"。陕西缘边，计岁费缗钱七十千养一保捷兵，"自是岁省缗钱二百四十五万，陕西之民力稍苏"。② 士兵年五十以上可放归于农，比之宋制年六十一以上方免兵籍提前了10年③。第六，嘉祐元年（1056）裁并军营10指挥。嘉祐元年三月丙午，殿前司言："万胜二十指挥元管五百人，后来拣配逃走。全然数少，欲乞拨并为十指挥，下十指挥并入上十指挥。见管军头、十将、节级数多，欲选年高有功一百五十五人送军头司收管，祗候差使。"从之。④ 20指挥并为10指挥，裁掉10指挥。第七，嘉祐六年（1061）减裁3指挥。嘉祐六年十月丙申，马军司言，正平县就粮武骑带甲剩员四指挥，共管一百二十人，不成队伍，虚战营垒，诏令并为一指挥，⑤ 裁省3指挥。

以上所举，不能反映仁宗庆历以后裁军之全貌。就所举例来看，仁宗朝裁军有以下之特点：一是裁军形式多样。有合并军营，裁员省编；有缩短服役年限，提前免籍。二是范围广，重点突出。裁军波及全国，但重点在冗兵区集中的北方五路，尤其是陕西减次数多，人数亦多。三是持续二十年，集中于前十年。自庆历三年宋夏"盟好"至嘉祐八年仁宗死前后二十年，均有不同程度的裁军。但是裁军集中于庆历至皇祐十余年间，而至和、嘉祐年间宋夏关系紧张，裁军幅度很小，而招募明显增多。据《宋史·兵志》记，至和到嘉祐年间有三次募军之诏令。⑥ 正是有减又有增，故至英宗治平年间，仍有116.2万人，比庆历125.9万，才少9.7万人。当然亦应考虑英宗时的招募与

---

① 《长编》卷167，皇祐元年十二月壬戌，第4023页。
② 《长编》卷167，皇祐元年十二月壬戌，第4023页。
③ 《宋史》卷194《兵八》，第4836页。
④ 《长编》卷182，嘉祐元年三月丙午，第4400页。
⑤ 《长编》卷195，嘉祐六年十月丙申，第4729页。
⑥ 《宋史》卷193、194《志·兵》，第4800、4829页。

裁军之因素。四是裁军进程比较艰难。不少朝臣担心减裁军队会导致军变，宋仁宗犹豫不决，在庞籍与文彦博"请死"担保下，才勉强同意。五是注意到汰兵之安置。有田者可以归田，无田可养者降为"小分"或充"剩员"。六是效果不甚明显。据上述列举，有明确数字记载者之统计，约15.5万人减汰为民，有2万人减半支俸。若每兵岁支以30贯为准计算，其中12万人岁费360万贯，加上前文所述3.5万人省费245万贯，① 另2万人减半支俸则岁费30万贯，则裁军15.5万人每岁可省费635万贯。按理岁省约635万贯，财政压力会有所减轻。但是，由于裁军过程持续时间较长，前后又有反复，前十年以裁减为主，而后十年以招募为主。因此，历经十年数次损减，裁军效用尚未充分集中展示，便被招募增员增费之阴影所笼罩。同时，由于兵卒平均岁月支费增加，出现了兵减而费增之现象。据王育济研究表明，仁宗庆历、皇祐年间，平均每禁兵年支费30贯，而至和年间为33贯，嘉祐年间为50贯，② 此即意味着仁宗后期二十年中，前十年以裁军为主，而兵卒平均岁费少；后十年以招募为主，而兵卒人均岁费多，每卒约增66%。故仁宗后期裁军减员，军费未必减下来，财乏丝毫没有缓解。史载："财无乏于嘉祐"，③ 裁军之效用，因此可见。

英宗朝小规模裁军仍在进行。治平元年（1064）下诏："如闻三路就粮兵，多老疾不胜铠甲者，可勿拘时，拣年五十以上有子弟或异姓亲属等应样者代之。如无，听召外人。"④ 此裁军诏令与前此不同，汰弱纳强，人数不变，支费亦不变，但其意义在于提高战斗力。英宗在位四年，宋夏关系再度紧张，裁军幅度与次数明显不如仁宗庆历之时，而招募却比旧有加。据《宋史·兵志》记，英宗治平年间曾多次下诏拣选补缺与招募新兵。如治平元年，阅亲从官武技，"得百二十

---

① 《长编》卷167，皇祐元年十二月壬戌，第4023页。
② 王育济：《关于北宋养兵之费的数量问题》，《山东大学学报》1990年第1期。
③ 叶适：《叶适集·水心别集》卷11《财总论二》，第772页。
④ 《宋史》卷194《兵八》，第4830页。

人以补诸班直"。同年又诏令拣选诸路厢军以补禁军之阙额。① 治平二年，募陕西士民、营伍子弟隶禁军，又遣官到畿县与南京、曹等8州募民为兵。治平四年，又诏延州募保捷军五营约2500人。② 正是因为治平年间的频频招兵，抵消了是时裁军之数，且有增长之势。仁宗后期裁后15.5万人，治平时兵数理应是庆历兵数125.9万与裁汰之额15.5万之差额，即110.4万人，而实际上治平兵额为116.2万人，多出近6万人。这6万人中，有部分是仁宗时招募的，有相当部分是由英宗所招进的。加之，英宗治平年间兵卒人均费用，比仁宗庆历时有较大幅度增加。故英宗治平比于仁宗庆历时，出现了"兵减而费增"不正常现象。仁宗嘉祐前后的财乏局面，在英宗年间仍继续着。叶适说"盖财无乏于嘉祐、治平，"③ 恰反映了这个问题。

综合英宗以前五朝之裁军，我们不难发现，裁汰艰难，而招募容易，裁军基本上没有遏制住军队继续增长之势，冗兵冗费日甚一日。解决财政危机与冗军冗费之重担，落在后继者宋神宗肩上！

二

冗兵冗费在仁宗晚年与英宗治平年间已经极其严重，举朝上下为之而忧。但是，仁宗总是对裁军心存疑虑，边裁边募；英宗则募多裁少，财匮之危机非但不减反而日甚一日！英宗虽欲"大有所为"④，然未来得及展图便匆匆而去。解决内外交困的重担便落在年轻的神宗肩上。"神宗嗣位，尤先理财。"⑤ 但怎样理财，从何着手，由谁来理，年轻的神宗茫然不知所措。故神宗即位之初频频向大臣们"垂询"，但得到大臣们不同的声音。

治平四年（1067）闰三月丙午，历经仁、英宗两朝，二度掌邦计

---

① 《宋史》卷194《兵八》，第4830页。
② 《宋史》卷193《兵七》，第4800页。
③ 叶适：《叶适集·水心别集》卷11《财总论二》，第772页。
④ 《宋史》卷13《英宗》，第261页。
⑤ 《宋史》卷179《食货下一》，第4353页。

的老臣张方平向刚刚入继大统的神宗说："臣在仁宗朝庆历中充三司使，嘉祐再领邦计，尝为朝廷精言此事，累有奏议，所陈利害安危之体，究其本原，冗兵最为大患！"① 明确表示"冗兵最为大患"，理财当先裁兵。

熙宁元年（1068）六月，神宗命司马光"看详裁减国用制度"，司马光对曰："国用所以不足者，在于用度太奢，赏赐不节，宗室繁多，官职冗滥，军旅不精。此五者非愚臣一朝一夕所能裁减。"② 司马光言中要害，但无有主次，且声明"非臣朝夕所能为"，表示不与合作，给急于求成而又满腔热忱的神宗当头一棒！

熙宁二年（1069）正月乙酉，枢密院进呈减住营兵数。神宗与枢密使文彦博、吕公弼等人围绕"冗兵"展开了一场激烈的争论。兹录之如下：

> 上曰："祖宗朝北戎无警即便罢兵。今既讲和，而屯兵至多，徒耗钱帛。"文彦博曰："自古皆募营兵，遇事息即罢。汉文帝以恭俭，故至武帝时府库充实。然因用兵，卒致公私匮乏。"上曰："文景恭俭，岂是庶事不为以致富盛？盖能立制度所以有成效也。如仁宗朝何尝横有费用，缘众人妄耗物力，府库遂空。"韩绛曰："朝廷须修法度，爱惜财币，乃能休息生灵，一人独立未足成化。"陈升之曰："已议暗消本路冗兵，于京东招补，亦将有序，不数年可见效矣。"吕公弼曰："缘边之兵不可多减。若遇大阅人数全少，北戎观之，非便。"文彦博曰："自有遣戍兵，不至缺事也。"上曰："卿等可详议以闻。"③

是时，文彦博、吕公弼为枢密使，陈升之为知枢密院事，韩绛为枢密副使，四人为枢密院长贰，军政要员。神宗与之讨论，所得答案不

---

① 《长编》卷209，治平四年闰三月丙午，第5089页。
② 杨仲良：《长编纪事本末》卷66《议减兵数杂类》，第2107页。
③ 杨仲良：《长编纪事本末》卷66《议减兵数杂类》，第2108页。

一。文彦博"用兵致匮"之论,与神宗汲汲边事之志相悖,遭神宗反唇相讥。吕公弼认为减兵则守备不足,不等神宗发话,曾经有裁军实践的文彦博立即给予"抢白"。韩绛、陈升之似乎探得神宗"口吻",与神宗趣向相投,且给年轻的神宗一个美梦,"不数年可见效矣",故二人日后不断得到重用,或与此有关。

在对枢密院军政长贰讨论中,宋神宗得到二人支持二人反对的结果。他似乎仍不满意,需要寻求更多人支持,于是征求刚升任宰相的陈升之、参知政事王安石的意见。前文已述陈升之态度明确,因之而入相,故此次被征询者主要是参知政事王安石。熙宁二年十月戊戌,神宗"问节财如何?安石对以减兵最急!"① 神宗趁机问如何省兵,王安石回答说:"陛下今欲省兵,当择边州人付以一州,令各自精练,仍鼓舞其州民各习,则兵可省",② "精训练募兵而鼓舞三路百姓习兵,则兵可省"③。王安石直截了当的回答,使神宗备受鼓舞,故而深信王安石之议。史称:"初谈并营,大臣皆以兵骄已久,遽并之必召乱,不可。帝不听,独王安石赞决之","帝用安石言,卒并营之"④。顺便提及一下,王安石对裁军问题前后不一致。皇祐元年,他在《省兵》一诗中说"兵省非所先"。⑤ 而在熙宁二年,王安石又说"减兵最急",前后矛盾,反映了他认识上的变化。这是很正常的,今之研究者不必以《省兵》诗来批判王安石熙宁裁军行为。

宋神宗在多次"咨询"中,认识上有很大转变,渐渐认识到冗兵之危害。熙宁三年(1070)七月丙申,神宗感叹地说:"兵不少,则财无由足。"⑥ 熙宁五年(1072),神宗又大呼:"穷吾国用者,冗兵也。"⑦ 神宗这些话来之不易,振聋发聩,甚至可以说空前绝后。在

---

① 杨仲良:《长编纪事本末》卷66《议减兵数杂类》,第2110页。
② 杨仲良:《长编纪事本末》卷66《议减兵数杂类》,第2109页。
③ 杨仲良:《长编纪事本末》卷66《议减兵数杂类》,第2110页。
④ 《宋史》卷196《兵十》,第4883页。
⑤ 王安石:《王文公文集》卷51《省兵》,第578页。
⑥ 《长编》卷213,熙宁三年七月丙申,第5172页。
⑦ 《宋史》卷196《兵十》,第4899页。

君主专制时代，君主之言行决定着事情之成败。神宗裁军态度之坚决，对裁军取得成功起关键作用！

神宗奋然裁军，其内容概有以下诸方面。

其一，定禁厢军额。熙宁二年正月乙酉，"枢密院进呈减住营兵数"。① 熙宁四年三月甲午，枢密使文彦博回忆说："三四年前，枢密院检录得开宝初至治平中内外兵马大数，颇甚详备，遂议配中定为永额，比至道前即差多，方庆历中即颇减。"② 文彦博所说的"三四年前"指的当是熙宁二年。但"永额"为多少，史料记载不明。哲宗元祐四年（1089），尚书右丞王存《上哲宗乞依旧教畿内保甲》中说："庆历、治平间，禁厢之籍至百余万，新城里外，连营相望。其后论者以兵冗费广，供馈不给，乃议并营裁决。其后中外禁军以五十八万为额。"③ 按王存在熙宁二年九月曾受对神宗的责问。据神宗曰："朕尝问王存以兵费，乃言臣不曾讲兵书。"④ 王存虽不能答神宗兵费多寡，但作为当事人，对是时时势应该很清楚。他所说"其后乃议并营裁决"，指的是"熙宁二年，始议并废"军营为事。⑤ 由此可知，熙宁初全国禁军以58万为额，王存之说亦是比较可信的，熙宁年间禁军实额为56.8万人也可印证其可靠性。⑥ 全国禁军额为58万人，而各路依次为：京城三衙兵3.24万人，开封府界6.2万人，京师合计9.44万人；江西0.68万人，湖南0.83万人，湖北1.2万人，福建0.45万人，广南东西0.12万人，川峡四路0.44万人，河北路7万人，⑦ 陕西由327营并为270营，⑧ 河东、京西、淮南"既皆拨并"，⑨ 具体营数不详。南方诸路除淮南路外共计4.64万人，尚不及

---

① 杨仲良：《长编纪事本末》卷66《议减兵数杂类》，第2108页。
② 《长编》卷221，熙宁四年三月甲午，第5376页。
③ 赵汝愚：《宋朝诸臣奏议》卷124《上哲宗乞依旧教畿内保甲》，第1376页。
④ 杨仲良：《长编纪事本末》卷66《议减兵数杂类》，第2109页。
⑤ 《宋史》卷194《兵八》，第4832页。
⑥ 《宋史》卷187《兵一》，第4579页。
⑦ 《宋史》卷187《兵一》，第4577页。
⑧ 《宋史》卷194《兵八》，第4832页。
⑨ 《宋史》卷187《兵一》，第4577页。

北方一路之多。定额 58 万比庆历时禁军数 82.6 万少 24.6 万，比治平时禁军 66.3 万少 8.3 万人。

厢军亦比照禁军进行"检治"，① 各路均有员额。② 熙宁四年"检治"完毕，全国共有 840 指挥，22.7 万人。③ 李焘亦以为此数字"是改立新额"。④ 厢军新额 22.7 万比之庆历厢军总额（43.3 万）少 20.6 万人，比治平（49.9 万）少 27.2 万人。李焘对熙宁四年厢军总数颇有疑议，实则没有必要。因为哲宗元祐七年（1092）四月，吕大防报告说："禁军 55 万余人，厢军 20 余万人"，⑤ 元祐厢军数与熙宁数大体相当，李焘不疑元祐而专疑熙宁，或与其对熙宁变法态度有关。合计厢禁军新额，比治平少 35.5 万人，比庆历少 45.2 万人，正因如此，神宗多次高兴地说：兵数"比庆历时，数已甚减矣"⑥ "比庆历中为极少"。⑦ 文彦博亦说："方庆历中即颇减。"⑧ "甚减""极少""颇减"说明裁减人数颇众。但所裁之数尚不足庆历、治平兵籍总数的 1/3。换言之，熙宁新定兵额 80.7 万约为庆历、治平兵额的 2/3 左右，"比至道前即差多"。⑨ 至道有兵 66 万，而新定额 80.7 万比之多 14.7 万人。故熙丰禁厢军新定额 80 余万应该是可靠的，王存所述禁军新额 58 万，李焘所说厢军新额 22 万，与实际兵额相差应该不大。这个数字之确定，对评价神宗裁军甚有裨益。

其二，严格招拣，汰退劣次。据《宋史·兵志》载："至神宗之世，则又有简汰退军之令。"⑩ 宋政府有时鼓励地方官多招为劳。⑪ 但

---

① 《宋史》卷 189《兵三》，第 4643 页。
② 《宋史》卷 189《兵三》，第 4667 页。
③ 《长编》卷 228，熙宁四年十二月丙寅，第 5556 页。
④ 《长编》卷 350，元丰七年十二月癸巳，第 8397 页。
⑤ 《长编》卷 472，哲宗元祐七年四月，第 11274 页。
⑥ 《文献通考》卷 153《兵考五》，第 4576 页。
⑦ 《长编》卷 251，熙宁七年三月己未，第 6128 页。
⑧ 《长编》卷 221，熙宁四年三月甲午，第 5376 页。
⑨ 《长编》卷 221，熙宁四年三月甲午，第 5376 页。
⑩ 《宋史》卷 194《兵八》，第 4835 页。
⑪ 《宋史》卷 193《兵七》，第 4803 页。

地方官只看数量不管质量，"多得怯弱不及等之人"，① 或以老小为丁壮，或以病患为强健。庆历时已有诏令禁止，所招兵不合格者"官吏并劾罪以闻"②。但实际上没有认真执行，前文所述庆历时全国军队老弱不及等者过半。熙宁元年，神宗下诏："诸路监司察州兵招简不如法者按之，不任禁军者降厢军，不任厢军者免为民。"③ 力图从源头上扼制滥竽充数者混入军队。

其三，五十放为民，缩短军役期。宋代军兵免役为民者有年龄规定，一般士兵61岁以上方允许求退军役，所谓"旧制（熙宁四年以前），兵至六十一始免，犹不即许"④。熙宁四年七月，新制规定"五十以上愿为民者听之"，"至是免为民者甚众，冗兵由是大省"⑤。仁宗皇祐年间亦曾有类似规定："陕西保捷兵年五十以上及短弱不任者听归农。"⑥ 并取得良好效果，可惜范围有限，持续时间很短，不堪与熙宁四年诏令所带来影响相比，"冗兵由是大省"！须注意的是，熙宁四年诏令特意强调士兵之"意愿"，"愿为民者听之"，若不愿为民者如何处置？按宋前期惯例，以剩员处之。如熙宁八年（1075），陈留县置龙卫带甲剩员两指挥，雍丘县置云骑带甲剩员一指挥，各以四百人为额，"以处龙卫、云骑退卒也"⑦。类似者还有员僚剩员、神卫剩员等番号。因此剩员在宋神宗朝占有很大比重，至熙宁六年（1073），剩员乃至八万人，"多为官员冗占"⑧，约占当时全国军队之1/10。此即表明，神宗截裁老弱之有限性，不彻底性。"方兵盛时，年五十已上皆汰为民，及销并之久，军额废缺，则六十已上复收为兵，时政得失因可见矣。"⑨ 年五十以上皆汰为兵，盖指仁宗皇祐元

---

① 《长编》卷148，庆历四年四月癸丑，第3590页。
② 《长编》卷148，庆历四年四月癸丑，第3590页。
③ 《宋史》卷194《兵八》，第4834页。
④ 《宋史》卷194《兵八》，第4829、4836页。
⑤ 《宋史》卷194《兵八》，第4836页。
⑥ 《长编》卷167，皇祐元年十二月壬戌，第4023页。
⑦ 《长编》卷261，熙宁八年三月庚申，第6367页。
⑧ 《长编》卷248，熙宁六年十二月乙亥，第6054页。
⑨ 《宋史》卷194《兵八》，第4837页。

年与熙宁四年之诏令。熙宁四年拣汰之令,在神宗以后便失效了。元祐四年规定,年六十五始充剩员;元祐八年,剩员军年六十以下精力不衰者,仍充军补缺。① 熙丰军政与元祐军政"得失因可见矣"。

其四,以工代赈,限民入伍。募饥民充军,是宋朝招军四大途径之一,② 也是宋朝一项传统国策。③ 由于宋代自然灾害多,几乎年年有灾荒,若是逢饥荒就招饥民充军的话,那么我们可以推测由饥民入军之途径在宋代招募军队中所处地位。宋神宗在王安石的建议下,一改昔日惯用的募饥充军的办法来安置流民,而是采取募饥兴利,以工代赈。工赈在宋神宗之前已出现,但未能得到很好的利用。在宋神宗时得到大力推广,所谓"今及未困,募之兴利"④。熙宁六年六月,宋神宗下诏:"自今灾伤年分,除于法应赈济外,更当救恤者,并豫计合兴农田水利工役人夫数及募夫工直,当赐常年钱谷,募饥民兴修。如系灾伤,辄不依前后敕赈济者,委司农寺点检奏劾以闻。"⑤熙宁七年(1074)陕西某地灾伤,地方官"舍流民以空营,募壮者筑城壕,自秋及春,役二十二万九千八百余工,人不乏食,而城池皆葺于旧"⑥。类似记载很多,兹不多举。⑦ 在兵冗已甚之际,募饥民为军与兴利,其效果绝不相侔。兵员"饱和"情况下,募饥充军,是将饥民这一生产者转化为消费者,造成兵冗费广;而募饥兴利,是发挥生产者之创造力,兴利增财,又有效控制兵源入流之滥、限员节流,是王安石变法时开源与节流有机结合典范之作,应予以充分肯定。但是募饥为军毕竟是宋朝一传统国策,宋神宗主持新政期间,又曾多次予以采用。如熙宁元年,诏诸州募饥民补厢军。⑧ 元丰二年(1079)二月,又以兖、郓、齐、济、滨、棣、德、博等州饥,募饥民为兵,

---

① 《宋史》卷194《兵八》,第4836、4837页。
② 《宋史》卷193《兵七》,第4799页。
③ 王曾瑜:《宋朝兵制初探》,第207页。
④ 《长编》卷264,熙宁八年五月丙寅,第6458页。
⑤ 《长编》卷245,熙宁六年六月己卯,第5966页。
⑥ 《长编》卷263,熙宁八年四月壬辰,第6417页。
⑦ 马玉臣:《王安石对宋代常平仓的改革及影响》,《烟台大学学报》2002年第1期。
⑧ 《宋史》卷193《兵七》,第4801页。

以补开封府界、京东、京西将兵之缺。① 元丰三年（1080），又诏"河北水兵，缺食民甚众，宜寄招补军"。② 由此可知，王安石主持变法与神宗主政之差别。饥民兴修水利、城壕等，部分代替原来由厢军所负担的项目，这也是厢军在神宗时人数比旧明显减少的内在原因！

其五，省并军营，整顿编制。宋制，指挥与营是同一级编制，是北宋最重要的、最普通的军事编制单位。凡军各有营，营各有额。步军以500人为一营，骑军以400人为一营。③ "承平既久，额存而兵缺，马一营或止数十骑，兵一营或不满一二百。而将校猥多，赐予廪给十倍士卒，递迁如额不少损。"④ 自康定庆历以来，诸军间有并废。⑤ 神宗尤"患之"，熙宁二年，"始议并废"。⑥ 省并后营制，马军以300人，步军以400人为额。史称"熙宁初大整军额"，其类型："有就而合者"，"有以全部付隶者"，"有并营而增额者"，"有就而易名者"，⑦ 还有缺而勿补，至少而废者。⑧ 陕西马步军营327并为270，其后全国凡拨并545指挥为355指挥，裁减190指挥。⑨ "自是部伍整肃，无有名存而实缺者。"⑩

其六，妥善安置退军。吕中《类编皇朝大事记讲义》卷3《处冗兵》说："夫兵之冗，不难于汰而难于处，藉其力于强壮之时，而欲去其籍于老弱之后，何以慰其心哉？"⑪ 故退军之处置亦是一大问题。宋神宗与王安石已比较重视这个棘手问题。凡并营，"先为缮新其居

---

① 《长编》卷296，元丰二年二月乙卯，第7210页。
② 《宋史》卷193《兵七》，第4802页。
③ 《宋史》卷192、194《志·兵》，第4780、4832页。
④ 《宋史》卷194《兵八》，第4832页。
⑤ 杨仲良：《长编纪事本末》卷66《议减兵数杂类》，第2116页。
⑥ 《宋史》卷194《兵八》，第4832页。
⑦ 杨仲良：《长编纪事本末》卷66《议减兵数杂类》，第2116页。
⑧ 《长编》卷300，元丰二年九月甲戌，第7300页。
⑨ 《宋史》卷194《兵八》，第4832页。
⑩ 杨仲良：《长编纪事本末》卷66《议减兵数杂类》，第2116页。
⑪ 吕中：《类编皇朝大事记讲义》（以下简称《大事记讲义》）卷3《处冗兵》，张其凡、白晓霞整理，上海人民出版社2014年版，第75页。

室,给迁徙费"。① 京师卫兵减汰后,一度欲徙之淮南粮源充足之地就食,后遭司马光、李常等人反对,仍"令自便在京居止"。② 由于比较妥善安排在汰退军兵,没有出现像吕公弼、司马光等人所担心的退兵致乱的情况。宋朝安置退军问题,有深入研究之必要,或许有许多借鉴之处。

其七,年四十以上允许"承替"。"取营伍子弟听从本军",是募兵途径之一。③ 子承父业,募兵制带有某种世袭化特点。但何时父子新老承替,宋有年龄规定。治平元年诏:"如闻三路就粮兵,多老疾不胜铠甲者,可勿拘时,拣年五十以上有子弟或异姓亲属等应样者代之。"④ "旧制,诸指挥兵级内有老疾年五十一已上有弟侄子孙及等杖者,令承替名粮。"⑤ 文中"旧制",当指北宋前期。元丰四年四月新制规定:"年四十已上许令承替。"⑥ 比旧制年50或55许"承替"提前10年或15年。"承替"虽不能减员,却可汰弱,加快新老、强弱更替,有利于提高战斗力。

此外宋神宗时还规定"诸班直、上四军毋得(招)简常有罪改配人"充任。⑦ 宋制,"以有罪配隶给役",亦是招募军队途径之一。⑧ 限制有罪犯人充配诸直、上四军,也是企图从招兵源头上限制兵源之扩大。

综观神宗朝裁军,盖有以下诸特点:一是时间长、范围广、措施多、力度大。自熙宁初至元丰末前后持续18年之久,从京师三衙、开封府界乃至全国各路诸州,从禁军到厢军,从50岁的老年兵到40岁的壮年兵,从招募到拣选,从裁弱到减员,从士兵到编制,从裁损到安置等,都作了明确的规定。二是注意开源与节流相结合。在裁军

---

① 《宋史》卷194《兵八》,第4832页。
② 《宋史》卷194《兵八》,第4835页。
③ 《宋史》卷193《兵七》,第4799页。
④ 《宋史》卷194《兵八》,第4830页。
⑤ 《宋史》卷194《兵八》,第4831页。
⑥ 《宋史》卷194《兵八》,第4831页。
⑦ 《长编》卷321,元丰四年十二月庚辰,第7753页。
⑧ 《宋史》卷193《兵七》,第4799页。

过程中，王安石等人注意到开源与节流相结合。除了前文所述工赈是二者相结合的成功范例外，对待冗兵问题，主要通过发展生产提高财税支付能力、给养军队能力与裁减军队、减少军费开支、减轻财政压力两条途径来解决。前者包括王安石变法发展经济的各种措施，学界已经予以充分研究，兹不多言。在开源、节流关系上，王安石认为，"理财为方今先急"，而"理财以农事为急"，① 即开源重于节流；在节流与省兵关系上，王安石回答神宗所问"节财如何"问题时说，节财"以减兵最急"！② 三者的辩证关系并不矛盾，学界有认为王安石说话首尾不一致，甚至有人认为，王安石只讲开源不讲节流，都曲解。其实，裁军为农，转消费者为生产者，又汰弱减费，以宽民力除横敛，最能体现开源与节流之结合精神！三是效果明显。熙宁年间新定额：禁军58万余，厢军22.7万，比治平分别少8.3万与27.2万，若每年平均支费禁军以50贯、厢军30贯计算，③ 则岁可省费1231万贯，兵数比庆历数已"甚减"④"颇减"⑤，"军食比向时颇减耗"。⑥ 熙宁时禁军实际兵籍56万比原拟额少2万人；元丰禁军又有所增多，比原定额58万多出3万余人，厢军数估计亦有所增加。虽然是时影响实际军额数量变化诸因素很多，如招募、战争死亡、逃亡、裁汰等，但裁军仍然是最主要因素。这是因为裁军从根本上扭转前四朝军队大幅度增加、而后仁英两朝高居百余万兵冗费广的局面，可以说冗军问题在神宗朝得到基本解决。另外，"自是部伍整肃无有名存而实缺者"。⑦ 军队战斗力比仁宗朝应该说有所加强，在西伐南讨中尚取得一系列战役之胜利。⑧ 由此，我们可以说神宗时裁军是成功的。

宋神宗时裁军取得成功，与宋神宗、王安石的努力分不开。毫无

---

① 《长编》卷220，熙宁四年二月庚午，第5351页。
② 杨仲良：《长编纪事本末》卷66《议减兵数杂类》，第2110页。
③ 王育济：《关于北宋养兵之费的数量问题》，《山东大学学报》1990年第1期。
④ 杨仲良：《长编纪事本末》卷66《议减兵数杂类》，第2110页。
⑤ 《长编》卷221，熙宁四年三月甲午，第5376页。
⑥ 《长编》卷273，熙宁九年三月己卯，第6695页。
⑦ 杨仲良：《长编纪事本末》卷66《议减兵数杂类》，第2116页。
⑧ 赵涤贤：《试论北宋变法派军事改革的成功》，《历史研究》1997年第6期。

疑问，宋神宗是这次裁军活动的总指挥、总实践者，他的意志趣向，始终左右着裁军活动之方向。前五朝裁军没有最终成功，与诸皇帝的态度、决心有必然联系。王安石是此次裁军行动的主谋者，主要具体落实者，是神宗最有力的支持者。史载："初议并营，大臣皆以兵骄已久，遽并之必召乱，不可。帝不听，独王安石赞决之。"① 元人脱脱评论说："仁宗之世，西兵招刺太多，将骄士惰，徒耗国用，忧世之士屡以为言，竟莫之改。神宗奋然更制……虽不能尽拯其弊，而亦足以作一时之气。时其所任者，王安石也。"② 这位封建史学家既肯定了神宗这次裁军行动，亦肯定了王安石在这次行动中的作用与地位，十分难得！神宗朝裁军，在熙丰改革中可以说成效最明显，遇到的阻力最小。在改革中虽有司马光、吕公弼、苏轼等人反对，但他们多是对裁军某些环节如安置、并营吹毛求疵，而多数反变法派如韩琦、文彦博、张方平、范镇等朝廷遗老重臣，在仁英宗朝大声疾呼裁冗减费，韩琦、文彦博还曾亲自实践过。再者裁军节费又符合儒家士大夫大多数人的"节流"思想，符合现实要求。故在熙丰改制的诸项"新法"中，裁军遇到的阻力最小，而取得的成效最显著。

北宋前期裁军活动，尤其是宋神宗朝裁军诸措施，如工赈、退军安置等，体现了标本兼治、减员增效、开源节流、恤老优军等精神，对后世乃至今天仍不失其借鉴作用。不少人全面否定王安石变法，而裁军之成功足以证明那些观点是不客观的，至少是缺乏具体问题具体分析。北宋前期裁军丰富内容，笔者浅论意在抛砖引玉，以引起学者对这些问题之重视。

原刊于《贵州文史丛刊》2002年第4期，与郭九灵合作

---

① 《宋史》卷194《兵八》，第4832页。
② 《宋史》卷187《兵一》，第4570页。

宋代官吏失入死罪法规初探

在我国古代，法官因有意或过失而量（用）刑轻重不当者，称之为"出入人罪"；将重罪判成轻罪或将有罪判成无罪者，叫"出罪"；而将轻罪判成重罪或将无罪判成有罪者，叫"入罪"。其中，法官有意为之者，叫"故出入人罪"，包括"故出人罪"与"故入人罪"；法官过失为之者，叫"失出入人罪"，包括"失出人罪"与"失入人罪"。[①] 不管何种情况，执法官都是有责任的，是要被追究法律责任或行政问责的。[②]

失入人罪，"乃官司误致罪于人"[③]。而失入人死罪，是指执法官因过失而量（用）刑轻重不当，将无罪或轻罪者错判成死罪的现象。它是上面所述的我国古代司法审判"失入"情况中最严重的一种，更是要追究法官责任的。我国很早就有"失刑则刑，失死则死"的问责原则，具体自何时开始，尚难定论。早在春秋时期晋国晋文公执政时期，晋国最高司法官李离就因"过听杀人"，枉杀了无辜，遂将自己拘禁于狱中，并请求晋文公判处他死刑。晋文公非常爱惜这位难得的法官，有意为他开脱罪责，故将责任推诿给下属官吏。但李离没有领受晋文公的宽恕厚意，认为自己错杀无辜，坚守"失刑当刑，失死当

[①] 参见高潮、马建石主编《中国古代法学辞典》"出入人罪""故出入人罪""故出""故入""失出"与"失入"等词条，南开大学出版社1989年版，第41、112、290、291页。

[②] 参见巩富文《中国古代法官出入人罪的责任制度》，《政法论坛》1990年第1期。

[③] 《宋史》卷201《刑法三》，第5010页。

死"的原则，依法当死，竟"伏剑而死"。①李离自裁行为，说明当时晋国是要追究法官失入人死罪行为的。对我国封建社会法律影响极大的《唐律》，仅仅对失入人罪做了规定（第487条）："即断罪失于入者，各减三等，失于出者，各减一等。""若未决放及放而还获，若囚自死，各听减一等。"《疏议》解释曰："'失于入者，各减三等'，假有从笞失入百杖，于所剩罪上减三等；若入至徒一年，即同入全罪之法，于徒上减三等，合杖八十之类。"②但是，《唐律》并没对有过失而入人死罪者予以明确规定。③以法律的形式专门地、明确地规定失入人死罪追究审刑官责任的立法活动，始自宋朝。拙文拟就宋代官吏失入人死罪的立法过程、立法内容、原因及效果等方面略作述陈④，欢迎批评指正。

一 宋代失入人死罪的立法过程

上文已提到，虽然唐代对出入人罪有具体的法律条文，但不是专门针对失入死罪现象的。兼之，唐后期、五代"诸州大辟，旧皆藩臣专决，枉滥者众。时务姑息，不复究问"⑤。乱杀、错杀问题十分突出，虽有法也难以执行。宋朝开国之君赵匡胤已清楚认识到："五代诸侯跋扈，多枉法杀人。朝廷置而不问，刑部之职几废。且人命至

---

① 司马迁：《史记》卷119《循吏列传·李离》，中华书局1982年版，第3103页。
② 长孙无忌等：《唐律疏议》卷30《断狱·官司出入人罪》，刘俊文点校，中华书局1983年版，第562页；刘俊文：《唐律疏议笺解》卷30《断狱·官司出入人罪》，中华书局1996年版，第2069—2079页，对此条有详细的解释。
③ 按，关于唐代的失入人罪的研究，可参见巩富文《唐代法官出入人罪的责任制度探析》，《政治与法律》1993年第1期；明廷强、张玉珍《试析唐律的官司出入人罪》，《齐鲁学刊》2003年第3期。
④ 按，目前，学术界有涉及宋代官吏失入人死罪责任追究的研究，仅有巩富文《北宋的"法官责任制"》（《文史杂志》1993年第4期）一文。巩富文相关论述只是北宋的情况，且漏掉了宋神宗熙宁二年（1069）新立的"失入死罪法"。
⑤ 曾巩：《隆平集校证》卷3《刑罚》，王瑞来校证，中华书局2012年版，第109页。

重，姑息藩镇当如此耶！"① 因此，自赵宋立国之初，便致力于纠正唐、五代为政之失，出台了诸如"崇文抑武""异论相搅"等一系列政策措施，其中包括旨在纠正法官或地方官过失致人死亡的法规。

1. 宋太祖时期对失入死罪官员的处罚规定

宋太祖很重视死刑罪，"时天下甫定，刑典弛废，吏不明习律令，牧守又多武人，率意用法。金州防御使仇超等坐故入死罪，除名，流海岛，自是人知奉法矣"。② 同时，他曾责令"诸州自今决大辟讫，录案闻奏，委刑部详覆之"。③ 刑部"详覆"死刑罪，可以减少误杀、错杀。宋太祖朝没有针对失入死罪的官员处罚做任何专门规定，唯一可能体现追究失入死罪官员的某些意思的是《宋刑统》。据《宋刑统·断狱·官司出入人罪》载：

> 从笞杖入徒、流，从徒、流入死罪，亦全罪论……断罪失于入者，各减三等。④

从这些条款中，可以间接地看出《宋刑统》对失入死罪的大致规定：断罪从徒、流失入死罪者，要科以比"故失""全罪论"处，减三等。具体如何处置，《宋刑统》所述并不清楚。据《宋会要辑稿》刑法4之69，宋太宗雍熙三年（986）五月，刑部援引《断狱律》说：

> 按《断狱律》，从徒罪失入死罪者减三等，当徒二年半，公罪分四等。⑤

---

① 《长编》卷3，太祖建隆三年三月丁卯，第63页。
② 《宋史》卷199《刑法一》，第4968页。
③ 《长编》卷3，太祖建隆三年三月丁卯，第63页。
④ 窦仪等撰：《宋刑统》卷30《断狱·官司出入人罪》，中华书局1984年版，第487—488页。
⑤ 徐松辑：《宋会要辑稿·刑法》4之69，刘琳等点校，上海古籍出版社2014年版，第8482页。

李焘《长编》卷60,景德二年秋七月辛亥条记载:

> 刑部举驳外州官吏失入死罪,准断狱律,从流失入死罪者,减三等,徒二年半。公罪分四等,定断官减外徒三年,为长者追官,余三等徒罪止罚铜。①

《宋会要辑稿》职官15之1—2也有相同的记载:

> 刑部举驳外州官吏失入死罪,按准《断狱律》:从徒流失入死罪者减三等,徒二年半。公罪分四等,定断官减外徒二年,为首者追官,余三等徒罪并止罚铜。②

按,上述三处刑部所援引的《断狱律》,虽大同小异,但应是出自《宋刑统·断狱》,理由是后二者与上引《宋刑统·断狱·官司出入人罪》两则条文对照完全一致。按照《宋刑统》,"从徒罪入死罪者",刑名从徒刑改至死罪,性质也由限制人身自由改变到剥夺生命,若是"故入"要"依全入死罪之法"论处,而"失入者"比"故入""减三等"③,即从死、流、徒三年到徒二年半"减三等",则"当徒二年半"。④因此,《宋会要辑稿》与《长编》记载的"徒罪失入死罪者减三等,当徒二年半",是上述《宋刑统》两条款的具体运用和进一步解释。

但是,我们不能据《宋刑统》断定宋太祖对失入死罪的官员处罚已经立法,原因有二:第一,建隆四年(963)修撰并颁行的

---

① 《长编》卷60,景德二年七月辛亥,第1349页。
② 《宋会要辑稿·职官》15之1—2,第3407页。
③ 窦仪等撰:《宋刑统》卷30《断狱·官司出入人罪》,第488页。
④ 以上见《宋刑统》卷30《断狱·官司出入人罪》、卷1《名例律·五刑》,第488、4页。按,《宋刑统》卷30《断狱·官司出入人罪》"议曰":"假有(从徒)失出死罪者,减五等,合徒一年半",据此,从徒失入死罪者,减三等,要比"减五等,合徒一年半"重二等刑。再对照,《宋刑统》卷1《名例律·五刑》,比"徒一年半"重二等刑者即为"徒二年半"。

《宋刑统》，几乎全盘照搬了唐朝前期的《唐律疏议》，其中有关"官司出入人罪"的条文更是如此。① 大家普遍认为，《宋刑统》所反映的不是宋代政治、经济和阶级关系，不能体现宋代的时代特征，尽管在宋代还被偶尔提起和采用，却已不是宋代法律的主体。② 第二，宋代失入死刑罪性质是"公罪"③（因公务过失而犯罪），而不是"私罪"（因循私情致有过失而犯罪）。④ 宋代官员公罪处罚，通常不是《宋刑统》所述的笞、杖、徒、流与死罪五刑，而是勒停、除名等行政问责。⑤ 而上引文称"徒罪失入死罪者减三等，当徒二年半"，根本不符合宋代对"公罪"官员的处罚方式。正缘于此，《宋史·刑法志》说雍熙三年（986）五月"始定制应断狱失入死刑者"相关法律。⑥

基于以上分析，我们认为宋太祖朝颁布的《宋刑统》虽有对失入死罪的官员处罚条文，但它是《唐律》的翻版，不是宋太祖时期所立的专门针对过失而入人死罪者的官员处罚法。因此，宋太祖没有对失入死罪的官员处罚立明确的法规。

2. 宋太宗"始定制"失入死罪惩处办法

宋太宗对死刑罪更重视，不仅"始用儒士为司理判官"，⑦ 而且首立对失入死罪官员进行问罪的法规。宋太宗雍熙三年（986）五月，刑部言：

---

① 详见窦仪等撰《宋刑统》卷30《断狱·官司出入人罪》，第486—489、548页。
② 按，学术界一般认为《宋刑统》不是宋代法律的主体，但也有学者则坚持清人沈家本宋代"终以刑统为本"的观点。前者见郭东旭《宋刑统的制定及其变化》，《河北学刊》1991年第4期。后者见薛梅卿《宋刑统研究》，法律出版社1997年版，第135—152页；戴建国《宋代刑罚史研究》，上海人民出版社2008年版，第70页；魏殿金《宋代刑罚制度研究》，齐鲁书社2009年版，第24页。笔者赞同前者观点。
③ 《宋会要辑稿·刑法》4之69，第8482页。载"从徒罪失入死罪者减三等，当徒二年半，公罪分四等"，表明失入死罪是"公罪"。
④ 巩富文：《北宋的"法官责任制"》，《文史杂志》1993年第4期。
⑤ 参见苗书梅《宋代官员选任和管理制度》，第471页。
⑥ 《宋史》卷199《刑法一》，第4971页。
⑦ 《宋史》卷199《刑法一》，第4971页。

果州、达州、密州、徐州官吏枉断死罪，虽已驳举，而人命至重，死者不可复生，非少峻条贯，何以责其明慎！按《断狱律》，从徒罪失入死罪者减三等，当徒二年半，公罪分四等。望自今断奏失入死刑者，不得以官减赎，检法官削一任，更赎铜十斤，本州判官削一任，长吏并勒见任。从之。①

这是宋代对失入死罪官员处罚的最早规定。两个月后，应权判刑部张佖的请求，宋太宗再次以"敕"的形式予以确认："失入死罪不许以官当赎，知州、通判并勒停。"② 在宋代，"敕"与"律"一样，都是法律重要的形式，同具有法律效力。对此，《宋史·刑法志》记载更明确：

（雍熙）三年……刑部张似言："官吏枉断死罪者，请稍峻条章，以责其明慎。"始定制：应断狱失入死刑者，不得以官减赎，检法官、判官皆削一任，而检法仍赎铜十斤，长吏则停。③

《宋史·刑法志》用"始定制"三字，准确地告诉大家，宋代问责于失入死刑（或罪）法官者相关条法，肇始于宋太宗雍熙三年（986）五月。

细究宋代首个失入死罪执法官员的处罚法，不难发现有以下特点：第一，宋代失入死刑罪性质是"公罪"（即因公务过失而犯罪），而不是"私罪"（即因循私情致有过失而犯罪）。④ 第二，宋代失入死刑罪追究的是行政责任，而不是刑事责任，而且"不许以官当赎"。据前面考证，上引文称"按《断狱律》，从徒罪失入死罪者减三等，

---

① 《宋会要辑稿·刑法》4之69，第8482—8483页。
② 《长编》卷60，景德二年七月辛亥条，第1349页，又见《宋会要辑稿》刑法4之69，第8483页。按，宋太宗雍熙三年（986）七月有关敕文，是在宋真宗景德二年（1005）七月辛亥（五日）臣僚追述中出现的，可能有节略。
③ 《宋史》卷199《刑法一》，第4971页。
④ 巩富文：《北宋的"法官责任制"》，《文史杂志》1993年第4期。

当徒二年半"，当指的是《宋刑统·断狱律》中有关条款的大意。很显然，失入死罪作为"公罪"，《宋刑统·断狱律》与其"祖本"《唐律》科以"徒"等刑罚，而宋代则代之以削任、赎铜、勒停等行政问责。第三，宋代失入死刑罪问责范围很广。据前引，宋代失入死刑罪问责范围包括直接参与审判的执法官（检法官、判官）和负有领导责任但不参与的长官（知州、通判），但责任轻重有别。

宋太宗时，"始定制"失入死罪惩处法是得到推行的。据载：

> 雍熙中，邵晔谏议为蓬州录事参军。知州杨全，性率而悍，部民十三人，被诬为劫盗，悉置于大辟。晔察其枉，白请再劾不听，乃取二人弃市，余械送阙下。翌日，果获正盗，全坐削籍为民，晔赐绯鱼，授光禄寺丞。①

知州杨全失入死罪11人、2人处决，和属官一样削除官籍（即除名），唯录事参军邵晔明于断案得到迁官。这是印证宋太宗"始定制"的失入死罪惩处法最直接的材料。

3. 宋真宗时期失入死罪惩处法的反复

宋太宗雍熙三年（986）"始定制"的失入死罪法，到了宋真宗时出现了反复。咸平二年（999），即宋真宗登基后第二年，宋政府"编敕之时，辄从删去"失入死罪法，直接导致"长吏渐无畏惧，轻用条章"。景德二年（1005）七月，有臣僚认为："若以格法旧条似亏惩劝，或准张似起请，又未酌中。"于是，提出了折中的建议：

> 欲望自今失入死罪不致追官者，断冲替，候放选日注僻远小处官；联署幕职州县官，注小处官；京朝官任知州、通判，知令录幕职，受远处监当，其官高及武臣、内职奏取进止。

---

① 郑克：《折狱龟鉴》卷2《高防》，杨奉琨校释，复旦大学出版社1988年版，第102页。

这个建议得到宋真宗"诏可"。① 对照宋太宗雍熙三年（986）"始定制"的失入死罪法，宋真宗新出台的处罚办法，主要是针对"失入死罪不致追官者"而言的。言外之意，对"失入死罪致追官者"则仍要"追官"。应当说，这是对宋太宗雍熙三年（986 年）"始定制"的补充。但其惩处力度大大减弱，直接参与审判的执法官和负有领导责任但不参与的长官，不再停职（"勒停""削任"），而是改任"僻远小处官""小处官"或"监当官"。而官高及武臣、内职则要"奏裁"②，往往得到最高统治者的宽减。史载："本朝累圣仁厚之至，绍兴以来凡奏裁者必贷。"③ 这显然不足以震慑违法官吏。

4. 宋仁宗强调"选人一坐失入死罪，皆终身不得迁"

宋仁宗在位42年，是宋代统治时间最长的皇帝。由于他较为宽仁厚道，死后追尊其庙号为"仁宗"。他"以人命至重"，④ 强调官员"一坐失入死罪，皆终身不得迁"。⑤ 因此，在他主政期间，一方面处理了一批"失入死罪"的地方官。另一方面出台了新的规定。一是选人若"任内曾失入死罪"，限制改京官。庆历六年（1046）八月，宋仁宗下诏：

> 磨勘选人，历任内曾失入死罪未决者，候再任举主应格听引见。其已决者，三次乃计之。若失入二人以上者，虽得旨改官，仍与次等京官。⑥

---

① 《长编》卷60，景德二年七月辛亥，第1349—1350页。又见《宋会要辑稿》刑法4之69，第8483页；《宋会要辑稿·职官》15之1—2，第3407—3408页。三者文字略有差异。

② 《宋会要辑稿》刑法4之69，第8483页。

③ 楼钥：《攻愧集》卷27《缴刑部札子》，文渊阁四库全书，台北商务印书馆1986年版，第1152册，第551页。

④ 《长编》卷183，嘉祐元年七月壬午条，第4423页。

⑤ 《宋史》卷12《仁宗》，第251页。

⑥ 《长编》卷159，庆历六年十月甲戌，第3850页。

嘉祐六年（1060），宋仁宗再次重申此条新制。① 宋代文官系统有选人、京官、朝官三大序列之别，初入仕者多为选人，选人系列官地位低、待遇差、人数多，只有经过举主推荐、自己奋斗，才有可能改秩京官。不少人终生在"选海"中漫游，至退休还是选人。因此，宋代选人改秩京官很艰难。宋仁宗两次诏令，将选人任期内断罪准确与否列入"磨勘"考核指标之一，对于初入仕者而言，是很高的要求。但是，对照宋太宗雍熙三年（986）"始定制"的失入死罪法要科以官员停职削任的处罚，它已是大打折扣！

二是失入死罪者，不得致仕荫补。宝元元年（1038），比部员外郎师仲说致仕，按照"故事"应当荫补其一子为官。宋仁宗"以（师）仲说尝知金州失入死罪，特罢之"。② 致仕荫补是宋代荫补制度门类之一，宋代不少中高级官吏退休时可以奏补子弟为官。这个例子可能是一个个案，并不像上文所说的限制选人改官那样，具有普遍意义，但至少说是宋仁宗对失入死罪者官员的另一种处罚措施。

尽管，宋仁宗时期出台的上述两项"新制"，对惩处失入死罪者官员的力度比宋太宗时有所减小，但在实际处理中，宋仁宗时期却有按照宋太宗雍熙三年（986）"始定制"的失入死罪法来执行的。如，至和二年（1055），广州司理参军陈仲约"特勒停"，原因是陈仲约任广州司理参军，鞫囚失入死罪，"从公坐赎铜，放"。宋仁宗认为"死者不可复生，而狱吏它日犹得叙用，岂可不重其罚也！"于是，他诏令"特勒停，仍遇恩未得叙用"。③ 陈仲约任广州司理参军，应是直接参与审判的执法官，按照宋太宗雍熙三年（986）规定，应"从公坐赎铜"，但是宋仁宗以"死者不可复生"为由"特勒停，仍遇恩未得叙用"，是比照问责长官的惩罚办法并加重处理之。嘉祐元年

---

① 《长编》卷195，嘉祐六年十月丁酉，第4729页。又见《宋会要辑稿·刑法》4之75、职官11之15，第8486、3319页。

② 《长编》卷121，宝元元年正月丁卯，第2857页；《宋史》卷200《刑法二》，第4989页。

③ 《宋会要辑稿·刑法》4之74—75，第8485—8486页；《宋史》卷200《刑法二》，第4989页。

（1056），宋仁宗又"以人命至重"，"特降"同提点广南东路刑狱公事、左藏库副使冯文俊，为广南西路都监，原因是冯文俊前知镇戎军时，失入死罪2人，"引去官勿论"。知镇戎军冯文俊任内失入死罪2人，作为长官，按宋太宗雍熙三年（986）规定，应当引咎去官。后复官，任同提点广南东路刑狱公事、左藏库副使，被审刑院揭发，此前问责"勿论"，宋仁宗又"特降"其差遣官。① 嘉祐初，胡宗尧举荐枢密使胡宿之子改官，时因失入死罪连坐，按规定应该改次第等官，宋仁宗"宣谕未令改官，凡三引见，几十余年"。有大臣又尚请求，宋仁宗仍坚持曰："此人曾杀朕百姓，不可改官。"② 嘉祐八年（1063）三月，陇州官吏"坐误断重辟，会赦当原"，宋仁宗"特贬权州事孙济为雷州参军，判官以下除名配广南，衙前州县吏配刺沙门岛及广南牢城"。③ 由于"坐误断重辟"之故，即使"会赦当原"，宋仁宗仍不放过，并加大处罚力度，长官孙济被贬官偏远的雷州任司理参军，判官以下除名为民，而且发配广南，衙前州县吏也要刺配沙门岛及广南牢城，已经不只是行政问责，而且绳之以刑罚。

总之，宋仁宗时期，在贯彻执行宋太宗雍熙三年（986）以来失入死罪法的基础上，又有所出新：若凡任内曾失入死罪者，选人延缓改京官或降等改京官；中高级京朝官不得致仕荫补。

5. 宋英宗时期没有立新法

宋英宗在位不长，又多数时间疾病缠身且与曹太后交恶，不仅使宋初以来形成的社会积弊更加恶化，而且在失入死罪立法方面也毫无建树。史称：

> 英宗在位日浅，于政令未及有所更制。然以吏习平安，慢于

---

① 《长编》卷183，嘉祐元年七月壬午，第4423页。

② 朱彧：《萍洲可谈》卷1《仁宗问改官人家世品行》，李伟国点校，中华书局2007年版，第109页。

③ 陈均：《皇朝编年纲目备要》卷16，嘉祐八年三月，许沛藻等点校，中华书局2006年版，第375—376页。

奉法，稍欲振起其怠惰。①

宋英宗时期不仅没有立新法，而且不坚守宋初以来的有关法律，导致吏治败坏、滥施死刑。治平四年（1067）十一月二十六日，时宋神宗已即位，有人披露：判大理寺、太常少卿祝谘同任大理少卿，"断银沙狱，失入大辟七八十人，赖朝廷疑其冤，覆于御史台，皆得减等"。②祝谘断狱当在宋英宗统治期间，由于"慢于奉法"，竟然失入大辟七八十人之多，幸亏得到御史台及时纠正，否则冤死者一定不少。正是宋英宗时期吏治败坏、有法不行、随意判案，所以宋英宗朝每岁处死刑人数居高不下。据载，治平元年（1064）断大辟2493人，③二年1736人，④三年1832人⑤，比宋仁宗统治末年即嘉祐八年（1063）1066人⑥明显增加。

6. 宋神宗时期"增失入死罪法"⑦

宋神宗是中国古代一位具有改革精神的皇帝。他"览政之初"，"忿流弊之委积，闵财力之伤耗"，而"为强兵富国之计"，⑧掀起了著名的熙丰变法。在司法上，"神宗皇帝思立法度以宰天下"⑨，不仅制定了大量的法规⑩，而且改变了传统的法律形式，以新的敕、令、

---

① 《宋史》卷200《刑法》，第4989页。
② 《宋会要辑稿·刑法》4之75，第8486页。
③ 《长编》卷203，治平元年十二月，第4929页。
④ 《长编》卷206，治平二年十二月，第5014页。
⑤ 《长编》卷208，治平三年十二月，第5069页。
⑥ 《长编》卷199，嘉祐八年十二月，第4841页。
⑦ 《宋史》卷14《神宗一》，第272页。
⑧ 苏辙：《栾城集·栾城后集》卷15《元祐会计录序》，曾枣庄、马德富点校，上海古籍出版社2009年版，第1327页。
⑨ 陈亮：《陈亮集》卷11《铨选资格》，邓广铭点校，中华书局1974年版，第125页。
⑩ 据郭东旭：《宋代法制研究》研究统计，自宋太祖建隆四年（963）至理宗宝祐二年（1254）的291年间，共编修制定法典242种，其中宋神宗朝就有90种，占总数的1/3还多。在242种法典中，其中敕、令、格、式约210种，占87%；仅宋神宗朝就有敕等86种，约占两宋编敕总数的40%。

格、式代替自唐以来的律、令、格、式①。梁启超赞扬说："其真可称为立法事业者，惟神宗时代耳！"② 其中，熙宁二年（1069）十二月癸酉（十一日），宋代法律中又新"增失入死罪法"。关于这个新增的"失入死罪法"，多种文献记载，内容大同小异。兹据内容较多者，录之如下：

> 神宗熙宁二年十二月十一日，诏："今后失入死罪，已决三名，为首者手分刺配千里外牢城，命官除名编管，第二从除名，〔第三〕、第四从追官勒停；二名，为首者手分远恶处编管，命官除名，第二从追官勒停，第三、第四从勒停；一名，为首者手分千里外编管，命官追官勒停，第二从勒停，第三、第四从冲替。以上赦降、去官不免，后合磨勘、酬奖、转官，取旨。未决者，比数递减一等，赦降、去官又递减一等。内使相、宣徽使、前两府，取旨；大卿监、阁门使以上，（以）〔比〕类上条降官、（降官）落职、分司或移差遣；其武臣知州军、自来不习刑名者，取旨施行。"③

对照宋太宗雍熙三年（986）以来对失入死罪有关法规条文，宋神宗熙宁二年十二月颁布的"失入死罪法"有以下特点。

第一，法律名称固定。熙宁二年以前，宋朝陆续出台的对失入死罪官吏处罚的有关法规条文，没有明确固定的法律名称。而自此以后，对失入死罪官吏处罚的有关法规便有了"失入死罪法"正式名称，宋朝法律中也就多了一个新的法律。因此，《宋史》称："熙宁二年十二月癸酉，增失入死罪法。"④

第二，内容丰富，条文细密。宋太宗雍熙三年出台的规定，相比

---

① 《宋史》卷199《刑法一》，第4963页。
② 梁启超：《梁启超法学文集》，中国政法大学出版社2000年版，第155页。
③ 《宋会要辑稿·刑法》4之75—76，第8486—8487页；又见《宋史》卷201《刑法三》，第5022页。
④ 《宋史》卷14《神宗一》，第272页。

于宋神宗熙宁二年新颁的"失入死罪法",内容较少,条文粗疏,没有失入死罪人数和主从犯人数、已决未决之分,也没有官、吏惩罚之别。为了区分,兹列表如下(见表1)。

表1

	人数	对吏的惩罚		对官员的惩处					
		已决	未决	首犯		第二从犯		第三、第四从犯	
				已决	未决	已决	未决	已决	未决
熙宁二年失入死罪法	三名	刺配千里外牢城	远恶处编管	除名编管	除名	除名	追官勒停	追官勒停	勒停
	二名	远恶处编管	千里外编管	除名	追官勒停	追官勒停	勒停	勒停	冲替
	一名	千里外编管	不详	追官勒停	勒停	勒停	冲替	冲替	不详
雍熙三年失入死罪惩处办法	无人数限制	对吏无惩罚		长官停现任,检法官、判官削一任,而检法官另赎铜10斤					

从表1对比看,熙宁二年的失入死罪法,严格区分失入死刑人数的多少及对应官吏责任的轻重,注意区别对待主、从犯罪责大小与已处决、未处决量刑的轻重,更细致规范,更具操作性。史称:"以前法未备,故有是诏。"① 充分肯定了新法的完备性。而《宋史》称之为"失入死罪法",而说雍熙三年失入死罪惩处办法为"始定制",也是很恰当的。

---

① 《宋史》卷201《刑法三》,第5022页。

第三，惩处力度更大。从表1看，雍熙三年"始定制"的失入死罪惩处办法，长官停现任，检法官、判官削一任，而检法官另赎铜10斤。而熙宁二年的失入死罪法，即使失入死罪1名，主犯也要追官勒停，第二从犯勒停，第三、四从犯冲替，至于失入死罪2名、3名，则处理更重。宋人有认为熙宁二年的失入死罪法，为"重失入死罪法"。① 熙宁四年（1071），宰相王安石惊叹说："今失入死罪三人，已是除名编管。"② 元丰五年（1082），曾下诏制定此法的宋神宗曾曰："有司如失入死罪，其责不轻。"③ 如此看来，熙宁二年的失入死罪法惩处加大惩罚力度绝非虚语。

第四，阶级局限性明显。熙宁二年的失入死罪法，对官与吏、高官与低官的惩处规定差别很大。从条文看，若失入死罪，对吏（手分）科之刑罚，对一般的朝廷命官直接行政处罚。而对"使相、宣徽使、前两府"等皇帝宠臣，则要皇帝"取旨"后再论，通常是减罪或免罪；④ 大卿监、阁门使以上中高级官员，"比类上条降官、（降官）落职、分司或移差遣"，而不是除名（即削官为民）；武臣知州军，"自来不习刑名者，取旨施行"，则另当别论。同一犯罪，肇事者因身份、地位高下不同而罪责轻重有别，在立法层面已经明确规定，这充分反映了宋朝统治者维护少数利益者权益的阶级局限性和法律的双重性，是应当批判的。

宋神宗时期除了"增失入死罪法"外，还制定了有关针对失入死罪官员的规定。元丰五年（1082）十一月，宋神宗下诏：

> 诸承议郎以上及幕职州县官并未入官人，历任无私罪徒及入

---

① 陈均：《皇朝编年纲目备要》卷18，熙宁二年十二月，第425页。
② 《长编》卷220，熙宁四年二月壬戌，第5343页。
③ 吕中：《大事记讲义》卷15《神宗皇帝·开边自此始》，第289页。
④ 据《宋会要辑稿·刑法》4之76，第8487页。宋神宗下诏："审刑院、大理寺官坐失入秦州百姓曹政死罪未决，判审刑院韩维、齐恢已去官，及会熙宁二年十一月二十六日德音，勿论；详断官李逵、胡泽，并冲替；权大理少卿蔡冠卿，与小处差遣；权判大理寺许遵，详断朱大简、韩晋卿、赵文昌、冯安之，并与移一般差遣。"按照规定，宋神宗的老师韩维虽已去官，理应追究责任，科以"勒停"之罚，但因"德音，勿论"。

官赃、失入死罪并勒停冲替后，已经一任者，许试刑法，无人奏举，听于吏部及所在官司投状乞试。①

为改变"近世士大夫多不习法"的状况，宋神宗于熙宁四年（1071）二月进行了科举改革，"立新科明法，试律令、《刑统》大义、断案，所以待诸科之不能业进士者"。② 其后，又规定选人、任子、进士出身者，凡要入仕为官者，均要经过律令大义或断案的考试。③ 即凡中明法科者，"吏部将司法员阙先次差注在进士及第人上"。④ 对究竟什么样人才有资格参加刑法考试，元丰五年（1082）十一月的诏令作了明确规定，其中包括曾因失入死罪受到并勒停冲替惩罚后的诸承议郎以上及幕职州县官等并未入官之人。承议郎以上及幕职州县官等并未入官之人，通常是州县长官的佐官，在失入死罪责任上是次要的，因此接受勒停冲替惩罚后，再历一任锻炼大概无过错者，是允许参加刑法考试的。⑤

熙宁十年（1077）六月十六日，宋神宗再次下诏刑部、审刑院、大理寺岁终比较刑法官，"内有失入罪及失错、稽违多者，具名以闻，当量轻重，特与施行"。⑥ 刑部、审刑院、大理寺年终考评比较过错失误，"内有失入罪"，自然包含失入死罪。但是，以"熙宁十年尝诏岁终比较取旨，而法未备"之故，元丰三年（1080）正月二十四日，宋神宗又下诏："审刑院、刑部断议官自今岁终，具尝失入徒、流罪五人已上或失入死罪者取旨。连签者二人当一人，京朝官展磨勘年，幕职州县官展考，或不与任满指射差遣，或罢本年断绝支赐，去

---

① 《长编》卷331，元丰五年十二月丙子，第7991页。
② 以上见《宋史》卷155《选举志一》，第3618页。
③ 《长编》卷243，熙宁六年三月丁卯，第5923页；《长编》卷266，熙宁八年七月辛巳，第6530页；《宋史》卷155《选举志一》，第3618页。
④ 刘挚：《忠肃集》卷4《论取士并乞复贤良科疏》，裴汝诚、陈晓平点校，中华书局2002年版，第94页。
⑤ 《长编》卷331，元丰五年十二月丙子，第7991页。
⑥ 《宋会要辑稿·刑法》4之77，第8487页。

官不免。"① 具体规定了责任人的处罚办法。当年，审刑院详议官刘贺、温希道、应适、张伸、曹平、王僖等人，"并以中书比较元丰二年内有失入人死罪等特责也"。②

7. 宋哲宗时期失入死罪法的反复与退却

宋哲宗在位时间不长，但党争激烈，法律因人而变，前是后非。元祐元年（1086）十二月，尚书省披露："失入死罪未决……虽经去官及赦降原减，旧中书例各有特旨。昨于熙宁中始将失入死罪一项修入海行敕……近准朝旨于敕内删去死罪例一项。"此表明，宋神宗熙宁年间所立"失入死罪法"中"失入死罪未决"一款，宋哲宗元祐元年年初被高太后、司马光等人于"海行敕"内删去，直到同年十二月又重新恢复，"依旧存留《元丰编敕》全条"。③

宋朝大理寺是国家最高审判机关，大理寺长官即判大理寺人选自然要求很高。宋哲宗以前规定："大理寺官旧条惟曾任外处官失入徒已上已决，或失入死罪，方不预选。"宋哲宗初年"新条又添入，任大理寺官失断徒已上三人，或死罪一人，亦不在选限。"即凡是有失入死罪1人者的一律不许任大理寺官，但是元祐七年（1092）以后，任职条件放宽为失断徒已上五人，或死罪二人不得任大理寺官。④

宋哲宗时期不仅在立法上表现出对失入死罪者宽容的一面，而且在实践上也有明显偏袒过失致人死罪的法官。绍圣四年（1097）四月十五日，刑部言："前临江军判官李适在任失入三人死罪，合追两官勒停，两遇大礼，合该原免。"按照熙宁二年（1069）失入死罪法，李适在任临江军判官失入三人死罪，应该"两官勒停"，即使"赦降、去官不免"责，但是宋哲宗时期已变为"两遇大礼，合该原

---

① 《宋会要辑稿·职官》15 之 11，第 3413 页。
② 《长编》卷 308，元丰三年九月庚午，第 7480 页。
③ 《长编》卷 393，元祐元年十二月辛丑，第 9563 页；《宋会要辑稿·刑法》4 之 77，第 8488 页。
④ 《长编》卷 436，元祐四年十二月戊午，第 10507 页；《宋会要辑稿·职官》24 之 11，第 3661 页。

免",最终结果是"诏李适依断特免勒停,与小远处差遣"。① 李适失入三人死罪,于法罪责难逃,而实际上只是异地做官。

当然,宋哲宗时期并没有完全放弃对失入死罪者追责。元祐六年(1091)六月二十七日,吏部言:"犯私罪徒,或奸赃及失入死罪,磨勘改官后事发,并申改正。余犯准幕职州县官所展考任法磨勘,情重者奏裁。犯罪改官后事发,于法合改正,已经转官者免改正,其私罪徒及奸赃更不在磨勘之限。失入死罪展年磨勘,情重者奏裁。"宋哲宗"从之"。② 失入死罪者改官后被发现或揪出,要予以"改正",仍要问罪。

在放宽其处罚的同时,新添了对失出人罪者处罚条例,自元祐七年(1092)八月始,失出人罪比照失入人罪也要问责:"失出死罪五人,比失入一人,失出徒、流罪三人,比失入一人。"③ 此法未行多久,元符三年(1100)五月二日,宋哲宗死、宋徽宗即位,以"夫失出,臣下之小过"为由,宋徽宗即诏令"绍圣四年十一月二十九日指挥勿行","罢失出之责"。④

宋哲宗时期总体上是袭用了宋神宗所创立的失入死罪立法,但惩戒失入死罪官员的力度已明显减小,以至于宋人吴曾感叹"自后法寖轻,第不知自何人耳"。⑤

8. 宋徽宗时期失入死罪规定

宋徽宗在位25年,针对失入死罪,除了上文说宋徽宗即位初废除失出入罪法外,并没有出台新法令,推行的仍是宋神宗时所立的失入死罪法。宣和元年(1119)宋徽宗诏:"虔州近断大辟二人,其元

---

① 《宋会要辑稿·刑法》4之78,第8488页。
② 《长编》卷485,绍圣四年四月戊戌,第11534页。
③ 《长编》卷476,元祐七年八月丙辰,第11338页;《宋会要辑稿·刑法》4之78,第8488页;《宋史》卷201《刑法三》,第5023—5024页。按,失出人问罪法出台时间,《宋会要辑稿》刑法4之78,又系于绍圣四年十一月二十九日,而《宋史》卷201《刑法三》系时于绍圣三年。三者异,当考。
④ 《宋会要辑稿·刑法》4之78,第8488页;《宋史》卷201《刑法三》,第5024页。
⑤ 吴曾:《能改斋漫录》卷13《赦官吏失入死罪》,上海古籍出版社1979年版,第392页。

犯人乃于断后首获。人命至重，失刑如此，深可悯伤。其令本路、提点根勘，官吏并先勒停，不以赦原。误断之家，优加存恤。"① 虔州失断大辟2人，并已处决，性质比较恶劣，故"官吏并先勒停，不以赦原"。不过，按照宋神宗时的失入死罪立法，失断大辟2人并已处决者，主犯应当除名，而宋徽宗仅诏令"官吏并先勒停，不以赦原"，处罚略轻一格。宣和三年（1121）闰五月五日，宋徽宗又下诏朝奉郎汪希旦特降一官，原因是汪希旦任齐州士掾，鞠狱失出劫盗赵俊死罪，失入申进、王弼死罪，"会赦当原，特有是命"②。汪希旦作为齐州属官，失入死罪2人，遇赦当免罪，但宋徽宗下诏特降一官。再对照宋神宗时的失入死罪立法，类似汪希旦这种情况，若是已决，并为第二从犯，应当处以追官勒停之罪，也要比"特降一官"重。

9. 宋高宗时期的失入死罪规定

宋高宗虎口余生，建立偏安于江左一隅的南宋政权。但是，北宋时期陆续出台的有关失人死罪规定，被南宋政府继承实施。绍兴三年（1134）四月，驾部员外郎韩肖胄建议："论刑罚轻重，国祚短长系之。望追法仁祖旧章，凡狱官失入死罪者，终身废之，虽经赦宥，永不收叙。"宋高宗曰："此仁祖之事也。其仁民详刑如此乎！"于是，他"乃命有司申严行下"③。他曾著令："失覆大辟致罪有出入者，各抵罪。"④ 他在位时期，没有制定什么新的规定，只是遵循祖宗旧章，纠正一批情法不符的案件，整治了失入死罪的官员。绍兴元年（1132），宋高宗诏朝请郎、守大理少卿王纲特授朝奉大夫，理由是王纲任大理寺官1年有1个月，"略举出入刑名死罪十四件，流罪以下一百余件，并系郎官王纲亲行疏较改正，除徒、流及出入死罪不计

---

① 《文献通考》卷167《刑考六》，第5009—5010页。
② 《宋会要辑稿·刑法》4之78，第8488页。
③ 李心传：《建炎以来系年要录》（以下简称《要录》）卷64，绍兴三年四月己丑，胡坤点校，中华书局2013年版，第1259页；《宋会要辑稿·刑法》4之79—80，第8488—8489页。
④ 《文献通考》卷167《刑考六》，第5011页。

数外，其失入死罪五名，皆死中获生"。王纲获得升官的背后，也反映了南宋初年出入人罪情况比较严重，出入死罪14件，其中5名是被冤枉的。① 绍兴十一年（1141）五月，知泉州富直柔"不亲郡事，致僚属弛慢"，错杀罪犯，遭到弹劾，② 被迫"落职奉祠"，即剥夺资政殿学士职衔，并勒令退休。③ 同年，抚州官吏误杀陈四闲，知州以下"虽去官，犹坐罪有差"。④ 为了防止类似错杀事件发生，避免"诸州狱官误杀不应死罪人，及巡尉希赏、强执平人以为寇"，同年七月十六日，宋高宗下诏："自今大辟罪人赴刑日，令长吏遣当职官引囚，亲行审问乡贯、年甲、姓名、来历，别无不同，即依法施行。若巡尉捕盗，意在希赏，便将平民执以为寇，系律官司入人罪。若入全罪以全罪论，从轻入重以所剩论，合从故入人罪法科断。"⑤ 这道诏令，旨在防范州狱官误杀不应死罪人，对违法官吏的处理是以"故入人罪法科断"，所以比较重。

10. 宋孝宗失入死罪的规定

宋孝宗作为南宋有为之主，对失人死罪问题还是比较重视的，并有一些细小的举措。乾道年间，宋孝宗曾"敕增立县以杖笞及无罪人作徒、流罪，或以徒、流罪作死罪送州，杖一百；若以杖笞及无罪人作死罪送州者，科徒一年刑名"。淳熙元年（1174）六月四日，敕令所言："大辟翻异，后来勘得县狱失实，乞止依乾道敕条科罪；如系故增减情状，合从出入法施行。"宋孝宗从之。⑥ 宋代刑狱审判主要

---

① 《宋会要辑稿·刑法》4之79，第8489页。另据孙觌《鸿庆居士集》卷42《宋故端明殿学士左朝散大夫致仕安定郡开国侯食邑一千户赐紫金鱼袋赠左中大夫胡公行状》，载，绍兴三年，刑部尚书胡彦深（字养源）言："汀州宁化县论十人大辟，以狱上，而知州事郑强验问。先一人当死者，县令为民父母而杀无辜十人，邀冒进秩之费，不重寘典宪。何以慰塞天下之怒？"足以说明，宋高宗初年，失入死罪情况之严重。

② 《宋会要辑稿·刑法》4之82，第8490页。
③ 《宋史》卷375《富直柔传》，第11618—11619页。
④ 《宋会要辑稿·刑法》4之82，第8491页。
⑤ 《宋会要辑稿·刑法》4之82，第8491页。
⑥ 《宋会要辑稿·刑法》4之95，第8502页。

在州级政府、路级提刑司和中央大理寺、刑部等机构，前面所述的失人死罪法主要是针对这些机构的。而宋孝宗对县狱出入人罪，也首次做了问责规定，这表明失人死罪问责范围的扩大。淳熙六年（1179）十二月十六日，宋孝宗又诏："命官犯赃至死，后因理雪，特与减降，而元勘鞫官吏应坐失入死罪者，止从犯人所得流罪理为失入施行。"① 此种情况应是失入死罪"未决"，元勘鞫官吏因"公罪"而当科以勒停等惩罚，宋孝宗按照《宋刑统·断狱·官司出入人罪》自"流罪"失入"死罪"来论断，这是历史的倒退。② 联系对上文县狱出入人罪"科徒一年"，宋孝宗朝刑罚体系显然很诡异！淳熙十三年（1186）十月六日，宋孝宗批准了吏部、刑部的建议：比照"《刑部法》：诸官司失入死罪，其首从及录问、审问官定罪各有等差"，《考功令》在磨勘官员时，推勘、审问、录问官也"稍分等降"，"诸历任曾失入死罪，未决者两该磨勘，已决者三该磨勘"，"庶几于《刑部法》不相抵牾"。③ 这使得失入死罪官员惩处在吏部和刑部问责中一致。

11. 宋宁宗时颁行的《庆元条法事类》对失入死罪的立法

绍熙五年（1194）七月甲子（五日），宋光宗被迫退位，宋宁宗即位。七月丙寅（七日），宋宁宗举行登基大赦。九月辛未（十四日），又举行明堂大赦④，其中事涉犯罪的朝廷命官服刑若干年后再任用问题，但"用刑惨酷及拷掠无罪人致死，及失入死罪之人"，不在赦免之列。

最能真实反映宋代社会历史的法典是宋宁宗嘉泰二年（1202）编集成书、次年颁行的《庆元条法事类》。其中对失人死罪做了清楚细致的法律规定，兹照录如下⑤：

---

① 《宋会要辑稿·刑法》4之95，第8502页。
② 据苗书梅《宋代官员选任和管理制度》称，自宋哲宗绍圣年间始"立三免法，不死、不黥、不杖"以后，朝廷命官犯重罪只除名编管，而配隶者很少。而宋孝宗时期居然按《宋刑统》惩处手段论之，是不符合历史实际的。
③ 《宋会要辑稿·刑法》1之55，第8266—8267页。
④ 《宋史》卷37《宁宗纪一》，第711、712、716页。
⑤ 谢深甫：《庆元条法事类》卷73《刑狱门三·出入人罪·断狱敕》，戴建国点校，黑龙江人民出版社2002年版，第752—753页。

宋代官吏失入死罪法规初探 / 83

诸官司失入死罪，一名，为首者，当职官勒停，吏人千里编管，第二从，当职官冲替，事理重，吏人五百里编管，第三从，当职官冲替，事理稍重，吏人邻州编管，第四从，当职官差替，吏人勒停；二人，各递加一等（原注：谓如第四从依第三从之类），为首者，当职官追一官勒停，吏人二千里编管；三人，又各递加一等，为首者，当职官追两官勒停，吏人配千里（原注：以上虽非一案，皆通计）；并不以去官赦降原减。未决者，各递减一等（原注：谓第三从依第四从；第四从，三人依二人之类）。会赦恩及去官者，又递减一等（原注：以上本罪仍依律。其去官会恩者，本罪自依原减法）。即事涉疑虑若系强盗及杀人正犯各应配，或中散大夫以上及武官犯者，并奏裁。

根据上述引文，为明示《庆元条法事类》新条文的内容，兹列表如下（见表2）。

表2

	对官员的惩处								对吏的惩处							
	首犯		第二从犯		第三从犯		第四从犯		首犯		第二从犯		第三从犯		第四从犯	
	已决	未决	已决	未决	已决	未决	已决	未决	已决	未决	已决	未决	已决	未决	已决	未决
一名	勒停	冲替	冲替	冲替	冲替	差替	差替	不详	千里编管	五百里编管	五百里编管	邻州编管	邻州编管	勒停	勒停	不详
二名	追一官勒停	勒停	勒停	冲替	冲替	冲替	冲替	差替	二千里编管	千里编管	千里编管	五百里编管	五百里编管	邻州编管	邻州编管	勒停
三名	追两官勒停	追一官勒停	追一官勒停	勒停	勒停	冲替	冲替	冲替	刺配千里	二千里编管	二千里编管	千里编管	千里编管	五百里编管	五百里编管	邻州编管

对照熙宁二年（1069）颁行的失入死罪法，《庆元条法事类》有关失入死罪的律令条文基本上继承了前者的惩处体系，但也有其以下特点。

其一，责任更清楚。对官员问责方面，《庆元条法事类》明确了第三从和第四从的各自责任；而熙宁二年颁行的失入死罪法则是混在一起，没有分开。对吏责任追究方面，《庆元条法事类》是官、吏一致，都有首犯、第一从、第二从、第三从与第四从之分；而熙宁二年颁行的失入死罪法则是官、吏不一致，官有首从之分，吏无首从之分。

其二，处罚力度减轻。同样是失入三人死罪，首犯官员，《庆元条法事类》是"追两官勒停"，而熙宁二年颁行的失入死罪法则是"除名编管"。大体上，后者失入三人死罪处罚力度与前者失入二人死罪相当。"追两官勒停"，即降两官秩后停现职，以后尚可叙复官职；而"除名编管"，即削官为民，并要编录名籍经行管制。①

《庆元条法事类》是宋代幸存下来最为重要的法典，其中有关失入死罪的条文是对宋神宗时颁行的失入死罪法的继承和丰富。它首次以法典的方式保存了我国最早的"官司失入死罪"这一罪名及其惩处细则，有力地证明了宋代是我国历史上最早对司法审判中存在的失入死罪现象进行立法的事实。

12. 南宋末立法

史载：宋理宗淳祐三年（1243），"申定试法科之制"，具体内容史载阙如。至度宗咸淳元年（1265），再次"申严选试之法，凡引试刑法官命题一如绍兴式"，但是"以试法科者少"，咸淳八年宋度宗下诏降低试题难度，放宽参加者身份条件，"除私罪应徒，或入已赃、失入死罪并停替外，余犯轻罪者，与放行收试"。② 失入死罪受停替处罚者，仍无权"试法科"，这与宋神宗元丰五年（1082）刑法考试

---

① 苗书梅：《宋代官员选任和管理制度》，第472、477页。
② 《宋史》卷157《选举三》，第3675页。

资格规定不尽一致。① 此时，南宋政权已近灭亡，宋度宗仍诏令特别限制失入死罪官员"试法科"权利，可谓用心良苦！这说明宋代最高统治者对失入死罪问题的高度重视。

由于材料所限，宋代对官员失入死罪的问责的规定和法律难以系统、全面梳理，上文论述仅仅按照朝代先后经行简单地扫描，或可知其一斑。若概括一下，宋代对官员失入死罪的问责的法规有几个特点：第一，从内容上看，上述的各项规制可以分为对失入死罪官吏的惩罚办法（即问罪）和对官员权利的限制（升迁、致仕荫补权、"试法科"权等）。其中，前者最重要，其他是修补性的。第二，从时间进程上看，宋代的失入死罪惩处办法经历了宋太宗雍熙三年（986）"始定制"——宋神宗熙宁二年"增失入死罪法"——宋宁宗嘉泰二年（1202）编集成书、次年颁行的《庆元条法事类》全面阐述的过程，中国历史上首部"失入死罪法"经历了从简单到完善、从含糊到明确的历史过程。第三，从惩处力度上，宋神宗熙宁二年"增失入死罪法"是最严厉的，以至于宋神宗承认"有司如失入死罪，其责不轻"！② 但"自后法寖轻，第不知自何人耳"③。第四，双重标准和阶级性明显。统治阶级制定的法律首先是要维护其统治阶级的根本利益，反映在宋代失入死罪法上，对掌握法律尺度、决定生死审判权、担负主要责任的官，失误后的问罪只是官员身份上，而不是肉体上和人身自由上的惩处，而连俸禄都无保证的狱吏，则要面临肉体上的处罚和限制人身自由方面等的牢狱之灾。官与吏的处罚高下显著！更甚至，权大位尊的高官和职低位卑的低官权和责也是不一致的。宋代失入罪法反复强调，北宋时规定使相、宣徽使、前两府等皇帝宠臣犯罪，则要皇帝"取旨"，大卿监、阁门使以上中高级官员，"比类上条降官、（降官）落职、分司或移差遣"，减轻处罚；南宋后规定"中散大夫以上及武官犯者，并

---

① 据《长编》卷331元丰五年十二月丙子载："诏诸承议郎以上及幕职州县官并未入官人，历任无私罪徒及入官赃、失入死罪并勒停冲替后，已经一任者，许试刑法，无人奏举，听于吏部及所在官司投状乞试。"

② 吕中：《大事记讲义》卷15《神宗皇帝·开边自此始》，第289页。

③ 吴曾：《能改斋漫录》卷13《赦官吏失入死罪》，第392页。

奏裁"。"奏裁"皇帝的结果,多不依法问罪!史载:"此本朝累圣仁厚之至,绍兴以来凡奏裁者必贷。"①

二 宋代失入死罪法的实施

上文论述了宋代失入死罪法的制定及其内容变化,应该说宋朝首次做到了有法可依。但是,宋人能否贯彻落实这些法规制度,即做到有法必依、违法必究,则更为重要。从史书不全面的记载看,宋代有一批失入死罪的官员受到了法律的惩戒。为了清楚说明此问题,兹将文献中有关失入死罪描述的关键要素摘撷一起,列表如下(见表3)。

表3

时间	地点	已决/未决	失死人数	问责情况	史料来源
至和二年（1055）二月	广州	不详	不详	广州司理参军陈仲约,鞫囚失入死罪,从公罪坐赎铜放。后再追罪,特勒停,仍遇恩未得叙用	《宋会要辑稿·刑法》4之74至75;《宋史》卷200《刑法二》;《文献通考》卷167《刑考六》
嘉祐元年（1056）七月	镇戎军	已决	2	冯文俊知镇戎军时,失入死罪二人,引咎去官勿论。后宋仁宗以人命至重,特降时任同提点广南东路刑狱公事、左藏库副使的冯文俊,为广南西路都监	《长编》卷183;《宋会要辑稿·职官》65之14至15

---

① 楼钥:《攻媿集》卷27《缴刑部札子》,文渊阁四库全书,第1152册,第551页。

续表

时间	地点	已决/未决	失死人数	问责情况	史料来源
嘉祐三年（1058）正月	华州	不详	16	提点利州路刑狱公事、都官郎中冯诰降知商州，坐前知华州失入劫囚吴义等十六人死刑	《宋会要辑稿·职官》65之16至17
嘉祐八年（1063）三月	陇州	不详	不详	权知州事孙济等官吏，坐误断重辟，会赦当原。宋仁宗特贬孙济为雷州参军，判官以下除名、配广南，衙前州县吏配刺沙门岛及广南牢城	《皇朝编年纲目备要》卷16
熙宁初	桂阳监	已决	2	权知桂阳监凌运勾，废黜	《萍洲可谈》卷3《桂阳监僧人入石复还》
熙宁三年（1070）六月	秦州	未决	不详	判审刑院韩维、齐恢因失人死罪已去官，及会熙宁二年十一月二十六日德音，勿论；详断官李逖、胡泽，并冲替；权大理少卿蔡冠卿，与小处差遣；权判大理寺许遵，详官朱大简、韩晋卿、赵文昌、冯安之，并与移一般差遣	《宋会要辑稿·刑法》4之76

续表

时间	地点	已决/未决	失死人数	问责情况	史料来源
熙宁五年（1072）十一月	沂州	未决	1人	沂州"军贼"李则合依条于斩刑，后因其自首减二等处决。于是，沂州官吏失入李则死罪，审刑院、大理寺、御史台定夺不当官，并取勘以闻	《宋会要辑稿·刑法》4之77
熙宁十年（1077）五月癸未	真定府	不详	不详	降右谏议大夫吕公孺知蔡州，以前知真定府失入死罪	《长编》卷282；《宋史》卷311《吕公孺》
元丰二年（1079）三月	镇戎军	不详	不详	降东上阁门使、果州刺史、秦凤路副总管夏元几为都钤辖，坐前知镇戎军失入死罪	《长编》卷297；《宋会要辑稿·职官》66之5
元丰二年四月	眉州	不详	不详	诏权判南京国子监、尚书驾部郎中郑宗砺罚铜十斤、致仕，坐前知眉州失入人死罪，会赦而郑宗砺年已七十余故也	《宋会要辑稿·刑法》4之77；《长编》卷297
元丰二年五月	原州	不详	不详	检讨官、御史台主簿何洵直坐前任原州判官失入死罪，冲替	《长编》卷298

续表

时间	地点	已决/未决	失死人数	问责情况	史料来源
元丰二年九月	审刑院	不详	不详	诏审刑院详议官刘贺展磨勘二年，温希道、应适、张伸各一年，张伸仍别与差遣。曹平展磨勘半年，王僖罢支赐，并以中书比较元丰二年内有失入人死罪等特责之故	《长编》卷308
宋神宗时期	凤翔府	不详	不详	通判凤翔郭槩坐失入死罪去官，系监当资序，后因缘权幸致位成都提点刑狱。为人揭发，诏郭槩特差替	《长编》卷369；苏辙《栾城集》卷37《右司谏论时事一十八首·乞责降成都提刑郭槩状》
宋神宗时期	不详	不详	不详	刘斐曾任知州以失入死罪责降，……而近方牵复并先除郡，士论喧沸已谓不平	《长编》卷370，元祐元年闰二月；《历代名臣奏议》卷168《选举》，宋哲宗时殿中侍御史吕陶上奏
宋哲宗元祐六年（1091）八月	廓州	不详	不详	康识前任知廓州日失入死罪，有诏特差替。后任熙河路钤辖、知岷州，因为"防秋是时"，诏识展二年磨勘，其差替谪命勿行	《长编》卷464；《宋会要辑稿·刑法》4之77至78

续表

时间	地点	已决/未决	失死人数	问责情况	史料来源
绍圣四年（1097）四月	临江军	不详	3人	前临江军判官李适在任失入三人死罪，合追两官勒停，两遇大礼，合该原免。诏李适依断特免勒停，与小远处差遣	《宋会要辑稿·刑法》4之78
宋哲宗时	齐州	不详	不详	杜纮守齐州时，尝坐有司失入人死罪，新任命他为刑部侍郎之令不行	晁补之《鸡肋集》卷67《刑部侍郎杜公墓志铭》
宣和元年（1119）	虔州	已决	2人	提点根勘，官吏并先勒停，不以赦原	《文献通考》卷167《刑考六》
宋徽宗宣和三年（1121）闰五月	齐州	不详	2人	汪希旦前任齐州士掾，鞫狱失出劫盗赵俊死罪，失入申进、王弼死罪，会赦当原，特诏朝奉郎希旦特降一官	《宋会要辑稿·刑法》4之78
宋高宗绍兴十一年（1141）五月	泉州	已决	1人	知衢州富直柔，以失入死罪落职奉祠	《宋会要辑稿·刑法》4之82；《宋史》卷375《富直柔》

由于史载不全，表3所列仅仅是历史真实的一角，但至少可以说明自宋仁宗至宋高宗6朝，宋代的失入死罪法不仅存在，而且得到了执行，绝非空文一张！当然，诚如前文所述宋代失入死罪法立法过程很长，前后反复很大，在实际执行过程中，也是力度不同的，其中宋

神宗朝立法最严、执行得最坚决。表中所示宋神宗朝案件有 10 件，占所列总数的一半。在层次上，宋代审判机关是中央的大理寺、审刑院和刑部，地方的是提点刑狱司和州级政府，表3 所列失入死罪案件，几乎清一色是地方州级政府所为，这与宋代州级政府行政、司法一体，州级官吏不熟悉司法审判不无关系。

三　关于宋代失入死罪法的评价

1. 宋代继承了儒家仁爱思想，首创失入死罪法，使一批死刑案件得到平反昭雪，一批失入死罪官员受到惩处，同时有一部分拨正有功官员得到嘉奖，有利于宋代维护司法审判的公正

先秦儒家思想，在两汉短暂的"独尊"之后，"自晋讫隋，老、佛显形，圣道不断如带"①，受到了道教、佛教的挑战，从主导的地位滑落下来。经过唐末宋初士大夫的努力，到北宋前期又重新确立了其主导地位，儒家思想深入人心。② 在政治上，靠兵变得到天下的赵匡胤，为防止悲剧重演，放弃了唐中期以来武人专政的策略，采取了"崇儒敦古、右文致化"③ 与"兴文教、抑武事"④ 的立国方针，为政全面体现和实践士大夫倡导的儒家仁爱思想。"圣人之政，以慎刑为本；王者之居，以施德为先。"⑤ 慎刑作为儒家仁爱思想的内容之一，宋代历代皇帝也曾反复强调和践行。史载：宋太祖"性宽仁多恕……有意于刑措也。故自开宝以来，犯大辟非情理深害者多贷其死。己丑有司言，自［开宝］二年至今诏所贷死罪凡四千一百八人"⑥。宋太

---

① 《新唐书》卷 176《刘义传》，第 5269 页。
② 漆侠：《漆侠全集》卷 6《宋学的发展和演变》，河北人民出版社 2008 年版，第 93、121 页。
③ 范仲淹：《范仲淹全集》卷 19《大人奏乞王洙充南京讲书状》，李勇先、王蓉贵校点，四川大学出版社 2002 年版，第 429 页。
④ 《长编》卷 18，太平兴国二年正月丙寅，第 394 页。
⑤ 吕陶：《净德集》卷 2《奏为乞复置纠察在京刑狱司并审刑院状》，文渊阁四库全书，台北商务印书馆 1986 年版，第 1098 册，第 16 页。
⑥ 《长编》卷 16，开宝八年三月丁亥，第 337 页。

宗谓宰相曰："朕常重惜人命，如此类者往往贷其极刑。"① 一贯"慎恤用刑"②的宋仁宗每谕辅臣曰："朕未尝置人以死，况敢滥用辟乎！"③宋神宗即位初告诫曰："狱者，民命之所系也。"④绍兴三年（1133）四月四日，驾部员外郎韩膺胄言："凡狱官失入死罪者，乞终身废之，虽经赦宥不原，如祖宗法。"宋高宗赞赏曰："此仁宗之事也，其仁民详刑如此。"⑤故他"临御以来，留神刑狱，屡下明诏，戒饬治狱之吏，薄海内外，同心爱戴"。⑥因此，宋人自诩说："臣窃惟狱者，天下之大命也，历代圣帝明王之所甚谨。若夫钦恤忠厚，又未有如本朝列圣之极致者也……惟我国家太祖以不杀而得天下，高宗以不杀而启中兴，累朝仁厚度越千古。"⑦在此背景下，宋代继承了儒家慎刑思想，首创了我国失入死罪法。元符三年（1100），刑部言："祖宗重失入之罪，所以恤刑。"⑧即谓此意。

前文已述，尽管宋代失入死罪法立法过程很漫长，前后反复较大，但得到了实施。表3所列诸多案件表明，一批死刑案件得到了昭雪，一批刑部、大理寺和地方州官因失入死罪而受到了法律惩处，这对于维护宋代司法审判的公正无疑是有益的。

作为宋代失入死罪法的补充，宋朝鼓励揭发失入死罪的官吏，纠正失入死罪的案件，并有相关的法律规定。宋宁宗时颁行的《庆元条法事类》卷73《推驳》分"敕、令、格、式"对"推正、驳正"死罪者做了详细的规定，⑨其中，"赏格"清楚地说：

入人死罪而非当职官（原注：谓非知州、通判、职官之类）

---

① 《长编》卷25，雍熙元年甲子，第571页。
② 《文献通考》卷167《刑考六》，第4996页。
③ 《宋史》卷12《仁宗》，第251页。
④ 《宋史》卷201《刑法三》，第5021页。
⑤ 《宋会要辑稿·刑法》4之80，第8489页。
⑥ 《要录》卷171，绍兴二十六年正月丙寅，第3261页。
⑦ 楼钥：《攻媿集》卷22《论诸州奏案》，文渊阁四库全书，第1152册，514页。
⑧ 《宋史》卷201《刑法三》，第5024页。
⑨ 谢深甫：《庆元条法事类》卷73《刑狱门三·推驳》，第757—759页。

能驳正者：一名，减磨勘二年；二人，转一官；三人以上，奏裁。

入人死罪而吏人能驳正者，每人转一资。①

这两条史料，不专指对纠正失入死罪官、吏的奖赏，还应包括故入死罪官、吏。在宋代，有不少官员因此而迁官加职的。提点淮南路刑狱宋锡，在淮南二年，"所活大辟十三人，考课为天下第一"②。绍兴五年（1135）二月十七日，宋高宗下诏：左朝奉大夫、知河州郑强躬亲鞠正汀州宁化县冤狱大辟10人，与转两官。③宋朝名臣王安石孙王珏（字德全），兼两浙西路提点刑狱不到一个月，正大辟重而轻者3人，死而生者5人，移任湖南提举官。④官员迁官的同时，意味着死刑者复活，官民共同受益。

2. 由于宋代各种因素的存在，干扰了失入死罪的判定与法规的执行，因此失入死罪现象自始至终都在一定范围内长期存在

宋代失入死罪官员处罚是很重的，宋神宗曾告诫："有司如失入死罪，其责不轻！"⑤在宋代失入死罪法威慑下，没有人愿意舍弃其极为难得的政治命运而轻易触犯法律，宋代失入死罪的现象理应杜绝或者存在很少。但事实上，由于各种人为因素的干扰，宋代失入死罪的现象依然很多，法外免责的官员也较为常见。以至于两浙东路提点刑狱公事郑兴裔抱怨："虽在法有故出故入、失出失入之罪，几为文具。"⑥导致宋代失入死罪现象始终存在的原因很多，概括之，主要有以下几个方面。

---

① 谢深甫：《庆元条法事类》卷73《刑狱门三·推驳·格·赏格》，第757—758页。
② 王安石：《王文公文集》卷94《宋尚书司封郎中孙公墓志铭》，第974页。
③ 《宋会要辑稿·刑法》4之94，第8501页。
④ 晁公遡：《嵩山集》卷54《王少卿墓志铭》，文渊阁四库全书，台北商务印书馆1986年版，第1139册，第295页。
⑤ 吕中：《大事记讲义》卷15《神宗皇帝·开边自此始》，第289页。
⑥ 《宋会要辑稿·刑法》4之84，第8491页。

第一，宋代立法频繁，前后变动较大，法官难以恰当量刑。宋代本着"事为之防，曲为之制"①的治国理念，立法活动极为频繁，制定了大量的法规②，以至于"细者愈细，密者愈密，摇手举足辄有法禁"③。宋代细密的法律，不仅限制了宋代臣民的手脚，而且使众多人面临严惩甚至死刑。就死刑而言，即使有"仁爱"美称的宋仁宗朝，天圣三年（1025）断大辟也多达2436人，"视唐几至百倍"④。对于法官而言，浩繁的律令，难于取舍，常常陷入量刑不当的困境。南宋时，谏议大夫陈良祐"请取案例，公（按，指汪大猷）以见定一案闻奏，用六项法则死者十七人，用见行法则才四人。若如旧法，则百七人俱死"⑤。依照"六项法"、"见行法"与"旧法"分别审判，死刑人数则有17人、4人和107人之别，法官难以取舍，出入法律自然难免。元祐元年（1086），范纯仁披露宋神宗死后高太后改法弊端："前岁四方奏谳，大辟凡二百六十四，死者止二十五人，所活垂及九分。自去年改法，至今未及百日，所奏按凡一百五十四，死者乃五十七人，所活才及六分已上。臣固知未改法前全活数多，其间必有曲贷。然犹不失'罪疑惟轻'之仁；自改法后，所活数少，其间必有滥刑，则深亏'宁失不经'之义。"⑥死刑人数前后倍殊，正是元丰八年十一月"改法"的结果，不少官吏深陷失入死罪之穴。元祐三年（1088），右正言刘安世曾尖锐地指出宋代频繁立法，朝令夕改的弊端："朝廷命令，变易频数，远不过一二岁，近或期月而已，甚者朝行而夕改，亦有前诏未颁，而后令蠲除者。吏不知所守，民不知所

---

① 《长编》卷17，开宝九年十月乙卯，第382页。
② 据郭东旭：《宋代法制研究》研究统计，自宋太祖建隆四年（963）至理宗宝祐二年（1254）的291年间，共编修制定法典242种，其中敕、令、格、式210多种，占87%。
③ 叶适：《叶适集·水心别集》卷12《法度总论二》，第788页。
④ 《长编》卷104，天圣四年五月己卯，第2407页；《宋史》卷199《刑法一》，第4975页。
⑤ 楼钥：《攻媿集》卷88《敷文阁学士宣奉大夫致仕赠特进汪公行状》，文渊阁四库全书，第1153册，第361页。
⑥ 《长编》卷370，元祐元年闰二月壬子，《宋史》卷201《刑法三》，第5012、8941页。

从。"① 法令变易频数，官吏"不知所守"，判决不知所从。

第二，宋代频繁赦免与奏裁，干扰了失入死罪法的执行。宋代赦免活动频繁，名目众多，据今人统计，大赦、郊赦、曲赦、特赦、德赦、录囚等种类的赦免两宋 320 年间凡 694 次②，平均每年有 2 次之多。宋代赦免对象范围很宽，包括死罪在内几乎所有罪犯均在此列，失入死罪的官吏也在其间。宋代明堂大礼赦文规定："命官、下班祗应、副尉因罪，特旨及依法令该展期或展年磨勘、降资、殿降名次、展年参选、如罚短使之类者"，特与放免。③ 熙宁三年（1070）六月，宋神宗下诏：前判审刑院韩维、齐恢因失入死罪已去官，及会熙宁二年（1069）十一月二十六日德音，不再追究责任。④ 绍圣四年（1097）四月十五日，前临江军判官李适在任失入 3 人死罪，当追两官勒停，但是两遇大礼，应该原免。宋哲宗诏李适依断特免勒停，与小远处差遣。⑤ 宋徽宗宣和三年（1122）闰五月五日，汪希旦前任齐州掾属，鞠狱失出"劫盗"赵俊死罪，失入申进、王弼死罪，会赦当原，特诏朝奉郎希旦特降一官。⑥ 宋制，因公罪被免职除名的官员，经明堂大礼赦，可以重新做官，或者复职。宋高宗朝历次明堂大礼赦宥皆规定，命官犯"公罪徒、私罪杖以下经今六年，或元因讳误，或法重情轻理可矜悯，并有三人奏举者，许今后不碍选举差注。其犯公罪徒、私罪杖以下经今十二年，公罪杖以下经今七年，有二人奏举者，今后与依无过人例施行"。⑦ 失入死罪，属于公罪，通常处罚是行政问罪，而不是刑罚处置。宋高宗朝历次明堂大礼赦宥的对象，远比失入死罪罪行严重。换言之，比"杖"刑还轻的行政罪性质的公罪（如失入死罪），自然在宽宥范围之列。所谓"依无过人例施行"，则

---

① 《长编》卷 408，元祐三年二月末，第 9947 页。

② 郭东旭：《论宋代赦降制度》，《宋朝法律史论》，河北大学出版社 2001 年版，第 369—391 页。

③ 《宋会要辑稿·职官》11 之 33，第 3331 页。

④ 《宋会要辑稿·刑法》4 之 76，第 8487 页。

⑤ 《宋会要辑稿·刑法》4 之 78，第 8488 页。

⑥ 《宋会要辑稿·刑法》4 之 78，第 8488 页。

⑦ 《宋会要辑稿·职官》76 之 44，第 5120 页。

曾经失入死罪的官员，经过7年，便是问罪之人，可以复官。即便最"慎恤用刑"的宋仁宗也承认：失入死罪的官员，"虽黜废，他日复得叙官"。①

前面已述，宋神宗和宁宗出台的失入死罪法规有"取旨""奏裁"条款，权大位尊高官，如北宋时规定使相、宣徽使、前两府等皇帝宠臣犯罪，则要皇帝"取旨"，大卿监、閤门使以上中高级官员，"比类上条降官、（降官）落职、分司或移差遣"，减轻处罚。南宋后规定"中散大夫以上及武官犯者，并奏裁"。"奏裁"皇帝的结果，通常不依法问罪！史载："此本朝累圣仁厚之至，绍兴以来凡奏裁者必贷。"② 宋仁宗时期，侍御史席平，奉敕前往济州"制勘宋易从不当事。法寺检断席平失入人死罪，据减外犹得徒一年，蒙恩特放。朝野闻之，无不叹愤"。③ 类似失入人死罪席平那样，经皇帝裁决后"蒙恩特放"的情况，宋代绝非个案！

宋代频繁赦免与奏裁，"徒紊国家之纪纲"，"益令群吏慢于奉法，且使天下有以窥时之尚姑息"④，严重影响了失入死罪法的执行，直接导致法律空具、丧失权威。司马光批评说："今立法以禁止于前，而发赦以劝之于后，则凡国家之令，将使民何信而从乎！"⑤ 南宋两浙东路提点刑狱公事郑兴裔尖锐地指出："虽在法有故出故入、失出失入之罪，几为文具。"⑥ 明人丘濬评价说："赦之初设为弥灾也，后世相承不能复古。然旷荡之恩如雷雨之施，不时而作，使人莫可测知，可也。宋人为之常制而有定时，则人可揣摩以需其期，非独刑法不足以致人惧，而赦令亦不足以致人感也。"⑦ 宋代的赦免与奏裁之

---

① 《文献通考》卷167《刑考六》，第4996页。
② 楼钥：《攻媿集》卷27《缴刑部札子》，文渊阁四库全书，第1152册，第551页。
③ 张方平：《乐全集》卷25《论席平推狱》，文渊阁四库全书，台北商务印书馆1986年版，第1104册，第255页。
④ 张方平：《乐全集》卷25《论席平推狱》，文渊阁四库全书，第1104册，第256页。
⑤ 《长编》卷197，嘉祐七年九月辛亥，第4778页。
⑥ 《宋会要辑稿·刑法》4之84，第8491页。
⑦ 丘濬：《大学衍义补》109《慎肆灾之赦》，文渊阁四库全书，台北商务印书馆1986年版，第713册，第282页。

制，负面影响很大，失入死罪的官员，得不到制裁；法律成为"文具"，得不到有效执行；官吏更加"慢于奉法"，误判人入死罪的问题就会长期存在。

第三，宋代党争问题长期存在，失入死罪法在一定程度上成了党同伐异的工具。宋代推行"文人政治"和"异论相搅"的"家法"，文人相轻、文人相争毛病所引发的"党祸"问题异常突出，党争几乎伴随两宋始末，成为宋代政治一大鲜明的"时代特点"。党争各方，无是非评判的标准，"不问事实，而一切有非而无是"，① 一切都按照党派志趣、利益行事。其恶果是不恤"国是"，不循事实，唯知争权夺利、栽赃陷害，打击报复，诛窜大臣，制造冤狱。诚如范纯仁所言："朋党之起，盖因趋向异同，同我者谓之正人，异我者疑为邪党；既恶其异我，则逆耳之言难至；既喜其同我，则迎合之佞日亲；以至真伪莫知，贤愚倒置。国家之患，何莫由斯！"② 在此背景下，失入死罪法也难逃被扭曲的命运，不幸沦为党同伐异的工具。史载："吕惠卿之朋比专权，坏失国家利源也。朱温其为大理少卿，惠卿之妻弟方希益充详断，失入死罪，乃倚势妄称温其指挥，以脱己罪。又以惠卿之势，逮引同官以为证。"③ 这是反变法派揭露的：变法派骨干成员吕惠卿为庇护"同党"方希益，将"失入死罪"转嫁给"异党"朱温其。事实真假难以辨别，但失入死罪成了党争双方斗争的工具。熙宁初年，反变法重要成员宰相韩琦卸任，回老家相州（今安阳）任知州。在任上，处决了3名劫匪。事隔多年，当事人韩琦已经死去三年，变法派旧案重提，认为韩琦等处决劫匪不当，"从者被执，虽经拷掠若能先引服，皆从按问，欲举律减一等。今盗魁既令其徒云有救者先杀之，则魁当为首，其徒用魁言杀救者则为从，又至狱先引服当减等，而相州杀之，刑部不驳，皆为失入死罪"。揭起此事的官员是刑房堂后官周清，"本江宁府法司，后为三司大将，王安石引置中

---

① 熊公哲：《王安石政略》，商务印书馆1936年版，第151页。
② 《长编》卷427，元祐四年五月丙戌，第10324页。
③ 《长编》卷269，熙宁八年冬十月庚寅，第6586页。

书"。显然，这个案子不是就事而来，而是冲人而来。为此，大理寺、刑部、开封府、御史台、皇城司与相州等多个政府机构牵连于内，变法派和反变法派两方多人卷入其中：除原判相州韩琦、刑房堂后官周清外，详断官窦苹、周孝恭，检正官刘奉世，相州法司潘开，殿中丞、原签书相州判官陈安民，枢密使文彦博之子、宰相吴充之女婿大理评事文及甫（陈安民之姊子）；变法派骨干谏官蔡确，宰相王珪，乃至宋神宗等，均参与此案终极裁决。① 结果是，谏官蔡确知陈安民与吴充有亲，"乃密言事连大臣，非开封可了，遂移其狱御史台"。宋神宗从蔡确之请，乃诏蔡确与御史同鞫，蔡确借机攻击吴充，"素恶其为人，会充谒告，王珪奏用确。上从珪所请也"。② 当权的变法派取得胜利，反变法派成员宰相吴充免职。在党争面前，争论双方已不在于相州失入死罪案的对错，而在于借题发挥，打击报复，法律的正义精神被歪曲。

熙丰时期党争只是宋代党争的一个小高潮，我们不能说这一时期所有失入死罪法的执行都掺有党派个人恩怨，但从上述所举两例案件看，至少在一定范围内存在失入死罪法执行受到党争干扰的现象。同样，宋代党争高潮时期（如宋哲宗、宋徽宗期），类似熙丰时期党争影响失入死罪法执行的情况一定会存在，限于篇幅，兹不多言。

除上述因素外，宋代失入死罪现象长期存在的原因还有不"专业"的官和吏。宋代大多数情况下，由科举考试和恩荫入仕的官员是不习法的，所谓"近世士大夫多不习法"。③ "荫补子及新第进士，于法令实未暇习，其势必委之于下，老胥猾吏，得以为奸。"④ 法官不熟悉律令条文，不懂得审判程序，客观上很难做到准确量刑，公正裁决，出入人罪的情况是无法避免的。同样，宋代的衙役（或称吏），无论是招募的或是差派的，"见役类皆后生，不历世事，不识条法，

---

① 《长编》卷287，元丰元年正月庚辰，第7025页。
② 《长编》卷287，元丰元年正月庚子，第7034页。
③ 《宋史》卷155《选举志一》，第3618页。
④ 《文献通考》卷167《刑考六》，第5015页。

惟知乞取赡家。今以大辟及强盗付之，则生杀在其手，岂无冤滥？"①前面已述，失入死罪集中出现在州一级地方政府机关，而这一级官吏"不习法""不历世事"的情况更为突出。

3. 宋代失入死罪法没有被元明清继承

宋代失入死罪法尽管内容很详赡具体，在实践中也收效不少，但由于法律体系的差别，居然没有被继承下来。

前面已提到，唐宋时期法律体系是不同的，尤其是"唐朝和宋的比较"。② 这从修撰于唐朝前期的《唐律疏议》和成书于南宋中期的《庆元条法事类》二部法典比较中，便可一目了然，无须赘言。宋代新增设的失入死罪法规，无疑是对《唐律疏议》和以其为蓝本的《宋刑统》的重要突破。但是，这项"创新性"法律成果，并未被后代沿用。

元朝是一个蒙古民族建立的王朝，其法律体系注入了鲜明的民族特色，蒙、汉二元性特征极为显著。"出入人罪"，在唐宋明清法律中，属于刑律门断狱目下。但在元朝重要的法典《大元圣政国朝典制·刑部》③"断狱"目下，没有"出入人罪"任何内容。

尽管明朝距宋代更近，明人的宋代情结也很重，但明朝法律是在吸收集成《唐律》的基础上的推陈出新，而没有比照宋代法律体系。正是由于唐明法律承递关系更明显，因此清代薛允升编著了一部系统比较研究唐律和明律、以梳理唐明两代法律的渊源承递关系的专著作——《唐明律合编》。在《大明律》卷28《刑律十一·断狱》中，赫然有"官司出入人罪"1条，与《唐律疏议》④有关条目对照，二者文字基本一致，惩处办法几乎完全一致。相反，《庆元条法事类》

---

① 佚名：《州县提纲》卷3《入狱亲鞫》，《宋代官箴五种》，闫建飞等点校，中华书局2019年版，第135页。
② 戴建国：《唐宋变革时期的法律与社会》，上海古籍出版社2010年版，第454页。
③ 《大元圣政国朝典制·刑部》，祖生利、李崇兴点校，山西古籍出版社2004年版，第32—34页。
④ 长孙无忌：《唐律疏议》卷30《断狱·官司出入人罪》，第562页。

所载的"失入人死罪"条款,《大明律》没有丝毫体现,至于宋代的失入死罪法,则更是如此。

清代法律基本框架近承明、远袭唐,只是具体内容更加丰富。《大清律例通考》卷73《刑律下·断狱下》,也有"官司出入人罪"1条目,其律文比唐、明二代的相关条款丰赡,其中并不明确地提到"失入人死罪"条款:

> 凡失增笞、杖、徒、流入死。如死囚已决者,亦减三等;若未决及囚自死,又减一等。吏典为首,其减至徒罪,亦折杖除之。①

对照宋代"失入人死罪"条款,二者也没有丝毫一致之处。

四 余 论

宋代恢复重建了儒学的统治地位,坚守儒家"与其不杀、宁失不经"这一传诵久远的"慎刑"思想,创建了我国第一个"失入人死罪法",并在实践中得到了实施,对维护宋朝司法审判的公正、预防官吏草菅人命具有重要的作用。但是,由于各种复杂的原因,宋代"失入人死罪法"在执行中受到了干扰,从而不能从根本上遏制宋代失入人死罪现象出现,也没有被元明清所继承。这不是法律本身的责任,宋朝人的重视失入人死罪这一社会通病的意识和精神,是值得肯定的。我国当前司法审判中出现的诸如河南商丘赵作海失入人死罪之类案件,再次提醒我们应当重视针对法官失入人死罪责任追究制度的建设,宋朝的"失入人死罪法"或可借鉴。

原刊邓小南、程民生、苗书梅主编:《宋史研究论文集(2012年)》,河南大学出版社2013年版

---

① 吴坛:《大清律例通考校注》卷73《刑律下·断狱下·官司出入人罪》,马建石、杨育棠主编,中国政法大学出版社1992年版,第1068、1070页。

宋代第一批提举常平官派遣时间考

北宋神宗熙宁二年（1069），宋政府为推行常平新法，于各路首次派遣了提举常平官。对此，不少史书予以记载。但是，或语焉不详，或传抄舛误，提举常平官差派具体时间问题，存在很大差异。梁太济、包伟民和龚延明较早地注意到这个问题，在《宋史食货志补正》和《宋代官制辞典》二书中，作了一些考证，提出了各自见解。梁、包二先生认为，提举官于熙宁二年九月九日首遣于河北、京东、淮南乃至陕西等路，至闰十一月才遍设于其他诸路；龚先生则认为，提举官于熙宁二年九月十二日始置于河北、陕西二路，至闰十一月遍置于全国各路。二说有一定道理，但有歧义。经笔者考证，得出与其不同的认识，即提举官于熙宁二年九月十二日先置于河北、陕西二路，至十一月乙亥诸路并置。其正确与否，望专家指正。

我们不妨先看史书的不同记载。

1. 《宋会要·职官》43 之 2 记

[神宗熙宁二年九月九日]制置三司条例司言："近诏置京东等路常平广惠仓，欲量逐路钱物多少，选官分诣提举。"诏差官充逐路提举常平广惠仓兼管勾农田水利差役事。于是：屯田郎中皮公弼、太常博士王广廉，河北路；驾部员外郎苏涓、太子中舍刘琯、陕四路；太常博士胡朝宗、殿中丞张复礼，京东路……都官员外郎熊本、殿中丞徐仿，淮南路；太常博士张峋、秘书丞侯叔献，两浙路；都官员外郎林英，开封府界……屯田员外郎护游烈，广南东路……又差同管

勾……前益州司理参军王醇两浙路……

2.《宋会要·食货》4 之 17 记

［熙宁二年九月九日］制置三司条例司言："近诏置京东等路常平广惠仓，欲量逐路钱物多少，选官分诣提举。"诏：差河北路提举官上广廉等十二人。详见"提举常平"门。

3.《文献通考》卷 21《市籴二》载

神宗熙宁二年九月，制置三司条例司请："欲量诸路钱谷多少，分遣官提举。仍先自河北、京东、淮南三路施行，有绪乃推之诸路。"并从之。时天下常平钱谷见在一千四百万贯石，诸路各置提举一员，以朝官为之；管勾一员，京官为之；或共置二员；开封府首一员，凡四十一人。

4.《文献通考》卷 61《提举》记

熙宁遣使提领，此盖提举常平之所始也。三年，制置三司条例司言："河北、陕西已差官提举常平、广惠仓，余路欲差胡朝宗、张复、侯叔献、曾谊等并为提举官。"

5.《长编》卷 216，熙宁三年十月己巳条附注记

刘瑄为陕西常平，在二年九月十二日。

6.《长编》卷 219，熙宁四年正月己酉条李焘注文记

游烈除广东常平，乃二年闰十一月壬子。

7.《嘉泰会稽志》卷 3《提举司》记

熙宁二年闰十一月壬子，制置三司条例司言：差官提举诸路常平广惠仓兼管勾农田水利差役事。

8. 《能改斋漫录》卷 13《置天下常平官》记

神宗熙宁二年……诸路各置提举常平广惠仓。

9. 《宋史》卷 14《神宗一》记

[熙宁二年闰十一月]，差官提举诸路常平、广惠仓，兼管勾农田水利差役事。

10. 《东都事略》卷 8《本纪八》记

闰月（十一月）壬子，置诸路提举常平广惠仓，行青苗法。

11. 《续资治通鉴长编拾补》卷 6，熙宁二年闰十一月壬子条记

壬子，条例司奏差官提举诸路常平广惠仓兼管勾农田水利差役事。

12. 《长编》卷 222，熙宁四年四月癸酉条附注记

《会要》言英等在任不推行新法。时张峋丁忧，伐服阕依冲替人例知璧州。林英二年十一月差府界，闰月改两浙。太博、知鄞县张峋二年十一月差两浙。前宣州司理王醇二年十一月差两浙。三年十二月，审官就移合入差遣张靓往代之。

13. 《皇宋十朝纲要》卷 9 记

（熙宁二年）九月丁卯，立常平给敛法，首行于京东、河北、淮南三路。戊辰，出内藏缗钱百万籴河北常平仓粟。乙亥，置河北、陕西提举常平广惠仓官，命太常博士王广廉等为之。丙子，推行常平广惠仓法于诸路。

（熙宁二年十一月）乙亥，诸路并置提举常平广惠仓官。

以上 13 条史料，摘自《宋会要辑稿》《文献通考》《宋史》《长编》《嘉泰会稽志》《能改斋漫录》《东都事略》《续资治通鉴长编拾补》和《皇宋十朝纲要》9 种文献。其中《续资治通鉴长编拾补》所

载依据的是《东都事略》，二者所述相同。《宋史》《文献通考》二书，虽是元人脱脱和马端临二人之作，但其所载内容不可忽略，因它们都是依据宋人记载而成，史料价值相当高，特别是《文献通考》的记载，价值尤高。其余几种文献，都是宋朝人所作，史料价值高，但未必尽是，当加考辨。

我们认真类比分析上述13条史料之后，似乎可作以下结论。

第一，宋代第一批提举官的派遣是分步进行的。王安石等人推行青苗法是有步骤的，即仿陕西青苗钱先立青苗法，再选河北、淮南、京东等路试行，接着遣官推行青苗法于试点路，待试行有绪后，推广于全国各路，并派遣提举官主持。制置三司条例司上奏宋神宗时特意强调说："仍乞于京东、淮南、河北三路先行此法。俟成，次第即下诸路施行。"① 材料3所记"仍先自河北、京东、淮南三路施行，有绪乃推之诸路"，也说明王安石推行青苗法的有序性。材料13所记，正反映了当时推行青苗法的几个步骤，其中提举官派遣分先后两步进行。

第二，首派于河北、陕西两路的提举官是王广廉与刘瑾，时间是熙宁二年九月十二日。九月九日不可视为诸路派遣时间，因为据材料13所示，丙子日（即十三日），推行青苗法于全国各路，诸路差官时间只能在此之后。材料5与材料13所记，可以互相参照说明提举官率先派于河北、陕西二路，分别是王广廉与刘瑾，而材料1已可佐证。但需要补充说明的是，材料13所记"丁亥"日应为"乙亥"日。理由是：熙宁二年九月，甲子日为朔，丁亥为二十四日，它不能排在"丙子"（即十三日）之前；若是"乙亥"即十二日，恰可排列于丙子日之前。这恰又与材料5所述的九月十二日吻合。

第三，提举官遍设于全国各路是在十一月乙亥，而不是在闰十一月壬子。熙宁二年闰十一月甲午日为朔，而壬子为十九日，在此前四天即十五日，提举两浙常平等事秘书丞侯叔献与都官员外郎、提举开

---

① 《宋会要辑稿·食货》53之8，第7200页。

封府界常平等事林英对调;① 若是设官于十九日，怎么会在此前有人事调动的事呢？材料 12 所述"林英，二年十一月差府界，闰月改两浙"，可以佐证《宋会要辑稿·食货》7 之 19 所记。材料 12 提到另两个提举官张峋、王醇，都是在十一月差派，材料 1 亦可佐证林英等三人。以上足可以说明，提举官遍设于全国不应在闰十一月壬子。材料 13 清楚地告诉我们诸路并置提举常平广惠仓官，是在一月乙亥。

综上所述，笔者认为宋代第一批提举官委任、差遣分两步进行，先于熙宁二年九月十二日（乙亥）置于河北、陕西二路，后于熙宁二年十一月乙亥（即十二日）遍置于全国各路。

原刊于《史学月刊》2003 年第 3 期

---

① 《宋会要辑稿·食货》7 之 19，第 6124 页。

试论宋神宗时期的州县省废

裁抑"冗官"是熙丰变法的重要内容之一。熙丰时期裁抑"冗官"包括两方面内容，一是控制入仕、减少官员；二是撤销机构，其中最重要的一项是撤掉一批州县建制。这里，仅就熙丰时期州县省废情况，试作浅论[①]，以期对王安石变法、宋代冗官以及政区地理研究有所裨益，欢迎批评指正。

一 宋神宗、王安石等人对省废州县的认识

宋朝名臣范镇曾说："祖宗之规模在于州县，州委之生杀，县委之赋役。"[②] 州、县是宋代最重要的地方行政单位。州县多寡是封建国家中央政权对地方控制强弱的表征之一，但也是影响官俸、吏禄开支多少与封建剥削轻重的重要方面。赵氏王朝既重视中央对地方的控制、以强化专制主义中央集权的统治，又注意到州县的废置对财政及百姓负担的影响。在一定时期，宋政府于州县问题上，或置或废，各有所侧重。纵观北宋前五朝百余年间，州县时废时置，但总趋势是设置多、撤废少，州县总数不断增长。宋太祖末年，有297州，县1086[③]；太宗时州级政

---

① 关于这一问题，学界已经注意到。如，漆侠《王安石变法（增订本）》，河北人民出版社2001年版，第98页；陈振《宋史》，上海人民出版社2003年版，第376—378页；聂崇岐《宋代府州军监之分析》，《宋史丛考》，中华书局1980年版，第78页。
② 赵汝愚：《宋朝诸臣奏议》卷111《上神宗论新法》，第1207页。
③ 《宋史》卷85《地理一》，第2094页。

区 311 个①，县数为 1381 个②；至庆历八年（1048），天下州郡 320，县 1250③。州县设置过多会带来官多费冗、役众民困之弊。这一点已为当时有识之士所认识到④，可惜未引起最高统治者充分重视，也未达成广泛共识。相反，宋神宗、王安石对一些州县户少役繁、官多民稀情况的认识却极为深刻。

熙宁元年（1068），宋神宗对辅臣们说："天下自五代分裂，擅据一方，多置郡县，以固疆围。由是役繁民困，其议并省之。"⑤ 宋神宗之分析实为允当。我们注意到，宋神宗于熙宁元年发此议论，此时王安石尚未为宰执，这说明熙宁年间省废州县非王安石先为，亦非王安石所独为，宋神宗已早于王安石而为之。这个细节当引起学者注意，在评判州县省废功过问题上，不应该由王安石一人来担当。在州县废并的过程中，宋神宗与王安石还进行了多次磋商。史载：

> 上谓执政曰："河北大抵立州县太多。"王安石因论秦用小邑并大城卒以致强及唐筑三受降城事，且曰："今市人、公人不愿并合，并合即多进状，朝廷人多从之。已并复析者非一。小人狃见如此，所以每并一县，辄言不便；凡言不便，多是近县廨有资产豪宗及公人而已。朝廷若能察此，则河北州县可并处甚多也。"上问唐河北州县，安石曰："唐时或是藩镇欲张虚名，纵唐州县亦不足问，但计方今利害何如尔。"⑥

---

① 《宋史》卷 85《地理一》，第 2095 页记，雍熙中州级政区"几于四百"。然据郭黎安《宋史地理志汇释》（安徽教育出版社 2003 年版）考证，应为 311 个州级政区。

② 赵葆寓：《关于宋代县望等级的几个问题》，《北京师院学报》1987 年第 1 期。

③ 包拯撰：《包拯集校注》卷 3《论冗官财用等》，杨国宜校注，黄山书社 1999 年版，第 140 页。《宋史》卷 44《理宗纪》记，宝祐四年九月，朱熠言，景德、庆历时有 320 余郡。

④ 如，《长编》卷 104 天圣四年（1026）八月，知广济军范讽言："本军地方才四十里，距曹州甚近，而户口不及一县，其差役乃与他州等。请还隶曹州，或割曹、濮、单近县户三五千以隶本军。"范讽的请求未能得到批准《长编》卷 143 庆历三年（1043）九月，参知政事范仲淹于著名的《答手诏条陈十事》中，精彩地阐述了并废州县的原因、步骤与意义。

⑤ 杨仲良：《长编纪事本末》卷 77《州县废复》，第 2449 页。

⑥ 《长编》卷 214，熙宁三年八月甲戌，第 5209 页。

宋神宗之疑问在王安石那里得到了解答,有问题之本身足以证明宋神宗对州县省废的重视。

州县本是中央权力在地方之延伸,宋神宗敢于放手合并州县,其原因是多方面的,除了他所说的"役繁民困"外,另一个重要原因即"节费宽财",消弭"官冗"之祸。我们知道,始议于熙宁二年(1069)三月、而颁行于四年十月一日的募役法,代替了差役法,是宋代役法的重大变革。此前州县众差役多而"困民",而此后州县多则役冗而困国用。因此,合并州县,省官、省役,又节费,不失为上策。

熙宁五年(1072)八月,宋神宗又询问执政曰:"闻郑人不以废州为便,然否?"王安石答曰:"此乃郑民吏自乞,又属王畿,则诸事优便,所省钱一岁几十万缗,省州官十余员,郑州州役省四百余人,诸县复不在是。此两州(按,指郑州、滑州)止公使库逐年破坏人产自不可胜言,不知何缘废州乃于郑人不便。又此两州出役钱比天下为最重,若废即出钱如府界,比天下为最轻。惟是士大夫有置产在郑州者,或不欲尔。"王安石一番开导,宋神宗"皆以为然",乃曰:"言欲恃郑、滑为吭扼,非也。"① 宋神宗原以为恃郑、滑二州可屏翼京师,强化统治,一听到撤郑州"省钱一岁几十万缗,省州官十余员","州役省四百余人",立刻说"恃郑、滑为吭扼,非也!"在不危及中央集权的前提下,宋神宗优先考虑的是国用不足。缘于此,当国用急蹙有所缓解后,宋神宗便选择了强化统治,因此在其单独主持变革期间,一批废于熙宁时期的州县于元丰年间得到复置,从而出现了"返潮"现象。

王安石是宋神宗所说的"多置郡县役繁民困"口号下最积极的响应者,也是熙宁年间主张与实行合并州县的中坚分子。上文已述,学高才富的王安石每每能解除宋神宗之疑惑,促使宋神宗坚决地合并应合并的州县。不唯如此,王安石尚有一些惊人之识。据王安石《看详杂议》记曰:"臣所见东南州县,大抵患在户口众,而官少不足以治

---

① 《长编》卷237,熙宁五年八月辛巳,第5759页。

之。臣尝奉使河北,疑其所置州县太多,如雄莫二州相去才二十余里。闻如此者甚众,其民徭役固多,财力凋弊,恐亦因此。"① 在他看来,"州县太多"是"民徭役固多,财力凋弊"的重要原因,那么省废州县则是减轻民役、缓解财乏的措施之一。诚如前引王安石答宋神宗问所说,废郑州,每年省钱近十万缗,省州官十余员,州役省四百余人。撤州县最直接效益是减费,同时又减少冗官、减轻百姓负担。减费节流,符合当时大多数士大夫的一贯主张,无须多言。而减轻百姓负担,则符合王安石开源的主张。王安石曾讲:"理财以农事为急,农以去其疾苦、抑兼并、便趣农为急,此臣所以汲汲于差役之法也。"② 差役是"农"之"疾苦","民徭役固多"则更是"农"之"疾苦"。变差役为募役,可"去其疾苦";而省废州县,减少"民徭役",也可"去其疾苦"。因此,王安石撤州县、减徭役、省冗官的主张,既是其节流思想的直接体现,又是其改革役法另一措施,间接地体现了其开源思想。

在前引《看详杂议》一文中,王安石还提出东南州县"户众官少""不足以治之"的主张。言外之意,东南地区应该多设州县。这一主张说明王安石废州县是有限度的。这个限度就是维护封建统治,只有于此限度内方可省废地方政区。故陈瓘《尊尧集序》云:"安石论河北要省民徭,可以减州为县。至于言江南利害,则曰州县可析。"③ 陈瓘概括了王安石的废置州县的基本主张。

此外,王安石还认为,反对州县合并者,"多是近县廨有资产豪宗及公人"④,或是"士大夫有置产"于被废州县者。⑤ 王安石判断十分准确,合并州县损害了这批既得利益者,对广大下层百姓而言,显然有利。

---

① 王安石:《临川先生文集》卷62《看详杂议》,中华书局上海编辑所1959年版,第665页。
② 《长编》卷220,熙宁四年二月庚午,第5351页。
③ 《长编》卷246,熙宁六年七月庚午,第5985页。
④ 《长编》卷214,熙宁三年八月甲戌,第5209页。
⑤ 《长编》卷237,熙宁五年八月辛巳,第5759页。

不唯宋神宗、王安石看到州县多的弊端，一些基层地方官也看到了这一点。他们所提供的基层信息更反映实际。熙宁三年（1070）八月，权河北监牧使周革言："本朝建黎阳为通利军，调度赋役与古不殊，而户口比古才十分之一，民困于力役为甚。乞废军为县，还属卫州。"① 京西路转运使吴几复等奏："废州为县，罢诸徭役支费，实宽民力，兼审问民吏，实皆乐从。"而滑州地方官也上奏曰："本州自天禧河决后，市肆寂寥，地土沙薄，河上差科频数，民力凋敝，原隶府界，与郑俱为畿邑为便，且庶几王畿四至，地里形势相等。"② 熙宁中，反对新法的盛陶曾曰："朝廷以便民省役，议废郡县，诚便。"③ 这些地方官的呼声，大致反映了各地的真实状况，有力地推动了州县合并的进行。

但是，熙丰变革每出台一新法，总会有人不分是非利害，一味地反对。在并废州县上，虽未出现像其他新法那样"一兴异论，群聋和之"状况，④ 却有个别人站出来公开反对。盛陶反对说，河北"沿边地相属，如北平至海不过五百里，其间列城十五，祖宗之意固有所在，愿仍旧贯"。⑤ 熙宁四年（1071）七月，时为监察御史里行的刘挚上言曰："省并州县也，则诸路莫不强民而应令。"⑥ 刘挚所说的"民"当不是所有百姓，而是"近县廨有资产豪宗及公人"、"坊郭近上人户"。⑦ 熙宁年间的刘挚等，尚人轻言微，挡不住省废州县之潮流。但元祐元年，宋神宗死后，侍御史刘挚"畅言"废州县之不便⑧，从而掀起复置州县的"逆流"。

由于宋神宗、王安石和一些地方官僚对州县役多事繁之弊有着某些共识，而裁撤州县、减少开支又符合当时多数士大夫"节流"的主

---

① 《长编》卷214，熙宁三年八月甲戌，第5209页。
② 以上并见《长编》卷237，熙宁五年八月辛巳，第5759页。
③ 《宋史》卷347《盛陶传》，第11006页。
④ 王安石：《王文公文集》卷8《答曾公立书》，第73页。
⑤ 《宋史》卷347《盛陶传》，第11006页。
⑥ 赵汝愚：《宋朝诸臣奏议》116《上神宗分析曾布札子》，第1267页。
⑦ 《长编》卷407，元祐二年十二月丙申，第9908页。
⑧ 详见杨仲良《长编纪事本末》卷77《州县废复》，第2463页。

张，因此，省废州县主张在不危及皇权对地方统治的前提下，在缓解财政困难的背景下，虽有个别士大夫出面反对，但得到了多数人的认同，从而促使熙宁时期省废州县的改革顺利进行。这是不同于其他新法的地方。

二 熙丰时期合并州县情况

熙丰时期，是有宋以来废省州县最频繁、数量最多、效果最明显的时期[①]。熙丰合并州县的改革，始于熙宁元年，主要进行于王安石当政期间，延及元祐初年，先后持续十几年，有一批州县被合并，但也有一些州县得以复置和新建。为清楚说明熙丰时期合并州县与复建情况，以《元丰九域志》《长编》《长编纪事本末》《宋史·地理志》《宋会要辑稿·方域》等相关记载为据，拟作下表（见表1）。

表1　　　　　熙丰、元祐初州县废置情况一览

路	州（府、军、监）	县	废并时间	复置时间	备注
京西北路	滑州		熙宁五年	元丰四年	属县隶开封府
		灵河	熙宁三年		《宋史·地理一》记：废隶白马县。他书记为治平三年
	郑州		熙宁五年	元丰八年	属县管城、新郑隶开封府
		原武	熙宁五年	元祐元年	废入阳武县
		荥阳	熙宁五年	元祐元年	废入管城县
		荥泽	熙宁五年	元祐元年	废入管城县
	河南府	洛阳	熙宁三年	元祐二年	省入河南县。《宋史·地理志一》记为"五年"

---

① 陈振认为："王安石当政期间大规模省并州县，在宋代是绝无仅有的。"笔者是之。

续表

路	州（府、军、监）	县	废并时间	复置时间	备注
京西北路	河南府	颍阳	熙宁三年	元祐二年	省入登封县。《宋史·地理志一》，记为"二年"废
		伊阙	熙宁三年	元祐二年	省入伊阳县。《宋史·地理志一》记为"五年"，废入河南，六年改隶伊阳
		福昌	熙宁三年	元祐二年	省入寿安县。《宋史·地理志一》，记为"五年"省
		偃师	熙宁三年	熙宁八年	省入缑氏县，《宋史·地理志一》记为"五年"
		缑氏	熙宁八年		省入新复偃师县
	颍昌府	许田	熙宁四年		省入长社县
	孟州	汜水	熙宁五年	元丰三年	省入河阳县。《宋史·地理一》，记"二年"复
	陈州	南顿	熙宁六年	元祐元年	省入商水县、[项城县]
	汝州	龙兴	熙宁四年	元祐元年	省入鲁山县。《宋史·地理一》，记"五年"省
小计	熙宁废2州、14县。熙宁复1县，元丰复2州1县，元祐初复9县				
京西南路	光化军		熙宁五年	元祐初	《宋史·地理一》。军废，所属乾德县改为光化县，隶襄州
	随州	光化	熙宁元年		废为镇，入随县。此光化县，异于光化军所废之县。《长编纪事本末》卷七七（页2449）记"废随州为光化县"，误
	唐州	方城		元丰元年	后魏县，庆历四年废入邓州南阳县
	金州	平利	熙宁六年	元祐元年	废入西城县
小计	熙宁废1军、2县。元丰复建1县，元祐初复1县1军				
京东东路	宣化军		熙宁三年		废隶淄州
小计	熙宁废1军，复置无				

续表

路	州（府、军、监）	县	废并时间	复置时间	备注
京东西路	兖州	邹县	熙宁五年	元丰七年	废入仙源县
	广济军		熙宁四年	元祐元年	属县隶曹州
小计	熙宁废1军、1县。元丰复建1县。元祐初复1军					
河北东路	大名府	永济	熙宁五年		废为镇，入馆陶，寻改隶临清。临清县，寻废即复，不计
		大名	熙宁六年		废为镇，入元城县
		洹水	熙宁六年		废为镇，入成安县
		经城	熙宁六年		废为镇，入宗城县
	澶州	顿丘	熙宁六年		省入清丰县
	沧州	饶安	熙宁五年		省为镇，入清池县。《宋史·地理二》记"四年"
		临津	熙宁六年		省为镇，入南皮县
	冀州	枣强	熙宁元年	熙宁十年	省为镇，入信都县
		新河	熙宁六年		省为镇，入南宫县
		武邑		熙宁十年	原废于嘉祐八年
	瀛州	束城	熙宁六年	元祐元年	省入河间县
		景城	熙宁六年		省入乐寿县
	莫州	长丰	熙宁六年		省为镇，入任丘县
		莫县	熙宁六年	元祐二年	省入任丘县
	德州	德平	熙宁六年		省为镇，入安德县
	滨州	招安	熙宁六年	元丰二年	废为镇，入渤海县
	恩州	清阳	熙宁四年		省入清河县
	永静军	阜城		熙宁十年	原省于嘉祐八年
	乾宁军	乾宁	熙宁六年		省为镇
小计	熙宁废17县，熙宁十年复3县，元丰复1县，元祐初复2县					
河北西路	真定府	井陉	熙宁六年	熙宁八年	省入获鹿、平山二县
		灵寿	熙宁六年	元祐二年	省为镇，入行唐县。《九域志》等记"八年"
	相州	永和	熙宁六年		省为镇，入安阳县。《宋史·地理二》记"五年"

续表

路	州（府、军、监）	县	废并时间	复置时间	备注
河北西路	相州	邺县	熙宁六年		省为镇，入临漳县。《长编》、《宋史·地理二》，记"五年"
	邢州	任县	熙宁五年	元祐元年	省为镇，入南和县
		尧山	熙宁六年	元祐元年	省为镇，入内丘县
		平乡	熙宁六年	元祐元年	省为镇，入钜鹿县
	怀州	武德	熙宁六年	元祐元年	省为镇，入河内县
		修武	熙宁六年	元祐元年	省为镇，入武陟县
	通利军		熙宁三年	元祐元年	所属卫县、黎阳县，隶卫州
	卫州	卫县	熙宁六年		省为镇，入黎阳县
		新乡	熙宁六年	元祐二年	省为镇，入汲县
	洺州	曲周	熙宁三年	元祐二年	省为镇，入鸡泽县
		临洺	熙宁六年	元祐二年	省为镇，入永年县
	磁州	昭德	熙宁六年		省为镇，入滏阳县
	祁州	深泽	熙宁六年	元祐元年	省为镇，入鼓城县
	赵州	柏乡	熙宁五年	元祐元年	省为镇，入高邑县
		赞皇	熙宁五年	元祐元年	省为镇，入高邑县
		隆平	熙宁六年	元祐元年	省为镇，入临城县
	顺安军	高阳	熙宁六年	熙宁十年	
小计	熙宁废1军、19县。熙宁复2县，元祐初复1军14县					
永兴军等路	乾州		熙宁五年		属县奉天，隶京兆府
	庆成军		熙宁元年		属县荣河，隶河中府
	河中府	河西	熙宁三年		省入河东县
		永乐	熙宁六年		省入河东县
	陕州	湖城	熙宁四年	元丰六年	省为镇，入灵宝县。《宋史·地理三》记为"元丰元年"复置
		硖石	熙宁六年		省为镇，入陕县
	延州	丰林	熙宁五年		省为镇，入肤施县
		延水	熙宁八年		省为镇，入延川县
		金明	熙宁五年		省为镇，入肤施县

续表

路	州（府、军、监）	县	废并时间	复置时间	备注
永兴军等路	绥州		熙宁二年		是年收复，废为绥德城隶延州。元符二年改为绥德军
	同州	夏阳	熙宁三年		废为镇，入郃阳县。《宋史·地理三》记"四年"
	华州	渭南	熙宁六年	元丰元年	废为镇，入郑县
	鄜州	三川	熙宁七年		废为镇，入洛交县
	庆州	华池	熙宁四年		省为镇，入新置合水县
		乐蟠	熙宁四年		省为镇，入新置合水县
		合水		熙宁四年	新置
	虢州	玉城	熙宁四年		省为镇，入虢略县
	坊州	昇平	熙宁元年		省为镇，入宜君县
	丹州	汾川	熙宁三年		省为镇，入宜川县
		云岩	熙宁七年		省为镇，入宜川县
小计	熙宁废2州1军16县。元丰复2县，熙宁四年新建1县					
秦凤等路	熙州			熙宁五年	唐临州之地，后陷吐蕃，熙宁五年新复
		狄道	熙宁九年	元丰二年	熙宁五年新复地置之。《宋史·地理三》记"熙宁六年"置
	岷州			熙宁六年	唐旧地，熙宁六新复
	仪州		熙宁五年		属县隶渭州
	河州			熙宁六年	唐旧地，是年收复
		枹罕	熙宁九年		熙宁六年新置
	兰州			元丰四年	唐旧地，元丰四年收复新置
	通远军			熙宁五年	新建军
小计	熙宁废1州，新建4州1军。1县新建复废，1县新置寻废后复					
河东路	太原府	平晋	熙宁三年		省入阳曲县
	潞州	黎城	熙宁五年	元祐元年	省入潞城县
	晋州	赵城	熙宁五年	元丰二年	省为镇，入洪洞县。《宋史·地理二》记"元丰三年"复
		和川	熙宁五年	元祐元年	省为镇，入冀氏县

续表

路	州（府、军、监）	县	废并时间	复置时间	备注
河东路	慈州		熙宁五年	元祐元年	属县隶隰州
	隰州	文城	熙宁五年		省为镇，入吉乡县
	忻州	定襄	熙宁五年	元祐元年	省入秀容县
	汾州	孝义	熙宁五年	元祐元年	省为镇，入介休县
	宪州		熙宁三年	熙宁十年	属县隶岚州
	辽州		熙宁七年	元丰八年	废隶平定军
		平城	熙宁七年	元祐元年	省为镇，入辽山县
		和顺	熙宁七年	元祐元年	省为镇，入辽山县
		榆社	熙宁七年	元祐元年	省为镇，入武乡县
	岢岚军	岚谷	熙宁三年	元丰六年	
	宁化军	宁化	熙宁三年	元祐元年	
	火山军	火山	熙宁四年		初置于治平四年
小计	熙宁废3州，熙宁、元丰、元祐各复1州；熙宁废13县，元丰复2县，元祐初复8县
淮南东路	高邮军		熙宁五年	元祐元年	
	扬州	广陵	熙宁五年		废入江都县
	涟水军		熙宁五年	元祐二年	废隶楚州
小计	熙宁废1县2军。元祐初复2军
淮南西路	无为军	无为		熙宁三年	新置
小计	熙宁时新置1县
两浙路	杭州	南新	熙宁五年		省为镇，入新城县
	明州	昌国		熙宁六年	新置
	江阴军		熙宁四年		废隶常州
小计	熙宁时废军1，废县1，新置县1
江东路	信州	永丰		熙宁七年	新置
小计	熙宁州县废无，新置1县
江西路	吉州	万安		熙宁四年	新置

续表

路	州（府、军、监）	县	废并时间	复置时间	备注
小计	熙宁时州废无。熙宁新置1县				
荆湖南路	潭州	安化		熙宁六年	新置
	道州	永明	熙宁五年	元祐元年	废为镇，入营道县
	邵州	新化	熙宁五年		熙宁五年新复梅山，置新化县
小计	熙宁州废无，废2县，于新复地置1县。元祐初复1县				
荆湖北路	江陵府	枝江	熙宁六年	元祐元年	省为镇，入松滋县
		建宁	熙宁六年	元祐元年	省为镇，入石首县
		玉沙	熙宁六年	元祐元年	废为镇，入监利县
	复州		熙宁六年	元祐元年	废入江陵府
	荆门军		熙宁六年	元祐三年	属县隶江陵府
	汉阳军		熙宁四年	元祐元年	废为汉阳县，入鄂州
	鄂州	汉川	熙宁四年	元祐元年	废入鄂州
		通城		熙宁五年	新置通城县
	安州	云楚	熙宁二年	元祐元年	废为镇，入安陆县
	归州	兴山	熙宁五年	元祐元年	废为镇，入秭归县
	沅州			熙宁七年	于新复地置州
		卢阳		熙宁七年	于复地置县
		招谕	熙宁八年		废入麻阳，旧县
		黔阳		元丰三年	新置
		渠阳		元丰五年	据《宋史·地理四》，新置
	诚州			元丰四年	熙宁九年收复。新置
小计	熙宁废1州2军7县。于收复地置2州3县。元祐初复3州军6县				
成都府路	成都府	犀浦	熙宁五年		省为镇，入郫县
	永康军		熙宁五年		属县隶蜀州
	彭州	堋口	熙宁四年		熙宁二年新置
	绵州	西昌	熙宁五年		废入龙安县
	嘉州	平羌	熙宁五年		省为镇，入龙游县
	邛州	临溪	熙宁五年		省为镇，入临邛县
	雅州	百丈	熙宁五年	元祐二年	省为镇，入名山县
	陵州		熙宁五年		废为陵井监，治仁寿县

续表

路	州（府、军、监）	县	废并时间	复置时间	备注
成都府路	陵井监	贵平	熙宁五年		省入成都府广都县
		籍	熙宁五年		省入成都府广都县
小计			熙宁8县废1军、降1州为监。元祐初复1县		
梓州路	梓州	永泰	熙宁五年		省为镇，入盐亭县
	遂州	青石	熙宁六年	熙宁七年	省为镇，入遂宁
	果州	流溪	熙宁六年		省为镇，入南充县
	戎州	宜宾	熙宁四年		省为镇，入僰道县
	清井监			熙宁八年	以新得十余州置，隶泸州
	合州	赤水	熙宁四年	熙宁七年	省入铜梁县
	荣州	公井	熙宁四年		省为镇，入荣德县
	富顺监	富顺	熙宁元年		建于治平元年
小计	熙宁废7县，复2县，于新得地建1监				
利州路	利州	平蜀	熙宁三年		省入嘉川县
	阆州	岐平	熙宁三年		省入奉国县
	剑州	晋安	熙宁三年		省入西水县。《宋史·地理五》记"四年"
	巴州	临津	熙宁五年		省为镇，入曾安县
		七磐	熙宁二年		省为镇，入恩阳县。《宋史·地理五》记"三年"
		其章	熙宁五年		省为镇，入曾口
		清化	熙宁五年		省为镇，入化城县
		白石	熙宁五年		省为镇，入通江县
	璧州	符阳	熙宁五年		省为镇，入通江县
	集州		熙宁五年		
	蓬州		熙宁五年		
		蓬山	熙宁三年		省为镇，入营山县
		良山	熙宁五年		省为镇，入伏虞县
小计	熙宁废2州、11县				
夔州路	达州	三冈	熙宁六年		分隶通川、新宁、永睦三县
		石鼓	熙宁七年		

续表

路	州（府、军、监）	县	废并时间	复置时间	备注
夔州路	忠州	桂溪	熙宁五年		省入垫江县
	涪州	温山	熙宁三年		省为镇，入涪陵县
	云安军	安义	熙宁四年		熙宁析置
	南平军	南川	熙宁七年	元丰元年	省入隆化县
				熙宁七年	以新复地置军。《宋史·地理五》、《长编》记"八年"
小计	熙宁省6县，于新复地置1军。元丰初复1县				
福建	建州	瓯宁	熙宁三年	元祐四年	新置于治平四年
小计	熙宁废1县。元祐初复1县				
广东路	循州	长乐		熙宁四年	析地新置
	梅州		熙宁六年	元丰五年	
	新州	信安	熙宁五年	元祐元年	省为镇，入新兴县
	春州		熙宁六年		废隶南恩州
		铜陵	熙宁六年		并入阳春县
小计	熙宁时废2州，废2县，新置1县。元丰复1州。元祐初复1县				
广西路	桂州	永宁	熙宁四年	元祐元年	省为镇，入荔浦县
		修仁	熙宁四年	元丰元年	省为镇，入荔浦县
	融州	武阳	熙宁七年		省为镇，入融水县
		罗城	熙宁七年		省为镇，入融水县
	蒙州		熙宁五年		属县隶昭州
	梧州	戎城	熙宁四年		镇入苍梧县
	南仪州		熙宁四年		属县隶藤州
	宜州	古阳	熙宁八年		废入龙水县
		述昆	熙宁八年		废入龙水县
		礼丹	熙宁八年		废入宜州带溪寨
	横州	永定	熙宁四年	元丰三年	省入宁浦县
	窦州		熙宁四年		属县隶高州
	琼州	舍城	熙宁四年		省入琼山县
	昌化军	昌化	熙宁六年	元丰四年	省为镇，入宜伦县。《宋史·地理六》记"三年"复

续表

路	州（府、军、监）	县	废并时间	复置时间	备注
广西路	昌化军	感恩	熙宁六年	元丰三年	省为镇，入宜伦县。《宋史·地理六》记"四年"复
	万安军	陵水	熙宁七年	元丰三年	省为镇，入万安县
	朱崖军	吉阳	熙宁六年		省为镇
		宁远	熙宁六年		省为镇
小计	熙宁废3州，15县；元丰复4县，元祐初复2县					

表2　　　　熙丰、元祐初州县废复变化统计

路	州废数	县废数	州复数	县复数 熙宁	县复数 元丰	县复数 元祐	新复地设置数	备注
京西北	2	14	2（元丰）	1	1	9	0	
京西南	1	2	1（元祐）	0	1	1	0	
京东东	1	0	0	0	0	0	0	
京东西	1	1	1	0	1	0	0	
河北东	0	17	0	3（十年）	1	2	0	
河北西	1	19	1（元祐）	2（八年、十年各1）	0	14	0	
永兴军等	3	16	0	1（新建）	2	0	0	其中绥州为新复地，废
秦凤等	1	1（新复地）	0	1（新复地）	0	0	5（州军）	新复熙州、岷州、河州、兰州、通远军

续表

路	州废数	县废数	州复数	县复数 熙宁	县复数 元丰	县复数 元祐	新复地设置数	备 注
河东	3	13	3（熙宁、元丰、元祐各1）	0	2	8	0	
淮南西	0	0	0	1（三年）				新置
淮南东	2	1	2（元祐）	0	0	0	0	
两浙	1	1	0	1（六年）	0	0		新置
江南东	0	0	0	1（七年）	0	0	0	新置
江南西	0	0	0	1（四年）	0	0	0	新置
荆湖南	0	2	0	0	0	1	1（县）	熙宁五年新复梅州，置新化县
荆湖北	3	7	3（元祐）			6	置2州3县	
成都府	1	8	0	0	0	1	0	降州为军1，不计入
梓州	0	7	0	2（七年）	0	0	1（监）	
利州	2	11	0	0	0	0	0	
夔州	0	6	0	0	1	0	1军（熙宁七年）	
福建	0	1	0	0	0	1	0	

续表

路	州废数	县废数	州复数	县复数 熙宁	县复数 元丰	县复数 元祐	新复地设置数	备注
广东	2	2	1（元丰）	1（四年）	0	1	0	新置
广西	3	15	0	0	4	2	0	
总计	27	144	13（熙宁1，元丰4，元祐8）	15（十年4）	13	46	9州军监，4县	元祐初共复8州46县

通观表2，熙丰时期州县废置大概有以下情况。

第一，所有州县省废均在熙宁九年（含九年）以前，尤集中于熙宁二年至熙宁九年。据统计表明：废于熙宁元年者仅5地次，占所废总地次171的2.9%。相反，熙宁二年到熙宁九年末所废并州县占97.1%。这个比例数据揭示一个铁的事实：废并州县始于宋神宗，完成于王安石。我们知道王安石于熙宁二年二月庚子至七年四月丙戌、八年二月癸酉至九年十月丙午，[①] 先后执政达六年另十月之久。其执政期间恰出现了前所未有的州县废并的高潮。这种巧合，不是偶然的，而是王安石主张废并州县的必然结果。前文已说过，当宋神宗对来自反对者的声音进行质疑时，王安石屡释其惑，坚决行之。熙宁十年以后至元丰末，王安石远离政治，宋神宗单独主政，竟无废并反有复置，此更突出了王安石的作用。因此，我们说宋神宗与王安石对熙宁时期废并州县都有贡献，而王安石功劳更大。

第二，州县废并过程中又出现了复置情况。统计表明：在废并27个州级政区中，熙宁时复置1地次，元丰时4地次，分别占3.7%与14.8%。在并废144个县中，熙宁时复置15地次（其中包括新建和熙宁之前罢废而又复建者），元丰复建13地次（其中包括

[①]《宋史》卷14、15《神宗》，第270、285、287、291页。

于熙丰之前已废而至此复置者），分别占10.4%、9%。这种情况说明，强化政权始终是最高统治者的首要任务，在不妨碍专制集权范围内的"放权"是为了更好地运转国家机器，但不能是无限而是有限的。

第三，新复地区的政区建置。熙丰时期，颇有一番开拓"气派"。史称："大抵宋有天下三百余年，由建隆初讫治平末，一百四年，州郡沿革无大增损。熙宁始务辟土，而种谔先取绥州，韩绛继取银州，王韶取熙河，章惇取懿、洽，谢景温取徽、诚，熊本取南平，郭逵取广源，最后李宪取兰州，沈括取葭芦、米脂、浮图、安疆等砦。"① 在新复的土地上，建9州4县。这是宋神宗时国势一度振奋之表现，与州县废并不矛盾。故在评价废并州县意义时，我们不将新复地区的州县建置作为参考因素。

第四，州县废并地区差异明显。前引王安石《临川先生文集》卷六二《看详杂议》说："东南州县，大抵患在户口众而官少，不足以治之"，河北"所置州县太多"。陈瓘批评王安石说："安石论河北要省民徭，可以减州为县，至于言江南利害，则曰州县可析。"② 实际废并情况不完全反映王安石的主张。熙宁时期，河北东西两路是罢废州县的重点，其中州级政区废1个，县级区废38个，熙丰又复建5个，实废33个③，占全国实际废县数116个的28%。"东南"地区，如两淮、两浙、江南东西、福建等路，州级政区废4个，县级区3个，不及河北之零头，却又新置4个。河北减并可谓明显，而东南地区所谓"析置"情况与实际不符。熙宁时州县并废多者，除河北两路外，还有京西北、永兴军等路、河东、湖北、川峡四路和广西等路；而并废州县少者，除东南7路外，还有北方的京西南、京东西路、秦

---

① 《宋史》卷85《地理一》，第2095页。
② 《长编》卷246，熙宁六年七月庚午，第5985页。
③ 按，庆历四、五年间，河北有府、州、军、县共187个，至元丰初年为139个，亦可印证。详见王存《元丰九域志》卷2《河北路》，王文楚、魏嵩山点校，中华书局1984年版，第63—77页；欧阳修《欧阳修全集》卷118《论河北财产上时相书》及附录卷1，第1826、2603页。

凤等路，南方的湖南、广东6等路。州县并废兴建的主要依据是户口。权以河北路与两浙路平均每县户口比较分析之。据《元丰九域志》记，元丰初，河北路有33州军106县，这是并废州县后的数字，有1234929户，平均每县13279户。再看两浙地区。元丰初州县调整后，14有州79县，1778963户，平均每县有户22518户。① 二者差9239户。需要说明的是，我们依据的数字是元丰初年州县合并后的数字，若是熙宁六年前后王安石分析河北与东南州县时数据，则河北县更多、户更少，而两浙县更少、户更多，平均每县户口数量差距则更大。因此，王安石所说的南北差异情况是符合实际的，其并废州县主张也是可行的。相反，陈瑾指责王安石说："安石并析之议，分南分北，偏而不还。"② 委实无理。

第五，元祐初掀起复置州县的小高潮。我们注意到王安石第二次罢相后，熙宁时期并州县的高潮宣告结束，复置州县渐趋增多。元丰时复建13县4州军，然尚有限度。宋神宗死后一年多，尤其是高太后、司马光为政期间，在罢废其他新法的同时，掀起了复建州县的小高潮。短短两三年间，复建州军8个、县46个。所幸没有完全恢复，熙丰改革成果，至少保留了一半。这一点与其他新法完全被抛弃的历史命运不尽相同，值得注意。

此外，由于熙丰年间部分已废州县陆续复建，熙丰实际数与原废数不尽吻合。熙宁年间废州级区27个，熙宁、元丰重建5个，实废数22个。县，熙宁时废144个，复建28，废116个。这个数数和与江少虞《宋朝事实类苑》卷33《并省州县》所记略异。③

---

① 户口据吴松弟《中国人口史·辽宋金元时期》，复旦大学出版社2000年版，第123—124、127—128页。
② 《长编》卷246，熙宁六年七月庚午，第5986页。
③ 江少虞：《宋朝事实类苑》记，"熙宁中，废并天下州县，迄八年，凡废州军监三十一"，"废县一百二十七"。按，其所列州、县，有部分与《宋史·地理志》《元丰九域志》等记有出入，须订正。另，所列数字没有考虑复建数。故以此为评判废并州县依据，有些不妥。

三 熙丰时期州县废并的意义

1. 并废州县可以局部缓解冗官问题

宋代"冗官"集中表现于机构性冗官与人员性冗官两个方面。前者又表现于州县密度，后者表现于官员数量。裁并州县，既撤并机构又减少官员，可谓解决冗官问题的捷径之一。

先看熙丰时期州县密度。熙丰时期实际撤掉 22 个州级政区、116 个县，使是时州县数减掉不少。据《元丰九域志·表》记：裁并州县后，府州军监为 297 个，县为 1135 个①。此数比庆历八年（1048）州郡 320 个、县 1250 个②，分别少 23 个与 115 个。需要注意的是，宋神宗时"疆理万邦，声教旁暨"，"南开五溪，西举六郡，皆正朔所不及，祖宗所未臣，可谓六服承德，万世之一时也"③。撇开史臣溢美之词，不难发现宋神宋时疆域比之前期诸君显然是扩大了，宋神宗于新得土地建置了 9 州军 4 县，一改"由建隆初讫治平末，一百四年，州郡沿革无大增损"④之局面。而元丰时期县之密度却是宋初统一以来最小之时，平均 2207 平方公里才有 1 县，而其他时期平均 1980—2000 平方公里就有 1 县。⑤ 同理，州级密度显然应小于其他时期。从州县之密度变小的角度来说，熙丰时期裁并州县对缓解"冗官"问题是有显著作用的。

再看官员数量变化。宋制，"凡员数多寡，视郡小大及职务之繁简"⑥而定。每州，通常要有知州、通判各一人，幕职诸官五人、诸

---

① 原记县为 1235，实际为 1135。参看《元丰九域志·表》正文后"校勘记"。不少学者误以 1235 为是，当注意。
② 包拯：《包拯集校注》卷 3《论冗官财用等》，第 140 页。
③ 王存：《元丰九域志·表》，第 1 页。
④ 《宋史》卷 85《地理一》，第 2095 页。
⑤ 据梁方仲《中国历代户口、田地、田赋统计》之甲表 40、89 所统计的面积与县数计算而来。
⑥ 《宋史》卷 167《职官七》，第 3975 页。

曹官四员左右，① 通计 11 人左右。史书记载多与之相类。熙宁五年（1072）八月，王安石进奏曰：撤废郑州可以省州官十余员。② 南宋初，江阴军复置，添知州、幕职官、曹掾官共十数员。③ 由郑州、江阴军设官情况来看，州级政区一般要 10 名左右的官员。据此，废 22 余州军，要省官 220 人。

县级官员设置相对简单，宋制：千户以上县置县令、主簿、县尉；四百户以上置县令、县尉，县令知主簿事；四百户以下县置主簿、县尉，以主簿兼知县事。④ 凡是省废的县户口一般在千户以下，每县一般应有常置县官 2 名至 3 名。熙宁六年（1073），并省真定府井陉等 28 县，减官 76 员，平均每县约 3 员。⑤ 如是，则熙丰时期省 116 县，当减省县官 232 名至 348 名。

通计之，熙丰时期并废州县，当省减州县官 450 人至 570 人，取其中数约 520 人。司马光等人多批评王安石"设官则以冗增冗"⑥，但不知并废州县减官裁冗！我们注意到，元丰初年官员 24549 人，比治平 24000 员多 549 人，而元丰时户数与官数比为 668，比治平时的 538 要多 130 个单位⑦。冗官问题有所缓和，所致其然者，裁并州县是其一端。

2. 撤并州县，减少役人

前面已说过，州县户少役众为当时人所共识，是撤废州县的原因之一。那么，州县合并与役人人数变化关系怎样呢？

先看州级役人。熙丰年间，福州所用役人情况是：衙前 154 人，散从官 1058 人，贴司 191 人，弓手 350 人，手力 437 人，总计

---

① 苗书梅：《宋代州级属官体制初探》，《中国史研究》2002 年第 3 期。
② 《长编》卷 237，熙宁五年八月辛巳，第 5759 页。
③ 孙觌：《鸿庆居士集》卷 12《沈相书（二）》，文渊阁四库全书本，台北商务印书馆 1986 年版，第 1135 册，第 132 页。
④ 《宋史》卷 167《职官七》，第 3978 页。
⑤ 《长编》卷 246，熙宁六年七月庚午，第 5985 页。
⑥ 赵汝愚：《宋朝诸臣奏议》111《上神宗乞罢条例司及常平使者》，第 1211 页。
⑦ 王曾瑜：《宋朝阶级结构》，河北教育出版社 1996 年版，第 256 页。

2190 人。① 福州是大州，役人较多。熙宁年间，郑州废，州役省四百余人。② 郑州算得上中州。③ 绍兴末年，江阴军复建，"增指使、孔目官、曹使、散从官、院虞候等"役人"数百"。④ 元祐二年（1087），有人反对复置州县时说，"复一小邑，添役人数百"。⑤ 据此知，一州军当有役人400人左右。熙丰废22个州级政区、当省役人近万人。

再看县之役人数。县之大小不同，役人多少也不一样⑥。庆历四年（1044），河南府6县有役人一千五六百⑦，平均每县有250人。辽州4县，"每县曹司弓手、手力、解子之类各近百人"。⑧ 开封、祥符两畿县，"户口略等"⑨，用1100役人左右。⑩ 熙宁六年（1073）七月，省真定府井陉等28县，省役人3127人⑪，平均每县役人112人。所废县一般是户少的小县，役人自然不多。河北真定府28县役人人数，差不多反映了所废县役人真实情况。熙丰时废116县，每县役人平均112人，总省役人12992人。

总州县所省役人，约有23000人。免役法推行以前，全国役人总计为53.6万余人，免役法施行后，全国役人数为42.9万人⑫，前后

---

① 漆侠：《关于宋代差役法的几个问题》，《知困集》，河北教育出版社1992年版，第150页。
② 《长编》卷237，熙宁五年八月辛巳，第5759页。
③ 《元丰九域志》记：郑州，辅州，辖5县，有主户14744，客户16232人，与福州（主户114636，客户96916人，辖12县）相比可谓中州。
④ 孙觌：《鸿庆居士集》卷12《沈相书（二）》，文渊阁四库全书本，第1135册，第132页。
⑤ 《长编》卷407，元祐二年十二月丙申，第9908页。
⑥ 赵彦卫：《云麓漫钞》卷12，傅根清点校，中华书局1998年版，第217页；梁克家：《淳熙三山志》卷13《州县役人》，宋元方志丛刊，中华书局1990年版，第7888—7900页。
⑦ 范仲淹：《范仲淹全集》卷20《论复并县札子》，第456页。
⑧ 欧阳修：《欧阳修全集》卷116《相度并县奏状》，第1774页。
⑨ 赵汝愚：《宋朝诸臣奏议》卷113《上神宗辞免体量府界青苗钱》，第1232页。
⑩ 《宋史》卷177《食货上五》，第4314页；《宋史》卷178《食货上六》，第4330页。
⑪ 《长编》卷246，熙宁六年七月庚午，第5985页。
⑫ 《长编》卷442，元祐五年五月壬申，第10634页；《宋会要辑稿·食货》66之62，第7912页。

相差10.7万人。造成此差异原因是多方面的，而裁省州县减少役人2.3万，约占全国役人减少10.7万的21.5%，是其主要原因之一。

3. 省官减役与节费

熙丰时期裁废州县，不仅减官省役，而且节省官俸与役钱。熙宁五年（1072）八月，王安石回报说，郑州废，"省钱一岁几十万缗"，[1] 披露了废州县省费的事实。前文已述，熙丰并废州县，裁减州县官520员，以每官岁费料钱113.5贯计之，则岁省费约6万贯。

再看役钱。熙丰时期，平均每役人岁支役钱多少，史无确载。但我们可推算出来。熙宁九年（1076），役钱岁支定额6487688两、贯、石、匹[2]，而元丰新定全国役人额为42.9万人[3]，平均每个役人岁支役钱15贯等。元丰二年（1079），广西提举司抱怨说："广东、西监司、提举司吏一月之给，上同令录、下倍摄官，乞裁损其数。"[4] 按，"令录"指县令、录事参军，[5] 每月约支20贯俸钱，[6] 每年支役钱240贯。据此，广东、西监司、提举司吏人岁支役钱240贯。元丰三年（1080）司农寺丞吴雍言，淮、浙役人，减"冗占"1300余人，裁省缗钱近29万，[7] 平均每役人岁支役钱223贯。前文王安石所说废郑州岁省"几十万"贯，其中裁官"十余员"岁减官俸五六千贯，其余应是省"四百余"役人的役钱，平均每人岁支役钱约220贯。这里，浙、淮州县役钱、广西监司役钱与郑州州役钱岁支处于同一水平。

再看几个地区。熙宁中，兴国军永兴县役钱岁支"才千余贯"，[8]

---

① 《长编》卷237，熙宁五年八月辛巳，第5759页。
② 解缙等编：《永乐大典》卷7507，中华书局1986年版，第3357页。
③ 《长编》卷442，元祐五年五月壬申，第10634页；《宋会要辑稿·食货》66之62，第7912页。
④ 《宋史》卷177《食货上五》，第4309页。
⑤ 龚延明：《宋代职官辞典》，中华书局1997年版，第594页。
⑥ 《宋史》卷171《职官十一》，第4108页。
⑦ 《宋史》卷177《食货上五》，第4310页。
⑧ 《长编》卷395，元祐二年二月己丑，第9628页。

若以每县役人112人计之，则每人平均岁支才10贯余。开封县为赤县，岁支役钱1.02万贯，① 役人约1100人，② 平均计之每役人岁支10贯。由此，永兴县、开封县与全国平均役钱支出水平大体相当。

相较而言，浙江、两淮州县役，广西监司、提举司役，郑州州役，岁支220贯左右；而全国与永兴县、开封县役钱平均岁支才十几贯，差距约20倍。原因何在？笔者认为原因是多方面的。一是史传数据可信度不高。淮浙、郑州役钱数据，系司农寺丞吴雍、王安石提供，二人均有为推行免行法与裁减役人而竭力夸张的嫌疑。广西路数据系广西提举常平刘谊所提供，他反对役法，不免夸大役钱给广西造成的危害。永兴县数据是由元祐年间所王觌提供，王觌为配合当时废募役改差役的形势，极力反对免役，痛斥免役宽剩太多，而对役钱支出数可能有压缩。总之，史传数据五花八门，从而造成了统计结果迥异。二是当时存在募役者与差役者之别。地方官以宽剩多为功，竭力减少使用有偿募役，扩大无偿差调。差、募并行于熙丰时期，故统计中的役人数包括支禄募役者与不支禄差派者。上述诸例中，全国平均役钱支出与开封、永兴县役钱支出水平，当是包括差、募在内所有役人的平均支费水平。而郑州、淮浙、广西等地役钱支出，大概是募役人之支费，不包括差派人。三是地区、部门差役所致。淮浙经济发达，役钱支出高；广西乃为监司役人支费，自然很高；而州、县役以及多数落后地区的役人支费水平应该很低。鉴于以上之分析，我们认为全国平均役钱支出数据大体可信，它涵盖范围广，兼容差、募两种役法实况，具有代表性。

若以役人平均岁支15贯为率计之，则省2.3万州县役人（其中有募有差），可减约30万贯。再加上州县省裁减官500员，岁节支6万贯，总36万贯。若加上官员的禄粟、诸州公使钱③，当省50万贯左右。

---

① 《宋史》卷177《食货上五》，第4300页。
② 《宋史》卷178《食货上六》，第4330页；卷177《食货上五》，第4314页。
③ 《宋会要辑稿·礼》记各州公使钱熙丰"新额"多在1000贯以上，废22个州级政区，当省22000贯以上。《宋会要辑稿·礼》62之23—30，2124—2127页。

4. 从元祐初复置州县之争，看熙丰时期并废州县

在不触及中央集权之下的合并州县，可收到减官减役减费之功效，但也会产生一些不利的因素。元丰三年（1080），知晋州的王说言，赵城县废入洪洞县后，"百姓输纳、词诉回远，岁输税课不便"，请求复置。宋神宗以赵城县"乃是国家得姓始封之地，不与他县邑比"，故诏复之。① 赵城县复建虽以"国姓"而不以"输纳不便"，但也反映省废州县确有输纳、词诉回远与岁输税课之不便。

元祐初年，一切处于"废新复旧"之际。熙丰之时的州县废并，在元祐初成为王安石等人的历史"罪过"。元祐元年（1086）二月，侍御史刘挚、监察御史王岩叟上奏言：②

> 窃惟天下涵濡太平之恩久，戴白之老，不识兵革者，非一日矣。事方繁夥，民务增衍，议者谓益置郡县以分治之，乃其所也。而比者聚敛之吏，苟欲减役人收役钱以附今日，率尔之间，遂行并废，不复问事体之如何，人情之乐否。

二人首先给熙丰合并州县之举定了性质：合并州县是"聚敛之吏""欲减役人、收役钱"而不顾"事体如何、人情乐否"的轻率之举。接着，他们列举了"废州县之弊端"：

> 盖废并之后，州县相辽阔，有山岭重复，江河阻绝，远者数日，近者五六七宿，不能一往来于官者。以言争讼，则百姓赴愬难；以言赋税，则百姓输纳难；以言豪强，则官司弹治难；以言盗贼，则官司警捕难；以言死亡，则官司检视难；以言期会，则官司追呼难。不独如此而已也，且有据会要、扼津渡，四方百姓

---

① 《长编》卷303，元丰三年三月庚辰，第7369页。按，赵城县废于熙宁五年，见《元丰九域志》卷4《河东路·晋州》，第164页。

② 以下见于《长编》卷365，元祐元年二月乙丑，第8756—8757页。

莫不引领以望城邑之复其故，而欣然愿出力役以奉公上。

所列废州县种种弊端：来往难、赴讼难、输纳难、弹治难、警捕难、检视难、追呼难七难，除赴讼、输纳二难与百姓直接有关外，其余五难都是与中央于地方权力运作、官府对百姓统治不便有关。除了这些"难"处之外，他们又举例证明之：

> 自来并废州县，虽省得役钱以为封桩之利，然酒课税额亏失者不可胜计。今复添官三数员，禄廪至微，酒税之利自足备用，亦于公家无所侵耗。臣昔尝亲见废相州永和县为镇之初，永和之民，相与号诉于官曰："不知官中岁所利者几何，百姓愿计其数均认之，随二税以纳，幸留吾邑不废也。"官不敢受其词，竟废之。陛下以此观废邑之人情，宜复否也。又亲见恩州漳南镇百姓告于州，乞自备材植，出公力修廨宇，完仓库，复置本邑。又亲见大名府永济县自废为镇，屡遭群盗警劫，民居破散，无复生意。

这一段，刘挚、王岩叟举出河北永和、漳南、永济三县废为镇对百姓不便的实例，并指出"失酒税""遭劫盗"二害。

刘挚和王岩叟的奏议，对熙丰并废州县进行了全面否定。他们所说的"非其便"，使"朝廷不得不虑也"。于是朝廷于元祐元年二月九日下诏，复建已废州县，"缘此诸路已废之州县，并多兴复"①。所谓"不便民"之弊理应随着州县复建而去。然事实却恰恰相反，州县的复置带给百姓诸多不便。元祐二年（1087）十一月赵偁曰："废兴郡邑，非有大利害不得已者，何必改作，今复军立县，则必增置官吏，迁易户税，扰费甚重。虽城郭之民利在交易，而农民实被其害。"② 同年又有臣僚上言曰：

---

① 《长编》卷407，元祐二年十一月丙申，第9908页。
② 《长编》卷407，元祐二年十一月丙辰，第9898页。

> 臣愚窃谓兴复州县，若别无大利害，则惟坊郭近上人户便之，乡村上户乃受甚弊也。何以知其然也？州县既复，则井邑盛而商贾通，利皆归于坊郭，此坊郭上户所以为便也；复一小邑，添役人数百，役皆出于乡村，此乡村上户所以受其弊也。自元祐元年二月九日降敕相度，几二年矣，其利害明白而不可以不复者，令下之初，皆已复矣；其可以复可以不复者，仍迁延至今。彼坊郭上户倡率同利之人，诱乡村之下户，共为陈请，转运司不从则诉于提刑司，提刑司不从则诉于转运司，前官不听则诉于后官，必至于复而后已。故迁延至于今日而复者，皆非利害明白，不可以不复者也。况自朝廷行差役法，中外莫不以为宜，而论者独以地薄民贫之邑，乡村应役之户不多者难得番休为患也。此虽州县所在利害不同，要之役人不可以更有增添，乃天下之所同也。今诸路方且攀缘前岁一时指挥，而复县不已，增乡村之力役，以利坊郭，臣窃以为非便也。①

这一大段引文，揭穿了刘挚等人所谓的"不便"与"便"：废州县不便者乃"坊郭近上人户"，而"便"于乡村户；复州县则便于坊郭户，而不便于乡村应役之户。这个分明利害，进一步印证：熙宁初王安石主张并废州县是正确的。诚如前引《长编》卷二一四熙宁三年八月甲戌条王安石所言："凡言不便，多是近县僻有资产豪宗及公人而已。"引文所述，还披露了刘挚等人所说百姓请复州县的闹剧与谎言。差役法复行后，昔日纳助役钱的坊郭户依旧无差调之役，他们串联上诉请复州县，利于自己交易而归役害于乡村百姓，尤其是乡村应役上户。因此，复、废州县之争实质上是坊郭无役上户与乡村应役上户利害之争。在不妨害中央集权的前提下，两者之争对国家并没什么损失，但攸关乡村应役户利害，纷纷请求"元祐元年二月九日敕更不施行"，得到最高统治者的"慨允"②。元祐初复建州县之议遂告一段

---

① 《长编》卷407，元祐二年十一月丙申，第9908—9909页。
② 《长编》卷407，元祐二年十一月丙申，第9909页。

落,复置州县的"逆流"渐渐停缓。熙宁改革成果之———废州县、减官员、省徭役、节财用——裁并州县的绝大部分果实幸得保存,免遭诸如青苗法、役法等改革措施元祐初完全被废止的悲惨命运。

元祐初,兴复已罢州县之争与高太后下令元祐元年二月九日复置州县之敕更不实行,证明了宋神宗、王安石熙宁年间并废户少役重的州县是正确的,是值得肯定的。

四 小 结

中央集权下的州县,是中央政府对基层实行权力控制的有效工具,是统治百姓之利柄,历朝各代相因不改。州县建置多少为宜?既能实现中央对地方、国家对百姓有效的控制,又能使百姓承受得了国家徭役负担,从而保证国家机器顺利地运行,此大概是州县建置数量的标尺。众所周知,封建专制主义中央集权于宋代得到了进一步加强,州县密度大,机构臃肿、冗官泛滥,百姓职役负担尤显沉重。范仲淹等北宋前期的有识之士业已认识到,州县并废前五朝也时有之,然力度小,废又寻复,或建多废少,州县多之弊终未革除。随着"三冗"局面的形成,财政困窘的日益加剧,州县多不仅影响百姓生产生活,而且妨碍国家机器整体运作。在此背景下,革除州县多之弊,业成当务之急。宋神宗率先废并,王安石坚决行之,终熙宁九年,废并27个州级政区、144个县级政区。熙宁十年至元丰末,王安石罢政,宋神宗单独主之,罢州县停止,复建始多。然终元丰,仍废掉22个州军、116个县。史称:"熙宁元丰之间,并废州县甚多!"① 在不妨碍国家权力运作的前提下,省官吏500名左右,裁役人2.3万人,岁省役钱、官俸50万缗,既缓解"冗官",又节约了财费,收到一定的成效。

但是,废并州县作为熙丰新政之一,推行中遭人反对,元祐初又惨遭否定,短短几年内有8个州军、46个县重置,改革成果眼看就要

---

① 《长编》卷407,元祐二年十一月丙申,第9908页。

被吞没，州县多的弊端形将再现。恰于此时，乡村上户因州县复置而受损，"议者率以为非"①，公开反对复建已废州县。高太后诏敕停止复建州县，熙丰时期并废州县之成果大部分得以幸存，宋神宗、王安石的努力得到了间接承认。

原刊于《中国历史地理论丛》2005年第4期

---

① 《长编》卷407，元祐二年十一月丙申，第9909页。

试论熙丰农田水利建设的劳力与资金问题

农田水利法是王安石变法中一项重要的内容，也是一项成效显著的新法。学界对此研究向来很重视，推出不少成果①。笔者欲在前人研究基础上，对熙丰兴修水利中的劳力与资金问题试作浅论，以期有补于研究王安石变法和今天的水利建设，不当之处，欢迎指正。

一　熙丰兴修水利的劳力问题

在兴修水利上，最棘手的问题是资金与劳力。这几乎是所有水利建设都要遇到的难题。正如曾巩所说："至于修水土之利，则又费材动众，从古所难。"② 先看劳力问题。水利建设，一般工程比较浩大，历时较长，需要劳力多。据史载：堵塞黄河小吴决口，计役314.4万工；③ 开漳河用700万工日、滹沱八九百万工日。④ 如此浩大的工程，

---

① 邓广铭：《北宋政治改革家王安石》，河北教育出版社2001年版，第154—169页；漆侠：《王安石变法》（增订本），第141—146页；杨德泉、任鹏杰：《论熙丰农田水利法实施的地理分布与社会效益》，《中国历史地理论丛》1988年第1期；汪家伦：《熙宁变法期间的农田水利事业》，《晋阳学刊》1990年第1期；程民生：《宋代地域经济》，河南大学出版社1992年版，第87页；王曾瑜：《王安石变法简论》，《中国社会科学》1980年第3期；汪圣铎：《两宋财政史》，第502—506页。

② 曾巩：《曾巩集》卷13《越州鉴湖图序》，陈杏珍、晁继周点校，中华书局1984年版，第207页。

③ 《长编》卷315，元丰四年八月壬午，第7634页。

④ 《长编》卷257，熙宁七年十月丙子，第6275页。

自然需大批劳动者。郏亶筹划苏州一项水利工程，需历时三年，预计用 20 万劳力。① 修二段河，"所聚人夫十余万"②。元丰六年（1083），治理洪泽河，预"计工二百五十九万七千，役民夫九万二千一月，兵夫二千九百、两月"③。水利建设常常受到自然条件和生产条件的制约，需要避开汛期和农忙季节。故兴修水利通常要集中劳动力、集中劳动时间，在当时落后的生产力条件下，其难度与劳动强度可想而知。如何因民所利而兴利，是摆在宋神宗、王安石面前一件大事。

王安石变法时期，农田水利建设劳动力鸠集方式采用了募役、差调并重，有偿劳动、无偿摊派相结合的办法。具体来说，有以下几种情况。

（1）利用军队。号称宋代募兵之一的厢军，是代民充任杂役的各种专业兵的总称。章如愚说："古者，凡国之役，皆调于民。宋有天下，悉役厢军，凡役作营缮，民无与焉。"④ 一般无征战的厢军，"名额猥多，自骑射至牢城，其名凡二百二十三"⑤。其中番号为"堤防""堰埭"的厢军，应属于专门兴修水利的专业兵。据《宋史·兵志》载：建隆以后的 200 多个厢军番号中，驻扎于成都防河兵、杭州的"捍江都"兵、通州、泰州的"捍海"兵⑥，从字面上看应属于水利兵。宋仁宗景祐中，浙江"置捍江兵士五指挥，专采石修塘"，"每指挥以四百人为额"，至南宋理宗宝祐三年（1255）尚有 300 人。⑦ 在宋神宗熙宁以后的厢军中，"关河""广济""堰军""捍江"（3 指

---

① 《长编》卷 245，熙宁六年五月乙丑，第 5960 页，原文"二千万"，《长编》本卷后校勘为"二十万"。
② 《长编》卷 229，熙宁五年正月癸卯，第 5576 页。
③ 《宋会要辑稿·方域》17 之 10，第 9616 页。
④ 章如愚：《山堂考索》后集卷 41《兵制门·州兵》，中华书局 1992 年版，第 716 页。
⑤ 《宋史》卷 189《兵三》，第 4644 页。
⑥ 《宋史》卷 189《兵三》，第 4658、4664 页。
⑦ 《宋史》卷 97《河渠七》，第 2396、2397 页。

挥)、"防河"等番号①,也都是水利兵。在熙丰时期,上述专业水利兵当然要参与水利建设。熙宁三年(1070)八月,宋神宗批示:天下水利兴修所役过"若干兵功",岁终应呈报司农寺。②次年,开修漳河,"役兵万人"③。熙宁六年,枢密院诬奏:"淤田兵多死,每一指挥,仅存军员数人。"经查,"死事者数不及三厘"。④熙宁九年,修御河用厢军"一千七百余人"⑤。熙宁十年七月,据文彦博报告:曹村护理黄河的埽兵士多在"别处占使","见在只有兵十七人实役"。⑥参与兴修水利的厢兵,除了专业水利兵外,应当包括非专业临时调遣的厢军。元丰二年(1079),调发壮役兵2000人,京东厢军1000人,滨、棣二州修城拣中崇胜兵5指挥,共约5000人,赴洛口兴工役。⑦次年,岁调"客军"(即非专业兵)9000人,专门修治黄河、汴河等。⑧元丰六年春,堵塞曹村黄河决口,有20万兵参加。⑨是役,当包括不少临时抽调的非专业兵。

厢军是宋代募兵的一种,是职业兵、雇佣兵,有薪水,靠国家给养。因此,无论专设的水利兵或临时差调的厢军,都属于招募性质。不过,由于史载不详,无法知道熙丰时期有多少水利兵、多少兵参与水利建设,成效如何。

(2)征调民夫。征调民夫,是鸠集兴修水利劳动力的惯用手段。宋制,调发丁夫治河堤"岁以为常,皆用正月首事,季春而毕"⑩。宋代厢军虽是充当百役者,但其中水利军数量毕竟有限,许多水利工程仍需征调大量的民夫来劳作。宋仁宗时宋祁曾说:"(厢军)月费

---

① 《宋史》卷189《兵三》,第4672、4680、4684、4690页。
② 《长编》卷214,熙宁三年八月甲申,第5224页。
③ 《宋史》卷95《河渠五》,第2351页。
④ 《宋史》卷95《河渠五》,第2371页。
⑤ 《宋史》卷95《河渠五》,第2356页。
⑥ 《长编》卷283,熙宁十年七月丙子,第6942页。
⑦ 《长编》卷305,元丰三年六月丙午,第7425页。
⑧ 《长编》297,元丰二年三月壬午,第7220页。
⑨ 司马光:《涑水记闻》卷15《塞曹村决河》,第302页。
⑩ 《长编》卷8,乾德五年正月戊戌,第186页。

廪粮，岁费库帛，数口之家不能自庇，于是相挺逃匿，化为盗贼者不可胜算。朝廷每有夫役，更藉农民以任其劳。"① 厢军所负之役，往往落到民夫头上，水利之役自不例外。

在宋神宗之前，调民夫兴水，岁皆有之。宋仁宗时，荆湖南路监利县"濒江汉筑堤数百里，民恃堤以为业。岁调夫工数十万，不足，取之旁县"②。

熙丰时期，亦常调用民夫。熙宁初年，张峋知鄞县，是县广德湖经久不治，"西七乡之农以旱告"，张峋"为出营度，民田湖旁者皆喜，愿致其力"，"用民之力八万二千七百九十有二工，而其材出于工之余"，修水田二千顷。③ 鄞县广德湖改造，取于民愿，因力而致，但也属于差调民夫性质。熙宁年间，郏亶提举两浙水利，经度苏州一项水利工程，提出如何鸠集人夫计划时说，苏州五县之民，自五等已上至一等，不下十五万户，若每户出工七日，则可调发百万夫。④ 熙宁六年（1073）六月，"诏河北春夫不得过五万人，岁以为式"⑤。熙宁七年九月庚寅，诏："河北旱灾，民方艰食，惟河防急切及修城，许量调春夫。"⑥ 同年十一月壬寅，知谏院邓润甫言："淤田司引水淤酸枣、阳武县田，已役夫四五十万。"⑦ 元丰六年（1083），黄河决于曹村埽，调发民夫50万修治。⑧ 征调民夫，带有摊派性质，但以一乡一县或一州为单位，利用农闲季节集中劳力，集中攻坚，不失为解决水利建设劳工问题的策略之一。宋仁宗至和二年（1055），昆山县主

---

① 赵汝愚：《宋朝诸臣奏议》卷101《上仁宗论三冗三费》，第1084页。
② 刘攽：《彭城集》卷38《著作佐郎周君墓志铭》，文渊阁四库全书，台北商务印书馆1986年版，第1096册，第374页。
③ 曾巩：《曾巩集》卷19《广德湖记》，第306页。按，是役"以熙宁元年十一月始役，而以明年二月卒事"。
④ 范成大：《吴郡志》卷19《水利上》，台北文海出版社1967年版，第2370页。按，郏亶经度两浙水利始于熙宁五年十一月癸丑，止于六年五月乙丑，见《长编》卷240、卷245，第5824、5960页。
⑤ 《长编》卷245，熙宁六年六月癸巳，第5970页。
⑥ 《长编》卷255，熙宁七年九月庚寅、辛卯，第6242页。
⑦ 《宋史》卷95《河渠五》，第2371页。
⑧ 司马光：《涑水记闻》卷15《塞曹村决河》，第302页。

簿丘与权说："古制：役民兴作，经费寡而售效速。"① 即谓此义。不过，过多地摊派征调，难免扰民。提举两浙水利官郏亶，在苏州主持水利建设，"凡六郡三十四县，比户调夫，同日举役。转运、提刑皆受约束，民以为扰，多逃移"，甚至引起吏民"骚乱"，郏亶被追官。② 这是摊派民夫致民"骚乱"之一例，说明了征调民夫不利的一面。

（3）募饥民兴水利。使用厢兵治水，厢兵数量有限；征调民力兴水，有扰民招乱之忧：欲解决农田水利建设劳工问题不得不另找办法。熙丰时期，不少水利工夫源自所招募的饥民，此即所谓的以工代赈。将救饥恤灾与农田水利建设相结合，是解决劳工问题的好办法。

宋神宗时，与兵役实行招募制、职役实行雇佣制并行，河役等杂役也实行了招募制。与差调明显不同，招募原则上既要"取民自愿"，还要付给一定报酬。尽管在实行中会存在强迫和少付或不付酬金的现象，但比起完全无偿征调、硬性摊派还是多少有点进步，首先应值得肯定。宋神宗以前，有一些地方官曾经尝试过利用招募方式鸠集劳力。如景祐中，范仲淹知苏州时，兴修水利，适逢荒歉，于是"日以五升，召民为役，因而赈济"③。欧阳修在颍州时，也曾实践过。④ 但是，这种鸠集劳力的方式在宋神宗时得到大力推广。熙宁五年（1072）二月，宋神宗诏赐两浙转运司常平谷10万石，赈济浙西水灾州军，"仍募贫民兴修水利"⑤。"仍募贫民兴修水利"，说明这种工赈在此之前曾经推行过。次年六月，正式诏颁工赈法："自今灾伤年分，除于法应赈济外，更当救恤者，并豫计合兴农田水利工役人夫数及募夫工直，当赐常平钱谷，募饥民兴修。如系灾伤，辄不依前后救赈济

---

① 范成大：《吴郡志》卷19《水利上》，第2367页。
② 范成大：《吴郡志》卷19《水利上》，第2367页；《长编》卷245，熙宁六年五月乙丑，第5960页；《长编》卷240，熙宁五年十一月癸丑，第5824页。
③ 《范仲淹全集》卷11《上吕相公并呈中丞咨目》，第265页。
④ 陆曾禹：《钦定康济录》卷3下《兴工作以食饿夫》，文渊阁四库全书，台北商务印书馆1986年版，第663册，第341页。
⑤ 《长编》卷230，熙宁五年正月壬子，第5586页。

者，委司农寺点检奏劾以闻。"① 此法规定招募饥民兴修水利，募夫给工值，由常平钱谷专项充给。同年，负责两浙水利兴修的沈括请求说："常、润二州岁旱民饥，欲令本路计合修水利钱粮，募阙食人兴工"，得到宋神宗批准。② 他还说："浙西诸州水患久不疏障，隄防川浃多皆堙废，今若一出民力，必难成功。乞下司农贷官钱，募民兴役。"宋神宗又诏从其求。③ 沈括是农田水利专家，又是浙人，"知其利害，性亦谨密"④ 他吸取前任官郏亶好大喜功、征调民夫、招怨败身的教训，懂得"民力饶裕、易于兴工"和"民间晓然知其为利"而"乐于趋役"⑤ 的道理，其募民兴修水利的主张，正基于此识。而"每以劝农事为急"⑥ 的神宗、王安石则是有求必允、全力支持。熙宁六年九月，淮南东路、两浙路又以灾伤求赐，宋神宗下令各拨常平司粮 3 万石，募饥民兴修农田水利。⑦ 是月辛酉，又诏增两浙、淮南东路各 3 万石，"并依戊申诏旨施行"工赈。⑧ 同年十二月，再次诏赐淮南西路转运司常平米 3 万石，募饥民兴修水利。⑨ 熙宁七年，持续旱灾，灾民很多，为防止民流田废乃至农民起义，宋神宗诏令"灾伤路委监司各分地检计，合兴农田水利及隄岸、沟河、道路栽种林木土功之类可以募夫者，并具利害以闻"⑩。同年十二月，淮南东路转运乞增赐上供量 10 万石，"募饥人修水利"，诏"与上供粮五万石"⑪。南方工赈盛行，北方也比较常见。熙宁七年（1074）八月，诏"京西转运司具赈济流民事状，司农寺具所兴修农田、水利次

---

① 《长编》卷 245，熙宁六年六月己卯，第 5966 页。
② 《长编》卷 247，熙宁六年十月壬申，第 6020 页。
③ 《长编》卷 246，熙宁六年八月丁丑，第 5990 页。
④ 杨仲良：《长编纪事本末》卷 73《水利》，第 2342 页。
⑤ 《长编》卷 246，熙宁六年八月丁丑，第 5990 页。
⑥ 杨仲良：《长编纪事本末》卷 73《水利》，第 2342 页。
⑦ 《长编》卷 247，熙宁六年九月戊申，第 6011 页。
⑧ 《长编》卷 247，熙宁六年九月辛酉，第 6014 页。
⑨ 《长编》卷 248，熙宁六年十二月甲申，第 6059 页。
⑩ 《长编》卷 251，熙宁七年三月壬寅，第 6111 页。
⑪ 《长编》卷 258，熙宁七年十二月辛未，第 6298 页。

第"。① 同年九月，诏从河北西路转运司之请，"灾伤路召募缺食或流民兴役，朝廷赐米外，其于农田、水利及修城壕者，悉给常平钱谷"。② 是年，知耀州阎充国，募流民治漆水堤。③

募饥民兴修水利，尤值珍视。它可将赈饥与兴利有机地结合在一起，比单纯地赈饥效果要更佳。王安石批评定州煮粥救饥说："若聚人每大口日给一升，小口给半升，即饥民须废业待给，如此则容有不暇炊煮者。今救饥俵饭凡半年，若以作饭之米计口俵与，令各与营生，官所费无加，而饥民得实惠，不妨经营衣食，犹胜于聚，而俵粥饭不能救死，徒成疫疠也。"④ 因此，王安石主张"募人兴修水利，即既足以赈救食力之农，又可以兴陂塘沟港之废"，⑤ 即"今及未困，募之兴利"。⑥ 正是基于此种认识，在王安石主持变法的几年中，工赈得到了大力推广使用，而其罢相后，尤其是在宋神宗独自操持新法的几年中，史书罕有记载。⑦

据载，熙宁某年，"岁恶民流"，淮南东路转运副使蒋之奇，"募使修水利以食流者。如扬之天长三十六陂，宿之临涣横斜三沟，尤其大也，用工至百万，溉田九千顷，活民八万四千"。⑧ 工赈之效由此可知。朱熹评论说："诸兴修农田水利，而募被灾饥流民充役者，其工直粮食以常平钱谷给……既济饥民，又成永久之利，实为两便。"⑨ 南宋人董煟称赞"工赈"是"以工役救荒者也"，治流民根源而"易

---

① 《长编》卷255，熙宁七年八月甲戌，第6234页。
② 《长编》卷255，熙宁七年九月己丑，第6242页。
③ 《宋史》卷95《河渠五》，第2371页。
④ 《长编》卷264，熙宁八年五月丙寅，第6458页。
⑤ 《长编》卷237，熙宁五年八月辛丑，第5777页。
⑥ 《长编》卷264，熙宁八年五月丙寅，第6458页。
⑦ 按：据《宋会要·食货》7之18—30、《长编》、《长编纪事本末》等史书记载来看，工赈法，盛行于熙宁年间，而罕见于元丰年间，或与主持变法者变换有关。
⑧ 《宋史》卷343《蒋之奇》，第10916页。
⑨ 朱熹：《朱子全书·晦庵先生朱文公文集》卷17《奏救荒画一事件状》，朱杰人等主编，上海古籍出版社、安徽教育出版社2010年版，第792页。

为力"之法。①绍兴六年（1136）九月，温州进士张颐言，工赈"一举而两得"②。在南宋，工赈也非常流行。③足以说明，王安石之大力推行工赈，从理论上、实践上讲都是可行的，其影响也是深远的，体现了他一贯主张的通过生产发展、增加赋入的开源思想。

在熙丰时期，推行工赈法，除了获得救饥与兴利直接效益外，还可在一定程度上堵塞兵冗之源，是解决宋初以来冗兵问题的重要途径。饥民一般是厢兵的直接来源之一④，饥民入伍次数减少，厢军的数量也就相应地会减少。熙宁四年（1071），厢军兵额为227627人⑤，比治平时少27万、比庆历时少20万。由此可知，熙宁时期工赈又收到裁冗减费（节流）的好效果。综上所述，熙丰时期水利建设的劳力来源有三：军队（包括水利兵和部分非水利军）、差夫、募夫（主要是饥民）。与北宋前五朝相比，募夫作为劳力的比例要明显大一些。就宋神宗一朝而言，由于水利建设主要集中于熙宁期间，所以募饥兴役的次数多、地域广，成效显著，既发展生产开辟财源，又控制冗兵、节裁冗费。

二 熙丰农田水利建设的经费问题

一般而言，水利建设经费包括民夫报酬或募夫的工值、木石等建筑材料费与土地占用费。⑥诸项开支为数不小。熙宁九年（1076），知制诰熊本说，修御河"自兴役至毕，凡用钱米、功料二百万有奇。

---

① 董煟：《救荒活民书》卷中《存恤流民》，文渊阁四库全书，台北商务印书馆1986年版，第662册，第266页。

② 《宋会要辑稿·食货》7之43，第6139页。

③ 《宋会要辑稿·食货》7之40—47，第6136—6141页；《宋会要辑稿·食货》8之1—32，第6147—6163页。

④ 马玉臣：《"易进难退"的兵制与北宋前期之冗兵》，《烟台大学学报》2003年第2期，第218页。

⑤ 《长编》卷228，熙宁四年十二月丙寅，第5556页；《长编》卷350，元丰七年十二月末，第8397页。

⑥ 施正康：《宋代两浙水利人工和经费初探》，《中国史研究》1987年第3期。

今后每岁用物料一百一十六万……约费钱五万七千余缗"①。元丰三年（1080）二月，知邠州王孝先说："淤田、营田司自熙宁七年至十年费钱十五万五千四百余缗。"② 元丰六年（1083），修浚洪泽湖，预计用麦米11万斛、钱10万缗。③

热衷于农田水利建设的宋神宗与王安石对水利开支并不吝惜。王安石认为，"兴农事自不费国财，但因民所利而利之，则亦因民财力而用也"。④ 熙宁五年（1072）十一月，王安石与宋神宗讨论水利经费问题，王安石建议说："陛下若捐常平息钱助民兴作，何善如之！"宋神宗闻此慷慨地说："纵用内藏钱，亦何惜也。"⑤ 由于水利经费得到保证，因此熙丰时期水利建设取得前所未有的成绩。这一时期水利经费来源与筹集，概括说来，盖有以下诸项。

（1）摊派于民。摊派水利经费自古皆然，宋神宗时也不例外。熙宁二年（1069）十一月十三日诏降的《农田利害条约》中规定：水利经费先"纠率众户"，"民力不能给者"许"连状借贷支用"，百姓应"出备名下人工物料"，而不出或不按时出者即"有违约束者"，要给予"科罚钱斛"。⑥ 熙宁三年（1070），李惟计算一项水利建设的工料经费说："以顷亩多少为率劝诱出备工料。"⑦ 熙宁五年至六年间，提举两浙路水利官郑瞻经度苏州一项水利工程说："自三等（户）已上至一等不下五千户，可量其财而取之，则足以供万夫之食与其费矣。"⑧ 沈括代替郑瞻提举两浙农田水利，采取按田亩出钱的办法，"令一亩田率二百钱，有千亩即出钱二百千"⑨。郑瞻、沈括摊派经费的一个共同特点就是抑制富户。因此，郑瞻遭到当地有力之家

---

① 《宋史》卷95《河渠五》，第2356页。
② 《长编》卷302，元丰三年二月壬寅，第7352页。
③ 《宋会要辑稿·方域》17之10，第9616页。
④ 《长编》卷213，熙宁三年七月丙申，第5172页。
⑤ 《长编》卷240，熙宁五年十一月壬戌，第5832页。
⑥ 漆侠：《王安石变法》，第263—264页。
⑦ 《宋会要辑稿·食货》7之22，第6127页。
⑧ 范成大：《吴郡志》卷19《水利上》，第2370页。
⑨ 《长编》卷267，熙宁八年八月戊午，第6557页。

"践蹂"①，沈括也遭到田产在苏州的参知政事吕惠卿的强烈抗议。②同理，农田水利法遭到当时反对派的抨击、诋毁，农田水利也被列入司马光所说的朝政"六大缺失"之一。③

（2）鼓励富民出资。在私有制占绝对统治地位的宋代，土地多为私人尤其为少数大地主所拥有。政府所进行的农田水利建设对下层老百姓固然有利，然受益最大者莫过于大土地拥有者。若上述按户等高下、资产多少摊派对富户有明显的强制性的话，那么晓之以理劝其出资，则是取其自愿。熙宁二年（1069）颁降的《农田利害条约》就明确规定："如是系官钱斛支借不足，亦许州县劝谕物力人出钱借贷，依例出息，官为置簿及催理。诸色人能出财力、纠众户、创修兴复农田水利，经久便民，当议随功利多少酬奖。其出财颇多、兴利至大者，即量才录用。"④ 熙宁五年十二月二日，宋政府重申这一政策。⑤于是，便有自出钱兴修水利的现象。史载：金州西城县民葛德出"私财修长乐堰，引水灌溉乡户土田"，宋神宗诏授金州司士参军，赐度僧牒10道。⑥ 熙宁八年二月，司农寺上言"乞更酬奖"葛德之举，宋神宗再次颁诏赐度僧牒10道。⑦ 熙丰时期一道度牒不过130贯⑧，10道才为钱1300贯，数量不大，仅仅是对私人出钱兴利的一种奖励，但体现了政府能兑现承诺的精神。这在封建时代同样显得可贵。从现有文献记载来看，私人出资兴修水利比较罕见，宋政府两次颁诏"奖谕"葛德也说明这种义举十分少见，更说明富人主动出资者稀有，在熙丰农田水利建设中作用并不大。

（3）政府拨支。组织大型水利建设，改良兴造农田，是国家经济

---

① 《长编》卷240，熙宁五年十一月癸丑，第5824页。
② 《长编》卷267，熙宁八年八月戊午，第6557页。
③ 赵汝愚：《宋朝诸臣奏议》卷117《上神宗应诏言朝政缺失》，第1277页。
④ 漆侠：《王安石变法》，第264页。
⑤ 《宋会要辑稿·食货》7之25，第6129页。
⑥ 《长编》卷254，熙宁七年六月末，第6217页；《宋史》卷95《河渠五》，第2371页。
⑦ 《长编》卷260，熙宁八年二月乙丑，第6348页。
⑧ 汪圣铎：《两宋财政史》，第743页。

职能之一。对农田水利颇感兴趣的宋神宗与王安石，对筹措水利经费付出了切实的行动，或无偿调拨，或给予借款，次数之频、数量之大、形式之灵活，非其他朝代所能相比。概括有以下几类。

第一，动用"陂湖遗利钱"。"陂湖遗利钱"是国家"公田之赋"。据曾巩称：越州有鉴湖，溉田"由汉以来几千载，其利未尝废也"。"宋兴，民始有盗湖为田者"，"至于治平之间，盗湖为田凡八千余户，为田七百余顷"。① 宋政府自不会轻易地让私自围湖造田者恣意逃税，不知从何时起征收田租。陂湖属于国家所有，鉴湖田租当是"公田之赋"。这笔收入比较可观，宋徽宗政和元年（1111），有人说："越州有鉴湖，租三十万，在法许兴修水利支用。"② 引文中所述"在法许兴修水利支用"，当指熙宁之法。据记载，熙宁七年（1074）四月八日，沈括说，"先奉朝旨许支两浙陂湖等遗利钱兴修水利。近勘会本路先管遗利钱额，及再差官根究，兴修见未周遍，已见贯石不少"。③ 越州鉴湖属于"两浙陂湖"，因此"在法"即指熙宁七年的"朝旨"。朝廷允许支用陂湖等遗利钱以兴修水利，是官府支持水利经费的一种形式。

第二，官府借贷。宋代借贷业比较发达：就债权对象而言，有私人之间借贷、官民之间借贷、官府之间借贷；就性质而言，有商业借贷、消费借贷和生产建设借贷。宋神宗时，农田水利建设多属于官府间、生产建设性借贷。熙宁二年（1069）所公布的《农田利害条约》就明确规定：

> 应有开垦废田、兴修水利、建立堤防、修贴圩埠之类，工役浩大、民力不能给者，许受利人户于常平广惠仓系官钱斛内，连状借贷支用。仍依青苗钱例，作两限或三限送纳。④

---

① 曾巩：《曾巩集》卷13《越州鉴湖图序》，第205—206页；《宋史》卷97《河渠七》，第2406页。
② 《宋会要辑稿·食货》7之33，第6133页。
③ 《宋会要辑稿·食货》7之27，第6130页。
④ 漆侠：《王安石变法》，第264页。

熙宁五年（1072）十二月二日、元丰元年（1078）四月，重申这一规定说：

> 开废田、兴水利、建立隄防、修贴圩埠之类，民力不能役者，许受利人户具合费用数目，贷常平等钱谷，限三年两料输足，岁出息一分。①

这一规定是官民之间的借贷，利息仅为一分，但毕竟是有偿有息借贷。

熙丰农田水利建设中的借贷常常为官府之间的借贷。熙宁八年（1075）四月，诏从王安石之请说，"江宁府昨借常平钱米修农田水利，如限满未足，更展一年"②。此则史料记述的是江宁府与提举司之间的借贷关系。同年十二月，"诏司农寺以河北两路坊场钱或借免役宽剩钱二十万缗，给河北水利司"使用。③元丰二年（1079）四月，又诏司农寺出坊场钱10万缗给导洛通汴司使用。次年二月，又诏给导洛通汴司坊场钱20万余缗，用作兴修经费。④河北水利司、导洛通汴司为兴修水利的机构，这几则史料记载的是司农寺与之借贷或转借关系。就史料记载来看，熙丰时期围绕水利经费而发生的官方间借贷关系，一般不提利息与利率，大概官方间关于水利经费的借贷没有利息，仅还本即可，即属于官府间互相转借、移用。

第三，赐给水利经费。皇帝"赐给"水利经费，一般是无偿。其实这些钱谷都来自百姓，只不过以"皇恩"的名义部分返还给百姓。但这种"赐给"对象是农田水利兴修者，即投资于生产建设，还是值得肯定的。前文已论述，国家为解决水利劳工问题，将救饥与农田水

---

① 《长编》卷289，元丰元年四月壬戌，第7069页；《宋史》卷95《河渠五》，第2373页；《宋会要·食货》53之12，《宋会要·食货》7之25，《宋会要·食货》1之29、7之30。关于出息问题，史载不一致。《宋会要·食货》7之25记为"二分"，其他均为"一分"。既为长期贷款，又是鼓励性借款，可能为"一分"息。
② 《长编》卷262，熙宁八年四月戊寅，第6400页。
③ 《长编》卷271，熙宁八年十二月己丑，第6633页。
④ 《长编》卷297，元丰二年四月庚戌，第7231页；《长编》卷302，元丰三年二月丙午，第7354页。

利结合起来。同理，为解决经费紧张之势，政府用有限的钱谷将救死扶伤与农田水利建设有机地联系起来，一举两得。

宋仁宗时，名臣范仲淹算过这样一笔账：饥荒时，国家用九千石或一万五千石米用作水利经费，兴修水利工程，保证旱涝保收，则苏州一年可以纳两税米30万石，又可提供"官私之籴"米数百万斛。政府投入与产出比至少为一比二十或一比三十。① 这个道理，王安石与宋神宗都十分清楚。王安石曾说，"募人兴修水利，即既足以赈救食力之农，又可以兴陂塘沟港之废"，一举两得。② 宋神宗对于工赈也明确表态："纵用内藏钱，亦何惜也。"③ 因此，在熙宁时期，以"赐给"名义下诏拨支钱谷、募民兴利的情况甚多。

熙宁五年（1072）二月，诏赐两浙常平谷10万石，赈济浙西水灾州军，"仍募贫民兴修水利"。④ 熙宁六年六月，诏："自今灾伤年分，除于法应赈济外，更当救恤者，并豫计合兴农田水利工役人夫数及募夫工直，当赐常平钱谷，募饥民兴修。"⑤ "当赐常平钱谷、募饥民兴修"是一原则性规定，故无明示数量多少。同年十二月，赐淮南西路常平方米3万石，募饥民兴修水利。⑥ 熙宁七年正月，诏赐江宁府常平方米5万石兴修水利。⑦ 是年二月，河阳府报告说，连年灾伤，常平仓赈济斛斗不足，乞兼发省仓，"诏赐常平谷万石兴修水利及赈济饥民"⑧。同年八月，诏从河北西路转运司之请，"灾伤路募召缺食或流民兴役，朝廷赐米"⑨。同年十二月，诏淮南东路于司农寺内"与上供粮五万石""募饥人修水利"。⑩ 熙宁八年三月，又赐京东路

---

① 范仲淹：《范仲淹全集》卷11《上吕相公并呈中丞咨目》，第265页。
② 《长编》卷237，熙宁五年八月辛丑，第5777页。
③ 《长编》卷240，熙宁五年十一月壬戌，第5832页；《宋史》卷95《河渠五》，第2370页。
④ 《长编》卷230，熙宁五年二月壬子，第5586页。
⑤ 《长编》卷245，熙宁六年六月己卯，第5966页。
⑥ 《长编》卷248，熙宁六年十二月癸未，第6059页。
⑦ 《长编》卷249，熙宁七年正月丙寅，第6077页。
⑧ 《长编》卷250，熙宁七年二月辛未，第6082页。
⑨ 《长编》卷255，熙宁七年八月庚寅，第6242页。
⑩ 《长编》卷258，熙宁七年十二月辛未，第6298页。

常平方米 5 万石，募民兴利。①

除了诏赐钱谷外，还诏赐度牒之类。元丰二年（1079），河北水利司缺经费，出主簿、斋郎告牒募人入钱，久无应募者，于是"赐澶州度僧牒六百五十"道，②以每一道 130 贯计，约为钱 84500 贯，也是一笔不小的支助。

皇帝诏赐的钱谷一般是不用偿还的。但也有个别现象，似乎要偿还。如熙宁七年（1073）正月，诏"赐江宁府常平米五万石修水利"③。但是一年后，即熙宁八年四月，又诏令"江宁府昨借常平钱米修农田水利，如限满未足，更展一年"④。当然，二次诏令是否所指一事，恐仍须进一步考证。即便如是，恐也是个别现象。

上述关于筹集水利经费诸方式中，借贷与赐给有两点需要注意。一是几乎所有借贷、赐给钱谷的事例，多集中于熙宁期间，这不是摘取材料之故，而史载确实如是。这个现象说明，赞同支持农田水利建设的宋神宗，于熙宁年间一再诏令赐给、借贷钱谷，鼓励兴修农田水利，兹与其得力助手王安石的努力和争取分不开；元丰期间，王安石罢相，单独主持新法的宋神宗显得力不从心或无暇顾及农田水田建设，导致农田水利建设大大减少，水利经费开支也随之减少。故史载自然甚少。二是诏令借贷和赐给的钱谷，多来源于常平仓。这说明常平仓在熙宁时期发挥了重要作用。而此前诸朝常平仓谷少本小，很难发挥投资于生产建设的作用。宋代常平仓之所以能在熙宁时发挥突出的作用，与王安石的常平新法的实施有着密切关系。⑤

三 余 论

总之，农田水利建设中"从古所难"的劳力与经费问题，在宋神

---

① 《长编》卷 261，西宁七年三月庚戌，第 6361 页。
② 《长编》卷 299，元丰二年八月丁未，第 7282 页。
③ 《长编》卷 249，熙宁七年正月丙寅，第 6077 页。
④ 《长编》卷 262，熙宁八年四月戊寅，第 6400 页。
⑤ 马玉臣：《王安石对宋代常平仓的改革及其影响》，《烟台大学学报》2002 年第 1 期。

宗、王安石的努力下得到了较好的解决。平心而论，其解决劳力与经费问题途径，并无太多的创新之处，都是北宋前期于局部地区所实施过的，只是在宋神宗时期进行了"扬弃"，并在全国通行之。从这个意义上讲，熙丰变法，既非王安石所说的"祖宗之法不足守"[①]，又非司马光等人批评王安石"尽变更祖宗之法"[②]，而是对"祖宗之法"的某种"扬弃"。这一点当引起研究熙丰变法者注意，否则，会夸大变法的影响。此其一。

其二，常平钱、坊场钱、免役钱等，在熙丰时期农田水利建设经费的筹措中发挥了重要的作用。这些钱投资于生产建设，诚可谓"因民所利而利之，则亦因民财力而用也"[③]。由此可以说，熙丰变法取得了综合效益，青苗法、免役法等与农田水利法一样值得肯定。

其三，熙丰时期农田建设在劳力和经费的筹措上，采取了灵活多样的形式，其中"以工贷赈"、按户等（或资产）出钱、鼓励富户出资以及政府低息或无息借贷等，都是值得我们借鉴的。

正是由于劳工与经费得到了妥善的解决，熙丰时期农田水利建设取得了巨大成绩。这诚如王安石评价当时程昉所说，"自秦以来水利之功，未有及此"[④]。关于熙丰时期农田水利建设的成绩，学界已作充分研究，无须赘述。

原刊于《中国农史》2005年第2期；收入姜锡东、李华瑞主编《宋史研究论丛》，河北大学出版社2005年版

[①] 杨仲良：《长编纪事本末》卷59《王安石事迹（上）》，第1898页。
[②] 司马光：《司马光集》卷60《与王介甫书（第一书）》，李文泽、霞绍晖点校，四川大学出版社2010年版，第1260页。
[③] 《长编》卷213，熙宁三年七月丙申，第5172页。
[④] 《长编》卷263，熙宁八年闰四月甲辰，第6440页。

论宋神宗时期宗教改革政策及其影响

宋神宗在位19年,"更张改造者数千百事",① 其中直接针对和涉及宗教者有二:一是出售度牒,这是针对寺观养费多致使政府财政匮乏而采取的专项宗教措施②;二是向寺观户征收助役钱,这是免役法中涉及寺观户的宗教措施。这两项措施在当时颇有一定的影响,反变法首领司马光曾批评新法曰:"今介甫为政,尽变更祖宗旧法,先者后之,上者下之,右者左之,成者毁之,弃者取之,矻矻焉穷日力,继之以夜,而不得息。使上自朝廷,下及田野,内起京师,外周四海,士、吏、兵、农、工、商、僧、道,无一人得袭故而守常者,纷纷扰扰,莫安其居。"③ 他所说的"僧、道"就是当时所说的宗教寺观户。在新法之下,那些寺观户"无一人得袭故而守常者,纷纷扰扰,莫安其居"。而南宋僧人志磐也曾抱怨说:王安石宗教改革实乃"法门之不幸也"。④ 但是,宋神宗时期这两项改革因不是当时关注的焦点而没有引起时人和后人的足够重视。学术界的相关研究,多是在研究王安石变法中货币改革和免役法时附带地予以介绍。⑤ 笔者不揣浅陋,欲在前人研究的基础上,对宋神宗时期宗教政策改革及其影响

---

① 王安石:《王文公文集》卷1《上五事书》,第18页。
② 《长编》卷125,宝元二年十一月癸卯,第2943页。
③ 司马光:《司马光集》卷60《与王介甫书》(第一书),第1260页。
④ 释志磐:《佛祖统纪校注》卷46,释道法校注,上海古籍出版社2012年版,第1086页。
⑤ 如邓广铭《北宋政治改革家王安石》,第184页;漆侠《王安石变法》(增订本),第128页;俞兆鹏《宋神宗时期货币制度研究》,《南昌大学学报》2001年第4期。

试做浅论，欢迎批评指正。

一 宋神宗时期宗教改革措施之一
   ——公开出售度牒

1. 宋神宗之前的度僧规定

宋朝以前已有规定，出家人需持一种特殊"身份证"——度牒。它出现于南北朝时期，但出家人必须领取官方度牒的制度大概始于唐玄宗天宝年间。[①] 唐政府发行度牒最初目的是限制百姓随意出家，以保证封建国家有足够的生产劳动者和赋税征敛对象。

北宋前期，度牒仅仅是一张单纯的证明身份的证件，而无限制出家的作用。宋初"凡僧尼籍有名者，悉牒度之"[②]。僧尼之籍系于尚书祠部。[③] 宋太祖时，"诸州僧帐及百人者，每岁许度一人"[④]。宋太宗时，诏令"江南、两浙、福建等处诸州，僧三百人岁度一人，尼百人岁度一人"[⑤]。宋仁宗时，又诏"乾元节度僧尼，自今两浙、江南、福建、淮南、益、梓、利、夔等路，率限僧百人度一人，尼五十人度一人；京师及他路僧尼率五十人，道士及女冠不以路分，率二十人度一人"[⑥]。而实际上并没有严格按规定的比例出度僧尼，对僧尼等人数膨胀限制意义不大。僧尼"不蚕而衣、不耕而食"[⑦]，无税无役，政府又无偿地发放度牒出度僧尼，从而导致了僧尼寺观户的膨胀。据《佛祖统纪》卷四三至卷四四记，宋太宗太平兴国元年（976），普度天下童子凡17万人至24万人；宋真宗天禧三年（1019），度僧、尼、

[①] 高承：《事物纪原》卷七《度牒》，中华书局1989年版，第388页。
[②] 《长编》卷27，雍熙三年十月末，第624页。
[③] 《长编》卷18，太平兴国二年三月癸亥，第400页；《长编》卷99，乾兴元年十月乙丑，第2299页。
[④] 吕中：《大事记讲义》卷3《太祖皇帝·限度僧》，第82页。
[⑤] 王栐：《燕翼诒谋录》卷3《岁限度僧数》，诚刚点校，中华书局1997年版，第23—24页。
[⑥] 《长编》卷176，至和元年二月戊午，第4253—4254页。
[⑦] 《宋史》卷293《王禹偁传》，第9797页。

道、冠凡 252840 人；天禧五年（1021），天下僧尼数为 458855 人；宋仁宗景祐元年（1034），天下僧尼凡 434260 人。自宋仁宗嘉祐到宋英宗治平总 13 年，又给度牒凡 7.8 万余道，除"死及事故八万六千余人"外，则治平年间僧尼人数仍不下 30 万人。① 宋神宗之前，僧尼之众，由此可知。因此，僧尼被王禹偁、宋祁等人视为"冗食冗费"之一端。但是，北宋前期并没有找到既能控制寺观户之发展，又能节制冗费、增加财入的好办法。

2. 普售度牒的时间问题

宋神宗即位之初，正面临着国匮民乏之局面。解决财政困难，是宋神宗所要触及的头等大事。史称："神宗嗣位，尤先理财。"② 在此背景下，出售度牒的举措便应运而生。

但是，关于何时开始普售度牒，史书记载不一。一是熙宁元年（1068）七月说。《佛祖统纪》记："神宗熙宁元年七月，司谏钱公辅言，'祠部遇岁饥，河决，乞鬻度牒以佐一时之急，自今对圣节恩赐，并与裁损'。鬻牒自此始。"③ 据此，普鬻度牒始自宋神宗熙宁元年七月。《燕翼诒谋录》卷五《出卖僧道度牒》也记曰："熙宁元年七月，始出卖于民间。"《群书考索》也认同此说。④ 二是治平四年（1067）十月说。《宋史》卷一四《神宗一》、《建炎以来系年要录》与《建炎以来朝野杂记》等均认为，祠部度牒自治平四年（1067）冬十月始鬻之。⑤ 三是熙宁以后说。《大事记讲义》卷三《太祖皇帝·限度僧》记之曰："熙宁以前，有度僧而无鬻僧。熙宁以后，有鬻僧而无度僧，度僧则无所利而为之，鬻僧则有所利而为之也。"四是由来已久，并

---

① 《长编》卷 268，熙宁八年九月辛巳，第 6571 页。
② 《宋史》卷 179《食货下一》，第 4354 页。
③ 释志磐：《佛祖统纪》卷 46，第 1086 页。
④ 章如愚：《群书考索》后集卷 63《财用门·鬻僧类》，文渊阁四库全书，台北商务印书馆 1986 年版，第 937 册，第 869 页。
⑤ 《宋史》卷 14《神宗一》记，治平四年冬十月庚戌，"给陕西转运司度僧牒，令籴谷振霜旱州县"。《建炎以来朝野杂记》甲集卷 15《祠部度牒》说："祠部度牒，自治平四年冬始鬻之。"《要录》卷 26，建炎三年八月丙辰，与《宋史》所载同。

非始于宋神宗即位。①

按，前两种观点"治平四年冬十月"与"熙宁元年七月"有一定时差，究竟以何为是？李心传据《实录》认为，《长编》云熙宁元年秋始鬻度牒，盖误，但与治平四年冬十月"亦相近"。② 李心传据《实录》而否定《长编》是正确的，《长编》错误之因在于"前此未尝书卖度牒，因［钱］公辅言表而出之。鬻度牒盖始此年"。③ 因此，鬻度牒当始自治平四年（1067）冬十月。而《大事记讲义》笼统地以"熙宁以前""熙宁以后"来断限，似不可取。至于第四种说法，似非前三种观点所说的政府大规模公开出卖度牒，而是指前代遗制和宋代个别官吏违法出售。

3. 熙丰时期出售度牒的数量问题

熙丰时期出售度牒数量比较可观，并呈逐年增加之势。熙宁元年（1068），因初出卖于民间，一年不过三四千人④，而后岁增。"自熙宁初至今八年，给八万九千余道"，平均每岁出售约1.1万余道度牒，"今岁正月止九月，给五千二百八十一道"。⑤ 熙宁九年、十年，史载不详。元丰元年（1078），出度僧牒9360道；元丰二年（1079）7942道，实际出度牒至少为13242道。⑥ 元丰三年（1080），出度牒6396道，四年为4196道，五年为9897道。⑦ 截至元丰六年（1083）

---

① 游彪：《宋代鬻卖度僧牒始于何时？》，《中国史研究》1988年第3期。
② 《要录》卷26，建炎三年八月丙辰，第604页；李心传：《建炎以来系朝野杂记》甲集卷15《祠部度牒》，第331页。
③ 《要录》卷26，建炎三年八月丙辰，第604页。
④ 王栐：《燕翼诒谋录》卷5《出卖僧道度牒》，第50页。
⑤ 《长编》卷268，熙宁八年九月辛巳，第6571页。
⑥ 《长编》卷301，元丰二年十一月庚寅，第7322页；《宋会要辑稿·职官》13之21，第3381页。按《宋会要辑稿》记，元丰元年出度牒数为9306，疑误，今从《长编》。实际上，元丰二年要超过7942道，因为十一月庚寅以后，又至少出售三次，共5300道（分别见于《长编》卷301，元丰二年十一月壬辰；同卷十一月癸巳；同卷十二月丙辰）。于是，元丰元年出度牒数约为13240道。汪圣铎：《两宋财政史》后附表19—1，记为10942道。
⑦ 《长编》卷335，元丰六年六月丁未，第8074页；《宋会要辑稿·职官》13之21，第3381页。

十月，原"以六千三百六十二为额，今年已溢额千五百五十四"，乃定"岁以一万为率"。① 但是止元丰六年十二月己卯，礼部言："度僧牒已立额，岁给万。今年已给九千一百二十七，额外并来年数。"② 其结果又在9127道之外，出度牒至少三次共1650道。③ 这样，元丰六年实际出度牒当在10777道以上。④ 元丰七年，仍继续出售，只是不详总数。⑤ 元丰八年始停止出售度牒。熙丰18年间，除熙宁九年、十年、元丰七年总数不详，元丰八年停卖外，其余14年中共出度牒约为142860道，平均每年出度牒为10204道。

4. 度牒出售价格及收入问题

度牒出售价格，熙丰时期不尽一致。"新法既行，献议者立价出卖，每牒一纸，为价百三十千，然犹岁立为定额，不得过数。"⑥ 熙宁七年（1074）七月，知定州薛向言："今公使库钱支费不足，无以充实……乞给钱三万余缗回易，以充其费"，"诏以度僧牒三百赐之"。⑦ 以300道度牒抵三万余缗价值，每道约100贯。同年九月，同管勾修内司杨琰曾贷给官司钱9000余贯，"乞纳出身宣札，求赐空名敕告以偿之"。诏给"度牒三十，永不磨勘"，⑧ 每道约300贯。熙宁九年（1076）正月，修京城役兵、提辖

---

① 《长编》卷340，元丰元年七月乙亥，第8178—8179页；《宋会要辑稿·职官》13之22，第3381页。

② 《长编》卷341，元丰六年十二月己卯，第8209页。

③ 《长编》卷341，元丰六年十二月己卯，第8209页；同卷十二月乙酉，第8212页；同卷十月辛卯，第8214页。

④ 汪圣铎：《两宋财政史》，后附表19—1记为10127道，第741页。

⑤ 据《长编》卷344，元丰七年三月丁未，第8255页；同书卷345，元丰七年四月戊子，第8278页；同书卷346，元丰七年六月辛巳，第8311页；同卷，元丰七年六月丙戌，第8313页；同卷，元丰七年六月壬辰，第8315页；同书卷347，元丰七年七月丙寅，第8337页；同书卷349，元丰七年十月戊寅，第8370页等。前后七次，共出售3180道。但元丰七年总数不详。

⑥ 王栐：《燕翼诒谋录》卷5《出卖僧道度牒》，第50页。李心传：《建炎以来朝野杂记》甲集卷15《祠部度牒》，第331页，记作120千，疑误。

⑦ 《长编》卷254，熙宁七年七月辛酉，第6226页。

⑧ 《长编》卷256，熙宁七年九月丙申，第6246页。

部役使臣乞增给食钱总12万缗，三司难以办济，诏给度牒1000道，^① 每道为120贯左右。元丰元年（1078），诏"赐度僧牒五百，付三司兑拨上供钱五万缗"，^② 每道约100贯。元丰六年（1083）闰六月，诏"给度僧牒千，为钱十三万缗"，^③ 则每道130贯。同年八月，又诏赐"环庆路经略司度僧牒千，令贸钱十三万缗别封桩"，^④ 每道130贯。同年十月，诏："岁给度僧牒五百，限五年止，为钱三十二万五千缗，付广南西路经略司应付宜州蛮事，以其余籴粮。"^⑤ 每年出500道，五年出2500道，为钱32.5万缗，则每道130贯。元丰七年（1084）二月，门下省言："度僧牒已著令每道为钱百三十千，检会敕夔州路转运司每道三百千，以次减为百九十千，欲送中书省，价高处别取旨。"宋神宗诏从之。^⑥ 按，川峡四路行铁钱，按元丰二年铜、铁钱比价为1比1.5，^⑦ 则度牒每道190贯折铜钱为127贯。

综上所述，熙丰时期大多数情况下度僧牒价格维持在130贯左右；只有个别情况会超过此定价，如用度牒抵还私人借贷，每道高达300贯，恐含有奖励和利息因素；夔州路一度高达300贯铁钱，以铜铁1比1.5折铜钱200贯。

整个熙丰时期，平均每年要出售度牒10204道，若全部以法定价顺利地售出，则每年可以收入1326520贯。这里有两个因素需考虑：一是度牒销售情况。无偿"度僧"与有价出售毕竟有别，前者名禁实纵，后者名纵实禁。一些地区因贫穷而不能度为僧尼。如广西"南中州县，有寺观而无僧道"，原因是"人贫不能得度牒，有祠部牒者无几"^⑧。故在一些贫困地区度牒销售有一定余地，会影响财政收入。

---

① 《长编》卷272，熙宁九年正月壬午，第6665页。
② 《长编》卷288，元丰元年三月庚辰，第7049页。
③ 《长编》卷336，元丰六年闰六月乙酉，第8096页。
④ 《长编》卷338，元丰六年八月甲午，第8152页。
⑤ 《长编》卷340，元丰六年十月己丑，第8186页。
⑥ 《长编》卷343，元丰七年二月丙子，第8237页；《宋会要辑稿·职官》13之22，第3381页；王栐：《燕翼诒谋录》卷5《出卖僧道度牒》，第50页。
⑦ 《宋史》卷195《刑法一》，第4980页。
⑧ 周去非：《岭外代答校注》卷3《僧道》，杨武泉校注，中华书局1999年版，第147页。

二是售度牒会影响两税收入、役钱收入。凡人，若是正常税户，出度为僧，则会免纳两税和只纳免役钱之半，同样会使政府收入受到一定的损害。所以，出售度牒只是权宜之计。① 但是，出售度牒与无偿地度僧，政府财政所付出的代价是一样的，好在出售度牒尚可挽回一些损失。换言之，熙丰时度一僧人比北宋前期度一僧人可以多得130贯的收入，权衡之下，后者为优。考虑度牒销售问题，宋神宗时度牒收入在1326520贯的基础上略有损益，估计仍在130万贯左右。

二　宋神宗时期宗教改革措施之二
——向寺观户征收助役钱

免役钱是熙丰时期财政收入重要项目之一，是引起当时朝野争论的焦点之一。王安石将免役法列为是时"其法最大、其效最晚、其议论最多"的"五事"之一。② 司马光将免役钱置于当时朝政六大"缺失"之一，并强调"青苗、免役钱为害尤大"。③ 苏辙说免役法是"得失最为易见"的新法之一。④ 在20世纪的宋史学界，免役钱及其相关问题无疑是学者讨论的热门话题之一，成果相当丰富。⑤ 但是，

---

① 章如愚：《群书考索》后集卷63《财用门·鬻僧类》，文渊阁四库全书，第937、869页。
② 王安石：《王文公文集》卷1《上五事书》，第18页。
③ 赵汝愚：《宋朝诸臣奏议》卷117；司马光《上神宗应诏言朝政缺失》，第1277页。
④ 赵汝愚：《宋朝诸臣奏议》卷117《上神宗论新法画一》，第1280页。
⑤ 关于"免役钱"研究的主要成果有：何兹全：《北宋之差役与雇役》，《史学周刊》第10期、第11期，1934年11月15日、18日。邓广铭：《北宋政治改革家王安石》，第184—204页。漆侠：《关于宋代差役法的几个问题》，《知困集》，第135—154页。漆侠：《王安石变法》（增订本），第128、170、265、283—348页等。赵英：《试论北宋职役制度》，《内蒙古大学学报》1981年第S1期。王曾瑜：《王安石变法简论》，《中国社会科学》1980年第3期；《宋代的役钱》，原载《中国古代社会经济史诸问题》，福建人民出版社1989年版，收入《锱珠编》，河北大学出版社2006年版，第381—425页。裴汝诚：《略论宋代衙前役》，《半粟集》，河北大学出版社2000年版，第377页。姚秀彦：《北宋役法之争的剖析》，《淡江学报》1968年第7期；等等。

学界很少专门讨论宋神宗时期向寺观户征收免役钱这一问题①。这里，着重讨论一下该问题。

1. 宋神宗之前寺观户无徭役负担

在中国封建社会世俗统治的政权中，寺观户是一个特殊的阶层，其在政治地位和经济上享有不同于凡人的特权。这个特权在不同朝代都有所反映，只是程度差异而已。宋代也不例外，寺观户也享有一定的特权。其中在经济上，北宋前期寺观户就有免除徭役负担的权利。如宋仁宗时规定，"出家童行须度为僧，方听免身役"，②"出家者须落发为僧，乃可免役"。③故宋祁说：寺观户"不徭不役，坐蠹齐民"。④正是因为寺观户有此特权，赵州才出现了"管内佛寺，岁系帐童行千有余人，检会皆等第税户，苟避州县之役"的现象。⑤而北宋前期，福建路"竟取良民膏腴之田以入浮屠氏。国朝以来，因而不改"，其因在于"浮屠者绝无徭役，第食不乏而衣有余"。⑥可见，宋神宗之前寺观户是"旧无役""旧无色役"⑦的，即无徭役负担的。

2. 免役法下的寺观户要缴纳"助役钱"

由于宋初浮屠户无徭役负担，因此出家人过多，应役户减少，就会影响国家差役的承担。尽管北宋前期差役的承担严重不均，改革的呼声很高，统治者并未对役法进行改革，更没有针对寺观户徭役采取措施。到了宋神宗时期，对役法进行了改革，推行免役法，以取代差役法。免役法内容很多，前后变化情况复杂，但涉及寺观户者基本上是一致的，即"旧无役"的寺观户，"今当使出钱以助募人应役"，

---

① 游彪：《关于宋代寺院、僧尼的赋役问题》，《中国经济史研究》1990年第1期。
② 《长编》卷118，景祐三年五月戊子，第2785页。
③ 《文献通考》卷13《职役二》，第389页。
④ 赵汝愚：《宋朝诸臣奏议》卷101《上仁宗论三冗三费》，第1085页。
⑤ 《长编》卷118，景祐三年五月戊子，第2785页。
⑥ 蔡襄：《蔡襄集》卷27《上运使王殿院书》，吴以宁点校，上海古籍出版社1996年版，第461页。
⑦ 漆侠：《王安石变法》（增订本），第266、268页。

若"官户、女户""未成丁户减半"输钱。熙宁四年（1071）十月一日，对寺观户等"助役钱"进行了详细规定：

> 凡当第［役］人户，以等第出钱，名"免役钱"。其坊郭等第户及未成丁、单丁、女户、寺观、品官之家，旧无色役而出钱者，名"助役钱"。凡敷钱，先视州若县应用雇直多少，而随户等均取。雇直既已用足，又率其数增取二分，以备水旱欠阁。虽增，毋得过二分，谓之"免役宽剩钱"。①

在免役法之下，"旧无色役"的寺观户，不再享有免役的特权，而是要纳"助役钱"。但是，寺观户"减半"输纳，比同户等的广大世俗户要减少一半。尽管如此，募役法实行后，对寺观户还是有一定的制约的。

寺观户按资产高下分担部分役钱，既是合情合理的，又可增加国家财政收入。因为宋朝僧道之人数量不少，宋神宗朝为其中最少的时期。熙宁十年（1077），道士、女冠、僧、尼总计25万余人。② 在宋朝户口登记中，寺观户以寺观为单位列入主户户数登记，而僧道个人则列入主户人数登记。③ 至于其户数与人数是怎样的比例，史载不详，故无法详知寺观户具体户数。寺观户免役钱是以寺观为单位征收的，还是以人头为单位征收的，我们现在尚无法确知。但是，寺观户第三等以上户纳役钱，应是无疑的。④

据王曾瑜估计，乡村下户（四、五等户）在乡村主户数中所占比例在2/3至9/10⑤，而乡村上户（三等以上户）占1/10至1/3。以此

---

① 以上并见漆侠《王安石变法》（增订本），第266、268页。又据《宋史》卷177《食货上五》校之。
② 方勺：《泊宅编》卷10，许沛藻、杨立扬点校，中华书局1983年版，第57页；《宋会要辑稿·道释》1之15，第9981页。
③ 《文献通考》卷11《户口一》，第298页。
④ 《宋会要辑稿·食货》65之55，第7827页。
⑤ 王曾瑜：《宋朝阶级结构》，第74页。

比例估算，熙宁末寺观户数为40613①，则寺观户第三等以上户约4000户至于16000户纳役钱。这大概是比较保守的估计。

三 宋神宗时期宗教改革的影响

宋神宗时期所采取的两项宗教改革政策，一是专项的，二是连带的，但都对当时的寺观户产生了一定的影响，既控制了寺观户的膨胀，又增加了国家财政的收入，反映了封建国家政权继唐中后期以来对宗教干预的进一步加强，而且对后世宗教政策也有直接的影响。

1. 对寺观户而言，增大了出家难度和经济负担，控制了寺观户人数膨胀

相对于前朝而言，宋神宗时出售度牒，无疑抬高了出家人的门槛，增大了出家的难度。而出家后，要按户等缴纳"助役钱"。因此，这对于广大世俗人而言，出家既无大利可图，自然会放弃脱俗的念头。于是，出家人减少，寺观户人数大大减少。

宋太宗至道三年（997）十二月，王禹偁向刚刚继位的宋真宗上疏言五事，其四曰："沙汰僧尼，使民无耗。"② 宋仁宗宝元二年（1039），宋祁《上仁宗论三冗三费》中"三费"之一，即"京师寺观，或多设徒卒，或增置官司，衣粮所给，三倍他处"③。嘉祐七年（1062），谏官司马光批判说："窃以为佛老之教无益治世，而聚匿游惰，耗蠹良民。"④寺观"昌盛"，向为人视为致冗费财的祸害之一，而遭到贬斥。但在宋神宗之前，寺观户日繁，并没有到得什么有效扼制。宋神宗时推行有偿度僧之制，这种政策是抑制了寺观户膨胀，还是放纵了寺观户的发展呢？《大事记讲义》卷三《太祖皇帝·限度

---

① 方勺：《泊宅编》卷10，第57页。
② 《长编》卷42，至道三年十二月末，第899页。
③ 赵汝愚：《宋朝诸臣奏议》卷101《上仁宗论三冗三费》，第1085页。
④ 陈均：《皇朝编年纲目备要》卷16，嘉祐七年九月辛亥，第374页。按，由引文看，司马光是排斥佛老之教的。但是，当王安石变法抑制寺观户时，他却反对。

僧》记曰："国初，度僧为有限而后日鬻僧无所限，徒以助一时费用之急，而启游民之害，肆异端之祸。惜哉！"①《燕翼诒谋录》卷三《岁限度僧数》曰："自朝廷立价鬻度牒，而仆厮下流皆得为之，不胜其滥矣。"②这两则史料都认为"鬻僧"不如"度僧"，鬻僧致寺观户"泛滥"。其实，未必尽然。在宋神宗朝，"鬻僧"不仅没有纵僧道户泛滥，反使其大大收敛。这从寺观户的人数可以证明。

宋太祖时，"国初，两京、诸州僧尼"67403人。③

宋太宗太平兴国元年（976），诏"普度天下童子"，凡17万人至24万人。④

宋真宗天禧二年（1018），僧尼道冠凡262900余人。天禧五年（1021），僧数397615人，尼61239人，女冠731，道士19606人，总计479191。⑤

宋仁宗景祐元年（1034），僧385520人，尼48742人，道士19538人，女冠588人，总计454388人。⑥庆历二年（1042），道士19680人，女冠502人，僧348108人，尼48417人，总计416707人。⑦宋仁宗末年，"祠部帐至三十余万僧"。⑧嘉祐三年（1058），僧、尼、道、冠总310700余人。⑨自嘉祐至治平凡十三年，又给度牒凡7.8万余道，除"死及事故"8.6万余人⑩，则宋英宗治平末的僧尼道冠人数约30万人。

宋神宗即位后不久，就始出售度牒。熙宁元年（1068），道士

---

① 吕中：《大事记讲义》卷3《太祖皇帝·限度僧》，第82页。
② 王栐：《燕翼诒谋录》卷3《岁限度僧数》，第24页。
③ 《宋会要辑稿·道释》1之13，第9979页。
④ 释志磐：《佛祖统纪》卷44、45，第1024、1062页。
⑤ 《宋会要辑稿·道释》1之15、13，第9979—9980页。
⑥ 释志磐：《佛祖统纪》卷46，第1071页；《宋会要辑稿·道释》1之13—14，第9979—9980页。
⑦ 《宋会要辑稿·道释》1之14，第9980页。
⑧ 《宋史》卷299《张洞传》，第9933页。
⑨ 赵汝愚：《宋朝诸臣奏议》卷84《上仁宗乞止绝臣僚陈乞创寺观度僧道》，第905页。
⑩ 《长编》卷268，熙宁八年九月辛巳，第6571页。

18746 人，女冠 638 人，僧 220761 人，尼 34037 人，总 274182 人。熙宁八年（1075），僧为 203502 人，比熙宁元年僧数少 17259 人。熙宁十年（1077），道士 18513 人，女冠 708 人，僧 202872 人，尼 29692 人，总 251785 人。① 元丰时，僧、尼、道凡 24 万人。②

以上列举的一系列数字，清楚地告诉大家：熙丰时期僧尼道冠人数是有宋以来，尤其是宋真宗之后最低的时期。在北宋人口日益增加的前提下，僧尼道冠户反而下降，那么寺观户在全国总户口中的比重更趋下降。这个事实，说明宋神宗之前的"度僧为有限"举措不如"鬻僧无所限"举措，前者名限实纵，后者名纵实限，其秘密就在于是"有价度僧"还是"无偿度僧"。熙丰之前出家不出钱，而熙丰之后出家须出钱 130 贯左右。在当时条件下，130 贯并非人人都能偿之。前引《岭外代答校注》卷三《僧道》曰：广西路"人贫不能得度牒，有祠部牒者无几"。经济条件之制约，如同一副高大栅门，将贫穷的下户、客户和企图偷逃税赋的中上户，无情地挡在寺门之外。而既出家者由于不得免役，要缴纳"助役钱"，竟然出现少有的还俗现象③。大概由于熙丰时期还俗人较多，宋哲宗元祐初年下令收缴销毁还俗人度牒。④ 因此，僧人士也曾抱怨说：宋神宗的改革实乃"法门之不幸也！"⑤

2. 对于封建国家而言，可以增加收入，暂缓财乏之患

宋神宗时出售度牒和向寺观户征"助役钱"，对国家财政收入是有益的，尤其是出售度牒效果更加明显。

王安石认为："今度牒所得，可置粟凡四十五万石，若凶年人贷

---

① 以上见《宋会要辑稿·道释》1 之 14—15，第 9980—9981 页；方勺《泊宅编》卷 10，第 57 页。
② 庞元英：《文昌杂录》卷 1，丛书集成初编，中华书局 1985 年版，第 2792 册，第 5 页。
③ 据方勺：《泊宅编》卷 10 记，宋神宗熙宁 10 年间，其中有三年中死亡还俗共 2 万多人。
④ 《宋会要辑稿·职官》13 之 22，第 3381 页。
⑤ 释志磐：《佛祖统纪》卷 46，第 1086 页。

三石，则可全十五万人性命。今欲为凶年计，当于丰岁为之，而国用有所不暇。故卖祠部牒，所剃者三千人头，而所救活者十五万人性命。若以为不可，是不知权也！"① 出售度牒可以解燃眉之急，纾一时之难，只要数量适中、价格合理，不失为一权宜之计。售度牒始于熙宁二年王安石执政之前，王安石执政后认同此举，王安石罢政后，宋神宗单独主持新法，同样付诸实施。故在整个熙丰时期，度牒得到了广泛而又充分的利用。史书记载，极为丰富。今人已将其归纳为如下几方面：用于军事开支，用于兴修水利、赈济饥民和作常平储备，用于修建城池、庙宇、堤岸、仓库等，用于官物运输、市易本钱、财政储备、采购粮食、收买铜铝、放债收息等，用于赏赐等。② 汪圣铎概括售度牒有两大好处："一是运转灵活，哪里需要钱财几十页纸即可代替成千上万贯金属货币或相应的绢、谷的转移，大省调配、运输之烦。二是应急性好，遇到燃眉之急即可平地生财，不须设置本钱，有些不良后果又可事后补救。"③ 可谓中肯之论。除这两点外，还有一点，即熙丰时期度牒集中运用于生产与国防建设，而不是用于奢侈消费。封建统治阶级这点投资意识值得后人肯定与学习。在熙丰时期，每年出售度牒不过1万道计130万贯，比起北宋后期和南宋前期动辄十余万道计钱4800万贯而言，④ 尚不至于为滥，对当时社会的负面影响应该说是极小的，否则早就引起反变法派强烈地谴责。因此，我们认为，熙丰时期售度牒数量适中、价格合理，对财政的弥足与冲击较小，其灵活性与应急性反倒有利于整个国家财政机器运转，说它是一种不错的权宜之举，并不过分。

宋人已认识到"一人为僧，则一夫不耕"⑤。出家人多则税源流失

---

① 章如愚：《群书考索》后集卷63《财用门·鬻僧类》，文渊阁四库全书，第937册，第869页。
② 详见俞兆鹏《宋神宗时期货币制度研究》，《南昌大学学报》2001年第4期；汪圣铎《两宋财政史》，第349页；曹旅宁《试论宋代的度牒制度》，《青海师范大学学报》1990年第1期。
③ 汪圣铎：《两宋财政史》，第349页。
④ 汪圣铎：《两宋财政史》，第742—743页。
⑤ 《宋会要辑稿·道释》1之34，第9991页。

大；反之，亦然。熙丰之前，"度僧"造成出家人多税源流失严重，而熙丰时期"鬻僧"导致了出家人少税源流失减少，优劣高下，判若泾渭！"鬻僧"这一权宜之计，没有益冗增费，反节冗益入，真可谓既开源又节流。学界有将宋神宗鬻度牒视为"寅吃卯粮"之举、饮鸩止渴之法，恐怕不妥。

正是这两项改革措施有一举多得之效，所以为后代所继承。其中，出售僧牒是"国家所以纾用度"[①]之患的重要举措之一，为宋神宗以后诸朝所沿用，直至清乾隆三十九年（1774）彻底废之。[②] 而向寺观户征"助役钱"，部分地剥夺了寺观、僧尼"不徭不役"的特权，宋神宗之前历代封建统治者赋予寺院、僧尼的免役特权开始发生了变化。[③] 更重要的征"助役钱"同样可以缓解财政困难，既使是元祐初废除免役法，仍没有取消寺观户第三等以上户"旧纳免役钱"。[④]

原刊于《宗教学研究》2009 年第 3 期

[①] 《宋会要辑稿·职官》13 之 39，第 3390 页。
[②] 曹旅宁：《试论宋代的度牒制度》，《青海师范大学学报》1990 年第 1 期。
[③] 游彪：《关于宋代寺院、僧尼的赋役问题》，《中国经济史研究》1990 年第 1 期。
[④] 《宋会要辑稿·食货》65 之 55，第 7827 页。

宋神宗时期的户口问题述评

熙丰时期社会生产在北宋前期生产发展的基础上，又向前迈进了一步，"达到两宋的顶峰"①。这一时期社会生产发展的表现很多，以农业（田地、户口）、矿业发展尤为显著②，不仅为其他部门经济发展奠定了基础，而且为赋税的增加提供了可靠的"税源"。本文拟就熙丰时期户口的发展情况、原因及其财政意义等，略加论述，欢迎批评指正。

一　"户口之盛无如今日"

熙丰时期户口显著发展，主要表现于户口数量的快速增加、主户比重的明显提高。

1. 户口数量的快速增加

宋仁宗庆历八年（1048），包拯说："臣以谓前代户口之目，三代已降，跨唐越汉，未有若今之盛者也。"③按，庆历八年户数不过10964434而已④，包拯已喜不自禁地称其为"今之盛者"。经过二十

---

① 漆侠：《探知集》，第270页。
② 漆侠：《王安石变法》，第311—313页。
③ 包拯：《包拯集校注》卷4《论历代并本朝户口》，第137页。
④ 此数为包拯所述，同上，第137页。

年的发展，至治平四年（1067）神宗即位之初，户数已达14181486①，比庆历八年户数多出 320 多万，故是时户口更是"跨唐越汉"，盛极一时。而神宗时期 19 年的户数则更是北宋前期任何一时期所无法比拟的。

首先，从户数绝对数量来看，熙丰时期户数超过北宋前五朝任何时期。为清楚说明这个问题，兹将北宋前期五朝户数与熙丰时期户数作表如下（见表1）。

表1　　　　宋神宗时期户数与北宋前期五朝户数对比

朝别	时间	总户数	资料来源
太祖	开宝九年（976）	3090504	《宋会要·食货》11 之 26，69 之 70；《包拯集校注》卷 2《论历代并本朝户口》；《宋史·地理志序》；《通考·户口二》
太宗	太平兴国五年（980）	6108635 6418500	原出《太平寰宇记》。据此，梁方仲《中国历代户口、田地、田赋统计》甲表 35 计为 6108635，而吴松弟《中国人口史·辽宋金元时期》（表4—2）计为 6418500。此采前者
真宗	天禧四年（1020）	9716712	《长编》卷 96
仁宗	嘉祐八年（1063）	12462311	《宋会要·食货》69 之 70；《群书考索》前集卷 63《户口类》；《玉海》卷 20《嘉祐户口》；《宋史·地理志序》
英宗	治平四年（1067）	14181486	《古今源流至论》后集卷 10《户口》；《宋史·地理志序》系时"治平三年"
神宗	熙宁二年（1069）	14414043	《宋会要·食货》11 之 27，69 之 70
	熙宁五年（1072）	15091560	《长编》卷 241；《宋会要·食货》11 之 27，69 之 70

---

① 《宋史》卷 85《地理志序》，第 2095 页；林駉：《古今源流至论》后集卷 10《户口》，系时"治平四年"。

续表

朝别	时间	总户数	资料来源
神宗	熙宁八年（1075）	15684529	《宋会要·食货》11 之 27，69 之 70；《通考·户口二》；《续通志·食货三》
	元丰元年（1078）	16402631	《宋会要·食货》11 之 27，69 之 70
	元丰三年（1080）	16730504	《长编》卷 310；《宋会要·食货》11 之 27，69 之 70
	元丰六年（1083）	17211713	《长编》卷 341；《宋会要·食货》11 之 27，69 之 70；《通考·户口二》；《玉海》卷 20《宝元历代户数》

说明：

①本表参考梁方仲《中国历代户口、田地、田赋统计》甲表 33，程民生《宋代户数探研》（《河南大学学报》2003 年第 6 期），吴松弟《中国人口史·辽宋金元时期》（复旦大学出版社 2001 年版，表 8—1），漆侠《中国经济通史·宋代经济卷》（经济日报出版社 1999 年版，第 52 页）等统计数字。

②关于王存《元丰九域志》之记载户数，梁方仲统计为 165698734，系时于元丰初年，而吴松弟统计为 16603954，考其系年为元丰元年。（详见二人著作之甲表 36 与第 118 页）笔者以吴氏为是。

③元丰末年户数史载不详，权以元丰六年户数为是时最高数字。

由表 1 统计来看，熙丰时期六个数字，比前五朝所有户数都高。前五朝最高户数是治平四年（1067）的 14181486 户，而熙丰年间六个数字，分别依次高出治平四年 1.6 个、6.4 个、10.6 个、11.6 个、18 个、21.4 个百分点。净增数，元丰六年比治平四年多 3030227 户，这个数字与太祖时最高户数 3090504 户略等。换言之，熙丰时期户口净增数已相当于太祖时最高户数，宋神宗元丰六年户数是太祖时最高户数的五倍多。熙宁五年（1072）九月，宰相王安石自诩说："秦汉以来，中国人众，地垦辟未有如今日。"[①] 次年十月，王安石与宋神宗论及天下户口之数，王安石说："户口之盛，无如今日。本朝太平

[①] 《长编》卷 238，熙宁五年九月丙午，第 5788 页。

百年，生民本尝见兵革。昨章惇排定湖南保甲，究见户口之众，数倍前日，盖天下举皆类此。"宋神宗说："累圣以来，咸以爱民为心，既未尝有大征役，又无离宫别馆缮营之事，生齿蕃息，盖不足怪。"①君臣所论，"户盛于旧"，确是事实。熙宁六年户数已极盛于往日，而比熙宁六年户数多出200万的元丰六年户口，就不言而喻。

其次，从年均增长率来看，熙丰时期户口增速快于前五朝。据吴松弟研究表明，宋太祖、太宗时户口忽上忽下，无法计算年均增长率；宋真宗朝年均增长率为千分之十三，宋仁宗朝为千分之八点七，宋英宗朝为千分之十二，宋神宗朝则高达千分之十七，宋哲宗朝为千分之八点八，宋徽宗朝为千分之四点三，整个北宋百余年间，年均增长率为千分之九点二。②从吴氏提供的年均增长率数字来看，神宗朝户数年均增长率高达千分之十七，不仅高于北宋前五朝，而且高于其后两朝，也高于整个北宋时期的平均增长率。

当然也须看到，熙宁与元丰时数字变化幅度之问题。据吴松弟研究统计，熙宁年间四个平均增长率分别为千分之三十七点二、千分之十五点四、千分之十二点九和千分之十五，而元丰时两个数字分别为千分之七与千分之九点五，熙宁、元丰户数年均增长率高下判若分明。这个差别既与户数基数大、增长慢的变化规律有关，也与王安石、宋神宗先后主持新法不无关系。这一状况，不仅体现于户数年均增长率上，还体现于主户比重变化上，后面将论及，兹不多言。

最后，从户数发展的可持续性来看，熙丰时期户口发展比较平稳。一般而言，如果社会安定，经济繁荣，那么户数的变化也应该较为稳定，不会出现大起大落的现象。反之亦然。唐代"安史之乱"与宋代"靖康之祸"前后户数剧变的事实③说明了后者。而北宋时期，尤其是熙丰时期户数平稳变化，或可说明前者。北宋时期，虽然危机

---

① 《长编》卷247，熙宁六年十月辛巳，第6024页；《宋会要辑稿·食货》69之79，第8094页。
② 吴松弟：《中国人口史·辽宋金元时期》，第347—348页。
③ 梁方仲：《中国历代户口、田地、田赋统计》，上海人民出版社1980年版，第8—9页。

四伏，但自建国至南迁百余年间，没有出现诸如汉代"七国之乱"、西晋"八王之乱"和唐代"安史之乱"等社会动荡现象，总体而言社会稳定，故户口发展总趋势是不断增长的。① 但是，北宋前期户数在不断增长的总趋势下，仍略有起伏。正常情况下，历朝各代时间越晚户数越大，最大值通常出现于某一皇帝统治末期。从前表统计来看，太宗、真宗户数最大值分别出现于太平兴国五年（980）、天禧四年（1020），而不是二帝在位最末年至道三年（997）、天禧五年（1021）。这种现象尤以太宗朝为典型。真宗朝不十分典型，不过其间户数有一次明显"变异"，大中祥符七年（1004）全国户数高达9055729户②，显然高于其前后的数字，也高于真宗统治末期天禧五年的户数。③ 这个现象，说明了真宗统治时期户数变化的局部不稳定性。宋仁宗朝同样存在户数变化的局部不稳定性，自天圣元年（1023）至天圣九年（1031）、景祐四年（1037）到庆历五年（1045），出现了两次为期16年的户口波动。④

这种户数局部起伏变化的现象，在宋英宗、神宗时似乎不存在。宋英宗在位日短，户数自然增殖算不了什么，因为保持户数短时期内平稳增加势头，并不困难。宋神宗时则不然，能保持19年的户数增长强劲势头，并非容易之事。据现存熙丰时期户口数字来看，除熙宁十年（1077）户数14245270，比熙宁八年15684529户与元丰元年（1078）之16492631户有明显差距外，⑤ 其他年份都是平稳地增长。如果熙宁十年户数史载可靠，那也只是熙宁八年至元丰元年3年间的短暂变化，比起宋仁宗朝前后两次为期16年的波动，周期要短得多！因此，我们有理由说，熙丰时期的户数增长是可持续的、平稳的。

---

① 吴松弟：《中国人口史·辽宋金元时期》，第350页。
② 《长编》卷83，大中祥符七年十二月末附，第1908页；《宋史》卷8《真宗三》，第157页。
③ 吴松弟：《中国人口史·辽宋金元时期》，第346—347页。
④ 吴松弟：《中国人口史·辽宋金元时期》，第347页。
⑤ 熙宁十年户数，据《长编》卷286，第7002页；《宋会要辑稿·食货》11之27，第6225页，69之70，第8084页；《宋史》卷85《地理志序》，第2095页。据程民生考证，这个数字可能有疑问。详见程民生《宋代户数探研》，《河南大学学报》2003年第6期。

2. 主户数量及其比重的显著变化

熙丰时期户口不只是在总户数上快速、平稳增长，而且在"质量"上也显著改善。在宋代，判断户口"质量"好坏与否主要依据的是税户，即主户数量的多少。宋制，"税户者有常产之人也，客户则无产而侨寓者也"①。北宋人吕大钧说："为国之计，莫急于保民。保民之要，在于存恤主户；又招诱客户，使之置田以为主户。主户苟众，而邦本自固……客虽多而转徙不定，终不为官府之用。"② 史料告诉我们：主户与税户通义，主户增减意味着税户的变化，它影响税赋收入，进而影响地方官的考核。③ 熙丰时期户口"质量"明显改善，主要表现于以下几方面。

一是熙丰时期主户数在总户数中比重显著提高。由于宋代户数一般是由主户与客户两部分组成，客户总数多数情况下比主户数要小，为便于计算，人们通常用客户数在总户数中比重高低来间接反映主户比重的变化，进而说明户口"质量"的好坏。今人梁方仲对宋代客户数比重作过专门统计④，兹将其统计结果制表如下（见表2）。

表2　　　　北宋初至神宗末年客、主户比重及主户变化统计

年代		客户比重（%）	主户比重（%）	主户数	主户数变化指数	总户数	总户变化指数
太宗	太平兴国五年至端拱二年（980—989）	41.7	58.3	3560797	100	6108635①	100

---

① 《宋会要辑稿·食货》12之19—20，第6240页。
② 吕祖谦：《宋文鉴》卷106《民议》，中华书局1982年版，第1477—1478页。
③ 大中祥符四年（1011），宋政府下诏："诸州县自今招来户口及创居入中开垦荒田者，许依格式申入户口籍，无得以客户增数。旧制：县吏能招增户口，县即申等，乃加其俸缗，至有析客户者，虽登于籍而赋税无所增入。故条约之。"详见《文献通考》卷11《户口二》，第298页；《宋史》卷174《食货上二》，第4205页。《文献通考》系其年于天禧五年，误，今从《宋史》。
④ 梁方仲：《中国历代户口、田地、田赋统计》，第126—129页。

续表

	年代	客户比重(%)	主户比重(%)	主户数	主户数变化指数	总户数	总户变化指数
真宗	天禧五年（1021）	30.4	69.6	6039331	169.6	8677677	142.1
仁宗	天圣元年（1023）	37.9	62.1	6144983	172.6	9898121	162.0
	天圣七年（1029）	43.1	56.9	6009896	168.8	10562689②	172.9
	天圣九年（1031）	36.3	63.7	5978065	167.9	9380807	153.6
	景祐元年（1034）	41.1	58.9	6067583	170.4	10296565	168.6
	景祐四年（1037）	41.6	58.4	6224753	174.8	10663027	174.6
	宝元二年（1039）	36.4	63.6	6470095	181.7	10179989	166.6
	庆历二年（1042）	35.3	64.7	6671392	187.4	10307640③	168.7
	庆历五年（1045）	35.8	64.2	6862889	192.7	10682974	174.9
	庆历八年（1048）	35.7	64.3	6893827	193.6	10723695	175.5
	皇祐二年（1050）	35.7	64.3	6912997	194.1	10747954	175.9
	皇祐五年（1053）	35.7	64.3	6937380	194.8	10792705	176.8
	嘉祐三年（1058）	35.8	64.2	6948470	195.1	10825580	177.2
	嘉祐六年（1061）	35.0	65.0	7209581	202.5	11091112	181.6
英宗	治平四年（1067）	30.9	69.1	9799346	275.2	14181485④	232.2
神宗	熙宁五年（1072）	30.4	69.6	10498869	294.8	15091560	247.1
	熙宁八年（1075）	31.9	68.1	10682375	299.9	15684129⑤	256.8
	元丰元年（1078）	33.3	66.7	10995133	368.7	16492631	270.0
	元丰初年	31.9	68.1	10109542	283.9	14852684⑥	243.1
	元丰初年	34.1	65.9	10883686	305.7	16569874⑦	271.3
	元丰三年（1080）	32.8	67.2	11244601	315.9	16730504	273.9
	元丰六年（1083）	33.9	66.1	11379174	319.6	17211713	281.8

续表

年代		客户比重(%)	主户比重(%)	主户数	主户数变化指数	总户数	总户变化指数
神宗	元丰八年⑧（1085）	33.8	66.2	11721155	329.2	17705671	289.8
北宋各年平均数⑨		34.5	65.5	8690620	244.1	13277609	217.4

说明：

①太宗时户数实有 6499145 户，其中有主客户不分者，或仅载主户而缺客户者，共 391510 户未统计在内，故梁方仲采主客户数分明者统计，而得 6108635 户。而吴松弟据同样史书统计为 6418500 户。本表采梁氏说。详见梁氏《统计》甲表 35 注④、吴氏《中国人口史·辽宋金元时期》第 346 页注①。

②梁氏据《长编》《会要》统计为 10562689 户，而程民生另据大量史料证明此数为误。但后者不分主客户，故采前者。

③庆历二年户数，据《长编》卷 138 记：主户 6671392 户，客户 3764626 户，总计为 10436018 户。而《宋会要·食货》11 之 26、69 之 70 记，主、客户总为 10307640 户。比较而言，二者差 128378 户。

④英宗治平四年户数，程民生考证为 14181486 户，与梁方仲统计仅差 1 户，于统计结果影响不大，此取梁氏说。

⑤神宗熙宁八年户数，梁方仲取《长编》所载计为 15684129 户，又《会要》《通考》所载得 15684529 户，二者仅差 400 户，于统计结果影响不大，今取 15684129 户。

⑥梁方仲据《通考·户口二》所载统计，恐有误，录此作为参考。

⑦梁方仲据《元丰九域志》所载计之为 16569874 户。而吴松弟据此计为 16543541 户，二者相差十余万户。《元丰九域志》是州县户口"数据库"，存在错误的概率很大。但所差 10 余万户对计算结果影响不大，故梁氏的统计仍有较大的参考价值。详见梁氏《统计》甲表 36，吴氏《中国人口史·辽宋金元时期》第 119 页所载。

⑧按：据吴松弟计算，元丰六年（1083）至元祐元年（1086）户数年均增长率为 14.2‰，元祐元年（1086）总户数 17957092 户，那么元丰八年（1085）总户数为 17957092/（1+14.2‰）≈17705671；又元丰六年主户比重为 66.1%，元祐元年主户比重为 66.3%，取二者平均数 66.2% 为元丰八年主户比重，则元丰八年主户当为 11721155 户。户数年均增长率，详见《中国人口史·辽宋金元时期》，第 348 页。

⑨此组数字，系梁氏将其书甲表 33 所列 28 组数字综合平均的结果，涵盖宋太宗至宋哲宗六朝，具有一定的参考价值。

据表2之统计，北宋前六朝主户数在总户数中之比例，总趋势是上升的，由宋太宗时的58.3%升至宋神宗时的69.6%；但北宋前五朝，除个别数字在平均数65.5%之上，其余大部分数字在平均数之下，而熙丰时期所列数字在平均数之上。

当然，仍须看出熙宁与元丰时主户比重的变化，熙宁时主户比重两个数字都在68%之上，差不多可以说是北宋全国最高比值；而元丰时六个数字，除元丰初为68.1%（由于史料来源不够可靠，可信度不高，似可略去），而其他几个数字都低于68%，低于熙宁时两个比例数字。这个现象，可以反映出熙宁时与元丰时的经济差别、王安石与宋神宗主持新法所带来的效果差异。① 联系前文所述，熙宁户口年均增长率高于元丰之现象，更说明熙宁时主户比重高于元丰时的事实是存在的。

二是熙丰时期主户数明显高于前五朝。宋太宗初年，主户数为356万，至宋真宗天禧五年（1021），三四十年间，升至603万余户。宋仁宗在位四十余年，主户长期徘徊在600万至700万，至其末年才增至720万户。这种现象一方面与仁宗时期社会不安宁、战争、农民起义不断、人口流移、统计不实有关②；另一方面与生产发展有关。因为仁宗时期总户数净增250万户，客户就占130万户，比主户净增值多十余万户，兹说明有产税户增长缓慢。治平四年（1067）主户为980万户，至此才终于摆脱了主户长期徘徊不前的困境。不过，前五朝主户数大多在平均数869万户之下，而熙丰时期，主户数全都在1000万户以上，元丰末年主户数高达约1172万户，比平均值高出303万户。

三是熙丰时期主户以更快的速度增长。由表2统计来看，自太宗初年至真宗末年、从仁宗初年至其末年，各约40年，主户分别净增247万户和120万户，年均净增6万户和3万户。而熙丰时期又怎样呢？元丰八年主户有11721155户，比治平四年主户9799346户多

---

① 漆侠：《王安石变法》，第207—216页。
② 吴松弟：《中国人口史·辽宋金元时期》，第347页。据吴松弟研究统计，嘉祐八年户数为12462310户，比嘉祐六年（1061）总户数11091112户，多出137万户，年均增长率为千分之六十，显然不可能，说明了官方户口统计不准确。

192万余户。而这个增长过程仅经历了19年时间,年均净增10万余户,比前者年均净增额6万户和3万户多出4万户和7万户。速度不能说不快!

以上从主户比值、主户数量与主户增速三个方面,论述了熙丰时期户口"质量"要明显优于前五朝甚至宋代其他任何时期。不过,熙宁时期与元丰时期主户变化尚有略微差别,反映出王安石与宋神宗主持新法所产生的效果的差异性。

3. 熙丰时期地方户口的发展

上文论述了全国户口数量与"质量",在熙丰时期有显著的发展。那么各地户口的发展变化又怎样呢?

先看路级户口的发展变化。今人梁方仲、程民生依据《太平寰宇记》《元丰九域志》,对太宗、神宗时各道(路)户口作了详细统计,① 可以大致反映宋初至神宗时户口发展的过程。从其统计结果可以看出:其一,在户口数量上,熙丰时比宋太宗初年,各道(路)户口数量有明显倍增的现象,宋神宗逐道(或路)户数是太宗时户数1.8倍至8.63倍不等。其二,在户口"质量"上,熙丰时期比于宋太宗初年,绝大部分地区客户比重下降,主户比重上升,主户上升约为2个至27个百分点不等,② 户口"质量"变化比较明显。当然,由于史料记载先天不足,我们无法拿元丰末期各路的户口与英宗末期户口的数量、"质量"作比较,仅能将元丰初户口与宋太宗初年户口有关指标作比较,虽不能科学、准确地说明熙丰各路户口发展变化,但仍可大致地反映各路户口是在发展而不是在退步。

再看各州户数在时间上变化。梁方仲据《太平寰宇记》《元丰九域志》所载对太宗初年、神宗元丰初年各州户数、客户比重等作了精细计算,③ 其结果清楚地说明:绝大多数州,总户数与主户数增加、

---

① 梁方仲:《中国历代户口、田地、田赋统计》,第150—151页;程民生:《宋代地域经济》,第50—51页。
② 程民生:《宋代地域经济》,第50—51页。
③ 梁方仲:《中国历代户口、田地、田赋统计》,第132—149页。

主户比重上升。今以寿州、河南府等为例，旁采其他史料予以旁证。

寿州，太宗初年（980—989）有主户6997户，客户26506户，总33503户，主户比重仅有约21%。而六十年后即庆历元年（1041），寿州有主、客户共9万户，约为宋初户数3倍。再经约40年即元丰初年，寿州户数增至128768户，其中主户56063户，主户比重约44%，总户数比庆历元年净增约4万户、比太宗初净增9.5万户，主户比重高太宗时约23个百分点。① 寿州户口起太宗、经仁宗、至神宗，增长十分显著。尤其是后40年增加近4万户，年均净增1000户。

河南府，据《太平寰宇记·河南道》载：太宗初年有总户81957户，其中主户42818户，主户比例为52%。六十年后即庆历三年（1043），范仲淹说："河南府主客户七万五千九百余户，仍置一十九县。主户五万七百，客户二万五千二百。"② 庆历三年，河南府才有75900余户，比太宗初81957户，减6000户，而主户50700户比太宗初年增7000户，主户比重升至66.8%，增十四个百分点。经过三十五年发展，至宋神宗元丰初年，据《元丰九域志·西京》记，元丰初有13县，有115675户，其中主户为78550户，主户增加28000户，可谓明显；主户比重为68%，比庆历三年增1个百分点，不算明显。

福州主户治平元年至元丰初年的变化更能说明这一点。据《淳熙三山志》卷一三《州县役人口》记，治平元年（1064）福州主户98666户，客户不详。《元丰九域志》卷九《福建路》记，元丰初年，福州有主户114636户，十余年净增近3万户。福州主户，治平元年至元丰初年的变化更能说明问题。

再看杭州户口增长。据《太平寰宇记·江南道·杭州》记，太宗初年杭州主户61000户，总户数70457户，主户比重约87%；据《张乖崖集·附集》卷一《张尚书行状》记，真宗咸平二年（999）

---

① 参见梁氏甲表35及表后注文20，甲表36，"寿州栏之统计"，第132—148页。
② 《长编》卷143，庆历三年九月丁卯，第3442页。

有户"十万户";《元丰九域志·两浙路·杭州》记,杭州户数为202816户,主户数为164293户,主户所占比重为81%。杭州户口成倍地增加,主户亦是如此,只是主户比重略有下降。

润州户口亦在增加。据《太平寰宇记》卷八九,宋初有26547户,其中主户10647户,所占比重为40%;又据《至顺镇江志》卷三,真宗大中祥符中,户数为33000户,仁宗时增为54000户;而《元丰九域志》卷五记,宋神宗元丰初增至54798户,其中主户为33318户,所占比重为61%。

常州,据《太平寰宇记》卷九二记,宋初有户口55551户,其中主户28071户,所占比重为51%;《咸淳毗陵志》卷一三记,景德中总户数为64789户;而《元丰九域志》卷五记,神宗元丰初为136361户,其中主户为90853户,占总户的67%。百余年中户数净增1倍多,主户数净增2倍多。

苏州,据《太平寰宇记》卷九一,宋初有户口35195户,其中主户27889户,所占比重为79%;又《吴郡图经续记》卷上称,大中祥符四年(1011),总户数66139户;《元丰九域志》卷五记,元丰初户口为173969户,主户为158767户,主户比重为91%。宋神宗元丰初户口是宋初的5倍、宋真宗时的2倍;主户则增加更快,约为宋初五倍多。

湖州户口,《太平寰宇记》卷九四记,宋初为37748户;《湖州府志》卷三九记,大中祥符中为129510户;据《元丰九域志》卷五,至元丰初为145121户(其中主户为134612户,占93%),变化显著。

江陵府,据《忠肃集》卷十《荆南府图序》记,治平元年(1064)有户54000户;而《元丰九域志》卷六《荆湖北路》称,元丰初为189922户。除政区微调影响户口因素外,江陵府户口增长十分显著。

越州,据《曾巩集》卷一三《越州鉴湖图序》,熙宁二年(1069)有户20.6万户;而《元丰九域志》卷五《两浙路》称,至元丰初为152922户。曾巩所记疑为12.6万户,若此,越州户亦在增加。

辽州，据《欧阳修全集》卷一一六《相度并县札子》记，宋仁宗时有主客户共 2700 余户。而《元丰九域志》卷四《河东路》称，至元丰初有主客户共 7303 户。辽州户口经几十年发展，增加了 2 倍多。

管中窥豹，略见一斑。由寿州、河南府等州、府户口在宋神宗与宋太宗、真宗、仁宗、英宗诸朝的发展变化，可以推知当时大多数州、府户口数、主户数是不断增加的，主户比重是不断上升的！

宋代地方户口统计通常分为路、州（府、军）、县三级垂直分层体系，路由州、州由县组成。前文已说，绝大多数路、州，熙丰时期比太平兴国时期户口数量增加、主户比重提高，那么其所属诸县绝大部分，按理应亦然。[①] 如，据《嘉靖邵武县志》卷三三，引宋人叶祖洽文，五代时因"处深山穷谷之间""独处一方，若隐居者"的邵武军泰宁县，入宋后，"户口日益富饶"，元丰八年（1085）已成为"民户三万，所出赋万缗"的大县。再如原属明州鄞县的舟山镇，因户口日衍，至熙宁六年（1073）设昌国县。[②] 总之，熙丰时期地方户口普遍增加，由其组成的全国户口也随之增长。

二　熙丰时期户口明显发展的原因

熙宁三年（1070），宋神宗对王安石说，"生齿多"[③] 也。熙宁六年（1073），王安石对神宗说："户口之盛，无如今日。"[④] 事实无不证明这一点，熙宁时期无论户口数量还是"质量"，不管是总户数还是主户数、增速或是绝对数量、全国或是地方，都明显地发生了变

[①] 现存的《太平寰宇记》《元丰九域志》《宋史·理志》等户口统计一般不涉及县，故仅能类推之。

[②] 《长编》卷246，熙宁六年八月末，第6002页。

[③] 《长编》卷214，熙宁三年八月丙子，第5211页。

[④] 《长编》卷247，熙宁六年十月辛巳，第6024页；《宋会要辑稿·食货》69之79，第8094页。

化！除户口自然增殖这一共性原因外，还有哪些因素，促使这时期户口总数、主户数增多、主户比重提高、增速加快呢？笔者以为盖有以下几个方面。

其一，是根括隐户、逃户。"诡名户"在宋代是一普遍现象。据《文献通考·田赋考四》记，所谓"诡名户"，即"匿比舍而称逃亡，挟他名而冒耕垦"。《州县提纲》卷四《关并诡户》也称："今之风俗有相尚立诡名挟户者，每一正户，率有十余小户……非惟规避差科，且绵历年深，既非本名，不认元赋，往往干收利入己，而毫毛不输官者有之。"[①] 宋政府一直有意识地控制诡名者，通过清查，将其登入户籍。如太宗时李防"根括"磁、相二州逃户，增租赋十余万。[②] 宋仁宗时，江南西路转运使周湛"凡括隐户三十万"[③]。宋神宗朝亦然。熙宁三年（1070）六月，陈知俭上奏说，唐州"兄弟父子重复诡名者四百余户"[④]。熙宁七年（1074）正月，两浙察访沈括言："常州无锡县逃绝、诡名挟佃约五千余户，及苏州长洲县户长陪纳税有至二百余缗。"[⑤] 一县诡名逃绝户多达5000户，说明无锡县隐户的严重性。元丰二年（1079）正月，宋神宗诏令"根究逃绝税役"，三司户部判官李琮根究江、浙127县逃绝户，计401332户。元丰三年（1080），李琮除淮南转运副使，复令根究逃绝户税、役。李琮"辟置官属，更移令佐，大究治之"。淮南东西两路的州军县共88，"凡得逃绝、诡名挟佃、簿籍不载并阙丁"，凡475965户。[⑥] 这两个惊人的数字意味着什么？

先看江、浙路127县。据《元丰九域志》卷五、卷六记载，两浙路有县79，江南东路有县48，合计127县，与《长编》所记吻合，说明此次清查，不包括江南西路47县。又据《元丰九域志》卷五、

---

① 佚名：《州县提纲》卷4《关并诡户》，《宋代官箴书五种》，第145页。
② 《宋史》卷303《李防传》，第10038页。
③ 《宋史》卷300《周湛传》，第9967页。
④ 《长编》卷212，熙宁三年六月壬申，第5148页。
⑤ 《长编》卷249，熙宁七年正月丙寅，第6077—6078页。
⑥ 《长编》卷300，元丰二年九月癸酉，第7300页。

卷六所载，元丰初两浙路有户 1778953 户，而江南东路有户 1127311 户，两路合计为 2906264 户，而清查漏户计 401332 户，约占总户数的 13.8%。

再看两淮路。《长编》称淮南东、西两路"州军县八十有八"，据《元丰九域志》卷六，是时淮南东路有 11 州 37 县，淮南西路有 7 州 1 军 32 县，合计 88 州、军、县；二者一致，说明这次"根括"范围可信。再据《元丰九域志》卷六载，淮南东路主客户总计 612565 户，淮南西路主客户总计 744499 户，合计两路主客户为 1357064 户，而查出漏户 475965 户，约占两路总户数的 35.1%。

两浙路、江南东路、两淮东西路共四路总户数为 4263328 户，约占元丰初总户数 16569874 户的 25.7%。四路隐户总为 877297 户，占四路户数 4263328 户之 20.57%，若按此比率推算，元丰初当有隐户 3409707 户。但是，宋神宗元丰二、三年间的"根括"，仅限于两浙、江东、两淮等四路，才查出 877297 户，尚有 19 路 250 余万隐户没有清查出来，故还有很大"挖掘"之余地。由此可知，宋代"隐户"数字之大，对宋代户口统计之影响。[①]

宋神宗时期，除了打着"根括隐户"的旗号直接清查户口之外，还有推行于全国诸路的保甲法与免役法，有间接清查隐户的作用。保甲法始行于熙宁三年（1070）十二月，保甲法规定："凡十家为一保"，"五十家为一大保"，"十大保为一都保"，户是其基本细胞。"凡选一家两丁以上，通主客为之，谓之保丁；但推以上皆充。单丁、老幼、病患、女户等，并令就近附保"。[②] 组织严密的保甲法，使主户与客户、多丁户、单丁户、女户、老幼、病患等全部"联附"于一起，对于查隐防漏与调查统计户口大有裨益。熙宁六年（1073）十

[①] 在宋代户口统计中，常常会遇到相邻年份户口相差甚多，户均增长率有高达 62.4‰、60‰、68‰等，有时是统计数字误写所致，有时可能是统计中严格盘查隐漏户者所致，故不可贸然怀疑史传数据的准确性。户均增长率引之于吴松弟《中国人口史·辽宋金元时期》，第 346—347 页。

[②] 《长编》卷 218，熙宁三年十二月乙丑，第 5297 页；《宋会要辑稿·兵》2 之 5，第 8623 页。

月，王安石说："昨章惇排定湖南保甲，究见户口之众，数倍前日。"① 沈括说，"保甲一定，则诡名、漏附皆可根括"，苗税、夫役"皆可部分、不能欺隐"。② 再看免役法。免役法，始行于熙宁四年十月一日。③ 免役法通行全国，其明文规定："随（户）等出钱，乡户自四等、坊郭自六等以下勿输……若官户、女户、寺观、未成丁减半［输］"。④ 免役法对于户口登记甚有益处，它使主户、客户、单丁户、官户、寺观户、女户等统计于内，编于户籍。据《文献通考》卷一一《户口二》引《中书备对》，所录元丰初年的户口，包括各色户：主户10195542户，"内四十一万九千五百二十二户，元供弓箭手、僧院道观、山隰、山团、傜、典佃、侨佃、船居黎户，不分主、客、女户，今并附入主户数"；客户4743144户，"内一万五百二十二户，元供交界浮居散户、蕃部无名目户，今并附入客户数"。其中女户、僧院道观户登计在册，显然与免役法推行密切相关。⑤ 这样，我们可以说，宋神宗时约有26万人⑥的僧尼道冠被包含于户口总数中。

大概由于为数不少的僧尼道冠户、单丁户、女户统计于户籍，所以熙丰户口有一个明显特征，即口与户比值低于北宋时期其他时期的口、户比值。⑦ 另外，诡名挟佃名、分烟析户是户口比值小的另一原因。熙宁六年（1073）八月，检正中书刑房公事沈括说："两浙州县民多以田产诡立户名，分减雇钱夫役，冒请常平钱斛及私贩禁盐。"⑧ 神宗青苗法、募役法，按户等高下征钱，使一些户大产多的"无比

---

① 《长编》卷247，熙宁六年十月辛巳，第6024页；《宋会要辑稿·食货》69之79，第8094页。
② 《长编》卷264，熙宁六年八月丁丑，第5990页。
③ 《长编》卷215，熙宁三年九月乙未，第5237页。
④ 《长编》卷227，熙宁四年十月壬子，第5522页。
⑤ 吴松弟认为："宋代户口均是主客户合计数，未将军人及其家属，某些非汉族人民，僧道、妓女等包括在内。"就《文献通考》卷11《户口二》引《中书备对》的户口统计来看，至少道、非汉族人，应包括在户总数之内。其说显然有些不妥。详见《中国人口史·辽宋金元时期》，第95页。
⑥ 《宋会要辑稿·道释》1之14，第9980页。
⑦ 梁方仲：《中国历代户口、田地、田赋统计》，第124页。
⑧ 《长编》卷246，熙宁六年八月丁丑，第5990页。

户"析产或"诡立户名",造成户增而口不增,口、户比偏小。关于熙丰时熙口户比值偏低问题,人们似乎还注意不够,其原因可能也是多方面的,故尚有进一步探讨之必要。

综上所述,由于熙丰时期直接清查隐户与间接地防止隐漏,大约80万至120万的没有登录在籍的隐户被重新登入户籍,约占熙丰时期净增户352万余户的1/3。所以宋神宗清查隐漏户措施比较得力,效果也较为显著,是这一时期户增特别是主户增加①主要原因之一。

其二,是局部调整了生产关系,推动了户口的发展。改革的策划者王安石理财指导思想认为:"理财,以农事为急,农以去其疾苦,抑兼并,便趣农为急。"② 于是,他的重要举措就是变差役为募役。虽然下层百姓仍免不了有封建剥削之疾苦,但募役制代替差役制,封建国家的人身控制有所松弛,农民至少可以获得较多的劳动时间与人身自由。在矿业生产中,实行招募生产制和矿产品分配中的二八抽分制,代替原来落后的劳役制与课额制,既放松了人身控制,又调动了劳动者积极性,推动了矿冶业的发展③,又为下层百姓提供了广阔的谋生机会与从业空间。再者,熙丰时期困扰户口增长的身丁钱进一步除放④,农田水利建设与薄征田税、奖励垦殖政策的推行,也推动了人口的繁衍。⑤

其三,是积极开边与户口的变化。"神宗奋英特之资,乘财力之富,锐意"开边,⑥ "种谔先取绥州,韩绛继取银州,王韶取熙河,章惇取懿、洽,谢景温取徽、诚,熊本取南平,郭逵取广源,最后李宪取兰州,沈括取葭芦、米脂、浮图、安疆等寨",使疆土一改"由

---

① 据《文献通考》卷11《户口》引《中书备对》记,宋神宗时期将寺观户、少数民族户通常不分主客户,一概统计于主户之内。又所根括隐户,一般是那些有田产的诡挟佃户,即多为主户。二者通计入主户,主户数会增加更快。
② 《长编》卷220,熙宁四年二月庚午,第5351页。
③ 漆侠:《王安石变法》,第301—307页。
④ 梁太济:《两宋阶级关系的若干问题》,河北大学出版社1998年版,第198—207页。
⑤ 漆侠:《王安石变法》,第142、311、344页。
⑥ 《宋史》卷328《论曰》,第10592页。

建隆初迄治平末,一百四年,州郡沿革无大增损"的状况。① 疆土扩大,田地、户口也随之扩大。如种谔取绥州,其部将高永能治绥德城,"辟地四千顷,增户千三百"。② 王韶"军行五十有四日,涉千八百里,得州五,斩首数千级,获牛、羊、马以万计",③"招附三十余万口!"④ 郭逵、赵卨南征广源,得"三州十二县,降伪守以下百六十人,老稚三万六千口"。⑤ 苗授熙丰时先征洮西,"羌族十万七千帐内附",后西讨取定西、荡禹藏花麻诸族,"降户五万"。⑥ 熙宁五年(1072)开梅山蛮,增加主客14809户。⑦ 元祐元年,范纯粹评论宋神宗开边说:"今沿边诸路,自元丰以来,所纳降羌无虑二万口,而老稚无用者十有七八。"⑧ 前引《文献通考》卷一一一《户口二》所载元丰初年的户口之各色名目中,主户419522户中当包括"山隰""山团""黎户"约几万户,客户10522户中系"交界浮居散户、蕃部无名目户",差不多可以视为沿边招纳户。据笔者估计,熙丰开边,得户无虑20万。

熙丰开边,新得不少州县,获得的20万户人及数万头牛羊等,但是也付出了巨大代价。元祐年间范祖禹上言哲宗论:"王韶创取熙河,章惇开五溪,沈起扰交管,沈括、徐禧、俞充、种谔兴造西事,兵民死伤皆不下二十万。"⑨ 尤其是元丰年间用兵费财伤民又连连挫败。史称:"永乐之陷,安南之衅,死者百万,罹祸甚惨。"⑩ 未免有些夸张。元丰三年讨泸州蛮乞弟,"绥死不还,有名籍可知者四万人"。⑪ 南征交趾李

---

① 《宋史》卷85《地理一》,第2095页。
② 《宋史》卷334《高永能传》,第10725页。
③ 《宋史》卷338《王韶传》,第10581页。
④ 《长编》卷235,熙宁五年五月辛卯,第5654页。
⑤ 《宋史》卷350《曲珍传》,第11083页。
⑥ 《宋史》卷350《苗授传》,第11068页。
⑦ 《宋史》卷494《蛮夷二》,第14197页。
⑧ 《长编》卷389,元祐元年十月戊戌,第9471页。
⑨ 《宋史》卷337《范祖禹传》,第10798页。
⑩ 《宋史》卷334《论曰》,第10729页;卷312《王珪传》,第10242页。
⑪ 司马光:《涑水记闻》卷13,第272页。

乾德叛兵，"时兵夫三十万人，冒暑涉瘴地，死者过半"，① 即15万人死瘴毒与兵火。元丰年间几次战争死亡多达30万人以上，可谓惨重。战争给财政造成压力，据《宋朝事实类苑》卷七六《泸州蛮》记，单元丰三年讨荡泸州乞弟蛮就"所费约缗钱百余万"。军费开支广，加重沿边路份的剥削，流民问题严重。陕西长安、万年、宝鸡三县，"逃移过五千余户，其余州县若供申齐足，必是数目极多"。② 正是由于元丰年间不成功的战争，败兵丧将，费财困民，流民趋于严重，对元丰的户口带来极微妙的影响：户数年均增速减缓，主户比重略有下降，使得熙宁与元丰户口各项比较指数出现了反差！当然，这里并不否定熙宁时战争对户口有消极影响，只是其消极影响不及元丰之时而已。

熙丰时期，户口变化的总趋势是快速增长，"质量"显著改善。虽然战争给户口发展带来了冲击，但没有改变户口发展的总方向。熙丰开边获得约20万户100万人，而战争死亡约30万人，二者相抵，户数仍有增加。

三 熙丰户口增长的财政意义

熙丰时期是北宋户口增长最快的时期，也是北宋户口"质量"最好的时期。我们知道，人是社会物质生活条件的必要因素，没有一定的最低限度的人口，就不可能有任何社会物质生活。叶适曰："为国之要，在于得民，民多则田垦而税增，役众而兵强。田垦税增，役众兵强，则所为而必从，所欲而必遂。"③ 社会物质生产首先是人类自身的生产，没有一定数量与规模的人口，社会生产是无法进行的。从这种意义上讲，熙丰户口增加尤其是主户增加，是社会生产发展的重要表现，又是熙丰时期农业、手工业等部门经济得以发展的基础，其意义与影响应该说是广泛而又深远的。本文就其给财政的影响略作陈述。

---

① 《宋史》卷290《郭逵传》，第9725页。
② 《长编》卷332，元丰六年正月丁酉，第8003页。
③ 《文献通考》卷11《户口二》，第310页。

第一，熙丰时期财政收入的1/5左右是由净增352万户所提供。在封建小农经济时代，人口是国家政权财富的来源与象征。元丰末户口比治平四年户口净增352万户，净增数占总户数的1/5左右。若按户均计算熙丰时期的财政收入，则当时收入的1/5左右是由净增352万户所提供。因此，户口的增加对熙丰时期的财政增入的促进作用十分显著。

第二，通过户口增殖以扩大收入，是实现王安石所谓"民不加赋而国用饶""因天下之力以生天下之财、以天下之财供天下之费"的开源思想的重要途径。元丰八年比治平四年净增352万户，若仍按北宋前五朝的平均财税负担4.75贯[①]而不增加剥削，即可增入1672万贯，岂不是王安石开源思想实践重要体现？

要之，熙丰时期的户口量增"质优"，为生产发展提供了充足的劳动力，为政府增入提供了一个丰富的税源，是实现"民不加赋而国用饶"的重要途径与保证。

四 余 论

宋神宗时期户口总数多达1700余万户，超过以往历史任何时期；户数年均增长率高达千分之十七，为北宋时期最快速度，且持续增长。主户数即税户超过1000万户，是北宋建国以来最高数字；主户年均净增约10万户，为自宋初以来主户净增最快值；主户比重均在整个平均值（65.5%）以上。所有一切表明，宋神宗时期是宋代户口发展最好时期，是两宋社会经济达到"顶峰"的重要表现。这种现

[①] 4.75贯，是由前五朝财政收入总数与当时总户数比值之平均得来。其中，太祖朝，岁入1600万贯，开宝九年户数3090504户，户均税负为5.18贯；太宗朝，岁入3575.8万贯，户数6418500户，户均1.56贯；真宗朝，岁入5311.2万贯，户数8677677户，户均6.12贯；仁宗朝庆历中，岁入6727万贯，户数10723695户，户均6.27贯；英宗朝，岁入6000万贯，户数12917221户，户均4.64贯。岁入数据，据马玉臣《易进难退的兵制与北宋前期之冗兵》，《烟台大学学报》2003年第2期；户数，据吴松弟《中国人口史·辽宋金元时期》，第346—347页。

象的产生,并不是偶然的,而恰是熙丰变法的必然结果。户数尤其主户的显著增长,为宋神宗时期财政增收开辟了重要的财源,又是实现王安石开源主张的重要途径。若按户均计算熙丰时期的财政收入,则当时收入的 1/5 左右是由净增 352 万户所提供。是故,熙丰户口增长的财政意义不可小视。

原刊于《商丘师范学院学报》2005 年第 1 期

论王安石对宋代常平仓的改革及影响

目前，史学界对王安石与常平仓关系的研究，似乎还不多。[①] 就已有的研究成果来看，人们惯于将常平仓与青苗法视作毫不相关的两码事，从而割裂二者之间的密切关系。实则不然，青苗法即常平（仓）新法，是王安石对业已恢复并推行几十年宋代常平仓之改革。笔者不揣浅陋，拟对此改革及影响，略陈管见，以求教于智者。

一 变法前宋代常平仓概况

常平仓发轫于战国时魏国李悝的平籴说。李悝曾对魏文侯说："籴，甚贵伤民（盖指士、工、商）；甚贱伤农。民伤则离散，农伤则国贫，故甚贵甚贱，其伤一也。善于平籴者，必谨观岁有上中下熟而籴，使民适足价，平则止。小饥，则发小熟之所敛；大饥，则发大熟之所敛而粜之。故虽遇饥馑水旱，籴不贵而民不散，取有余以补不足也。"[②] 限于当时的社会条件，直至西汉，常平仓才见于记载。汉宣帝五凤四年（前54），依大司农中丞耿寿昌的奏请，在边郡创设常平仓，"以谷贱时增其贾而籴，以利农，谷贵时减贾而粜"[③]，这就是最早的常平仓。汉明帝置常满仓，汉元帝因朝臣言其弊而废。晋武帝议行通籴之法，以布帛市谷，以为粮储。齐武帝永明（483—494）

[①] 顾全芳：《青苗法研究》，《西南师范大学学报》1990年第3期。
[②] 解缙编：《永乐大典》卷7506《汉制丛录》，第3344页。
[③] 班固：《汉书》卷24《食货志第四上》，中华书局1964年版，第1141页。

中，于京师及各州设常平仓。梁亦置常平仓，只是不籴粜，陈因袭之。① 北魏孝文帝太和十二年（488）设立常平仓。隋文帝开皇十三年（583），于陕州设常平仓，于京师置常平监。唐太宗贞观十三年（639）末，唐政府首次下诏在洛、相、幽、徐、齐、并、秦、蒲北方8州置常平仓。唐朝常平仓分布区域空前扩大，仓储量亦较客观，总额近500万石已是唐常平仓储粮最高额。② 宋人李觏评论说："此平籴之法有为而作也。管仲行于齐，李悝行于魏，耿寿昌行于汉，国不失实，人获其利。自晋迄隋，时或兴废，厥闻未昭。唐天宝中，天下平籴，殆五百万斛，兹全盛之事也。"③ 这里需要指出，引文所述"管仲行于齐"，并不是平籴法（即贵买贱卖）而是通籴法（即平买平卖），似与常平仓关系不大。

宋代不仅恢复了常平之法，而且"本朝常平之法遍天下，盖非汉唐之所能及也"④。宋人未免有些夸口，但绝非无据。

淳化三年（992）六月，宋太宗诏令"分遣使于京城四门置场，增价以籴。令有司虚近仓贮之，命曰'常平'，以常参官领之。岁歉减价以粜，用赈贫农，以为永制"⑤ 这表明宋政府已恢复了汉唐的贵籴贱粜之制，并作为定制世代沿袭。但立国32年后所设的常平仓，就地域而言，仅限于京师四门；就仓储设备而言，只是"虚近仓"即暂寄他仓；就管理而言，还没有严格的制度；就沿袭状况而言，据现有的文献记载来看，自宋太宗淳化三年（992）至宋真宗景德三年（1006）14年间，还不能证实。故谓之草创。

宋真宗、仁宗两朝，是常平仓发展的重要时期。宋真宗咸平二年（999），令诸路转运使申淳化惠民之制，"岁丰熟则增价以籴，饥歉

---

① 张弓：《唐朝仓廪制度初探》，中华书局1986年版，第105—106页。
② 张弓：《唐朝仓廪制度初探》，第107—111页。
③ 李觏：《李觏集》卷16《富国策第六》，王国轩点校，中华书局1981年版，第142—143页。
④ 董煟：《救荒活民书》卷上，文渊阁四库全书，第662册，第241页。
⑤ 《宋会要辑稿·食货》53之6，第7197页。

则减直而出之"①。宋真宗景德三年（1006）正月，下诏于京东、京西、河北、河东、陕西、淮南、江南、两浙等路并置常平仓。与此同时，宋政府也出台了一些规定：其一，仓本来源：以逐州户口多少，量留上供钱；其二，管理：中央由司农寺专管，三司及转运不得支拨，地方委转运司并州郡选幕职州县官清干者一员专掌；其三，价格：比市价量增三、五文敛散，旨在保本。随后大中祥符六年（1013）十一月又补充规定了更新办法：在京及诸路常平仓斛斗，若经二年，即支作军粮，以新者给陈。② 吕中对该时期常平仓评价说："若夫常平之法，自景德、祥符而始立，固已纤悉曲尽，拨上供以充之，防扰民也；经度隶司农而不属三司，防移用也；沿边不置，虑其妨边籴也；经二岁则以新易陈，虑其有腐粟也；减价而粜，仍不得追本钱，虑其失陷籴本也。"③ 天禧四年（1020），常平仓又扩置于益、梓、利、夔、湖北、湖南、广东、广西诸路。④ 至此，除福建路外，各路均设置了常平仓。随着常平仓分布区域的扩大，仓储总量也明显增长。天禧五年（1121），诸路总籴量为183000余斛，至宋英宗治平三年（1066），常平入谷达501048石。⑤ 四十年间，增加了2倍多。熙宁二年（1069）变法时，常平仓（含广惠仓）共有钱谷1500万贯石以上。⑥ 仓本陡然增加20余倍，其中含有相当比例的货币收入，这是汉唐全盛时无与伦比的。但这个数字并不是"北宋常平仓本最雄厚的时期"的数字。⑦ 常平仓虽在发展，但其制度还不够完善，其作用尚未充分发挥。主要表现于以下几个方面：一则，"豪姓蓄贾，乘时贱收，而拙业之人，旋致罄竭。水旱则稽伏而不出，须其翔踊，以牟厚利，而农民贵籴。九谷散于穰，百姓困于凶年"。二则，以

---

① 《长编》卷45，咸平二年十月丙寅，第966页。
② 《宋会要辑稿·食货》53之6，第7197—7198页。
③ 吕中：《大事记讲义》卷11《仁宗常平仓》，第226页。
④ 《宋会要辑稿·食货》53之7，第7198页。
⑤ 《宋史》卷176《食货》上4，第4279页。
⑥ 《宋史》卷176《食货》上4，第4279页。
⑦ 张弓：《唐朝仓廪制度初探》，第171页。

"供军为名而假借"成风,致使仓空本竭。三则,"司农寺管辖,官小权轻,主张不逮,逐处提点刑狱多不举职"①。四则,数量小,"一郡之粜(当为'籴')不数千万","至春当粜,寡出之则不足于饥也;多出之则可计日而尽也"。五则,道远,"仓储之建,皆在郡治,县之远者,或数百里,其贫民多籴则无资,少籴则非可,朝行而暮归也。故终弗得而食之矣"。六则,吏奸,"掌举之人,政或以贿,概量不均,行滥时有。及其出也,或减焉,或杂焉,名曰裁价,实则贵矣"②。一言以蔽之,当时常平仓管理不善,储量过小,徒有安抚之名,而无救恤之实。改革势在必行。

二 王安石对常平仓的改革

王安石当政后,在革除弊政、推行新法的同时,也注意到当时的救灾问题。他认为宋政府"以不足之用,以御常有之水旱",只不过是"因循苟且,逸豫而无为,可以侥幸一时而不可以旷日持久"的权宜之计,为克服"见患而后虑,见灾而后救"的弊端,他大胆提出"富民化俗之道""建长久之策""兴大来之功",使"上有善政,而下有储蓄之备"。③对常平仓的改造,便是实现其宏伟目标的关键一步。具体来说,他对"有名无实"的常平仓改革主要包括以下诸方面。

有息借贷 将常平、广惠仓现有的1400万贯石储备兑换成青苗钱,广泛借贷给城乡居民,收息二分④,从而克服了过去常平广惠之物"收藏积滞,必待年凶物贵然后出粜"⑤的生硬做法,只要付息,便可随时借贷。先借用后付还,既照顾到下层百姓凶年生活艰难的实际状况,又简便易行。正如时人陈舜俞所述,"以米粟出纳不若用钱

---

① 范仲淹:《范仲淹全集·范文正奏议》卷上《奏灾异后合行四事》,第582页。
② 李觏:《李觏集》卷16《富国策第六》,第143页。
③ 王安石:《王文公文集》卷2《再上龚舍人书》,第31—32页。
④ 《宋会要辑稿·食货》4之17,第6042页;53之8,第7199—7201页。
⑤ 《文献通考》卷21《市籴二》,第619页。

之简便也"①。在实际运行中，王安石还视情减免息钱，旨在方便下层百姓。如熙宁八年（1175）二月，朝廷命令司农寺出米赈贷河北饥民，到夏季收成后偿还，"仍免出息"②。虽然常平仓钱谷用于赈贷始自唐后期，但直到王安石变法时才广泛地施行，并收到济民增收的效果。

完善专门管理体系，加强管理　在中央，王安石扩大了常平仓最高管理机关司农寺的职权。有关宋代司农寺的研究，王曾瑜已作全面深入研究。③ 这里需要重复的是，变法时期司农寺与常平仓的关系。为强化对常平仓的管理，王安石变法之初，将常平仓划归当时主持变法的制置三司条例司管辖。熙宁三年（1070）五月，宋神宗下诏置制置三司条例司，并按条例司建议，"常平新法宜付司农寺选官主判，兼领农田差役水利事"。④ 这样，司农寺不仅重新获得对常平仓的管理权，而且接管了原属条例司相当部分的权力，一跃成为变法的重要机构，成为当时"要官"，"进用者多由此选"⑤。其职能、地位、机构发生了巨大变化，成为宰相控制之下与三司分庭抗礼的中央财政机构。改革后的司农寺克服了过去"官小权轻"的致命弱点，强化了对常平仓的管辖权。在地方，王安石于诸路设提举常平官。熙宁二年（1069），宋神宗诏令"差官充逐路提举常平广惠仓，兼管勾农田水利差役事"，同时又委任一批"同管勾"⑥。关于宋代提举司的研究，贾玉英已有专文可供参考。⑦ 本文需强调的是，王安石设置提举官，标志着路级常平仓管理步入正规化、专门化的轨道。此外，熙宁七年（1074）二月，宋神宗从王安石之请，于各县"专置一主簿，令早入

---

① 陈舜俞：《都官集》卷5《奉行青苗新法自劾奏状》，宋集珍本丛刊，线装书局2004年版，第13册，第89页。
② 《长编》卷260，熙宁八年二月丙子，第6339页。
③ 王曾瑜：《北宋的司农寺》，载邓广铭、漆侠《宋史研究论文集》，河北教育出版社1989年版，第8—36页。
④ 《宋会要辑稿·职官》5之7，第3124页。
⑤ 《宋史》卷344《王觌传》，第10942页。
⑥ 《宋会要辑稿·职官》43之2—3，第4111—4112页。
⑦ 贾玉英：《宋代提举常平司制度初探》，《中国史研究》1997年第3期。

暮出，纳给役钱及常平"①，此即给纳官。从中央有实权的司农寺到地方专职的提举常平司和专设的给纳官，王安石主持新政时期的常平仓有一套较为完整的管理系统，从根本上改变了原来司农寺"官小权轻，主张不逮"，兼领官提刑司，"多不举职，尽被州府借出常平钱本使用，致不能及时聚敛"的状况。

广开收入渠道 基于常平仓储量小，不能满足广大下户要求的原因，王安石在大力发展社会生产，广开财源的基础上，着力开辟常平收入的新渠道。宋代常平仓收入，除了原本截留上供钱物②和"羡利"（籴粜差价所得）之外，王安石开辟了以下几条常平收入渠道。

第一，从内库或三司调拨。这种常平收入渠道，宋仁宗于嘉祐四年首开此例。③ 但是，在宋神宗时期，尤其是王安石主持新政时期（1068年至1076年10月23日王安石第二次罢相），这种补给方法更为常见，详见表1。从表中可以看出，自熙宁二年（1069）到熙宁九年（1076），宋政府先后十几次从内库或三司补给常平钱谷。补给物形态多样，有钱、米、交子、绢等。

表1　　王安石主持新政时期宋代调拨钱谷补给常平仓情况

时间	数量	物资形态及来向	原因	史料来源
熙宁二年九月	100万缗	钱（内库）	籴河北常平粟	《宋史》卷14《神宗一》
熙宁三年三月	20万匹	绢（内藏库）	为河北仓本	《诸臣奏议》卷113《上神宗论条例司画一申明青苗事》
熙宁三年七月	50万缗	钱（京东路）		《长编》卷213
熙宁四年二月	10万缗	交子	为梓州路籴本	《长编》卷220

---

① 《长编》卷250，熙宁七年二月癸未，第6095页。
② 《长编》卷62，景德三年正月辛未，第1385页。
③ 《宋会要辑稿·食货》53之8，第7200页。

续表

时间	数量	物资形态及来向	原因	史料来源
熙宁四年二月	60万贯	钱（借内藏库）	充淮南、江东仓本	《宋会要·食货》53之11
熙宁四年三月	10万缗	交子（成都府转运司）	充梓州路仓本	《长编》卷221
熙宁四年十月	70万匹	绢（三司）	陕西籴本	《长编》卷227；《宋会要·食货》53之11
熙宁五年五月	5万匹	绢（于近赐陕西绢内拨）	陕西籴本	《长编》卷227；《宋会要·食货》53之11
熙宁五年八月	30万缗	30万缗	作镇洮军仓本	《长编》卷237
熙宁五年八月	50万缗（原作"五千万"）	钱（内藏库）	充河北常平仓本，以备军储	《长编》卷237
熙宁七年四月		粳米（三司）	输河北作仓本	《长编》卷252
熙宁七年五月	50万缗		给河北常平司	《长编》卷253
熙宁七年十月	10万石	粮（三司借上供钱）	与淮南路仓本	《长编》卷257；《宋会要·食货》53之11
熙宁七年十月	2万石	米	下淮西路提举司，易饥民所撅蝗种	《长编》卷257
熙宁八年十月	30万石	米（上供米）	下江浙、淮南赈济	《长编》卷269

第二，拨卖户绝田产充仓本。这种卖户绝庄田产补给常平籴本的现象变法前已经存在。至和二年（1055）二月，知益州张方平建议，将川蜀四路出卖户绝田的钱财，由转运司全部拨入提刑司，以补充常平仓本，并请求以后也照此办理。朝廷予以批准。[①] 王安石当政期间，

[①] 《宋会要辑稿·食货》53之8，第7200页。

曾多次效法。熙宁四年（1071）十一月，宋神宗从司农寺所乞，将诸路出卖到户绝田产钱，移助诸路常平籴本。① 熙宁七年（1074）三月，宋神宗又诏令开封府界提点刑狱司提辖户绝庄产，"季具所卖，关提举司封桩，听司农寺移用，增助诸路常平本钱"②。王安石对此很重视。专门制定户绝条贯，"新法：户主死，本房无子孙，虽生前与他房弟侄，并没官；女户只得五百贯"。新定的户绝法，最大限度地剥夺民间田产以扩大国有土地。当然，扩大官田额从某种意义上意味着增充常平籴本。

第三，转广惠仓钱谷为常平籴本。广惠仓正式置于宋仁宗嘉祐二年（1057），本主要来源于租佃户绝官田的租课，钱谷发放对象为老幼贫疾不能自存者。③ 熙宁二年（1069）闰十一月，下诏将已变卖的诸路见管广惠仓田的缗钱，拨充为河北、河东、京东、陕西四路常平仓本。④ 熙宁四年（1171）正月，又诏令出卖天下广惠仓见管田，由府界及诸路常平司负责，年终向司农寺申报所卖钱数，并作西北三路、京东路常平仓本。⑤ 同年六月十二日，朝廷依照河北提点刑狱王广廉的建议，将广仓钱斛并入常平仓。⑥ 广惠仓钱斛并入常平仓后，常平仓本钱有所扩大。前文已述，常平仓钱谷短短几年增加几十倍，这与广惠仓的并入不无关系。

第四，出售度牒。度牒，是官府颁发给出家为僧道者的凭证。自南北朝时已有之，但政府公开出售，始于唐明皇。⑦ 宋朝出售度牒说法不一，据今人曹旅宁的考证，当始于宋神熙宁初年。⑧ 王安石变法时期，出售度牒换得缗钱，以补充常平仓本的现象比较常见。熙宁五年（1072）十一月，赐广南西路常平司度牒1000道，以出卖所得钱

---

① 《宋会要辑稿·食货》53之11，第7203页。
② 《长编》卷251，熙宁七年三月己未，第6127页。
③ 邓拓：《中国救荒史》，台北商务印书馆1978年版，第454页。
④ 《宋会要辑稿·食货》53之8，第7200—7201页。
⑤ 《宋会要辑稿·食货》53之11，第7203页。
⑥ 《宋会要辑稿·食货》53之11，第7204页。
⑦ 高承：《事物纪原》卷7《度牒》，中华书局1989年版，第388页。
⑧ 曹旅宁：《试论宋代的度牒制度》，《青海师范大学学报》1990年第1期。

为籴本。① 熙宁七年（1074）七月，又赐度牒2500道，一部分用于赈贷汉蕃饥民，一部分用作常平籴本。②

此外，王安石主持新政期间，还曾有售爵得粟以补常平的现象。如熙宁七年（1074），宋神宗赐敕诰补贻永兴常平籴本。不过这种补给常平的方式比较少见。

工赈 工赈是政府在灾荒时招募灾民充当工役，兴办修造农田水利等社会事业，即以工代赈。将赈饥与兴利结合起来，据邓拓考证，我国早在春秋时便有工赈这种赈济形式。③ 后代一直沿用此法，宋代更是常见。黎淳在唐安④、范仲淹在苏州⑤等都曾实践过这种赈灾形式，并取得良好的效果。王安石主持变法时期，这种赈济形式得到大力推广，而非"王安石变法期间的新鲜事物"⑥。宋代用常平钱谷支作募饥兴利之工值，多见于王安石兴修水利上，即"今及未困，募之兴利"⑦。宋神宗颇为赞赏这种做法，曾多次下诏出常平钱谷兴修水利。熙宁六年（1073）六月，诏："自今灾伤年分，除于法应赈济外，更当救恤者，并豫计合兴农田水利工役人夫数及募夫工值，当赐常平钱谷，募饥民兴修。如系灾伤，辄不依前后敕赈济者，委司农寺点检奏劾以闻。"⑧ 一年后，又从河北转运司所请，"灾伤路召募缺食或流民兴役，朝廷赐米外，其于农田、水利及修壕者，悉给常平钱谷"⑨。兴利项目由农田水利扩大到修城壕。类似记载很多，兹将有关记载撷摘一起（见表2），以观其略。

---

① 《长编》卷240，熙宁五年十一月甲子，第5834页。
② 《长编》卷254，熙宁七年七月戊申，第6221—6222页。
③ 邓拓：《中国救荒史》，第292页。
④ 吕陶：《净德集》卷22《朝大夫黎公墓志铭》，丛书集成初编，中华书局1985年版，第249页。
⑤ 范仲淹：《范仲淹全集》卷9《上吕相公并呈中丞咨目》，第265页。
⑥ 梁太济：《两宋阶级关系的若干问题》，第169页。
⑦ 《长编》卷264，熙宁八年五月丙寅，第6458页。
⑧ 《长编》卷245，熙宁六年六月己卯，第5966页。
⑨ 《长编》卷255，熙宁七年八月己丑，第6242页。

表2　　　王安石主持新政期间支用常平钱谷兴利情况

时间	地点	数量	具体项目	史料来源
熙宁五年正月	怀、卫州	10万缗	召人进纳塞河菱草	《长编》卷229
熙宁五年二月	两浙	10万石谷	募民兴水	《长编》卷230
熙宁五年九月	南京、宿、亳、泗州	10万石粟	募人浚河	《长编》卷238
熙宁五年十二月	濠州钟离县、定远县	米（上供米）	修长安堰、楚汉泉	《长编》卷241
熙宁六年九月	泗州、润州	各3万石	募人兴水	《长编》卷247；《至顺镇江志》卷13
熙宁六年十一月	淮南西路	3万石	募饥兴水	《长编》卷248
熙宁七年正月	江宁	5万石	兴水	《长编》卷249；《至正金陵志》卷3
熙宁七年正月	河阳	1万石	兴水	《救荒活民书》卷1
熙宁八年正月	延路	2万石贯	修堡寨城堑	《长编》卷259
熙宁八年三月	徐、单、沂等	5万石	募民兴水及完浚城堑	《长编》卷261
熙宁八年十月	江浙、淮南	3万石	借贷兴水利	《长编》卷226
熙宁九年四月	泉州		修泉州外城	《长编》卷274
熙宁中	宣州	3.5余万贯石	修大农、永丰陂	《嘉庆宁国府志》卷21

三　常平仓改革的效果及影响

王安石对常平仓的一系列改革措施，着实加强了管理，扩大了仓本，基本上克服了改革前常平之政的一些致命弱点，在实施赈贫恤患的过程中，实现其社会调控的作用，并对宋神宗以后各朝影响颇深。

改革后的常平仓进入快速发展时期，很快达到宋代鼎盛之巅。熙宁二年（1009），诸路常平、广惠仓钱谷，约有1500万贯石。① 熙宁九年（1076），常平司库存高达37394089石贯匹两斤束道件。② 七年内，常平仓储量翻了一番，净增了2339万贯石匹两斤束道件，平均每年收息至"三百万缗"③。这个绝对增加值在宋代应该是最大的，高达3700多万贯石等库存额在宋代亦当是最高的。时人陆佃评论此时常平仓说："四方常平之钱，不可胜计。"④ 孙觌在追忆是时常平仓盛况时说："臣伏见神宗皇帝修讲常平之政，置提举官，行其法于天下。尔时钱谷充斥府州，大县至百万，小县犹六七十万，贯朽粟陈不可胜校。"⑤ 孙觌在宋高宗面前盛赞神宗，实际上这个盛况的出现与王安石的努力分不开。

王安石改革的一些措施，得到后人的肯定，甚至进一步完善并沿用不废，即使在王安石罢政后，他的有关革新措施仍在执行。比如司农寺—提举司常平仓专门管理体系，一直沿用到元丰五年（1082），变为户部右曹主管—常平司专管体系。这时，从中央到地方路州县，宋代常平仓管理体系更加完善。元祐更化，所有常平官统统罢去，但绍兴元年（1094）又诏复路、州两级常平官。南宋高宗朝一度罢复不定，直到绍兴十五年（1145）终恢复了常平官，并复为监司。⑥ 历史证明，常平仓归属不定，对常平仓发展影响很大，宋人已经深刻地认识到这一点。南宋人叶梦得说，常平仓"他司兼领，吏无专责，漫

---

① 《宋史》卷176《食货上》，第4279页。
② 解缙：《永乐大典》卷7507《中书备对》，第3357页。
③ 《长编》卷250，熙宁七年二月癸未，第6095页。
④ 陆佃：《陶山集》卷11《神宗皇帝实录叙论》，丛书集成初编，中华书局1985年版，第119页。
⑤ 孙觌：《鸿庆居士集》卷27《给事中上殿乞复常平札子》，文渊阁四库全书本，第1135册，第277页。
⑥ 《宋会要辑稿·职官》43之29，第4126页。

无统纪"①。名臣李纲认为，茶盐司兼领常平仓，"奉法不谨，浸以隳坏，常平诸色钱物州县挪移"②，常平仓管理倒退至改革前。正是基于这样的认识，故宋人总是力争恢复常平官对常平仓的管理权，这亦反映了王安石设置常平官的意义及影响！

除了提举官被继承沿用外，还有赈贷、工赈以及常平收入渠道，都得到了后代的认可和袭用。宋哲宗用法律形式确认了赈贷、赈粜的具体实施办法，即"小饥则平价粜与下户，中饥则粜及中户而贷下户，大饥则粜及上户而贷中户，甚则贷及上户"③。这表明贷、粜同等重要，就饥民的支付能力而言，先借后还的赈贷要优于现款交换的赈粜。赈贷这种功能形式一直为南宋人所重视，且推广运用到义仓和社仓运营上。至于工赈，宋人不仅不断推广，而且评价很高。朱熹说："诸兴修农田水利，而募被灾饥民充役者，其工直粮食以常平钱谷给……既济饥民，又成永久之利，实为两便！"④当然朱熹仅知工赈之妙，却不知支用常平钱谷募饥兴利始于并盛行于王安石主持新政之时。

改革之前，宋政府常患于常平仓廪空本竭，无所赈发。改革后，仓廪充实，政府可以比较自由地调动钱谷，发挥救贫恤灾之本职作用。⑤常平仓发挥作用的形式，通常是赈贫粜、赈粜、赈贷，但自王安石改革后不久，随着仓本增加，宋政府动辄无偿赈济，这样赈济在这时也成其功能形式。如熙宁五年（1072）二月，浙西发生水灾，宋政府下令发常谷10万石赈济。⑥熙宁八年（1075）二月，潞州、威胜、平定等军灾伤尤重，令"司农寺更出常平粟10万石接续赈

---

① 《宋会要辑稿·职官》43之16，第4119页。
② 李纲：《李纲全集》卷82《论常平札子》，王瑞明点校，岳麓书社2004年版，第830页。
③ 《宋会要辑稿·食货》53之14，第7208页。
④ 朱熹：《朱子全书·晦庵先生朱文公文集》卷17《奏救荒画一事件状》，第792页。
⑤ 《宋会要辑稿·食货》53之6，第7197页。
⑥ 《长编》卷230，熙宁五年二月壬子，第5586页。

济"①。类似记录尚很多。常平仓用于无偿赈济，不仅次数多，而且数量可观，这恐怕是宋代其他各时期所少见的。

常平仓钱谷除用于赈饥外，在此期间，大量被移作军费或转输内库及他司。熙宁五年（1082）二月，宋神宗下诏京东常平司"辍钱五十万缗与河东常平司，听以绸绢折充，许商人以物产赊买"②，以实边防。熙宁九年（1076）正月，宋神宗赐秦凤等路常平钱约20万缗，市籴粮草，以备军需。③ 同年十月，就在王安石罢相前夕，陕西转运使皮公弼上奏称，"本路今岁极丰，而常平多积钱，原借百万缗乘贱计置"边储，宋神宗从之。④ 从宋神宗熙宁三年（1070）开始，常平息钱每年将有部分纳入内藏库。类似记载，不胜枚举。恰恰是由于仓库充裕，故常平仓功能形式、支出范围发生了明显的变化，从有息借贷到无偿发放，从赈贫到支边，甚乃充实内库及他司，其由一个专管专用仓向专管共用仓转变，充分发挥其社会调控作用。当然，我们必须看到，常平新法在推行过程出现了这样或那样的不尽如人意之处，遭到奉"旧常平法"为"三代之良法"的司马光等人批评⑤，可惜他走向极端全面否定常平新法，更有甚者，今天的许多研究者不加考辩，不顾史实，据此否定王安石的常平新法。在对比了改革前后常平仓发展状况之后，我们不难发现王安石对常平仓的改革推动了历史发展，常平新法的作用和影响是旧法无法比拟的。

原刊于《烟台大学学报》2002年第1期，与郭九灵合作

---

① 《长编》卷260，熙宁八年二月乙亥，第6339页。
② 《长编》卷230，熙宁五年二月己卯，第5605页。
③ 《长编》卷272，熙宁九年正月戊寅，第6662页。
④ 《长编》卷278，熙宁九年十月戊子，第6794页。
⑤ 《长编》卷384，元祐元年八月丁亥，第9350页。

关于王安石变法中方田法的几个问题

方田均税法是王安石变法中一项重要内容，它始行于熙宁五年（1072）八月末，终止于元丰八年（1085）十月丙戌（二十五日）。[①] 学术界已对这项新法的内容、实施过程、目的与意义等进行了细致探讨。[②] 但是，对方田法施行的范围、时人的反应与《文献通考·田赋四》几个数字的研究，尚有一定的商讨余地。兹略陈浅见，欢迎指正。

一

对方田法施行的范围，已有研究成果和教科书说法不一：一种观点明确认为方田法是在京东路、开封府界、河北、陕西、河东五路推行[③]；另一种观点不明确路份，而是笼统地说"仅在部分地区实行过"[④]；还有学者认为方田法推行范围不是上述所说的"五路"，当是

[①]《宋会要辑稿·食货》4之7—9，第6035—6037页，70之114—116，第8164—8166页。《长编》卷293，第5821页；卷360，第8618页。杨仲良：《长编纪事本末》卷73《方田》，第2317—2320页。《文献通考》卷4《田赋四》，第100—102页。《宋史》卷17《哲宗纪一》，第320页；卷174《食货》，第4200页。《长编》记为"丙戌"日（即二十五日），《长编纪事本末》记为"乙酉"日（即二十四日），误。

[②] 邓广铭：《北宋政治改革家王安石》，第213—217页；漆侠：《王安石变法》（增订本），第138—141页。

[③] 持此观点者有：邓广铭：《北宋政治改革家王安石》，第216页；漆侠：《王安石变法》，第138页；蔡美彪、朱瑞熙等编：《中国通史》（第五册），人民出版社2001年版，第165页；陈振：《宋史》，第222页；朱绍侯等：《中国古代史》（下册），福建人民出版社2004年版，第41页。

[④] 邱树森、陈振江：《新编中国通史》，福建人民出版社1993年版，第249页。

"天下"即全国①。笔者认为王安石的方田均税法实施范围既不是行于"天下",也不是"五路",而是京东路、开封府界、河北、陕西四路。

对于方田均税法行于北方五路的观点,学界认同者很多,其主要依据《长编》卷二三七,熙宁五年八月末注文的记载:熙宁五年,蔡天申建请方田法"先行于河北、陕西、河东、京东",宋神宗"诏用其议";同时参考《宋会要辑稿·食货》《长编》《长编纪事本末》《永乐大典》等史书的有关记载。而认为方田法当行于"天下"而不是"北方五路"者,其依据于《宋史·食货志》与《文献通考·田赋四》中的一句话:截至元丰八年十月乙酉罢方田法时,"天下之田已方而见于籍者,至是二百四十八万四千三百四十有九顷云"②。但这条史料,《宋会要辑稿·食货》《长编》《长编纪事本末》《宋史·哲宗纪》等其他史书均不载。更何况持此论者将方田和元丰五年的"根括"(即查田)混为一谈。对于同一问题,历史记载截然不同,所以一些学者采取了谨慎的态度,不明确实行路份,而是笼统地说"仅在部分地区实行过"。这三种认识均有其一定道理,只是未对不同的史料予以解释。

从方田法出台与推行先后颁布的诏令来看,其实施范围局宥于北方几路,而不是"天下"。为清楚说明此法推进次第与范围,依据《宋会要辑稿·食货》《长编》《长编纪事本末》《通考·田赋四》《宋史·食货志》等史书记载(见表1)。

表1

时间	为推行方田法先后颁布的有关诏令	施行区域
熙宁五年(1072)八月末	初颁方田法条式,先自年丰及平土州县行之	先自京东路行之,诸路(按,指河北、陕西)仿之

---

① 2002年9月18日,魏天安在河北大学宋史中心所作《关于宋代官田若干问题》的报告。

② 《宋史》卷174《食货上》,第4200页;《文献通考》卷4《田赋四》,第59页。

续表

时间	为推行方田法先后颁布的有关诏令	施行区域
熙宁七年（1074）	因灾伤，已方四路（河北东、西路、永兴军等路、秦凤等路）及京东路部分州县。未方四路（按指河北东、西路、永军等路、秦凤等路）及京东路部分州县，依熙宁七年四月朝旨应合方田均税州县，候将来农隙日施行	已行方田州县为：1. 秦凤等路：凤翔府天兴县，秦州陇西县、成纪县已行方田。其余州县熙宁七年四月暂停 2. 永兴军等路：延州临真、门山、肤施、敷政、延长五县；永兴军[即京兆府]蓝田、武功、兴平、临潼、咸阳、醴泉、乾祐七县；丹州、宜州二州与陕府之灵宝、夏县二县；坊州中都[部]、宜春[君]二县；祁[邠]州永寿、宜禄二县；庆州安化、彭原二县；解州闻喜县，[虢州]虢略县（包括并入的王[玉]城县）中曲等七村，郛[鄜]州洛郊[交]、落[洛]川、鄜城、真[直]罗四县，上述州县已行方田，因灾伤暂停，候丰年别奏取旨行之。其中陕府平陆、同州韩城二县已方不均，重新方量。3. 河北西路：卫州黎阳、汲县二县已行方田。4. 河北东路：雄州归信县已行方田
熙宁七年三月己未（二十二日）	京东十七州军，选官四员，分区专管方田	京东路十七州军，即京东路全境
熙宁七年四月六日（己巳）	灾伤路分方田权罢	诸路（京东、秦凤路、永兴军等路、河北东路、河北西路等）及开封府界
熙宁七年十月二日	诸路及开封府界灾伤三分以下州县，候农隙方田；河北西路灾伤不及一分者，勿罢方田	诸路（京东、秦凤路、永兴军等路、河北东路、河北西路等）及开封府界；河北西路

续表

时间	为推行方田法先后颁布的有关诏令	施行区域
元丰元年（1078）正月十八日（乙丑）	熙河路方田更不施行	熙河路（包括熙州、河州、岷州、洮州、通远军等5州军）
元丰元年七月九日（辛巳）	已方未均与未方县分，夏熟秋苗滋茂可见丰稔，次第一面施行方田	永兴军等路
元丰二年十月六日（辛丑）	熙宁九年因灾伤权罢方田县分不及一分者，勿罢	河北西路（包括邢州巨鹿、真定府藁城，税最不均县分）
元丰五年二月二十一日（癸酉）	开封府界十九县岁方五县	开封府界19县
元丰七年四月八日（丁丑）	选京东路沂、登、密、青州田讼最多，择三五县先行	京东路沂、登、密、青等州
元丰八年十月二十五（丙戌）	罢方田	按，应是行方田之路分：京东路、河北东西路、秦凤等路、永兴等路及开封府界

从表1中看，方田法诏令应推行之地与已施行之地，主要集中于陕西路（即永兴军等路、秦凤等路）、京东路、河北路（即河北西路、河北东路）与开封府界等六地区所辖州县中部分"平土"之地，不是《宋史·食货志》与《文献通考·田赋四》所述的"天下诸路及府界"，也不完全是学界所说的"方田均税实施的范围，也始终没有出京东、河北、河东、陕西诸路之外""自京东路开始，其后推广于开封府界、河北、陕西、河东等路，总共不过五路，限于华北平原，关中盆地等地区"。[①] 其中学界所说的河东路，实际上并未实施

[①] 邓广铭：《北宋政治改革家王安石》，第216页；漆侠：《王安石变法》，第138页。除上述征引文献外，《永乐大典》卷7507引《中书备对》第3360、3364页记征役钱原则时，提到方田，也仅是秦凤等路、永兴军等路的部分州县。

方田，不在北方方田的五路之中。从地形上看，河东路即今天山西境内大部分地区，东为太行山区，北有黄土高原，南部为汾河谷地，"山险、地土平阔处少"①，而"陵阜多而川泽少"②"多山瘠"③，素有"险地"④之称，不适合方田。因此，我们认为宋神宗时期的方田区域：集中于北方的陕西路（即永兴军等路、秦凤等路）、京东路、河北路（即河北西路、河北东路）与开封府界等地区所属州县中部分"平土"之地，不包括北方的河东路、京西南、北路，更不包括南方诸路。

二

从变法派与反变法派的争辩来看，方田均税推行速度缓慢，施行区域有限，所带来的震荡、冲击不大。王安石于熙宁五年（1072）十二月《上五事书》中说："今陛下即位五年，更张改造者数千百事，而为书具，为法立，而为利者何其多也。就其多而求其法最大、其效最晚、其议论最多者，五事也：一曰和戎，二曰青苗，三曰免役，四曰保甲，五曰市易。"⑤王安石所强调的"五事"，只字不提方田均税，可见在王安石看来，方田均税与其他新法相比，并不十分重要。在反变法派眼中，方田均税法也是如此。熙宁七年（1074）四月，即方田法已诏令推行一年多之后，时判西京留守司御史台的司马光，上书宋神宗批评朝政六大"缺失"，也没有提及方田事。⑥司马光不仅于熙宁七年，就是在方田法较广推行的后来，以及宋神宗死

---

① 欧阳修：《欧阳修全集》卷116《乞罢刘白草札子》，第1769页。
② 李昭玘：《乐静集》卷11《上郓州安抚刘莘老相公书》，文渊阁四库全书，台北商务印书馆1986年版，第1122册，第309页。《宋史》卷331《程师孟传》记曰："晋地多土山，旁接川谷。"
③ 范纯仁：《范忠宣集》卷16《张景宪行状》，文渊阁四库全书，台北商务印书馆1986年版，第1104册，第713页。
④ 《宋史》卷86《地理二·河东路》，第2138页。
⑤ 王安石：《王文公文集》卷1《上五事书》，第18页。
⑥ 赵汝愚：《宋朝诸臣奏议》卷117《上神宗应诏言朝政缺失》，第1277—1278页。

后、司马光为相的数次上疏中，均不曾提及。① 反对派中除司马光外，苏辙于熙宁九年（1076）十一月上《上神宗论新法画一》，屡数新法之弊，强调说"青苗、免役、保甲、市易四事，得失最为易见，上自中外臣僚，下至田父野老，无有不知者"，但对方田均税并没有丝毫议论。② 元丰八年（1085）四月，吕公著批评新政说："自是青苗、免役之法行，而取民之财尽；保甲、保马之法行，而用民之力竭；市易、茶盐之法行，而夺民之利悉"③，所列诸法中也不包括方田均税法。其他反对新法者如文彦博、王岩叟、郑侠、刘挚等人于熙宁五年至元祐元年前后的奏章中，或论市易，或论保甲、青苗，或论役法，或论王安石本人等，均不曾语及方田法半个字。④ 当然也有论及者，但并不如其他新法激烈。如《宋史·梁焘传》记：元丰时久旱，梁焘上书论时政曰："今陛下所知者，市易事耳。法之为害，岂特此耶？曰青苗钱也，助役钱也，方田也，保甲也，淤田也。兼是数者，而天下之民被其害……方田未息，而迫以保甲。"⑤ 这里，虽提及而没有特意强调方田之影响。又《宋史·龚鼎臣传》载："是时，诸道方田使者希功赏，概取税虚额及尝所蠲者，加旧籍以病民。鼎臣独按籍差次为十等，一无所增，兖人德之。"⑥ 这条史料告诉我们，龚鼎臣抛弃方田法推行中"病民"因素，比较忠实地执行了方田法。

总之，不管变法者王安石还是反变法者司马光、苏辙等人，都几乎未将方田均税法与青苗法、免役法、市易法、保甲法、农田水利法等等量齐观，既未夸张方田法有什么优点，又未曾指斥其有什么缺点，委实令人不解。更使人迷惑的是，方田法按规定行于北方诸路，而反对新法者多是北方之人，如司马光为陕州夏县人，韩维、吕海开

---

① 赵如愚：《宋朝诸臣奏议》卷117《上哲宗论新法便民者存之病民者去之》，第1283—1284 页，卷118《上哲宗乞省览农民封事》《上哲宗乞议革新法之不便者》，第1287、1290 页；又见《长编》卷355，元丰八年四月庚寅条，第6164—6165 页。
② 赵如愚：《宋朝诸臣奏议》卷117《上神宗论新法画一》，第1280 页。
③ 赵如愚：《宋朝诸臣奏议》卷117《上哲宗论更张新法当须有术》，第1285 页。
④ 赵如愚：《宋朝诸臣奏议》卷116、117、117《新法门》，第1270—1300 页。
⑤ 《宋史》卷342《梁焘传》，第10888 页。
⑥ 《宋史》卷347《龚鼎臣传》，第11013—11014 页。

封府界人,富弼河南洛阳人,张方平京东路应天府宋城人,韩琦河北路相州安阳人等,方田法施于其家乡,按法应丈量其田产,他们怎能不"愤然"反对呢?反对方田法的奏牍应该雪片般地飞往京师,但翻检其奏折几乎无以"方田"法为名的札子;其议论新法的奏文,也竟然不曾涉及。这是为什么呢?愚以为方田法出台晚、推行迟缓、又断断续续,辐射力与冲击力有限,并没有引起人们太多的关注。就区域而言,仅限于北方几路部分州县中的"平土"者,不是全国性,也不是北方几路中所有州县。就时效性而言,方田须在"年丰""农隙丰熟日""岁丰农隙"① 时推行,而"灾伤"时权罢。② 又所行方田并非同时展开,而是分批进行,开封府界十九县每年方五县,陕西路税赋最不平均县先行方田,"岁不过一县,若一州及五县,不得过两县"③。这种特殊性,虽是因时因地而宜,但为方田之"特例",又是条法之"漏洞",为隐田者隐漏亩产提供了方便;兼之,田者与查田者勾结,有令未必行,行之未必实,反而"多致骚扰"④。其究竟推行落实到哪个地步,查出多少隐田,史书"却全然没有作出交代"⑤。由此推断,方田法的影响力与作用力应该是极为有限的,社会反应也不强烈。

三

前引《文献通考》卷四《田赋四》、《宋史》卷一七四《食货二》所载:截至元丰八年十月二十五日废方田法时,"天下之田已方而见于籍者,至是二百四十八万四千三百四十有九顷",又如何解释呢?

---

① 《长编》卷237,熙宁五年八月甲辰,第5784页;卷252,熙宁七年四月己巳,第6147页;卷257,熙宁七年十月丙寅,第6269页。
② 《宋会要辑稿·食货》70之115,记"灾伤县分仍权罢","权伤路分方田保甲"、"可速指挥并权罢","灾伤三分以上县依前权罢"。
③ 《宋会要辑稿·食货》4之9,第6037页。
④ 《文献通考》卷4《田赋四》,第102页。
⑤ 邓广铭:《北宋政治改革家王安石》,第216页。

根据前文之分析，熙丰时期"方田"区域限于开封府界、河北路、京东路、陕西路等路，而非方"天下"所有之田。《文献通考》《宋史》所述"天下"盖泛指行方田的各路，与《宋会要辑稿·食货》七〇之一一五中所记的"诸路"含义相通。①

史料中所述"已方而见于籍"的田地共2484349顷，其中究竟包括多少隐漏税赋的土地，并无任何交代。故不可以简单地用此数字减去元丰初年开封府界、京东路、河北路、陕西路原登录在籍的田地数1086474.73顷，即隐田数。其原因有二：一是据马端临《文献通考》卷四引《中书备对》记：熙丰时期，全国登录在籍的田地为4616556顷，而开封府界、京东路、河北东西路、陕西两路登录在籍的田地为1086474.73顷。马端临在这个总数之后下按语曰："此元丰间天下垦田之数，比治平时所增者二十余顷。"② 这里，马端临没有说这个所增之数乃是因为"方田"而清查出来的，知其与"方田"必无关系。③ 同理，开封府界等四路登录在籍的田地数与方田也无关系。二是两数字有明显区别：方田数2484349顷为开封府界、京东路、河北路、陕西路等几路的"平土"部分，而开封府界等原登录在籍的田地数1086474.73顷则应包括"平土"、山瘠、丘陵、滩涂等地，二者从逻辑上讲，应该是后者包括前者，而不是前者包括后者。尽管从数字上看，前者远大于后者，但是，前者仅仅为后者之一个组成部分。故用方田数字248余万顷与全国登录在籍的田地为4616556顷来推算全国之土地实有数，也是不妥当的。④

一言以蔽之，王安石变法中的方田均税法，推行十几年，其范围在京东路、开封府界、河北、陕西四路的"平土"之地，既不包括"多山瘠"的河东路，也不是全国。从变法派与反变法派的反应看，

---

① 按《宋会要辑稿·食货》70之115所记内容与《宋史》《文献通考》所述内容虽不一致，但二者所指地域大致相同。
② 《文献通考》卷4《田赋四》，第102页。
③ 邓广铭：《北宋政治家王安石》，第216—217页。
④ 漆侠：《中国经济通史·宋代经济卷》（上），经济日报出版社1999年版，第65页。漆侠依据元丰方田顷数推算元丰时期应有8亿多宋亩，折今7.2亿亩以上。

方田均税推行速度缓慢，施行区域有限，所带来的震荡、冲击不大，无法与其他新法等量齐观。《文献通考·田赋四》所载方田数248余万顷与全国登录在籍的田地为4616556顷无必然联系。

原刊于《甘肃农业》2006年第3期

熙丰党争新论

在宋神宗时期，围绕变法而展开的党争，几乎将当时所有士大夫卷入其内。若就对变法的态度而划分，是时士大夫基本上可以分为变法派和反对派两大阵营。从内容看，熙丰党争分为两个层次，一是围绕新法具体内容展开的争论，二是由新法具体内容之争而延伸到"祖宗之法""义利""君子小人""开源节流"等深层次的问题的辩论。前者学界已经研究的很多[①]，而对后者之研究尚留有余地。这里试做浅论，以期有所补遗。

一 关于"祖宗之法"的争辩

厚古薄今，迷恋过去，是多数儒家士大夫的共同的理念。宋代士大夫也不例外，尤其推崇宋太祖、宋太宗所创立的所谓的"祖宗之法"[②]。熙丰时期"更张改造者数千百事"[③]，而所面临的首要问题就是对"祖宗之法"的认识与由此引起的争辩。

熙宁三年（1070）春，变法派领袖王安石提出了著名的"三不

[①] 这方面成果主要有：邓广铭：《北宋政治改革家王安石》；漆侠：《王安石变法》；宋晞：《异论相搅——北宋的变法及其纷争》，载《宋史研究集》（第31辑），台北兰台出版社2002年版，第123—136页；罗家祥：《北宋党争研究》，台北文津出版社1993年，第36—108页。

[②] 关于宋代"祖宗之法"研究很多。可参看邓小南《试论宋朝的"祖宗之法"：以北宋时期为中心》，《国学研究》（第七卷），北京大学出版社2000年版，第115—146页。

[③] 王安石：《王文公文集》卷1《上五事书》，第18页。

足"之说,其中之一便是"祖宗之法不足守"。在答宋神宗问中,王安石明确表示:"至于祖宗之法不足守,则固当如此。且仁宗在位四十年,凡数次修敕;若法一定,子孙当世世守之,则祖宗何故屡自改变?"① 王安石明确地亮出"祖宗之法不足守"的观点,体现了其变革精神,但立即遭到司马光等反对派的强烈质疑。

司马光认为:"夫道者,万世无弊……为治在得人,不在变法"②,故"祖宗之法不可变也"③。熙宁四年(1071),枢密使文彦博对宋神宗说:"祖宗法未必皆不可行","祖宗法制具在,不须更张以失人心"④。熙宁九年(1076),枢密使吴充也说:"祖宗法度具在,岂可轻改也。"⑤ 反对新法者坚持认为,"祖宗之法"不可变,与王安石的"祖宗之法不足守"截然对立。在变法进行过程中,他们予以猛烈的攻击。司马光在与王安石信中指出:"今介甫为政,尽变更祖宗之法……使上自朝廷,下及田野,内起京师,外周四海,士、吏、兵、农、工、商、道,无一人得袭故而守常者,纷纷扰扰,莫安其居。"⑥ 于是,至元丰八年宋神宗死后,他立即提出"复祖宗之令典"⑦。谏官范纯仁则在奏章中说:"王安石变祖宗法度,掊克财利",使得"民心不守"。御史刘挚在奏章中称王安石罪之大者,在于"国家百年之成法则铲除废革,存者无几"⑧。

王安石与反对派围绕"祖宗之法"当变与不变的争论,贯穿于熙

---

① 杨仲良:《长编纪事本末》卷59《王安石事迹(上)》,第1920页。按,关于"三不足"说,是否王安石亲口所述,学界有两种观点:一是认为系王安石亲口所述;二是司马光等人针对王安石的行动而撰造出来的。这里采取第一种观点。
② 江少虞:《宋朝事实类苑》卷15《顾问奏对·司马温公二》,上海古籍出版社1981年版,第182页。
③ 《宋史》卷336《司马光传》,第10764页。
④ 《宋史》卷313《文彦博传》,第10261页;《长编》卷221,熙宁四年三月戊子,第5370页。
⑤ 《宋史》卷196《兵十》,第4885页。
⑥ 司马光:《司马光集》卷60《与王介甫书(一)》,第1260页。
⑦ 司马光:《司马光奏议》卷32《请更张新法札子》,山西人民出版社1986年版,第352页。
⑧ 《宋史》卷314《范纯仁传》,第10283页;《长编》卷225,熙宁四年七月丁酉,第5484页。

丰新法的方方面面。从勇于有为、敢于创新的角度而言，王安石的"祖宗之法不足守"的主张比反对派们"祖宗之法不可变"的主张要高出一筹，是王安石变革的旗帜和精神动力。但从变法实践来看，此种主张有些偏激，因为变法中有些内容是创新的，而有些内容则是仁宗、英宗时的延续与扩大，并非创新，且尚有诸多"祖宗家法"没有触及或变革。就反对派而言，为了反对新法，全然无视当时"积贫积弱"的客观现实，顽固地坚持"祖宗之法不可变"，反而一味地指责王安石"尽变革祖宗之法"，既不能解决现实问题，又实则夸大了变法本不具有的"威力"。事实上，两派所述的"祖宗之法"，并不是赵氏政权"维系防范的基本原则"（如右文抑武、守内虚外、分权制衡、异论相搅等），而是"政策设施"，① 新法基本上没有触动"祖宗家法"，反被其制约而失败。

二　关于利与义的争辩

由于熙丰变法不少内容与财利有关，在对具体的理财措施进行争辩时，双方自然会引申到利与义问题上，进而涉及君子与小人之争。

朱熹曾曰："义利之说乃儒者第一义。"② 利与义问题是中国古代士大夫长期争论不休的话题，熙丰时期亦概莫能外。先看反对派对这个问题的认识。

曾经参与变法而后又退出变法阵营"首为异论"③的理学家程颢曰："大凡出义则入利，出利则入义。天下之事，惟义利而已。"④ 程氏将利与义对立起来。正是缘于此，"自安石用事，颢未尝一语及于

---

① 邓小南：《试论宋朝的"祖宗之法"：以北宋时期为中心》，《国学研究》（第七卷），第141页。
② 朱熹：《朱子全书·晦庵先生朱文公文集》卷24《与延平李先生书》，第1082页。
③ 《宋史》卷427《程颢传》，第12716页。
④ 程颢、程颐：《河南程氏遗书》卷11《师训》，《二程集》，王孝鱼点校，中华书局2004年版，第124页。

功利"①。他指责王安石变法说:"兴利之臣日进,尚德之风寝衰,尤非朝廷之福。"当宋神宗授其为京西路提刑官时,程颢说不敢"见利忘义,觍面受之"②,拒绝接受任命。

司马光认为:"君子之所尚者,义也;小人之所徇者,利也。为国者当以义褒君子,利悦小人"。③ 因此,熙宁三年(1070)春,他于王安石的信中"劝诫"说:

> 孔子曰:"君子喻于义,小人喻于利。"樊须请学稼,孔子犹鄙之,以为不知礼义信,况讲商贾之末利乎?使彼诚君子邪,则固不能言利;彼诚小人邪,则固民是尽,以铁上之欲,又可从乎……贷息钱,鄙事也,介甫更以为王政而力行之;徭役自古皆从民出,介甫更欲敛民钱雇市佣而使之……常人皆知其不可,而介甫独以为可。
>
> 孟子曰:"仁义而已,何必言利。"……光虽未甚晓《孟子》,至于义利之说至为明白。介甫或更有它解,亦恐似用心太过。④

司马光没有程颢那样有高深的哲理思想,只能引用孔子、孟子等的名言来"劝告"王安石,表明自己是一"醇儒",也是一位利义分立观的忠实信徒。其他人亦不过如此!

范纯仁批评王安石"言财利则背孟轲"⑤。孟子曾曰:"何必曰利,亦有仁义而已矣。"⑥ 范纯仁说王安石"背孟轲",即违背孟子所谓的义利对立观。熙宁三年(1070),王安石荐其好友刘恕到制置三

---

① 《宋史》卷427《程颢传》,第12715页。
② 赵如愚:《宋朝诸臣奏议》卷114《上神宗辞提刑》,第1243页。
③ 司马光:《司马光奏议》卷24《乞听辞宰臣等辞免郊赐札子》,第267页。
④ 司马光:《司马光集》卷60《与王介甫书(一)》,第1256—1257页。
⑤ 《宋史》卷314《范纯仁传》,第10284页。
⑥ 《孟子》卷1《梁惠王章句上》,诸子集成本,上海书店1986年影印版,第22页。

司条例司任职，刘恕以不习钱谷为辞，并说"不应以利为先"。① 另一位反对新法者李常曾言："义与利之为道异也。"②

总之，反对派中多是持"义利分立"观的信徒者，所以将王安石变法中理财措施视作"聚敛"并不奇怪，史书比比皆是，此不枚举。

面对反对派的挑战与责难，作为变法派首领的王安石不能对传统义利观发表自己的主张。否则，新法将无从开展。王安石以为：

> 理天下之财，不可以无义。③
> 利以和义，善用之，尧舜之道也。④
> 利者义之和，义固所为利也。⑤
> 孟子所言利者，为利吾国，如曲防遏籴，利吾身耳。至狗彘食人则检之，野有饿莩则发之，是所谓政事。政事所以理财，理财乃所谓义也。一部《周礼》，理财居其半，周公岂为利哉？⑥

在他看来，理财利就是义，义利是统一的，而不是对立的。正是坚持义利统一的观点，王安石在答司马光的信中公开说："举先王之政，以兴利除弊，不为生事。为天下理财，不为征利。"⑦ 王安石的"利者义之和"与程颢"出义则入利"观点，截然对立，为回击反对派的指斥和推行理财提供有力的思想武器，具有很高的哲理性和实践性。当然须注意，除程颢有自己独到阐释外，王安石、司马光等的义利观，并不是什么新发明。司马光等人的观点，是借用了孔子、孟子的义利对立观点；而王安石所说的"利者义之和"，则是引用《周

---

① 《宋史》卷444《刘恕传》，第13119页。
② 赵如愚：《宋朝诸臣奏议》卷114《上神宗论王安石》，第1244页。
③ 王安石：《王文公文集》卷31《乞制置三司条例》，第364页；《宋会要·职官》5之2，第3122页。
④ 陈邦瞻：《宋史纪事本末》卷37《王安石变法》，中华书局1977年版，第328页。
⑤ 《长编》卷219，熙宁四年正月壬辰，第5321页。
⑥ 王安石：《王文公文集》卷8《答曾公立书》，第79页。
⑦ 王安石：《王文公文集》卷8《答司马谏议书》，第96—97页。

易》的原文。①

熙宁年间，刘挚上疏说"君子小人之分，在义利而已"②。在"义利之争"同时，又进行着"君子"与"小人"之辩。需要注意的是，党争双方互斥对方为"小人"，③而自以为"君子"，并没有什么新的发挥。

三　开源与节流

史称："神宗嗣位，尤先理财。"④理财是熙丰变法的核心内容之一。因此，熙丰两党就理财中开源与节流两大问题发表了各自的看法，并展开了争论。

王安石既注重开源，又讲节流。王安石曾说："今所以未举事者，凡以财不足，故臣以理财为方今先急。"⑤为什么会"财不足"？他分析认为："方今之所以穷空，不独费出之无节，又失所以生财之道故也"，⑥即"患在治财无其道""殆亦理财未得其道"⑦"未得善理财之人""大抵无法"⑧。一言以蔽之，当时财用不足在于用之无节、生之无道。因为"用度无节"导致财空，王安石以为当裁"兵及宗室之费"，而尤以"减兵最急"⑨。熙丰的节流改革，从实践上证明了王安石有鲜明的"节流"主张。⑩这样主张，对反对派而言，本是无可

---

① 徐子宏译注：《周易全义》，贵州人民出版社1991年版，第8页。
② 《宋史》卷340《刘挚传》，第10850页。
③ 反对派指斥王安石等变法派为小人，史书所在皆是。而王安石称反对派为"小人""奸人""邪人"也不少见。详见《长编》卷251，熙宁七年三月己未，第6129页，卷223，熙宁四年五月戊戌，第5425页；王安石《王文公文集》卷8《答曾公立书》，第97页。
④ 《宋史》卷179《食货志·会计》，第4354页。
⑤ 《长编》卷220，熙宁四年二月庚午，第5351页。
⑥ 王安石：《王文公文集》卷5《与马运判书》，第61页。
⑦ 王安石：《王文公文集》卷1《上皇帝万言书》，第9页。
⑧ 司马光：《司马光集》卷42《八月十一日迩英对问河北灾变》，第885页；赵汝愚：《宋朝诸臣奏议》卷109《上神宗论本朝百年无事》，第1179页。
⑨ 杨仲良：《长编纪事本末》卷66《议减兵杂类》，第2109—2110页。
⑩ 参见漆侠《王安石变法》，第327页。

挑剔的。

但是，王安石的节流思想有服务于开源的一面。他认为"惜之不与，未足富国"①，为了开源而置官辟局，增加吏禄，并不是浪费。因此，为了理财，王安石增设了条例司、提举司等机构，并委派一批官吏，遭到司马光的非议，以为这样做是"以冗增冗"②，就连一向支持他的神宗也怀疑"置官多费用"。王安石为此辩解说："凡创置官，皆须度可以省费兴治乃创置，如将作监即但用诸置司处食钱，已足养创置官，而所省诸费固不胜数。如帐司即一岁磨勘出隐陷官物，少亦数倍，其他置官类此，岂得为冗。"③又说，新置常平官纳给官"五百员不过十万贯，今岁收息至三百万贯，但费三十万贯置官，不为冗费也"④；"增吏禄不足以伤经费也"⑤。熙宁五年（1072）十二月，王安石又曰："人主若能以尧、舜之政泽天下之民，虽竭天下之力以奉乘舆，不为过当。守财之言，非天下正理。"⑥甚至认为节流不能根本解决财乏，"虽俭约而民不富，虽忧勤而不强"⑦。因此，王安石的节流主张，既同于反对派又异于反对派。

然王安石是坚决的开源主张者。王安石以为"天下之力"，可以"生天下之财"，可以"供天下之费"。⑧而财用不足，除了用之不节外，还在于"失所以生财之道"即开源。怎样开源？王安石主张有三：其一，"理财以农事为急，农以去其疾苦、抑兼并，便趣农为急。""农亦不可以为在兵事之后，前代兴王知不废农事乃能并天下。兴农事自不费国财，但因民所利而利之，则亦因民财力而用也。"⑨

---

① 司马光：《司马光集》卷42《八月十一日迩英对问河北灾变》，第885页。
② 赵汝愚：《宋朝诸臣奏议》卷111《上神宗乞置条例司及常平使者》，第1211页。
③ 《长编》卷251，熙宁七年三月己未，第6128—6129页。
④ 《长编》卷250，熙宁七年二月癸未，第6095页。
⑤ 王安石：《王文公文集》卷1《上皇帝万言书》，第9页。
⑥ 《长编》卷241，熙宁五年十二月丙申，第5885页。
⑦ 赵汝愚：《宋朝诸臣奏议》卷109《上神宗论本朝百年无事》，第1179页。
⑧ 王安石：《王文公文集》卷1《上皇帝万言书》，第9页。
⑨ 《长编》卷220，熙宁四年二月庚午，第5351页；《长编》卷213，熙宁三年七月丙申，第5172页。

农田水利法就是这种思想的最好体现。其二,"苟能摧制兼并","不患无财"。①青苗、募役、市易等新法即是此主张的体现。其三,"可以民不加赋而国用足,煮海、采山、铸钱是也"。②熙丰时期广铸钱、局部弛盐禁及矿产品"二八分成制"等即体现这一点。王安石的开源主张与措施,因抑制兼并之家而遭到反对派一致的反对。司马光于熙宁三年(1070)春三遗其书,"劝诫"王安石放弃青苗等措施,未有结果。因此,恼羞成怒的司马光等人将开源措施统统视为"聚敛"。③

反对派们反对王安石理财,一方面是因为开源措施损坏兼并之家、官僚们的利益,另一方面是因为新法开源主张有悖于他们的节流主张。司马光以为:"天地所生,货财百物,止有此数,不在民间,则在公家。"④因此,"财利之不足",当"恭俭节用",而不应开源。⑤熙宁二年(1069)三月,苏辙说:"财之不足,是为国之先务也……以为方今之计,莫如丰财。然臣所谓丰财者,非求财而益之也,去事之所以害财者而已矣。夫使事之害财者未去,虽求财而益之,财愈之不足。"⑥苏辙同样是节财主张者。另一反对新法者李常则言:"仁义理财赋,节俭先天下,交物以道,奉养以礼,重损浮费,图实廪庾。"⑦韩琦亦认为:"行节俭以先天下,常节浮费,渐汰冗食,自然国用不乏,何必使兴利之臣纷纷四出,以致远迩之疑哉?"⑧文彦博说:"为国家之要,在乎民富,富民之要,在乎节俭。"⑨王安石的好友、但对新法有异议的曾巩以为:"用之有节……天下虽贫,

---

① 《长编》卷262,熙宁八年四月甲申,第6407页。

② 李纲:《李纲全集》卷144《理财论中》,第1373页。按,李纲之语,不是针对王安石所述,但很好地概括了王安石的"民不加赋而国用饶"的主张与铸钱、矿业及盐业的实践。

③ 赵汝愚:《宋朝诸臣奏议》卷111《上神宗乞罢条例司及常平使者》,第1211页。

④ 司马光:《司马光集》卷42《八月十一日迩英对问河北灾变》,第886页。

⑤ 赵汝愚:《宋朝诸臣奏议》卷111《上神宗乞罢条例司及常平使者》,第1211页。

⑥ 赵汝愚:《宋朝诸臣奏议》卷103《上神乞去三冗》,第1100页。

⑦ 赵汝愚:《宋朝诸臣奏议》卷114《上神宗论王安石》,第1244页。

⑧ 赵汝愚:《宋朝诸臣奏议》卷111《上神宗乞罢青苗及诸路提举官》,第1209页。

⑨ 《长编》卷396,元祐二年三月戊辰,第9653页。

其富易致也。用之无节，则天下虽富，其贫亦易致也。"① 曾巩的主张得到神宗的嘉奖，神宗曰："巩以节用为理财之要，世之言理财者，未有及此。"②

总之，在理财问题上，反对派主张节用，而王安石主张节流但强调开源，两者有很大分歧。这种理论上的分歧，在实践中给变法带来了许多麻烦。但从变法实践来检验这些理论，不难发现，单纯的节流或开源，是不现实的。由此，王安石主张节流但强调开源的思想，要更实际些。

熙丰时期，变法派与反对派在"祖宗之法""利与义""君子与小人""开源与节流"等方面有几乎完全对立的分歧，是具体新法之争的理论层次上的党争。此即熙丰党争的一大特点。这几方面争论对象，"君子与小人"与"利与义"是同一层次、互为关联的概念，比"祖宗之法"之内涵要小，而比相对具体的"开源与节流"要抽象。

后记：巧逢国学大师蒙文通先生诞辰110周年纪念暨学术讨论会召开之际，不才正拜师于蒙先生再传弟子刘复生教授，故幸得旁听机缘。1932年至1935年，蒙先生曾执教后生工作单位河南大学历史文化学院前身国立河南大学历史系，吾单位为此而无限自豪和荣耀。今怀无比敬仰之情，献此事先无准备之文，以缅怀先哲。

原刊于《东方论坛》2005年第1期，收录于四川大学历史文化学院编《蒙文通先生诞辰110周年纪念文集》，线装书局2005年版

---

① 赵汝愚：《宋朝诸臣奏议》卷103《上神宗乞明法度以养天下之财》，第1106页。
② 《宋史》卷319《曾巩传》，第10391页。

郭沫若的王安石研究及其特色

郭沫若是我国现当代著名的诗人和作家，马克思主义的历史学家和古文字学家，革命的政治家和社会活动家。他才思敏捷，学识渊博，建树卓著，被誉为"我国现当代史上一位百科全书式的文化巨人"[1]。作为"我国马克思主义新史学的开拓者"，他"创造性地把辩证唯物主义和历史唯物主义适用于中国古代社会研究"[2]，提出了我国封建社会始于春秋战国之际（即所谓"春秋战国之际封建开始说"）等不朽的学说，并将曹操、武则天与王安石等历来争议较大的历史人物从封建史观下解放出来。郭沫若对王安石研究着墨不多，主要有三篇，即《王安石》、《王安石的〈明妃曲〉》与《读〈随园杂记〉·评王安石》。[3] 前者是针对王安石变法而论，后两者是针对王安石诗文而言。郭沫若是一位文史兼通的大家，对王安石政治与学术的评论自有其不同凡响之处。可惜，学界研究王安石变法学术史者，对此注意不够。有鉴于此，略陈浅见，以引起大家对此关注。

---

[1] 中国社会科学院科研局：《郭沫若集·前言》，中国社会科学出版社2005年版，第1页。
[2] 中国社会科学院科研局：《郭沫若集·前言》，第4页。
[3] 分别见于郭沫若《历史人物》，中国人民大学出版社2005年版，第153页；《郭沫若文集》卷13《天地玄黄》，人民文学出版社1961年版，第408—412页；《郭沫若集》，第581页。

一 郭沫若的《王安石》

郭沫若的《王安石》一文，据他1947年7月3日为该文所作的后记称，"这本是一次讲演记录，在坊间已发表过"，因为有错误的地方，经其修正，收录在《历史人物》这个集子中，并于1947年8月由上海海燕书店正式刊行。《历史人物》这个集子，从1947年7月21日初编成至后来多次翻印，其中收录的篇目也有所调整，但《王安石》一文始终没有变动。

1947年，正值解放战争时期。抗战结束后，饱受日本帝国主义侵略之苦的中国人民，如饥似渴地期待着民主、自由与和平，孰料迎来了以蒋介石为首的国民党所发动的内战。郭沫若站在当时民主运动的前列，先后在重庆、上海、香港率领文化界同人们进行反对独裁、反对内战、争取民主自由和迎接解放的斗争。在这个时期他写成了学术论著《历史人物》、杂文集《天地玄黄》等，前者收录了《王安石》，后者收编了《王安石的〈明妃曲〉》。郭沫若站在广大人民的立场上从事学术研究与文艺创作，用他自己的话说，"我就在这人民本位的标准下从事研究，也从事创作"，研究人物的"好恶标准"也正是"人民本位"。由此，郭沫若的《王安石》等文就是在其"人民本位"观之下写成的，也是"作为创作的准备而出发的"[①]，即为革命斗争需要而作。而《王安石》一文，即郭沫若在重庆的一次革命演讲稿修改而成的，文中洋溢着战斗的气息。

《王安石》一文，由正文和后记两部分组成，全文约6000字。后记交代文章的来由及向读者推荐蔡上翔《王荆公年谱考略》，很简单。正文则主要论述了王安石的学术与变法内容。

1. 郭沫若对王安石学术的评价

在论王安石学术时，郭沫若分文学、经学（包括哲学）等方面来

---

① 以上见郭沫若《历史人物·序》，第1页。

分析。在文学上，郭沫若首先肯定王安石唐宋八大散文家的地位，认为其文有"锻炼含蓄、收敛沉着、很有深度"的优点，其"短诗、短文都很有味"，但也毫不含糊地指出王安石"爱用险仄的韵作长诗""故意做作"的弊病。在这里，郭沫若态度明朗，褒贬自如，恰当精练地评价了王安石的文学成就与不足。

在评判王安石经学成就时，郭沫若是从中国古代治学方法、经学演变的高度入手的。郭沫若将中国古代经学史分为三个阶段：汉代章句之学—宋代义理之学—清代考据之学，并准确地指出三个阶段的各自特点。他认为：王安石著《字说》等，从文字训诂入手治学，与汉儒类似，"是复兴汉学的先驱"；而所著的《洪范传》，则有"辩证唯物论"的思想，"与程、朱、陆等不同"。他还肯定了王安石"无所不读""无所不问"的学习精神和关心政事、学以致用的优良品格。郭沫若从经学演变的高度去把握王安石的学术思想，颇有见地，影响很大。宋史学界直至 1984 年才由宋史研究学会原会长邓广铭提出类似的观点。① 当然，郭沫若虽有开拓之功，但也有认识误区。如，他将宋学与程朱理学混同对待，将王安石的"三经新义"视为汉代章句之学而不是宋代义理之学，将王安石研究经学的方法与二程、朱熹治学方法根本对立，这都是不妥当的事。其实，王安石"新学"与程朱理学都是宋学的一些部分，二者根本上都是义理之学。

2. 郭沫若对王安石变法的认识

对王安石变法政治原则的认识。对于王安石变法的阶级立场，郭沫若认为："他的政见主要是由人民的立场出发，和秦、汉以来主要站在统治阶级立场的大臣们两样"②，王安石"最难得的是他是比较以人民为本位的人"③，他变法就是要拯救最苦的下层老百姓。郭沫若从"人民本位"论的角度，称王安石政见是由人民立场出发的，未

---

① 邓广铭：《略谈宋学》，《宋史研究论文集》，浙江人民出版社 1987 年版，第 1—15 页。
② 郭沫若：《历史人物·王安石》，第 155 页。
③ 郭沫若：《历史人物·序》，第 1 页。

免有些拔高。王安石也是地主阶级一员，他有解救百姓的良好愿望和一些行动，但根本上还是没有超越其地主阶级的本质，他变法根本目的是"富国强兵"、以挽救封建地主阶级统治的危机。

对王安石改革道路的认识。经历了武装革命风暴的郭沫若，对"自下而上"的革命较为赞赏，"同情了农民革命的领导者李自成"①，而对"自上而下"的改革持否定态度。他说：王安石是"想由上而下来革命，结果没有行通。这也证明他的路向是走错了。这是历史条件的限制"②。在今天来看，郭沫若同样是受当时"历史条件的限制"，对改良道路认识有一定局限性。

对王安石变法内容的认识。郭沫若用了较多笔墨列举了王安石变法的11项内容，即青苗法、市易法、均输法、科举教育的改革、雇役法、水利法、方田均税法、保甲法、保马法、设军器监与减兵置将等。每项内容介绍都很简略，评价基本上是肯定的。郭沫若对王安石变法内容认识评价，其主要依据是变法条文即王安石的初衷，基本不涉及变法复杂过程与多样的效果，故评价不客观。对有些内容的介绍，依今天研究来看，显然有误。如，他说青苗法利率是"年利二分、半年一分"，而实际是年利四分、半年二分。再如，他称均输法"行之不久即被取消"③，实则不然，均输法自始至终都在推行，而且也没有在元祐初被废除。④ 对于科举改革，王安石主要是改革考试内容和推行太学"三舍"法，绝不是郭沫若所述的王安石要废科举。

对王安石历史地位的认识。郭沫若敏锐地发现王安石"在中国历史上受了将近一千年的冤屈"，肯定王安石"不仅是一位政治家、文学家，而且是一位经学家、文字学家"，是"中国历史上一个伟大的政治家，有目的、有政见、有办法、有胆量。秦汉以后的第一个大政

---

① 郭沫若：《历史人物·序》，第3页。
② 郭沫若：《历史人物·王安石》，第155页。
③ 郭沫若：《历史人物·王安石》，第156页。
④ 李晓：《论均输法》，《宋史研究论文集》，河北大学出版社2002年版，第324—335页。

治家恐怕要数他",①"而最难得的是他是比较以人民为本位的人"。②郭沫若对王安石的这些赞誉,以今天研究来看,还是经得起检验的。

此外,郭沫若还论述了王安石罢相后的"淡泊生活",批判了邵伯温《闻见录》对王安石父子的诬陷与歪曲,肯定了王安石儿子王雱是"一位品学兼优的人"③。

二 《王安石的〈明妃曲〉》

郭沫若于1946年12月20日夜创作《王安石的〈明妃曲〉》,与前文《王安石》创作背景一样,创作意图也是一样的。

王安石于宋仁宗嘉祐五年(1060)三月,④以被汉元帝当作汉与匈奴和亲牺牲品的明妃王昭君为题材,创作了著名的《明妃曲》,共二首,借以抒怀。此诗后传至京师,名噪一时。当时其友人欧阳修、刘敞、司马光等人随即写了"和章",并没有对诗曲提出异议。但是,王安石变法失败后,尤其是南宋以降,一些统治者在批判否定王安石变法的同时,连同其诗文一概加以曲解非难。

郭沫若在蔡上翔《王荆公年谱》⑤考辨的基础上,从"人民本位"论的角度出发,首先定位"王安石是站在同情农民的立场"⑥上创作的。他抓住遭遇攻击两句"人生失意无南北""汉恩自浅胡自深、人生东在相知心",进行了新的诠释。

先看郭沫若对"人生失意无南北"的解释。郭沫若以为,此句诗"是托为家人慰勉之辞",是以王昭君家乡秭归人为代表的老百姓"对于统治阶层的怨恨心理"。他将"南""北"二字释为:"南"并不是说南部的整个中国而是指统治者的宫廷;"北"也并不是说指北

---

① 郭沫若:《历史人物·王安石》,第153、155页。
② 郭沫若:《历史人物·序》,第1页。
③ 郭沫若:《历史人物·王安石》,第159页。
④ 漆侠:《王安石变法》(增订本),第353页。
⑤ 郭沫若:《王荆公年谱》,上海人民出版社1974年版,第121—127页。
⑥ 郭沫若:《郭沫若文集》卷13《天地玄黄》,第408页。

部的整个匈奴,而是指的匈奴的酋长单于。由此,他解释整句诗的意思是,"统治阶级蹂躏女性,蹂躏人民,实在是无分东西南北的"。他还进一步推论,王安石出于同情王昭君的立场而发感叹,"正可以看出王安石对于民间心理的了解程度,也可以说就是王安石的精神,同情人民而排除兼并者的精神"。[①] 据今人的研究来看,郭沫若对该句诗曲的释义,仅仅是一家之言。他在是"人民本位论"主旨下"就诗论诗",恐有拔高王安石阶级意识之嫌。倘若王安石是站在以王昭君为代表的老百姓立场下悲鸣,那自有控诉、指涉最高统治之意,会招来"非君不忠"之祸,也不会有人来"和章"。我们认为,王安石有同情王昭君的一面,但其阶级本质仍是地主阶级,借古发幽,旨在塑造王昭君忠君爱国的形象,而不是塑造她怨君恨国之形象。

再看郭沫若对"汉恩自浅胡自深、人生乐在相知心"句的阐释。南宋初年,以刘豫为首的一小撮宋朝叛臣,倒向金朝,建立伪齐政权。宋高宗和大臣范冲借机发挥,胡诌王安石的这句诗是为"背君父之恩、投拜而为盗贼者"[②](即汉奸)刘豫等说话。至此,这首优秀诗句遭到了前所未有的歪曲和诬蔑,王安石成了汉奸的代言人。郭沫若以为,无论是时人诽谤还是后人蔡上翔同情,都没有读懂王安石那两句诗的深意,关键在于没有懂得那两个"自"字。他将诗中的两个"自"字解释为"自己"的"自",而不是"自然"的"自";将解释整诗为:"是说浅就浅他的,深也深他的,我都不管,我只要求的是知心的人……更进一步说,便是汉恩浅吧我也不怨,胡恩深吧我也不恋,这依然是厚于汉而薄于胡的心境。"在此基础上,郭沫若愤慨地说:"这真是最同情于王昭君的一种想法,那是牵扯得上什么汉奸的意思来呢!"[③] 他还剖析了曲解王安石诗文的时代背景,怒斥了宋高宗、范冲反对新法、肆意歪曲的可耻行径。当然,郭沫若对该句诗

---

① 郭沫若:《郭沫若文集》卷13《天地玄黄》,第410页。
② 《要录》卷79,绍兴四年八月戊寅,第1488页。
③ 以上引文见《郭沫若文集》卷13《天地玄黄·王安石的〈明妃曲〉》,第411—412页。

的解释,虽为一家之言,① 但深解王安石创作的意境,体现了他文史兼济的深厚功力。

三 《评王安石》

《评王安石》是郭沫若于1961年前后所作《读〈随园诗话〉札记》中的一则。《随园诗话》是清代文学巨子袁枚所著,纵论当时及前人掌故史实,风靡一时。郭沫若少年时曾阅读过此书,颇受益良多。五十年后复读之,感到其新颖之见不多,而陈腐之谈很多,遂"揭出其糟粕者而糟粕之,凡得七十七有条"②,而《评王安石》列第三十五条。

袁枚对王安石及诗文深致不满,攻击王安石"为人拗强乖张","论诗开口便错"。郭沫若早年曾"对于王安石是怀抱着一种崇敬的念头的"③,自然不能容忍袁枚如此诋毁,批评袁枚对王安石"成见太深","毁其诗而及其人","毁其人复及其诗","全凭成见骂人"。

郭沫若认为,王安石为诗,早年好用险韵,意在"矜奇斗险",而晚年绝句"殊为平易近人";而论诗,则"亦自个中人,深知甘苦"。渊博的他随手举出一段史话:苏轼诗《雪夜书北堂壁》有句"冻合玉楼寒起粟,光摇银海炫生花"。王安石问其子王雱,是诗妙处何在。王雱回答:此诗不过形容雪色与寒意而已。王安石不以为然地说:《道藏》以"玉楼"比喻肩,以"银海"比喻眼,明白二者方可知苏轼诗文之妙。袁枚却断然否定王安石所解,以为"玉楼""银

---

① 今之研究表明,此句尚有不同解释。如权威二种释义是:邓广铭将"自"释为"尽管",整句释为,"尽管汉朝所给予的恩惠浅而胡人所给予的恩惠深,那却不是问题的本质所在;不但饮食衣服不与中原相同,而言语不达,衷情难通,恩深也难以心相印,而最本质问题却是'人生乐在相知心啊'。"见《北宋政治改革家王安石》,第70页。漆侠联系王安石创作前出使北辽见闻感受的背景与诗文篇章连贯性,认为:此句诗是好心的胡人劝告之话,不是王昭君悲叹,他为该句加了引号,并在上句"沙上行业人却回首"后加冒号。见漆侠《王安石变法》(增订本)后附文,第357页。

② 郭沫若:《读〈随园诗话〉札记·序》,《郭沫若集》,第575页。

③ 郭沫若:《历史人物·序》,第1页。

海"是雪色之白。郭沫若在袁枚《诗话》中找到了袁枚自相矛盾的铁证，袁枚曾说苏轼此句诗是本于晚唐裴说诗句"瘦肌寒起粟、病眼馋生花"。袁枚于此既认为"玉楼"以比肌肤、"银海"比喻眼，却于彼否定之。怒不可遏的郭沫若指责，袁枚出尔反尔，极端诡辩，其咎在于其偏见太深，从而为王安石学识为人正名。他褒扬王安石说："苏东坡在王荆公为政敌，但荆公于东坡诗则深加体会，诚意待人。"①

郭沫若通过对袁枚《随园诗话》的批判，还了王安石论诗精致、为人诚意之公正面目。他持论有据，立言平实，见微知著，从容自如，显示了他郭沫若极为老到、娴熟的大家风格。

郭沫若是我国现当代最早用马克思主义史学观研究王安石及其变法的历史学家。他用马克思主义阶级分析的观点与方法，从文学、经学与政治等方面入手，较为全面地论述了王安石学术、治国和为人，批判了千余年来诬陷歪曲王安石政绩、形象的宋高宗等封建统治阶级，充分肯定了"站在人民的立场上"的王安石在中国历史上的地位。他视野开阔、不乏新见，对王安石及其变法研究有开拓之功，为新中国成立后该课题深入研究的开展有一定的影响。但是，郭沫若仅仅是王安石及其变法这一研究领域（甚至整个宋史研究园地）的一颗"流星"，未有在此长时间驻足留步，倾注大量心血。因此，他对王安石及其变法研究，泼墨不多，史实理解有偏差，认识尚有一定历史局限。而郭沫若"就在这人民本位的标准下从事研究，也从事创作"，即与王安石一样"站在人民的立场上"，类似的"好恶标准"是他选择研究王安石的重要原因。研究王安石的重要目的不在于学术，而在于为了人民的利益而斗争。由此，我们可以感悟到一代文化巨人郭沫若的阶级立场、价值观和方法论与众之不同。

原刊于《史学月刊》2006年第12期

---

① 郭沫若：《读〈随园诗话〉札记·王安石》，《郭沫若集》，第580—583页。

论王安石的救荒思想

王安石是宋代颇具影响的历史人物,他对天灾的认识及处理办法,与众不同。笔者不揣浅陋,试图通过其言行勾勒出他的救荒思想,以就教于方家。

一

"水、旱、霜、蝗之变,何世无之?"然对天灾的认识及其处理对策,自古以来,一直是人们争论和关注的焦点问题。智者见智,仁者见仁,人们对天灾不同的态度与看法,便构成了中国救荒思想的丰富内涵。但总其所要,中国古代救荒思想可分为两大派:一是以孔子、董仲舒等为代表的唯心主义天灾观,即主张"天人相与"和"天变可畏";二是以荀子、王充等为代表的唯物主义天灾观,即主张"天人相分"和"人定胜天"。两派针锋相对,相伴而生,对后世颇具影响。王安石就是在继承前人的基础上,提出自己的救荒主张的。

王安石"自诸子百家之书,至于《难经》、《素问》、《本草》诸小说,无所不读。农夫女工,无所不问"[①]。他勤奋读书、不耻下问,从书籍和下层人民中获得了宝贵的知识和经验。他天资聪颖、抱负远大、意志坚强,优秀的个人品质,使其备受历史的青睐。北宋中期内忧外患的历史环境,迫切需要英才治世。历史选择了他,他也应召适应了历史,从而领导了一场伟大的改革运动。在改革进行的同时,现

---

① 王安石:《临川先生文集》卷73《答曾子固书》,第779页。

实的斗争又迫使他必须在"天"与人、自然与人为等关系上,做出明确的解答,这便构成了他的天灾观。

王安石是位哲学家,也是位政治家、改革家。他的哲学观点是为他改革与政治斗争服务的。所以,在哲学道路的选择上,在自然观的取舍上,必须是慎而又慎。他的选择,他的立场,必须要为他的改革寻找理论根据,为他的政治活动鸣锣开道。"不畏浮云遮望眼,自缘身在最高层"[1],只有站得高,才能望得远;只有在自然观上高人一筹,才能在社会观上提出更理想、更现实的改革方案;只有坚持唯物主义天灾观,才能找到问题的症结,进而找到解决天灾的根本途径。在改革中,他时刻遭到保守派、反对派"天人相与"谬论的干扰和围剿,迫使他找到了战斗武器,否则,他早就在"旱由王安石所致,去安石,天必雨"的鼓噪声中倒下。[2]

王安石的天灾观,是建立在否定"天人感应"基础上的。他认为,"天"是自然的、物质的,是沿着它自己的轨道即"天道"运行着和变化着的,既没什么意志,也没有什么目的,"可谓无作好、无作恶、无偏无党、无反无侧"[3]的。同样,人也是按照自己的规律运动和发展着的。在"天道"运行中,不论是风调雨顺对人类产生好的影响,还是河决山崩等"天变灾异"对人类产生坏的作用,都是"天道"运行的自然表现,既不是"天"的有意识、有目的的活动,也不是由人君作为的好坏招致而来的。

王安石承认"天道"与"人道"之偶合。熙宁八年(1075)十日彗星出现,王安石上疏说:"盖天道远,先王虽有官占,而所信者人事而已。天文之变无穷、上下傅会,岂无偶合。"[4]但他坚决反对"天变"是由人所致。他认为"灾异皆天数,非关人事得失所致"[5]。

王安石认为"天变"会给人类带来极大的危害,这就是"凶",

---

[1] 王安石:《王文公文集》卷67《登飞来峰》,第712页。
[2] 《宋史》卷327《王安石传》,第10548页。
[3] 王安石:《王文公文集》卷25《〈洪范〉传》,第287页。
[4] 《宋史》卷327《王安石传》,第10548页。
[5] 《宋史》卷313《富弼传》,第10255页。

即"天灾"。他在《〈洪范〉传》中明确地指出:"一极备凶,一极无凶,何也?雨极备则为常雨,旸极备则为常旸,风极备则为常风,燠极无则为常寒,寒极无则为常燠,此饥馑疾疠之所由作也,故曰凶。"① 这就是王安石给天灾所下的定义。

在批评"天人感应"的同时,王安石立刻举起"天变不足畏"的精神旗帜,以表明其鲜明的唯物主义立场与大无畏的气魄。王安石于嘉祐八年(1063)因母丧返回江宁,服除之后撰写了一篇《〈洪范〉传》,驳斥了汉儒对"狂恒雨若""僭恒旸若"等语句的错误解释。所以,晁公武在《郡斋读书志》中为《〈洪范〉传》所作解题,即谓此文强调"天人不相干,虽有灾异不足畏"的观点。在撰写《〈洪范〉传》的同时,王安石在为其弟子出《策问》题目时,也曾为汉儒对"狂恒雨若"之句的曲解加以辩驳。他说:"《洪范》之陈五事……如其休咎之效,则予疑焉……必如《传》云:'人君行然,天则顺之以然,其固然耶?僭常盼若,狂常雨若,使狂且僭,则天如何其顺之也?'尧汤水旱,奚尤以取之耶?"② 通过这道《策问》,王安石把"天人感应"论调和《洪范》灾异之说彻底予以否定。这难怪乎鲜于绰在其《传信录》中说王安石"最不信《洪范》灾变之说"③。朱熹在和学生谈话时,也说"荆公又却要一齐不消说感应",认为灾异与政事"全不相关"④ 了。

天灾并不可怕,问题在于如何对待天灾。王安石主张,既不能被"天灾变异"蒙蔽和吓倒("蔽而葸"),不敢有所作为;也不能因"天灾变异"与我毫不相干,就可以因循怠慢("固而怠"),听之任之;而是要有"不蔽不葸,不固不怠"的态度⑤。在"天"与人的关系上,王安石坚信"人定胜天"。在《省兵》一诗中,王安石以极其

---

① 王安石:《王文公文集》卷25《〈洪范〉传》,第292页。
② 王安石:《王文公文集》卷70《策问》,第747页。
③ 《长编》卷271,熙宁八年十二癸丑,第6651页。
④ 黎靖德编:《朱子语类》卷79《尚书洪范》,王星贤注解,中华书局1986年版,第2049页。
⑤ 王安石:《王文公文集》卷25《〈洪范〉传》,第293页。

坚定的语调指出，只要政治上各措施积极，那些游手好闲的"游民"也乐意回到农业生产上去，那么，岁熟与否决定在人而不在"天"："游民慕草野，岁熟不在天。"① 人定胜天，发挥人的主观能动性，无事不成，即所谓"有待于人力而万物以成"②。同时他还认为，如果人的能动性不够，反会导致灾害。他曾说："故今之邑民最独畏旱，而旱辄连年，是皆人力不至，而非岁之咎也。"③ 战胜自然，不仅仅是靠勇气，更为重要的是方法。王安石认为自然界是一个取之不尽、用之不竭的宝库，向大自然讨取财富，"富其家者资之国，富其国者资之天下，欲富天下则资之天地"④，这才是治理灾害根本之。通过生产达到国富民强，方可有效地防灾、治灾。

王安石的"天灾不足畏"和"资之天地"观点，是其唯物主义天灾观的核心内容，也是其改革思想的灵魂，是他一如既往战胜困难、解决实际问题的强大精神支柱和有力的武器。事实证明，正是他这两点思想，才使他能够抓住问题的实质，找到解决问题的根本办法，才使他能自始至终地与坚持"天人感应""天人相与"谬论的保守派和顽固派进行艰苦而有效的斗争，才使他的改革取得了"富国"与"强兵"的辉煌成就。

但是，王安石的朴素唯物主义天灾观，也存在时代的局限性。由于当时生产力水平、科学认识能力都比较低下，王安石并没有找到真正解决天灾的"灵丹妙药"。他主张向大自然索取财富，仅限于农业以及一部分与农业资源（如水利和垦辟等）有关的项目。单纯地强调与大自然作斗争，没有考虑到生态平衡，忽视了自然辩证法，低估了自然反馈作用和报复能力，其结果导致了一方面治灾，另一方面致灾的悲剧。

---

① 王安石：《王文公文集》卷51《省兵》，第578页。
② 王安石：《王文公文集》卷27《老子》，第310页。
③ 王安石：《王文公文集》卷3《上杜学士言开河书》，第40页。
④ 王安石：《王文公文集》卷5《与马运判书》，第61页。

二

"哲学家们只是用不同的方式解释世界,而问题在于改变世界。"① 作为哲学家,特别是政治家的王安石,与以前朴素唯物主义哲学家(如荀子、王充)所不同的,就在于他能把哲学当作武器,去指导他从事政治斗争与治理天灾。

首先,王安石对封建剥削制度之下的灾民所持的态度。"剥削制度的存在,永远会在被剥削者本身和个别知识分子代表中产生与这一制度相反的理想。"② 王安石就是这种"个别知识分子代表",与大多数剥削者不同,他对深受封建残酷剥削,又悲惨地遭受天灾打击的灾民,寄予深切的同情和由衷的关注。他在诗中这样写道:"丰年不饱食,水旱尚何有?"③ "我尝不忍此,愿见井地平。大意苦未就,小官苟营营。三年佐荒州,市有弃饿婴。"④ 王安石真实地描述了当时灾民的生活状况,并寄予深切的同情。在《杜甫画像》一文中,他又自吟道:"吟哦当此时,不废朝廷忧。尝愿天子圣,大臣各伊(尹)、周(周公)。宁令吾庐独破受冻死,不忍四海赤子寒飕飕。伤屯悼屈止一身,嗟时之人我所羞!所以见公像,再拜涕泗流。推公之心古亦少,愿起公死从之游。"⑤ 对杜甫的推崇和对灾民的怜悯,使他禁不住发出"驾言发富藏,云以救鳏茕"⑥ 的绝唱。

其次,王安石对当时救荒恤灾的评论。北宋自"庆历以来,南北饥僅相继"。但朝廷苟且,虽有赈济之策,却大都消极无效,"其术不

---

① 马克思、恩格斯:《马克思恩格斯选集》卷1《关于费尔巴哈的提纲》,人民出版社1995年版,第57页。
② 列宁:《列宁全集》卷1《民粹主义的经济内容》,人民出版社1995年版,第393—394页。
③ 王安石:《王文公文集》卷12《感事》,第178页。
④ 王安石:《王文公文集》卷12《发廪》,第177页。
⑤ 王安石:《王文公文集》卷50《杜甫画像》,第560页。
⑥ 王安石:《王文公文集》卷12《发廪》,第177页。

过发常平，敛富民，为催粥之养，出糟糠之余"①。这在"积贫"已甚的北宋中期，无异于扬汤止沸，只是"因循苟且，逸豫而无为，可以侥幸一时，而不可以旷日持久"②。王安石深谙其弊，他尖锐地指出："以有限之食，给无数之民，某原其活者，百未有一，而死者白骨已被野矣。此有惠人之名，而无救患之实者也。"③王安石曾经批评过河东煮粥赈灾的做法，认为这只能使"饥民废业待给"，非但"不能救死"，反而"徒成疾疫"，他主张将半年内赈饥的做饭之米，一次散给灾民，官府并不增加费用而灾民则因此可得以"经营衣食"④。同时，王安石还对政府的"今年大旱千里赤，州县仍催给河役"雪上加霜的作法深恶痛绝。⑤他曾警告当政者，王小波就是"自以饥民众，不为官司所恤，遂相聚为盗"⑥的。王安石对当时救灾之术深感不满，从某种意义上讲，他已发现了当时救荒之弊，迫使他努力寻找解决问题的良方。

再次，王安石的治本思想。王安石出任宰执，诚可谓受命于危难之间。摆在他面前的头等大事就是财用问题。单就军费开支而言，张载、朱熹曾推算过，认为养兵费用占全部收入的十之七八。⑦再加上官俸、郊赉支出，政府根本无力拿出财物赈灾。他指出："夫水旱者，天时之常有也。食廪财用者，国家常不足也。以不足之用，以御常有之水旱，未见到能济焉。"⑧所以，王安石认为，要想克服"见患而后虑，见灾而后救"的被动局面和绕过财费紧张的困境，想备水旱，非得充实国廪，讲"富民化俗之道，建长久之策，兴大来之功"⑨，

---

① 王安石：《王文公文集》卷2《再上龚舍人书》，第32页。
② 王安石：《王文公文集》卷1《上时政书》，第18页。
③ 王安石：《王文公文集》卷2《再上龚舍人书》，第32页。
④ 《长编》卷264，熙宁八年五月丙寅，第6458页。
⑤ 王安石：《王文公文集》卷51《河北民》，第579页。
⑥ 《长编》卷249，熙宁七年正月癸亥，第6072页。
⑦ 张载：《张载集·文集佚存·边议六》，张锡琛点校，中华书局1978年版，第352页。
⑧ 王安石：《王文公文集》卷2《再上龚舍人书》，第31—32页。
⑨ 王安石：《王文公文集》卷2《再上龚舍人书》，第31页。

使"上有善政,而下有储蓄之备"①。一句话,就是开辟财源。

开辟财源的原则,就是王安石说的"因天下之力,以生天下之财,取天下之财,以供天下之费"②。落实到具体救灾问题上,就是怎样既能"御水旱之灾",又能使受灾的下户有饭可吃。王安石的确找到了好办法:"以农事为急"③,"为之堤防沟浍渠川以御水旱之灾"④,这就是农田水利法。兴修水利,以发展农业生产,这样收到了既"御灾"又"赈灾"的双重效果。在农田水利法实施过程中,王安石又成功地把灾民吃饭与兴修水利的劳动力问题结合起来,"令及未困,募之(灾民)兴利",史称当时"募人兴修水利,既足以赈救食力之农,又可以兴陂塘沟港之废"⑤。南宋人董煟称其"借急需之功,养枵腹之众"为"以工役救荒者也"⑥。

平心而论,农田水利与以工代赈,都不是王安石首创的办法,但是一个杰出的思想家只需集百花之卉以成其香,把历史上合理的或进步的若干东西加以综合与运用,同样可以推动历史车轮前进,并非一定要求事事均由自己独创。历史恰恰证明了这一点,在王安石执政期间,北宋农田水利事业进入快速发展阶段。1070—1076 年,除疏浚河道外,总共兴修了 10793 处水利工程,受益民田达 3617.7888 万亩,官田 19.1530 万亩⑦。富有成效的水利建设,局部改变了农业用水地域与季节分配严重不均的状况,改善了自然条件和农业生产环境,基本上达到其预期目的。据统计,宋神宗在位 18 年间,北宋丰收次地为 32,年平均指数为 1.8,这在北宋九位皇帝中是最高的⑧。所以,王安石为此很自信地说,"自秦以来水利之功,未及有此"⑨。

---

① 王安石:《王文公文集》卷 2《再上龚舍人书》,第 32 页。
② 王安石:《王文公文集》卷 1《上皇帝言事书》,第 9 页。
③ 《长编》卷 220,熙宁四年二月庚午,第 5351 页。
④ 王安石:《王文公文集》卷 35《越州余姚县海塘记》,第 416 页。
⑤ 《长编》卷 237,熙宁五年八月辛丑,第 5777 页。
⑥ 董煟:《救荒活民书》卷上,文渊阁四库全书,第 662 册,第 249 页。
⑦ 《宋会要辑稿·食货》61 之 68,第 7475 页。
⑧ 程民生:《宋代地域经济》,第 112—114 页。
⑨ 《长编》卷 263,熙宁八年闰四月乙巳,第 6440 页。

最后，王安石的治标思想。长期治本，难以解决眼前突发性灾害；单纯地治本，也不能因地制宜。所以，以治本为主，兼之治标，是王安石救荒思想另一特色。

丰年还是灾年，既难以预测又难以应付。灾年、丰年出现多是无规律的，而且灾多丰少。针对这种客观现实，王安石采取了"取有余而补不足"的治标措施。解决灾丰年份上分布不均的办法，就是储备。王安石在位期间，很注重财粮储备。他的新法，很多方面已经兼顾到这一点。如青苗钱，"广常平储备以待百姓凶荒，则比之前代科百姓出米为义仓亦未为不善"。常平新法，乃"赈贫乏、抑兼并、广储备以备百姓凶荒"①。免役钱，"稍有羡余，乃所以备凶年为朝廷推恩蠲减之计，其余又专以兴田利、增吏禄"②。"贷谷与民，立息以偿"的青苗法，在解决下户青黄不接、生活拮据的问题上，体现了王安石的调剂思想。

解决灾丰地域分布差异的办法，就是均输。按照"徙贵就贱，用近易远"的原则，平衡物价，从而缓解因灾害而造成的物资分布严重不均的矛盾。在他任宰执期间，南方供粮大量被允许截留，用于解决"饥民"的生计问题。如熙宁七年（1074），两次给淮南拨上供米共十万石。③ 熙宁八年（1075），又给江浙、淮南供米三十万石。④ 在调剂方法上，王安石还主张"以一州一县之力，供一州一县之费；以一路之力，供一路之费"和"诸路各从所便为法"的灵活原则，尽可能避免财物往返转输烦琐和浪费的现象。大灾之后，减放或蠲逋，就体现王安石的灵活思想，这样可以减轻灾区负担，使他们依靠本地力量渡过难关，避免了地方必须把财物运输中央，受灾后再从中央调拨回来的不必要的辗转。如熙宁四年（1071），政府一次蠲逋欠米166

---

① 杨仲良：《长编纪事本末》卷68《青苗上》，第2211页。
② 《长编》卷225，熙宁四年七月戊子，第5472页。
③ 《长编》卷252，熙宁七年四月己卯，第6157页；卷258，熙宁七年十月壬申，第6273页。
④ 《长编》卷269，熙宁八年十月辛丑，第6600页。

万石,① 据时人苏轼事后追忆,熙宁八年两浙路大灾,检放税米达130万石。② 当然,治标之术很多,王安石在赈灾活动中,也曾自觉不自觉地运用过,但最为主要也最具代表性的就是他的自动调剂之术。王安石在治标问题上,措施也显得比当朝人高明。

王安石的"天变不足畏"和"资之天地"的唯物主义天灾观,与他的治本为主、兼之治标的治灾思想,是其救荒思想的两大特色。

三

王安石的救荒思想,既是对前代人的救荒思想,尤其是前代朴素唯物主义自然观的继承,同时又是他实行改革和具体救灾实践中的产物。他从唯物主义自然观中找到了精神支柱和理论指导,又从实践中找到了解决问题的法宝和利器。他的思路无疑是合乎逻辑的,他的理论在实践中得到检验,证明也基本上是合乎时代发展和要求的。毫无疑问,在当时,甚至整个古代,他的思想都是先进的和可行的。王安石不愧为中国古代伟大的政治家、改革家。

但是,王安石毕竟是中国11世纪的人物,落后的生产力和较低的科学认识水平束缚着他,这使王安石的救荒思想打上了深深的时代烙印,有其一定的进步性,同样也具有很大的局限性。在自然观上,他只注意到"天"与人矛盾的一面,而没有注意到"天"与人统一的一面;只看到了人可以向大自然索取,而忽视了大自然的报复。在社会实践上,由于他的标本兼治的治灾思想是建立在他的自然观基础之上的,所以在发展生产防治灾害中,只考虑到了经济效益,而忽视了生态效益和社会效益,更无视三者的统一。结果,王安石陶醉于"对自然界的胜利"。其实,"对于每一次这样的胜利,自然界都报复了我们。每一次胜利,在第一步都确实取得了我们预期的结果,但是在第二步或第三步,却有了完全不同的、出乎预料的影响,常常把第

---

① 《长编》卷228,熙宁四年十一月甲申,第5541页。
② 赵汝愚:《宋朝诸臣奏议》卷106《上哲宗乞预备来年救饥之术》,第1141页。

一个结果又取消了"。①

历史证明了这一点。宋神宗在位18年，丰收为32次地，年平均指数约为1.8；而灾害为39次地，年平均指数约为2.2。这两个指数都是冠于北宋九朝之首②。"蔑视辩证法是不能不受惩罚的"③，"自然界都报复了我们"。④ 王安石正是忽视了辩证法，他的救荒思想也缺乏辩证性，在实践中没有遏制住天灾的频繁出现，这给反对派留下了口实。特别是熙宁六年到熙宁七年的大旱，使得反对派抓住了借口，在一片"天变可畏"和"旱由安石所致，去安石，天必雨"的叫嚷声中，他第一次被罢相。尽管后又被起用，但很快又被罢免。

但是，瑕不掩瑜，王安石的救荒思想仍然闪耀着时代的光芒，他的这一思想也不失为中国古代救荒史和中国古代经济思想史园地中盛开的绚丽奇葩！至今，仍具有借鉴意义。

原刊于《抚州师专学报》1999年第4期

---

① 马克思、恩格斯：《马克思恩格斯选集》卷4《自然辩证法》，第383页。
② 程民生：《宋代地域经济》，第112—114页。
③ 马克思、恩格斯：《马克思恩格斯选集》卷4《自然辩证法》，第300页。
④ 马克思、恩格斯：《马克思恩格斯选集》卷4《自然辩证法》，第383页。

略论曾巩的经济思想

曾巩是唐宋散文八大家之一,其散文以含蓄典雅、雍容平易而闻名于世。近年来,学术界对曾巩的研究比较重视,有不少论著问世,涉及其散文、诗歌、哲学、史学和交友等方面,但对其经济思想之研究很少。本文拟就曾巩经济思想略陈浅见,欢迎批评指正。

一 曾巩及其生活的社会时代

曾巩(1019—1083),字子固,北宋南丰县(今江西省南丰县)人。嘉祐二年(1057),39岁的曾巩才艰难考上进士,步入仕途。历仕仁、英、神宗三朝,先后任职越州、齐州、襄州、洪州、福州、明州、亳州等地。元丰四年(1081),回到京师,任史馆修撰,后拜中书舍人,两年后病逝,享年65岁。卒后,追谥"文定",世称"南丰"。

曾巩一生仕途偃蹇,进入仕道很晚,又长期在地方上任职,幸委要职,尚未展示才志便死去。因此,曾巩与其生活时代相近的散文家欧阳修、王安石、苏轼、苏辙等人仕宦无以为比,政治作为不大。时人吕公著称其"政事不如文章"[①],可谓中肯之论。

曾巩生活于北宋政治危机与变革的时代。他目睹了北宋前期"积贫积弱"的困局,经历了夭折的庆历新政和阻力重重的王安石变法,如此社会现实不能不引起像曾巩那样有识之士的思想共鸣。但,曾巩

---

① 《宋史》卷319《曾巩传》,第10392页。

所处的社会地位及其个人经历,又决定了他既不可能像范仲淹、王安石等人那样充满改革精神而倡导变革,可也不是像一些士大夫那样一味清谈礼义道德而无所事事,而是关心时政尽力有为,在实践中形成了其以解决财政困难为目的、以节用重农为中心内涵的经济思想。

二　曾巩的经济思想

针对北宋中期国贫民困的危局,曾巩主张节省财政开支,减轻百姓负担,以缓解日益严重的社会矛盾和财政危机。

1. "节用为理财之要"的理财思想

如何解决财政危机,是宋廷上下一直争论的焦点。概括地说,是以"开源"为主,或是以"节流"为主,士大夫们形成了两大主流派别,即以王安石为代表的富有开拓精神的开源派和以司马光为代表的思想保守的节流派。而与王安石同为江西老乡的曾巩,虽同他颇有来往,也曾积极推行过部分新法。如在知齐州任上,曾巩"会朝廷初变法","推法意施行之"。[①] 但总体而言,曾巩的经济思想应归属于保守的节流派。

曾巩认为解决朝廷财政困难的关键在于减少不必要的开支,即"节流"。他说:"用之有节,则天下虽贫,其富易致也……用之无节,则天下虽富,其贫亦易致。"[②] 因此,他高度赞扬古人的节用观念说:"荀卿言富国之道曰节用裕民而善藏其余,节用以礼,裕民以政……所谓节用者,使之出入有度,足以相掩之谓也。善哉!荀卿言富国而先及民者,知本欤!"[③] 针对当时的"三冗"问题,曾巩具体阐述了其节用主张:

---

① 曾巩:《曾巩集》附录《墓志》,第799页。
② 曾巩:《曾巩集》卷30《议经费劄子》,第451页。
③ 曾巩:《曾巩集》辑佚《财用》,第746页。

皇祐、治平岁入，皆一亿万以上，而岁费亦略尽之。景德官一万余员，皇祐、治平皆三万余员，景德郊费六百万，皇祐、治平皆一千万以上，是二者费皆倍于景德。使皇祐、治平入官之门多于景德者，可考而知，皇祐、治平郊费之端多于景德者，可考而知，然后议其可罢者罢之，可损者损之，使岁入如皇祐、治平，而禄吏、奉郊之费同于景德，则二者所省盖半矣。则又以类推而省之，以岁入一亿万计之，所省者十之一，则岁有余财一万万，所省者十之三，则岁有余财三万万，以三十年之通计之，当有余财九亿万，可以为十五年之蓄。自古国家之富，未有及此也。①

在他看来，冗官、郊费消耗了大量资财，直接导致了国家财政紧张，故去冗官、减郊费成为节省财政支出的一个重要方面，朝廷应该"议其可罢者罢之、可损者损之"，则可达到省费富国之目的。

曾巩阐述其节用主张时，也涉及冗军对财政的影响。宋代推行募兵制，庞大军费开支已成为政府的重负，严重影响了经济的发展。曾巩感慨道："害不有大于此［按，指募兵］者耶？"他认为："古者有常农无常兵，今也有常兵无常农，兵日以愈蕃，农日以愈贫，治之所以未孚者以此也"，故最好的解决办法"莫若择旷田，募今投而为兵者伍而耕，暇而隶武，递入而卫，……不先此，吾不识其能为治也已"②。曾巩的节流观点不只是简单地收缩开支，他还强调加强财政管理，严明财经法度。针对当时私人铸币泛滥、币制混乱导致民"有困穷耗费之苦"、国"无丰盈羡给之余"的状况，曾巩提出"不若去四患而立四利。何谓四利？塞兼并一也，严法令二也，禁异物三也，节浮费四也。四利既立，四患可除。当今之宜，莫便于此"③。严明法令、节约用费是解决当前财政困难的最"宜"之举。

---

① 曾巩：《曾巩集》卷31《再议经费劄子》，第456页。
② 曾巩：《曾巩集》辑佚《论贫》，第733—734页。
③ 曾巩：《曾巩集》辑佚《议钱上》，第748页。

曾巩从冗官、冗军、冗费三个方面分析了造成财政困难的原因，并提出了解决办法，不同于一般士大夫的泛泛之论，有一定的见地。对此，宋神宗评价说："巩以节用为理财之要，世之言理财者，未有及此。"①

曾巩还认为"节用"是大小官吏不可推卸的职责，"所省多者，其任责重；所省少者，其任责轻，其所处之分然也"②。在实践中，曾巩积极推行节用措施，并取得了一定的成效。如，他在知明州时，负责修缮州城，"公程工赋，裁省费十六，民不知役而城具"③。

2. 赈乏恤民的社会救济思想

由于剥削严重，灾害频繁，宋代阶级矛盾尖锐，农民起义不断，宋政府的统治陷入危机。为缓解社会矛盾，稳定统治秩序，士大夫们多提倡实施社会救济。曾巩认为复隋唐义仓是进行社会救济的重要举措。他说，由于官吏"往往窃前世恤民之法而为当今之敛民之调"④，使义仓由"以赈乏为本、以恤民为先""岁穰输其余、岁凶受而食之"⑤转而成为害民之"一端"，故他主张"复隋唐之法而建其仓，探隋唐之本而行其义，则恤灾弭患、安民泰俗无大于此者"⑥。

在任地方官期间，曾巩积极推行其社会救济的思想。曾巩通判越州时，"岁饥，度常平仓不足赡，而田野之民，不能皆至城邑。谕告属县，讽富人自实粟，总十五万石，视常平价稍增以予民。民得从便受粟，不出田里，而食有余。又贷之种粮，使随秋赋以偿，农事不乏"⑦。知洪州，"岁大疫，公储药物饮食，在所授病者，民以不夭死。"⑧曾巩不仅自己积极组织社会救济，还鼓励他人也参与社会救

---

① 《宋史》卷319《曾巩传》，第10391页。
② 曾巩：《曾巩集》卷10《洪范传》，第167页。
③ 曾巩：《曾巩集》附录《神道碑》，第803页。
④ 曾巩：《曾巩集》辑佚《议仓》，第751页。
⑤ 曾巩：《曾巩集》卷49《义仓》，第679页。
⑥ 曾巩：《曾巩集》辑佚《议仓》，第751页。
⑦ 《宋史》卷319《曾巩传》，第10390页。
⑧ 曾巩：《曾巩集》附录《神道碑》，第803页。

济实践。如，赵抃在越州救灾成效显著，曾巩专门撰文记述之，其中感叹曰："岂独以慰越人之思，将使吏之有志于民者，不幸而遇岁之灾，推公之所已试，其科条可不待顷而具，则公之泽岂小且近乎！"①

曾巩还注意总结当时社会救济经验，借以阐发自己的思想。他批评时行的常规救灾之法说：耗"粟五百万石"，且"有会集之扰，有辨察之烦，厝置一差，皆足致弊"，而且灾民被迫抛家弃业以得赈济，又使国家"失战斗之民"和"失耕桑之民"。他认为，应一次性贷给灾民足够恢复生产、生活的钱、物，"赐之以钱五十万，贷之以粟一百万石，而事足矣"，不仅耗费少，且"下户常产之贷，平日未有及此者也。彼得钱以完其居，得粟以给其食，则农得修其畎亩，商得治其货贿，工得利其器用，闲民得转移执事，一切得复其业，而不失其常生之计……此可谓深思远虑，为公家长计者也"②。

3. "通者诚是"的通商思想

曾巩认为"农桑贡赋，王道之本也；管榷，王道之末也。善为国者，重其本而轻其末，不善为国者反之"，故他强烈反对朝廷禁榷制度，尤其是对茶、酒、盐的征榷，曾巩多有非议。曾巩说，宋初驰禁政策随着"兵籍即众、他费稍稍亦滋"而"始急"，"言矾课则刘熙古，深茶禁则樊若水，峻酒榷则程能，变盐令则杨允恭，各骋其意，从而助之者寖广。自此山海之入，征榷之算，古禁之尚疏者皆密焉，犹不能以为足也"③。禁榷制度因费用紧张而日密，其病民之结果也就可想而知了。曾巩分析说："宋兴，茶盐之法屡有变易，而茶法几至大坏。天圣初……公私皆失其利焉……至皇祐中……固未免于乖迕也。"④茶、盐禁榷法令日益严密，又轻变其法，才导致上下不便，严重地影响了社会经济的正常发展。因此，曾巩指出：禁茶、盐者

---

① 曾巩：《曾巩集》卷19《越州赵公救灾记》，第317页。
② 曾巩：《曾巩集》卷9《救灾议》，第152页。
③ 曾巩：《曾巩集》卷49《管榷》，第666—667页。
④ 曾巩：《曾巩集》卷49《茶》，第679页。

"则非，而通者诚是也。"①

曾巩反对榷茶、榷盐，也反对榷酒。宋代榷酒之制有三："王城之中，则征其蘖而不征其市；闽蜀之地，则取其税而不禁其私；四方郡国，则各有常榷。"曾巩认为，当时酒法不一，一国之内，其利为一，其法则三，不利于社会稳定、经济发展，故主张"京都之内则宜遵旧常之法；天下郡国则宜通闽蜀之制。无损于课而课以之集，不烦于刑而刑以之省"。②国家仅征收蘖税和交易税，而放松对私人交易的禁令，则上下便利，其利甚大。

4. "重其本而轻其末"的农本思想

受传统儒家思想之影响，曾巩重视农业生产、关心农民疾苦。他说，"夫农，衣食之所由出也。生民之业，莫重焉"；③"农桑贡赋，王道之本也……善为国者，重其本而轻其末，不善为国者反是"④。在为政期间中，曾巩能身体力行之。曾巩通判越州时，"州取酒场钱给牙前之应募者，钱不足，乃使乡户输钱助以助役，期七年止，期尽而责乡户赋输钱如故。公阅文书，得其奸，立罢之，且请下诏约束，毋得擅增募人钱"⑤。知齐州时，"河北发民浚河，调及他路，齐当给夫二万。县初按籍三丁出夫一，巩括其隐漏，至于九而取一，省费数倍"⑥。知洪州，"岁大疫，自州至县镇亭传，皆储药以授病者，其不能具食饮衣衾者，佐以库钱"⑦。罢浮税、括隐漏、救灾荒，减轻农民负担，助民度灾，无一不反映出曾巩的重农思想。

另外，曾巩给后人留下了多达四十余篇的《祈雨文》《谢雨文》《乞晴文》《谢雪文》《追租》等与农业生产活动密切相关的文章，也

---

① 曾巩：《曾巩集》辑佚《议茶》，第744页。
② 曾巩：《曾巩集》辑佚《议酒》，第745页。
③ 曾巩：《曾巩集》卷26《劝农诏》，第405页。
④ 曾巩：《曾巩集》辑佚《议茶》，第743页。
⑤ 曾巩：《曾巩集》附录《墓志》，第798页。
⑥ 《宋史》卷319《曾巩传》，第10391页。
⑦ 曾巩：《曾巩集》附录《墓志》，第799页。

从另一侧面反映了他的重农思想。

三 曾巩经济思想之简评

综观上述，曾巩的经济思想内容较为丰富，所论也切中时弊，在为政期间积极推行其主张。但是，受时代和自身因素制约，曾巩的经济思想始终未能跳出节用、农本、反对禁榷等传统儒家思想之窠臼，缺乏鲜明的时代特色，不能针对当时上下一致关注的焦点问题提出富有创新意识的、切实可行的建议，所论属于老生常谈。对统治者而言，这些主张无法满足其要求迅速扭转财政危机局面之愿望，得不到当权者的赏识和青睐，缺乏实施的政权后盾；对下层百姓而言，它没有解决百姓所迫切要求解决的土地兼并、赋税沉重等问题，得不到群众的拥护和支持，缺乏实现其思想的群众力量。再者，曾巩的经济思想未能构成完整的理论体系，缺乏系统性和完整性，又因出仕较晚，为官不高，没有太多推行其思想的机缘。众多的因素制约了曾巩经济思想的社会影响力，使其与曾巩的文学成就相比黯然失色。

尽管如此，曾巩经济思想毕竟丰富了宋代乃至整个中国古代的经济思想，与中国传统的"节用"等思想一脉相承，同时又赋予了这些传统思想更丰富的内容。它是曾巩思想的重要组成部分，研究它有助于我们更全面、更完整地研究曾巩；也有助于我们对宋代经济思想的整体研究，从而为进一步研究和把握宋代历史诸层面奠定基础，为今天的财政管理提供一定的借鉴作用。

原刊于《中北大学学报》2006年第2期

宋代家庭规模再推算

宋代"户多口少"问题自南宋人李心传发现之后，一直是人们津津乐道的话题之一。史书流传下来的80余则全国性户口统计数据，平均每户最多时2.5口，最少时仅1.4口，[①]明显低于汉唐明清时期户均人口数。这引起了人们对宋代统计资料、户口统计系统、家庭结构与人口规模和成丁数、口数与户数等具体问题的热烈讨论，但至今仍然未有定论。吴松弟《中国人口通史》第三卷《辽宋金元时期》一书，是目前宋代户口问题研究最具分量的成果。是书对20世纪相关研究作了全面系统的梳理，在此基础上，通过细致的研究，得出宋代平均家庭规模约为5.4口。[②]而2000年以来又有学者提出不同的观点：一是程民生。他根据宋人文集中墓志铭与人物传记有关人口的材料进行了统计，提出宋代每个家庭约有子女5人，一个三代同堂的标准家庭约9人，加上一定数量的小家庭和鳏寡孤独，社会平均家庭人口约7人。其中，北方户均人口稍多，约9人；南方户均人口稍少，约6人。史料中宋代户均2口或2个成丁左右的统计记载，不是实际情况，确切地说不是一个同居同财的血缘家庭真实情况。[③]二是王曾瑜。他依据25例不同时期不同地点救灾时人口统计史料，认为宋代家庭人口平均数要比以往高一些，有7口左右。[④]三是邢铁。他提出

[①] 邢铁：《宋代家庭研究》，上海人民出版社2005年版，第6页。
[②] 吴松弟：《中国人口通史》卷3《辽宋金元时期》，第2—6、71—114、162页。
[③] 程民生：《宋代家庭人口数量初探》，《浙江学刊》2000年第2期。
[④] 王曾瑜：《宋代农户平均家庭口数的估计》，《李埏教授九十华诞纪念文集》，云南大学出版社2003年版，第226—230页。

了"宋型家庭"结构,是以中间壮年夫妇为核心、上养老人、下育子女的直系血缘关系组建的"三代五口"之家。① 上述观点,各持有据,但分歧很大。在以直接户口数据和简便的口、户相除方法不能解决分歧时,一些旁证材料和间接的方法,不失为一种办法。笔者根据《宋会要辑稿》兵二之一二至一五中熙宁九年(1076)全国与各路"草、镇市"保丁数,对照《文献通考》卷一一一引《中书备对》②所存的全国与各路户数与丁数,推算出熙宁末年全国与各路多丁户、单丁户的比例,进而解密宋代的家庭结构与人口规模。是否可行,企盼同人指正。

一 登录在籍的保丁人数是两丁户中一丁的总数,而不是主客户的全部男性人口

宋代编排保甲、清查户口,是当时五大户口调查统计制度之一。③ 吴松弟对此已作专门探讨,但他认为保甲簿登记的是主客户的全部男性人口。④ 这种看法是值得商榷的。熙宁三年(1070)十二月上旬,由司农寺制定并颁行的《畿县保甲条例》明确规定:

> 凡十家为一保,选主户有材干、心力者一人为保长;五十家为一大保,选主户最有心力及物力最高者一人为大保长;十大保为一都保,仍选主户有行止、心力材勇为众所伏,及物力最高者二人为都、副保正。应主客户两丁以上,选一丁为保丁;单丁、老幼、疾患、女户等,不以多少,并令就近附保;两丁以上,更有余人身力上装者,亦令附保,内材勇为众所伏,及物产最高

---

① 邢铁:《宋代家庭研究》,第 31—32 页。
② 《文献通考》卷 11《户口二》,第 298—299 页。
③ 吴松弟:《中国人口通史》卷 3《辽宋金元时期》,第 24—162 页。
④ 吴松弟:《中国人口通史》卷 3《辽宋金元时期》,第 52 页。

者，充逐保保丁（长）。①

由此，保甲法清查户口的对象是所有主客户的全部男性人口，而充当保丁者则主要是两丁户中的一丁，登录在籍的也只能是两丁户中的一丁。这一点还可以从反对派的奏议中得到印证。司马光在《乞罢保甲状》中说："今籍乡村人民，二丁取一（丁），以为保甲。"② 在推行中，开封府界、河北、河东、陕西、京东、京西等五路一度"独选主户有二丁者入正保"③，将客户排除在"正保"之外。但至少说明保丁是与多丁户有关。正是保甲法针对的是"两丁之家"④即多丁户，而不是单丁户，所以有的多丁户为了躲避保丁役，而"逐养子、出[赘]婿，再嫁其母而兄弟析居以求免者，有毒其目、断其指、灸烙其肌肤以自至于残废而求免者"⑤。在宋代，残疾人既可免差役、征役，又不被作为"兼丁"来看待。若一家有一成年健康的男丁和成年残疾男丁的话，则此户是可以不服役的。如"管城县民魏定诉两目失明，惟有弟存一丁，祖母年八十一，存选在集校场阅教，乞依条放免"。魏存依法令可以不服差役，失明的魏定之请求是合理合法的，故魏存虽已领取了各种费用，朝廷也不能强留，只得听其自便。⑥ 这个事例说明的恰是"二丁取一丁、以为保甲"的保甲法编排原则。

登录在籍的保丁人数，是主客户的全部男性人口，或是两丁户中一丁的总数，从具体数字可以得到很好的说明。《宋会要辑稿》兵二之一二记载有熙宁九年（1076）全国保丁数：

熙宁九年，府界诸路帐管义勇、保甲并民兵七百一十八万二

---

① 《宋会要辑稿·兵》2之5，第8623页；并据《长编》卷218，熙宁三年十二月乙丑记事校之，第5297页。
② 《文献通考》卷153《兵考五》，第4582页。
③ 《长编》卷267，熙宁八年八月壬子，第6553页。
④ 《长编》卷238，熙宁五年九月己酉，第5795页。
⑤ 《长编》卷361，元丰八年十一月丙午，第8642页。
⑥ 《长编》卷311，元丰四年正月丙辰，第7543页。

千二十八人，（原注曰：不教阅保甲，用九年刺状，余并系十年数。义勇、教阅保甲弓箭手等，隶兵部。）义勇二十四万七千五百三十七人，民兵、保甲六百九十三万四百九十一人。（原注曰：教阅五十六万八百二十七人，不教阅乡村六百二十万三千三百七十四人，草、镇市二十三万五百二十八人，城寨内察奸细一十万二千六百六十二人，团洞六千一百二人。）

《文献通考》简略记曰：

其系籍义勇、保甲及民兵（原注曰：熙宁九年之数。）合七百一十八万二千二十八人。①

《宋史》也有类似文字记曰：

时系籍义勇、保甲及民兵七百一十八万二千二十八人云。（原注曰：熙宁九年之数。）②

据上所记，熙宁九年（1076）全国保丁数（含义勇人数）为7182028人，而这时全国户数为14852684，口为33303889，丁为17846873。③保丁人数仅为总丁数的1/3强。显然，登录在籍的保丁人数，是两丁户中一丁的总数，而不是主客户的全部男性人口。

二 宋代全国的单丁数与多丁数

如上分析，登录在籍的保丁人数是多丁（两丁以上）户中一丁的总数，那么只要知道全国丁数，则全国的单丁数与多丁数是多少，就

---

① 《文献通考》卷153《兵五》，第4582页。
② 《宋史》卷192《兵六》，第4771页。
③ 《文献通考》卷11《户口二》，第298页。

很容易计算出来。

在史书流传下来的80余则全国性户口统计数据资料中,《中书备对》是现存唯一保存有宋代全国户数、口数和丁数等人口资料的重要文献。①《中书备对》现已失传,但有关户口这一珍贵史料仍然残存于《文献通考》中,兹录之如下:

> 天下,总四京一十八路。户,主客一千四百八十五万二千六百八十四。主一千一十万九千五百四十二(原注曰:内四十一万九千五百二十二户,元供弓箭手、僧院道观、山泾、山团、傜、典佃、乔佃、船居、黎户,不分主客、女户,今并附入主户数。),客四百七十四万三千一百四十四(原注曰:内一万五百二十二户,元供交界浮居散户、蕃部无名目户,今并附入客户数。)口,主客三千三百三十万三千八百八十九,主二千三百四十二万六千九百九十四(原注曰:内六十八万三千八百八十三口,元供弓箭手、山傜、童行、僧道、蜑船居、黎户,今入主口数。),客九百八十七万六千八百九十五(原注曰:内一万一百二十八口,元供浮居散户,今入客户数。)。丁,主客一千七百八十四万六千八百七十三,主一千二百二十八万四千六百八十五(原注曰:内二十九万八千二百七十五口,不分主客。),客五百五十六万二千一百八十八。

需要说明的是,这个户口数据的系年,学术界认识是有分歧的:一是马端临的"元丰"说②,二是徐东升的熙宁十年(1077)说③,三是陶文牛元丰二年(1078)说④。笔者认为,徐东升的熙宁十年

---

① 陶文牛:《〈中书备对〉户口资料解析》,《首都师范大学学报》(社会科学版)2006年第4期。
② 《文献通考》卷11《户口二》,第298页。梁方仲《中国历代户口、田地、田赋统计》(甲表36)据《文献通考》定为"元丰初年"。
③ 徐东升:《毕仲衍〈中书备对〉户口年代考》,《中国社会经济史》2004年第2期。
④ 陶文牛:《〈中书备对〉户口资料解析》,《首都师范大学学报》(社会科学版)2006年第4期。

（1077）说比较可靠的。即使三者都对，但由于相差年份很近，对我们的研究影响是不大的。

据前所引，熙宁九年（1076）保丁数（含义勇人数）为 7182028 人，其中三丁户出一丁①的义勇数为 247537 人，两丁户出一丁的保甲、民兵数为 6930491 人②，当时全国（实际是河北、河东、陕西三路）三丁总人数为义勇数（247537 人）的 3 倍，即 742611 人；当时全国两丁总人数为保甲、民兵数（6930491 人）的 2 倍，即 13860982 人。熙宁十年（1077）人丁数为 17846873 人，除去非单丁人数 14603593 人，则当时单丁数为 3243280 人。单丁数占全国总丁数的 18.17%，而非单丁数则占 81.83%。这种推算是否合理，有待下文进一步考证。

三　宋代全国与各路的单丁户与多丁户

若称一户只有一丁称为单丁户，有两丁以上户称为多丁户，则熙宁九年（1076）单丁数为 3243280 人，占全国总户数（14852684 户）的 21.84%；多丁户应为总户数（14852684 户）减去单丁户（3243280 户），即 11609404 户，约占 78.16%。这表明在宋神宗熙宁末年，多丁户是占多数，大约为总户数的 3/4，而单丁户仅占 1/4 左右。这是一种算法。

另一种算法是：既然保甲是两丁户出一丁（或三丁户出一丁为义勇），那么一个保丁就代表一户多丁户，整个保丁人数就是多丁（两丁以上）户总数。这样，宋神宗熙宁末年多丁（两丁以上）户为 7182028 户，而单丁户则是总户数 14852684 户减去多丁（两丁以上）户（7182028 户），即 7670656 户，占总户数的 51.64%，多丁户占

---

① 据《宋史》卷 191《兵五》第 4740、4733 页记，义勇是由"主户三丁以上充，不拘户等"，"三丁选一，六丁选二，九丁选三，年二十至三十材勇者充"。

② 所谓的"民兵"，对照原引文的注文，主要是指按保甲方式编排的"城寨内察奸细一十万二千六百六十二人，团洞六千一百二人"。实际上也是保丁，所占人数很少，对结算结果影响不大。

48.36%。这种算法，虽与前一种结果有较大差别，但可以看出宋代多丁户约占总户数的一半，宋代家庭结构还不能说是以单丁户为主的社会。

这两种算法从逻辑上看是没问题的，但结果不一样的原因是很多的，其一是保丁数系年与户丁数系年的不完全统一。其二是《文献通考》所载丁、户数对比为1.20，与宋代实际社会相差太大。在当时没有节育和严格限制析户分烟①的条件下，大多数家庭一家只有一丁是不可能的。其三是宋代户口统计方法的问题。在熙宁五年（1072）保甲法出台以前，宋代户口统计主要任务是查财产、别户等、摊赋税，很少去清查丁数的。更何况宋代实行募兵制，多数情况下没有必要为了征兵而查成丁。所以，传世的宋代户口数据中很少有成丁数，《文献通考》卷一一所保存的有成丁数的户口数据，正是在保甲法实施以后的统计，也是现存唯一有宋代全国户数、口数和成丁数等人口资料的重要文献。②应该说，这次统计结果是不准确的，尤其是对成丁数的统计，在以前没有出生年月和年龄登记的前提下，凭地方官肉眼直观判断，是很成问题的。这有可能造成成丁数据偏少。其四是保甲法实施后的问题。"保甲一定，则诡名、漏附皆可根括"③，对此前诡名隐户的清查有一定的作用。这引起多丁户家庭的恐慌，有些多丁户"逐出养子、出［赘］婿，再嫁其母而兄弟析居以求免者，有毒其目、断其指、灸烙其肌肤以至于残废而求免者"④。为逃避充当保丁而自残，这是比较极端的现象。有的多丁户被迫而析户，变成单丁户。这有可能造成户数增多。同时，有些地方官为了推行保甲，邀功请赏，将单丁户视作多丁户而出保丁，或者虚报保丁数，从而造成某

---

① 窦仪等：《宋刑统》卷12《户婚律》，中华书局1984年版，第192页，规定："诸祖父母、父母在，而子孙别籍异财者，徒三年"；《长编》卷10，开宝二年八月丁亥，第231页，记："父母在而别籍异财者"，处死。

② 陶文牛：《〈中书备对〉户口资料解析》，《首都师范大学学报》（社会科学版）2006年第4期。

③ 《长编》卷246，熙宁六年八月丁丑，第5990页。

④ 《长编》卷361，元丰八年十一月丙午，第8642页；又见《文献通考》卷153《兵考五》，第4583页。

些地方（如京西路）多丁户偏多的现象。其四计算方法的问题。两种计算方法是：

第一种，多丁户＝总户数－单丁户数，而单丁户数＝单丁数，单丁数＝全国总丁数－多丁数，多丁数＝保丁数×2＋义勇数×3。后者简化为：多丁户＝总户数－{全国总丁数－（保丁数×2＋义勇数×3）}。

第二种，多丁户＝保丁数。

这两种计算方法有加减和倍乘之别的，尤其是前者经过多步骤计算，既有加减关系，又有倍乘关系，多个数据存在多个误差，而倍乘关系又放大误差，因此是影响计算结果的。

全国情况如此，地方各路情况怎样呢？令人高兴的是，《文献通考》卷一一《户口二》与《宋会要辑稿》兵二之一二至一五又分别保存了全国各路的户数、丁数和保甲人数。根据这些记载，特制成下表。

熙宁末年全国各路单丁户与多丁户对比分析

区域	保甲（含义勇）数	多丁数	丁数	户数	多丁户	多丁户比重
全国	7182028（247537①）	14356056	17846873	14852684	11361867/7182028	76.50%/48.36%
开封府界	73718	147436	212493（主）	171324（主）	?	?
京东东路	346103	1259986	1523247	1370800	1107539/629993	80.80%/45.96%
京东西路	283890					
京西南路	241065	935070	670363	651742	?/467535	?/71.74%
京西北路	226470					
河北东路	161725（36218）	751246	979358	984195	756083/334631	76.82%/34%
河北西路	172906（45766）					

---

① 义勇总数与河北东路、河北西路、永兴军路、秦凤等路和河东路5路义勇数，又见《宋史》卷191《兵五》，第4740页。

续表

区域	保甲（含义勇）数	多丁数	丁数	户数	多丁户	多丁户比重
永兴军路	233740（87978）	672464	1493587	962318	141195/400211	14.67%/41.59%
秦凤等路	166471（39980）					
河东路	139233（3595）	278466	449852	450869	279483/139233	61.99%/30.88%
淮南东路	385972	1502712	1472606	1079054	?/751356	?/69.63%
淮南西路	365384					
两浙路	800770	1601540	1927559	1830096	1504077/800770	82.19%/43.76%
江南东路	568813	1137626	1205161	1073760	1006225/568813	93.71%/52.97%
江南西路	674806	1349612	1265127	1365533	?/674806	?/49.42%
荆湖南路	443161	886322	945479	811057	751900/443161	92.71%/54.64%
荆湖北路	344058	688116	493150	589302	?/344058	?/58.38%
福建路	487507	975014	1350949	992087	616152/487507	62.11%/49.14%
成都府路	310552	621104	955744	771533	436893/310552	56.63%/40.24%
梓州路	219355	438710	680198	261585（主）	?/219355	?
利州路	115382	230764	339978	301991	192777/115382	63.84%/38.21%
夔州路	91172	182344	320087	68375（主）	?/91172	?

续表

区域	保甲（含义勇）数	多丁数	丁数	户数	多丁户	多丁户比重
广南东路①	213780	427560	997806	565534	?/213780	?/37.80%
广南西路	69994	139988	692990	242109	?/69994	?/28.91%

按，由于开封府界、梓州路与夔州路3路只有主户的数据，因此无法统一计算，相应的数据只好阙如。

从上表统计看，各路多丁数与多丁户的比重差别很大。按第一种算法，京西路、淮南东路、江南西路、荆湖北路竟然没有单丁数和单丁户，这些路分的相应数据无法计算。这显然是不可能的事情，表明第一算法是不可用的，已计算的结果是不符合历史真实的。所以，我们只好采取第二种算法和结果。

按照第二种算法和统计结果不难发现，各路的多丁户比重差别较大，京西路高达71.74%，而最低的广南西路只有28.91%。整体而言，在北方路分中，只有京西路多丁户比重在全国平均数以上，而河北路、陕西、河东、京东路均在全国平均数以下，京东路是比较接近全国平均数的。在南方路分中，淮南路、江南东路、江南西路、荆湖南路、荆湖北路与福建路等，多丁户比重在全国平均数以上，两浙路与成都府路接近全国平均数，利州路、广南东路与广南西路多丁户比重在全国平均数以下。

这种差别是可以大致反映当时的实际情况的，在当时，北方是保甲法推行的重点，开封府界、河北、河东、陕西、京东、京西等路一度"独选主户有二丁者入正保"②，而开封府界、河北、河东、陕西

---

① 广南东路驻泊都监杨从先言："本路枪手万四千，今排保甲，若两丁取一，得丁二十五万八千，若三丁取一，得丁十三万四千。自少计之，犹十倍于枪手。愿委路分都监二员，分提举教阅。"由此看，广南东路的多丁户也是很多的，但由于无对应年份的户数，无法计算比重。兹录之以作参考。详见《长编》卷246，熙宁六年八月壬申，第5988页。

② 《长编》卷267，熙宁八年八月壬子，第6553页。

等路的保甲丁要参与定期"教阅"①即军事训练，对广大百姓而言是一种十分沉重的负担。前面所说的"自残"和"析户"以逃避充当保丁的现象，应当是这些路。多丁户析为单丁户，使户数增多而保丁数相应减少，多丁户比重自然很低。而南方编排的保甲，除了与北方一样相互监视和"捕盗"外，没有"教阅"的苦差事，"自残"和"析户"的现象应当少一些，多丁户比重自然较高。在南方路分中，利州路、广南东路与广南西路3路，由于经济落后，家庭规模小，多丁户少，多丁户比重很低。

四　宋代全国与各路的家庭规模再估计

根据上文分析，至少在宋神宗时期，多丁户与单丁户比重大体相当。单丁户家庭，应该是前面邢铁所说的"宋型家庭"，是以中间壮年夫妇为核心、上养老人、下育子女的直系血缘关系组建的"三代五口"之家。②其人口规模为5口。而约占全国一半的多丁户家庭，是以中间壮年兄弟夫妇为核心、上养老人、下育子女的直系和旁系血缘关系并存的复合型"三代"之家，这样家庭的人口规模当在7—9口，至少在7口以上。这种家庭结构与人口规模，是与宋代法律规定"父母在"禁止成年兄弟"别籍异财"③社会情况是大体相符的。

各路的家庭结构与人口规模基本概况是，北方各路的家庭结构与人口规模在保甲法施行前后有明显变化，之前多丁户应与单丁户相差无几，"三代五口"与"三代七口"之家各半；之后，多丁户少于单丁户，"三代五口"之家占多数。而南方各路家庭结构与人口规模受保甲法影响不大，多丁户与单丁户、"三代五口"与"三代七口"之

---

① 《宋会要辑稿·兵》2之12—15，第8628—8630页。参与"教阅"的开封府界、河北、河东、陕西等路保丁累计为570825人，占保这几路保丁累计数947793的60%。当时保甲法规定保丁"教阅"的地区就是上述几路。

② 邢铁：《宋代家庭研究》，第31—32页。

③ 《长编》卷10，开宝二年八月丁亥条，第231页，记："父母在而别籍异财者"，处死。

家各半。

总之，根据《宋会要辑稿》兵二之一二至一五中熙宁九年（1076）全国与各路"草、镇市"保丁数，对照《文献通考》卷一一一《户口一》引《中书备对》所载的户数、丁数，我们发现：与其一定要说宋代家庭人口规模是5口或7口，倒不如说宋代家庭人口规模是5口和7口之家并存，各占一半。

原刊于《中国社会经济史研究》2008年第4期

宋代镇市、草市户口及其有关问题

在宋代，所谓的镇是指"地要不成州"和军、"民聚不成县而有税课者"，"或以官监之"。① 草市，又叫墟市（在宋代岭南地区），是进行交换活动的最为古老的形式。其名始见于东晋南朝。② 作为乡村商品交易定期场，它一般环绕州、军与县城而设。如，真德秀曾称"建康府南门之外有草市，谓之城南厢，环以村落。谓之第一都，第二都，第三都，皆隶本府江宁县"。镇市、草市，直接与广大乡村有着密切联系，在宋代都有了较为广泛的发展。③ 居住在镇市、草市的民户，一般被视为宋代"坊郭户"的一部分，而不属于乡村户。④ 学界对宋代镇市、草市户有所注意⑤，但是由于缺乏资料，其研究尚有进一步深入的必要。笔者在《宋会要辑稿》兵二之一二至一五中发现了记有熙宁九年（1076）全国与各路"草、镇市"保丁的资料，根据这一材料，我们得出了不同于以往研究的结论。不当之处，欢迎批评指正。

---

① 高承撰：《事物纪原》卷7《州郡方域部三十五·镇》，第357—358页。
② 漆侠：《中国经济通史·宋代经济卷（下）》，经济日报出版社1999年版，第1072页。
③ 漆侠：《中国经济通史·宋代经济卷（下）》，第1069页。
④ 郭正忠：《两宋城乡商品货币经济考略》，经济管理出版社1997年版，第92页。
⑤ 郭正忠《两宋城乡商品货币经济考略》（第82页）一书，列有"宋代部分镇市人口表"，共列举了15个镇市的户数。漆侠《中国经济通史·宋代经济卷（下）》（第1066页）一书，估计宋神宗元丰年间镇市户约有66万户，占当时1600万户的4.13%。

一 《宋会要辑稿》中关于"草、镇市"保丁详细记载的资料

为了便于解读这一史料，兹将保存在《宋会要辑稿》兵二之一二至一五中载有熙宁九年（1076）全国与各路"草、镇市"保丁的资料全文录之如下：

熙宁九年，府界诸路帐管义勇、保甲并民兵七百一十八万二千二十八人，（原注曰：不教阅保甲，用九年刺状，余并系十年数。义勇、教阅保甲弓箭手等，隶兵部。）义勇二十四万七千五百三十七人，民兵、保甲六百九十三万四百九十一人。（原注曰：教阅五十六万八百二十七人，不教阅乡村六百二十万三千三百七十四人，草、镇市二十三万五百二十八人，城寨内察奸细一十万二千六百六十二人，团洞六千一百二人。）

开封府界，保甲七万三千七百一十八人。（原注曰：教阅七万六百四十二人，不教阅草、镇市三千七十六人。）

京东东路，保甲三十四万六千一百〇三人，不教阅。（原注曰：乡村三十万八千三百八十四人，草、镇市七千七百一十九人。）

京东西路，保甲二十八万三千八百九十人，不教阅。（原注曰：乡村二十七万六千五百三十八人，草、镇市九千三百五十二人。）

京西南路，保甲二十四万一千六十五人，不教阅。（原注曰：乡村二十三万二千五百五十八人，草、镇市八千五百七人。）

京西北路，保甲二十二万六千四百七十人，不教阅。（原注曰：乡村二十一万七千二百三十三人，草、镇市九千二百三十七人。）

河北东路，义勇三万六千二百一十八人，保甲一十二万五千五百七人。（原注曰：教阅九万六千七十六人，不教阅草、镇市

一万六千三百一十三人,城寨内察奸细一万三千一百一十八人。)

河北西路,义勇四万五千七百六十六人,保甲一十二万七千一百四十人。(原注曰:教阅十万四千四百九十二人,不教阅草、镇市三千二百五十六人、城寨内察奸细一万九千三百九十三人。)

永兴军等路,义勇八万七千九百七十八人,保甲一十四万五千七百六十二人。(原注曰:教阅一十二万四百六十一人,不教阅乡村七千九百三十四人,草、镇市五千七百一十二人,城寨内察奸细一万一千六百五十五人。)

秦凤等路,义勇三万九千九百八十人,保甲一十二万六千四百九十一人。(原注曰:教阅六万三千九百五十八人,不教阅草、镇市二万一千九百九十二人,城寨内察奸细四万四百四十一人。)

河东路,义勇三千五百九十五人,保甲一十三万五千六百三十八人。(原注曰:教阅一十一万五千一百九十六人,不教阅乡村三千八人,草、镇市二千四百十八人,城寨内察奸细一万七千九百五十。)

淮南东路,保甲三十八万五千九百七十二人,不教阅。(原注曰:乡村三十六万七千四百九十六人,草、镇市一万八千四百七十六人。)

淮南西路,保甲三十六万五千三百八十四人,不教阅。(原注曰:乡村三十四万九千九百一十人,草、镇市一万五千四百七十四人。)

两浙路,保甲八十万七百七十人,不教阅。(乡村七十九万六千三百一十四人,草、镇市一万四千四百五十六人。)

江南东路,保甲五十六万八千八百一十三人,不教阅。(原注曰:乡村五十六万二百六十人,草、镇市八千五百四十五人。)

江南西路,保甲六十七万四千八百六人,不教阅。(原注曰:乡村六十五万七千七百四十七人,草、镇市七千五十九人。)

荆湖南路,保甲四十四万三千一百六十一人,不教阅。(原注曰:乡村四十三万五千九百二十五人,草、镇市七千一百八十六人。)

> 荆湖北路，保甲三十四万四千五十八人，不教阅。（原注曰：乡村三十三万八千四百三十八人，草、镇市五千六百一十八人。随团河排到保甲七千一百人不在此数。）
>
> 福建路，保甲四十八万七千五百七人，不教阅。（原注曰：乡村四十七万八千四百十七人，草、镇市九千九十人。）
>
> 成都府路，保甲三十一万五百五十二人，不教阅。（原注曰：乡村三十一万六百二十一人，草、镇市八千九百三十一人。）
>
> 梓州路，保甲二十一万九千三百五十五人，不教阅。（原注曰：乡村二十万七千二百三十九人，草、镇市一万二千一百一十六人。）
>
> 利州路，保甲一十一万五千三百八十二人，不教阅。（原注曰：乡村一十一万一千二百六人，草、镇市二千一百七十六人。）
>
> 夔州路，保甲九万一千一百七十二人，不教阅。（原注曰：乡村八万五千八百三十一人，草、镇市五千三百四十一人。）
>
> 广南东路，保甲二十一万三千七百八十人，不教阅。（原注曰：乡村一十九万九千五百九十六人，镇市一万四千一百八十四人。）
>
> 广南西路，保甲六万九千九百九十四人，不教阅。（原注曰：乡村六万五千七百一人，镇市四千二百九十三人。）

上录材料，除详见于《宋会要辑稿》兵二之一二至一五外，在其他文献中也有零星记录。如，《文献通考》记曰：

> 其系籍义勇、保甲及民兵（原注曰：熙宁九年之数。）合七百一十八万二千二十八人。[1]

《宋史》也有类似文字记曰：

> 时系籍义勇、保甲及民兵七百一十八万二千二十八人云。

---

[1] 《文献通考》卷153《兵五》，第4582页。

（原注曰：熙宁九年之数。）①

按，《文献通考》、《宋史》所载，仅仅是熙宁九年（1076）义勇、保甲及民兵的总数，对研究镇市、草市户口价值不大。此外，《宋会要辑稿》兵二之三八还提到"熙宁中"河北、河东、陕西三路与开封府界义勇、保甲数"七十余万丁"。这个数字是上述开封府界，河北东、西路，河东路，永兴军等路与秦凤等路义勇、"教阅"保甲累计数（784362）的约数。这三则史料，虽有缺陷，但可以旁证《宋会要辑稿》兵二之一二至一五所载是可信的。

二 保甲法的编排方式

《宋会要辑稿》兵二之一二至一五所载材料是否可靠，除从上文文献角度分析外，还必须由以下史实角度来分析。因为上面的录文，涉及一个重要的问题，即保甲法的编排方式，镇市、草市保丁的归属问题。关于宋神宗时期保甲法的研究，学术界已经充分。② 这里就保甲法的编排方式，镇市、草市保丁的归属问题略作重述。熙宁三年（1070）十二月颁布的《畿县保甲条制》规定：

> 凡十家为一保，选主户有材干、心力者一人为保长；五十家为一大保，选主户最有心力及物产最高者一人为大保长；十大保为一都保，仍选主户有行止、材勇为众所伏者二人为都、副保正。凡选一家两丁以上，通主客为之，谓之保丁，但推以上皆充。单丁、老幼、疾患、女户等，并令就近附保；两丁以上，更有余人身力少壮者，亦令附保，内材勇为众所伏，及物产最高

---

① 《宋史》卷192《兵六》，第4771页。
② 邓广铭：《北宋政治改革家王安石》，第217—241页；漆侠：《王安石变法》（增订本），第116—120页；吴泰：《宋代"保甲法"探微》，《宋辽金史论丛》（第二辑），中华书局1991年版，第178—200页。

者，充逐保保丁……①

镇市、草市户也推排保甲，保丁不编入乡村都保。熙宁七年（1074）三月，宋神宗下诏："诏京城门外草市百姓亦排保甲。"②次月，宋神宗又诏："诸城外草市及镇市内保甲，毋得附入乡村都保，如共不及一都保者，止令厢虞候、镇将兼管。从司农寺请也。"③

在推排保甲中，宋政府严格规定：保甲"依义勇置籍"，排定保甲时不许"漏丁"，告发"漏丁"者"给赏"。④

根据上述记载史实，对照《宋会要辑稿》兵二之一二至一五所载"草镇市"与"乡村"数据对举情况，我们可以下结论：《宋会要辑稿》兵二之一二至一五的记载是准确可靠的。

三　宋代镇市、草市户数问题

据上文分析，既然推排保丁"通主客为之"，拥有保丁的户为"两丁上"户，而每户又仅有一丁充保丁，由此可知熙宁九年（1076）全国两丁以上的户为6930491户，三丁以上的义勇为247537户，草、镇市两丁以上的户为230528户。两丁以上的草、镇市户数仅仅占全国的3.326%。若将单丁户因素考虑在内，当时全国户口为14852684⑤，按此比例推算，则全国草、镇市户约有484197户，比漆侠估计的宋神宗元丰年间镇市户（不包括草市户）66万户要低1/3。由此看，漆侠所估计的宋神宗元丰年间镇市户是过高了。

由于各地经济的差异，草、镇市户数多少也是不一样的，这从草、镇市保甲数可以看出。试看下表。

---

① 《长编》卷218，熙宁三年十二月乙丑，第5297页；《宋会要辑稿·兵》2之6，第8624页。
② 《长编》卷251，熙宁七年三月庚申，第6129页。
③ 《长编》卷252，熙宁七年夏四月甲午，第6177页。
④ 《宋会要辑稿·兵》2之9，第8626页。
⑤ 《文献通考》卷11《户口二》，第298页。

熙宁九年（1076）全国及各路草、镇市保甲数统计分析

区域	原总数	义勇	保甲 原总数	保甲 教阅	保甲 不教阅 乡村	保甲 不教阅 草、镇市	保甲 不教阅 城寨内繁奸细	保甲 不教阅 团洞	草、镇市所占比例	备注
全国	7182028	247537	6930491	560827	6203374	230528	102662	6102		保甲5分项数字累计，比原总数多173002
开封府界	73718	0	73718	70642	0	3076	0	0		
京东东路	346103	0	346103	0	338384	7719	0	0		
京东西路	283890	0	283890	0	276538	9352	0	0		
京西南路	241065	0	241065	0	232558	8507	0	0		
京西北路	226470	0	226470	0	217233	9237	0	0		
河北东路	161725	36218	125507	96076	0	16313	13118	0		
河北西路	172906	45766	127140	104492	0	3256	19393	0		保甲3分项数字累计，比原总数少1
永兴军路		87978	145762	120461	7934	5712	11655	0		
秦凤等路		39980	126491	63958	0	21992	40441	0		
河东路		3595	135638	115196	3008	2448	17956	0		
淮南东路	385972	0	385972	0	367496	18476	0	0		
淮南西路	365384	0	349910	0	15474	0	0	0		

续表

区域	原总数	义勇	保甲 原总数	保甲 教阅	不教阅 乡村	不教阅 草、镇市	不教阅 城寨内察奸细	不教阅 团洞	草、镇市所占比例	备注
两浙路	800770	0	800770	0	796314	14456				
江南东路	568813	0	568813	0	560260	8545	0	0		
江南西路	674806	0	674806	0	657747	17059	0	0		
荆湖南路	443161	0	443161	0	435925	7186	0			乡村与草、镇市人数累计，比原总数少2人。随团洞排到保甲7100人不在原总数
荆湖北路	344058	0	344058	0	338438	5618	0	7100		
福建路	487507	0	487507	0	478417	9090	0			
成都府路	310552	0	310552	0	301621	8931	0			
梓州路	219355	0	219355	0	207239	12116	0			
利州路	115382	0	115382	0	111206	2176	0			保甲2分项数字累计，比原总数少2000
夔州路	91172	0	91172	0	85831	5341	0			
广南东路	213780	0	213780	0	199596	14184	0			
广南西路	69994	0	69994	0	65701	4293	0			

由上表统计看，各路草、镇市保甲数所占比例高低不同，差别很大。北方的开封府界、京西南路、京西北路、河北东路、永兴军等路、秦凤等路和南方的广南东路、广南西路、夔州路、梓州路、淮南东路、淮南西路12路比例，明显高于全国平均数。其中，北方的开封府界与河北路、河东路和陕西路等5路，是当时保甲法施行的重点，推行的力度很大，不仅要编排保甲，而且要教阅，大概隐漏的情况很少，草、镇市保甲数所占比例自然高一些；而河东路偏低，与经济落后有关。再者，北方河北路、河东路和陕西路等5路乡村又同时推行义勇法，三丁以上户编入义勇而非保甲，致使保丁总数减少，相反草、镇市保丁数不变，故二者比例会高于没有推行义勇的其他诸路。北方的京西南路、京西北路与南方淮南东路、淮南西路4路草、镇市保甲数所占比例高，原因是近京师，保甲法推行的力度大。南方的广南东路、广南西路、夔州路与梓州路4路，经济落后，草、镇市保甲数所占比例较高，与这些路的家庭结构有关。关于这一问题，笔者拟做另文专门讨论，这里点到为止。

总之，通过对《宋会要辑稿》兵二之一二至一五所载熙宁九年（1076）全国与各路"草、镇市"保丁数据的分析，我们惊奇地发现：草、镇市两丁以上的户为230528户，两丁以上的草、镇市户数仅占全国的3.326%，而不是学界所估计的16.3%或7%。若按此比例推算，则全国草、镇市户约有484197户，比学界估计的宋神宗元丰年间镇市户（不包括草市户）66万户要低1/3。由此看来，对宋代草、镇市的经济整体上还不能作过高的评价，而各地的情况也因地而异。

原刊于《河北大学学报》2008年第3期

唐、北宋时期今河南对应区域政区之演变

——基于不同视野的考察

在我国古代历史研究中，相邻的王朝通常被学者们置于一个研究单元，于是出现了许多跨朝代的专题研究，如秦汉史、魏晋南北朝史、隋唐史、汉唐史、宋明理学、明清史等。而学术界将唐宋两个朝代放在一起进行研究的主要有二：其一，中国历史地理学界流行的唐宋政区"道路制度"① 时期说或汉唐宋政区制度"州道路制时期"说②。中国历史地理学界的这种说法，是从唐宋一级区划制度类似的角度提出的。其二，宋史学界近年来极力强调的"唐宋变革论"③。在宋史学界，近年来我国学者比较乐意接受20世纪40年代日本学者内藤湖南提出的"唐宋变革论"，并极力倡导之。宋史界普遍认为，由"强唐"到"富宋"，中国传统社会的政治、经济、军事、文化等几乎所有领域都发生了深刻的变革。这两种视野，其实差别很大，前者强调共性，后者提倡差异。仁者见仁，智者见智，并非怪事。那么，仅就唐宋时期政区而言，究竟是同还是异呢？笔者无力比较唐宋时期全国的政区，仅仅选择唐代和宋代共辖的区域——今天河南省作

---

① 邹逸麟：《中国历史地理概述》，上海教育出版社2007年版，第181页；周振鹤：《中国行政区划通史》（总论卷），复旦大学出版社2009年版，第51页。

② 张全明：《中国历史地理学导论》，华中师范大学出版社2006年版，第179页。

③ 参见李华瑞主编《"唐宋变革"论的由来与发展》，天津古籍出版社2010年版，第1—62页；李庆《关于内藤湖南的"唐宋变革论"》，《学术月刊》2006年第10期。

为立足点,①试图探究具体时空范围内政区的某些变化,欢迎批评指正。

一 今河南在唐宋时期一级政区的划分

1. 今河南在唐代一级政区的划分

(1) 监察区制—道制区划体系下今河南的一级区划。

唐代一级政区制度前后有变化,安史之乱以前实行道制。道制不是严格意义上的政区制,而是监察区制。唐太宗贞观元年(627),"始于山河形便,分为十道"②,即关内、河南、河东、河北、山南、陇右、淮南、江南、剑南、岭南。由于贞观10道范围太大,唐玄宗开元二十一年(733),又在其基础上,将全国析置为15道,即以内地领县最多的江南道析分为江南东、江南西及黔中3道;以两京所在之要地的关内道析分出京畿道;自河南道析分出都畿道;以地处京师之侧的山南道析分为山南东及山南西两道;加上原有所设道区,共计15道。③在监察区制—道制区划体系下,今天的河南分属4个道区,据《新唐书·地理志》④统计,具体如下(见表1)。

---

① 关于唐宋时期政区研究,最重要的成果是:李昌宪:《中国行政区划通史》(宋西夏卷),复旦大学出版社2007年版。该专著在论述到宋代京西北路、南路等路、州府与县时,涉及今河南的政区,但不是专门研究宋代的河南政区。另外,陈长征《唐宋地方政治体制转型研究》(山东大学出版社2010年版)一书,重点探讨唐后期、五代与北宋地方政治体制变更和因袭,但对政区着墨不多。

② 《旧唐书》卷38《地理一》,第1384页;《新唐书》卷37《地理一》,第959页。

③ 《旧唐书》卷38《地理一》,第1384—1385页;《新唐书》卷37《地理一》,第959—960页。

④ 详见《新唐书》卷38《地理二·河南道》,第981—990页;《新唐书》卷39《地理三·河北道》,第1009—1010、1012—1013页;《新唐书》卷40《地理四·山南道》,第10311—1032页;《新唐书》卷41《地理五·淮南道》,第1054、1056页。

表1 唐朝前期今河南境内分道情况

道名	所辖地区	治所	大致对应现代地名
河南	河南府（东都）	河南	洛阳
	汝州	梁县	汝州
	陕州	陕县	三门峡西
	虢州	弘农	灵宝
	滑州	白马	滑县东
	郑州	管城	郑州
	许州	长社	许昌
	陈州	宛丘	淮阳
	蔡州	汝阳	汝南
	汴州	浚仪	开封
	宋州	宋城	商丘
河北	孟州	河阳	孟州南
	怀州	河内	沁阳
	相州	安阳	安阳
	卫州	汲县	卫辉
	澶州	顿丘	内黄东南
山南	唐州	泌阳	泌阳
	邓州	穰县	邓州
淮南	光州	定城	潢川
	申州	义阳	信阳西北
小计	20 州		

注：表1所列诸州是指这些州的治所在今天河南境内的州。

今河南境内分属唐代河南、河北、山南与淮南4道，20州（州治在今河南境内），共辖132县（县治在今天河南的县。下文将专门讨论）；另有现属今河南，但唐代分属于河南道濮州（州治不在今河南）的濮阳（今濮阳南）、范县（今濮阳市东北旧城南）2县，河南道曹州（州治不在今河南）的考城（今民权西）1县，河南道亳州（州治不在今河南）鹿邑（今鹿邑西）、真源（今鹿邑县东）、永城、酂县（今永城市西酂城镇）4县，河南道颍州（州治不在今河南）的沈丘（今沈丘）1县，和河北道魏州（州治不在今河南）的内黄（今内黄）、临河（今浚县东北）、昌乐（今南乐西北）3县，凡11县，共143县。

从表1来看，在唐代监察区制—道制区划体系下，今天的河南分属于唐代的河南、河北、山南与淮南4个道区，只有河南、河北2道，即唐朝时期黄河南北各州相对联体成大块。这与唐代前期"山河形便"① 区划理念是一致的。

（2）军事割据区之下的今河南一级区划。

唐肃宗至德之后，"中原用兵，刺史皆治军戎，遂有防御、团练、制置之名。要冲大郡，皆有节度之额；寇盗稍息，则易以观察之号"②。安史之乱以后，唐朝政区逐渐演变为方镇（或称节度使辖区）—州—县三级制。方镇长官节度使集军事、行政、财政大权于一身，多为武将出身，小者统辖四五州，大者十余州，甚至一节度使兼领两三个节度使区，并兼民政、财政事务，而原有道采访使无法行使其职权，节度使遂成为实际上的地方最高行政长官。唐朝原来的道已名存实亡，实被方镇取而代之。至宪宗元和二年（807），全国共有方镇47个③，下辖295个州府，1453个县④。自此，大小藩镇割据各地，形成了"方镇相望于内地，大者连州十余，小者犹兼三四"州的局面⑤。节度使区方镇的扩展，打乱了唐代前中期以道为单位的大监察区制度，为唐末五代的大分裂埋下了祸根。

地处中原大地的河南藩镇属于中原防遏型的，与河朔割据型、边

---

① 《旧唐书》卷38《地理一》，第1384页；《新唐书》卷37《地理一》，第959页。
② 《旧唐书》卷38《地理一》，第1389页。
③ 李吉甫：《元和郡县图志·序》载为"凡四十七镇"。中华书局1983年版，第2页。《旧唐书》卷14《宪宗上》记，"史官李吉甫撰《元和国计簿》，总计天下方镇凡四十八"。《旧唐书》卷38《地理一》详细列举了各节度使名称、治所、辖区，累计为47镇。《旧唐书》所谓"四十八"镇，概包括"邓唐节度使"。据《旧唐书》卷38《地理一》，元和中，淮、蔡用兵，由山南东道节度使析邓、唐二州别立一节度。
④ 《旧唐书》卷14《宪宗上》，第424页。
⑤ 《文献通考》卷151《兵三》，第4536页。

疆御边型和江南财源型藩镇性质不同。① 唐代后期，在今河南境内的藩镇有9个，详见表2所列。

表2　　　　　　　唐代后期在今河南境内的藩镇简②

藩镇名称	治所	领（管）地	备注
东都畿汝防御观察使	河南府	领汝州，③ 东都留守兼之	
河阳三城节度使	治孟州	领孟、怀2州	
宣武军节度使	治汴州	管汴、宋、亳、颍4州	汴、宋2州属今河南
义成军节度使	治滑州	管滑、郑、濮3州	滑、郑2州属今河南
忠武军节度使	治许州	管许、陈、蔡3州	
陕州节度使	治陕州	管陕、虢2州	
魏博节度使	治魏州	管魏、贝、博、相、澶、卫6州	相、澶、卫3州属于今河南
山南东道节度使	治襄州	管襄、复、均、房、邓、唐、随、郢等州	唐元和中，淮、蔡用兵，析邓、唐2州别立一节度。邓、唐2州属于今河南
武昌军节度使	治鄂州	管鄂、岳、黄、安、申、光等州	申、光2州属今河南

由表2看，唐代的河南20州分领于9个方镇，其中治所在今河南境内的方镇为6个。节镇之下的河南州县置废与等级升降等情况，唐朝前后期变化不大。④ 但是，河南属于防御型藩镇区，驻有重兵，与中央既对抗又听命，与河朔地区对抗割据型和江南地区财赋型藩镇境况不同。而河南境内的藩镇的情况也有不同，远离中央，控制水路交

---

① 张国刚：《唐代藩镇研究》（增订版），中国人民大学出版社2010年版，第44—45页。
② 《旧唐书》卷38《地理一》，第1389—1391页。
③ 《旧唐书》卷38《地理一》记，东都畿汝防御观察使领汝州。李吉甫：《元和郡县图志》卷6《河南道二》记，汝州隶属陕虢观察使。
④ 王溥：《唐会要》卷17《州县分望道·河南道》，第1461—1462页。

通枢纽的宣武军节度使，趁机发展壮大，掌握相当的财力、兵力，[①]最终率先灭掉唐朝，自立为王，建立后梁。

唐后期军事割据下的河南一级区划，与唐代前期监察区道制体系的河南政区明显不同，除了二者是行政区或是监察区性质不同外，还有两点差异：一是政区划分理念不同，唐代前期实行的是"山河形便"[②]区划理念，而唐后期军事割据下区划理念就是军事实力；二是在此理念下，前者是区域连片的，后者是支离破碎的。

2. 今河南在宋代一级政区的划分

五代时期，政权更迭频繁，行政区划混乱，延续了唐朝后期军事割据的局面。北宋建立以后不久，鉴于唐末五代藩镇割据之患，"藩臣擅有财赋，不归王府"[③]之弊，宋太祖即下令各州，每年所收的民租和管榷等财赋收入，除地方支用外，其余全送京师，并置转运使总管各路租税、财赋。宋初仿唐道制建路是为了集中地方财权，将路当作一种财政区。

自宋太宗始，宋初主要作为财政区的路制渐有变化，转运使受令兼理民事、刑法、军政和监察。但不久，所兼各事由中央任命官员分掌。然而，各官并非常置，仍只有理财之专官转运使为常设。因此，各路多以转运使兼任行政长官。其所辖之路也近乎成为州之上的一级行政区，从而构成了宋代路—州—县三级地方行政区划体制。[④]

宋初地方政区制度初建，特别是因在各地进行统一战争，转运使主管军需粮饷，路作为监理财政的临时区划，变更无常，其名称也经常改动。如太平兴国四年（979）共有21路，太平兴国七年为19路，

---

① 如元和十四年（819），宣武军节度使韩弘"自汴来朝，献马三千、绢五十万、它锦彩三万，而汴之库厩钱尚百万缗，绢亦百余万，马七千，粮三百万斛，兵械不可数"。引文见《新唐书》卷158《韩弘传》，第4945页。

② 《旧唐书》卷38《地理一》，第1384页；《新唐书》卷37《地理一》，第959页。

③ 《文献通考》卷61《职官十五》，第1846页。

④ 关于宋朝路制性质的界定，学术界有分歧，多数人认为路是宋朝一级政区。参见苗书梅《宋代地方政治制度史研究述评》，包伟民主编《宋代制度史研究百年（1900—2000）》，商务印书馆2004年版，第141—144页。

端拱二年（989）为17路，后三年又改为16路。太宗淳化五年（994），正式废除道名，确立路制，转运使即成为中央与府州军监政区之间联系的桥梁。宋太宗诏令"边防、盗贼、刑讼、金穀、按廉之任，皆委于转运使。又节次以天下土地形势，俾之分路而治矣。继增转运使判官，以京官为之。于是，转运使于一路之事，无所不总也"。① 至道三年（997），宋太宗正式将全国划分为15路，宋仁宗初年析分为18路，宋神宗年间又析分为23路，即京东东、西路，京西南、北路，河北东、西路，永兴军路，秦凤路，河东路，淮南东、西路，两浙路，江南东、西路，荆湖南、北路，成都府路，梓州路，利州路，夔州路，福建路，广南东、西路。宋徽宗时，复置京畿路，则有24路②。

若以宋徽宗时为准，宋朝把全国划分为24路，其中京畿路、京西北路、京西南路包括了今河南的主要地区。此外，京东东路的西部，河北东、西路的南部，永兴军路的东部，淮南西路的北部均涉及今河南的周边地区。据《宋史·地理志》，在今河南境内的宋代行政区划及州治如表3所示。

表3　　　　　宋代今河南路制之下行政区划及州治

	路名	府、州、军	辖县数	州治所	现在地名
1	京畿路③	开封府	16	开封	开封
2	京东西路	应天府	6（-1）	宋城	商丘南
		拱州	2	襄邑	睢县

---

① 《文献通考》卷61《职官十五》，第1848页。
② 《宋史》卷85《地理一》，第2094—2095页。
③ 据《宋史》卷85《地理一》记，崇宁四年（1105），改开封府界为京畿路，又于京畿四面置四辅郡：颍昌府为南辅，郑州为西辅，澶州为北辅，建拱州于开封襄邑县为东辅，并属京畿。大观四年（1110），罢四辅，许、郑、澶州还隶京西及河北路，废拱州复以襄邑县隶开封府。政和四年（1114），襄邑县复为拱州，后与颍昌府、郑州、开德府复为东南西北辅。宣和二年（1120），罢四辅，颍昌府、郑州、开德府各还旧隶，拱州隶京东西路，旧开封府界依旧为京畿。宋徽宗时期，京畿路多数情况仅下辖开封府。表3依此绘制，而将颍昌府、郑州、开德府仍归于京西北路及河北东路一栏中。

续表

	路名	府、州、军	辖县数	州治所	现在地名
3	河北西路	相州	4（-1）	安阳	安阳
		浚州	2	卫县	淇县东
		卫州	4	汲县	卫辉
		怀州	3	河内	沁阳
4	河北东路	开德府	8（-1）①	濮阳	濮阳南
5	永兴军路	陕州	7（-3）	陕县	陕县西南
		虢州	4	虢略	灵宝
6	京西北路	河南府	16	洛阳	洛阳东
		滑州	3	白马	滑县东
		孟州	6	河阳	孟州南
		郑州	5	管城	郑州
		汝州	5	梁县	汝州
		颍昌府	7	长社	许昌
		淮宁府	5	宛丘	淮阳
		蔡州	10	汝阳	汝南
		信阳军	2	信阳	信阳
7	京西南路	邓州	5	穰县	邓州
		唐州	5	泌阳	唐河
8	淮南西路	光州	4	定城	潢川
小计	8	22	129（-6）		

今河南地区，在宋代共涉及8路，二级行政区划府、州、军22地，与唐朝的20州郡相比，多了2地。这些府、州、军辖129县，除去所辖在今河南境外的6县，凡123县；再加上河北东路大名府（州治不在今河南）的内黄县，京东西路濮州（州治不在今河南）的范县（今濮阳市东北旧城南），京西南路顺昌府（州治不在今河南）

---

① 《宋史》卷86《地理二》记，开德府下辖7县1军（即德清军），共8个县级政区。其中朝城县，据郭黎安《宋史地理志汇释》称，治今河北莘县西南朝城，不属于河南辖县。

的沈丘县，淮南东路亳州（州治不在今河南）的鹿邑（今鹿邑西）、卫真（今鹿邑县东）、永城、鄟县（今永城市西鄟城镇）等，在今河南境内的7县，实际有130县，占全国1234县的11%。[①]

从一级行政区划来看，唐宋时期今河南的政区是有差异的，并不完全是中国历史地理学术界通常所说的"道路制时期"。这是因为：第一，唐朝的"道"制与宋代的"路"制有性质上之别，前者是典型的监察区制，而后者是一级或半级行政区。[②] 第二，划分的条块不同，唐代前期"山河形便"[③] 区划理念下的河南区域是四大块，基本上是连片的；而唐后期军事割据区划理念下是9块，是支离破碎的。宋朝消除了唐后期地方军事割势力，建立了中央统一的路制，但没有恢复唐代前期"山河形便"[④] 区划理念，而是采取了"土地形势"区划理念[⑤]，或更普遍贯彻了犬牙相入的区划原则[⑥]，今河南被割裂为8块，除河北西路、京西北路、京西南路面积较大外，其余5块面积很小，而且每一路都不专有可能割据的天险。[⑦]

在中国行政区划制度发展史上，最不稳定的政区层次是地广户多位重的地方一级政区。在中央政府统辖之下的地方一级政区，与中央政府的关系，既同心又离心，令历朝历代统治者都很"头疼"。最高统治者总是想方设法改变地方一级政区制度，不停地调整中央和地方

---

① 《宋史》卷85《地理一》，第2095页。
② 参见苗书梅《宋代地方政治制度史研究述评》，《宋代制度史研究百年（1900—2000）》，第141—144页。李昌宪《中国行政区划通史》（宋西夏卷），第40页最新研究指出，宋代的路制具有"复式合议制的高层政区"的特点，也承认宋代的路是政区而不是监察区。
③ 《旧唐书》卷38《地理一》，第1384页；《新唐书》卷37《地理一》，第959页。
④ 《旧唐书》卷38《地理一》，第1384页；《新唐书》卷37《地理一》，第959页。
⑤ 参见贾玉英《唐宋时期"道""路"制度区划理念变迁论略》，《中州学刊》2006年第6期。
⑥ 周振鹤：《中国行政区划通史》（总论卷），第93页。
⑦ 除黄河以南的京畿路占据区域核心，黄河以北平原地区分为河北东、西2路，开封以东的商丘属于京东西路，开封以西、黄河以南、横跨淮河两岸广大地区属于京西北路，南阳盆地属于京西南路，洛阳以西、潼关以东包括今天三门峡地区则属于陕西路，而淮河流域的光州（今潢川县）又分属于淮南西路。这样，河南境内的天险如黄河、淮河、伏牛山等，分属多个路区，不是专属某一路。

的权益关系，以发挥地方政府的主动性、治理好地方，又能有效控制其发展实力。我国各王朝处置地方一级政区的办法很多，多数情况涉及区划的理念、长官的任命与区划的数量。唐宋时期地方一级政区的变化，除了上述的区划的理念不同外，在长官的任命与区划的数量上也是不同的。唐代后期节度使，集军事、行政、财政大权于一身，多为武将出身，有地有民又有钱粮武器，往往擅割一方，对抗中央。而宋代汲取了唐代的教训，用文臣任路的长官转运使，又设提刑司（使）、安抚司（使）与提举司（使）以制衡之，从而有效地制止了武人独擅大权、割据地方。在地方一级政区的数量上，唐宋王朝也是有较大的差别。唐玄宗时期，天下分15道，疆域面积是1076万平方公里[①]，天宝十三年（754）全国户数是约有1540万户[②]，平均每道110469万户·万平方公里，属于地广户重型的一级区化，地方足以可以短时期与中央对峙。因此，拥兵自重的安禄山等正是凭借具有山河之险、地广人众的河北道，和中央对抗8年之久。安史之乱后，户口锐减，至唐穆宗长庆以后人口恢复到500万户[③]，而天下分为47个节度区，平均每道11447万户·万平方公里，不及唐前期的1/9，属于地小户少政区，理论上无力对抗中央。但是，掌控兵、财、民权的武将，为争地盘户口，互相争斗，制造动乱多达171起。[④] 中央又无暇同时顾及47个一级政区，天子最终灭亡在自己任命的武将手上，而不是灭亡在农民起义或外族入侵。唐代出现地方叛乱和割据，与其地方一级政区的划分有一定的关系。[⑤]

[①] 宋岩：《中国历史上几个朝代疆域面积估算》，《史学理论研究》1994年第3期。按，唐朝的面积数据是以669年疆域计算而来。唐玄宗时期的疆域与669年的唐代疆域变化不大。

[②] 冻国栋：《中国人口史》第2卷《隋唐五代时期》，复旦大学出版社2002年版，第182页。

[③] 冻国栋：《中国人口史》第2卷《隋唐五代时期》，第147页。

[④] 张国刚：《唐代藩镇研究》（增订版），第59页。

[⑤] 周振鹤：《中国行政区划通史》（总论卷），第89页。周先生指出："完全以山川作为边界的政区，成为一个完善的形胜之区、四塞之国，如果这个政区的幅员足够大，而政区长官又有一定权力的话，就可能出现凭险割据的现象……唐代后期藩镇割据……就多有凭借地险而长期独霸一方的"典型史例。

宋徽宗时期，疆域面积是264万平方公里[①]，全国户数约有20882258户[②]，设24个一级政区，平均每路22970万户·平方公里，是唐玄宗时期的1/4，唐末的2倍，区划比较适中。因此，尽管宋朝的军事不如唐朝强盛，但始终没有出现地方割据和叛乱；农民起义虽频频发生，但规模和持续时间远远不如唐末黄巢起义。

就河南而言，唐代前期分四大块，没有出现居险而据；唐后期9块，出现了诸如唐宪宗时吴元济蔡州叛乱等52起动乱[③]，唐末盘踞在汴州的朱温灭掉唐朝。宋朝汲取了唐后期内轻外重的教训，采取了强内虚外、强干弱枝的策略。[④] 作为宋朝政治腹心地带的河南分为8块，但河南有东京、西京与南京三京，是政治核心区。中央在东京设立京畿路和四辅州，扩大政治核心的实力，建立了中央的绝对优势，同时分割京畿路以外的地区，使之分为小块，无力威胁中央。河南境内的天险如黄河、淮河、伏牛山等，分属多个路区，不是专属某一路。因此，终宋一代，河南地区没有出现军事割据。唐宋一级区划不同，其结果也是不同的。

二 今河南在唐宋时期二级政区的比较

如果说今河南在唐宋时期一级区划的可比性不强的话，那么二级、三级政区的比较点就很多，无论从政区制度、政区数量上，或是从政区名称、对应的等级、管理的幅度，都有对应的变化。

（1）在政区制度上，唐代二级政区实行州、府制，以州为多，辅之以少量的府。而宋代二级政区实行州、府、军、监制，以州为主，

[①] 宋岩：《中国历史上几个朝代疆域面积估算》，《史学理论研究》1994年第3期。按，宋朝的面积数据是以1111年疆域计算而来。

[②] 《宋史》卷85《地理一》，第2095页。

[③] 张国刚：《唐代藩镇研究》（增订版），第53页。按，张国刚所述中原防遏型藩镇为6个，其中宣武（治汴州）、忠武（治陈州）、河阳（治怀州）与义成（治滑州）在今河南，另2个不在今河南。故统计的52起动乱，绝大多数而非全部发生在河南。

[④] 参见周振鹤《中国行政区划通史》（总论卷），第152—154页。

府、军、监次之。就河南而言，当时没有二级政区的监，军只有1个，绝大多数是州、府。因此，今河南在唐宋时期的二级政区制度是基本上相同的。

（2）在数量上，今河南在唐代二级政区是20个，而在宋代二级政区是22个，二者仅差2个，即宋代新置的拱州①和浚州。②

（3）在政区名称上，今河南在唐代的20个二级政区分别是：河南府、汝州、陕州、虢州、滑州、郑州、许州、陈州、蔡州、汴州、宋州、孟州、怀州、相州、卫州、澶州、唐州、邓州、光州与申州等，依次对应宋代的20个二级政区分别是：河南府、汝州、陕州、虢州、滑州、郑州、颍昌府、淮宁府、蔡州、开封府、应天府、孟州、怀州、相州、卫州、开德府、唐州、邓州、光州与信阳军等。二者完全同名者14个，另6个州或府名称虽不同但可以大致对应。还有2州即浚州与拱州是宋代新置，无法对应。名称不同6个州府中，唐代的许州、陈州、汴州、宋州与澶州5州，宋代升格为颍昌府、淮宁府、开封府、应天府与开德府5府；而唐代的申州，宋代降格为信阳军。

（4）在政区等级上，唐代州级政区按其位置的重轻、辖境的大小和经济发展水平的高低等因素划分为不同的等级。《通典·职官》载："开元中，定天下州府，自京都及都督、都护府之外，以近畿之州为四辅。其余为六雄、十望、十紧、及上、中、下之差。"③ 即京府（即东、西、北都）、辅、雄、望、紧、上、中与下凡8等，除此之

---

① 据《宋史》卷85《地理一》记载，崇宁四年（1105），建拱州于开封府襄邑县为东辅，属京畿路。大观四年（1110），罢四辅，废拱州，复以襄邑县隶开封府。政和四年（1114），襄邑县复为拱州，后与颍昌府、郑州、开德府复为东南西北辅，隶属京畿路。宣和二年（1120），罢四辅，颍昌府、郑州、开德府各还旧隶，拱州隶京东西路。拱州下辖襄邑、柘城2县。

② 据《宋史》卷86《地理二》称，浚州，本通利军。端拱元年（988），以滑州黎阳县为军。天圣元年（1023），改通利军为安利军。天圣四年（1026），以卫州卫县隶之。熙宁三年（1070）废为县，隶卫州。元祐元年（1086）复为通利军。政和五年（1115）升为州，下辖卫、黎阳2县。

③ 雄州，杜佑《通典》卷33记为陕、怀、郑、汴、魏、绛等6州。而《新唐书·地理志》记为陕、怀、郑、汴、汝、虢、魏、绛8州。二者有出入，当考。

外还有普通府。宋代的州亦仿唐制，按其所在地的位置重要程度、辖地大小、户口多少和经济状况而分列等级。州府有京府（即东、西、北、南四京）、辅、雄、望、紧、上、中、中下、下9等，较唐增加中下一级。宋代的州级政区还有不少数量的次府，与唐朝普通府类似，地位要高于一般州。但是，具体到今河南在唐宋时期各个州府则有不少变化。兹据《新唐书·地理志》和《宋史·地理志》有关文献，将今河南唐宋两代州级政区等级比较列表如下（见表4）。

表4　今河南境内唐、宋朝州级政区等级与管理幅度比较

唐代州级政区	等级	下辖县数	大致对应宋代州级政区	等级	下辖县数	备　注
河南府	东都	20	河南府	西京	16	等级不变，管理幅度缩小
汝州	雄州①	7	汝州	辅州	5	等级提升，管理幅度缩小
陕州	雄州	6（-3）②	陕州	不详	7（-3）③	等级变化不详，管理幅度扩大
虢州	雄④	6	虢州	雄州	4	等级不变，管理幅度缩小
滑州	望	7	滑州	辅州	3	等级提升，管理幅度缩小
郑州	雄州	7	郑州	辅州	5	等级提升，管理幅度缩小
许州	望	9	颍昌府	次府	7	等级提升，管理幅度缩小

---

①　据王溥《唐会要》卷17《州县分望道·河南道》记，汝州，会昌四年（844）四月升为雄州。

②　据《新唐书》卷38《地理二》，陕州原辖6县，其中夏（望）、芮城（望）、平陆（望）3县在今山西境内。

③　《宋史》卷87《地理三》，陕州等级，《宋史》称"大都督府"，宋代类似"都督府"之类的州府，有20个。这是宋代志书袭用后唐旧说，不符合宋朝的实际。《宋史》可能漏记其等级。又，陕州原辖7县，其中夏（上）、芮城（中下）、平陆（上）3县在今山西境内。

④　据王溥《唐会要》卷17《州县分望道·河南道》记载，虢州，唐会昌四年（844）四月升为雄州。

续表

唐代州级政区	等级	下辖县数	大致对应宋代州级政区	等级	下辖县数	备 注
陈州	上	6	淮宁府	辅州	5	等级提升，管理幅度缩小
蔡州	紧①	10	蔡州	紧	10	等级不变，管理幅度不变
汴州	雄州	6	开封府	东京	16	等级提升，管理幅度成倍扩大
宋州	望	10（-3）②	应天府	南京	6（-1）③	等级提升，管理幅度缩小
孟州	望	5	孟州	望	6	等级不变，管理幅度略扩大
怀州	雄州	5	怀州	雄州	3	等级不变，管理幅度缩小
相州	望	6（-1）④	相州	望	4（-1）⑤	等级不变，管理幅度缩小
卫州	望	5	卫州	望	4⑥	等级不变，管理幅度缩小
澶州	上	4	开德府	上	8（-1）⑦	等级不变，管理幅度扩大
唐州	上⑧	7	唐州	上	5	等级不变，管理幅度缩小
邓州	上	6	邓州	望⑨	5	等级提升，管理幅度缩小
光州	中	5	光州	上	4	等级提升，管理幅度缩小
申州	中	3	信阳军	下	2	等级降低，管理幅度缩小

---

① 据王溥《唐会要》卷17《州县分望道·河南道》记，蔡州，唐元和十四年（819）四月升为紧州。

② 据《新唐书》卷38《地理二》，唐代宋州原辖10县，其中7县在今河南境内，另3县单父、砀山、楚丘不在今河南境内。

③ 据《宋史》卷85《地理一》，应天府原辖6县，其中楚丘县不在今河南境内。

④ 据《新唐书》卷39《地理三》，唐代相州原辖6县，其中5县在今河南境内，另1县临漳不在今河南境内。

⑤ 据《宋史》卷86《地理二》，宋代相州原辖4县，其中临漳不在今河南境内。

⑥ 据《宋史》卷86《地理二》，宋代卫州原辖4县，另有一铸钱监黎阳监。

⑦ 据《宋史》卷86《地理二》，开德府下辖7县1军（即德清军），共8个县级政区。其中朝城县，据郭黎安《宋史地理志汇释》，治今河北莘县西南朝城，不属于河南辖县。

⑧ 据《唐会要》卷17《州县分望道·河南道》，唐州，贞元十五年（799）四月升为上州。

⑨ 据《宋史》卷85《地理一》（第2113页），邓州，原为上州，政和二年（1112）升为望州。

续表

唐代州级政区	等级	下辖县数	大致对应宋代州级政区	等级	下辖县数	备注
			拱州	辅州	2	唐朝无，宋代新置
			浚州	不详	2	唐朝无，宋代新置

注：表中所列诸州府所辖县数，系州府治所在今河南的统县数。

由表4可知，除宋代新置的拱州、浚州外，其余20个唐宋朝名称基本对应的州级政区等级变化是：第一，等级不变者9个，分别是河南府、虢州、蔡州、孟州、怀州、相州、卫州、澶州与唐州9州；第二，等级提升者9个，即汝州、滑州、郑州、许州、陈州、汴州、宋州、邓州与光州9州；第三，等级提降低者1个，即申州；第四，等级变化不详者1个，即陕州。因此，唐宋时期，今河南境内州级政区等级变化是很明显的，有9升1降共计10个州府，约占20个名称基本对应州府的一半。其原因主要是唐宋时期政治中心东移河南的结果。政治中心由今陕西西安移到今河南开封后，原来唐代的汴州升格为宋代的都城，其周围诸州有4个升为辅州、1个升为京府和1次府，政治区位因素十分明显。而远离开封的邓州和光州由于经济因素而升级；相反，申州大概也是因经济因素而降级。今天的洛阳，唐朝是东都，宋代是西京，"陪都"的地位没有变化，故环绕其四周的虢州、孟州、怀州、相州、卫州等等级地位，也没有变化。

论及州级政区等级，我们还要分析今河南境内的唐宋时期州级政区等级在全国总体地位的变化。唐朝时期，有三京府：京兆、河南与太原，又依次称为"上都"、"东都"和"北都"，河南具其一；四辅州，同州、华州、岐州和蒲州，河南无；六雄州，陕、怀、郑、汴、魏、绛州，河南有4州；[①] 十望州，虢、汝、汾、晋、宋、许、滑、

---

① 雄州，杜佑：《通典》卷33《职官十五》记为陕、怀、郑、汴、魏、绛6州。而《新唐书·地理志》记为陕、怀、郑、汴、汝、虢、魏、绛8州。二者有出入，当考。若为8辅州，河南有6州。

卫、相、洺，河南有7州；① 十紧州，唐初有十紧州，"后入紧者甚多，不复具列"②。但不管唐朝前期或后期，河南蔡州当是紧州之一。上州，唐朝多数时间规定户口在3万以上者为之，全国有109个上州，③ 河南有上州4个。中州，唐朝显庆元年（656）九月敕，户口在2万以上者为之，全国有29个中州，河南只有2个。下州，大概是指户口不满2万户以下者，全国有189个下州，河南无下州。④ 由此不难看出，今河南在唐代的州级政区的地位，是仅次于唐朝首都所在地今陕西省的。北宋时期，京府有4个，河南有3个；次府有10个，河南有1个，即颍昌府；辅州有6个，除曹州外，其余5个均在今河南；雄州有3个，河南有1个；望州有35个，河南有4个；紧州有10个，河南有1个；上州87个，河南有3个；中州18个，中下州4，下州67个，河南均无；地位同下州的军37个⑤，河南只有1个。⑥ 因此，今河南在北宋时期州级政区毫无疑问是当时全国最高的。

（5）在管理幅度上，由表4看，河南境内唐、宋代的州级政区管理幅度有较大变化。20个具有可比性的州级政区，唐、宋时期管理幅度变化归纳如下：第一，管理幅度缩小者，多达15个。其中河南府、滑州缩小较多，河南府辖区由唐代20县减少至宋代16县，净减4县；滑州辖区由唐代7县减少至宋代3县，也净减4县。其余13个州级政区唐、宋代对比，减少数均不超过2个。第二，管理幅度扩大者，4个。其中汴州—开封府幅度扩大最明显，辖区由唐代6县扩大至宋代16县，净增10县；其次是澶州—开德府，辖区由唐代4县扩

---

① 杜佑：《通典》卷33《职官十五》所称十望州，与《新唐书·地理志》有很大出入，兹以《通典》为准计算。
② 以上俱见杜佑《通典》卷33《职官十五》，第909页。
③ 据杜佑《通典》卷33《职官十五》载，唐武德令，3万户以上为上州；永徽令，2万户以上为上州；显庆元年（656）九月敕，3万户以上为上州；开元十八年（730）三月敕，4万户以上为上州。
④ 以上见杜佑《通典》卷33《职官十五》，第909页。
⑤ 王存：《元丰九域志·表》，第1页。
⑥ 以上据李宪昌《中国行政区划通史》（宋辽夏卷）第94、96页统计表。其中望州、上州数，宋神宗、宋徽宗时期有变化，笔者在引用原统计数据时，已略作损增。

大至宋代7县，净增3县。第三，管理幅度不变者1个，即蔡州。因此，今河南境内唐宋时期州级政区管理幅度以缩小为主、扩大为辅，变化很明显。其主要原因是今河南在由唐入宋时期政治地位提升，在县数总体减少的前提下[①]，汴州—开封府大幅度扩大辖区，又增加了拱州、浚州2个州级政区，这必然会导致其他州管理幅度相应地缩小。

总之，通过今河南在唐宋时期二级政区的对比发现，今河南在唐、宋代的二级政区制度基本上相同，政区数量上也大体稳定，政区名称多数相同，但对应的州府政区等级显著提升，管理的幅度普遍变化。

三　今河南在唐宋时期三级政区的比较

在中国政区制度发展史上，县级政区是最稳定的。因此，县级政区最具有可比性。具体到唐宋时期这一时间区间，除县级政区管理幅度[②]外，无论是从数量、政区名称、政区制度、密度上，或是对应的等级上，今河南在唐宋时期的三级政区都有相应的变化，很值得探讨。为了便于比较，兹据《新唐书·地理志》和《宋史·地理志》等有关文献，将唐宋两代县级政区比较列表如下（见表5）。

表5　今河南境内在唐、宋时期县级政区数量、名称、等级、隶属关系对比

序号	唐代县（所属州府）	唐朝等级	对应宋代县（所属州府）	宋朝等级	备注
1	河南（河南府）	赤	河南（河南府）	赤	名称、等级同
2	洛阳（同上）	赤	洛阳（同上）	赤	名称、等级同

---

① 今河南境内在唐代共设143县，而在宋代共设130县，县数减少。后文将讨论之。
② 唐宋时期，县级政区管理幅度是略有增损的，《太平寰宇记》对每一县"旧"（即唐代）辖多少乡、"今"（即宋代）辖多少乡都作了交代，但只是反映了宋初与唐代的对比情况，宋代后期的辖乡数《宋史·地理志》失载，无法比较。兹暂不讨论。

续表

序号	唐代县（所属州府）	唐朝等级	对应宋代县（所属州府）	宋朝等级	备注
3	偃师（同上）	畿	偃师（同上）	畿	名称、等级同
4	巩（同上）	畿	巩（同上）	畿	名称、等级同
5	缑氏（同上）	次赤①	已废		宋朝熙宁八年（1075）废入偃师县
6	阳城（同上）	畿	废②		
7	登封（同上）	畿	登封（同上）	畿	名称、等级同
8	陆浑（同上）	畿	废③		
9	伊阙（同上）	畿	废		宋朝熙宁五年（1072）④废入河南县，次年改隶伊阳县
10	新安（同上）	畿	新安（同上）	畿	名称、等级同
11	渑池（同上）	畿	渑池（同上）	畿	名称、等级同
12	福昌（同上）	畿	福昌（同上）	畿	名称、等级同
13	长水（同上）	畿	长水（同上）	畿	名称、等级同
14	永宁（同上）	畿	永宁（同上）	畿	名称、等级同
15	寿安（同上）	畿	寿安（同上）	畿	名称、等级同
16	密（同上）	畿	密（同上）	畿	名称、等级同
17	河清（同上）	畿	河清（同上）	畿	名称、等级同
18	颍阳（同上）	畿	颍阳（同上）	畿	名称、等级同
19	伊阳（同上）	畿	伊阳（同上）	畿	名称、等级同

---

① 按缑氏等级，《新唐书》卷38《地理二》作"次赤"。《唐会要》卷70《州县分望道·河南道》记，缑氏于天祐二年（905）升格赤县，"以奉昭宗和陵故也"。二者有异，疑《唐会要》误。

② 据乐史《太平寰宇记》卷3《河南道三·西京一》，唐阳城县，又名告成县，宋初已并入登封县，但具体时间不详。

③ 据乐史《太平寰宇记》卷3《河南道三·西京一》、卷5《河南道五·西京三》，唐陆浑县，先天元年（712）析置伊阳县，宋初已并入伊阳县，但具体时间不详。

④ 伊阙县省废时间，《宋史》卷85《地理一》作熙宁五年（1072），《元丰九域志》卷1《四京》作熙宁三年（1070）。二者异，当考。

续表

序号	唐代县（所属州府）	唐朝等级	对应宋代县（所属州府）	宋朝等级	备注
20	王屋（同上）	畿	王屋（孟州）	中	名同、改隶、降级
			永安（河南府）	赤	宋代新置，无法对应
小计	唐代河南府下辖20县，至北宋末，其中15县名称、等级与宋代完全对应相同；1县宋代仍同名，改隶孟州后降级，4县废除。宋朝又新置1县				
21	梁（汝州）	望	梁（汝州）	中	名同、降级
22	郏城（同上）	紧	郏（颍昌府）	中	改名、降级、改隶①
23	鲁山（同上）	上	鲁山（汝州）	中	名同、降级
24	叶（同上）	紧	叶（同上）	上	名同、降级
25	襄城（同上）	望	襄城（同上）	紧	名同、降级
26	龙兴（同上）	上	宝丰（同上）	中	改名、降级②
27	临汝（同上）	上	废		后周显德三年（956）废③
小计	唐代汝州下辖7县，其中1县五代时已废，至北宋末所存6县：4县名同、降级，1县改名、降级，1县改名、改隶、降级				
28	陕（陕州④）	望	陕（陕州）	中⑤	名同、降级
29	峡石（同上）	上	废		宋熙宁六年（1073）废入陕县⑥

① 据《元丰九域志》卷1《京西路·汝州》，唐郏城县，元祐元年（1086）以前仍称之。《宋史》卷85《地理一》记，郏县元隶汝州，崇宁四年（1105）改隶颍昌府。郏城县即郏县，可能在元祐元年（1086）以后至崇宁四年（1105）改名。又，郏（城）县等级"中"，《元丰九域志》《宋史》所载同。颍昌府为次府，所隶县等级为次赤、次畿，惟郏（城）县未改，恐《宋史》所载有误，当考。

② 《宋史》卷85《地理一》，宝丰县，即唐龙兴县，熙宁五年（1072）省入鲁山县，元祐元年（1086）复置，宣和二年（1120）改名宝丰。

③ 乐史：《太平寰宇记》卷8《河南道八·汝州》，第152页。

④ 据《新唐书》卷38《地理二》陕州原辖6县，其中夏（望）、芮城（望）、平陆（望）3县在今山西境内，不在本表所列范围。

⑤ 宋朝陕县的等级，《元丰九域志》卷3《陕西路·陕州》、欧阳忞《舆地广记》卷13《陕西永兴军路上·陕州》（四川大学出版社2003年版）记作"上"，《宋史》卷87《地理三》记作"中"。宋代河南的县，有类似陕县的等级诸文献记载不同者，唯有这一例。兹以《宋史》记载为是。

⑥ 《宋史》卷87《地理三》，第2145页。

续表

序号	唐代县 （所属州府）	唐朝等级	对应宋代县 （所属州府）	宋朝等级	备注
30	灵宝（同上）	望	灵宝（同上）	上	名同、降级
小计	唐代陕州所辖县在今河南境内的3县，至北宋末1县废、2县同名但降级					
31	弘农（虢州）	紧	虢略（虢州）	中	改名、降级
32	阌乡（同上）	望	阌乡（陕州）	中下	名同、改隶、降级
33	湖城（同上）	望	湖城（陕州）	中下	名同、改隶、降级
34	朱阳（同上）	上	朱阳（虢州）	中	名同、降级
35	玉城（同上）	上	废		宋熙宁四年（1071）废入虢略县
36	卢氏（同上）	上	卢氏（同上）	中	名同、降级
			栾川（同上）	不详	唐代无，宋崇宁三年（1104）新置①
小计	唐代虢州所辖县在今河南境内的6县，至北宋末1县废，4县同名但降级，1县改名、降级，其中2县改隶陕州。宋代又新置1县					
37	白马（滑州）	望	白马（滑州）	中	名同、降级
38	卫南（同上）	紧	卫南（开德府）	中	名同、降级、改隶②
39	匡城（同上）	望	长垣（开封府）	畿③	改名、升级、改隶
40	韦城（同上）	望	韦城（滑州）	望	名称、等级同
41	胙城（同上）	紧	胙城（滑州）	紧	名称、等级同
42	酸枣（同上）	望	延津（开封府）	畿	改名、升级、改隶。酸枣县，宋政和七年（1117）改名延津县④
43	灵昌（同上）	紧	废		后唐同光元年（923）改名灵河⑤，宋熙宁三年（1070）废入白马县⑥

---

① 以上见《宋史》卷87《地理三》，第2145页。

② 据《元丰九域志》卷2《河北路·澶州》，唐代卫南县，原隶滑州，宋雍熙四年（987）改隶澶州（即开德府）。

③ 唐匡城县，宋初改名长垣县。长垣县等级，《宋史》卷85《地理一》失载，此据《元丰九域志》卷1《四京》补。另，关于匡城县改名长垣县的时间，二者所载异，当考。

④ 《宋史》卷85《地理一》，第2107页。

⑤ 乐史：《太平寰宇记》卷9《河南道九·滑州》，第164页。

⑥ 《宋史》卷85《地理一》，第2116页。

续表

序号	唐代县（所属州府）	唐朝等级	对应宋代县（所属州府）	宋朝等级	备注
小计	唐代滑州所辖县在今河南境内的7县，至北宋末1县废，3县仍隶滑州，另3县改隶。北宋末所存6县中，2县名称、等级全同，2县改名、升级，2县名同、降级					
44	管城（郑州）	望	管城（郑州）	望	名称、等级同
45	荥阳（同上）	上	荥阳（同上）	紧	名同、升级
46	荥泽（同上）	望	荥泽（同上）	中	名同、降级
47	原武（同上）	紧	原武（同上）	上	名同、降级
48	阳武（同上）	紧	阳武（开封府）	畿	名同、升级、改隶
49	新郑（同上）	望	新郑（郑州）	上	名同、降级
50	中牟（同上）	紧	中牟（开封府）	畿	名同、升级、改隶
小计	唐代郑州所辖县在今河南境内的7县，至北宋末仍同名者7县，其中属郑州5县：3县降级、1县升级、1县不变；改隶开封府2县，均升级					
51	长社（许州）	望	长社（颍昌府）	次赤	名同、升级
52	长葛（同上）	紧	长葛（同上）	次畿	名同、升级
53	阳翟（同上）	畿①	阳翟（同上）	次畿	名同、降级
54	许昌（同上）	上	废②		熙宁四年（1071）废入长社县
55	鄢陵（同上）	上	鄢陵（开封府）	畿	名同、升级、改隶
56	扶沟（同上）	望	扶沟（开封府）	畿	名同、升级、改隶
57	临颍（同上）	上	临颍（颍昌府）	次畿	名同、升级
58	舞阳（同上）	上	舞阳（同上）	次畿	名同、升级
59	郾城（同上）	望	郾城（同上）	次畿	名同、升级
小计	唐代许州所辖县在今河南境内的9县，至北宋末1县废，所存8县仍同名：其中5县升级、1县降级、2县改隶开封府后升级					

---

① 据《新唐书》卷38《地理二》，唐阳翟县，属于洛州时为畿县，属于许州时等级不详。兹权以畿县等级列入。

② 唐许昌县，据欧阳忞《舆地广记》卷9《京西北路·颍昌府》，后因避讳，改称许田县。查《旧五代史》卷25《武皇纪上》，所谓避讳，是指避后唐献祖李国昌名讳。宋朝因之，故《元丰九域志》卷1《京西路·许州》、《宋史》卷85《地理一》称许田县，但《太平寰宇记》卷9《河南道七·许州》仍名许昌县，误。许田县，宋熙宁四年（1071）废入长社县。

续表

序号	唐代县（所属州府）	唐朝等级	对应宋代县（所属州府）	宋朝等级	备注
60	宛丘（陈州）	紧	宛丘（淮宁府）	紧	名称、等级同
61	太康（同上）	紧	太康（开封府）	畿	名同、升级、改隶
62	项城（同上）	上	项城（淮宁府）	上	名称、等级同
63	溵水（同上）	上	商水（同上）	中	改名、降级。建隆元年（960）改名①
64	南顿（同上）	上	南顿（同上）	中	名同、降级
65	西华（同上）	上	西华（同上）	中	名同、降级
小计	唐代陈州所辖县在今河南境内的6县，至北宋末仍为6县：其中1县改名，5县仍同名；2县等级不变，3县降级，1县改隶开封府后后升级				
66	汝阳（蔡州）	紧	汝阳（蔡州）	上	名、降级
67	朗山（同上）	上	确山（同上）	中	改名、降级。大中祥符五年（1012）改名②
68	遂平（同上）	上	遂平（同上）	中	名同、降级
69	上蔡（同上）	紧	上蔡（同上）	上	名同、降级
70	新蔡（同上）	中	新蔡（同上）	中	名称、等级同
71	褒信（同上）	中	褒信（同上）	中	名称、等级同
72	新息（同上）	上	新息（同上）	中	名同、降级
73	真阳（同上）	上	真阳（同上）	中	名同、降级
74	平舆（同上）	中	平舆（同上）	中	名称、等级同
75	西平（同上）	上	西平（同上）	中	名同、降级
小计	唐代蔡州所辖县在今河南境内的10县，至北宋末仍为10县：其中1县改名，9县仍同名；3县等级不变，7县降级				
76	浚仪（汴州）	望	祥符（开封府）	赤	改名、升级。大中祥符二年（1009）改名③
77	开封（同上）	望	开封（同上）	赤	名同、升级

① 王存：《元丰九域志》卷1《京西路·陈州》，第35页；《宋史》卷85《地理一》，第2116页。

② 王存：《元丰九域志》卷1《京西路·陈州》，第34页；《宋史》卷85《地理一》，第2116页。

③ 王存：《元丰九域志》卷1《四京·东京》，第2页；《宋史》卷85《地理一》，第2107页；《长编》卷71，大中祥符二年正月乙丑，第1587页。

续表

序号	唐代县（所属州府）	唐朝等级	对应宋代县（所属州府）	宋朝等级	备注
78	尉氏（同上）	望	尉氏（同上）	畿	名同、升级
79	封丘（同上）	紧	封丘（同上）	畿	名同、升级
80	雍丘（同上）	望	雍丘（同上）	畿	名同、升级
81	陈留（同上）	紧	陈留（同上）	畿	名同、升级
			东明（同上）	畿	宋建隆四年（963）新置①
			咸平（同上）	畿	宋咸平五年（1002）新置②
小计	唐代汴州所辖县在今河南境内的6县，至北宋末仍为6县：其中1县改名，5县仍旧名；6县并升级。北宋末开封府辖16县，除原唐朝6县外，新置2县，其余8县由其它州府改隶					
82	宋城（宋州）	望	宋城（应天府）	赤	名同、升级
83	襄邑（同上）	望	襄邑（拱州）	畿	名同、升级、改隶
84	宁陵（同上）	紧	宁陵（应天府）	畿	名同、升级
85	下邑（同上）	上	下邑（同上）	畿	名同、升级
86	穀熟（同上）	上	穀熟（同上）	畿	名同、升级
87	柘城（同上）	紧	柘城（拱州）	畿	名同、升级、改隶
88	虞城（同上）	上	虞城（应天府上）	畿	名同、升级
小计	唐代宋州所辖县在今河南境内的7县，至北宋末仍为7县，7县仍旧名并升级，其中有2县改隶新置拱州					
89	河阳（孟州）	望	河阳（孟州）	望	名称、等级同
90	汜水（同上）	望	汜水（同上）	上	名称、等级同
91	河阴（同上）	望	河阴（同上）	中	名同、降级
92	温（同上）	望	温（同上）	望	名称、等级同

---

① 王存：《元丰九域志》卷1《四京·东京》，第2页；《宋史》卷85《地理一》，第2107页。东明县设置时间，《元丰九域志》称建隆四年（963），《宋史》作乾德元年（963），二者所指同一年。按，据郭黎安《宋史地理志汇释》，东明县治今兰考县东北，属于今河南辖县。

② 王存：《元丰九域志》卷1《四京·东京》，第2页；《宋史》卷85《地理一》，第2107页。

续表

序号	唐代县 （所属州府）	唐朝等级	对应宋代县 （所属州府）	宋朝等级	备注
93	济源（同上）	望	济源（同上）	望	名称、等级同
小计	唐代孟州所辖县在今河南境内的5县，至北宋末仍为5县：其中4县名称、等级同，1县名同但降级。北宋末孟州所辖今河南6县，除唐代原5县外，王屋1县由河南府改隶				
94	河内（怀州）	望	河内（怀州）	紧	名同、降级
95	武德（同上）	望	废		宋熙宁六年（1073）废入河内县①
96	获嘉（同上）	望	获嘉（卫州）	上	名同、降级、改隶②
97	武陟（同上）	望	武陟（同上）	中	名同、降级
98	修武（同上）	紧	修武（同上）	上	名同、降级
小计	唐代怀州所辖县在今河南境内的5县，至北宋末1县废存4县：所存4县名称同、但均降级，其中1县改隶卫州				
99	安阳（相州）	紧	安阳（相州）	紧	名称、等级同
100	汤阴（同上）	上	汤阴（同上）	紧	名同、升级
101	林虑（同上）	上	林虑（同上）	中	名同、降级
102	尧城（同上）	上	废		熙宁六年（1073）废入安阳县③
小计	唐代相州所辖县在今河南境内的4县，至北宋末1县废存3县：所存3县名称同，但等级同、升级、降级各1县				
103	汲（卫州）	紧	汲（卫州）	中	名同、降级
104	卫（同上）	紧	卫（澶州）	上	名同、降级、改隶
105	共城（同上）	上	共城（卫州）	中	名同、降级
106	新乡（同上）	望	新乡（同上）	紧	名同、降级
107	黎阳（同上）	上	黎阳（澶州）	中	名同、降级、改隶
小计	唐代卫州所辖县在今河南境内的5县，至北宋末仍为5县，5县均名同、降级，其中2县改隶新置澶州				

① 《宋史》卷86《地理二》，第2128页。
② 《宋史》卷86《地理二》，第2128页。宋天圣四年（1025）改隶卫州。
③ 据《新唐书》卷38《地理三》，唐尧城（今安阳市东），天祐三年（906）更名永定县。又据《元丰九域志》卷2《河北路·相州》，宋天圣七年（1028）又更名永和县，熙宁六年（1073）废入安阳县。

续表

序号	唐代县（所属州府）	唐朝等级	对应宋代县（所属州府）	宋朝等级	备注
108	顿丘（澶州）	望	废		宋熙宁六年（1073）废入清丰县①
109	清丰（同上）	上	清丰（开德府）	中	名同、降级
110	观城（同上）	紧	观城（同上）	望	名同、降级
111	临黄（同上）	紧	废		宋端拱元年（989）省入观城县②
			德清军	不详	宋庆历四年（1044）新置，隶开德府③
小计	唐代澶州所辖县在今河南境内的4县，至北宋末2县废，所存2县名同、降级。新置1县级政区				
112	泌阳（唐州）	中	泌阳（唐州）	中下	名同、降级
113	比阳（同上）	上	比阳（同上）	中下	名同、降级
114	慈丘（同上）	上	废		宋初废入比阳县④
115	桐柏（同上）	中	桐柏（同上）	下	名同、降级
116	平氏（同上）	中	废		宋开宝五年（972）废入泌阳⑤
117	湖阳（同上）	中	湖阳（同上）	中下	名同、降级
118	方城（同上）	上	方城（同上）	下	名同、降级
小计	唐代唐州所辖县在今河南境内的7县，至北宋末2县废存5县；所存5县均名同、降级				
119	穰（邓州）	望	穰（邓州）	上	名同、降级
120	南阳（同上）	紧	南阳（同上）	中下	名同、降级

① 《宋史》卷86《地理二》，第2122页。

② 王存：《元丰九域志》卷2《河北路·澶州》，第64页。据吴松弟《两唐书地理志汇释》（安徽教育出版社2002年版），唐临黄县治今河南范县西南临黄集，当属今河南辖地。

③ 《宋史》卷86《地理二》，第2122页。据郭黎安《宋史地理志汇释》记，德清军治今清丰县。

④ 唐慈丘县，据乐史《太平寰宇记》卷142《山南东道一·唐州》，北宋初废入比阳县。

⑤ 王存：《元丰九域志》卷1《京西路·唐州》，第29页。

续表

序号	唐代县（所属州府）	唐朝等级	对应宋代县（所属州府）	宋朝等级	备注
121	向城（同上）	上	废		宋初废入穰县①
122	临湍（同上）	上	废		唐临湍县，后汉乾祐元年（948）改名临濑县，宋初废入穰县②
123	内乡（同上）	上	内乡（同上）	中下	名同、降级
124	菊潭（同上）	中	废		宋初废入穰县③
			顺阳（同上）	中下	宋太平兴国六年（781）新建④
			淅川（同上）	中下	五代时置，属邓州⑤，宋朝因之
小计	唐代邓州所辖县在今河南境内的6县，至北宋末3县废，所存3县均名同、降级。宋朝新建1县，因袭五代1县，与唐朝无法对应				
125	定城（光州）	上	定城（光州）	上	名称、等级同
126	光山（同上）	上	光山（同上）	中下	名同、降级
127	仙居（同上）	上	仙居（同上）	中下	名同、降级
128	殷城（同上）	中	废		宋初废入固始县⑥
129	固始（同上）	上	固始（同上）	望	名同、升级
小计	唐代光州所辖县在今河南境内的5县，至北宋末1县废，所存4县均名同，但1县等级不变、1县升级、2县降级				

---

① 乐史：《太平寰宇记》卷142《山南东道一·邓州》，第2749页。

② 乐史：《太平寰宇记》卷142《山南东道一·邓州》，第2754页；《宋史》卷85《地理一》，第2113页。

③ 乐史：《太平寰宇记》卷142《山南东道一·邓州》，第2749页。

④ 《宋史》卷85《地理一》，第2113页。

⑤ 欧阳忞：《舆地广记》卷8《京西南路·邓州》，李勇先、王小红点校，四川大学出版社2003年版，第174页。

⑥ 据王存《元丰九域志》卷5《淮南路·光州》，唐殷城县，建隆元年（960）改名商城，后省入固始县。

续表

序号	唐代县（所属州府）	唐朝等级	对应宋代县（所属州府）	宋朝等级	备注
130	义阳（申州）	上	信阳（信阳军）	中下	改名、降级。唐义阳县，宋太平兴国元年（976）改名信阳县①
131	钟山（同上）	上	废		宋开宝九年（976）废入信阳县②
132	罗山（同上）	上	罗山（同上）	中下	名同、降级
小计	唐代申州所辖县在今河南境内的3县，至北宋末1县废，所存2县均降级，但名称1改1不变					
133	濮阳（濮州）	紧	濮阳（开德府）	中	名同、降级、改隶③
134	范（同上）	上	范（濮州）	上	名称、等级同④
小计	唐代濮州所辖县在今河南境内的2县，至北宋末所存2县名同，但1等级同，另1改降级、改隶。宋濮州治所不再今河南。濮州及以下诸州同此，不一一注出					
135	内黄（魏州）	紧	内黄（大名府）	畿	名同、升级⑤
136	临河（魏州）	上	临河（开德府）	紧	名同、升级、改隶⑥

---

① 乐史：《太平寰宇记》卷142《淮南道十·信阳军》，第2601页。
② 乐史：《太平寰宇记》卷142《淮南道十·信阳军》，第2600页；《宋史》卷85《地理一》，第2117页。
③ 据《宋史》卷86《地理二》，唐濮阳县隶濮州，宋代改隶澶州（即开德府）。按，据吴松弟《两唐书地理志汇释》，唐濮阳县治今河南濮阳市西南，当属今河南辖地。
④ 据吴松弟《两唐书地理志汇释》，唐范县治今河南濮阳市东北旧城，当属今河南辖地。又按，据郭黎安《宋史地理志汇释》，宋代范县治今范县东南旧范县，属于今河南辖县。
⑤ 据吴松弟《两唐书地理志汇释》、郭黎安《宋史地理志汇释》，唐宋时期内黄县治今河南内黄县，属今河南辖地。
⑥ 据郭黎安《宋史地理志汇释》，宋临河县治今浚县东北，属今河南辖地。吴松弟《两唐书地理志汇释》失注唐临河县治所。

续表

序号	唐代县 （所属州府）	唐朝等级	对应宋代县 （所属州府）	宋朝等级	备注
137	昌乐（魏州）	望	南乐（开德府）	畿	五代改名，宋朝因之；① 升级、改隶②
小计	唐代魏州所辖县在今河南境内的3县，至北宋末所存3县均升级；2县名同，1县改名；2县改隶				
138	鹿邑（亳州）	上	鹿邑（亳州）	紧	名同、升级③
139	真源（亳州）	望	卫真（亳州）	望	改名、等级不变④
140	永城（亳州）	上	永城（亳州）	望	名同、升级⑤
141	酂（亳州）	上	酂（亳州）	望	名同、升级⑥
小计	唐代亳州所辖县在今河南4县，至北宋末所存4县：3县升级，1县不变；3县名同，1县改名				
142	沈丘（颍州）	上	沈丘（顺昌府⑦）	紧	名同、升级⑧
小计	唐代颍州所辖县在今河南境内的1县，至北宋末仍存，名同、升级				

---

① 唐昌乐县，据欧阳忞《舆地广记》卷10《河北东路·开德府》，因后唐避讳，改名南乐县。又见司马光《资治通鉴》卷222，唐肃宗宝应元年（762）十一月丁丑条注文记："昌乐，汉古县，属魏州，后唐避讳，改为南乐。乐，音洛。"查《旧五代史》卷25《武皇纪上》，所谓避讳，是指避后唐献祖李国昌名讳。故《太平寰宇记》卷9《河北道三·魏州》称北宋初昌乐县改名南乐县，显然有误。

② 据《宋史》卷86《地理二》，南乐县原隶北京大名府，崇宁四年（1105）改隶开德府，其畿县等级不变。据吴松弟《两唐书地理志汇释》，昌乐县（治今河南南乐县西北），属今河南辖地。

③ 据吴松弟《两唐书地理志汇释》、郭黎安《宋史地理志汇释》，唐宋时期鹿邑县治今河南鹿邑县西，属今河南辖地。

④ 据《宋史》卷88《地理四》，唐真源县，宋大中祥符七年（1014）改名卫真县。按，据吴松弟《两唐书地理志汇释》、郭黎安《宋史地理志汇释》，唐宋时期真源县治今河南鹿邑县东，属今河南辖地。

⑤ 据吴松弟《两唐书地理志汇释》、郭黎安《宋史地理志汇释》，唐宋时期永城县治今河南永城市，属今河南辖地。

⑥ 据吴松弟《两唐书地理志汇释》、郭黎安《宋史地理志汇释》，唐宋时期酂县治今河南永城市西酂城镇，属今河南辖地。

⑦ 据《宋史》卷85《地理一》，唐颍州，宋政和六年（1116）升为顺昌府。

⑧ 据吴松弟《两唐书地理志汇释》、郭黎安《宋史地理志汇释》，唐宋时期沈丘治今安徽临泉县。治所虽不在今河南境内，但其大部分区域为今河南沈丘县，仍视作今河南境内的属县。

续表

序号	唐代县 (所属州府)	唐朝 等级	对应宋代县 (所属州府)	宋朝 等级	备注
143	考城（曹州）	上	考城（开封府）	畿	名同、升级、改隶①
小计	唐代曹州所辖县在今河南境内的1县，至北宋末仍存，其名同、但升级、改隶				
总计	唐代今河南境内置143县，经五代、北宋前期废20县，至北宋末仍存123县；北宋初新置6县，又因袭五代新置1县，故北宋末今河南境内共设有130县级政区				

按，唐宋时期不少县横跨今河南、河北、安徽、山西、山东、湖北等两省或多省，我们按照中国方志学以县治所在省份确定其归属问题的原则，对存在跨省的今河南沿边县市进行了辨认说明。而对于地处今河南内地的县，虽然不少唐宋时期的县名与今天不同，却不存在省份归属的问题，径直认定为今河南的所置县。

从县的数量上看，通过表5统计，唐代今河南境内置143县，经五代、北宋前期废20县，至北宋末仍存123县；五代新置1县并为宋代袭用，北宋初新置6县级政区，故北宋末今河南境内共设有130个县级政区。唐宋时期，河南境内所置县级政区数量由唐代143个，减少至130，共减少13个。唐宋时期县级政区减少的趋势，与河南一级区划、二级政区数增加的趋势是不一致的。横向比较看，唐代今河南境内置143县，占有全国1573县的9%②；宋代今河南境内置130县，占全国1234县③的约11%。相较而言，宋代今河南境内置县数虽少，但在全国比重却略高于唐代的比例。

从县的名称上看，如表5所示，唐宋共存的123县中，其中名称不变者112县，而改名者仅11县。改名11县分别是：颍城（郏县）、龙兴（宝丰）、弘农（初改常农后名虢略）④、匡城（长垣）、酸枣（延津）、溵水（商水）、朗山（确山）、浚仪（祥符）、义阳（信

---

① 据吴松弟《两唐书地理志汇释》、郭黎安《宋史地理志汇释》，唐考城县治今河南民权县，属今河南辖地。
② 《新唐书》卷37《地理一》，第960页。唐代县数系开元二十八年（740）统计数。
③ 《宋史》卷85《地理一》，第2095页。
④ 据《宋史》卷87《地理三》，第2145页，唐弘农县，宋太祖建隆初改名常农，至道三年（997）改称虢略。

阳）、昌乐（后唐以避献祖李国昌名讳改称南乐，北宋因之）、真源（卫真）。其中弘农、溵水、朗山、匡城、义阳5县北宋初改名，皆以避讳[①]：朗山改确山，是为避宋太祖、太宗始祖玄朗名讳；弘农改虢略、溵水改商水，是为避宋太祖、太宗之父宣祖弘殷名讳；匡城改长垣，是为避宋太祖赵匡胤名讳；义阳改信阳，则是为避宋太宗赵光义名讳。[②] 其余5县改名，宋代地理史书不详改名理由，有待进一步考证。

从县的等级上看，唐代县分为赤、畿、次赤、次畿[③]、望、紧、上、中、中下[④]、下十等。[⑤] 宋代县有赤、畿、次赤、次畿、望、紧、上、中、中下、下十等，唐宋县等级制度完全一致。表5所示，唐宋共存123县中，等级不变者31县，升级者36县，降级者56县。唐宋时期县等级划分的依据户口数虽有差异，对统计结果稍有影响，但仍有相当高的参考价值。[⑥] 姑且不说五代、北宋前期废除了20县的等

[①] 《长编》卷1，建隆元年三月乙巳，第10页，宋太祖下诏"改天下州县名犯庙讳及御名者"。同书卷17，开宝九年十月壬戌，第383页，"有司言官阶、州县名与御名下字同者，皆改之"。

[②] 朱瑞熙、王曾瑜等主编：《宋辽西夏金社会生活史》，中国社会科学出版社2005年版，第339页。王新华：《避讳研究》，齐鲁出版社2008年版，第283页。这5县改名，《宋史》《元丰九域志》等地理文献，不详改名缘由。

[③] 唐代县的等级中次赤、次畿二等，见于京兆府、凤翔府、河南府、河中府、成都府等属县。详见《新唐书》卷37《地理一》，第962—963、966—967页；同书卷38《地理二》，第982页；同书卷39《地理三》，第1000页；同书卷42《地理六》，第1079—1080页。

[④] 唐代有中下县1等，见《旧唐书》卷44《职官三》，第1921页。

[⑤] 以上见杜佑《通典》卷33《职官十五》，第919—920页。《通典》称唐代县分赤、畿、望、紧、上、中、下七等，据前引《新唐书·地理志》唐代另有次赤、次畿二等；据《旧唐书》卷44《职官三》（第1921页），唐还有中下县一等，唐代实际有十等县。

[⑥] 唐宋时期县等级划分是以户口来划分的。《唐会要》卷70《量户口定州县等第例》（第1457页）记，唐开元十八年（740）规定：户口在6000户以上为上县，3000户以上为中县，3000户以上中下县。北宋时期，县等级划分户口标准执行建隆元年（960）之制，据章如愚《群书考索·后集》卷14《官制门·太守》（台北商务印书馆1986年版，影印文渊阁四库全书本，第937册，第187页）记，除赤、畿外，以4000户为望，3000户以上为紧，2000户以上为上，1000户以上为中，不满1000户为中下，500户以下为下。宋朝县等级划分户口标准同一层级低于唐朝，故我们的统计最能反映唐宋同一县降级的真实情况。

级问题，仅以唐宋共有123县比较，降级数高达56县，是升级数36县的约1.6倍，反映了由唐入宋同一县等级总体是下降的，这与州级政区等级上升的总趋势恰恰相反。仔细研究发现，今河南境内所设的同一县在唐宋时期变化明显的集中区是：环河南府的汝州（所存6县全降级）、陕州（所存2县全降级）、虢州（所存5县全降级）、怀州（所存4县全降级）、郑州（所存7县3县降级）5州20县，远离政治中心开封府的蔡州（所存10县7县降级）、陈州（所存6县3县降级）、卫州（所存5县全降级）、唐州（所存5县全降级）、邓州（所存3县全降级）、光州（所存4县2县降级）、申州（所存2县全降级）7州27县，共计47县。而升级的县集中到由州升为府的汴州（所存6县全升级）、宋州（所存7县全升级）、许州（所存8县7县升级）、魏州（置于今河南境内的3县全升级）4州和近汴京的亳州（至于今河南4县3县升级）共5州26县。也就是说围绕河南府（不包括河南府属县）和汴州（开封府，包括其属县）的县形成了两个显著对比点：一升一降。联系到前文州等级的变化，不难发现这种变化的最主要的原因是政治原因，即政治中心由今陕西东移至今河南带来的结果。此其一。

其二，经济因素也不容忽视。今河南境内诸县，经历唐末五代战火，生产严重破坏，宋初几十年社会经济恢复缓慢。宋太宗至道二年（996），太常博士、直史馆陈靖披露："今京畿周环二十三州，幅员数千里，地之垦者十才二三，税之入者又十无五六。复有匿里舍而称逃亡，弃耕农而事游惰，赋额岁减，国用不充。"① 环绕京畿开封周围"二十三州"，当包括河南境内的多数地区。当时的邓、许、陈、蔡州等地，有官私闲田351处，凡22万余顷。②《宋史·地理志一》也指出，"唐、邓、汝、蔡率多旷田"。后来的几十年间，变化不大。北宋中后期，苏辙曾指出："今自楚之北，至于唐、

---

① 《宋史》卷173《食货志上一》，第4160页。
② 钱若水：《宋太宗实录》卷77，至道二年四月丁酉，燕永成点校，甘肃人民出版社2005年版，第174页。

邓、汝、颍、陈、蔡、许、洛（今洛阳）之间，平田万里，农夫逃散，不生五谷，荆棘布野，而地至肥壤，泉源陂泽之迹，迤逦犹在。其民不知水耕之利，而长吏又不以为意，一遇水旱，民乏菜茹。往者因其死丧流亡，废县罢镇者，盖往往是矣。"① 其中蔡州，北宋后期仍有"蔡地薄赋重"之说。② 郑州，地处西京、东京交通要道，有"咽喉半天下，客车日交轸"之称。③ 交通便利，但是经济落后，宋神宗时，以其"地狭民贫，不能输役"，一度废为县，④那么其属县降级也是情理自中。滑州（今滑县）则是一片平沙旷野，唐朝就有"万沙无寸木"的诗句，宋朝仍是"地无尺木，沙如掌平"⑤，土地沙化严重，生产条件差。兼之濒临黄河，居民不堪劳役频仍，多有逃亡，正如司马光诗所说："东郡堤徭苦，向来烟火疏。"⑥ 一片贫困荒凉之地。更甚者，滑州"自天禧河决后，市肆寂寥，地土沙薄，河上差科频数，民力凋敝"⑦。熙宁五年（1072），滑州曾废州降为白马县，直至元丰四年（1081）复为州。相州、卫州的一些地方，即"颇杂斥卤"⑧。生产条件差生也很差。州级政区通利军，"本朝建黎阳为通利军，调度赋役与古不殊，而户口比古才十分之一，民困于力役为甚⑨。"熙宁三年（1070）八月，废军为黎阳县，还属卫州。这些地区经济因素尤其是人口数，既影响了少数州军政区的存废等级（如上述郑州、滑州和通利军），也制约着多数县的等级，不容忽视。

具体到各个等级的县数，今河南境内唐朝和宋朝的属县差距则更

---

① 苏辙：《栾城集·栾城应诏集》卷10《民政》第3道，第1690页。
② 《宋史》卷319《欧阳棐传》，第10382页。
③ 刘挚：《忠肃集》卷15《观音院饯送章子平出守郑州探得近字》，第335页。
④ 邹浩：《道乡集》卷35《中大夫直龙图阁知青州军州事王公墓志铭》，文渊阁四库全书本，台北商务印书馆1986年版，第1121册，第475页。
⑤ 陈郁：《藏一话腴》内编卷上，文渊阁四库全书本，台北商务印书馆1986年版，第865册，第542页。
⑥ 司马光：《司马光集》卷8《送李祠部知滑州》，第263页。
⑦ 《长编》卷237，熙宁五年八月辛巳，第5759页。
⑧ 《宋史》卷86《地理志二》，第2131页。
⑨ 《长编》卷214，熙宁三年八月甲戌，第5209页。

明显，如表6统计。

表6　　　　唐朝和宋朝在河南境内所置的县各个等级对比

	赤	畿	次赤	次畿	望	紧	上	中	中下	下	备注
唐	2	18	1	/	36	27	50	9	/	0	
北宋	6	35	1	5	10	11	15	30	13	2	2县不详等级

唐朝规定，赤、畿、望、紧等县，不限户数，并为上县。[①] 据此，唐代在河南境内所置的143县，"上县"（含赤县2、次赤县1、畿县18、望县36、紧县27、上县50）共134个，"上县"比重约占94%。若按唐制，唐代在河南境内所置的"上县"（含赤县6、次赤县1、畿县35、次畿县5、望县10、紧县11、上县15）共83个，"上县"比重约占64%。一般而言，赤县、畿县是区域政治中心，是政治型的；而望县以下诸等是按户口多少来划分的，是经济型的。从这个意义上讲，宋代在河南境内所置的政治型的县比唐代多21个，而经济型的县比唐代少34个，尤其是经济型的"上县"少77个，中等以下县宋代又比唐代多36个。因此，由唐至宋，在河南境内所置县的等级两极分化很严重，出现了政治型多、中等以下等级经济型多，而经济型的"上县"少的怪现象。依靠政治支撑的"上县"，较为脆弱，一旦失去凭恃，地位就会下跌。这也是宋朝以后河南所属县级政区等级持续走低的一个重要原因。

隶属关系的变动、王朝的更改会带政区隶属关系的局部变动。这在低层政区表现更为明显。据表5统计，唐宋时期在河南境内所置的县中共存的有123县，县级政区的隶属关系改变者为21县，约占共有县的17%。这21县具体如表7所示。

[①] 王溥：《唐会要》卷70《量户口定州县等第例》，第1457页。

表7　　　　　　　由唐至宋河南辖县隶属关系变化简表

序号	县名	变动说明	序号	县名	变动说明
1	酸枣（延津）	滑州—开封府（汴州）	12	黎阳	卫州—浚州
2	长垣（匡城）	滑州—开封府（汴州）	13	卫南	滑州—开德府（澶州）
3	阳武	郑州—开封府（汴州）	14	濮阳	濮州—开德府（澶州）
4	中牟	郑州—开封府（汴州）	15	南乐	魏州—开德府（澶州）
5	鄢陵	许州—开封府（汴州）	16	临河	魏州—开德府（澶州）
6	扶沟	许州—开封府（汴州）	17	郏（城）县	汝州—颍昌府（许州）
7	太康	陈州—开封府（汴州）	18	获嘉	怀州—卫州
8	考城	曹州—开封府（汴州）	19	阌乡	虢州—陕州
9	襄邑	宋州（应天府）—拱州	20	湖城	虢州—陕州
10	柘城	宋州（应天府）—拱州	21	王屋	河南府—孟州
11	卫县	卫州—浚州			

县级政区隶属关系改动集中在宋代新置的拱州、浚州2州和京城开封府、北辅州开德府2府，共有16县，占变动总数21县的约76%。尤其是开封府，唐代汴州原辖今河南6县，汴州升格为京城开封府后，辖区扩张至16县，除原唐朝6县外，新置2县，其余8县由其他州府改隶。县级政区归属关系的变动，从另一个侧面反映了统县政区管理幅度的盈缩。前面已述，兹不赘述。

我国古代社会政区变动情况很复杂，即使大家普遍认为最稳定的县级政区，不同朝代间甚至同一朝代内特定的区域都有变化，需要我们仔细梳理。具体到唐宋时期今河南境内的所置的县级政区，其建制的置废、数量的增减、名称的袭改、区域的盈缩、等级的升降、隶属的归离等，已有不同程度的变化，和我们"印象"中的历史有相当大的距离。

四 结 论

总之，唐、宋两个王朝在今河南境内所置的政区，因为相近而有相似，虽然相似但不等同。中国历史地理学界将唐宋两个王朝政区制度归类为"道路制时期"，是因为这两个王朝政区制度极为"相似"。正是有了唐宋时期政区制度的"相似"性，才有了可比性，我们才可能进行比较研究。

从一级行政区划来看，唐宋时期今河南境内所置的政区变化是：第一，区划性质不同。唐朝前期一级行政区划为监察区制"道"制，后期为行政区节度使制（习称"道制"），宋代为一级或半级行政区"路"制。第二，划分的原则与条块不同。唐代前期"山河形便"[①]区划理念下的河南区域是四大块，基本上是连片的；而唐后期军事割据区划理念下是9块，是支离破碎的。宋朝消除了唐后期地方军事割势力，建立了中央统一的路制，但未恢复唐代前期"山河形便"[②] 区划理念，而是更普遍地贯彻了犬牙相入的区划原则[③]，今河南被割裂为8块，除河北西路、京西北路、京西南路面积较大外，其余5块面积很小，而且每一路都不专有可能割据的天险。宋代更接近唐朝后期，而与唐前期不同，但基本消除了唐朝后期地方割据的隐患。

唐宋时期今河南境内所置的二级政区制度基本上相同，政区数量上也略有增加，唐代有20州，宋代增加了拱州和浚州2州，变为22州。政区名称多数相同，唐宋朝共存20个二级政区中完全同名者14个，另6个州或府名称虽不同但可以大致对应。有6个州或府名称不同，主要是唐宋政治中心由陕西移到河南变化的结果。20个名称基本对应的州级政区等级明显变化，等级提升者9个，等级降低者1个，等级不变者9个，等级变化不详者1个。政治中心由陕西西安东

---

① 《旧唐书》卷38《地理一》，第1384页；《新唐书》卷37《地理一》，第959页。
② 《旧唐书》卷38《地理一》，第1384页；《新唐书》卷37《地理一》，第959页。
③ 周振鹤：《中国行政区划通史》（总论卷），第93页。

移到河南开封后，原来唐代的汴州升格为宋代的都城，其周围诸州有4个升为辅州、1个升为京府和1个次府，政治区位因素十分明显。作为唐朝东都、宋代是西京的河南府，其"陪都"的地位没有变化，环绕其四周的虢州、孟州、怀州、相州、卫州等等级地位也没有变化。管理的幅度普遍变化。20个具有可比性的河南州级政区中，河南府、滑州等15个管理幅度缩小；管理幅度扩大者4个，其中唐代汴州、澶州宋代升为开封府、开德府后辖区扩张最大；管理幅度不变者仅有蔡州1个。

唐宋时期，今河南境内所置的三级政区县级政区数量由唐代143个，减少至北宋末130个，共减少13个。县级政区数量减少的趋势，与唐宋时期河南境内的一级、二级政区数增加的趋势是不一致的。今河南境内，唐宋朝共设的123县中，其中名称不变者112县，而改名者仅11县，其中6县是因避讳而变。唐宋县级政区等级制度基本相同，但升降起伏很大，共存123县的中等级不变者31县，升级者36县，降级者56县。与州级政区等级9升1降明显变化的方向不同。随着州级政区的管理幅度的调整，唐宋时期，今河南境内所置的县中共存的123县，有21个县级政区的隶属关系改变，其中改变最大的是唐代汴州即宋朝开封府。

宋史学界普遍认为唐宋时期中国传统社会发生了深刻的变化，但对照作为"唐宋变革"的重要方面之一的政区，从今河南在唐宋时期的政区情况分析看，所谓的"唐宋变革"既不明显也不深刻，基本政区制度没有明显变化，而显著变化的只是反映基本制度运行的具体操作设施层面，如区划理念、政区数量、同一级政区的等级、管理幅度而已。

原刊于《史学月刊》2011年第10期，收入《宋史研究论丛》2011年第11辑

宋代毕氏家族论略

——以世系、官宦与婚姻为中心

近年来，家族史研究是宋史研究的一个热点，有不少论著问世。[①] 但对宋代郑州管城毕氏家族的研究，则极为薄弱[②]，笔者不揣浅陋，试就其世系、官宦与婚姻等有关问题略陈管见。

一 宋代以前毕氏家族的基本概况

关于毕氏在宋代以前的情况，《宋史》卷二八一《毕士安传》记载很少。据毕仲游《西台集》卷十六《起居郎毕公夷仲行状》和刘

---

① 如，徐扬杰：《宋明家族制度史研究》，中华书局1995年版；王善军：《宋代宗族和宗族制度研究》，河北教育出版社2000年版；张邦炜：《宋代婚姻家族史论》，人民出版社2003年版；李贵录：《北宋三槐王氏家族研究》，齐鲁书社2004年版；刘焕明：《宋代晁氏家族及其文献研究》，齐鲁书社2004年版；邢铁：《宋代家庭研究》，上海人民出版社2005年版；邹重华、粟品孝主编：《宋代四川家族与学术论集》，四川大学出版社2005年版；汤江浩：《北宋临川王氏家族及文学考论》，人民文学出版社2005年版；等等。这些研究，或从宏观，或由个案，探讨了宋代家族主要成员的仕宦、交游、婚姻、学术、家庭管理制度、家族发展演变规律、特征及其原因等。另，台湾郭恩秀《八〇年代以来宋代宗族史中文论著研究回顾》（《新史学》2005年第1期）对二十多年来宋代宗族史研究作了总结回顾。

② 目前无专门研究毕氏家族者，有涉及其主要成员毕仲衍者，如李伟国：《〈中书备对〉及其作者毕仲衍》，《上海师院学报》1981年第2期；曾枣庄、刘琳主编：《全宋文》卷2107《毕仲衍》（上海辞书出版社、安徽教育出版社2006年版）中附有曾枣庄所作的小传，亦可视作对毕仲衍的初步研究。傅璇琮、倪其心等主编，北京大学古文献研究所编：《全宋诗》卷875《毕仲衍》（北京大学出版社1993年版）亦附有毕仲衍小传。

挚《忠肃集》卷十一《毕文简神道碑》①记载，周文王之子高"封于毕，以国为氏"，故有毕姓。自西周至汉千余年间，或因失载，或因不昌，毫无显闻。东汉末年，兖州别驾毕谌居山东兖州东平，毕氏始为东平人。关于毕谌，史书有零星的记载。据《三国志·魏书》卷一，东汉建安三年（198），曹操初为官兖州，以东平毕谌为别驾。张邈之叛变，劫持毕谌母及其家人。曹操以毕谌老母在张邈手中，劝其归张邈。毕谌顿首感谢，表示"无二心"，曹操以其忠心而"嘉之、为之流涕"。但是，毕谌"既出，遂亡归"。曹操挫败吕布，活捉毕谌，未追究其罪，反以为"人孝于其亲者，岂不亦忠于君乎？吾所求也"，仍以毕谌为"鲁相"。②

毕谌之五世孙众庆，为南朝刘宋政权大中正。毕众庆之五世孙憬，在唐代武则天时为司卫少卿、许州刺史。毕憬之子构与栩：构，河南偃师人，少举进士，为户部尚书，谥景公；栩，为鄫王府（或说荆州）司马。③

毕构之子炕，天宝中仕至广平太守，拒安禄山被害。毕炕之子坰与增，坰为王屋县尉，增为河北从事。毕坰之子镐、钰、録、锐，皆不仕。

毕栩之子凌，为汾州长史。毕凌之子匀，为协律郎。毕匀之子诚，字存之，郓州须昌人。毕诚自幼孤贫，刻苦读书，故博通经史，而尤能歌诗。太和中，进士擢第，又中书判拔萃科。唐懿宗时，他被擢为宰相，但耻与任情不法者同僚而辞。毕诚谨重，长于文学，尤精吏术。有二子绍颜、知颜，皆登进士第，累历显官。④

景公毕构之四世孙叔文，仕左金吾卫长史。毕叔文之子桢，为振武、天德营田判官。毕桢之子宗昱，为云州云中令。"是时，毕氏居

---

① 刘挚：《忠肃集》卷11《毕文简神道碑》，第225页。
② 陈寿：《三国志·魏书》卷1《武帝纪一》，中华书局1964年版，第16页。
③ 以上见《旧唐书》卷100《毕构传》，第3113—3115页。
④ 毕仲游：《西台集》卷16《丞相文简公行状》，文渊阁四库全书本，台北商务印书馆1986年版，第1122册，第198页；《旧唐书》卷177《毕诚传》，第4609页。

代州已数世矣"①。故史称毕氏"代州云中人"②。

毕宗昱之子球,时逢唐僖宗、昭宗时黄巢农民大起义,"不仕,脱身游京师"。黄巢攻陷京师,掠之为属军。毕球不肯为黄巢所用,遇敌不战,反护送衣冠子弟出关。后伺机逃跑,藏匿7年不出,号为处士。毕球之子乂林③,亦不仕,与扈彦珂交游甚善。五代后汉高祖时,扈彦珂荐其为滑卫支使,迁鄜州书记。毕乂林不乐,弃官而去。周世宗时丞相范质复荐其为观城令,后卒于观城。毕乂林,即士安之父。

综观宋代以前毕氏世系,虽繁衍不断,但显赫者不多,除唐代其家族有四进士一宰相外,其他别无显闻,也未形成"世举""世宦"的现象。在魏晋隋唐世家大族兴盛时代,作为庶族的毕氏,若无奇才异能,或盖世功勋,很难与士族抗衡,以争得更多崭露头角的机会。又遭遇唐末五代绵延兵火,毕氏家族生存极为困难。故"毕氏自居代、云中,时贫无产"④。

二 改变毕氏家境的毕士安

毕士安,字仁叟,3岁丧母,由继母祝氏抚养。毕士安少时好学,颇有远见的祝氏以为"学必求良师友"⑤,携毕士安先后至澶州、宋州、郑州求师。在郑州,"得杨璞、苏利用、王嘏、韩丕、王延之、刘锡、韦文化七人,与士安游"⑥。毕士安遂能"博综群经,通诸子

---

① 毕仲游:《西台集》卷16《尚书郎赠金紫光禄大夫毕从古行状》,文渊阁四库全书本,第1122册,第205页。
② 《宋史》卷281《毕士安传》,第9517页。
③ 《宋史》卷281《毕士安传》,第9517页,记作"乂林"。
④ 毕仲游:《西台集》卷16《丞相文简公行状》,文渊阁四库全书本,第1122册,第205页。
⑤ 《宋史》卷281《毕士安传》,第9517页。
⑥ 毕仲游:《西台集》卷16《尚书郎赠金紫光禄大夫毕从古行状》,文渊阁四库全书本,第1122册,第205页。《宋史》卷281《毕士安》,第9517—9518页。按,《宋史·毕士安传》记"得杨璞、韩丕、刘锡为友","韩丕"。《西台集》"韩丞"误。刘挚《忠肃集》卷11《宋毕文简神道碑》作"得杨丕、刘锡、杨璞",其中"杨丕"当是"韩丕"之误。

百家之言，究极古今治乱得失、君臣父子忠孝仁义、治民行已之本末"①，得益此次"游学"。

历五代后晋、后汉、后周而入北宋，毕士安与大多数寒族一样，迎来改变个人乃至整个家族命运的佳机。宋初推行所谓"右文"政策，实行较为公平的科举选官之制，打破了魏晋以来门阀世族长期垄断仕途的局面。好学博古的毕士安，获得入仕的机会。宋太祖乾德四年（966），年近而立之年的毕士安，举进士第三，被邠州帅臣杨廷璋辟为幕府，掌书奏。他在宋太祖、宋太宗朝仕途较为顺利，有一定的政声，甚得宋太宗的赏识，先后两次被委以皇子僚属。尤其是后一次，彻底改变了其仕途走向。淳化五年（994）十月，寿王（后来的宋真宗）将为皇太子，先为开封府尹，朝廷慎选府僚，颇为宋太宗青睐的毕士安和杨徽之，以左、右谏议大夫充开封府判官。宋制，开封府判官在开封府仅次于府尹或知府，地位很高。②

至道元年（995）八月，寿王立为皇太子，置东宫属官，又诏令杨徽之兼太子左庶子③，毕士安兼太子右庶子、迁给事中。他"出入辅导，咨访谋划，从容与皇太子议论。阴为天下之赐者甚众，而慎重周密世莫得而闻也"④。这一段仕历，使他获得了新天子的宠爱。

在宋代，天子潜邸旧人往往获宠，并将大用。毕士安的经历，或可窥其一斑。宋真宗即位后，遂授其尚书工部侍郎、枢密直学士，权知开封府。宋朝"除用执政，多从三司使、翰林学士、知开封府、御史中丞进拜，俗呼为'四入头'"⑤。宋真宗以毕士安权知开封府，实

---

① 毕仲游：《西台集》卷16《丞相文简公行状》，文渊阁四库全书本，第1122册，第198页。

② 《宋史》卷166《职官六》，第3942页。

③ 《宋史》卷296《杨徽之传》，第9868页；苏颂：《苏魏公文集》卷51《翰林侍讲学士正奉大夫尚书兵部侍郎兼秘书监上柱国江陵郡开国侯食邑一千三百户食实封二百户赠太子太师谥文庄杨公神道碑铭并序》，王同策等点校，中华书局2004年版，第767页；《宋史》卷305《杨亿传》，第10080页；《长编》卷36，淳化五年十月丙戌，第799页。

④ 毕仲游：《西台集》卷16《丞相文简公行状》，文渊阁四库全书本，第1122册，第200页。

⑤ 洪迈：《容斋续笔》卷3《执政四入头》，孔凡礼点校，中华书局2005年版，第253页。

际意味着已经得到重用,并将会大用。景德元年(1004)七月庚寅,授其为参知政事,八月己未升宰相。① "未阅月"②,两超迁,升迁之速令人吃惊,这恰与不凡的经历有关。

当然,毕士安亦非等闲之辈,更不完全凭恃其特殊的经历。景德元年(1004)九月,辽军大举入侵,"北州大略皆警"。毕士安与寇准一起,"请上幸澶渊亲征"。③ 当时有大臣主张迁都金陵或成都,毕士安和寇准力陈不可,坚持认为天子应亲征,而宋真宗"卒用士安议","乃驾幸澶渊"。④ 前线得知天子临幸,士气高涨,一举挫败契丹军而签订和约。后人对此肯定曰:"至今九十余年,北州生育蕃息,牛羊被野,戴白之人不见干戈,多出公计议及荐寇准同为宰相之力也。"⑤ 元朝史臣评价曰:"宰相不和,不足以定大计。毕士安荐寇准,又为之辨诬。契丹大举而入,合辞以劝真宗,遂幸澶渊,终却钜敌。及议岁币,因请重贿,要其久盟;由是西夏失牵制之谋,随亦内附。景德、咸平以来,天下乂安,二相协和之所致也。"⑥ 这些评论或为一面之词,但大敌当前、国难临头,宰相毕士安表现出临危镇定、敢担风险、决策果断的气魄和机智,在当时尤值得肯定。

在宋真宗和时人心目中,毕士安显然立了大功,奖赏在即,可惜天不假年,惊魂甫定的宋真宗尚未来得及褒奖他,毕士安便死去。景德二年(1005)十月乙酉,毕士安疾暴作而卒,享年68岁。宋真宗"车驾临哭,废朝五日",诏赠太傅、中书令,谥文简。并以皇城使卫绍钦治葬,有司给卤簿。所享礼遇,非同寻常,可谓恩宠一时。次

---

① 《宋史》卷210《宰辅一》,第5437页。
② 《宋史》卷281《毕士安传》,第9519页。
③ 毕仲游:《西台集》卷16《丞相文简公行状》,文渊阁四库全书本,第1122册,第201页。
④ 《宋史》卷281《毕士安》,第9520页。
⑤ 毕仲游:《西台集》卷16《丞相文简公行状》,文渊阁四库全书本,第1122册,第202页。
⑥ 《宋史》卷281《论曰》,第9534页。

年，葬郑州管城马亭卢村之原。①

毕士安死后，宋真宗思念之绪犹不能释怀，对宰相寇准等说道："毕士安善人也，事朕南府、东宫，以至辅相。饬躬慎行，有古人之风，遽此沦没，深可悼惜。"②宋真宗的追思或基于个人的感情，而"深可悼惜"一语正是他对毕士安功勋的认同。后人则以"名相"称赞毕士安曰："公以雅望耆德，被遇三圣，出入禁省，庄靖慎密。及在大位，知贤能荐，谋虑国事，惟几惟深。辅政虽才逾年，而克有勋烈，中外乂安，郡国丰登，刑罚衰减。忠清之德，有始有卒，天下至今称为名相。"③

毕士安为官30年，得幸天子，交游名宦，"凡交游无党援，唯王祐、吕端见引重，王旦、寇准、杨亿相友善，王禹偁、陈彭年皆门人也"④。又贵为宰相，勋业昭著，从而改变了毕氏家族的社会地位，为其后代入仕、婚姻、交际等发展奠定了坚实的基础。此外，毕士安还改变了毕氏家族的籍贯，史称："毕氏望出东平，而自唐末五代以来世居代之雁门，为代人。至太原文简公始葬其父太师于郑之管城，子孙从之者五世矣。故雁门之毕，今多为郑人。"⑤

毕士安娶骆氏，封陈国夫人。生二子：长子毕世长，毕士安薨时为太子中舍，后终卫尉卿；次子毕庆长，毕士安薨时为大理寺丞，后

---

① 刘挚：《忠肃集》卷11《毕文简神道碑》，第225页。杨亿：《武夷新集》卷11《宋故椎忠协谋佐理功臣金紫光禄大夫行尚书吏部侍郎同中书门下平章事监修国史上柱国太原郡开国公食邑二千户食实封四百户赠太傅中书令谥曰文简毕公墓志铭》，宋集珍本丛刊本，第2册，线装书局2004年版，第295页。

② 《宋史》卷281《毕士安传》，第9522页。

③ 刘挚：《忠肃集》卷11《毕文简神道碑》，第230页。

④ 《宋史》卷281《毕士安传》，第9521页；刘挚：《忠肃集》卷11《毕文简神道碑》，第229页。

⑤ 毕仲游：《西台集》卷14《奉直大夫千乘毕公师圣墓志铭》，文渊阁四库全书本，第1122册，第180页。又，解缙等编：《永乐大典》卷20204，引《宋毕西台集·毕子庄墓志铭》记，"其先东平人，自文简公显，始去代徙郑，今又居濉阳"。而《宋史》卷281《毕士安传》、《忠肃集》卷11《毕文简神道碑》记：毕义林死，继母祝氏携士安求学入郑，卜居于此，因为郑人。二者所记有异，当考。

终太府卿。孙9人,曾孙18人。①

三 盛极而衰的毕世长、从古两代

魏晋以来的门阀世族,到了宋代已经完全退出了历史舞台。史称:"唐朝崔、卢、李、郑及城南韦、杜二家,蝉联珪组,世为显著。至本朝绝无闻人。自祖宗以来,故家以真定韩氏为首,忠宪公家也。"② 但宋代也存在世代高官厚禄、世宦人数众多的所谓"世家",如"本朝一家为宰执者吕氏"③,"相继执七朝政"④,只是宋代的世家与前代有了许多不同之处。⑤ 宋代"国家用人之法,非进士及第者不得美官"⑥,"累代将相名卿,皆由此出"⑦。因此,科举是宋代世家(皇族除外)形成的最主要途径。"名相"毕士安开创了宋代毕氏"盛极"的局面,可惜子孙两代科第不中,难续家业,仅籍毕士安荫资,才使"衣冠不绝而常为士类"⑧。

1. 毕世长与庆长

前文已提,毕士安有两子,长子为世长、次子为庆长。史书无二人传记,有关记载十分零乱,兹据零星记载,勾勒大概如下。

毕世长。毕世长,生卒字号不详。40岁时,犹不出仕,⑨ 景德二

---

① 刘挚:《忠肃集》卷11《毕文简神道碑》,第230页。杜大珪:《名臣碑传琬琰之集》下卷4《毕文简公士安传》,文渊阁四库全书本,台北商务印书馆1986年版,第450册,第695页。
② 王明清:《挥麈前录》卷2《本朝族望之盛》,上海书店出版社2001年版,第15页。
③ 王明清:《挥麈前录》卷2《本朝父子兄弟为宰执者二十余人》,第13页。
④ 王明清:《挥麈前录》卷2《本朝吕氏一家执七朝政》,第13页。
⑤ 王善军:《宋代宗族和宗族制度研究》,第728页。
⑥ 司马光:《司马光集》卷30《贡院乞逐路取人状》,第311页。
⑦ 《宋史》卷319《刘敞传》,第10387页。
⑧ 费衮:《梁谿漫志》卷9《何秘监语》,金圆点校,上海古籍出版社1985年版,第104页。
⑨ 毕仲游:《西台集》卷16《尚书郎赠金紫光禄大夫毕从古行状》,文渊阁四库全书本,第1122册,第205页。

年（1005），毕士安死，录之为太子中舍。① 庆历二年（1042），毕世长已官至少府监，年过70，"耄昏不任事"，遭御史中丞弹劾。② 后官至卫尉卿，以司农卿致仕，年90，居住于濉阳。时宰相杜衍、兵部侍郎王焕、兵部郎中朱贯、虞部郎中冯平，亦老居于濉阳。五人交游甚欢，时称"南京五老"③。毕世长有三子，其中二子名毕从益④、毕从古，有女嫁宋绶⑤。宋绶进士出身，官至知枢密院事、参知政事。⑥

毕庆长。毕庆长，生卒字号亦不详。景德二年毕士安死时，为大理寺丞。宋仁宗时，谏官王素上言："澶渊之役，寇准之劳居多。准之为相，毕某之所荐也。有功愿录用其子孙。而公之次子为光禄卿，十年不自言有司还官。"于是，乃特迁少府监。终官太府卿。寇准深感毕士安举荐之恩，"两女皆嫁"其次子庆长。⑦ 杜大珪《名臣碑传琬琰之集》上卷二、孙抃《寇忠愍公准旌忠之碑》也记：寇准第二、三女，皆适太府卿毕庆长。毕庆长还一室为赵氏。毕庆长有六子，其第六子名毕从周。⑧

---

① 《宋史》卷281《毕士安传》，第9521页。
② 《长编》卷137，庆历二年六月甲戌，第3276页。
③ 毕仲游：《西台集》卷16《尚书郎赠金紫光禄大夫毕从古行状》，文渊阁四库全书本，第1122册，第205页。
④ 蔡襄：《蔡襄集》卷10《故太府卿毕世长男试将作监主簿从益可授守将作监主簿制》，第190页。
⑤ 毕仲游：《西台集》卷16《尚书郎赠金紫光禄大夫毕从古行状》，文渊阁四库全书本，第1122册，第206页。蔡襄：《蔡襄集》卷8《宋宣献公夫人毕氏哀词二首》，第150页。范镇：《宋谏议敏求墓志铭》记，宋敏求母，常山郡太夫人毕氏。而宋敏求娶毕氏丞相文简公之曾孙、光禄少卿从善之女，常山太夫人从子也。《西台集》卷13《判西京国子监宋公墓志铭》亦记曰："某之姑实宣献公之夫人，所谓常山郡太夫人者也。某之姊实常山公（按，指宋敏求）之夫人，所谓代国太夫人者也。"
⑥ 《宋史》卷291《宋绶传》，第9734页；王称：《东都事略》卷57《宋绶传》，文海出版社1979年版，第448页。
⑦ 以上见毕仲游《西台集》卷16《丞相文简公行状》，文渊阁四库全书本，第1122册，第204页。
⑧ 毕仲游：《西台集》卷14《奉直大夫千乘毕公师圣墓志铭》，文渊阁四库全书本，第1122册，第180页。

2. 毕从古、从周兄弟

毕氏"从"字辈9人：从善，官至光禄寺卿。从古，终驾部郎中。从厚，早卒。从诲，终检校水部员外郎。从简，终惠州博罗县令。从道，终殿中丞。从范，终山南西道节度推官。从益，终太常寺太祝。从周，曾为朝散郎、知洋州。① 而史载较详者唯毕从古、毕从周两人。

毕从古。毕从古，字几道，毕世长之子。景祐元年（1034），监南京粮料院，后历任将作监主簿、太常寺太祝、殿中丞、兖州通判、虞部郎中、寿州通判等官。终父丧，迁驾部郎中，累阶至朝请大夫，勋上柱国。嘉祐四年（1059）七月四日卒于寿阳，享年58岁。毕从古先娶梅氏，为翰林侍读学士梅询②之女，封永嘉县君。再娶陈氏，为枢相陈尧叟之孙女，封冯翊县君。有6子：长子毕仲达，通直郎、青州录事参军。次子毕仲容③，邛州临邛主簿，早卒。毕仲达、毕仲容二子梅氏所生。次子毕仲偃，承议郎、应天府谷熟县主簿。次子毕仲衍、毕仲游兄弟，后文将论之；次子毕仲愈，宣德郎。毕仲偃以下4子为陈氏所生。有4女，长女适进士孔宗尧；次女适通直郎、大理评事田辅卿；次女适通直郎、右侍禁李调；次女尚幼，未出嫁而卒。④ 有孙子12人，分别为彦、况、举、完、纯、亮、骞、逢、慧、宷、沂、老。毕彦、毕完用毕仲衍遗奏补太庙斋郎。有孙女12人，长孙女嫁进士苏象先。苏象先，宰相苏颂之长孙。⑤

---

① 刘挚：《忠肃集》卷11《毕文简神道碑》，第230页。杜大珪：《名臣碑传琬琰之集》下卷4《毕文简公士安传》，文渊阁四库全书本，第450册，第695页。

② 《宋史》卷301《梅询传》，第9985页。

③ 毕仲容，字子庄，潍阳人。以荫任太庙斋郎，资性明爽，勇于为善，平居与弟昆相进于学，期以文章取仕，不幸早亡，时嘉祐四年，年仅29岁。见解缙等编《永乐大典》卷20204，引《宋毕西台集·毕子庄墓志铭》，第7565页。按，传世《西台集》未收录《毕子庄墓志铭》一文。

④ 毕仲游：《西台集》卷16《尚书郎赠金紫光禄大夫毕从古行状》，文渊阁四库全书本，第1122册，第209页。

⑤ 苏颂：《苏魏公文集》卷6《寿昌太君陈氏墓志铭》，第955—956页。

毕从古为人洁廉有智略，善筹大事，不喜为少年进取。仕宦30年，竟无田宅居。平生好读书，善做诗文。有诗200篇、文50余篇，今散佚。

毕从周。毕从周，字师圣，号千乘公。毕庆长第六子。他自幼而孤，兄弟们皆"易之"。初以父荫补试将作监主簿，后迁至奉直大夫，积勋上柱国、千乘县开国男，食邑300户。历任涟水军涟水尉、河南县知县、洋州知州、凤翔府知府、卫州知州等地方官，入判登闻鼓院，以崇福宫官致仕而终。毕从周仕宦历五朝，无过失。为武、兴、洋知州与东阳、岐、卫太守，所至见称。因毕从周之恩，赠其父太府卿毕庆长为司徒，其母赵氏为荣国太夫人。他为官40余年，知交（如韩缜、张噪）满朝，若欲藉以进取甚易，而不为之。娶赵氏，生三子两女。三子依次为：仲渊，儒林郎；曰仲文，从事郎；曰仲庄，将仕郎。二女，分别适昌黎韩公辅、河南赵倣。又有孙11人。大观四年（1110）八月九日，终养于西京之里第，享年72岁。政和四年（1114）正月二十日，以郑之世墓无地可穴，乃改卜于河南府河南县洛苑乡司徒之原。①

自毕士安、毕世长、毕庆长至毕从古、毕从周三代，毕氏家族发展特点有三：一是人丁兴旺，繁衍不息，至毕仲游世时已"百口"②。这是人口发展的一般规律，当然与社会稳定发展有关。二是族聚地的变迁。文天祥曾曰："中世士大夫以官为家，捐亲戚、弃坟墓。"③ 文天祥概括了当时（甚至包括宋以前）士大夫之家"以官为家"频繁举家迁徙的特点。毕氏家族由宋以前的代州云中，入宋后迁到郑州管城，其中毕世长老居潍阳，其子孙定居潍阳，故有"今为潍阳人"之说。④ 三是入仕途径、走向不一。毕士安靠科举步入宦海，平步直云，

---

① 毕仲游：《西台集》卷14《奉直大夫千乘毕公师圣墓志铭》，文渊阁四库全书本，第1122册，第181页。

② 解缙等编：《永乐大典》卷20205，引西水陈恬撰《西台毕仲游墓志铭并序》，第7570页。

③ 文天祥：《文山先生全集》卷10《跋李氏谱》，四部丛刊初编本，上海商务印书馆1937年版，第1342册，第216页。

④ 毕仲游：《西台集》卷16《尚书郎赠金紫光禄大夫毕从古行状》，文渊阁四库全书本，第1122册，第205页。

位极人臣。在宋代,"衣冠子弟能力学取富贵、不藉父兄资荫者"①很少,毕氏子弟也未能摆脱这一入仕的途径。毕世长等人依靠恩荫入仕,跻身官户之列,衣食无忧,"绝不为生产计"②,但迁转缓慢,以至为光禄卿10年不迁官,③最终也未进入馆阁、侍从等清要之地,更别提两府重地,所任卿、监之类只是代表地位和俸禄的闲散(在元丰官制改革以前)官职。这符合宋代官员选任和管理的常规。当然,即便为低级文官,也享有荫子的特权,保证了下一代有一官半职,且享有比寻常百姓优越的受教育条件,这为毕仲衍等科举入仕创造了优越的条件。

四 有望复兴的毕仲衍、毕仲游兄弟

宋代名相王旦曾曰:"族盛者骄惰恣放,多以侈事相夸逐。"④此言披露了当时家族衰败的内在原因。毕士安、毕世长、毕庆长至毕从古、毕从周三代的盛衰浮沉历史,无不应验之。前文已提到,毕世长靠父荫为官,不思进取,"耄昏不任事",遭御史中丞弹劾。⑤致仕后,年老居于濉阳,更是放纵不拘,"吟醉相欢"⑥。父业沦丧自此而始。毕从古、毕从周一代,亦仅靠恩荫以维系官户门第。宋制,官愈高,荫补范围愈广、次数愈多,初补官级别也愈高,经济状况亦相对丰裕;反之,亦然。靠恩荫入仕的毕世长、毕庆长至毕从古、毕从周两代,官位日趋不显,家境每况愈下。到毕仲衍一代时,困窘的局面

---

① 庄绰:《鸡肋编》卷下《王琪韩亿子弟》,萧鲁阳点校,中华书局1997年版,第90—91页。
② 毕仲游:《西台集》卷16《尚书郎赠金紫光禄大夫毕从古行状》,文渊阁四库全书本,第1122册,第209页。
③ 毕仲游:《西台集》卷16《丞相文简公行状》,文渊阁四库全书本,第1122册,第204页。
④ 苏舜钦:《苏舜钦集》卷15《太原郡太君王氏墓志》,沈文倬点校,上海古籍出版社1981年版,第190页。
⑤ 《长编》卷137,庆历二年六月甲戌,第3276页。
⑥ 江少虞:《宋朝事实类苑》卷41《五老会》,第540页。

已经出现。嘉祐四年（1059）七月四日，毕从古死于寿阳，时诸子犹未冠，家故贫匮无所归，徒"余一马，卖以为棺殡"①。而毕仲游竟以"衰门冷族"自称②。宋代毕氏"仲"字辈共18人③，在关键时刻毕仲衍、仲游兄弟，同中进士，一改此前两代恩荫入仕的尴尬局面，颓势家境有望转机。这里介绍一下毕仲衍、毕仲游。

毕仲衍。毕仲衍，字夷仲。嘉祐四年，其父毕从古卒于寿阳，时毕仲衍"年才十八九"④。初，以其祖卫尉卿毕世长的恩荫补太庙斋郎，治平二年（1065）⑤，调许州阳翟县主簿。熙宁三年（1070），⑥与弟毕仲游同登进士第，补颍州沈丘县令。时欧阳修以观文殿学士知蔡州、吕公著以翰林侍读学士知颍州，⑦皆知之，交荐之。迁著作佐郎、知蔡州遂平县事。未至，改签书大名府节度判官厅公事。至入京师为司农寺主簿，迁丞。宰相吴充⑧引为检正中书户房公事，任期自

---

① 毕仲游：《西台集》卷16《起居郎毕公夷仲行状》，影印文渊阁四库全书本，第1122册，第212页。

② 毕仲游：《西台集》卷10《与苏子容》，影印文渊阁四库全书本，第1122册，第125页。

③ 刘挚：《忠肃集》卷11《毕文简神道碑》，第230页；杜大珪：《名臣碑传琬琰集》下卷4《毕文简公士安传》，影印文渊阁四库全书本，第450册，第695页。

④ 毕仲游：《西台集》卷16《起居郎毕公夷仲行状》，影印文渊阁四库全书本，第1122册，第212页。

⑤ 毕仲游：《西台集》卷16《起居郎毕公夷仲行状》记，"调许州阳翟主簿。而故相张昇阳翟人也，由枢密使出判许州。"按，"张昇"疑为"张昇"，《宋史》卷318有张昇本传。张昇由枢密使出判许州，据《宋史》卷221《宰辅二》和《长编》卷205记：治平二年七月庚辰，张昇自枢密使、吏部侍郎，罢为彰信节度使、同平章事，判许州。由此，毕仲衍调许州阳翟县主簿是在治平二年。

⑥ 毕仲衍登第时间，《宋史》卷281本传和《西台集》卷16《起居郎毕公夷仲行状》均不详。但《宋史》卷281《毕士安传》记，毕仲衍与弟毕仲游同登进士第，而毕仲游和与蔡京"为布衣交，有同年之好"（据《永乐大典》卷20205引西水胡寅《斐然集·题毕西台墓志后》，第7571页。又据胡寅《斐然集》卷28《题毕西台墓志后》，容肇祖点校，中华书局1993年版，第624页）。检《宋史》卷472《蔡京传》知，蔡京于熙宁三年中进士第。由此可知，毕仲衍、毕仲游和与蔡京同在熙宁三年中进士第。

⑦ 据《长编》卷213，熙宁三年七月辛卯条，时欧阳修以观文殿学士、知蔡州。《长编》卷210，熙宁三年四月戊辰条，时吕公著以翰林侍读学士、知颍州。沈丘县属颍州、近蔡州，故有荐举之事。

⑧ 《宋史》卷211《宰辅二》，第5489—5491页，吴充于熙宁九年十月至元丰三年三月为相。

熙宁十年至元丰三年，①前后4年。时王珪与吴充并相，关系不和，以毕仲衍系吴充所荐引，留滞不迁"四年"②，乃以秘阁校理、同知太常礼院。元丰三年（1080）九月，置局定官制，被任命为检讨文字官。③元丰五年（1082）四月，由承议郎、秘阁校理、群牧判官擢为朝奉郎、守起居郎。④后因暴疾而卒，享年43岁。

毕仲衍为官20年，以吏才见长，涉足司法、经济、外交礼仪、教育、政治等多个领域的具体事务，其中一些事务"如定学制、帐法，为北朝信使、馆伴高丽使人，皆先帝自选"⑤。可见，毕仲衍"被遇先帝"⑥。而毕仲衍"详慎精密"，曾任中书户房检正公事，"户部文书千万计，君区别分类，损益删补曲当，虽户部老郎吏不能窥"⑦，"凡从中问其事，必须仲衍然后报，他人不知也"⑧。宋神宗以此"自擢"其为起居郎，⑨并不时"叹息称善"褒奖他。毕仲衍由是而感恩自奋，"以夜继日"，至劳累献身。⑩毕仲衍死后，宋神宗"悼惜久之。翼日，遣中使刘援抚问其家，赐钱五十万，遗恩当补子一人为官"⑪。

毕仲衍奉命修撰《中书备对》，10卷。此书"集内外事物纲目"，"以知官吏流品、户口、钱谷之数，以知礼法文物、军兵名额之数，

---

① 裴汝诚、顾宏义：《宋代检正中书五房公事制度研究》，《宋史研究论丛》（第五辑），河北大学出版社2003年版，第93页。
② 《宋史》卷281《毕士安传》，第9523页。
③ 《长编》卷308，元丰三年九月辛酉，第7475页。
④ 《长编》卷325，元丰五年四月丙子，第7827页。
⑤ 毕仲游：《西台集》卷16《起居郎毕公夷仲行状》，影印文渊阁四库全书本，第1122册，第212页。
⑥ 《宋史》卷281《毕士安传》，第9526页。
⑦ 毕仲游：《西台集》卷一六《起居郎毕公夷仲行状》，影印文渊阁四库全书本，第1122册，第211页。
⑧ 《宋史》卷281《毕士安传》，第9523页。
⑨ 《宋史》卷281《毕士安传》，第9523页。
⑩ 毕仲游：《西台集》卷16《起居郎毕公夷仲行状》，影印文渊阁四库全书本，第1122册，第212页。
⑪ 毕仲游：《西台集》卷16《起居郎毕公夷仲行状》，影印文渊阁四库全书本，第1122册，第212页。

以知刑罚赦宥之事、夫役之数，小大精粗，无乎不备"①。有称："天下之事，尽在其中。及奏篇，先帝（按，指宋神宗）叹息称善，而今士大夫家争相传录，以为不可无之书也。"②宋神宗还"诏中书、门下各录一本纳执政，仍分令诸房揭帖"③。足见《中书备对》在当时影响之大。

毕仲衍妻室简单，唯有张氏一室，可谓"既娶亦稀"。张氏，故职方郎中张度之女，封瑞昌县君。有子2人，长子毕完。元丰五年（1082）毕仲衍死，遗恩当补子一人为官。而宰相王珪犹以平昔芥蒂，不肯执行者五年。及司马光入朝，旧相或死或罢去，始得补其为太庙斋郎。次子名毕寀，尚幼。有女2人，长女适承务郎苏如晦，次女在室。④

毕仲游。毕仲游⑤，字公叔，以父荫补太庙斋郎。嘉祐四年（1059），其父毕从古于寿阳卒，时毕仲游才13岁，但他少孤力学，以求自致。熙宁三年（1070），与兄毕仲衍同年登第，调寿丘柘城主簿、罗山令、环庆路转运司干办公事。毕仲游十分精干，元丰四年（1081）从高遵裕西征，负责运粮，"运期迫遽，陕西八十县馈挽之夫三十万，一旦悉集"⑥。元祐初，司马光等人为政，毕仲游迎合时政，积极反对新法，故"受知于司马光、吕公著……范纯仁尤知之"⑦。学士院召试，苏轼异其文，擢之为第一，加集贤校理、开封府推官。后提点河东路刑狱，因善于断狱，故相韩缜称其"真清"。

---

① 富大用：《古今事文类聚·遗集》卷1《中书备对》，文渊阁四库全书本，台北商务印书馆1986年版，第929册，第347页。
② 毕仲游：《西台集》卷16《起居郎毕公夷仲行状》，文渊阁四库全书本，第1122册，第212页。
③ 《长编》卷307，元丰三年八月庚子，第7456—7457页。
④ 以上见毕仲游《西台集》卷16《起居郎毕公夷仲行状》，文渊阁四库全书本，第1122册，第212页。据《苏魏公文集》卷62《寿昌太君陈氏墓志铭》，第956页；《永乐大典》卷20205引西水陈恬撰《西台毕仲游墓志铭并序》记，毕完，孤，未仕，毕仲游"丐为仓官"。
⑤ 《宋史》卷281《毕士安传》，第9523页。
⑥ 《宋史》卷281《毕士安传》，第9523页。
⑦ 《宋史》卷281《毕士安传》，第9524页。

改秘阁校理、知耀州，救灾有方，使179000人免离其乡。① 宋哲宗亲政，绍圣党人得势，亲善元祐党人的毕仲游失势遭难。元符二年（1099），坐党祸，落秘阁校理。② 宋徽宗时，历知郑、郓二州、京南淮南转运副使等职，入为吏部郎中。但不幸坠入党籍，"坎壈散秩"而终。宣和三年（1121）七月二十八日，以疾卒于西京洛阳，享年75岁。南宋初，偏爱元祐党人的宋高宗，下诏追赠其为直徽猷阁，"以党籍故也"③。毕仲游"学贯经史，才通世务。文章精丽，议论有余"，"为政刚明有断，而应卒遇变从容详悉"。文章、学问、政事、德义、文学，"可谓兼之"④。有文集70卷⑤，而传世的《西台集》仅20卷。

毕仲游娶张氏，光禄卿张铸之女，封太和县君，先毕仲游20年而卒。有四子：毕大纯，宣教郎、永安军使、陵台令；毕大亮，登仕郎、均州司理参军；毕大能，迪功郎、监南岳庙；毕大极，将仕郎。毕大亮、毕大能皆好学，早逝。毕大纯、毕大极俱有才名。有三女：长女适承议郎苏处厚，次女适通直郎郭体让，次女适进士范淑而卒。有六孙：毕少章，将仕郎，卒；毕少雅，将仕郎；毕少膺，举进士；毕少仪，将仕郎；毕少诚、毕少虎，尚幼。有孙女4人：长女适迪功郎薛居安，次女适承奉郎安自强以卒，其余未嫁。⑥

毕仲衍、毕仲游兄弟两人科举入仕，有才有识，政声显异，颇为当政者赏识，出典一方、入为馆职，升转迁任亦渐入佳境，祖业复兴在望。但遭遇不世，难能实现。毕仲衍"被遇"宋神宗，惜英年早

---

① 董煟：《救荒活民书》卷下《毕仲游救荒》，文渊阁四库全书，第662册，第275页。
② 《长编》卷505，元符二年正月辛未，第12045页。
③ 《要录》卷44，绍兴元年五月己未，第944页。
④ 解缙等主编：《永乐大典》卷20205引西水陈恬《西台毕仲游墓志铭并序》，第7569、7570页。
⑤ 解缙等主编：《永乐大典》卷20205引西水陈恬《西台毕仲游墓志铭并序》，第7570页。
⑥ 解缙等主编：《永乐大典》卷20205引西水陈恬《西台毕仲游墓志铭并序》，第7570页。

逝。毕仲游怀才不遇，"始司马温公、吕申公最为知"之，"皆不及用公而薨。范丞相平生期公可大用，比登庸，公持太夫人丧归郑。服除，范公已出牧"。故毕仲游"元祐间不极其用，又不当言路，于国之大政无所预"①。宋哲宗也曾"知公"②，未及重用之而卒。毕仲游与蔡京"为布衣交，有同年之好"。宋徽宗时，蔡京"擅国"，欲引其"助己"，而毕仲游"谢绝之"，"遂坐党入籍"。但蔡京无加害之意，"数寄声通殷勤"，但他"终不答"，"以此坎壈竟不得试"③，宣告了其政治生命的终结。家族中同辈中其他成员，毕"仲达而下若干人，官多至郎、大夫，入文馆省寺，或出为郡守使者，世以为盛"④。而依赖恩荫进入宦海，升迁大用机缘不多，更难担当复兴家族的重任。

毕仲衍、毕仲游辈的后代们，子辈毕彦、毕况⑤、毕举、毕完、毕纯、毕亮、毕骞、毕逢、毕慧、毕宷、毕沂与毕老12人，靠荫补为官，均无显状；⑥孙辈毕少章、少雅、少膺、少仪、少诚、少虎等，唯毕少膺举进士，其余或年幼无官，或恩荫入仕，为官不高。靖康兵火之后，北方沦丧，"世以为盛"的毕氏家族成员流散，已混同于寻常百姓。

五　宋代毕氏家族的主要婚姻

影响一个家族的延续和发展的因素是多方面的，其中婚姻、交际

---

① 解缙等主编：《永乐大典》卷20205引西水陈恬《西台毕仲游墓志铭并序》，第7569页。
② 解缙等主编：《永乐大典》卷20205引西水陈恬《西台毕仲游墓志铭并序》，第7569页。
③ 胡寅：《斐然集》卷28《题毕西台墓志后》，第624页。
④ 刘挚：《忠肃集》卷11《毕文简神道碑》，第230页。
⑤ 据《永乐大典》卷20204引《宋毕西台集·毕子庄墓志铭》，第7565页。毕况，即毕大况，毕仲容子，无显闻。毕仲容，字子庄，淮阳人。以荫任太庙斋郎。资性明爽，勇于为善，平居与弟昆相进于学，期以文章取仕，不幸早亡，时嘉祐四年，年仅29岁。娶蔡氏，蔡骃之娣。孙一人未名。
⑥ 苏颂：《苏魏公文集》卷62《寿昌太君陈氏墓志铭》，第956页；毕仲游：《西台集》16《起居郎毕公夷仲行状》，第212页。

是两个重要方面。毕士安官至宰相，对毕氏家族所带来的不仅仅是"封妻荫子"的特权，还有与士大夫联姻、交游等重要的平台。史称："文简公，景德初以德望相真宗，为时名臣，门风家范，世载厥美"①。毕士安成了士大夫攀缘的对象，"王祐、吕端见引重，王旦、寇准、杨亿相友善，王禹偁、陈彭年皆门人也"。② 而毕氏子弟亦成为"竞逐"的主要目标。前文已提及，毕世长老居濉阳，而故相杜衍、兵部侍郎王焕、兵部郎中朱贯、虞部郎中冯平，亦老居濉阳，五人交游甚欢，时称"南京五老"③。毕从古，"贵人之知公者杜衍、范仲淹、包拯、田况、刘湜"五人④，皆时之贤者。毕从周"仕宦四十余年，知交满朝"，如韩缜（王旦外孙）、张璪等官至副宰相，"尝论公为人"，并积极举荐。⑤ 毕仲衍受知于宰相吴充，吴充"素不识君（按，指毕仲衍），一见大喜，即以君为中书刑房检正官，俄迁户房"⑥。毕仲游，"受知于司马光、吕公著……范纯仁尤知之"⑦。毕世长等人交游圈子的形成，或与自己努力有关，但更与已故的毕士安名望影响有关。

在婚姻方面，毕士安子弟是当时名门追逐的对象，男娶名臣之后，女嫁中第进士或望门子弟。史载可考的宋代毕氏六代中，明确联姻对象者并不多，主要有以下几家。

---

① 苏颂：《苏魏公文集》卷62《寿昌太君陈氏墓志铭》，第955页。
② 《宋史》卷281《毕士安传》，第9521页。
③ 毕仲游：《西台集》卷16《尚书郎赠金紫光禄大夫毕从古行状》，文渊阁四库全书本，第1122册，第205页。祝穆：《古今事文类聚·前集》卷45《司农卿致仕毕世长九十四岁》，文渊阁四库全书本，台北商务印书馆1986年版，第925册，第744页。
④ 毕仲游：《西台集》卷16《尚书郎赠金紫光禄大夫毕从古行状》，文渊阁四库全书本，第1122册，第208页。
⑤ 毕仲游：《西台集》卷14《奉直大夫千乘毕公师圣墓志铭》，文渊阁四库全书本，第1122册，第181页。
⑥ 毕仲游：《西台集》卷16《起居郎毕公夷仲行状》，文渊阁四库全书本，第1122册，第210—211页。
⑦ 《宋史》卷281《毕士安传》，第9524页。

1. 毕、寇联姻

名相寇准感恩毕士安举荐，两女皆嫁其次子毕庆长。① 据杜大珪《名臣碑传琬琰之集》上卷二、孙抃《寇忠愍公准旌忠之碑》记载：寇准四女，长女适枢密使、尚书吏部侍郎、同中书门下平章事王曙；次女适太府卿毕庆长；次女又为毕庆长继室；次女适司封员外郎、直史馆张子皋。寇准与毕士安同朝宰相，"毕士安荐寇准，又为之辨诬。契丹大举而入，合辞以劝真宗，遂幸澶渊，终却拒敌……景德、咸平以来，天下乂安，二相协和之所致也"②。二人齐心协力，共济大业。相门联姻，可谓匹配。

2. 毕、宋联姻

宋代毕、宋联姻，与毕士安和杨徽之同僚有关。前文已言，毕士安和杨徽之先后为宋真宗即位前尹开封府的府僚和东宫旧人。③ 二人同僚，为其后代联姻奠定基础。杨徽之无子，唯有一女嫁宋皋。杨徽之死，遗恩奏补宋皋直集贤院、外孙宋绶为太常寺太祝。④ 宋绶进士出身，官至知枢密院事、参知政事，赠谥宣献。⑤ 宋绶"以文章道德显赫两朝，佐佑仁皇，再登宰政，号令风采为时宗工，虽德业所基本乎世阀，而绪风克绍，抑自外门"⑥。宋绶娶毕士安孙女、毕世长之

---

① 毕仲游：《西台集》卷16《丞相文简公行状》，文渊阁四库全书本，第1122册，第204页。
② 《宋史》卷281《论曰》，第9534页。
③ 苏颂：《苏魏公文集》卷51《翰林侍讲学士正奉大夫尚书兵部侍郎兼秘书监上柱国江陵郡开国侯食邑一千三百户食实封二百户赠太子太师谥文庄杨公神道碑铭并序》，第767页；《宋史》卷296《杨徽之》，第9868页；《宋史》卷305《杨亿传》，第10080页。
④ 苏颂：《苏魏公文集》卷51《翰林侍讲学士正奉大夫尚书兵部侍郎兼秘书监上柱国江陵郡开国侯食邑一千三百户食实封二百户赠太子太师谥文庄杨公神道碑铭并序》，第769页。
⑤ 《宋史》卷291《宋绶传》，第9734—9735页。
⑥ 苏颂：《苏魏公文集》卷51《翰林侍讲学士正奉大夫尚书兵部侍郎兼秘书监上柱国江陵郡开国侯食邑一千三百户食实封二百户赠太子太师谥文庄杨公神道碑铭并序》，第769页。

女，有三子于熙宁三年（1070）同年登科；而长子宋敏求又娶毕士安曾孙女、毕从善之女。毕、宋两代蝉联为姻，"室则姑子，家则妇姑"①。宋敏求，赐进士及第出身，为龙图阁直学士，修宋仁宗、宋英宗朝的正史。他"约清惇纯，而敏于记学。其为文章训辞诰命，皆有程范。朝廷典故，士大夫疑议，必就取正而后决。宋元宪公在河南每咨以故实，欧阳文忠公致手简通问，则自处浅陋，而以鸿博名。公家藏书三万卷，日集子孙讨论翻绎，以为娱乐"。宋氏子孙也颇昌盛，宋敏求有九子七孙、二女六孙女，子孙多为官，女、孙女嫁官宦。②毕、宋两代联姻，至亲至密，对毕家子弟成长不无影响。毕、宋两家同居郑州管城，来往交流方便，相互学习影响。后宋敏求兄弟3人和毕仲衍、毕仲游兄弟2人同年中第，同朝为官。

3. 毕、梅联姻

毕从古"自为子弟时，甚修可爱"。梅询见了他以后，对卫尉卿毕世长说："宋为宰相者多矣，毕相向有阴德在子，其后子孙宜有兴者。君中子无乃其人乎？"于是将女儿嫁给了毕从古。③梅询如此坦言选婿，道出不少官僚愿意与毕氏联姻的心声。而翰林侍读学士梅询，"好学有文，尤喜为诗。为人严毅修洁，而材辩敏明，少能慷慨。见奇真宗，自初召试，感激言事，自以为君臣之遇"④。梅询子侄也

---

① 苏颂：《苏魏公文集》卷51《龙图阁直学士修国史宋公神道碑》，第776、777页。蔡襄：《蔡襄集》卷8《宋宣献公夫人毕氏哀词二首》，第150页。杜大珪：《名臣碑传琬琰之集》中卷16，范镇：《宋谏议敏求墓志铭》记，宋敏求母，常山郡太夫人毕氏。而宋敏求娶毕氏丞相文简公之曾孙、光禄少卿从善之子，常山太夫人从子也。毕仲游：《西台集》卷13《判西京国子监宋公墓志铭》亦记毕仲游的话曰："某之姑实宣献公（按，指宋绶）之夫人，所谓常山郡太夫人者也。某之姊实常山公（按，指宋敏求）之夫人，所谓代国太夫人者也。"

② 以上见杜大珪《名臣碑传琬琰之集》中卷16，范镇《宋谏议敏求墓志铭》，文渊阁四库全书本，第450册，第332页。苏颂：《苏魏公文集》卷51《龙图阁直学士修国史宋公神道碑》，第777页。

③ 《宋史》卷301《梅询传》，第9985页；毕仲游：《西台集》卷16《尚书郎赠金紫光禄大夫毕从古行状》，文渊阁四库全书本，第1122册，第208页。

④ 欧阳修：《欧阳修全集》卷27《翰林侍读学士给事中梅公墓志铭》，第415页。

很盛,子鼎臣、宝臣、得臣、辅臣、清臣5人①与侄尧臣、正臣等3人,②皆入仕。其中尧臣"有名当世"③,为著名诗人。毕、梅结好,无疑扩大了各自的社会圈子。

4. 毕、陈联姻

毕士安与陈尧叟,景德元年(1004)、二年同在宰辅,毕士安在东府,而陈尧叟在西府。④在国事上,二人政见相左。澶渊之战,宰相毕士安、寇准力主宋真宗亲临前线,积极抗辽,而同知枢密院事陈尧叟主张迁都成都,参知政事王钦若主张迁都金陵。⑤最终,宰相的意见占了上风,才有了历史上著名的澶渊之战和澶渊之盟。国家大事,政见分歧,纯属常事,不妨碍个人关系甚至家族之间的往来。毕士安孙子毕从古再室陈氏,系陈尧叟之孙女,毕、陈遂结为姻娅。宋代阆中陈氏非同他族,这里多介绍一些。

宋代四川阆州阆中陈氏,是科举大户、状元大户,显宦之家。⑥父陈省华登进士高科,曾知开封府、仕至左谏议大夫。陈尧叟,端拱二年(989)登进士甲科,为状元,⑦官至枢相,卒赠谥文忠。弟陈尧佐,进士及第,官至宰相,卒谥文惠。弟陈尧咨,咸平三年(1000)科举中状元,历官翰林学士、武信军节度使、知天雄军。卒,赠太尉,谥康叔。同族兄弟陈尧封与子陈渐,淳化中同中进士,

---

① 杜大珪:《名臣碑传琬琰之集》中卷36,欧阳修《梅给事询墓志铭》,文渊阁四库全书本,第450册,第480页。
② 欧阳修:《欧阳修全集》卷28《太子中舍梅君墓志铭》,第434页。杨杰:《无为集校笺》卷13《故朝奉郎守殿中丞梅君墓志铭》,曹小云校笺,黄山书社2014年版,第460—461页。
③ 欧阳修:《欧阳修全集》卷28《太子中舍梅君墓志铭》,第434页。
④ 《宋史》卷211《宰辅一》,第5436—5438页。
⑤ 《宋史》卷281《寇准传》,第9530页。
⑥ 参见胡昭曦、蔡东洲《宋代阆州陈氏研究》,《宋代四川家族与学术论集》,四川大学出版社2005年版,第51页。
⑦ 《宋史》卷284《陈尧佐传》记为端拱三年,误。据《宋史》卷5《太宗二》、《长编》卷30,端拱二年三月,改之。

陈渐"辄辞不就,愿擢其父"。宋太宗许之。① 陈尧叟"兄弟子孙同时贵显,称为盛族"。长子陈师古,赐进士出身,后为都官员外郎;陈希古,至太子中舍,坐事除籍;陈知默,字子思,能文善诗,不受恩荫赐官,科举屡不中,遂"之汝居灵泉山,治宅种田,往来于山中",卒年38岁。② 孙陈知言、陈知章为将作监主簿。史书描述陈氏盛况说:"景德中,尧叟掌枢机,弟尧佐直史馆,尧咨知制诰,与省华同在北省,诸孙任官者十数人,宗亲登科者又数人,荣盛无比。宾客至,尧叟兄弟侍立省华侧,客不自安,多引去。"③ "方其家盛时,子孙仕宦满朝,至监司郡守者数十人。治甲第京师,车马衣服声伎之奉,时无比者。"④ 陈尧叟、陈尧佐与陈尧咨兄弟3人"若子、若孙、若曾孙六十有八人。女若孙、曾五十有四人。而仕于朝者,多以材称于时……可谓盛矣"⑤。与陈尧叟这样家族结亲,显然会提高毕氏门第。更重要者,陈氏家教很好,门风淳朴,为毕家东山再起奠定了基础。

陈氏家族"自蜀来京师遂显,而居郑"⑥。与"郑人"⑦ 毕家同处一地,子弟交往学习甚便,故毕仲游兄弟,学诗于陈知默,至能"诵(陈)子思之诗"⑧。毕仲衍母亲陈氏,"幼聪慧,知书史"。六七岁时,随其祖母入参禁中,章献太后见其"姿貌异,指而问之,赐以茶茗"。陈氏20岁时,出嫁给毕从古,"能尽孝敬,人有称之"⑨。她

---

① 《宋史》卷284《陈尧佐传》,第9589页。
② 毕仲游:《西台集》卷6《陈子思传》,文渊阁四库全书本,第1122册,第74—75页。
③ 《宋史》卷284《陈尧佐传》,第9587页。
④ 毕仲游:《西台集》卷6《陈子思传》,文渊阁四库全书本,第1122册,第74页。
⑤ 欧阳修:《欧阳修全集》卷20《太子太师致仕赠司空兼侍中文惠陈公神道碑铭并序》,第327页。
⑥ 毕仲游:《西台集》卷6《陈子思传》,文渊阁四库全书本,第1122册,第75页。
⑦ 毕仲游:《西台集》卷14《奉直大夫千乘毕公师圣墓志铭》,文渊阁四库全书本,第1122册,第180页。
⑧ 以上见毕仲游《西台集》卷6《陈子思传》,文渊阁四库全书本,第1122册,第74页。
⑨ 以上见苏颂《苏魏公文集》卷62《寿昌太君陈氏墓志铭》,第955页。

"治家严而有恩，常勉其夫子以义而安于贱贫"。其夫毕从古叹曰："使吾无不足于小官者，夫人之助也。"嘉祐四年（1059），毕从古卒于寿阳，时诸子犹未冠，家故贫匮无所归。① 而毕仲衍"年才十八九，家余一马，卖以为棺殡"。② 濉阳族人欲招之为妻，陈氏谢绝说："吾夫平生未尝有秋毫取于人，今死未久，岂以妻子诿族属耶？"遂"躬亲纺绩以自给，又教其子以经史文章法书及近代名臣善言懿行，以资其学，久益不倦"。其后二子毕仲衍、毕仲游并举进士登科，被遇两朝，擢任要职。其余几子"皆有闻于时，出入台阁，荣禄及亲，迭侍膝下，流裔益广。于是人知毕氏之有母也"。元丰初年，毕仲衍预检讨官制，因奏事便殿。宋神宗问曰："闻卿母能治家训子，今年几何？"毕仲衍具以实对，宋神宗"称叹久之"。陈氏"动二圣之识赏"，足见其妇德行义绝非一般。除其能治家教子，陈氏还礼义谦让。毕从古两室，嫡夫人梅氏，继室陈氏，始从夫封，后用子荫进德兴、寿昌二县太君。及毕仲衍兄弟登朝，赠其父官四品，又请以所迁官为其母改封郡。陈氏曰："汝必欲以此为孝，当先嫡夫人。"故诸子用其言，封前母梅氏为永嘉郡太君，陈氏之号冯翊县君未改。元祐四年（1092）终于京师，享年74岁。③

陈氏出自名门，知书达理，治家教子，一改依靠毕氏恩荫入仕和贫以卖马"棺殡"、家道衰退的境遇，使两子同中科第，而毕"仲达而下若干人，官多至郎、大夫，入文馆、省、寺，或出为郡守使者，世以为盛"④。由此可知，婚姻对于宋代士人社会地位的维系和发展有着重要作用。毕士安成才离不开有远见的继母祝氏，⑤ 而毕仲衍、毕仲游成才，与其生母陈氏的悉心培养息息相关。

---

① 毕仲游：《西台集》卷16《尚书郎赠金紫光禄大夫毕从古行状》，文渊阁四库全书本，第1122册，第208页。
② 毕仲游：《西台集》卷16《起居郎毕公夷仲行状》，文渊阁四库全书本，第1122册，第212页。
③ 苏颂：《苏魏公文集》卷62《寿昌太君陈氏墓志铭》，第956页。
④ 刘挚：《忠肃集》卷11《毕文简神道碑》，第230页。
⑤ 彭大翼：《山堂肆考》卷92《为子求师》，文渊阁四库全书本，台北商务印书馆1986年版，第975册，第716页。刘挚：《忠肃集》卷11《毕文简神道碑》，第226页。

宋代毕氏子孙很多，与其他家族的联姻也很广泛，不仅是上述几例。如，毕氏"两房二女"①嫁与宰相苏颂子弟。毕仲衍孙女嫁进士、苏颂之长孙苏象先，②毕仲游长女适苏颂之次孙承议郎苏处厚。③毕、苏两家遂联姻。由于遭受"靖康之难"之浩劫，北宋昌盛一时的家族率蒙摧残，而史书所记零乱，有关毕氏子弟婚姻的详细情况，难作系统梳理，颇为缺憾。但从上述几例婚姻来看，宋代毕氏几代与名宦显门联姻，具有宋代家族（尤其是世家）制度所具备的"世婚"特征。

六　宋代毕氏家族的特点

毕氏家族仅仅是宋代众多家族中的一例，它有宋代家族（尤其是世家）制度所具备的"世宦"、"世婚"、"世举"与"同财共居"等一般特征④，但也拥有其自己的特点。

1. 以科举立家，但不"世举"

前文已言，宋代"国家用人之法，非进士及第者不得美官"⑤，"累代将相名卿，皆由此出"⑥。因此，科举是宋代皇族以外世家形成的最主要途径。和众多宋代世族起家的渠道一样，毕氏家族亦是依靠科举入仕改变门第和地位的。宋初毕士安由科举入仕、并入驻宰府，一改前代家族数世不昌的局面，而且奠定了宋代毕氏"世宦""世婚"的基础。但纵观史载确凿的宋代毕氏六代数十人的仕历，有科举步入仕途者，仅有毕士安（第一代）、毕仲衍、毕仲游（第四代）与

---

① 毕仲游：《西台集》卷10《与苏子容》，文渊阁四库全书本，第1122册，第125页。
② 苏颂：《苏魏公文集》卷62《寿昌太君陈氏墓志铭》，第956页。
③ 毕仲衍女嫁承务郎苏如晦，据《永乐大典》卷20205引西水陈恬撰《西台毕仲游墓志铭并序》，第7570页。据《苏魏公文集》附录二《赠司空苏公墓志铭》记载，苏处厚，苏颂的次孙。
④ 参见王善军《宋代宗族和宗族制度研究》，第187—212页。
⑤ 司马光：《司马光集》卷32《贡院乞逐路取人状》，第728页。
⑥ 《宋史》卷319《刘敞传》，第10387页。

毕少膺（第六代）等三代4人，并未出现宋代所崇尚的"世科者、累举不乏人"①现象，也未出现一代多人中举的现象，因而亦未出现诸如吕氏、韩氏累代将相名卿的局面。

2. 不蓄家产，难于久远

宋代土地私有制空前发展，土地所有权转换极为频繁，有"千年田换八百主"之说。②因此，宋代官宦之家一般都置地蓄产③，以保证自己乃至家族的经济基础，进而巩固其政治、文化地位。但是，毕士安"仕至辅相，而四海无田园居第，没未终丧，家用已屈"，至"使其家假贷为生"。④"自丞相以来，绝不为生产计。公（按，指毕从古）仕宦三十年，竟无田宅居。"⑤正由于此，毕从古死后，"家故贫匮无所归"⑥，以至于卖马买棺营葬，至毕仲游为官时，家境依然困难。史载：毕仲游曾"夺女资以嫁"侄女，"为府官，俸尚薄，兄弟群从百口，至鬻衣质裘以给。复官登闻，俸益薄，群从益众，比持丧以归郑州，资用乏绝"，遂"称贷鬻田"以葬族人。⑦毕仲游而后几代，官益小、俸益薄，生计更加困难，衰落则是在所难免。但其世代廉洁的家风，值得赞赏。

3. "世显以材"

宋代不少显赫一时的家族，或以宦显，或以儒显，或以义显，或

---

① 楼钥：《攻媿集》卷105《朝请大夫史君墓志铭》，文渊阁四库全书本，第1153册，第603页。
② 辛弃疾：《稼轩词编年笺注》卷3《最高楼（吾衰矣）》，邓广铭笺注，上海古籍出版社1978年版，第279页。
③ 朱家源、王曾瑜：《宋朝的官户》，《宋史研究论文集》，上海古籍出版社1982年版，第18—22页。
④ 刘挚：《忠肃集》卷11《毕文简神道碑》，第230页。
⑤ 毕仲游：《西台集》卷16《尚书郎赠金紫光禄大夫毕从古行状》，文渊阁四库全书本，第1122册，第209页。
⑥ 苏颂：《苏魏公文集》卷62《寿昌太君陈氏墓志铭》，第956页。
⑦ 以上见解缙主编《永乐大典》卷20205引西水陈恬撰《西台毕仲游墓志铭并序》，第7570页。

以材显，或以武显，途径各异。毕氏家族虽靠科举起家，但立足于世者，既非依累代将相名卿，又非恃儒学或"义门"，而是凭吏材。前文已言，毕士安若无才干，则难履相任，更难一言而结宋、辽百年之盟。毕从周仕宦历五朝，无过失，屡任地方长官，所至皆以吏治见称。① 毕仲衍老于吏事，曾任中书户房检正公事，"户部文书千万计，君区别分类，损益删补曲当，虽户部老郎吏不能窥也"②。毕仲游"为政刚明有断，而应卒遇变从容详悉"③。他曾负责前线运粮，"运期迫遽，陕西八十县馈挽之夫三十万，一旦悉集"④。足见，宋代毕氏颇具政治才能，代代多有杰出人才，为宋代历史发展做出了较大的贡献。

原刊于《河南大学学报》2006年第4期，与杨高凡合作

---

① 毕仲游：《西台集》卷14《奉直大夫千乘毕公师圣墓志铭》，文渊阁四库全书本，第1122册，第181页。
② 毕仲游：《西台集》卷16《起居郎毕公夷仲行状》，文渊阁四库全书本，第1122册，第211页。
③ 解缙主编：《永乐大典》卷20205引西水陈恬撰《西台毕仲游墓志铭并序》第7569、7570页。
④ 《宋史》卷281《毕士安传》，第9523页。

北宋毕仲衍论略

一 毕仲衍生平履历

关于毕仲衍生平履历，《宋史》卷281《毕士安》与毕仲游《西台集》卷一六《起居郎毕公夷仲行状》[①]有其传略，兹试作补充。毕仲衍，字夷仲，宋代郑州管城县人。嘉祐四年（1059）七月四日，其父毕从古卒于寿阳，时毕仲衍"年才十八九"[②]。初，以其祖卫尉卿毕世长的恩荫补太庙斋郎，治平二年调许州阳翟县主簿。熙宁三年（1070），与弟毕仲游同登进士第，补颍州沈丘县令。时欧阳修以观文殿学士知蔡州，吕公著以翰林侍读学士知颍州，[③]皆知之，交荐之。迁著作佐郎、知蔡州遂平县事。未至，改签书大名府节度判官厅公事。入京为司农寺主簿，迁丞。宰相吴充[④]引为检正中书户房公事，任期自熙宁十年至元丰三年，[⑤]前后四年。此时，王珪与吴充并相，

[①] 毕仲游：《西台集》卷16《起居郎毕公夷仲行状》，文渊阁四库全书本，第1122册，第209—212页。

[②] 毕仲游：《西台集》卷16《起居郎毕公夷仲行状》，文渊阁四库全书本，第1122册，第212页。

[③] 据《长编》卷213，熙宁三年七月辛卯，第5165页，诏新判太原府欧阳修罢宣徽南院使，复为观文殿学士，知蔡州。《长编》卷210，熙宁三年四月戊辰，第5095页，诏御史中丞吕公著，以翰林侍读学士、知颍州。沈丘县属颍州、近蔡州，故有荐举之事。

[④] 《宋史》卷211《宰辅二》，第5489—5591页，吴充于熙宁九年十月至元丰三年三月为相。

[⑤] 裴汝诚、顾宏义：《宋代检正中书五房公事制度研究》，《宋史研究论丛》（第五辑），第93页。

关系不和，以毕仲衍系吴充所荐引，留滞不迁"四年"①，乃以秘阁校理、同知太常礼院。元丰三年（1080）九月，宋神宗诏令置局定官制，被任命为检讨文字官。② 元丰五年（1082）四月，由承议郎、秘阁校理、群牧判官擢为朝奉郎、守起居郎。③ 不久，因暴疾而卒，享年43岁。

毕仲衍为官二十年，以吏才见长。刚履要职，便猝然去世，十分可惜。然其才干已经展露，主要表现以下诸事。

1. 锄恶张善、胆识不凡

宋英宗治平二年（1065），23岁的毕仲衍以被荫补为太庙斋郎，调许州阳翟县主簿。北宋的许州，是近京师之地，也是宋神宗的"潜藩"，元丰三年（1080）升为颍昌府。在政区调整中，曾三次被划入"京畿路"。④ 地位特殊，非一般州级政区所能相比。所遣知州，多是卸任的两府宰执大臣和天子宠臣。而所属县地位也高于一般县，故士人以能为官许州而为荣。时恩荫出身的毕仲衍，能任阳翟主簿，已经十分幸运。但是，由于许州是官宦盘踞地，多地方豪横与官僚子弟勾结，为非作歹，号为难治。

时张昪自吏部侍郎、枢密使罢为彰信节度使、同平章事，出判许州。张昪阳翟县人，欲为阳翟县兴学，奏请于朝。朝廷令阳翟县自筹财力，而县官欲按财力多少分摊。故太子中舍马某之子宏，"尝持吏短长，居邑中横甚"，煽动诸富豪说："丞相之为县学非令也。今子以力输之，不足则又将使子输矣。由十百而至千万，未可知也。子如以百金授我，我为君费，使丞相自止之。"诸豪户"信其能，因以百金遗宏"。马宏得钱后，游荡许州，且挑拨州县关系说，"丞相之为学甚

---

① 《宋史》卷281《毕士安传》，第9523页。
② 《长编》卷308，元丰三年九月辛酉，第7475页。
③ 《长编》卷325，元丰五年四月丙子，第7827页；《宋会要辑稿·职官》2之14，第2994页。
④ 参见李昌宪《宋代诸路的辖区与治所沿革研究》，《历史地理》第十七辑，上海人民出版社2001年版，第128页。

善，而民力之输官者县吏皆私之，而又将赋民"。张昪信以为真，责令阳翟县停止筹费、调查所谓县吏贪污之事。结果查无实据，谎言自破。县衙遂张榜于道，以揭其奸。

当时，县令不知所为，主张向上级张昪分辩。毕仲衍认为，分辩"无益也。不如取宏治之，则不辩而自明"。会县令迁汝州，毕仲衍以主簿权摄县令事，立即使人逮捕马宏，经审讯，马宏招认其奸。五日狱成，报告张昪。张昪又据实奏于朝廷。朝廷以马宏父荫而不杖之，流之邓州。

马宏作恶多端，"素为乡里所患"，常轻视县官。毕仲衍年方二十余岁，马宏尤轻视他，尝举其手而出幼指曰："县官于我犹是也！"及为逮捕，马宏还嚣张地说："无害"。"恃其能，数以词辩自解"，但在铁证之下，马宏"竟抵罪"。既流放马宏，"一县相贺"。是时，故给事中张问居阳翟县，夸奖曰："鄙语曰'锄一恶长十善'，君之谓也。"①

毕仲衍初出茅庐，不畏权贵，竟将为害一方、纨绔子弟马宏绳之以法，显示了他不凡的胆识，得到了前贤的褒扬。同时，也暴露宋代地方吏治存在不少弊端。

2. 协助宰辅、查办财务

宋代官员选任和升迁推行所谓的举荐保任制度。作为名臣之后的毕仲衍，似乎更有人保荐，曾得到欧阳修、吕公著的"交荐"而迁官。熙宁十年（1077），又得到当朝宰相吴充的青睐，吴充"素不识君，一见大喜，即以君为中书刑房检正官，俄迁户房"②。检正中书户房公事，是检正中书五房公事之一，是宰相的属官，但有别于一般属官，相当于今天中央政府的办公厅，权力很大。所谓"人主以天下

---

① 以上见毕仲游《西台集》卷16《起居郎毕公夷仲行状》，文渊阁四库全书本，第1122册，第210页；《宋史》卷281《毕士安传》，第9523页。
② 毕仲游：《西台集》卷16《起居郎毕公夷仲行状》，文渊阁四库全书本，第1122册，第210—211页。

事付中书，中书以付五房"①。它是王安石变法的内容之一，设于熙宁三年（1070）九月，废于元丰五年（1082）。②毕仲衍所任检正中书户房公事，主要负责与财政有关的事情。熙宁十年（1077）九月，都大提举在京仓场沈希颜奏：熙宁三年（1070）河仓所支粮料凡306.2万斛，至熙宁九年（1076）支450万斛。宋神宗批示："可令检正官子细取索，排年比较近岁增多缘由以闻。"遂派负责财务的毕仲衍调查此事，但史载阙如，不知结果如何。③

同年，又委任调查市易司榷酒之事。市易法本是为了打击京师富贾豪户垄断买卖、坑害外来商人而设立的新法，但后来提举市易司也干起了垄断的事情，其中涉及酒的销售。史载：先是提举市易司，岁榷民糯米为赢，凡商贾之至京师者，官尽榷买之，然后增价卖给酒户，酒户所买米陈价贵，"酤益不行遂废其坊"。三司酒课收入大耗，惟市易司赢多以为功。检正中书户房欲弛其榷禁，而提举市易司认为不便，数与户房论难，不惩办违法者。毕仲衍方得宰相宠任，感恩自奋，不避人怨，取纸半尺许，问市易司曰："未榷糯米之前，京师酒户为坊者几何，岁停几何。已榷之后，京师酒户为坊者几何，岁停几何。"大概未榷买之前，酒户为坊者多而停者少，既榷买之后酒户为坊者少而停者多，利害甚明。市易司"无他一词，遂不知所答，卒服非是。而罢榷事"④。

元丰二年（1079）五月，诏令毕仲衍负责"讲究"京师卖麴利害。⑤宋代酒务实行专卖法，其中酿酒的重要原料麴销售控制得很严，政府卖于酒户，酒户得麴方能生产酿造。京师麴法，自熙宁四年（1071）定岁额为180万斤，每斤200钱，岁入36万贯。后来市易务

---

① 《长编》卷268，熙宁八年九月乙酉，第6573页。
② 详见裴汝诚、顾宏义《宋代检正中书五房公事制度研究》，《宋史研究论丛》（第五辑），第85页。
③ 《长编》卷284，熙宁十年九月甲寅，第6960页。
④ 毕仲游：《西台集》卷16《起居郎毕公夷仲行状》，文渊阁四库全书本，第1122册，第211页。
⑤ 《长编》卷298，元丰二年五月癸未，第7247页。

多卖，而酒户不能偿，虽屡屡倚阁亦无济于事。宋政府遂减岁额为150万斤，每斤增至240钱，犹不免逋欠。酒户又欠市易务白糟、糯米钱五十余万缗。于是，宋神宗乃命户房检正官毕仲衍、太常博士周直孺同三司讲究利害。毕仲衍、周直孺经几个月调查认为，应该"损额增直"，岁额120万斤，每斤300钱，均给七十店，并立严格的告赏法，监督酒户生产。九月，朝廷采纳了建议，诏在京卖麹，以120万斤为岁额，每斤250钱，岁入30万贯；等卖及旧额，恢复旧价，酒户所负白糟、糯米钱，再延期两年交纳。① 新法，比过去酒户少纳6万贯。

毕仲衍老于吏事，"户部文书千万计，君区别分类，损益删补曲当，虽户部老郎吏不能窥也"②。上述几件与财计有关的事务处理证明，他无愧"举主"，也不亏所任。

3. 出使异邦，不辱使命

宋制，宋、辽两朝每年互使节，以庆贺正旦和生辰。元丰二年（1079）八月甲辰，诏知制诰李清臣为辽主生辰使，西上阁门使曹评为副使；主客郎中范子渊为正旦使，皇城使、雅州刺史姚兕为副使。后因范子渊免行，以太常丞、检正中书户房公事毕仲衍代之。③ 于是，毕仲衍以正旦使的身份出使辽国。

宴席间，两国以射箭取乐。契丹人以骑射见长，举行宴射取乐活动，似有为难取笑宋人的意思。而文臣毕仲衍虽更拙于箭技，但身为国使，自不能示弱而屈辱朝廷。遂鼓勇而前，先"与北人习射一发，中的，以为偶然。再发又中，敌人以为神"。两射两中，折服在座契丹国主和大臣，给契丹人留下极深的印象。毕仲衍"天资白皙，髭眉

---

① 《宋史》卷185《食货下七》，第4518页；《长编》卷299，元丰二年八月戊申，第7282页。
② 毕仲游：《西台集》卷16《起居郎毕公夷仲行状》，文渊阁四库全书本，第1122册，第211页。
③ 《长编》卷299，元丰二年八月甲辰，第7280页；又见《宋史》卷15《神宗二》，第296页。

如画，辞令温雅"，辽人"喜之"。契丹国主"阴使人取君衣以为度，制服以赐"毕仲衍。毕仲衍参加"元会，尽记其仪与登降节奏，归为图以进"。宋神宗赐其五品服。

毕仲衍此次成功地完成了使命，并给辽主以极佳的印象，久久不能忘怀。其后数年，钱勰使契丹。① 契丹主犹问："毕少卿何官，今安在？"②

4. 馆伴外使、与帝酬唱

元丰四年（1081）五月，高丽国王徽上言："臣蒙陛下休德，世为东方之臣。僻在海外，未尝睹中国礼仪之盛，愿朝京师，伏大廷，望天子之威颜。而属有犬马之病，不能胜衣。"于是，高丽遣礼部尚书李子威、吏部侍郎崔思齐为进奉正副使，率领135人来宋朝贡。③ 大约十二月，抵达京师，宋神宗接见了他们，并赐物有差。④ 毕仲衍被宋神宗钦选为馆伴高丽使⑤，"实预典客"⑥。次年正月丙申，上元节，宣德门张灯结彩，宋神宗亲临观灯。⑦ 因赐宴之于东阙下，招待高丽来使。宴席上，两府大臣、高丽使臣崔思齐等五人皆赋诗助兴。⑧ 而毕仲衍作《进御楼观灯诗》云：

---

① 按，据《长编》卷307，元丰三年八月癸丑记载，钱勰使契丹在元丰三年八月，仅晚毕仲衍使辽一年。《西台集》卷16《起居郎毕公夷仲行状》称："其后数年"，似不妥。

② 以上见毕仲游《西台集》卷16《起居郎毕公夷仲行状》，文渊阁四库全书本，第1122册，第211页；《宋史》卷281《毕士安传》，第9523页。

③ 毕仲游：《西台集》卷6《代仲兄舍人撰赐诗记》，文渊阁四库全书本，第1122册，第69页；《长编》卷321，元丰四年十二月己巳，第7746页；《长编》卷323，元丰五年二月丁卯，第7786页。按，《西台集》所载是毕仲游代毕仲衍而作，其中人名、官称有误，据《长编》改之。

④ 《长编》卷321，元丰四年十二月己巳，第7746页。

⑤ 毕仲游：《西台集》卷16《起居郎毕公夷仲行状》，文渊阁四库全书本，第1122册，第211页。

⑥ 毕仲游：《西台集》卷6《代仲兄舍人撰赐诗记》，文渊阁四库全书本，第1122册，第69页。

⑦ 《宋史》卷16《神宗三》，第306页；毕仲游：《西台集》卷6《代仲兄舍人撰赐诗记》，文渊阁四库全书，第1122册，第69页。

⑧ 《文献通考》卷248《经籍考七十五·〈高丽诗〉三卷》，第6691页。

先春佳气集钧台，乐与民同盛宴开。
蟾彩暖催莲焰发，桂香轻泛管声来。
形容壮丽虽非极，黼黻升平是有才。
万里海邦修贡使，既陪华观勿辞推。①

毕仲衍"因作诗道盛德"，宋神宗闻后甚喜，遂和韵而赐之，"当时以为宠"②。受宠若惊的毕仲衍，事后吩咐其弟代撰写了《赐诗记》③，以记此次菲薄之恩。

5. 改革太学、制订学制

宋人王栐曰："国初，凡事草创。学校教养未甚加意，皇祐三年七月壬子，诏太学生旧制二百人，如不足止百人为限。其简如此。"④元丰二年（1079）五月，太学生檀宗益上书言太学教养之策，宋神宗览其言以为可行，遂初令李定、毕仲衍商定立法，后又遣张璪、蔡京、范镗亦参与其事。至十二月，完成太学三舍选察升补之法的制订，上《国子监敕式令》并《学令》，凡143条。宋神宗颁诏行之。⑤太学新学制规定：太学置斋舍八十斋，每斋容30人。外舍生2000人，内舍生300人，上舍生100人，总2400人。生员入学本贯，依所在州提供的文据，先考试而后入学。外舍生每月一私试、每年一公试，补内舍生；而内舍生间岁又一试，补上舍生。考卷封弥、誊录等管理同贡举法。上舍生分三等：俱优为上，一优一平为中，俱平和一

---

① 佚名：《锦绣万花谷续集》卷37《类姓·毕》，文渊阁四库全书本，第924册，第1001页。
② 毕仲游：《西台集》卷16《起居郎毕公夷仲行状》，文渊阁四库全书本，第1122册，第211页。《宋史》卷281《毕士安传》，第9523页。
③ 毕仲游：《西台集》卷6《代仲兄舍人撰赐诗记》，文渊阁四库全书本，第1122册，第69页。文后署曰："元丰五年正月日，朝奉郎、试中书舍人、详定官制、上骑教尉、赐紫金鱼袋臣毕仲衍记。"
④ 王栐：《燕翼诒谋录》卷5《太学辟雍》，第51页。
⑤ 《长编》卷298，元丰二年五月戊辰，第7239页；《长编》卷301，元丰二年十二月乙巳，第7327页。王栐：《燕翼诒谋录》卷5《太学辟雍》，第51页。

优一不为下；上等命以官，中等免礼部试，下等免解。学官以升补生员行艺进退，计人数多寡为据赏罚。诸斋月书学生行艺，以教不戾规矩为行，治经程文合格为艺。学费，岁赐缗钱至25000贯，又取州县田租、屋课、息钱之类作为补充。①

新学制优劣姑且不论，毕仲衍以检正中书户房公事的身份参与学校教育制度的制定，至少说明两个问题：其一，毕仲衍有吏材、受重用，虽本职在理财，但兼管他事，且所做出色。其二，这是一次集体合作，合作者李定、张璪、蔡京与范镗四人，是变法派重要成员。毕仲衍不拒绝合作，表明他认同新法、乐于参与；而变法派容得下毕仲衍，也从另一方面表明他不反对新法。

6. 循名责实、改革官制

元丰官制改革，是熙丰变革的一部分。虽然这与王安石无关，但他还是称赞曰："董正治官，建一代之明制。"② 它恢复重建了唐代的三省六部制，"故已光乎祖宗，而元祐诸臣之所不敢轻动"③，结束了宋初以来中央官制极度混乱的状况，开启了北宋中后期的官制改革的序幕，奠定了宋神宗元丰以后至灭亡宋代近二百年官制的基本格局，其中的六部与寺监制一直沿用到清末。其影响绝非当时人所能估计到。而毕仲衍参与详定管制，贡献很大，向不为人重视。

史称："盖官制起于后周，备于隋唐。其后盗起兵兴，渐失其序。更历五代，至本朝纯以他官兼领，无复旧制。"④ 因此，北宋前期的寄禄官阶秩系统，纷繁芜杂、名实不符，极度混乱。诚如时人李清臣所言："本朝官制踵袭前代陈迹，不究其实"，"官与职不相准，差遣

---

① 《长编》卷301，元丰二年十二月乙巳，第7328页；《宋史》卷157《选举三》，第3660页；《宋史》卷15《神宗二》，第298页；王栐：《燕翼诒谋录》卷5《太学辟廱》，第51页。
② 王安石：《王文公文集》卷18《谢特进封荆国公表》，第210页。
③ 陈亮：《陈亮集》（增订本）卷11《铨选资格》，第125页。
④ 毕仲游：《西台集》卷16《起居郎毕公夷仲行状》，文渊阁四库全书本，第1122册，第212页。

与官职又不相准，其阶、勋、爵、食邑、实封、章服、品秩、俸给、班位各为轻重后先，皆不相准"。① 在赵宋统治稳定后不久，这种状况即受到朝野人士的强烈批评。要求"正名"的呼声此起彼伏，但缺乏革新勇气的宋真宗、仁宗、英宗诸帝并没有予以重视。直到宋神宗时期，才出现了以"台省寺监之官实典职事"及"以阶易官"为主要内容的元丰改制。

元丰改制的准备工作，始于宋神宗熙宁末年。宋神宗决意厘正官名，于是命令馆阁校勘《唐六典》。元丰三年（1080）六月，在经过几年酝酿之后，正式在中书置详定官制所，详定官制。以翰林学士张璪、枢密副都丞旨张诚一总领其事。②

是年八月，宋神宗下改官制诏，要求根据现状，参酌前代官制，"使台省寺监之官实典职事，领空名者一切罢去，而易之以阶，因以制禄。凡厥恩数，悉如旧章。不惟朝廷可以循名考正万事，且使卿大夫莅官居职，知所责任，而不失宠禄之实，岂不善欤！"③ 正式宣布官制改革的开始。

原则确定之后，即于九月二日增派翰林学士蒲宗孟、知制诰李清臣兼详定官制，检正中书户房公事毕仲衍、检正中书礼房公事王震并兼检讨文字，加速了定制工作的进程。④ 元丰四年（1081）四月，又任命欧阳修子欧阳棐为官制所检详官。⑤

九月十六日，详定官制所进呈《以阶易官寄禄新格》。新格将原散官阶名称加以改造，形成一整套新的寄禄官阶称谓，用以取代原来借用的职事官称。⑥

关于元丰新官制的具体内容、实施过程及其评价等，学术界已经

---

① 《长编》卷298，元丰二年五月己丑，第7250页。
② 《长编》卷305，元丰三年六月丙午，第7424页。
③ 佚名：《宋大诏令集》卷162《改官制诏》，司义祖整理，中华书局1962年版，第616页。
④ 《长编》卷308，元丰三年九月辛酉，第7475页。
⑤ 毕仲游：《西台集》卷6《欧阳叔弼传》，文渊阁四库全书本，第1122册，第71页。
⑥ 《长编》卷308，元丰三年九月乙亥，第7482—7484页。

毕仲衍因官职低，仅以检讨文字官参与此事，而其他相关工作虽史书缺载，但其作用不小。史称："先帝慨然欲加厘正，而文书浩繁，沿革制度本未希有知者。惟君讨寻论次，以夜继日，抉剔搜补，曲尽其当。及推行，群有司以疑问于君者日以百数，君指画应对，人人得所问而去。官制遂定，而君亦劳矣。"①《宋史》也记曰：毕仲衍"以秘阁校理、同知太常礼院，为官制局检讨官，制文字千万计，区别分类，损益删补，皆曲尽其当，凡从中问其事，必须仲衍然后报，他人不知也"。②由前文知，毕仲衍参与新官制制定首尾不过十六天，任务之艰巨，恐难以想象。因此，上引文对毕仲衍贡献的评价应该是中肯的！而宋神宗自然知晓其中的甘苦，对参与者予以褒奖。其中对毕仲衍的奖赏是，由承议郎、秘阁校理、群牧判官升为朝奉郎、守起居郎③，"故起居郎毕仲衍赐绢百匹""以官制成推恩也"。④"官制行"，宋神宗"自擢"毕仲衍为"起居郎"，宰相王珪"留除命，谓为太峻，争于（帝）前"⑤曰："毕某以秘阁校理换迁官，而又为起居郎。起居郎即修起居注也，前日修注者未尝不带职。即是毕某以职换迁一官，复带职而又为修注也。优甚。"⑥宋神宗"连称"曰："是当得尔！"⑦由此不难理解毕仲衍之劳苦和宋神宗之认可。

有文献记载，毕仲衍曾作《编次官制卷目》⑧，或称《编次官制

---

① 毕仲游：《西台集》卷16《起居郎毕公夷仲行状》，文渊阁四库全书本，第1122册，第212页。
② 《宋史》卷281《毕士安传》，第9523页。
③ 《长编》卷325，元丰五年四月丙子，第7827页。
④ 《长编》卷331，元丰五年十二月己未，第7984—7985页。
⑤ 《宋史》卷281《毕士安传》，第9523页。
⑥ 毕仲游：《西台集》卷16《起居郎毕公夷仲行状》，文渊阁四库全书本，第1122册，第211—212页。
⑦ 《宋史》卷281《毕士安传》，第9523页。
⑧ 《钦定四库全书总目》卷155《〈西台集〉二十卷》记：毕仲衍有《上编次官制卷目札子》一道。

卷目稿》①。据我们考证，它应是《中书备对》的目录，而不是元丰新官制卷目。

7. 编修《中书备对》

毕仲衍早逝，没有留下什么私人著述，生年唯一的著作——《中书备对》，②也是奉命而为。宰相吴充以"圣问多出意表"，难以立即对答，"故请为此书"，以备宋神宗随时问答。元丰元年（1078）闰正月，宋神宗诏令刑部员外郎、检正中书吏房公事向宗儒，太常丞、检正中书户房公事毕仲衍，并编修《中书备对》。③元丰三年（1080）八月，检正中书户房公事毕仲衍上所修《中书备对》，并上奏曰："周家冢宰，岁终令百官府正其治，受其会；小宰以叙受群吏之要。所谓会要者，正今中书之所宜有也。自汉至唐，旷千百年，莫知议此，故有决狱、钱谷之问而不克对者。创自睿意，俾加纂集。臣攡撦故实，仅就卷帙，凡为一百二十五门，附五十八件，为六卷。事多者分上中下，共为十卷。"④

此书"集内外事物纲目"，"以知官吏流品、户口、钱谷之数，以知礼法文物、军兵名额之数，以知刑罚赦宥之事，夫役之数，小大精粗，无乎不备"。⑤有称："天下之事，尽在其中。及奏篇，先帝叹息称善，而今士大夫家争相传录，以为不可无之书也。"⑥而宋神宗还"诏中书、门下各录一本纳执政，仍分令诸房揭帖"⑦。足见，《中书

---

① 北京图书馆《文渊阁四库全书补遗——据文津阁四库全书补》，收录了一篇名为《毕仲衍〈上编次官制卷目稿札子〉》的奏札。
② 据《山西通志》卷175《经籍》称：毕仲衍有《朝制要览备对》6卷，又《祀汾阴记》53卷，《中书备对》10卷。其中《朝制要览备对》6卷，又见《王氏谈录》附《编录观览书目》，《说郛》卷24上《王氏谈录》。另两作有待考证。
③ 《长编》卷287，元丰元年闰正月戊子，第7030页。
④ 《长编》卷307，元丰三年八月庚子，第7456页。
⑤ 富大用：《古今事文类聚·遗集》卷1《中书备对》，文渊阁四库全书本，第929册，第347页。
⑥ 毕仲游：《西台集》卷16《起居郎毕公夷仲行状》，文渊阁四库全书本，第1122册，第212页。
⑦ 《长编》卷307，元丰三年八月庚子，第7456—7457页。

备对》在当时影响之大。

关于此书内容、价值、流传等问题，另作专文，兹不多言。

毕仲衍在北宋政治舞台上作为"不显眼"的角色活跃了二十年，涉足司法、经济、外交礼仪、教育、政治等多个领域的具体事事务。其中，一些事务"如定学制、帐法，为北朝信使、馆伴高丽使人，皆先帝（按，指宋神宗）自选"①。可见，毕仲衍"被遇先帝（按，指宋神宗）"②。而他"详慎精密"③，感恩奋进，"以夜继日"乃至劳累献身④，出色地完成君命，使宋神宗更加信任他，"自擢"他为起居郎⑤，并不时地"叹息称善"褒奖他。毕仲衍死后，宋神宗"悼惜久之。翌日，遣中使刘援抚问其家，赐钱五十万，遗恩当补子一人为官"⑥。当然，毕仲衍"被遇"宋神宗原因是多方面的，其先祖毕士安的影响⑦、生母陈氏的培养、宰相吴充的提携等都是不可忽略的因素，但最重要的应是他本人素养、努力与业绩赢得了大家的认同。在历史上，无数中下级官僚的历史贡献常为"领衔"而不事事的高官所掠取。毕仲衍也是如此，他对历史的贡献（尤其是元丰官制改革）几乎无人提起，人们唯知元丰官制改革是熙丰变法的一部分，是宋神宗的功劳，甚至想到王安石也有一份功劳。这未免太不公正、客观。因此，在研究大事件、大人物时，不妨关注一下小事件、小人物，以免片面。

---

① 毕仲游：《西台集》卷16《起居郎毕公夷仲行状》，文渊阁四库全书本，第1122册，第212页。

② 《宋史》卷281《毕士安传》，第9526页。

③ 毕仲游：《西台集》卷16《起居郎毕公夷仲行状》，文渊阁四库全书本，第1122册，第211页。

④ 毕仲游：《西台集》卷16《起居郎毕公夷仲行状》，文渊阁四库全书本，第1122册，第212页。

⑤ 《宋史》卷281《毕士安传》，第9523页。

⑥ 毕仲游：《西台集》卷16《起居郎毕公夷仲行状》，文渊阁四库全书本，第1122册，第212页。

⑦ 毕仲游：《西台集》卷16《起居郎毕公夷仲行状》记："当景德中，文简公以德行相真宗皇帝。人想见其风采，而君略似之。治隆殿成，绘文简之像于其壁，先帝识焉。及临轩策进士，君方为检正官，立廷下，先帝望见，使人问君为谁。及知，因叹曰'祖孙固有相类如是者乎？'"

二　毕仲衍与熙丰变法的关系

毕仲衍主要生活在熙丰时期，其多数政治活动与熙丰变法密切相关。前文已言，毕仲衍受知于宰相吴充，吴充"素不识君，一见大喜，即以君为中书刑房检正官，俄迁户房"①。吴充与王安石有因缘关系，但他坚决反对新法。史称："充性谨密，在西府数乘间言安石政事不便。"②熙宁八年（1075）四月，刚拜枢密使的吴充与王安石就马监和买马事展开激烈争辩。③次年，枢密使吴充又说："祖宗法度具在，岂可轻改也。"④王安石罢相，宋神宗操持新政，他认为吴充"中立无私，故相之"。拜相后，吴充甘当废新法的急先锋，使反对派看到了希望，"司马光以书与充"，而吴充"乞召还"司马光、吕公著、韩维、苏颂、孙觉、李常、程颢等十数人，"皆安石新法所斥退者"。新法几废于吴充之手，幸赖王珪、蔡确等人反对，得延至元祐初。⑤可见，吴充是一位实足的反新法者。那么，毕仲衍是反新法者还是赞同新法者呢？类似这样的问题，是研究熙丰变法的历史人物，极为棘手的问题，但须明确回答。

从所任机构来看，毕仲衍应是赞同新法者。毕仲衍没有文集之类的东西传世，或者有与新法有关的文字，可能已为反对新法的毕仲游等家人所毁，故从毕仲衍的传记中看不到他与变法派有什么来往。不过，毕仲衍任什么官恐怕无法改动，这给我们留下判断重要依据。毕仲衍中科举后至死十多年中，主要在两个机构任职。一是司农寺。毕仲衍曾任司农寺主簿和司农寺丞。司农寺在宋神宗之前是一闲散机

---

① 毕仲游：《西台集》卷16《起居郎毕公夷仲行状》，文渊阁四库全书本，第1122册，第210—211页。

② 《长编》卷278，熙宁九年十月丙午，第6804页。按，吴充自熙宁三年（1070）九月为枢密副使，熙宁八年（1075）四月拜枢密使，九年十月又拜相，在西府长达六年之久。

③ 《长编》卷262，熙宁八年四月戊寅，第6401—6402页。

④ 《宋史》卷196《兵十》，第4885页。

⑤ 以上见徐自明《宋宰辅编年录校补》卷8，第470页。

构。熙宁三年（1070）条例司建议，"常平新法宜付司农寺选官主判"，兼领其他事务。① 接管了条例司相当部分权力后的司农寺，一跃变为主持变法的重要机构，成为宰相控制下与三司并列的中央财政机构。② 而任职于司农寺官员也成为当时的"要官"，"进用者多由此选"③。据王曾瑜研究，此时司农寺的官员，几乎清一色的变法派人物，其进退由王安石等变法派掌握，即便个别反对新法者被安插进去，也会辞职不就。毕仲衍任司农寺主簿和司农寺丞多年，文献记载显示他没有辞职不就，兹表明他认同变法。否则，王安石等变法派早就将他"弃用"。

二是中书五房检正公事。前面已提到，中书五房检正公事是王安石变法内容之一。其人事安排，王安石当政期间，一般需依从王安石的意见，被委任者的能力和对新法的态度是关键。王安石罢相后，宋神宗操持新政，检正公事官的任免取决于宋神宗的旨意。④ 但是，作为宰相的属官，宰相对检正公事官的任用有一定的发言权。前面提到，毕仲衍任中书刑房检正官和中书户房检正官，即宰相援引举荐的结果。可惜，援引举荐毕仲衍者不是王珪，而是反对新法的吴充。而上任中书户房检正官后，毕仲衍接连处理了市易法推行中的违法事件，似有投桃报李之嫌。王珪也因毕仲衍是吴充所举荐，多次抑制阻挠毕仲衍升迁转官加恩等。⑤ 这些事件综合起来，很容易让人怀疑毕仲衍的政治倾向。

实则不然，这些偶然事件都是由吴充所诱发的，与毕仲衍的政治

---

① 《宋会要辑稿·职官》5之7，第3124页。
② 王曾瑜：《北宋的司农寺》，《宋史研究论文集》，第21页。
③ 《宋史》卷344《王觌传》，第10942页。
④ 详见裴汝诚、顾宏义《宋代检正中书五房公事制度研究》，《宋史研究论丛》（第五辑），第85页。
⑤ 《宋史》卷281《毕士安传》记："王珪与充不相能，以仲衍为充所用，数求罪过欲伤之，卒无可乘，但留滞不迁。经四年，乃以秘阁校理、同知太常礼院。""官制行，帝自擢起居郎，王珪留除命，谓为太峻，争于前。"又据《西台集》卷16《起居郎毕公夷仲行状》，毕仲衍死，"遗恩当补子一人为官。而宰相犹以平昔芥蒂，不肯行者五年。及司马文正入朝，旧相或死或罢去，始得补其子完为太庙斋郎。"

倾向无关。吴充一见毕仲衍而"大喜"①，主要欣赏他的才干。毕仲衍查办市易司榷买之事，是分内职事，也是奉宋神宗诏令而行的，且宋神宗对市易法不满，早在王安石当政时已经表露，变法集团分裂即由此而起的，这是人皆共知之事。而"王珪与吴正宪（充）在中书，议论不合，以君（按，指毕仲衍）为正宪（吴充）之所用，遂深嫉君（按，指毕仲衍），数求罪过欲中伤之"②。遂导致了毕仲衍的仕途艰涩。另外，有两个细节需要注意：吴充于元丰三年（1080）三月罢相，而毕仲衍并未因此而受影响，反而越发为宋神宗所重用，"君在官制，待遇日厚"，"馆伴高丽使人，皆先帝自选"。③ 这时期，毕仲衍与变法派李定、张璪、蔡京等合作共事，没有什么矛盾。毕仲衍能为主导变法的宋神宗所重用和变法派人物共容，表明毕仲衍是支持变法的。诚如毕仲游元丰末、元祐初所言："安石之居位也，中外莫非其人，故其法能行。今欲捄前日之敝，而左右侍从、职司、使者，十有七八皆安石之徒。"④ 此第一。第二，毕仲愈"坐兄仲游陷党籍，例废黜，徽宗曰：'毕仲衍被遇先帝，可除罪籍。'以仲愈为都官郎中，擢秘书少监"⑤。毕仲衍若是反对新法者，非但不能保毕仲愈脱身元祐"党祸"，反而会自身难保，和元祐党人一样，遭到追贬。第三，宋神宗善于玩弄"异论相搅，即各不敢为非"⑥，以达到控制权力的目的。在机构设置上，宋神宗常使机构对置或鼎立；在人事安排上，常将议论相左者安排在一起。他将吴充长期安排在宰执位置上，即为此意。吴充也是值得研究的人物，他反对新法，但又不像司马光等人那样坚决，"道不同不相谋"，坚决不与王安石共事，不接受宋神

---

① 毕仲游：《西台集》卷16《起居郎毕公夷仲行状》，文渊阁四库全书本，第1122册，第210页。

② 毕仲游：《西台集》卷16《起居郎毕公夷仲行状》，文渊阁四库全书本，第1122册，第211页。

③ 毕仲游：《西台集》卷16《起居郎毕公夷仲行状》，文渊阁四库全书本，第1122册，第212页。

④ 《宋史》卷281《毕士安传》，第9526页。

⑤ 《宋史》卷281《毕士安传》，第9526页。

⑥ 《长编》卷213，熙宁三年七月壬辰，第5169页。

宗的枢密副使的任命，故也不能成为异论的"宗主"和"旗帜"。相反，吴充频频接受新任，与王安石、王珪长期"共事"，被宋神宗认为他"中立无私"，①其原因在于贯彻"异论相搅"的"家法"，但又不妨碍变法的总方向。因此，吴充的出现，在一定程度上干扰了我们对毕仲衍政治倾向的判断。

综上所述，我们认为毕仲衍倾向于变法，并积极投身变法事业，是熙丰变法的支持者和参与者。

三 毕仲衍的家庭

1. 毕仲衍的妻室子女

毕仲衍妻室简单，唯有张氏一室，可谓"既娶亦稀"。张氏，故职方郎中公度之子，封瑞昌县君。子二人，长子毕完。元丰五年（1082）毕仲衍死，"遗恩当补子一人为官。而宰相犹以平昔芥蒂，不肯行者五年。及司马文正入朝，旧相或死或罢去，始得补其子完为太庙斋郎"②。次子毕宷，尚幼。女二人，长适承务郎苏如晦，次在室。③

2. "治家之管仲"。

毕仲衍"在官勤瘁"④，而治家有方，有"治家之管仲"⑤之誉。前文已述，嘉祐四年（1059）七月四日，父亲毕从古卒于寿阳时，

---

① 以上见徐自明《宋宰辅编年录校补》卷8，第470页。
② 据《苏魏公文集》卷62《寿昌太君陈氏墓志铭》记："毕彦、完用起居遗奏补太庙斋郎。"但陈氏十二孙，无曰彦者，当考。又《永乐大典》引西水陈恬撰《西台毕仲游墓志铭并序》记，毕完，孤，未仕，毕仲游"丐为仓官"。
③ 以上见毕仲游《西台集》卷16《起居郎毕公夷仲行状》，文渊阁四库全书本，第1122册，第212页。
④ 苏颂：《苏魏公文集》卷62《寿昌太君陈氏墓志铭》，第955页。
⑤ 毕仲游：《西台集》卷17《祭仲兄舍人文》，文渊阁四库全书本，第1122册，第222页。

毕仲衍年才十八九，其他兄弟更小，"家故贫匮无所归"①，唯"余一马，卖以为棺殡"②。作为陈氏膝下长男，与母亲力撑全家。但毕仲衍"为人温厚儒雅，事其母寿昌太君至孝"，自然付出更多。他"徒手养亲，教养诸弟妹，嫁娶仕宦不失时，而君亦自不废学"。熙宁三年（1070），与其弟毕仲游同年中进士，即为明证。因此，为誉之为"治家之管仲"。

史称：毕士安"端方沉雅，有清识，醖藉，美风采，善谈吐，所至以严正称"。③而毕仲衍"略似之"，"天资白皙，髭眉如画，辞令温雅"，"为人详慎精密""温厚儒雅"，宋神宗有"祖孙固有相类如是者乎"之叹。④毕仲衍受益于祖宗的某些资质和人们对毕士安的追仰，得力于出自名闺陈氏的教养，孝老恤小，治家有术，为政"勤瘁"，做人、管家、行政皆堪称完美。他对历史的贡献，仅制定官制一事，足以名留青史。

原刊于《华北水利水电学院学报》2007年第5期

---

① 苏颂：《苏魏公文集》卷62《寿昌太君陈氏墓志铭》，第956页。
② 毕仲游：《西台集》卷16《起居郎毕公夷仲行状》，文渊阁四库全书本，第1122册，第212页。
③ 《宋史》卷281《毕士安传》，第9521页。
④ 以上见毕仲游《西台集》卷16《起居郎毕公夷仲行状》，文渊阁四库全书本，第1122册，第212页。

宋代的清明节

宋朝时的节日很多，宋人孟元老的《东京梦华录》卷5至卷10、吴自牧的《梦粱录》卷1至卷6和陈元靓《岁时广记》卷5至卷40等，对宋代的岁时节令及民俗活动都有较为详细的记载。今人朱瑞熙、王曾瑜等主编的《宋辽西夏金社会生活史》[①]，游彪等主编的《中国民俗史·宋辽金元卷》[②]，依据上述记载做了较为简明的论述。在此基础上，笔者利用其他相关史料，对宋代的"清明节"风俗活动略作介绍，欢迎批评指正。

宋代"清明节"与"寒食节"相连。"寒食节"在冬至节后一百零五天，宋人又称为"百五节"、"禁烟节"或"一百五日"、"一月节"。"寒食节"前一日，即冬至后一百零四天，谓之"炊熟日"。而寒食节第三日，即清明节。

这里，先说"寒食节"。"寒食节"风俗起源很早，相传晋国公子重耳取得政权以后，有大恩于重耳的介子推不愿为官，隐居山林，为找到介子推，重耳下令放火烧山，结果将介子推烧死。为了纪念介子推，规定在介子推烧死的月份不许生火做饭。最早在山西地区实行"寒食"，而且时间一个月。但由于这一地区非常寒冷，长时间冷食不利于身体健康，汉魏时期都曾经出现过禁止寒食或缩短寒食的时间的规定。唐玄宗开元二十年（732）诏令天下，"寒食上墓"。因寒食节

[①] 朱瑞熙、王曾瑜等主编：《宋辽金西夏社会生活史》，第423页。
[②] 游彪等主编：《中国民俗史·宋辽金元卷》，人民出版社2008年版，第199—200页。

与清明节相接,后来就逐渐传成清明节扫墓了。宋代禁食时间为3天,且定位全国性节日,但各地重视的程度有差异,以宋代河东地区(大致相当于今天山西省)最盛。据宋朝人庄绰所著的《鸡肋编》卷上载:

> 寒食火禁,盛于河东,而陕右亦不举爨者三日。以冬至后一百四日,谓之"炊熟日",饭面饼饵之类,皆为信宿之具。又以糜粉蒸为甜团,切破暴干,尤可以留久。以柳枝插枣糕置门楣,呼为"子推",留之经岁,云可以治口疮。寒食日上冢,亦不设香火,纸钱挂于茔树。其去乡里者,皆登山望祭,裂冥帛于空中,谓之"擘钱"。而京师四方因缘拜扫,遂设酒馔,携家春游。或寒食日阴雨,及有坟墓异地者,必择良辰,相继而出。以太原本寒食一月,遂谓寒食为一月节。浙西人家就坟多作庵舍,种种备具,至有箫鼓乐器,亦储以待用者。①

这条史料介绍了宋代河东地区(大致相当于今天山西省)"寒食火禁"及其制作"子推""擘钱"等有关风俗,同时提到了今天的陕西、开封、浙江等地区的寒食风俗。

宋代都城开封府"清明节""寒食节"官民风俗更盛。据《东京梦华录》卷7《清明节》载:

> 清明节,寻常京师以冬至后一百五日为大寒食,前一日谓之"炊熟"。用面造枣䭅飞燕,柳条串之,插于门楣,谓之"子推燕"。子女及笄者,多以是日上头。寒食第三节,即清明日矣。凡新坟皆用此日拜扫,都城人出郊。禁中前半月,发宫人车马朝陵。宗室南班近亲,亦分遣诣诸陵坟享祀。从人皆紫衫,白绢三角子青行缠,皆系官给。亦禁中出车马,诣奉先寺道者院,祀诸宫人坟。莫非金装绀幰,锦额珠帘,绣扇双遮,纱笼前导,士庶

---

① 庄绰:《鸡肋编》卷上,第23页。

阗塞诸门，纸马铺皆于当街，用纸衮叠成楼阁之状。四野如市，往往就芳树之下，或园囿之间，罗列杯盘，互相劝酬。都城之歌儿舞女，遍满园亭，抵暮而归。各携枣䭅、炊饼、黄胖、掉刀、名花、异果、山亭、戏具、鸭卵、鸡雏，谓之"门外土仪"。轿子，即以杨柳、杂花装簇顶上，四垂遮映。自此三日，皆出城上坟，但一百五日最盛。节日，坊市卖稠饧、麦糕、奶酪、乳饼之类。缓入都门，斜阳御柳，醉归院落，明月梨花，诸军禁卫，各成队伍，跨马作乐四出，谓之"摔脚"。其旗旌鲜明，军容雄壮，人马精锐，又别为一景也。①

宋代东京清明节的活动十分丰富，民间有做"子推燕"、为子女"上头"等风俗，而官方皇帝和宗室派人前往帝陵墓祭，尤其是军乐队活动，别为一景。士庶到郊外尽情游玩，城内市场异常火爆。

南宋都城杭州清明节活动，也仿效东京开封，异常繁忙。据《梦粱录》卷2《清明节》载：

清明交三月，节前两日谓之寒食。京师人从冬至后数起至一百五日便是，此日家家以柳条插于门，名曰"明眼"。凡官民不以小大家，子女未冠笄者，以此日上头。寒食第三日即清明节，每岁禁中命小内侍于阁门用榆木钻火，先进者赐金碗、绢三匹，宣赐臣僚巨烛。正所谓"钻燧改火"者，即此时也。禁中前五日，发宫人车马往绍兴攒宫朝陵，宗室南班亦分遣诸陵，行朝享礼。向者从人官给紫衫、白绢、三角儿青行缠，今亦遵例支给。至日，亦有车马诣赤山诸攒，并诸宫妃王子坟堂，行享祀礼。官员士庶，俱出郊省坟，以尽思时之敬。车马往来繁盛，填塞都门。宴于郊者，则就名园芳圃，奇花异木之处；宴于湖者，则彩舟画舫，款款撑驾，随处行乐。此日又有龙舟可观，都人不论贫

---

① 孟元老：《东京梦华录笺注》卷7，伊永文笺注，中华书局2006年版，第626—627页。

富，倾城而出，笙歌鼎沸，鼓吹喧天。虽东京金明池未必如此之佳。赒酒贪欢，不觉日晚，红霞映水，月挂柳梢，歌韵清圆，乐声嘹喨，此时尚犹未绝。男跨雕鞍，女乘花轿，次第入城。又使童仆挑着木鱼、龙船、花篮、闹竿等物，归家以馈亲朋邻里。杭城风俗侈靡，相尚大抵如此。①

这里描述了南宋都城"清明节""寒食节"官民风俗，与东京大同小异，但地处水乡的杭州多了"龙舟""彩舟画舫"一道水景，还有"钻燧改火"风俗也很独特。

各地的风俗不尽一致。前面介绍了宋代山西、陕西、开封、杭州等地的清明节日活动，传世文献中还有一些不同的记载，值得注意。据宋人乐史《太平寰宇记》卷144《山南东道三·郢州》：郢州（今湖北钟祥市）"风俗：同荆州。然清明节，乡落唱水调歌"。② 宋代郢州清明节，乡村人"唱水调歌"的风俗，似乎全无墓祭神情肃穆的一面。

宋人洪迈《夷坚志丁》卷7《灵山水精》载：

> 水精出于信州灵山之下，唯以大为贵，及其中现花竹象者。朱彦才，家在彼，旧颇赡足，十余年来浸浸衰落。尝因寒食拜扫先墓，小民百十为群，入山寻采水精，且斗百草为戏。朱独行院径间，忽见一石块，光辉射人。就视之，真宝石也。高阔如大瓮，喜甚，惧为众所见，取乱叶蔽之。既还舍，呼集田仆二十辈，乘夜舁归。已而，市侩皆传闻，相率来观，共酬价六千贯，朱犹未许。临安内苑匠闻之，请于院珰求假。至信，视已立价复增三千贯，朱付之，赖以小康。丽水人盛庶，字复之，曾仕于信，得二片，高四寸许，阔称之中有青叶成行，全如萱芽，初抽

---

① 吴自牧：《梦粱录》卷2《清明节》，阚海娟校注，巴蜀书社2015年版，第23—24页。

② 乐史：《太平寰宇记》卷144《山南东道三·郢州》，第2800页。

之状。盛君宝藏之，遇好事君子，乃始出示。①

宋代信州（今江西上饶）寒食节拜扫先墓之俗很浓，"小民百十为群"，但亦不忘"入山寻觅水精"求财和"斗百草为戏"取乐。

清明节祭祖拜墓，神情理当凝重，而宋人将它变成了春游纵乐的活动。吃喝玩乐成为节日主题，前面提到杭州"殢酒贪欢，不觉日晚，红霞映水，月挂柳梢，歌韵清圆，乐声嘹喨，此时尚犹未绝。男跨雕鞍，女乘花轿，次第入城。又使童仆挑着木鱼、龙船、花篮、闹竿等物，归家以馈亲朋邻里。"因此，吴自牧感慨"杭城风俗侈靡，相尚大抵如此"，全然忘掉了南宋政权"偏安一隅"的生存危机。

吃喝自然少不了酒，所以北宋人王禹偁在《清明》一诗中抱怨说："无花无酒过清明，兴味萧然似野僧。"② 北宋河南洛阳人程颢在《郊行即事》诗中鼓励饮酒游玩："莫辞盏酒十分醉，只恐风花一片飞。况是清明好天气，不妨游衍莫忘归。"③ 宋人王庭珪《卢溪文集》卷3《次韵张子春赋瑶林春色》诗中："与君醉过清明节，穷亦不足悲，达亦不足悦。酒阑拔剑露肝胆，正恐不免论功业。"④ 王庭珪俨然一副醉酒忘形的之态。而若是解酒禁，那便是善政。叶适《醉乐亭记》载：

> 朝议大夫直龙图阁、宣城孙公为郡之初，访民俗之所安而知其故，至清明节，始罢榷弛禁，纵民自饮。又明年，宅西山之中，作新亭以休游者，名曰醉乐。取昔人"醉能同其乐"之义。孙公性不喜饮，其政不专为宽，盖通民之愿而务得其情如此。亭

---

① 洪迈：《夷坚支丁》卷7《灵山水精》，何卓点校，中华书局1981年版，第1023—1024页。
② 蔡正孙：《诗林广记·后集》卷9《清明》，中华书局1982年版，第398页。
③ 程颢：《二程集》卷3《郊行即事》，第476—477页。
④ 王庭珪：《卢溪文集》卷3《次韵张子春赋瑶林春色》，文渊阁四库全书本，台北商务印书馆1986年版，第1134册，第114页。

成而民歌乐之。①

由此看来，宋人清明民俗尚游乐，而那位"孙公"能"通民之愿而务得其情"，而得到了百姓的称赞。

宋代不少诗篇是描写清明时节的，但诗人清明节当天的心情不同，所写诗的格调也不一样。这里枚举诸首，与大家共同品味。著名政治家、文学家王安石，在《上巳闻苑中乐声书事》②一诗写道：

苑中谁得从春游，想见渐台瓦欲流。
御水曲随花影转，宫云低绕乐声留。
年华未破清明节，日暮初回祓禊舟。
更觉至尊思虑远，不应全为拙倡优。

王安石这里称赞当朝皇帝思虑深远，不为清明春游、声乐所醉。北宋后期陈师道在《和董判官寺居作》③诗中写道：

共作东州客，同栖古寺深。
论交非有旧，不见解相寻。
冷过清明节，悲生故国心。
此身随所寄，未足问升沉。

陈师道客居寺舍，心境凄凉，全无节日娱乐之情。同样是只身一人漂泊他乡的郭祥正，亦是无心赏景。他的《青山续集》卷5《清明雨不果出》一诗流出："雷势黑飞天马阵，雨声狂播铁林枪。清明节

---

① 叶适：《叶适集》卷9《醉乐亭记》，第150页。
② 王安石：《临川先生文集》卷18《上巳闻苑中乐声书事》，第237页。
③ 陈师道：《后山集》卷5《和董判官寺居作》，文渊阁四库全书本，台北商务印书馆1986年版，第1114册，第560页。

物都谁赏，寂寞无聊恋故乡。"①

还有不少诗篇描写清明节墓祭的繁忙景象和诗人追思死者沉重心情。宋人孙觌《鸿庆居士集》卷4《马迹上塚遇大风雨书僧壁》② 载：

　　松竹骚骚绕舍鸣，沙头一夜连雨明。
　　冲泥裹饭浇新塚，野哭干霄共一声。

另一首：

　　白帕排肩上塚归，饥乌攫肉纸钱飞。
　　东家已改清明节，一点炊烟上翠微。

再如，南宋大诗人陆游《剑南诗稿》卷1《寒食临川道中》③：

　　百卉千花了不存，堕溪飞絮看无痕。
　　家人自作清明节，老子来穿绿暗村。
　　日落啼鸦随野祭，雨余荒蔓上颓垣。
　　道边醉饱休相避，作吏堪羞甚乞墦。

陆游在诗中，还提到游人"醉饱"尴尬难看的情态。宋人高翥《菊磵集·清明日对酒》④ 一诗写道：

　　南北山头多墓田，清明祭扫各纷然。

---

① 郭祥正：《青山续集》卷5《清明雨不果出》，文渊阁四库全书本，台北商务印书馆1986年版，第1116册，第818页。
② 孙觌：《鸿庆居士集》卷4《马迹上塚遇大风雨书僧壁》，文渊阁四库全书本，第1135册，第37页。
③ 陆游：《剑南诗稿校注》卷1《寒食临川道中》，钱仲联校注，上海古籍出版社1985年版，第94页。
④ 高翥：《菊磵集·清明日对酒》，文渊阁四库全书本，台北商务印书馆1986年版，第1170册，第134页。

纸灰飞作白蝴蝶，泪血染成红杜鹃。
日落狐狸眠塚上，夜归儿女笑灯前。
人生有酒须当醉，一滴何曾到九泉。

宋人邹浩《道乡集》卷9《寒食日》①记：

祖考流光岂有穷，不能肖似忝家风。
北红塔畔清明节，心折高山怅望中。
邹浩面对先人墓前，自愧不肖，有忝家族，感慨万千。

当然，宋代还有一些篇章是清明时节天气晴朗，百姓春游的热闹景象，与《东京梦华录》《梦粱录》所记可以互证。宋人杨万里在《诚斋集》卷34《清明日午憩黄池镇》②一诗中记：

莫笑孤村小市头，花边人出浦边游。
绿杨拂水双浮鸭，碧草粘天一落鸥。
懒困风光酣午睡，阴沉天气嫁春愁。
阿谁道是清明节，我对清明唤作秋。

即便南方黄池镇一个小镇，清明时节百姓春游兴致亦不减。宋人陈起编《江湖小集》卷29，收编了吴仲孚《菊潭诗集》，其中1篇名《苏堤清明即事》③载：

梨花风起正清明，游子寻春半出城。
日暮笙歌收拾去，万株杨柳属流莺。

---

① 邹浩：《道乡集》卷9《寒食日》，第1121册，第246页。
② 杨万里：《杨万里集笺校》卷34《清明日午憩黄池镇》，辛更儒笺校，中华书局2007年版，第1734页。
③ 吴仲孚：《苏堤清明即事》，陈起编《江湖小集》卷29，文渊阁四库全书本，台北商务印书馆1986年版，第1357册，第240页。

苏堤即杭州苏堤，清明时节游人很多，而且笙歌不断，异常热闹。

宋代文献有关清明、寒食的记载很多，这里随便摘选数条史料，借此说明宋代清明节的大致风情。

清明寒食节也有负面影响。据宋人朱彧《萍洲可谈》卷2《上巳祓禊寒食禁火端午竞渡》记载：

> 三月上巳祓禊，其来亦远。寒食禁火，主介子推，河东之俗也。江浙民间多竞渡，亦有龙舟，率用五月五日，主屈原，湘楚之俗也。二者皆尚贤，而末流则害教，晋人寒食病老幼，楚人竞渡致斗讼。①

北方人清明节食冷食，有害于老年人和儿童身体。正是此害，汉代时，曾有人建议"吊介子推，革寒食禁火之俗，民免冻死之患"②。曹魏时期，颁布命令，北方不得行寒食之俗。据元人陶宗仪《说郛三种》引唐人韩鄂《岁华纪丽·寒食·魏武之令》称：

> 魏武帝明罚令曰：闻太原至雁门冬至后一百有五日皆绝火食，云为介子推。且北方沍寒之地，老少羸弱将有不堪之患。今不得作寒食，若犯者家长半岁刑，主吏百日刑，令长夺一月俸。③

当然，宋代是否有此禁令，不得而知。

原刊于《寻根》2011年第2期

---

① 朱彧：《萍洲可谈》卷2《上巳祓禊寒食禁火端午竞渡》，李伟国校点，上海古籍出版社2012年版，第36页。

② 佚名：《氏族大全》卷11《五经纵横》，文渊阁四库全书，台北商务印书馆1986年版，第952册，第335页。

③ 陶宗仪：《说郛三种》号69下《岁华纪丽·寒食·魏武之令》，上海古籍出版社1988年版，第3233页。

毕仲衍《中书备对》目录的
发现及其意义

《中书备对》，是北宋毕仲衍于宋神宗元丰元年（1078）闰正月十三日（戊子）至三年八月十日（庚子）①奉命而修的一部"典故类"②历史文献。它主要记录了宋神宗熙宁末、元丰初政治、经济、法律、军事和教育等内容，"集内外事物纲目"，"以其〔知〕官吏流品、户口、钱谷之数，以知礼法文物、军兵名额之数，以知刑罚赦宥之事、夫役之数，小大精粗，无乎不备"。③史称："天下之事，尽在其中。及奏篇，先帝（按，指宋神宗）叹息称善。而今士大夫家争相传录，以为不可无之书也。"④宋神宗还"诏中书、门下各录一本纳执政，仍分令诸房揭帖"⑤。足见，《中书备对》在当时影响之大。但是，此书大约在明成祖永乐年间《永乐大典》修成以后某个时间散佚，故清朝乾隆年间修成的《四库全书》没有收录。今天在《文献通考》《宋会要辑稿》《永乐大典》《玉海》等文献中所能见到的，只是《中书备对》的一鳞半爪，而非其全貌。《中书备对》究竟有多少

---

① 《长编》卷307，元丰三年八月庚子，第7456页；《长编》卷287，元丰元年闰正月戊子，第7030页。
② 陈振孙：《直斋书录解题》卷5《典故类·〈中书备对〉十卷》，徐小蛮、顾美华点校，上海古籍出版社2005年版，第158、166页。
③ 富大用：《古今事文类聚·遗集》卷1《中书备对》，文渊阁四库全书本，第929册，第347页。
④ 毕仲游：《西台集》卷16《起居郎毕公夷仲行状》，第212页；《宋史》卷281《毕士安传》，第9523页。
⑤ 《长编》卷307，元丰三年八月庚子，第7456—7457页。

卷，包括哪些具体内容，有何价值，古人很迷茫，而今人也不清楚。①北京图书馆编撰的《文渊阁四库全书补遗——据文津阁四库全书补》②第二册《〈西台集〉卷五》，收录了一篇名为《毕仲衍〈上编次官制卷目稿札子〉》的奏议。据我们考证，它应是《中书备对》的目录。这个目录可以帮助我们重新认识《中书备对》，而且学界一些疑问可由此迎刃而解。

一 《毕仲衍〈上编次官制卷目稿札子〉》的全文内容

为了解毕仲衍这篇幸存的奏议，兹将其全文录之如下：
附毕仲衍《上编次官制卷目稿札子》③。

伏以《周官》冢宰之职，常以岁终令百官府正其治，受其会，听其致事，而诏王废置；而其属小宰则以叙受群吏之要；而宰夫则又以八职待王之诏令，其为考治计功，莫不用此。所谓八职者，自旅以上，其治有三：一曰正掌官法以治要，二曰师长官成以治凡，三曰司掌官法以治目。盖六官之正皆有要，以考其属之治，而冢宰则总六官之要而考之，所谓受其会也。王然后察冢宰之所受，而废置诛赏之，可谓约而详矣。以此论之，《周官》

---

① 曾枣庄、刘琳主编：《全宋文》卷2017《毕仲衍》辑录了《中书备对》三条，即《上备对表》《请修日成月要岁会之法奏》《中书备对序》。这些材料依次来源于《长编》卷307与晁公武《郡斋读书志》。文前还附有毕仲衍生平小传。李伟国《〈中书备对〉及其作者毕仲衍》，对毕仲衍生平、成书经过、内容体例及价值已作初步研究，但对此书的具体内容、卷数的考订，仍有不少纰漏。此外，傅璇琮等主编《全宋诗》卷875《毕仲衍》所附毕仲衍小传中简单提到《中书备对》。陈智超《解开〈宋会要〉之迷》曾指出《宋会要辑稿》食货61之68—69"水利田"、61之70"诸路职田"、11之8—9"铸钱监"、方域4之10"御厨"与食货55之20"折博务"五部分内容，为《中书备对》的内容。但还有一些出自《中书备对》的事目，并未发现。

② 北京图书馆出版社1997年版，第767—779页。

③ 此篇系毕仲衍作。《永乐大典》附入《西台集》中，见卷15149第3页。今因宋代官制所，系毕仲衍无集可以编次。谨从原本附录。

之所谓会要者，正今中书之所宜有也。由汉至唐，旷千百年，莫知议此，故有决狱、钱谷之问而不克对者。创自睿意，俾加纂集。臣以卑见浅闻，滥与编次，重以有司，凡目多所未讲。承诏取索，或无以应攉撼考究，仅就卷帙，凡为一百二十五门，附五十八行①，分为六卷。内事目多仍分上中下，共为十卷。深惧编次失当，不足以仰塞诏旨。谨具稿进上。如可编写，乞付中书、门下，令臣以次投进，取进止。奉圣旨令各写一本纳执政，仍相度分令诸房揭贴。

右札付检正户房公事毕太丞，元丰三年八月十二日。

第一卷上

文武官员_{官目附}　　　　文武职具员_{职目、差遣附}

转官资级料钱选人_{官附}　流内选格_{摄官流外附}

文武换官　　　　　　三年入流都数_{事考附}

差遣官阙都数　　　　诸路员阙

知州员阙　　　　　　县令员阙

职司资任　　　　　　奏举差遣

奏举令职官县令　　　选人改京朝官

第一卷下

宗室见任官_{宗支附}　　宗室转官资级_{料钱附}

宗室换官　　　　　　宗室赐名换官_{袭封附}

入内内侍两省内臣　　内臣转官资级_{料钱附}

文武散官_{爵、勋、检校、宪官赐附}　食邑封国

京府节镇_{防御、团练、刺史州附}　中书五房

枢密院诸房　　　　　伎术官

诸蕃人官吏禄_{宗室祖免、非祖免不该支钱物附}

---

① 按，"行"，《长编》卷307，元丰三年八月庚子记载毕仲衍上所修《中书备对》时奏文中，作"件"字。王应麟《玉海》卷51《元丰〈中书备对〉》，亦记载了毕仲衍上所修《中书备对》时奏文，作"事"字。

第二卷上

四京诸路州县户口、民田附	二税丁身、逃阁、合零附
诸色田租	在京总收支月支钱、银钱、帛附
诸路总收支	在京课利
诸路课利	在京岁支
诸路岁支	封桩左藏库收支
内藏库受纳	尚衣库收支
布库收支	

第二卷中

在京粮草	诸路粮草三路约支附
三路入中河北便籴附	封桩粮草
诸路上供	诸路进奉
应副诸路	抛买从抛结揽附
漕运造船四	排岸附①
商税	酒曲
茶盐通商、官卖路分附	香矾
房园	坑冶
钱监行使（钱）（铁）、铜钱路分附②	市易
市舶	榷场
折博务	

第二卷下③

---

① 原文"漕运（造船四）"与"排（岸附）"两门，据前后文门与附件（事）叙述方式，误。《宋会要辑稿》职官26之28—31有标目为"四排岸司"的内容。解缙等主编《永乐大典》卷15948引《中书备对》有漕运、造船和四排岸司等部分内容。故"漕运"和"造船"当作两门，而"四排岸司"为一附事，附在"造船"门下。"漕运（造船四）"与"排（岸附）"两门，当作"漕运"与"造船（四排岸附）"两门。

② 此门及附事见《文献通考》卷9《钱币二》；《宋会要辑稿·食货》11之8—9，第6214—6215页。据存现的记载，"行使钱、铜钱路分附"当作"行使铁、铜钱路分附"。

③ 按，解缙等主编《永乐大典》卷7507引《中书备对》，保留了此卷之"门"目与"常平、免役、坊场和河渡"四"门"之完整内容。据《永乐大典》卷7507所引与整篇目录表述方式，"免役"应是一单列"门"，而非"常平"门一附事，而"坊场河渡"应是"坊场""河渡"二单列"门"。

常平 经略司常平附免役　　　坊场河渡
平粜① 折纳附　　　　　　　　赈济
义仓　　　　　　　　　　　户绝田
水利田　　　　　　　　　　方田
职田　　　　　　　　　　　公使
第三卷上
贡举 武举附　　　　　　　　　铨试
试法官　　　　　　　　　　奏荐 诸邑恩泽附
进纳　　　　　　　　　　　僧道 祠部寺观附
国子监太学　　　　　　　　律学
武学　　　　　　　　　　　太医局
官院学官　　　　　　　　　诸州教授
第三卷下
朝会班制　　　　　　　　　大礼赏给附
祠祭 礼科诸内神祠附　　　　　冕服
车辂　　　　　　　　　　　旗物
卤簿　　　　　　　　　　　鼓吹惊场附
雅乐 宫架附　　　　　　　　　锡赐
宗室婚葬　　　　　　　　　宴设
国信 西北岁赐附　　　　　　　使人支赐 夏州进奉人支赐附
第四卷
诸军班直名额 请给附　　　　　诸司名额 请给附
兵民 不校阅保甲附　　　　　　群牧 行司诸路买马附
防院头口　　　　　　　　　川茶
熙河财用　　　　　　　　　诸路安抚司封桩
诸蕃国
第五卷

---

① 按，"平粜"，解缙等主编：《永乐大典》卷7507引《中书备对》，作"平籴"。"平籴"，即按原籴买价出籴，以平衡物价。而"平粜"不可解，疑误。

律令敕条目续降道数附	五等赏格
刑部奏覆人数	命官过犯人数
提刑司捕盗数	赦宥

第六卷

将作监买竹木附	军器监都作附
都水监淤田、官庄附	文思院上界
文思院下界	祗候库
御厨	法酒库内酒坊附
炭场	

引文中的按语，为文津阁四库馆臣所加。文渊阁四库馆臣也有一段"案语"曰："《西台集》二十卷，宋毕仲游撰。仲游，字公叔，郑州人。同平章事士安之曾孙，与兄仲衍同举进士……又《永乐大典》有毕仲衍《上编次官制卷目札子》一道，亦题作《西台集》。考《宋史》载：'仲衍为官制局检讨，文字千万计，损益删补，曲尽其当。'或由仲衍无集，故附入仲游集中欤？今亦并存，以备考证。"① 这两个按语大同小异②，告诉我们几个重要信息：其一是奏议名称。文津阁本作"《上编次官制卷目稿札子》"，而文渊阁本作"《上编次官制卷目札子》"，二者一字之差，但据文津阁本所录奏文"谨具稿进上"，似当以"《上编次官制卷目稿札子》"为是。其二是奏议的原出处。文津阁本明确奏议原见于《永乐大典》"一万五千一百四十九卷第三页"，是修撰者"附入《西台集》中"的，但现残存的《永乐大典》③ 无"一万五千一百四十九卷"。而文渊阁本称"《永乐大典》有毕仲衍《上编次官制卷目札子》一道，亦题作《西台集》"，不明

---

① 四库全书整理研究所：《钦定四库全书总目》卷155《〈西台集〉二十卷》，中华书局1997年版，第2080、2081页。
② 据黄爱平《四库全书纂修研究》（中国人民大学出版社1989年版），四库的各阁本所作提要有不一致之处。
③ 现残存的《永乐大典》有两部分，一是中华书局1986年影印出版的，共10册；二是上海辞书出版社2003年出版的《海外新发现永乐大典十七卷》，共1册。

确在何卷。经我们通查现存的《永乐大典》，亦无此奏议。正因为现存《永乐大典》无此篇奏议，故幸存于文津阁本中的这段文字就弥足珍贵。其三是判断依据。四库馆臣都是依据毕仲衍曾任官于元丰官制局和奏议在毕仲游《西台集》中，而断定奏议是毕仲衍所作。我们认为四库馆臣判断的理由过于简单，因为有可能是《永乐大典》修撰者将他人的文章误入毕仲游《西台集》，而奏议中含有"官制"的标题与包含大量的非"官制"的内容本身存在矛盾，需要进一步考证。

二 奏议名称与内容的考订

上文已述，《上编次官制卷目稿札子》的标题与内容不统一，需要我们考订，否则很难说奏议是毕仲衍所作。

1. 所谓的"编次官制卷目"札子不是毕仲衍所为

从标题上看，这道奏议是否是毕仲衍所上，需要对毕仲衍的经历和元丰官制度改革进程有所了解。

首先，从时间上看，毕仲衍在任职官制所之前，不可能上有关新官制卷目之类的奏议。毕仲衍，字夷仲，北宋郑州观城县人，宋真宗时名相毕士安曾孙、毕仲游之兄。嘉祐四年（1059），其父毕从古卒，时毕仲衍"年才十八九"[①]。其初，毕仲衍以其祖卫尉卿毕世长的恩荫补官太庙斋郎。治平二年（1065），调许州阳翟县主簿。熙宁三年（1070），与弟毕仲游同登进士第，补颍州沈丘县令。时欧阳修以观文殿学士知蔡州、吕公著以翰林侍读学士知颍州，皆知之，交相举荐。迁著作佐郎、知蔡州遂平县事。未至，改签书大名府节度判官厅公事。后入京师为司农寺主簿，迁丞。宰相吴充引其为检正中书户

---

① 毕仲游：《西台集》卷16《起居郎毕公夷仲行状》，第212页。

房公事，任期自熙宁十年（1077）至元丰三年（1080）①，前后4年。时王珪与吴充并相，关系不和，以毕仲衍为吴充所荐引，留滞不迁"四年"②，后乃以秘阁校理同知太常礼院。在任检正中书户房公事期间，毕仲衍奉宰相吴充之命，于元丰元年（1078）闰正月十三日（戊子）至三年八月十日（庚子）修成了《中书备对》。③元丰三年（1080）九月辛酉（二日），置局定官制，他被任命为检讨文字官。④元丰五年（1082）四月，由承议郎、秘阁校理、群牧判官擢为朝奉郎、守起居郎。⑤同年，因得暴疾而卒，享年43岁。由此可知，毕仲衍是在修成了《中书备对》之后22日，才参与元丰官制改革事务的。而上引奏文落款日期是"元丰三年八月十二日（壬寅）"，此时毕仲衍还没有参与到官制改革事务中，因此绝不会有《上编次官制卷目稿札子》的事情。

其次，从身份上看，毕仲衍作为官制所属官，恐无权上奏新官制卷目。元丰官制改革是宋神宗时期一项重要的改革，宋神宗十分重视，为此成立了专门机构，委派了一批官员。元丰改制的准备工作，始于宋神宗熙宁末年。宋神宗决意厘正官名，于是命令馆阁校勘《唐六典》。元丰三年（1080）六月，在经过几年酝酿之后，正式在中书置详定官制所，详定官制。以翰林学士张璪、枢密副都承旨张诚一总领其事。祠部员外郎王陟臣、光禄寺丞李德刍为检讨文字，"应详定官名制度，并中书进呈"。同年七月九日，又以著作佐郎、秘阁校理何洵直兼检讨文字。⑥八月，宋神宗下改官制诏，要求根据现状，参

---

① 裴汝诚、顾宏义：《宋代检正中书五房公事制度研究》，《宋史研究论丛》（第五辑），第93页。

② 《宋史》卷281《毕士安传》，第9523页。

③ 《长编》卷307，元丰三年八月庚子，第7456页；《长编》卷287，元丰元年闰正月戊子，第7030页。《长编》卷287注文曰"三年八月十一日，书成"。按，"十一日"，误，当是"十日"。

④ 《长编》卷308，元丰三年九月辛酉，第7475页；《宋会要辑稿》职官56之1—2，第4527页。

⑤ 《长编》卷325，元丰五年四月丙子，第7827页；《宋会要辑稿》职官2之14，第2994页。

⑥ 以上并见《长编》卷305，元丰三年六月丙午，第7424页。

酌前代官制，"使台省寺监之官实典职事，领空名者一切罢去，而易之以阶，因以制禄。凡厥恩数，悉如旧章。不惟朝廷可以循名考正万事，且使卿士大夫莅官居职，知所责任，而不失宠禄之实，岂不善欤！"①正式宣布官制改革开始。

原则确定之后，宋神宗即于九月二日增派翰林学士蒲宗孟、知制诰李清臣兼详定官制，检正中书户房公事毕仲衍、检正中书礼房公事王震并兼检讨文字，加速了定制工作的进程。②后来，苏颂、蔡卞、蔡京、欧阳棐等也参与其事。③

元丰三年（1080）九月十六日，详定官制所进呈《以阶易官寄禄新格》。④后经过反复讨论修订，于元丰五年（1082）五月一日，正式行新官制。⑤

从官制所组成人员来看，毕仲衍只是其中一名检讨文字官，职权和地位很低，但"官制之事，遂以君为主"⑥。有称"厘正官制，一经其手，遂为万世不刊之典"⑦，在新官制制定上发挥了很大的作用。毕仲游称："先帝慨然欲加厘正，而文书浩繁，沿革制度本末希有知者，惟君讨寻论次，以夜继日，抉剔搜补，曲尽其当。及推行，群有司以疑问于君者日以百数，君指画应对，人人得所问而去。官制遂定，而君亦劳矣。"⑧《宋史》也记曰：毕仲衍"以秘阁校理、同知太常礼院，为官制局检讨官，制文字千万计，区别分类，损益删补，皆

---

① 佚名：《宋大诏令集》卷162《改官制诏》，第616页；《长编》卷307，元丰三年八月乙巳，第7462页。《长编》"悉"字，《宋大诏令集》误作"委"字。

② 《长编》卷308，元丰三年九月辛酉，第7475页。

③ 苏颂、蔡卞、蔡京参与官制所事务，见《长编》卷331，元丰五年十二月己未，第7984页。又见《宋会要辑稿·职官》56之6，第4530页；56之12，第4533页。欧阳棐为检讨官，见《欧阳棐墓志》，《新中国出土墓志·河南一》（下册）第384号墓主，文物出版社1994年版，第342页；又见毕仲游《西台集》卷6《欧阳叔弼传》，第71页。

④ 《长编》卷308，元丰三年九月乙亥，第7482—7484页。

⑤ 《长编》卷325，元丰五年四月甲戌，第7825页。

⑥ 毕仲游：《西台集》卷16《起居郎毕公夷仲行状》，第211页。按，毕仲游为其兄所作行状，有夸大毕仲衍功劳之嫌。

⑦ 佚名：《锦绣万花谷·续集》卷37《类姓·毕》，文渊阁四库全书本，台北商务印书馆1986年版，第924册，第1001页。

⑧ 毕仲游：《西台集》卷16《起居郎毕公夷仲行状》，第212页。

曲尽其当。凡从中问其事,必须仲衍然后报,他人不知也"①。因此,及官制行,宋神宗"自擢"他为起居郎②,即由承议郎、秘阁校理、群牧判官升为朝奉郎、守起居郎③,后"以官制成推恩",又"赐绢百匹"。④ 宰相王珪以毕仲衍是"政敌"吴充所荐,故"留除命,谓为太峻,争于(帝)前"⑤曰:"毕某以秘阁校理换迁官,而又为起居郎。起居郎即修起居注也,前日修注者未尝不带职。即是毕某以职换迁一官,复带职,而又为修注也,优甚。"⑥ 宋神宗"连称"曰:"是当得尔!"⑦ 由中不难理解毕仲衍之劳苦和宋神宗之认可。

但是,若有进呈"编次官制卷目稿"之类的文字,恐怕也轮不到职权和地位很低的检讨文字官身上,当由总领官来办。

再次,对照奏议标题和内容,可以断定毕仲衍没有进呈所谓"编次官制卷目稿"之类的文字。从奏议标题上看,这道奏议应讲的是元丰新寄录官格之类内容,从开府仪同三司至承务郎共计24阶,⑧ 这是人所共知的。但从内容上看,奏议所列的目录绝大多数是钱谷、刑律、军制、教育等的门目,与官制毫无关系;而所列的部分官制方面的门目,与元丰新寄禄官格也没有关系。⑨ 标题和内容完全是两码事,进一步证明上面的推断:标题为《上编次官制卷目稿札子》应不是毕仲衍所为。

最后,现存的《元丰官制不分卷》根本无"官制卷目"。王民信

---

① 《宋史》卷281《毕士安传》,第9523页。
② 毕仲游:《西台集》卷16《起居郎毕公夷仲行状》,第211页。
③ 《长编》卷325,元丰五年四月丙子,第7827页。
④ 《长编》卷331,元丰五年十二月己未,第7984页;《宋会要辑稿·职官》56之14,第4534页。按,此时毕仲衍已死。
⑤ 《宋史》卷281《毕士安传》,第9523页。
⑥ 毕仲游:《西台集》卷16《起居郎毕公夷仲行状》,第212页。程俱:《麟台故事校证》卷3《选任》,张富祥校证,中华书局2000年版,第149页。
⑦ 《宋史》卷281《毕士安传》,第9523页。
⑧ 《宋史》卷268《职官九》,第4051页;《长编》卷308,元丰三年九月乙亥,第7482—7484页。
⑨ 元丰新寄禄官,自开府仪同三司至承务郎共计24阶,只涉及京朝官,而未触及幕职州县官、外官州县系统与武官系统。但这个奏议所示的官制方面的目录,有幕职州县官、外官州县系统、武官系统和官员人数、俸禄等门目,和元丰新寄录官全然无关。

主编的《宋史资料萃编》（台湾文海出版社①）第四辑中，完整地收录了"宋抄本"《元丰官制不分卷》一书。该书记录了元丰新定的官制和元祐以后逐次修订的官制，是一"全本"。翻检此书，我们没有发现"官制卷目"和所谓的《上编次官制卷目稿札子》，而且它也根本不分卷。这有力地证明，当时的官制局没有进呈"编次官制卷目稿"的札子，毕仲衍也没有写标题为《上编次官制卷目稿札子》之类的文字。

综上分析，我们认为，所谓的《上编次官制卷目稿札子》根本不是毕仲衍所为。究竟是谁所上，有待进一步考证。四库馆臣仅以毕仲衍曾任官于元丰官制局和奏议在毕仲游《西台集》中而断定奏议是毕仲衍所作，显然不妥。

2. 奏议的内容是毕仲衍为呈《中书备对》而作

从奏议的标题而言，《上编次官制卷目稿札子》不是毕仲衍所作，奏议内容却是与《中书备对》有关，是毕仲衍所作。除了奏议中所附诏令"右札付检正户房公事毕太丞，元丰三年八月十二日"证据外，《长编》《玉海》还有此奏议的节文，可以更直接证明之。

据《长编》卷三〇七，元丰三年八月庚子记载：

> 检正中书户房公事毕仲衍上所修《备对》，言："周家冢宰，岁终令百官府正其治，受其会；小宰以叙受群吏之要。所谓会要者，正今中书之所宜有也。自汉至唐，旷千百年，莫知议此，故有决狱、钱谷之问而不克对者。创自睿意，俾加纂集。臣攟摭故实，仅就卷帙，凡为一百二十五门，附五十八件，为六卷。事多者分上中下，共为十卷。"诏中书、门下各录一本纳执政，仍分令诸房揭帖。初，书成，仲衍欲求上览，以冀功赏。上以为此书乃臣备君问之书，不当奏御，故有是诏。仲衍又言："臣愿申前日备问之诏，修日成月要岁会之法，以要官府群吏之治，则唐、

---

① 按，台湾文海出版社出版的《宋史资料萃编》第四辑，原无出版年月。第三辑出版于1981年，可据此推知第四辑的大致刊行时间。

虞、成周考绩之效，不日而见，非止周知名数而已。"①

仔细对比发现，《长编》所引奏议是前文所引整篇奏议的节文，文字上有出入，但二者所述编撰的缘由②、卷次、作者等基本的要件是一致的，据此即可断定：这道奏议是检正中书户房公事毕仲衍呈所修《中书备对》时所为，时间应是三年八月庚子（即十日），而《长编》卷二八七称十一日成书，③ 是错误的；而前录奏文中十二日（壬寅日）即《长编》所说的"前日"（即庚子，十日）后两天，是宋神宗下诏的时间，《长编》将八月十日上奏事和八月十二日下诏事一并系于庚子（十日）条下。这一点《玉海》可以佐证。

《玉海》卷五一《元丰〈中书备对〉》载：

> 元丰三年八月戊子，检正〔中书户房公事〕毕仲衍奏：《周官》："冢宰，岁终令百官府正其治，受其会而诏王废置；小宰受群吏之要；宰夫以八职待王之诏令，可谓约而详。汉唐莫克议此，故有钱谷、决狱不克对者。创自虑意，俾加纂集。一本云：元年闰正月，命检正毕仲衍编修《中书备对》。凡为一百二十五门，附五十八事，分为六卷。事目多者分上中下，共为十卷。"八月十二日庚子，诏写一本纳执政，分令诸房揭贴。上以此书乃臣备君问，不当奏御诏纳执政……《中书备对》十卷，毕仲衍承诏编次。国家内外官制、诸道赋入、礼仪法律等，凡一百二十五门。宰相吴充以圣问多出意表，请为此书。④

---

① 《长编》卷307，元丰三年八月庚子，第7456—7457页。
② 《中书备对》编撰的缘由是"创自睿意"、"承诏"、奉"诏旨"，即有宋神宗的诏令。《长编》卷287，元丰元年闰正月戊子，记录了这道诏令曰："命刑部员外郎、检正中书吏房公事向宗儒，太常丞、检正中书户房公事毕仲衍，并编修《中书备对》。宰相吴充以圣问多出意表，故请为此书。"
③ 《长编》卷287，元丰元年闰正月戊子，第7030页。
④ 王应麟：《玉海》卷51《元丰〈中书备对〉》，上海古籍出版社、上海书店1987年版，第974页。

按，《玉海》记载的三个纪日："元丰三年八月戊子"、元年闰正月和"八月十二日（庚子）"，是错位的。元丰三年（1080）八月辛卯为朔，无戊子纪日，庚子日为十日，十二日为壬寅日。戊子为元丰元年（1078）闰正月戊子始修日①，应在注文"元年闰正月"之后，而《玉海》误作正文置于"元丰三年八月"后。因此，"八月戊子"当是"八月庚子"，庚子为修成日。正因为《玉海》将注文"戊子"误作正文而占据了"庚子"的位置，又将正文"庚子"误作注文置于"八月十二日"之后，所以将"八月十二日（庚子）"当作"八月十二日（壬寅）"。《玉海》所引奏文与《长编》、前文所引整篇奏议的内容的文字也有一定的出入，但基本的要件也是一样的。这进一步证明上面的推断是可信的。

此外，还有一些有关《中书备对》题跋之类的文字，可以说明毕仲衍于元丰三年修成《中书备对》，并有上奏。据《郡斋读书志校证》卷七记载：

《中书备对》十卷。右皇朝元丰三年毕仲衍承诏编次。序曰："《周官》所谓要会者，正今日中书所宜有。自汉至唐，莫知议此。今编成十卷，凡一百二十五门，附五十八事。"李清臣尝与许将书云："《备对》乃吴正宪公居宰路，以圣问多出意表，故令中书掾毕君为之。其时预有画旨，诸司遇取会不许濡滞。如此尚历数年乃就，后虽有改革，然事亦可概见也。"②

马端临《文献通考》卷二〇一《经籍二十八》记载：

《中书备对》十卷。晁氏曰："皇朝元丰三年，毕仲衍承诏编次。"序曰：《周官》所谓要会者，正今日中书所宜有，自汉至唐，莫知议此。今编成十卷，凡一百二十五门，附五十八事。李

---

① 《长编》卷287，元丰元年闰正月戊子，第7030页。
② 晁公武：《郡斋读书志校证》卷7，孙猛校证，上海古籍出版社1990年版，第321页。

清臣尝与许将书云：《备对》乃吴正宪公居宰路，以圣问多出意表，故令中书掾毕君为之。其时预有画旨，诸司遇取会不许濡滞。如此尚历数年乃就，后多有改革，然事亦可概见也。①

马端临转引了晁公武之语。《郡斋读书志校证》《文献通考》所保存毕仲衍的几句话，对照前文，当是呈《中书备对》时所言，而不是序文。

总之，标题为《上编次官制卷目稿札子》的内容，是毕仲衍于元丰三年（1080）八月十日（庚子）完成《中书备对》时所上的奏议。那么，"卷目"自然是《中书备对》的目录。其中，《中书备对》第二卷下一完整卷目，就保存在今残本《永乐大典》卷七五〇七中。

三 《中书备对》目录的价值

《中书备对》目录的发现，有助于了解这一古籍的原貌，也便于我们辑佚整理此文献。

1.《中书备对》目录有助于了解这一古籍的卷次、门类

关于《中书备对》的卷数，文献记载有多种说法。一是十卷说。《宋史》卷二〇三《艺文二》②、《文献通考》卷二〇一《经籍二十八》③、《郡斋读书志校证》卷七④、《直斋书录解题》卷五《典故类》⑤ 和前引《玉海》卷五一《元丰〈中书备对〉》⑥、《长编》卷三〇七元丰三年八月庚子⑦等文献均称《中书备对》为十卷。其中《玉

---

① 《文献通考》卷201《经籍二十八》，第5778页。
② 《宋史》卷203《艺文志》，第5106页。
③ 《文献通考》卷201《经籍二十八》，第5778页。
④ 晁公武：《郡斋读书志校证》卷7，第321页。
⑤ 陈振孙：《直斋书录解题》卷5《典故类》，第166页。
⑥ 王应麟：《玉海》卷51《元丰〈中书备对〉》，第974页。
⑦ 《长编》卷307，元丰三年八月庚子，第7456页。

海》《长编》还说,《中书备对》原分"为六卷。事多者分上中下,共为十卷",但不详如何细分。二是二十卷说。《锦绣万花谷·续集》卷三七《类姓·毕》①、《山堂肆考》卷一二三《文学》②、《氏族大全》卷二〇《毕·睢阳五老》③等史书称《中书备对》有二十卷(或作"廿卷")。三是三十卷说。《西台集》一六《起居郎毕公夷仲行状》、《宋史》卷二八一本传等说《中书备对》三十卷。今人李伟国对《中书备对》的卷数十卷说和三十卷作了考证,认为二说均有根据,三十卷是十卷细分翻两番的结果。④而曾枣庄对《中书备对》十卷说或是三十卷,未作定论。⑤

但是,见到《中书备对》的目录后,上述疑问便迎刃而解。《中书备对》原分为六卷,"事目多仍分上中下",其中第一卷分为上、下两卷,第二卷分为上、中、下三卷,第三卷分为上、下两卷,第四、五、六卷各一卷,"共为十卷"。《中书备对》目录清楚地说明了卷数和卷次的分类。

2.《中书备对》目录有助于了解这一古籍的基本内容

《中书备对》基本内容是什么,学术界目前尚不清楚。在传世文献记载中,我们还能了解到有关《中书备对》基本内容的一些情况,概括之有以下三类:一是明确其有"一百二十五门,附五十八事"。前引《长编》《玉海》《郡斋读书志校证》《直斋书录解题》《文献通考》等史书,即属于此种情况。二是笼统介绍其有政治、经济、法律、军事和教育等门类。如前引《古今事文类聚·遗集》卷一《中书备对》称:"集内外事物纲目","以其〔知〕官吏流品、户口、钱

---

① 佚名:《锦绣万花谷·续集》卷37《类姓·毕》,文渊阁四库全书本,第924册,第1001页。
② 彭大翼:《山堂肆考》卷123《文学》,文渊阁四库全书本,第976册,第423页。
③ 佚名:《氏族大全》卷20《毕·睢阳五老》,文渊阁四库全书本,第976册,第543页。
④ 李伟国:《〈中书备对〉及其作者毕仲衍》,《上海师院学报》1981年第2期。
⑤ 详见曾枣庄、刘琳主编《全宋文》卷2107《毕仲衍》,第12页。

谷之数，以知礼法文物、军兵名额之数，以知刑罚赦宥之事、夫役之数，小大精粗，无乎不备"。而《玉海》则更简略地说，《中书备对》有"国家内外官制、诸道赋入、礼仪法律等"内容。三是个别门目的详细内容。如在《永乐大典》卷七五〇七引《中书备对》[①]，记有"常平、免役、坊场、河渡、经略司常平、平糴（糶）（原注曰：折纳附）、赈济、义仓、户绝田、水利田、方田、职田、公使"13门另附2事。[②] 此外，在《玉海》《文献通考》《宋会要辑稿》等文献中，也可以看到户口、政区、钱监、坑冶、盐税、保甲等门目及详细内容。

但是，上述情况或可窥见一斑，而不能总览全貌。毕仲衍的奏议中所保存的这个卷目，现存123门42附事，与奏议所述数字相比，还缺2门16附事，还不十分完整，但仍基本保存了《中书备对》的原貌，并由此了解其所载内容。

3.《中书备对》目录有助于辑佚这部文献

《中书备对》的卷目，对于辑佚这部文献无疑是至关重要的。依据这个卷目，按图索骥，我们可以摸清《中书备对》现今残存情况。兹将散见于其他文献中的门目列表如下，以方便学界同人。

序号	门类（附事）	原卷目次第	所在文献	备注
1	宗室换官	第一卷下	洪适《盘洲文集》卷43《讨论环卫官札子》	仅1条
2	宗室见任官	第一卷下	洪适：《盘洲文集》卷43《讨论环卫官札子》	仅为大将军和将军现任官

---

① 解缙等主编：《永乐大典》卷750七引《中书备对》，第3357页。
② 据《中书备对》原卷目，"经略司常平"当作"常平"门目一"附事"，而《永乐大典》将其误作为一独立门目。

续表

序号	门类（附事）	原卷目次第	所在文献	备注
3	四京诸路州县（户口、民田附）	第二卷上	州县、户口，见《文献通考》卷11《户口一》。民田，见《文献通考》卷4《田赋四》。陆深《俨山外集》卷10《溪山余话》引《中书备对》中有关田地总数。《山西通志》卷44《田赋》引《中书备对》中载有关宋代河东路和陕西路的政区与户数	州县、户口在一起，马端临作"四京一十八路"，疑作变动。民田与二税附在一起，马端临按开封府与一十八路摘录，亦疑作变动
4	二税	第二卷上	《文献通考》卷4《田赋四》。董煟《救荒活民书》卷中《减租》	二税与民田附在一起，马端临按开封府与一十八路摘录，疑作变动。《救荒活民书》仅记两税钱总数
5	诸色田租	第二卷上	银，见《宋会要辑稿·食货》33之27。匹帛，见《宋会要辑稿·食货》64之1—3	所引文献未注明出自《中书备对》
6	在京总收	第二卷上	金，见《宋会要辑稿·食货》33之28。银，见《宋会要辑稿·食货》33之28。《玉海》卷180《咸平铸铁使》。匹帛，见《宋会要辑稿·食货》64之5—9	金、银、匹帛三项。《玉海》仅记总数。所引文献未注明出自《中书备对》
7	诸路总收	第二卷上	金，见《宋会要辑稿·食货》33之28。银，见《宋会要辑稿·食货》33之28。《玉海》卷180《咸平铸铁使》。匹帛，见《宋会要辑稿·食货》64之5—9	金、银、匹帛三项。《玉海》记在京和诸路的总数。所引文献未注明出自《中书备对》

续表

序号	门类（附事）	原卷目次第	所在文献	备注
8	诸路课利	第二卷上	《宋会要辑稿·食货》33 之 29。《玉海》卷 180《咸平铸铁使》	金、银两项。《玉海》仅记总数。所引文献未注明出自《中书备对》。《宋会要辑稿》等作"凡赋入之数"，据内容当是"课利"收入
9	诸路上供	第二卷中	《宋会要辑稿·食货》33 之 28—29（金、银）与食货 64 之 9—11（匹帛）。金、银，又见《玉海》卷 180《咸平铸铁使》	金、银、匹帛三项。《玉海》仅记总数。所引文献未注明出自《中书备对》
10	诸路进奉	第二卷中	《文献通考》卷 22《土贡一》	金、银、钱、帛四项。马端临按 18 路摘录，疑作变动
11	漕运	第二卷中	《永乐大典》卷 15948 引《中书备对》。张邦基《墨庄漫录》卷 4《发运使建官及其职掌》记载可资参考	按，《宋会要辑稿·食货》45 之 8—19，标目"纲运令格（原注曰：《宋会要·漕运》六）"所录内容，与《大典》卷 15948 内容基本相同。但《宋会要》未录《中书备对》一段文字
12	造船（四排岸附）	第二卷中	《永乐大典》卷 15948 引《中书备对》	同上。漕运与造船（原注曰：四排岸附）在一起

续表

序号	门类（附事）	原卷目次第	所在文献	备注
13	商税	第二卷中	《宋会要辑稿·食货》15之1—20、16之1—22、17之1—10"商税杂录"。《文献通考》卷14《征榷一》	所引文献未注明出自《中书备对》，据内容当是。《文献通考》仅载熙宁十年商税岁额及务数，是《宋会要辑稿》的节文
14	酒曲	第二卷中	《宋会要辑稿·食货》19之1—19。又见《文献通考》卷17《征榷四》	所引文献未注明出自《中书备对》，据内容当是。《文献通考》《说郛》仅载熙宁十年以前各州酒务数和酒课大致岁额，是《宋会要辑稿》的节文。《文献通考》与《说郛》所载相同
15	盐（通商、官卖路分附）	第二卷中	《宋会要辑稿·食货》23之8—12	
16	坑冶	第二卷中	《宋会要辑稿·食货》23之6—18。《文献通考》卷18《征榷五》。《宋史》卷185《食货下七·阬冶》、《文献通考》卷18《征榷五·坑冶》、《玉海》卷180《咸平铸铁使》，三者仅记总数	
17	钱监（行使铁、铜钱路分附）	第二卷中	《文献通考》卷9《钱币二》；《玉海》卷180《食货·钱币·元丰二十七监》；《宋会要辑稿·食货》11之8—9。另《宋会要辑稿·食货》11之2的文字，可以佐证	

续表

序号	门类（附事）	原卷目次第	所在文献	备注
18	市舶	第二卷中	《粤海关志》卷3《前代事实二·宋》	主要是宋代广州市舶的存文
19	折博务	第二卷中	《宋会要辑稿·食货》55之20	
20	常平	第二卷下	《永乐大典》卷7507，"十八阳"韵、"仓"部	
21	免役	第二卷下	《永乐大典》卷7507，"十八阳"韵、"仓"部。又见《宋会要辑稿·食货》65之17—20、66之40—42，《宋史》卷177《食货上五·役法》，《文献通考》卷12《职役一》	《宋会要辑稿》仅记熙宁九年全国和各路总数，而不记细数。而《宋史》、《文献通考》只记熙宁九年全国路总数
22	坊场、河渡	第二卷下	《永乐大典》卷7507，"十八阳"韵、"仓"部	
23	方田	第二卷下	《长编》卷237，熙宁五年八月末，；又见《宋会要辑稿·食货》4之7	《宋会要辑稿》未注明出自《中书备对》，据《长编》内容当是
24	水利田	第二卷下	《宋会要辑稿·食货》61之68—69。总数，又见《宋史》卷173《食货上一·农田》、《文献通考》卷6《田赋考六·水利田》	
25	职田	第二卷下	《宋会要辑稿·食货》61之70	
26	公使	第二卷下	《宋会要辑稿·礼》62之23—30。又见《宋史》卷172《职官十二·公用钱》	所引《宋会要辑稿》未注明出自《中书备对》，据内容疑是。公用钱，即公使钱

续表

序号	门类（附事）	原卷目次第	所在文献	备注
27	大礼赏给	第三卷下	《宋会要辑稿·礼》25 之 1—14 "郊祀赏赐"、28—48 "郊祀赐例"	所引《宋会要辑稿》未注明出自《中书备对》，据内容疑是
28	冕服	第三卷下	《文献通考》卷112《王礼七》	仅 1 条
29	兵民（不校阅保甲附）	第四卷	《宋会要辑稿·兵》2 之 12—15。其中，熙宁九年全国义勇、保甲、不校阅保甲的总人数，又见《宋史》卷192《兵六》与《文献通考》卷153《兵五》	据《宋会要辑稿》兵二之三八，《中书备对》当记有"保甲"内容
30	御厨	第六卷	《宋会要辑稿·方域》4 之 4—10	
31	山泽之入		《宋会要辑稿·食货》33 之 27—28（金、银等八项）、同书食货 64 之 3—5（匹帛）	现存的《中书备对》的卷目中无此门目，存疑

无任何传世版本可言的《中书备对》，仅仅能从其他文献中看到部分加工过的内容。由上表看，残存于其他文献中的《中书备对》仅有 31 门类，不到原总数的 1/4；另存 6 附事，占原总数的 1/10。有些门目的内容，被后人删改加工，已非本来面目。因此，可以说《中书备对》绝大多数内容已经失传。

在存世的内容中，职官、礼仪方面有 4 门（其中宗室换官、宗室见任官、冕服 3 门仅 3 条），法律、教育科举方面的内容全佚，而最多者为经济赋税方面的内容。这些经济赋税方面的内容，与王安石变法息息相关，而且有相对完整的数据，具有极高的价值。综合运用这些材料，对王安石变法、地域经济乃至整个宋史研究无疑是重要的。

总而言之，从题名上判断，《上编次官制卷目稿札子》根本不是毕仲衍所为。究竟是谁所上，有待进一步考证。四库馆臣仅以毕仲衍曾任官于元丰官制局和奏议在毕仲游《西台集》中而断定奏议是毕仲衍所作，显然不妥。但是，从奏议内容上判断，它是毕仲衍为进呈《中书备对》而作，其中的"卷目"是已经失传的《中书备对》的目录。这个"卷目"的发现，对于考证《中书备对》的卷次、了解其大致内容以及辑佚这部文献有重要的价值。

原刊于《史学史研究》2007年第1期

《四库全书》文渊阁本与文津阁本比较：以毕仲游《西台集》为例

——兼论文津阁本《四库全书》的价值

众所周知，清朝乾隆年间修成的 7 部《四库全书》，由于种种原因是存在差异的。[①] 其中保存完整，且众人最易见到的两部是文渊阁本《四库全书》与文津阁本《四库全书》两个本子[②]。较早注意到文渊阁本与文津阁本《四库全书》存在巨大差异，并对其进行宏观研究的是杨讷、李晓明。[③] 在此基础上，杨讷、李晓明还编辑了《文渊阁四库全书补遗（集部）——据文津阁四库全书补》（以下简称《补遗》），由北京图书馆出版社 1997 年出版，全书精装，15 巨册。《补遗》问世后，得到学术界高度评价，被誉为"世人第一次将二种不同阁本的四库全书，经过比对、录异所进行的整理、辑佚工作"[④]。不过，"集部"仅仅是经、史、子、集所谓"四部"之一，所占比例不足全书的 1/4。而其他诸部的异同，待 2006 年商务印书馆全文影印出版了文津阁本《四库全书》后，更多的学者得以见到这个"新宠"，才会渐渐有所分晓。最近，卢仁龙以宋代文献为例，分析比较了文渊

[①] 参见张帆、汪龙麟《文津阁本〈四库全书〉出版价值刍议》，《社会科学战线》2006 年第 6 期。

[②] 分别为台湾商务印书馆 1986 年影印文渊阁四库全书本、商务印书馆 2006 年影印文津阁四库全书本。

[③] 杨讷、李晓明：《〈四库全书〉文津阁文渊阁本宋别集类录异》（上、下），《北京图书馆馆刊》1996 年第 1、2 期；《〈四库全书〉文津阁文渊阁本总集类录异》（上、中），《国家图书馆馆刊》1996 年第 3、4 期；《〈四库全书〉文津阁文渊阁本总集类（下）、诗文评类及词曲类录异》，《国家图书馆馆刊》1997 年第 1 期。

[④] 黄宽重：《文津阁本宋代别集的价值及其相关问题》，《文献》1989 年第 1 期。

阁本《四库全书》与文津阁本《四库全书》经、史、子、集所谓"四部"的不同。①笔者不揣浅陋，欲以毕仲游《西台集》为例，结合《永乐大典》，具体分析文渊阁本与文津阁本《四库全书》的异同，希冀对目前已经整理的《西台集》②有所帮助。

一 毕仲游《西台集》的版本

毕仲游，字公叔，北宋郑州管城县（今郑州市）人。曾祖宋真宗朝宰相文简公毕士安，祖太府卿毕世长，父驾部郎中毕从古。毕仲游年幼丧父，但勤奋力学，以求自致。其初以父之恩荫补官为太庙斋郎。熙宁三年（1070），他与兄仲衍同登进士第，先任寿邱、柘城主簿、罗山县令、环庆路转运司干办公事等地方官。毕仲游十分精干，元丰四年（1081）从高遵裕西征，负责运粮，"运期迫遽，陕西八十县馈挽之夫三十万，一旦悉集"③。元祐初，司马光等人为政，毕仲游迎合时政，积极反对新法，故"受知于司马光、吕公著……范纯仁尤知之"④。学士院召试，考官苏轼异其文，擢为第一，加集贤校理、开封府推官，外出提点河东路刑狱，宰相韩缜称其为政"真清"。后改秘阁校理、知耀州，救灾有方，使17.9万人免离其乡。⑤宋哲宗亲政，绍圣党人得势，亲善元祐党人的毕仲游失势遭难。元符二年（1099），坐党祸，落秘阁校理。⑥宋徽宗时，历知郑、郓二州、淮南

---

① 卢仁龙：《〈四库全书〉断代文献分析与评述》，四川大学古籍整理研究所、四川大学宋代文化研究中心编：《宋代文化研究》（第17辑），四川大学出版社2009年版，第50—121页。

② 北京大学古文献研究所编：《全宋诗》卷1040—1042《毕仲游》，北京大学出版社1995年版，第11891—11940页；曾枣庄、刘琳主编：《全宋文》卷2389—2407《毕仲游》（诗除外），上海辞书出版社、安徽教育出版社2006年版；毕仲游：《西台集》，陈斌校点，中州古籍出版社2004年版。

③ 《宋史》卷281《毕士安传》，第9523页。

④ 《宋史》卷281《毕士安传》，第9524页。

⑤ 董煟：《救荒活民书》卷下《毕仲游救荒》，文渊阁四库全书，第662册，第275页。

⑥ 《长编》卷505，元符二年正月辛未注文，第12045页。

转运副使等地方官，入京为吏部郎中。但不幸堕入党籍，坎壈散秩而终。宣和三年（1121）七月二十八日，因病卒于西京洛阳，享年75岁。南宋初，偏爱元祐党人的宋高宗，下诏追赠毕仲游为直徽猷阁，"以党籍故也"①。毕仲游"学贯经史，才通世务。文章精丽，议论有余"。"为政刚明有断，而应卒遇变从容详悉。"毕仲游文章、学问、政事、德义、文学，"可谓兼之"，有文集70卷，②而传世的《西台集》仅20卷。

目前《西台集》的版本，有以下诸本。

1.《永乐大典》本

明成祖朱棣永乐元年（1403）七月至次年十一月修成的《永乐大典》，将《西台集》肢解后编入各韵目之下。后《永乐大典》遭遇清末历次兵火，所余无几。到1959年为止，收集到《永乐大典》原本215册，加上复制副本等，共得730卷。今天国内所幸存者有1960年中华书局影印的《永乐大典》730卷，加上后来从世界各地征集的65卷，共计795卷。目前，大家较容易见到的《永乐大典》残卷有二：一是中华书局1986年影印的《永乐大典》，共10册；二是上海辞书出版社2003年出版的《海外新发现永乐大典十七卷》，共1册。在《永乐大典》残卷中还幸存了《西台集》不少篇章。据今人排查，共有34篇③，其中有3篇因四库馆臣漏辑而为他本所无，1篇为四库馆臣误辑而篇名不同。④ 具体篇目如表1所示。

---

① 《要录》卷44，绍兴元年五月己未，第944页。
② 以上见解缙等主编《永乐大典》卷20205引西水陈恬撰《西台毕仲游墓志铭并序》，第7569—7570页。
③ 栾贵明：《永乐大典索引》，作家出版社1997年版，第905页。
④ 参见栾贵明辑《四库辑本别集拾遗》，中华书局1983年版，第72—75页。按，《四库辑本别集拾遗》将《贺除振夫侍郎启》1篇列入四库辑本漏辑条，不妥。

表1　　　残本《永乐大典》中《西台集》遗文篇目简

	《永乐大典》中原卷次、韵别、书名	原《永乐大典》中篇名	中华书局1986年影印本页码	备注
1	卷541，"庸"韵，引"毕仲游西台文集"	代范忠宣谢登庸表	第97页	
2	卷541，"庸"韵，引"毕仲游西台文集"	又上太皇太后表	第97页	四库本称"代范忠宣上太皇太后表"
3	卷541，"庸"韵，引"毕仲游西台文集"	代辞登庸第一表	第98页	四库本称"代范忠宣辞登庸第一表"
4	卷541，"庸"韵，引"毕仲游西台文集"	上太皇太后表	第98页	四库本称"代范忠宣上太皇太后表"
5	卷541，"庸"韵，引"毕仲游西台文集"	代第二表	第98页	四库本称"代辞第二表"
6	卷541，"庸"韵，引"毕仲游西台文集"	代第三表	第98页	四库本称"代辞第三表"
7	卷541，"庸"韵，引"毕仲游西台文集"	代范忠宣登庸回谢两制以下启	第98页	
8	卷2265，"湖"韵，引"毕西台先生集"	次韵和贡父学士游左山归泛北湖	第801页	
9	卷2951，"神"韵，引"毕仲游西台集"	太白太湫神祝文	第1552页	四库本脱文较多
10	卷2951，"神"韵，引"毕西台先生集"	就山请神文	第1555—1156页	四库本脱文较多
11	卷3003，"人"韵，引"毕西台先生集"	试荫补人议	第1696页	
12	卷3141，"陈"韵，引"宋毕西台集"	无篇名	第1831页	《永乐大典》有"陈子思"条标目。四库本称"陈子思传"
13	卷3142，"陈"韵，引"宋毕西台集"	陈水部墓志铭	第1846页	

续表

	《永乐大典》中原卷次、韵别、书名	原《永乐大典》中篇名	中华书局1986年影印本页码	备注
14	卷5244,"辽"韵,引"毕西台先生集"	送范德孺使辽诗	第2340—2341页	
15	卷7213,"服"韵,引"毕西台先生集"	明堂议	第2902页	
16	卷7304,"郎"韵,引"毕西台先生集"	贺除振夫侍郎启	第3047页	此篇内容,又见于四库本《与赵正夫》(共6首)第5、6首
17	卷7518,"仓"韵,引"毕西台先生集"	次韵和穀熟徐仲元著作监仓之什	第3477页	
18	卷8842,"游"韵,引"宋毕西台先生集"	祭游景叔龙图文	第4049页	
19	卷10115,"旨"韵,引"毕西台先生集"	上修史承旨启	第4238页	共4首。四库本称"上修史承旨"
20	卷10458,"礼"韵,引"毕西台先生集"	礼禁论	第4347页	
21	卷10540,"启"韵,引"毕西台先生集"	贺门下相公启	第4424页	
22	卷10999,"府"韵,引"毕仲游诗"	离蒲中简游景叔知府少卿	第4574页	《永乐大典》独存
23	卷14046,"祭"韵,引"毕西台先生集"	祭宋龙图文	第6101页	
24	卷14051,"祭"韵,引"毕西台先生集"	祭仲兄舍人文	第6137页	
25	卷14053,"祭"韵,引"毕西台先生集"	祭范待制慈母文	第6164页	
26	卷14054,"祭"韵,引"毕西台先生集"	祭张应之朝奉文	第6181—6182页	

续表

	《永乐大典》中原卷次、韵别、书名	原《永乐大典》中篇名	中华书局1986年影印本页码	备注
27	卷19792,"服"韵,引"西台先生集"	代范忠宣谢赐医官章服表	第7486页	
28	卷20204,"毕"韵,引"毕西台先生集"	丞相文简公事迹	第7560—7562页	
29	卷20204,"毕"韵,引"毕西台集"	尚书郎赠金紫光禄大夫毕从古事迹	第7562—7564页	
30	卷20204,"毕"韵,引"宋毕西台先生集"。	奉直大夫千乘毕公师圣墓志铭	第7564—7565页	
31	卷20204,"毕"韵,引"宋毕西台先生集"	毕子庄墓志铭	第7565页	《永乐大典》独存
32	卷20205,"毕"韵,引"毕西台先生集"	起居郎毕公夷仲行状	第7566—7568页	
33	卷20205,"毕"韵,引"宋毕西台先生集"	毕氏墓志铭	第7574页	
34	卷908,"诗"韵,引"西台先生集"	岁时杂咏诗序	第8592页	《永乐大典》独存
	《永乐大典》存34篇①,其中3篇为他本所无			

《永乐大典》所存《西台集》的文字,除了3篇为目前所见独有而价值很大外,其余31篇因其他版本辑自《永乐大典》本亦极为珍

---

① 本表参考栾贵明辑《四库辑本别集拾遗》,第72页。按,栾贵明统计《永乐大典》中有《西台集》遗文为32条,其失查3条,误查1条。关于残本《永乐大典》中《西台集》遗文篇目数问题,笔者另有撰文考证。

贵。换言之，《永乐大典》本《西台集》因存有这31篇遗文而成为其他诸版本的"祖本"。

2. 武英殿聚珍本

清乾隆三十八年（1773），乾隆帝因《四库全书》编修告成的时日太长，即命儒臣校辑《永乐大典》中的散简零篇和世所罕见的宋元善本，先行刊印流传，至清乾隆五十九年（1794）刊印结束，遂成"钦定武英殿聚珍版丛书"138种、2416卷。其中，"武英殿聚珍本"《西台集》，据其提要称，成书于清乾隆四十六年（1781）七月。共20卷，线装7册，每页18行，每行21字，中分对折，每半页为9行。与文渊阁四库本《西台集》相比，"武英殿聚珍本"卷次、分类、篇次、篇名与内容同文渊阁四库本几乎一致。所不同于四库本的是：其一目录。"武英殿聚珍本"《西台集》正文前附有"西台集目录"，每卷次后依次是类别与首数，而四库本则没有类似的目录。其二提要。二者提要内容大致相同，但"武英殿聚珍本"篇尾曰："乾隆四十六年七月恭校上。总纂官内阁学士臣纪昀，光禄寺卿臣陆锡熊。纂修官司经局洗马臣黄良栋。"文渊阁四库本《西台集》提要篇尾曰："乾隆四十九年十月恭校上。总纂官臣纪昀、臣陆锡熊、臣孙士毅。总校官臣陆费墀。"其三篇数。同文渊阁《四库全书》本《西台集》相比，"武英殿聚珍本"本《西台集》卷10多《上苏内翰》（第3首）、《上文潞公》、《上韩左丞相》、《上吕微仲相公》（共3首）等6篇首，而同一篇文异者不计其数。

据武英殿聚珍本《西台集》提要称，武英殿聚珍本《西台集》也是从《永乐大典》各韵中"搜辑排比"而得。目前，大家比较容易见到的本子，是光绪十九年（1893）福建省重刻武英殿聚珍版丛书本《西台集》。此本每页中缝处有注文多数为"缪晋校"，间或为"光绪十九年补刊""光绪十九年补刊，孙星华校"与"宋培初、刘永昭续校校"等。

3.《山右丛书初编》本

《山右丛书初编》，是 1934 年由山西省文献委员会编纂的一部汇集晋人学术著作的大型古籍丛书，收入自唐迄清历代 28 位晋籍学者、作家的重要著作 38 种和附录 2 种。是书初版于 1937 年，原书 355 卷，线装 102 册，每册封面上有"阎锡山书耑"5 字及其两枚红色篆刻。每种文献正文前"编校姓氏"名录。此本《西台集》，仍为 20 卷，共 4 册，每页 24 行，每行 30 字，中缝对折，半叶 12 行。每页中缝处夹注卷次、页码和"山西省文献委员会印"10 字。1986 年 9 月，山西省文献委员会据《山右丛书初编》线装本书原样影印（无句读），由山西人民出版社初版，共 16 册，32 开本。《西台集》列入其中。《山右丛书初编》本《西台集》有两点不足，一是不详版本来源。二是张冠李戴，将宋代郑州管城人毕仲游视作"山右人"①，进而把《西台集》列入丛书中。根据《西台集》的目录、卷次、分类、篇数和内容，《山右丛书初编》本《西台集》与"武英殿聚珍版丛书"版《西台集》完全一致。因此，《山右丛书初编》本《西台集》当是"武英殿聚珍版丛书"版《西台集》的排印本。与文渊阁《四库全书》本相比，《山右丛书初编》本《西台集》缺《与王观文》（共 3 首）、《上鲜于运使》（共 3 首）两篇 6 首。

4.《丛书集成初编》本

《丛书集成初编》这部大丛书，是集丛书之大成，共 4107 种，4000 册，王云五主编，商务印书馆 1935—1937 年陆续印出，已出 3467 册，未出者 533 册。辑者先选择了宋代至清代较为重要的丛书一百种，得子目六千余种，然后去其重复，实得四千余种，印作一式的本子（多数排印，少数影印），每册均有编号，以便排架管理和查找。后因抗日战争爆发，没有按原计划出全，实际印行三千多种。

---

① 毕仲游的先辈是代州云中（今山西大同）人，毕氏入宋后即定居管城，而毕仲游已是宋代毕氏第四代管城人。

1985年起中华书局用上海商务印书馆本影印，未出者亦补齐，共4000册。分别订装，32开本，比原书稍大。《西台集》亦列入其中而排印，丛书统一编号为1942—1945，共4册。据《丛书集成初编》本的《西台集》书前扉页称，"此据聚珍版丛书本排印"。由此，《丛书集成初编》与《山右丛书初编》本《西台集》同源，即同出于"武英殿聚珍本"。

5. 文渊阁《四库全书》本

文渊阁《四库全书》成书于清乾隆四十六年（1781）十二月六日①，是"北四阁"《四库全书》中成书最早的一部。大概由于时间紧迫、抄书工和校勘官用心不够等缘故，文渊阁《四库全书》的质量备受大家非议。乾隆五十二年（1787）五月至七月，乾隆帝不满其质量有问题，命令馆臣复校文渊阁《四库全书》。②因此，文渊阁《西台集》最终成书时间，据其提要称是乾隆四十九年（1784）十月。即便如此，文渊阁《西台集》还是弊病很多。与"祖本"《永乐大典》相比，文渊阁《四库全书》本《西台集》，不仅缺4篇，而且二者共存的篇目也存在文字差异。同"武英殿聚珍本"本《西台集》相比，如前所述，文渊阁《四库全书》本《西台集》缺少《上苏内翰》（第3首）、《上文潞公》、《上韩左丞相》、《上吕微仲相公》（共3首）等4篇8首，而同一篇文异者不计其数。同时，卷10《与赵正夫（五）》、《与赵正夫（六）》2篇内容，与《永乐大典》本《贺除振夫侍郎启》雷同，③四库馆臣可能误辑。当然，从分类、卷次、篇名、内容、成书时间来看，"武英殿聚珍本"本和文渊阁《四库全书》本《西台集》最为接近。

6. 文津阁《四库全书》本

文津阁《四库全书》成书于清乾隆四十九年（1784）十一月二

---

① 黄爱平：《四库全书纂修研究》，第150页。
② 黄爱平：《四库全书纂修研究》，第200—203页。
③ 解缙等主编：《永乐大典》卷7304，"郎"韵，引"毕西台先生集"，第3047页。

十五日①，是"北四阁"《四库全书》中成书最晚的一部，也是七阁《四库全书》中至今仍为原架、原阁、原书一体存放保管完整的唯一的一部。更重要者，在乾隆帝发现文渊阁《四库全书》存在质量后，曾责令总纂官纪晓岚亲自主持，三次全面覆查文津阁《四库全书》本，错讹少于其他诸本，利用的版本更可靠，保存的资料更丰富。②直到清乾隆五十七年（1792）五月，文津阁《四库全书》才最终校勘完毕。③ 不过，就《西台集》而言，据文津阁《四库全书》提要称其成书于乾隆四十九年（1784）十月，和文渊阁《四库全书》成书时间一样。而且二者提要完全一致④，这就使二者最终定稿时间变得扑朔迷离。与"祖本"《永乐大典》残卷相比，文津阁《四库全书》本《西台集》，不仅缺4篇，而且二者共存的篇目也存在文字差异。与其他诸本相比，文津阁《四库全书》本《西台集》差别也很大⑤，但它是目前《西台集》最为完整的本子，可谓"足本"。

7. 陈斌校点本

陈斌校点本，20卷，即由陈斌点校、中州古籍出版社2004年出版的《西台集》，是目前《西台集》最早的整理本子。此本以文渊阁《四库全书》本为"底本"、以《丛书集成初编》本《西台集》为"校本"。在文津阁《四库全书》本影印出版以前，陈斌校点本"底本"选择是没有大问题的，但"校本"只选择《丛书集成初编》本

---

① 据黄爱平《四库全书纂修研究》，第153页。
② 张帆、汪龙麟：《文津阁本〈四库全书〉出版价值刍议》，《社会科学战线》2006年第6期。
③ 吴哲夫：《四库全书纂修之研究》，台北"故宫博物院"1990年版，第277—279页。黄爱平《四库全书纂修研究》认为，文津阁《四库全书》书籍复校工作全部告竣，是在清乾隆五十三年（1788）正月。
④ 据黄爱平《四库全书纂修研究》，同为阁书提要，其文字理应一致。但由于复校、缮修等方面原因，不少著作提要内容不尽一致。《西台集》两个阁本提要完全一致，当是正常情况。
⑤ 杨讷、李晓明：《〈四库全书〉文津阁文渊阁宋别集类录异》（上），《北京图书馆馆刊》1996年第1期。

而忽略"祖本"《永乐大典》本和常见的"武英殿聚珍本",[①] 则是其很大的失误。且在校注时有遗漏,如《丛书集成初编》本《西台集》有《上吕微仲相公》3 首,为文渊阁《四库全书》本所无,陈斌校点本据《丛书集成初编》本只补遗第 1 首,而漏补第 2、3 首。同时,陈斌校点本忽视了杨讷、李晓明编辑的《文渊阁四库全书补遗(集部)——据文津阁四库全书补》第 2 册《西台集》的价值,则是一个不小的失误。

8.《全宋诗》《全宋文》本

四库本《西台集》原 20 卷内容,被《全宋诗》《全宋文》分别收录。由北京大学古文献研究所编、北京大学出版社 1995 年出版的《全宋诗》,共 72 册。四库本《西台集》诗原为 3 卷,《全宋诗》仍为 3 卷,见《全宋诗》卷 1040—1042《毕仲游》。《全宋诗》中《西台集》诗文点校,是以文渊阁《四库全书》本为"底本",以"武英殿聚珍本"校之。由《全宋诗》第 1042 卷卷末从《永乐大典》中辑补《离蒲中简游景叔知府少卿》一诗看,《全宋诗》注意到了残本《永乐大典》中《西台集》遗文,但是没有按照《永乐大典》中《西台集》遗文仅存的 4 首诗去校对。如,文渊阁《四库全书》本《西台集》卷 18《送范德孺使辽》、卷 20《次韵和榖熟徐仲元著作监仓之作》二诗篇名,《永乐大典》分别作"送范德孺使辽诗""次韵和榖熟徐仲元著作监仓之什",二者明显不同,但《全宋诗》未置可否。再如,文渊阁《四库全书》本《西台集》卷 20《次韵和贡父学士游左山归泛北湖》篇,"渊"本"带郭湖山归故丘"句"归"字,"大典"本作"隔"字;"渊"本"一塔清风来自远"句"自"字,"大典"本作"处"字。《全宋诗》也没有据《永乐大典》出校。

四川大学古籍整理研究所整理的《全宋文》,共 360 册,由上海

[①] 尽管《丛书集成初编》本《西台集》是据"武英殿聚珍本"排印,但"武英殿聚珍本"作为《永乐大典》本首辑本的价值是不能忽略的。陈斌由于没有核对"武英殿聚珍本"而错误地认为《丛书集成初编本》的提要即"《四库全书》提要"。

辞书出版社、安徽教育出版社 2006 年出版。其中《西台集》诗以外的内容被重新分类，编排为 19 卷，见《全宋文》卷 2389—2407《毕仲游》。《全宋文》本《西台集》，以文渊阁《四库全书》本为"底本"，以"祖本"《永乐大典》本、武英殿聚珍本与《山右丛书初编》本为"校本"。受体例的影响，《全宋文》本《西台集》不包括原《西台集》最后 3 卷诗文部分，另辑得佚文 16 篇。但是，《全宋文》本《西台集》"校本"忽略了《丛书集成初编》本，同样存在较大失误。在文津阁《四库全书》本影印出版以前，《全宋文》本完全忽视了杨讷、李晓明编辑的《文渊阁四库全书补遗（集部）——据文津阁四库全书补》第 2 册《西台集》的价值，使"《全宋文》"的"全"字打了一定的折扣。在文津阁《四库全书》本 2006 年影印出版以后，使几乎同时问世的《全宋文》本《西台集》失色不少。无论从"底本"还是"校本"，最晚问世的《全宋文》本《西台集》，既不"全"，也不"善"。而且，《全宋文》本《西台集》并没有严格据《永乐大典》本出校，如《全宋文》卷 2392《毕仲游四》中《代范忠宣谢赐医官章服表》篇[1]、《全宋文》卷 2406《毕仲游一八》中《毕氏墓志铭》篇、卷 2407《毕仲游一九》中《就山请神文》篇、《太白太湫神祝文》篇等诸篇，竟然没有据"大典"本出校。有的虽出校，但既不完整又有错误。如，《全宋文》卷 2397《毕仲游九》中《与赵正夫（五）》《与赵正夫（六）》2 篇，篇末注文称"又见《永乐大典》卷七三〇四"。但查《永乐大典》卷 7304，无《与赵正夫（五）》、《与赵正夫（六）》2 篇，而有《贺除振夫侍郎启》一文，整理者没有据实考辨。《全宋文》卷 2398《毕仲游一〇》中《上修史承旨》等 4 篇，仅第 1 篇篇末注"又见《永乐大典》卷一〇一一五"，并据此校注，但篇名《永乐大典》本作"上修史承旨启"竟未校出；而另 3 篇篇末则失注"又见《永乐大典》卷一〇一一五"等文，更没有据《永乐大典》出校。

---

[1] 按，《全宋文》卷 2392《毕仲游四》中《代范忠宣谢赐医官章服表》一文篇末注明来源出处时，竟将《永乐大典》卷"19792"误写为"19712"。

二 文渊阁与文津阁本《四库全书》中《西台集》异同

上文罗列《西台集》的 8 种本子，其中《永乐大典》为《西台集》的"祖本"，武英殿聚珍本、文渊阁本与文津阁本为"祖本"的三个辑本，武英殿聚珍本与文渊阁本最接近，文津阁本最完整。而武英殿聚珍本《西台集》又衍生了《丛书集成初编》排印本、《山右丛书初编》影印本两个本子。《西台集》两个点校本已对文渊阁本与《丛书集成初编》本、武英殿聚珍本、《永乐大典》进行了比对。这里，在吸收前人研究的基础上，着重对比分析一下《西台集》的文渊阁与文津阁本《四库全书》两个本子。①

1. 收录条目数差异

《西台集》的文渊阁与文津阁《四库全书》两种版本，都是从《永乐大典》中辑录而来，同为 20 卷。对照二者，所辑录条目数有不小差异。据统计，文渊阁《西台集》共有 664 篇，比文津阁本多《两汉可用之言议》（见文渊阁本卷 5）、《上鲜于运使》《又》《又》（见文渊阁本卷 10）、《取圣水》（见文渊阁本卷 12）、《罗山即事》、《信阳军筵设乐口二首》（见文渊阁本卷 20）共计 7 篇②。

文津阁本《西台集》共有 688 篇，其中：

卷 5，文津阁本比文渊阁本多《乞捕盗支赏札子》《再代刘挚乞外任札子》《附毕仲衍上编次官制卷目稿札子》3 篇。

---

① 按，杨讷、李晓明《〈四库全书〉文津阁文渊阁宋别集类录异》（上）从篇目上对比了二者内容差异。杨讷、李晓明《文渊阁四库全书补遗（集部）——据文津阁四库全书补》第 2 册《西台集》，辑佚出文津阁本比文渊阁本多出篇目的完整内容。文津阁《西台集》卷 9《尺牍·上苏内翰三首》与文渊阁《西台集》卷 10《尺牍·上苏内翰》相比，文津阁本篇名有"三首"二字，此篇名实为文渊阁以下两篇（文渊阁缺第 3 首）的合称。《补遗》误作文渊阁全缺而补遗之，不妥。

② 按，除诗文外，其他类一篇多首者以首数记，以下同。

卷9，文津阁本比文渊阁本多《上苏内翰》（第3首）、《上文潞公》、《上韩左相》、《上吕微仲相公》等4篇。

卷11，文津阁本比文渊阁本多《立言论》1篇。

卷12，文津阁本比文渊阁本多《祭罗山府君庙文》、《省祭文》、《省赛文》、《告诸庙文》、《淮南谒庙文》、《京东谒诸庙文》、《谒郑州诸庙文》、《代寿州李卿祭诸庙文二首》、《祝春牛文》、《兴龙节僧寺开启疏二首》、《道士开启疏》、《兴龙节乐语》、《王母队乐词》、《王母队回筵乐词》、《信阳军筵设乐语》、《乐人回筵》、《万寿乐入队：问队、答语、遣队》、《祈雨文》共22篇（原为18篇22首）。

卷18，文津阁本比文渊阁本多《游子》1篇。①

由以上分析看，文津阁本与文渊阁本《西台集》各有缺遗，文渊阁比文津阁本多7篇，而文津阁本比文渊阁本多出31篇。相比之下，文津阁本《西台集》保存内容更多。

2. 分类之别

文津阁本和文渊阁本《西台集》在内容分类上差别较为明显，文渊阁《西台集》20卷内容依次分为：奏状、札子、表、议、试策、策问、论、序、记、传、书、启、状、尺牍、祝文、志铭、行状、祭文、五言古诗、七言古诗、五言律诗、五言长律、七言律诗、五言绝句、七言绝句等25类，文津阁本《西台集》20卷内容依次分对策、奏状、表、议、书、启状、尺牍、策问、论、序、记、传、杂著、志状、哀策文、祭文、诗等17类。从分类名称看，二者类别完全一致者仅11项，文渊阁本另14类和文津阁本另6类不一致。但是，仔细对照二者的具体内容，所谓不一致类别是有所关联的，详细如下（见表2）。

---

① 按，杨讷、李晓明《〈四库全书〉文津阁文渊阁宋别集类录异》（上），从篇目上对比了二者内容差异，但漏掉《立言论》、《上吕微仲相公》2篇。杨讷、李晓明《文渊阁四库全书补遗（集部）——据文津阁四库全书补》第2册《西台集》，辑佚出文津阁本比文渊阁本多出篇目的完整内容。但失辑《立言论》《上吕微仲相公》2篇，又重辑《上苏内翰》第1首、第2首2篇。

表2　　　文渊阁本和文津阁本《西台集》不同类别对应

文渊阁本《西台集》类别名称	文津阁本《西台集》类别名称	备注
札子（在卷1，2篇）	议（在卷5，2篇）	"札子""议"类名均源于篇名，"津"本将篇名有异、性质不同的内容厘定为一类，不妥。二本共有"议"类
试策（在卷6，1篇）	对策（在卷1，1篇）	毕仲游试馆职问策对答，二者性质同，"渊"本的"试策"类名源于篇名"召试馆职问策"，似更合理
启（在卷8，17篇，卷9，51篇）、状（在卷9，17篇）	启状（在卷7，17篇，卷8，51篇；卷8，17篇）	"启""状"类名均源于篇名，"津"本将篇名有异、性质相近的内容厘定为一类
祝文（在卷12，21篇）	杂著（在卷12，42篇）	"渊"本多《取圣水》1篇，津本多22篇。"祝文"类名概源于《刻漏告成祝文》等篇名，但不能涵盖其他"祈文""祷文""谢文"等诸文体。"津"本以"杂著"而统之似更可取
志铭（在卷12，3篇；卷13，7篇；卷14，9篇）、行状（在卷15，1篇；卷16，3篇）	志状（在卷13、14、15、16，共篇23篇）	"志铭""行状"类名均源于篇名，"津"本以"志状"名将内容性质相近的二者统编在一起
五言古诗（在卷18，32篇）、七言古诗（在卷18，16篇）、五言律诗（在卷19，110篇）、五言长律（在卷19，4篇）、七言律诗（在卷20，54篇）、五言绝句（在卷20，4篇）、七言绝句（在卷20，48篇），共268篇	诗（在卷18、19、20，共267篇）	"渊"本比"津"本多《罗山即事》、《信阳军筵设乐口二首》2篇；"津"本比"渊"本多《游子》1篇。"渊"本比"津"本分类更细

续表

文渊阁本《西台集》类别名称	文津阁本《西台集》类别名称	备注
祭文（在卷17，1篇）	哀策文（在卷17，1篇）	"津"本的"哀策文"类名源于篇名，"渊"本将其归于"祭文"。二本共有"祭文"类19篇，同在卷17

由表2所列看，文津阁本和文渊阁本《西台集》在内容分类上有较为明显的差别，这些不同的类别是由四库馆臣依据辑录内容而加的，《西台集》原书是否如此分类，我们无法对证。不过，四库馆臣的分类基本上由内容或篇名而定，对照《永乐大典》残存的《西台集》部分文字，其做法是符合一般文献分类常识的。文津阁本和文渊阁本《西台集》的分类，有的是细分（如文渊阁的诗类），有的是合编（文津阁本的志状类），有的是相近，各有优劣。文津阁本将"札子"类归入"议"类明显不妥。文渊阁本将"祝文""祈文""祷文""谢文"等诸文体统之以"祝文"，却不如"津本"以"杂著"而统之似更可取。因此，在整理《西台集》时，要择善而行，不必拘泥文津阁本或文渊阁本。

3. 卷次有别

文渊阁本和文津阁本《西台集》在卷次编排上也存在差别，多数内容上不同卷，或者说同卷不同类。具体如表3所示。

表3　　文渊阁本和文津阁本《西台集》卷次编排对照

文渊阁本《西台集》卷次与类别	对应文津阁本《西台集》卷次与类别	备注
卷1，奏状，4篇	分别为卷1，奏状，2篇；卷5，议，2篇	不计"渊"本失辑内容
卷2，表，31篇	卷2，表，31篇	二者同

续表

文渊阁本《西台集》卷次与类别	对应文津阁本《西台集》卷次与类别	备注
卷3，表，31篇	卷3，表，31篇	二者同
卷4，议，9篇	卷4，议，9篇	二者同
卷5，议，9篇	卷5，议，8篇	二者同。"津"本缺《两汉可用之言议》1篇
卷6，试策，1篇	卷1，对策，1篇	二者卷次、类名异
卷6，策问，3篇	卷11，策问，3篇	
卷6，论，2篇	卷11，论，3篇	"渊"本缺《立言论》1篇
卷6，序，1篇	卷11，序，1篇	
卷6，记，5篇	卷11，记，5篇	
卷6，传，2篇	卷11，传，2篇	
卷7，书，3篇	卷6，书，3篇	
卷8，书，5篇	卷7，书，5篇	
卷8，启，17篇	卷7，启状，17篇	
卷9，启，51篇	卷8，启状，51篇	
卷9，状，26篇	卷8，启状，26篇	
卷10，尺牍，86篇	卷9，尺牍，89篇	"渊"本缺《上苏内翰》（第3首）、《上文潞公》、《上韩左相》、《上吕微仲相公》4篇，"津"本缺《上鲜于运使》
卷11，尺牍，68篇	卷10，尺牍，68篇	
卷12，祝文，20篇	卷12，杂著，20篇	不含所"渊"本缺22篇
卷12，志铭，3篇	卷14，志状，3篇	"渊"本将"祝文""志铭"两类合为一卷，不妥
卷13，志铭，7篇	卷14，志状，7篇	
卷14，志铭，12篇	卷14，志状，12篇	二者同
卷15，行状，1篇	卷15，志状，1篇	二者同
卷16，行状，3篇	卷16，志状，3篇	二者同

续表

文渊阁本《西台集》卷次与类别	对应文津阁本《西台集》卷次与类别	备注
卷17，祭文，20篇	卷17，哀策文1篇、祭文19篇	二者同
卷18，五言古诗，32篇	卷18，诗，33篇	二者同。"渊"本缺《游子》1篇
卷18，七言古诗，16篇	卷18，诗，16篇	二者同
卷19，五言律诗，73篇	卷19，诗，73篇	二者同
卷19，五言长律，4篇	卷19，诗，4篇	二者同
卷20，七言长律，48篇	卷20，诗，46篇	二者同。"津"本缺《罗山即事》、《信阳军筵设乐口二首》2篇
卷20，五言绝句，4篇	卷20，诗，4篇	二者同
卷20，七言绝句，44篇	卷20，诗，44篇	二者同

按，古诗门类1篇两首以上者仍计为1篇，其他门类1篇两首以上者以首数计作篇数。

由表3看，文渊阁本和文津阁本《西台集》分卷基本原则是同类者厘为一卷，篇多者分为相联的两卷。此其一。其二，两个本子在卷次上，基本相同者为卷1至卷5、卷14至卷20共12卷，而自卷6至卷13共8卷卷次错位很大。

4. 篇名、篇次问题

在篇名上，文渊阁本和文津阁本《西台集》不少篇有差别，对照《永乐大典》残存《西台集》诸篇篇名，情形各异。据初步排查统计如下（见表4）。

表4　　　　文渊阁本和文津阁本《西台集》不同篇名对照

序号	文渊阁本《西台集》篇名（在"渊"本中卷次）	文津阁本《西台集》篇名（在"津"本中卷次）	《永乐大典》残存《西台集》篇名（在《大典》本中卷次）	备注
1	代司马温公上太皇太后谢赐生日礼物表（卷2）	代司马温公上太皇太后谢生日礼物表（卷2）	无	"津"本篇名少一"赐"字
2	代枢府上太皇太后表（卷2）	上太皇太后表（卷2）	无	"津"本篇名少"代枢府"3字
3	代人上太皇太后表（卷2）	上太皇太后表（卷2）	无	"津"本篇名少"代人"2字
4	代人上太皇太后表（卷2）	上太皇太后表（卷2）	无	"津"本篇名少"代人"2字
5	代辞第二表（卷3）	代辞第二表（卷3）	第二表（卷541，"庸"韵，引"毕仲游西台文集"）	《大典》无"代辞"2字，疑馆臣增之。"渊"本、"津"本篇名同，但异于《大典》本
6	代范忠宣上太皇太后表（卷3）	代范忠宣上太皇太后表（卷3）	又上太皇太后表（卷541，"庸"韵，引"毕西台文集"）	《大典》无"代范忠宣"4字，但多一"又"字，疑馆臣增损之。"渊"本、"津"本篇名同，但异于《大典》本
7	陈子思传（卷6）	陈子思传（卷11）	无篇名（卷3141，"陈"韵，引"宋毕西台集"）	《大典》无篇名，但有"陈子思"目。"渊"本、"津"本篇名同，但异于《大典》本
8	贺韩忠彦相公启、又（卷8）	贺韩忠彦相公启二首（卷7）	无	

续表

序号	文渊阁本《西台集》篇名（在"渊"本中卷次）	文津阁本《西台集》篇名（在"津"本中卷次）	《永乐大典》残存《西台集》篇名（在《大典》本中卷次）	备注
9	代范忠宣回李韦太尉启（卷9）	代范忠宣回李玮太尉启（卷8）	无	"渊"本"韦"字，"津"本作"玮"字
10	上苏内翰、又、又（卷10）	上苏内翰三首（卷9）	无	
11	与王观文、又、又（卷10）	与王观文三首（卷9）	无	
12	上王彦霖枢密、又（卷10）	上王彦霖枢密二首（卷9）	无	
13	上安枢密太尉、又、又（卷10）	上安枢密太尉四首（卷9）	无	
13	上李资政邦直、又（卷10）	上李资政邦直二首（卷9）	无	
14	回盛少卿、又	回盛少卿二首	无	
15	与吕原明兵部、又	与吕原明兵部二首	无	
16	与文修撰、又、又	与文修撰四首	无	
17	与苏子容、又	与苏子容二首	无	
18	与程中散、又	与程中散二首	无	
19	与赵司业、又	与赵司业二首	无	
20	与李智文、又	与李智文二首	无	
21	与文叔学士、又	与文叔学士二首	无	
22	与芸叟都司学士、又、又	与芸叟都司学士三首	无	
23	与游景叔学士、又	与游景叔学士二首	无	

续表

序号	文渊阁本《西台集》篇名（在"渊"本中卷次）	文津阁本《西台集》篇名（在"津"本中卷次）	《永乐大典》残存《西台集》篇名（在《大典》本中卷次）	备注
24	与赵正夫、又、又、又、又、又	与赵正夫六首	无	按，"渊"本、"津"本第五、六首内容，与《贺除振夫侍郎启》（见《永乐大典》卷7304，"郎"韵，引"毕西台先生集"）相同
25	上刘龙图、又、又	上刘龙图三首	无	
26	上范尧夫相公、又、又、又、又、又、又、又、又、又、又、又、又、又、又、又	上范尧夫相公十六首	无	
27	与吕秘丞、又	与吕秘丞二首	无	
28	上苏相公、又、又	上苏相公三首	无	
29	与吴舍人安诗、又	与吴舍人安诗二首	无	
30	与薛嗣昌、又	与薛嗣昌二首	无	
31	上王仲至侍郎、又	上王仲至侍郎二首	无	以上诸篇"渊"本同为卷10，"津"本同为卷9
32	上刘莘老相公、又、又、又、又（卷11）	上刘莘老相公五首（卷10）	无	
33	与陈伯修学士、又	与陈伯修学士二首	无	

续表

序号	文渊阁本《西台集》篇名（在"渊"本中卷次）	文津阁本《西台集》篇名（在"津"本中卷次）	《永乐大典》残存《西台集》篇名（在《大典》本中卷次）	备注
34	与司马学士、又、又	与司马学士三首	无	
35	与晁学士、又	与晁学士二首	无	
36	上李少卿、又	上李少卿二首	无	
37	与王元钧转运判官、又、又、又	与王元钧转运判官四首	无	
38	上修史承旨、又、又、又	上修史承旨四首	上修史承旨启（卷10115，"旨"韵，引"毕西台先生集"）	三者篇名互异
39	上范彝叟右丞、又又又、又	上范彝叟右丞六首	无	
40	与欧阳学士、又	与欧阳学士二首	无	
41	上范德孺侍郎、又、又、又、又、又、又、又	上范德孺侍郎八首	无	
42	与李门下侍郎、又	与李门下侍郎二首	无	
43	上贾明叔侍郎、又	上贾明叔侍郎二首	无	
44	上吕侍讲、又	上吕侍讲二首	无	
45	与范子夷、又、又、又	与范子夷四首	无	
46	与刘仲冯端明、又、又、又	与刘仲冯端明四首	无	
47	与吕观文延帅、又	与吕观文延帅二首	无	

续表

序号	文渊阁本《西台集》篇名（在"渊"本中卷次）	文津阁本《西台集》篇名（在"津"本中卷次）	《永乐大典》残存《西台集》篇名（在《大典》本中卷次）	备注
48	与林材中大夫、又	与林材中大夫二首	无	以上诸篇"渊"本同为卷11，"津"本同为卷10
49	丞相文简公行状（卷17）	丞相文简公事迹（卷16）	丞相文简公事迹（卷20204，"毕"韵，引"毕西台集"）	"渊"本"行状"2字，"津"本、"大典"本同作"事迹"
50	尚书郎赠金紫光禄大夫毕从古行状（卷17）	尚书郎赠金紫光禄大夫毕从古事迹（卷16）	尚书郎赠金紫光禄大夫毕从古事迹（卷20204，"毕"韵，引"毕西台先生集"）	"渊"本"行状"2字，"津"本、《大典》本同作"事迹"
51	起居郎毕公夷仲行状（卷17）	起居郎毕公夷仲事迹（卷16）	起居郎毕公夷仲行状（卷20205，"毕"韵，引"毕西台先生集"）	"渊"本"行状"2字，"大典"本同，而"津"本作"事迹"
52	省墓祭文（卷17）	省坟祭文（卷17）		
53	祭代州祖墓文（卷17）	祭代州祖坟文（卷17）		
54	从范龙图月下泛舟（卷18）	从范龙图月夜泛舟（卷18）		
55	和孔毅夫学士题小阁	和孔毅夫学士题小阁		二者略异
56	和晁秘校	和晁祕校		二者略异
57	次韵和欧阳季默观书纪事之作	次韵和欧阳季默观书纪事之什		

续表

序号	文渊阁本《西台集》篇名（在"渊"本中卷次）	文津阁本《西台集》篇名（在"津"本中卷次）	《永乐大典》残存《西台集》篇名（在《大典》本中卷次）	备注
58	次韵和晁秘校招饮	次韵和晁祕校招饮		二者略异。以上诸篇"渊"本、"津"本同为卷18
59	迁居颍谷（卷19）	迁居颍谷（卷19）		
60	次韵席上	次韵席上之什		渊本无"之什"2字
61	次韵和子夷秘校见惠之作	次韵和子夷秘校见惠之什		
62	挽王元之相公二首	挽王相公二首		津本无"元之"2字
63	挽履中学士两首	挽履中学士二首		
64	代范忠宣挽中散某公三首	代范忠宣挽中散母公三首		以上诸篇"渊"本、"津"本同为卷19
65	次韵和应之判官宠示之作（卷20）	次韵和应之判官宠示之什（卷20）		
66	次韵和穀熟徐仲元著作监仓之作（卷20）	次韵和穀熟徐仲元著作监仓之什（卷20）	次韵和穀熟徐仲元著作监仓之什（卷7518，"仓"韵，引"毕西台先生集"）	"津"本与《大典》同
67	和希鲁四兄奉议陪蒲守景叔学士宴名阃堂书事	和希鲁四兄奉议陪蒲守景叔学士宴名阃堂书事诗		渊本无"诗"字
68	和十一舅题金虾蟇	和十一舅题金虾蟇之什		渊本无"之什"2字
69	次韵十一舅留别	次韵十一舅留别之作		渊本无"之作"2字

续表

序号	文渊阁本《西台集》篇名（在"渊"本中卷次）	文津阁本《西台集》篇名（在"津"本中卷次）	《永乐大典》残存《西台集》篇名（在《大典》本中卷次）	备注
70	和宋宁道太祝简陈济翁	和宋宁道太祝简陈济翁之什		渊本无"之什"2字
71	某在洛中蒙朝请惠书促归兼录示赏家园芍药两绝比离洛中芍药已阑矣因次元韵追和二首	某在洛中蒙朝请惠书促归兼录示赏家园芍药两绝比离洛中芍药已阑矣因此元韵追和二首		
72	次韵答杨二十器之简后见贻之作	次韵答杨二十器之简后见贻之什		以上诸篇"渊"本、"津"本同为卷20

由表4，《西台集》文渊阁本、文津阁本和《大典》本篇名有出入者共72篇（其中第5、6、7篇"渊"本、"津"本同名，但异于《大典》本外），约占文渊阁本、文津阁本二种版本总篇数的1/10。篇名差异大致分为四种类型。

一是"一篇多首"型，共41篇。文渊阁本《西台集》篇名"一篇多首"者，采用"第一首篇名+又……"方式处理首首间分割问题；而文津本则第一首前冠"篇名+几首"，第二首以后诸首采用另起一行以示首首间不同。这种类型，文渊阁本贯彻得不彻底，在古诗类和文津阁本采取的办法完全一致，如文渊阁本卷19《輓王元之相公二首》与文津阁本卷19《輓王相公二首》，篇名命名方式相同，第一首和第二首间都是以另起一行区别之。文渊阁本和文津阁本究竟哪一种更接近原书，由于《永乐大典》残本只有《上修史承旨启》1篇，篇名与前两者均异，因此无法判断。

二是篇名少字型，共10篇。其中文渊阁本和文津阁本篇名少字者各5篇，《永乐大典》残本无对应文字，不能判定孰优孰劣。根据

《大典》残本保存《第二表》、《又上太皇太后表》与《陈子思传》3篇篇名，对应的文渊阁本和文津阁本相关篇名，尽管"渊"本、"津"本这3篇篇名相同，但都异于《大典》本篇名。

三是"作"字与"什"字互异型，共5篇。"作"字与"什"字相似，文渊阁本篇名作"作"字，文津阁本作"什"字。《永乐大典》残本保留《次韵和穀熟徐仲元著作监仓之什》1篇，对照文渊阁本和文津阁本相关篇名，文津阁本与《永乐大典》残本同，文渊阁本可能是笔误。

四是篇名字数同而个别字异型，共13篇。文渊阁本3篇篇名"行状"二字，文津阁本同作"事迹"，而《永乐大典》本1篇作"行状"、2篇作"事迹"，故不能完全判断二者对错。文渊阁本篇名"李韦太尉"，文津阁本作"李玮太尉"，据《宋史》"李玮"本传，文渊阁本篇名"韦"字误。"阁"字与"閣"字，"秘"字与"祕"字，"颕"字与"颖"字之别者，共4篇，是异体字问题。还有"两"、"二"之别者1篇，文渊阁本篇名"两"字，文津阁本作"二"字，排查文渊阁本其他篇名，多数作"二"字，故疑文渊阁本篇名"两"字误。"墓"字与"坟"字之别者2篇，文渊阁本篇名"墓"字，文津阁本作"坟"字，二者同义。文渊阁本篇名"某公"，文津阁本作"母公"，疑文津阁本"母公"不妥。文渊阁本篇名"因次元韵"，文津阁本作"因此元韵"，二者有别，但均可解。文渊阁本篇名"月下"，文津阁本作"月夜"，二者有别，但亦均可解。后三者各1篇。

总之，多数情况下不能确定文渊阁本和文津阁本篇名的对错，但已能判断者，文渊阁本篇名似乎错更多一些。

尽管文渊阁本和文津阁本《西台集》在分类和卷次有很大不同，但在分类、卷次对应的部分，除二者互有多篇少篇情况外，其篇次基本上是对应的，没有什么明显错乱。笔者怀疑，晚成书的文津阁本《西台集》可能在编排篇次时，参照过最先成书的文渊阁本《西台集》。当然，这只是推测，尚缺乏有力的证据。

5. 具体文字的不同

对照文渊阁本和文津阁本《西台集》，几乎每篇内容有或多或少文字上的差异，详细列出文字的不同当是整理点校《西台集》的工作。这里，仅将文渊阁本、文津阁本四库全书和《永乐大典》共有的 31 篇《西台集》内容作一对比，看文渊阁本、文津阁本谁更接近《永乐大典》，进而说明文渊阁本、文津阁本《西台集》哪一本更忠实于"祖本"。

（1）《代范忠宣谢登庸表》篇。

"渊"本"亦既超逾，惟知震惧。"句，"津"本、"大典"本同作"亦既超逾，惟知震惧。中谢"，"渊"本脱夹注"中谢"2字。

（2）《又上太皇太后表》（《代范忠宣上太皇太后表》）篇。

"大典"本篇名"又上太皇太后表"，"渊"本、"津"本同作"代范忠宣上太皇太后表"。从内容看，此篇当是毕仲游代范纯仁登宰相后而作的谢文，"津"本与"渊"本篇名疑为四库馆臣所加，更为明确。

"渊"本"荣非已称，宠实心惊"句，"津"本、"大典"本同作"荣非已称，宠实心惊。中谢"，"渊"本脱夹注"中谢"2字。

（3）《代辞登庸第一表》（《代范忠宣辞登庸第一表》）篇。

"大典"本篇名"代辞登庸第一表"，"渊"本、"津"本同作"代范忠宣辞登庸第一表"。从文义看，此篇当是毕仲游代范纯仁辞宰相而作的表文，"津"本、"渊"本篇名疑为四库馆臣所加，更为明确。

"渊"本"敢图重任，轻畀具臣"句，津"本、"大典"本同作"敢图重任，轻畀具臣。中谢"，"渊"本脱夹注"中谢"2字。

（4）《上太皇太后表》（《代范忠宣上太皇太后表》）篇。

"大典"本篇名"上太皇太后表"，"渊"本、"津"本同作"代范忠宣上太皇太后表"。从文义看，此篇当是毕仲游代范纯仁所上表文，"津"本、"渊"本篇名疑为四库馆臣所加，更为明确。

"渊"本"岂待人言其不可，固当自讼于难安"句，"津"本、

"大典"本同作"岂待人言其不可，固当自讼于难安。中谢"，"渊"本脱夹注"中谢"2字。

（5）《代第二表》（《代辞第二表》）篇。

"大典"本篇名"代第二表"，"渊"本、"津"本同作"代辞第二表"。从文义看，此篇当是毕仲游代范纯仁辞宰相而作的表文，"津"本与"渊"本篇名疑为四库馆臣所加，更为明确。

"渊"本"心欲尽而知难，词虽繁而不避"句，"津"本、"大典"本同作"心欲尽而知难，词虽繁而不避。中谢"，"渊"本脱夹注"中谢"2字。

（6）《代第三表》（《代范忠宣辞登庸第三表》）篇。

"大典"本篇名"代第三表"，"渊"本、"津"本同作"代范忠宣辞登庸第三表"。从文义看，此篇当是毕仲游代范纯仁辞宰相而作的表文，"津"本、"渊"本篇名疑为四库馆臣所加，更为明确。

"渊"本"敢以渊冰，再干旒扆"句，"津"本、"大典"本同作"敢以渊冰，再干旒扆。中谢"，"渊"本脱夹注"中谢"2字。

（7）《代范忠宣登庸回谢两制以下启》篇。

"渊"本"方从机事之烦"句中"烦"字，"津"本、"大典"本同作"繁"字。

"渊"本"愿收箴于不逮"句中"收"字，"津"本、"大典"本同作"攸"字。

（8）《次韵和贡父学士游左山归泛北湖》篇。

"渊"本"带郭湖山归故丘"句"归"字，"津"本、"大典"本同作"隔"字。

"渊"本"一塔清风来自远"句"自"字，"津"本、"大典"本同作"处"字。

（9）《太白太湫神祝文》篇。

对照"大典"本，"渊"本、"津"本篇首同脱："维某年月日，具位毕某，谨以清酌庶羞之奠，敢昭告于太白福应王太湫之灵。"一句30字。

"渊"本篇中"是用赴诉"句"诉"字，"大典"本同，而

"津"本作"愬"字。

"渊"本"恭致一勺之多"句,"津"本同,而"大典"本作"恭致一勺之多而祷之","渊"本、"津"同脱"而祷之"3字。

对照"大典"本,"渊"本、"津"本篇末"其敢不腆"句下脱"尚享"2字。①

(10)《就山请神文》篇。

对照"大典"本,"渊"本、"津"本篇首同脱:"维某年月日,具位毕某,谨以清酌庶羞之奠,敢昭告于太白福应王。"一句26字。

对照"大典"本,"渊"本、"津"本篇末"祷于祠下"句下脱"伏惟尚飨"一句4字。②

(11)《试荫补人议》篇。

"渊"本"有未停阙待注而无人"句"未"字,"津"本、"大典"本同作"司"字。

"渊"本"岂特赏延世禄而已耶"句"耶"字,"津"本、"大典"本同作"邪"字。

"渊"本"而犹患其患"句后一"患"字,"津"本、"大典"本同作"滥"字。

(12)《陈子思传》篇。

《陈子思传》篇名,"大典"本失之。但《永乐大典》卷3141,"陈"韵,有"陈子思"目,"渊"本、"津"本据此而有《陈子思传》之篇名。

"渊"本"斋郎监簿秖辱吾志"句"秖"字,"津"本、"大典"本同作"祇"字。

"渊"本"而世人之诗反若非其语言"句"反"字,"津"本同,而"大典"本作"返"字。

"渊"本"犹可以遗后人"句,"津"本、"大典"本同作"犹可以为遗后人"。"渊"脱一"为"字。

---

① 按,此篇《全宋文》卷2407《毕仲游一九》,未据"大典"本出校。
② 按,此篇《全宋文》卷2407《毕仲游一九》,未据"大典"本出校。

"渊"本"志欲成就中道而死"句"成就"2字，"津"本、"大典"本同作"就成"。①

（13）《陈水部墓志铭》篇。

"渊"本"为人博文强记"句"文"字，"大典"本同，而"津"本作"闻"字。"津"本据文义改，当是。

"渊"本"竟以与上官辨事"句"与"字，"津"本同，而"大典"本作"为"字。"渊"本、"津"本据文义改，当是。

"渊"本"恢谐笑谑"句，"津"本"同"，而"大典"本作"讥谯笑谑"。

"渊"本"他人病者"句"他"字，"津"本、"大典"本同作"它"字。

"渊"本"皆叹息焉"句"叹"字，"津"本、"大典"本同作"嘆"字。"叹""嘆"二字同源异体。

"渊"本"其后正议公卒"句"卒"字，"津"本、"大典"本同作"薨"字。

"渊"本"葬公於怀忠乡某里某原"句"於"字，"津"本、"大典"本同作"于"字。②

（14）《送范德孺使辽诗》篇。

"渊"本篇目"送范德孺使辽"，"津"本同，而"大典"本作"送范德孺使辽诗"。"大典"本可能衍一"诗"字。

"渊"本"冰霜满野飞鸿鹄"句"满"字，"津"本、"大典"本作"漫"字。

"渊"本"日高宾馆驻前旌，馈客往来随酪粥"句"宾""往来"3字，"津"本同，而大典"本作"要""毗离"3字。

"渊"本"铁面蕃儿皆拭目""边风吹雪罨毡城""庭中之人识汉事"句"蕃""边""之"3字，"津"本同，而"大典"本同作

---

① 按，此篇《全宋文》卷2402《毕仲游一四》，虽据"大典"本校之，但未校出底本之误。

② 按，此篇《全宋文》卷2405《毕仲游一七》，虽据"大典"本校之，但未全校出底本之误，仅校出"闻"字一误。

"胡"3字。四库馆臣避讳北方少数民族习称"胡"字而改动原文。

"渊"本"君臣把酒重相劝"句"劝"字,"津"本同,而"大典"本作"勉"字。

"渊"本"坐见长城倚天宇"句"宇"字,"津"本同,而"大典"本作"去"字。

"渊"本"单骑走马绝瀚海"句"骑"字,"津"本同,而"大典"本作"车"字。

"渊"本"后车碾礰牵元黄"句"元"字,"津"本、"大典"本同作"玄"字,但"津"本"玄"字末笔一点缺。四库馆臣避讳康熙帝玄烨名而改动所致。

(15)《明堂议》篇。

"渊"本"不可为定论者"句,"津"本同,而"大典"本作"而决不可为定论者"。"渊"本、"津"本同脱"而决"2字。①

(16)《贺除振夫侍郎启》(《与赵正夫》第五、六首)篇。

前面已述,由于四库馆臣的失误,将《永乐大典》本《西台集》中《贺除振夫侍郎启》(见《永乐大典》卷7304,"郎"韵,引"毕西台集")一文,辑入《与赵正夫》篇下,并厘为2首,分别见"渊"本卷10《与赵正夫》第五、六首,"津"本卷9《与赵正夫》第五、六首。三者篇名、卷次各异。

"大典"本篇首"某顿首再拜某官座前"句,"渊"本、"津"本同脱之。

"渊"本"上邀荫映"句,"津"本同,而"大典"本作"捷荫映"。

"大典"本"某悚息再启"句,"渊"本、"津"本同脱之。

"渊"本"不审起居何如"句,"津"本同,而"大典"本"皆不审起居何如","渊"本、"津"本同脱"皆"字。

"渊"本"终恐未能逭责"句"逭"字,"大典"本同,而"津"本作"逃"字。

---

① 按,此篇《全宋文》卷2399《毕仲游一一》,虽据"大典"本校之,但失校。

"渊"本"僾沐眷恋"句"恋"字,"津"本、"大典"本同作"怜"字。

"渊"本、"津"本篇末尾注"案：此二首在正夫为侍郎时"句,"大典"本无。①

(17)《次韵和縠熟徐仲元著作监仓之作》(《次韵和縠熟徐仲元著作监仓之什》)篇。

"渊"本篇名"次韵和縠熟徐仲元著作监仓之作"中"作"字,"津"本、"大典"本同作"什"字。

"渊"本"带经犹得学倪宽"句"倪"字,"大典"本同,而"津"本作"儿"字。

(18)《祭游景叔龙图文》篇。

"渊"本"同甘边马之尘"句"边"字,"津"本同,而"大典"本作"胡"字。四库馆臣避讳北方少数民族习称"胡"字而改动原文。②

(19)《上修史承旨启》(《上修史承旨四首》)篇（共4首）。

"渊"本篇名"上修史承旨","津"本作"上修史承旨四首",而"大典"作"上修史承旨启"。三者篇名异。

第一首,据"大典"本,"渊"本、"津"本篇首同脱"某顿首再拜,承旨修史侍读年兄"共13字。

"渊"本"实由庇赖"句"庇","津"本同,而"大典"本作"芘"字。

"渊"本篇末"不宜"句"宜","津"本、"大典"本同作"宣"字。

第二首,"渊"本篇首"某官守淮甸"句,"津"本同,而"大典"本作"某悚息再拜,官守淮甸","渊"本、"津"本同脱"悚息再拜"4字。

---

① 按,此篇《全宋文》卷2397《毕仲游九》中《与赵正夫（五）》、《与赵正夫（六）》2篇,虽据"大典"本校之,但失校多条。
② 按,此篇《全宋文》卷2407《毕仲游一九》,虽据"大典"本校之,但失校。

"渊"本"因缘幸会得於道途"句"於"字,"津"本、"大典"本作"于"字。

"渊"本"望见颜色"句,"津"本同,而"大典"本作"际会以望见颜色","渊"本、"津"本同脱"际会以"3字。

"渊"本"疑以旧言"句"疑"字,"津"本、"大典"本同作"欸"字。

"渊"本"即日恭闻大斾到阙"句,"津"本同,而"大典"本作"即日恭承大斾到阙以来,陟降文石","渊"本、"津"本同脱"以来陟降文石"6字。

第三首,据"大典"本,"渊"本、"津"本篇首同脱"某惶恐启"4字。

第四首,据"大典"本,"渊"本、"津"本篇首同脱"某再拜"3字。

"渊"本"厘正一朝大典"句"厘"字,"津"本同,而"大典"本作"绪"字。

"渊"本"旧物前效赫然"句,"津"本同,而"大典"本作"旧物前效,人固料其必然"。

(20)《礼禁论》篇。

"渊"本"闻弦歌之音而笑"句"弦"字,"津"本、"大典"本同作"絃"字。

"渊"本"因恬而不知怪"句"怪"字,"津"本同,而"大典"本作"恠"字。

"渊"本"是以诈伪萌生,刑罚亡极"句,"津"本"夫是以诈伪萌生,刑罚亡极",而"大典"本作"是以贪财诛吏,不畏死亡"。三者互异。

"渊"本"公乡未有建万世之长策"句"乡"字,"津"本、"大典"本同作"卿"字。

"渊"本"而难于惊动耶"句"耶"字,"津"本同,而"大典"本作"邪"字。

"渊"本"而颂声兴然"句"颂"字,"津"本、"大典"本同作"诵"字。

(21)《贺门下相公启》篇。

据"大典"本,"渊"本、"津"本同脱:"某顿首再拜,某官台座,去建材馆,累更时序。自惟官阕位卑,与公府礼绝。是以不敢时奏记通下执事,心瞻门闱,无日忘之。春晚暄极,恭想论道余裕,钧体动止万福。某窃禄宫祠,仰系埏埴之力,以免填沟壑。瞻望屏着,趋赴未由。敢冀顺舍天祉,坤用太和,永乂王家无疆之休。卑情且祝且颂,不胜惓惓。某惶恐再拜,伏自某官。"一段,共124字。

"渊"本"保乂群品"句"群"字,"津"本同,而"大典"本作"郡"字。

"渊"本"永有归庇"句"庇"句,"津"本同,而"大典"本作"芘"字。

(22)《祭宋龙图文》篇。

"渊"本"致祭于故修史龙图谏议宋公之灵曰"句"曰"字,"津"本同,而"大典"本无。

"渊"本"惟公浑厚恬澹"句"惟"字,"津"本、"大典"本作"唯"字。

"渊"本"不偏不倚"句,"津"本同,而"大典"本作"不哩不嚾"。

"渊"本"卷幄之富"句"幄"字,"津"本同,而"大典"本作"握"字。

"渊"本"其门炜炜"句"炜炜"2字,"津"本作"煜煜",而"大典"本作"烨炜"2字。三者互异。①

(23)《祭仲兄舍人文》篇。

"渊"本"弟奉议郎、充祕阁校理、新差知虢州军州兼管内劝农事、轻车都尉、借紫某"句,"津"本同,而"大典"本"某"字前有一"毕"字。

"渊"本"独居于郑丙舍"句"丙"字,"津"本同,而"大

---

① 按,此篇《全宋文》卷2407《毕仲游一九》,虽据"大典"本校之,但完全失校。

典"本作"襄"字。

"渊"本"不知得於何人,出於何书"句两"於"字,"津"本、"大典"本作"于"字。

"渊"本"反使劝某"句"反"字,"津"本同,而"大典"本作"返"字。

"渊"本"早岁家无儋石之储"句"儋"字,"津"本作"担"字,而"大典"本作"檐"字。三者互异。

"渊"本"不得殚见於事业"句"於"字,"津"本、"大典"本作"于"字。①

(24)《祭范待制慈母文》篇。

"渊"本"伏惟尚飨"句"飨"字,"津"本同,而"大典"本作"享"字。"享"、"飨"通假。

(25)《祭张应之朝奉文》篇。

"渊"本"不释於下位""仅饱於糟糠"句两"於"字,"津"本、"大典"本同作"于"字。

"渊"本"抑知与不知同归於尽"句"於"字,"津"本、"大典"本作"于"字。

"渊"本"两失而都忘"句"失"字,"津"本同,而"大典"本作"夫"字。

"渊"本"亦歆歔感慨"句"慨"字,"津"本同,而"大典"本作"槩"字。②

(26)《代范忠宣谢赐医官章服表》篇。

"大典"本"惟深陨越。中谢"句,"津"本同,而"渊"本脱夹注"中谢"2字。

"渊"本"还之於绝望之后""心靡遑於私室"句二"於"字,"津"本、"大典"本均同作"于"字。

"渊"本"与期汤熨之速效,且非藩服之常恩"句"期"字,

---

① 按,此篇《全宋文》卷2407《毕仲游一九》,虽据"大典"本校之,但完全失校。
② 按,此篇《全宋文》卷2407《毕仲游一九》,虽据"大典"本校之,但完全失校。

"津"本同,而"大典"本作"明"字;"速"字,"津"本同,而"大典"本作"勤"字;"服"字,"津"本同,而"大典"本作"饰"字。

"渊"本"更当勗於子孙"句"勗於"2字,"津"本、"大典"本作"敕于"2字。

(27)《丞相文简公事迹》(《丞相文简公行状》)篇。

"渊"本篇名"丞相文简公行状"中"行状"2字,"津"本、"大典"本作"事迹"2字。

"渊"本"后汉兖州别驾谌居东平"句"谌"字,"津"本同,而"大典"本作"世"字。

"渊"本"而构之五世孙桢"句"构"字,"津"本同,而"大典"本作"诚"字;"桢"字,"津"本、"大典"同作"积"字。

"渊"本"桢生宗昱"句"桢"字,"津"本、"大典"本同作"积"字。

"渊"本"球生府君义林"句"林"字,"津"本、"大典"本同作"琳"字。

"渊"本"公才二十岁","津"本同,而"大典"本作"公才年二十"。

"渊"本"及出太师所选《清白规检》使行之"句"选"字,"津"本、"大典"本同作"撰"字。

"渊"本"公於是博综群经"句"於"字,"津"本、"大典"本同作"于"字。

"渊"本"祝夫人乃喜曰"句"祝"字,"津"本同,而"大典"本作"视"字。

"渊"本"而故晋公王祜方知贡举"句"祜"字,"津"本、"大典"本同作"祐"字。据《宋史》卷269《王祜传》与李焘《长编》卷7乾德四年二月辛酉条,"津"本、"大典"本"祐"字误。

"渊"本"年最少"句"最"字,"津"本、"大典"本同作"绝"字。

"渊"本"书其令於壁上"句"於"字,"津"本、"大典"本同作"于"字。

"渊"本"亦书於壁"句"於"字,"津"本、"大典"本同作"于"字。

"渊"本夹注文"原注:州守令'鹦鹉能言争似凤',禹偁对'蜘蛛虽巧不如蠶'。"句,"津"本同,而"大典"本作"按:州守之令'鹦鹉能言争似凤',禹偁对'蜘蛛虽巧不如蚕'。""蠶""蚕"有繁简之别。

"渊"本"钱氏籍其土地民上之於有司"句"於"字,"津"本、"大典"本作"于"字。

"渊"本"然濒海之民"句"濒海"2字,"津"本同,而"大典"本作"海濒"2字。

"渊"本"濒海之民"句"濒海"2字,"津"本同,而"大典"本作"海濒"2字。

"渊"本夹注文"原注:事见公集《题国清寺诗序》"句,"津"本同,而"大典"本作"其事见公文集《题国清寺诗序》"。"大典"本为小字注文,但脱提示语"按"字。

"渊"本"祝夫人已老"句"已"字,"津"本同,而"大典"本作"益"字。

"渊"本"辨色即往问安"句"辨"字,"津"本同,而"大典"本作"辩"字。

"渊"本"朕不以爱子而访用贤也"句"访"字,"津"本、"大典"本同作"妨"字。

"渊"本"洎之文学资次不在毕某下"句"资"字,"津"本同,而"大典"本作"久"字。

"渊"本"第以洎之德行不及毕某尔"句"尔"字,"津"本、"大典"本同作"耳"字。

"渊"本"不问有状无状"句,"津"本同,而"大典"本作"乞不问有状无状","渊"本、"津"本同脱一"乞"字。

"渊"本"其出入辅导"句"导"字,"津"本同,而"大典"本作"道"字。

"渊"本"秘书直学士"句"秘书"二字,"津"本、"大典"本作"枢密"二字。据《宋史》卷168《职官八》,宋无"秘书直学士"一职,故"秘书"当为"枢密"之误。

"渊"本"国家谷帛金钱储峙徧於天下"句"於"字,"津"本、"大典"本同作"于"字。

"渊"本"乞申言有司,惟英雄才武筹策之人"句,"津"本作"乞申语有司,唯英雄材武筹策之人",而"大典"本作"乞申严有司,唯英雄材武筹策之人"。"言""语""严",三者互异。而"渊"本"惟"字,"津"本、"大典"本同作"唯"字。

"渊"本"以赡军需"句"需"字,"津"本同,而"大典"本作"须"字。

"渊"本"非惟事之当然"句"惟"字,"津"本、"大典"本同作"唯"字。

"渊"本"疎眉隆准,望之如冠玉"句"疎""玉"2字,"津"本同,而"大典"本作"踈""王"2字。

"渊"本"朕以卿为相"句"以"字,"津"本同,而"大典"本作"倚"字。

"渊"本"契丹入边"句,"津"本、"大典"本同作"契丹益犯邊"。

"渊"本"公与莱公议於上前"句"於"字,"津"本、"大典"本同作"于"字。

"渊"本"其后契丹统军顺国王达兰引兵压境"句"达兰"2字,"津"本作"达赉",而"大典"本作"挞览"。三者互异。

"渊"本"从骑掠顺安"句,"津"本"从骑掠威鲁顺安",而"大典"本作"从骑掠威虏顺安"。三者互异。

"渊"本"云州观察使王继忠战陷敌中"句"敌"字,"津"本同,而"大典"本作"虏"字。

"渊"本"上令莫州石普以书答之"句"上"字,"津"本作"止"字,而"大典"本作"正"字。三者互异。据下文注,当为"上"字,"津"本、"大典"本误。

"渊"本夹注"原注：上令石普以书答继忠，见王沂公《笔录》"，"津"本作"原注：上令石普答继忠，见王沂公《笔录》"，而"大典"本小字注文作"上令石普以书答继忠，见王沂公《笔录》"。"大典"本为小字注文，但脱提示语"按"字。三者互异。

"渊"本"而敌情不可测也"句"敌"字，"津"本同，而"大典"本作"虏"字。

"渊"本"而契丹之众遂击王超大军"句"击"字，"津"本、"大典"本作"犯"字。

"渊"本"欲乘虚抵贝、冀"句"乘"字，"津"本同，而"大典"本作"弃"字。

"渊"本"上乃驾幸澶渊"句，"津"本同，而"大典"本作"上乃驾北幸澶渊"。

"渊"本"其帅顺国王达兰出行军"句"其"字，"津"本同，而"大典"本作"戎"字；"渊"本"达兰"，"津"本作"达赉"，而"大典"本作"挞览"。三者互异。

"渊"本"而曹利用使契丹"句"契丹"，"津"本同，而"大典"本作"虏"字。

"渊"本"上已言兵备"句"言"字，"津"本同，而"大典"本作"严"字。

"渊"本"惟公勉之"句"惟"字，"津"本、"大典"本同作"唯"字。

"渊"本"固其愿也"句"固"字，"津"本、"大典"本同作"顾"字。

"渊"本"既行上还"句"既行"2字，"津"本同，"大典"本作"及从"2字。

"渊"本"保州杨延朗"句"朗"字，"津"本同，而"大典"本作"明"字。据《宋史》卷272《杨业传》，"大典"本"明"字当为"朗"字。

"渊"本"蠋通负"句"蠋"，"津"本同，而"大典"本作"已"字。

"渊"本"徐起论於上前"句"於"字,"津"本、"大典"本同作"于"字。

"渊"本"於是复置贤良方正直言极谏等数科取士"句"於"字,"津"本、"大典"本同作"于"字。

"渊"本"上惟言去佞谀"句"惟"字,"津"本、"大典"本同作"唯"字。

"渊"本"江南惟袁有二盗"句"惟"字,"津"本、"大典"本同作"唯"字。"渊"本"袁"字,"津"本同,而"大典"本作"表"字。

"渊"本"诏太医治疗不及"句,"津"本同,而"大典"本无"及"字。

"渊"本"公归私第薨"句,"津"本同,而"大典"本作"公归私第而薨"。"渊"本、"津"本同脱一"而"字。

"渊"本"诏皇城使爱州刺史卫诏钦监护丧事"句后一"诏"字,"津"本、"大典"本同作"绍"字。

"渊"本夹注"原注:王禹偁作公知制诰词,其略云:'文炳国华,行敦天将。老於儒学,久次周行……'"句"原注"2字,"津"本同,"大典"本作"按"1字;"作"字,"津"本同,"大典"本作"行"字;"将"字,"津"本、"大典"本同作"爵"字;"於"字,"津"本、"大典"本同作"于"字。

"渊"本"谈吐未尝有过失"句"谈吐"2字,"津"本同,"大典"本作"口诗"2字。

"渊"本"今毕某任官至宰相"句"今"字,"津"本同,"大典"本作"令"字。

"渊"本"乃公门下士也"句"士"字,"津"本同,而"大典"本作"人"字。

"渊"本"仁宗皇帝时王文正之子素作谏官上"句,"津"本同,而"大典"本作"上"字前有一"始"字。

"渊"本"有司还官"句"还"字,"津"本、"大典"本同作"迁"字。

"渊"本"皆辩丽宏遂"句"宏"字,"津"本、"大典"本同作"闳"字。

"渊"本"议奏甚衆"句"议奏"2字,"津"本同,而"大典"本作"奏议"2字。

(28)《尚书郎赠金紫光禄大夫毕从古事迹》(《尚书郎赠金紫光禄大夫毕从古行状》)篇。

"渊"本篇名"尚书郎赠金紫光禄大夫毕从古行状"中"行状"2字,"津"本、"大典"本同作"事迹"2字。

"渊"本篇名末有注文"原注:代知默譔"6字,"津"本作"原注:代知默撰",而"大典"本无此注。三者互异。据文义,此文系毕仲游代其舅陈知默所撰,当有此注。

"渊"本"栩为鄴王府司马"句"鄴"字,"津"本同,而"大典"本作"丰"字。据下文,此处"丰"字当为"鄴"字之误。

"渊"本"匀生諴"句"諴"字,"津"本同,而"大典"本作"诚"字。

"渊"本"叔文生桢"句"桢"字,"津"本、"大典"本同作"稹"字。

"渊"本"丞相范质复荐义林於周世宗为观城令"句"於"字,"津"本、"大典"本同作"于"字;"为观城令","津"本同,而"大典"本作"特为观城令"。"渊"本、"津"本同脱一"特"字。

"渊"本"韩丞"句"丞"字,"津"本、"大典"本作"丕"字。据《丞相文简公事迹》,"渊"本"丞"字当为"丕"字。

"渊"本"而专以士安为有德行"句"专"字,"津"本同,而"大典"本作"颛"字。

"渊"本"犹不出仕"句,"津"本同,而"大典"本作"犹不出仕宦"。"渊"本、"津"本同脱一"宦"字。

"渊"本"卫尉既老"句,"津"本同,而"大典"本作"卫既老"。据前后文义,"大典"本脱"尉"字。

"渊"本"甚闻於世"句"於"字,"津"本、"大典"本同作"于"字。

"渊"本"愿易所赐"句"易"字,"津"本同,而"大典"本作"勿"字。据后文"又何易乎","大典"本"勿"字误。

"渊"本"公因讽留守蔡齐诛其军士於军门外"句"於"字,"津"本、"大典"本同作"于"字。

"渊"本"王焕亦老居濉阳"句"焕"字,"津"本、"大典"本同作"涣"字。

"渊"本"宜辨勿失"句"辨"字,"津"本、"大典"本同作"辩"字。

"渊"本"其子顾可辨哉"句"辨"字,"津"本、"大典"本同作"辩"字。

"渊"本"默然不辨而去"句"默"字,"津"本同,而"大典"本作"嘿"字;"辨"字,"津"本、"大典"本同作"辩"字。

"渊"本"公亦欣然欲用"句"欣"字,"津"本、"大典"本同作"忻"字。

"渊"本"如以恩与君"句,"津"本同,而"大典"本作"如其守以恩与君"。"渊"本、"津"本同脱"其守"2字。

"渊"本"以笃於亲,此孝子也"句"於"字,"津"本、"大典"本同作"于"字;"子"字,"津"本同,而"大典"本作"士"字。

"渊"本"其辞气与情颇不类,疑之"句,"津"本同,而"大典"本作"其辞气与情颇不酬,疑"。

"渊"本"因谓太守"句,"津"本同,而"大典"本作"因谓太守始未决"。"渊"本、"津"本同脱"始未决"3字。

"渊"本"嗟乎"句"嗟"字,"津"本同,"大典"本作"叹"字。

"渊"本"任希道固误"句"误"字,"津"本、"大典"本同作"悞"字。

"渊"本"独可与公首尔"句"尔"字,"津"本、"大典"本同作"耳"字。

"渊"本"某任希道非能大过人也"句,"津"本同,而"大典"

本作"某任希道非为能大过人也"。"渊"本、"津"本同脱一"为"字。

"渊"本"度其无害而任之尔"句"尔"字,"津"本、"大典"本同作"耳"字。

"渊"本"则谁敢求其任者"句,"津"本同,而"大典"本作"则谁敢求其任者？客既去"。"渊"本、"津"本同脱"客既去"3字。

"渊"本"山泽之余贷……贷日以益腐"句二"贷"字,"津"本、"大典"本均同作"货"字。

"渊"本"先下其渠帅一辈五六人"句"下"字,"津"本、"大典"本同作"上"字。

"渊"本"会颍上亦大饥"句"颍"字,"津"本同,而"大典"本作"颍"字。

"渊"本"於是都官员外郎万宁诣阙上书"句"於"字,"津"本、"大典"本同作"于"字。

"渊"本"颍上守令无状句"颍"字,"津"本同,而"大典"本作"颍"字。

"渊"本"或配决纵舍"句,"津"本同,而"大典"本作"或配颍决纵舍"。"渊"本、"津"本同脱一"颍"字。

"渊"本"朝廷念颍上故善地"句"颍"字,"津"本同,而"大典"本作"颍"字。

"渊"本"寿阳颍东郡也"句"颍"字,"津"本同,而"大典"本作"颍"字。

"渊"本"公故於孙沔善"句"於"字,"津"本、"大典"本同作"与"字。

"渊"本"朝廷怒甚"句,"津"本同,而"大典"本作"朝廷怒甚。侍御史邢尧臣上言,乞……""渊"本、"津"本脱"侍御史邢尧臣上言,乞……"9字。

"渊"本"请舟於淮阳太守"句"於"字,"津"本、"大典"本同作"于"字。

"渊"本"以嘉祐四年七月四日卒於寿阳"句"於"字,"津"本作"于"字,"大典"本作"以"字。三者互异。据文义,"大典"本"以"字误。

"渊"本"毕相向有阴德在子"句"子"字,"津"本、"大典"本同作"人"字。

"渊"本"杜衍、范仲淹、包拯、田况、刘湜五人尔"句"尔"字,"津"本、"大典"本同作"耳"字。

"渊"本"公亦无意用於世"句"於"字,"津"本、"大典"本同作"于"字。

"渊"本"秪速其败尔"句"秪"字,"津"本、"大典"本同作"祇"字。"尔"字,"津"本、"大典"本同作"耳"字。

"渊"本"故终身以贫闻於人"句"於"字,"津"本、"大典"本同作"于"字。

"渊"本"有触而后赋"句"触"字,"津"本同,而"大典"本作"补"字。

"渊"本"上祠汾阴"句"祠"字,"津"本同,而"大典"本作"词"字。据文义,"大典"本"词"字误。

"渊"本"明年迁虞部郎中"句"年"字,"津"本同,而"大典"本作"堂"字。

"渊"本"尝与公为道义交"句,"津"本同,而"大典"本作"尝与公以交"。

(29)《奉直大夫千乘毕公师圣墓志铭》篇。

"渊"本"至太原文简公始葬其父太师於郑之管城"句"於"字,"津"本、"大典"本作"于"字;"之"字,"津"本、"大典"本均无。

"渊"本"或废老於州县"句"於"字,"津"本、"大典"本同作"于"字。

"渊"本"兄嫂姪及姪之子生养卒葬,次为嫁娶者甚众"句"及"字,"津"本、"大典"本同作"若"字;"次为嫁娶"4字,"津"本作"与为嫁娶"4字,"大典"本作"与为嫁之"4字。三者互异。

"渊"本"签事判官"句，"津"本"签书（按原本缺）判官"，而"大典"本作"签书　判官"，空一字位。"津"本与"大典"本同。

"渊"本"管勾西州嵩山崇福宫"句"州"字，"津"本、"大典"本同作"京"字。

"渊"本"从游者望而接之"句，"津"本同，而"大典"本作"从公游者望而接之"。"渊"本、"津"本同脱一"公"字。

"渊"本"然所治整饬"句，"津"本同，而"大典"本作"然所至整治"。

"渊"本"出守青州酒"句，"津"本、"大典"本同作"出监青州酒"。

"渊"本"何自为酒"句，"津"本同，而"大典"本作"何自为酒吏"。"渊"本、"津"本同脱一"吏"字。

"渊"本"复有十一男子"句，"津"本同，而"大典"本作"复有十一男子、八女子"。"渊"本、"津"本同脱"八女子"3字。

"渊"本"三子十一孙成列再拜于前"句"一"字，"津"本同，而"大典"本作"九"字。据前文，"九"字误。

"渊"本"而豫属公之族子"句"豫"字，"津"本、"大典"本同作"预"字。

（30）《起居郎毕公夷仲行状》（《起居郎毕公夷仲事迹》）篇。

"渊"本篇名"起居郎毕公夷仲行状"中"行状"二字，"大典"本同，而"津"本作"事迹"。

"渊"本"栩为鄌王府司马"句"鄌"字，"津"本同，而"大典"本作"丰"字。

"渊"本"而构之五世孙桢"句"世""桢"2字，"津"本、"大典"本同作"代""积"2字。

"渊"本"桢之四世孙讳士安"句"桢"字，"津"本、"大典"本同作"积"字。"四世"2字，"津"本作"四代"，而"大典"本作"伍代"。三者互异。

"渊"本"兵部侍郎王焕"句"焕"字,"津"本、"大典"本同作"涣"字。

"渊"本"而故相张升阳翟人也"句"升"字,"大典"本同,而"津"本作"昇"字。据《宋史》卷318《张昇传》,"张升"当作"张昇"。但《宋史》记张昇韩城人,而非阳翟人。二者孰是,当考。

"渊"本"欲为阳翟兴学"句,"津"本同,而"大典"本作"欲固为阳翟兴学"。"渊"本、"津"本同脱一"固"字。

"渊"本"欲以其力输者徙之"句"徙"字,"津"本、"大典"本同作"从"字。

"渊"本"而又将赋於民"句"於"字,"津"本、"大典"本同作"于"字。

"渊"本"榜於道上"句"於"字,"津"本、"大典"本同作"于"字。

"渊"本"弗预"句,"津"本同,而"大典"本作"弗预学者"。"渊"本、"津"本同脱"学者"2字。

"渊"本"吾欲上府辨於丞相"句"辨於"2字,"津"本、"大典"本同作"辩于"2字。

"渊"本"则不辨而自明"句"辨"字,"津"本、"大典"本同作"辩"字。

"渊"本"县官於我犹是也"句"於"字,"津"本、"大典"本同作"于"字。

"渊"本"君之谓也"句,"津"本同,而"大典"本作"君之事,建成之事也"。

"渊"本"举进士,就中第"句,"津"本同,而"大典"本作"举进士,就锡庆院为第一,遂中进士第"。

"渊"本"知颖州"句"颖"字,"津"本同,而"大典"本作"颍"字。

"渊"本"市易徒与户房,以言语返复相诘"句"与"字,"津"本同,"大典"本作"为"字;"诘"字,"津"本同,而"大典"

本作"语"字。

"渊"本"与北人习射"句"北"字,"津"本同,而"大典"本作"虏"字。

"渊"本"敌人以为神"句"敌"字,"津"本同,而"大典"本作"虏"字。

"渊"本"敌人喜之"句"敌"字,"津"本同,而"大典"本作"虏"字。

"渊"本"今安在"句,"津"本同,而"大典"本作"安在"。

"渊"本"君在官制局所领户部事也"句,"津"本同,而"大典"本作"君在官制所领户部事也"。

"渊"本"然从报"句"从"字,"津"本、"大典"本同作"后"字。

"渊"本"当时而为宠"句"而"字,"津"本、"大典"本同作"以"字。

"渊"本"而争於上前"句"於"字,"津"本、"大典"本同作"于"字。

"渊"本"未尝不带识"句"识"字,"津"本、"大典"本同作"职"字。

"渊"本"是当得尔是当得尔"句两"尔"字,"津"本、"大典"本同作"耳"字。

"渊"本"君以力辞而后受命"句"受"字,"津"本同,而"大典"本作"授"字。

"渊"本"盖官制起於后周备于隋唐"句两"於"字,"津"本、"大典"本均同作"于"字。

"渊"本"有司以疑问於君者日以百数"句"於"字,"津"本、"大典"本同作"于"字。

"渊"本"翼日"句"翼"字,"津"本、"大典"本同作"翌"字。

"渊"本"先帝叹息称善"句"叹"字,"津"本、"大典"本同作"叹"字。

"渊"本"葬於郑州管城县庐村南原文简公之墓次"句"於"字,"津"本、"大典"本同作"于"字。

(31)《毕氏墓志铭》篇。

"渊"本"蓋尝许归於人矣"句"蓋"、"於"2字,"津"本、"大典"本同作"盖""于"2字。

"渊"本"卒於汝阴之沈丘"句"於"字,"津"本、"大典"本同作"于"字。

"渊"本"归葬於开封府管城县富户乡祖姑李氏之墓次"句"於"字,"津"本、"大典"本同作"于"字。

"渊"本文末"曰……"句,"津"本同,而"大典"本作"铭曰……"。①"渊"本、"津"本同脱一"铭"字。

按,对照"大典"本,"渊"本、"津"本均存在脱文、衍文、倒置、错误、异体、改动等诸方面问题,尽管有些是"大典"本本身的错误,而"渊"本、"津"本改动是正确的。若将通假(如,享与饗)、异体(如,歟与嘆、怪与恠)、繁简(如,于与於、盖与蓋)等字异而不害义者均统计在内,上述所列三本有异者多达293处。细分为以下四种类型。

第一,"渊"本、"津"本同,但异于"大典"本者136处(其中"渊"本、"津"本同有脱文者35处)。

第二,"津"本、"大典"本同,而"渊"本异者135处(其中涉及"于"与"於"字者41处)。

第三,"渊"本、"大典"本同,而"津"本异者6处。

第四,"大典"本、"渊"本、"津"本三者互异者16处。

其中,第一种情况,最为可怕,除个别文字有异和避讳外,有35处是"渊"本、"津"本共有的脱文问题,这是四库馆臣随意增删文字所致。这从另一方面反映了"大典"本的价值,虽然《永乐大典》残本仅存《西台集》31篇文字,但是作为四库本以及衍生本的"祖本",任何整理《西台集》者都不应忽视其相对原始的

---

① 按,此篇《全宋文》卷2406《毕仲游一八》,失据"大典"本而校之。

价值。

第二种、第三种情况综合在一起说明一个问题，相对于"大典"本而言，在141处"渊"本与"津"本的不同中，其中"津"本有135处是与"大典"本一致的，而"渊"本仅有6处。由此可见，"津"本《西台集》比"渊"本《西台集》更"忠于"原文，"津"本《西台集》文字比"渊"本《西台集》文字更加"优长"。①

第二种、第三种与第四种情况综合在一起也说明一个问题，"津"本《西台集》文字与"渊"本《西台集》在文字上是存在较多不同的，谁也不能完全取代谁，在选择一种为底本时，一定要以另一种作校本。但是，对比"渊"本、"津"本《西台集》，"津"本更适合做底本，那是因为在两者157处文字不同中，"津"本有135处是"忠于""大典"本的，而"渊"本只有6处。当然，不排除"渊"本个别改动是可取的。

三 结 论

综上所述，我们有以下几点认识。

（1）文渊阁本《四库全书》与文津阁本《四库全书》部头很大，非经大量全面的比勘，而断然否定或肯定某一版本是不可取的。我们不妨先选择其中一种或多种文献做个案的定量研究，具体比较孰优孰劣，再对其定论取舍。

（2）就《西台集》而言，文渊阁本《四库全书》与文津阁本《四库全书》两种版本互有差异，但各有各的价值，不能取此而舍彼，更不能互相取代。

（3）参照《永乐大典》残本《西台集》遗文，具体比较《西台集》的文渊阁本与文津阁本《四库全书》两种版本：在内容

---

① 裴汝诚、陈晓平所点校的宋人刘挚所撰的《忠肃集》，即以文津阁本四库全书为底本。他们在"点校说明"称："文津本较比文渊阁本及其他本子文字齐全完整，而全书文字亦以文津阁本优长居多。"

上，二者各有缺遗，文渊阁比文津阁本多 7 篇，而文津阁本比文渊阁本多出 31 篇，相比之下，文津阁本《西台集》保存内容更多。此其一。

其二，从分类名称看，二者类别完全一致者仅 11 项，文渊阁本另 14 类和文津阁本另 6 类不一致。不一致类别中，有的是细分（如文渊阁的诗类），有的是合编（文津阁本的志状类），有的是相近，各有优劣。文津阁本将"札子"类归入"议"类明显不妥。文渊阁本将"祝文""祈文""祷文""谢文"等诸文体统以"祝文"，却不如文津阁本以"杂著"而统之更可取。因此，在整理《西台集》时，要择善而行，不必拘泥文津阁本或文渊阁本。

其三，两个本子在卷次上，基本相同者为卷 1 至卷 5、卷 14 至卷 20 共 12 卷，而自卷 6 至卷 13 共 8 卷卷次错位很大。

其四，篇名有出入者共 72 篇，约占两种版本总篇数的 1/10。篇名不同者情形各异，多数情况下不能确定文渊阁本和文津阁本篇名对错，但已能判断者，文渊阁本篇名似乎错更多一些。在篇次上，对应的类别的各篇次第基本上是对应的，没有什么明显错乱。

其五，在三本共有的 31 篇内容中，文字有异者多达 293 处，文渊阁本、文津阁同时不忠于"大典"本者 152 处，约占 52%，足见四库馆臣工作是何等的"粗心"！这尚不包括《永乐大典》残本有 3 篇遗文，四库本全漏辑者。在另外 141 处文字不同中，文津阁本有 135 处是忠于"大典"本的，而文渊阁本只有 6 处。当然，不排除文渊阁本个别改动是合理的。这表明，残本《永乐大典》中的遗文不能忽视，文津阁本的文字比文渊阁本更优长，更适合作"底本"。

（4）《西台集》文津阁本比文渊阁本内容更完整、文字更优长，更适合作整理本的"底本"，而"祖本"《永乐大典》残本和文渊阁本及其他辑本、影印本，都是很好的"校本"，不能轻易舍弃。《西台集》有重新整理的必要。

（5）新影印出版的文津阁本《四库全书》，是一部价值绝不亚于文渊阁本《四库全书》文献宝库，应当得到同道者足够的重视。相信随着大家对它的开发利用，新课题、新观点一定会涌现的。

原刊于李伟国、顾宏义主编《裴汝诚教授八秩寿庆论文集》，中华书局2011年版

宋代富弼家族墓志史料价值刍议

2008年，洛阳市第二文物工作队在洛阳西工区史家屯村北发现并发掘了富弼家族墓葬，出土宋代墓葬11座，其中的8座墓葬有墓志共14方。经考古辨认，为北宋宰相富弼夫妇及其家族成员之墓。富弼家族墓葬曾经被盗过，幸存最有价值的东西是14方墓志。此次发掘是2008年度中国重要的考古发现之一。洛阳市第二文物工作队以最快的速度将出土发掘报告公之于世[1]，为大家研究提供了宝贵的一手文献。[2] 兹在已有研究基础上，结合传世的宋代文献，试对宋代富弼家族墓志文献史料的特点、文献价值略陈管见[3]，欢迎批评指正。

一 宋代富弼家族墓志史料的特点

作为2008年度全国重要的考古发现，河南洛阳宋代富弼家族墓葬的发掘，虽然无法与1996年度中国十大重大考古发现之——四川华蓥宋代安丙家族墓地和2010年度中国十大重大考古发现之

---

[1] 洛阳市第二文物工作队编：《富弼家族墓地》，中州古籍出版社2009年版；《富弼家族墓地发掘简报》，《中原文物》2008年第6期。
[2] 按，台湾学者黄宽重曾指出，出土宋人墓志资料是宋史研究的重要史料。参见《宋史研究的重要史料——以大陆地区出土宋人墓志资料为例》，《新史学》1998年第9卷第2期。又见氏著《宋代的家族与社会》，国家图书馆出版社2009年版，第14—46页。
[3] 按，《富弼家族墓地》第一部分《田野考古发掘报告》第五章第六节"富弼家族墓地出土墓志的学术价值"和第六章"富弼家族墓地出土墓志的初步研究"，对出土资料史学、文学、书法艺术价值已作初步研究，本文结合宋代文献资料，具体讨论富弼家族墓地出土墓志文献的史料价值。

一——陕西蓝田县五里头北宋吕氏家族墓地考古发现相比[1]，但也出土有一定文物价值的少量铁器、瓷器、陶器、铜钱、壁画等。[2] 其中，最值得学界震惊的是富弼家族墓葬考古出土了数量可观、价值不菲的墓志。墓志材料既有文献史料价值，又有书法史料价值。就富弼家族墓葬的墓志而言，其书法史料价值最大是，由著名的史学家、政治家司马光撰写的 5 行大篆体书墓盖"宋开府仪同三司守司徒致仕韩国公赠太尉谥文忠富公墓铭" 25 个字。[3] 而其墓志文献的史料价值，则远远大于墓志文字的书法艺术和残存文物、壁画的价值。对宋史研究而言，富弼家族的墓志史料有以下特点。

（1）墓志数量多。考古界出土宋代墓葬很多，但一次性发掘某一家族多座墓葬的情况比较少见，富弼家族墓地发掘出土墓葬多达 11 座。11 座墓葬仅其中的 8 座墓葬就有墓志 14 方，而作为 1996 年度中国十大重大考古发现之一的四川华蓥宋代安丙家族墓地也只是出土了 5 座墓 1 方墓志。[4] 因此，这个数量应当是目前出土最多的宋代墓志之一。[5]

（2）仅存史料多。众所周知，宋代的史料，虽不及明清时期的史料多，但也足够丰富，传下来的宋朝史料远远超过唐代。[6] 也正是缘于传世史料多，学界对出土文献的关注和使用远不及治汉唐史学者的重视。富弼家族墓地发掘出土的墓志铭，不仅数量多，更重要的是其稀缺性和独特的史料价值，这是其他史料所不能取代的。据我们排

---

[1] 蔡东洲、胡宁：《安丙研究》，巴蜀书社 2004 年版，第 161 页。四川省文物考古研究院等编著：《华蓥安丙墓》，文物出版社 2008 年版。张蕴、刘思哲：《陕西蓝田县五里头北宋吕氏家族墓地》，《考古》2010 年第 8 期。按，安丙家族墓群和陕西蓝田县五里头北宋吕氏家族墓地考古发掘，分别被列入 1996 年度和 2010 年度中国十大重大考古发现。

[2] 洛阳市第二文物工作队编：《富弼家族墓地》，第 35—41 页。

[3] 洛阳市第二文物工作队编：《富弼家族墓地》，第 41、277 页。

[4] 四川省文物考古研究院等编著：《华蓥安丙墓》，第 5 页。

[5] 2010 年度中国十大重大考古发现之一——陕西蓝田县五里头北宋吕氏家族墓地考古，发掘了蓝田吕氏家族 4 代人 29 座墓葬，出土 24 方墓志，超过以往包拯家族墓地、安丙家族墓地、富弼家族墓地和韩琦家族墓地等名臣的家族墓地发掘成果。见陕西省考古研究院《陕西蓝田县五里头北宋吕氏家族墓地》，《考古》2010 年第 8 期。

[6] 陈高华、陈智超：《中国古代史史料学》（修订本），天津古籍出版社 2006 年版，第 223 页。

查，新出土的14方墓志，除富弼①、富绍京（富弼次子）②二人的墓志碑铭文尚见于传世文献外，另12方墓志的墓主人分别是晏氏（富弼妻）、富鼎（富弼弟）、侯氏（富鼎妻）、张氏（富弼长子富绍京妻）、富绍宁（富鼎子）、富绍修（富鼎子）、李氏（富绍修妻）、富绍荣（富鼎子）、范柔（富绍荣妻）、富直方（富绍京子、富弼长孙）、范氏（富直方妻）、富直英（富绍荣子）等墓志，为世之独存，稀世之物，且为各墓主（富弼家族成员）现存唯一的传记材料。金人元好问评价出土文献的价值说："今史册散逸，既无以传信，名卿巨公立功立事之迹不随世磨灭者，系金石是赖。"③宋代富弼家族大批成员的传记因"金石"而得以保存！因此，新出土的富弼家族墓葬墓志，具有相对唯一性，是研究宋代富氏家族最为珍贵的一手史料。

此外，这12方墓志除了墓主人传记史料具有唯一性外，多数墓志铭文又是迄今为止发现的墓志铭作者的唯一作品（见表1）。

表1　　　　　　　　富弼家族墓志有关情况

墓主人	墓志铭篇名	墓志铭作者	在传世文献中的状态	备注
富弼	富文忠公墓志铭④	韩维	见《南阳集》卷29	富弼的传记，除有出土墓志和传世文献两种同源版本的墓志铭外，还有范纯仁所撰的行状、苏轼所撰的神道碑及《宋史》本传

---

① 富弼墓志铭，见韩维《南阳集》卷29《富文忠公墓志铭并序》，文渊阁四库全书本，台北商务印书馆1986年版，第1101册，第744—754页。

② 富绍京墓志铭，见范祖禹《范太史集》卷38《供备库副使富君墓志铭》，文渊阁四库全书本，台北商务印书馆1986年版，第1100册，第425—426页。

③ 阎凤梧主编：《全金辽文·元好问》，《嘉议大夫陕西东路转运使刚敏王公神道碑铭》，山西古籍出版社2002年版，第2922页。

④ 按，富弼墓志铭全称是：《宋故开府仪同三司司徒检校太师武宁军节度徐州管内观察处置等使徐州大都督府长史致仕上柱国韩国公食邑一万二千七百户食实封玖仟玖佰户赠太尉谥文忠富公墓志铭并序》（以下简称《富文忠公墓志铭》），《富弼家族墓地》，第42页。

续表

墓主人	墓志铭篇名	墓志铭作者	在传世文献中的状态	备注
富绍京	供备库副使富君墓志铭	范祖禹	见《范太史集》卷38	富绍京传记，有出土墓志和传世文献两种同源版本
晏氏（富弼妻）	宋赠太尉谥文忠韩国富公周国太夫人晏氏墓志铭	李藻	《全宋文》无李藻录文，晏氏墓志铭为李藻存世唯一撰述	唯一
富鼎	宋故朝奉郎比部员外郎致仕上轻车都尉赐绯鱼袋富君墓志铭并序	李寔	《全宋文》无李寔录文，富鼎墓志铭为李寔存世唯一撰述	唯一
侯氏（富鼎妻）	宋赠太尉谥文忠韩国富公周国太夫人晏氏墓志铭	富绍荣	《全宋文》卷2527《富绍荣》仅录1篇，不含侯氏墓志铭	
张氏（富绍京妻）	宋故供备库副使赠右卫将军富公夫人太室人张氏墓志铭	范埴	《全宋文》卷2823《范埴》仅录1篇，不含张氏墓志铭	
富绍宁	宋故朝奉大夫富君墓志铭	富绍荣	《全宋文》卷2527《富绍荣》仅录1篇，不含富绍宁墓志铭	
富绍修	宋奉议郎富君墓志铭	富绍修弟，名字不详	富绍修墓志铭为无名氏撰述，《全宋文》无此文	唯一
李氏（富绍修妻）	宋故永康孺人李氏墓志铭	贾登	《全宋文》无贾登录文，李氏墓志铭为贾登存世唯一撰述	唯一

续表

墓主人	墓志铭篇名	墓志铭作者	在传世文献中的状态	备注
富绍荣	宋故奉直大夫前提举利州路常平等事富公墓志铭	苏觉	《全宋文》无苏觉录文，富绍荣墓志铭为苏觉存世唯一撰述	唯一
范氏（富绍荣妻）	宋故宜人范氏墓志铭	撰者不详	富绍荣妻范氏墓志铭为无名氏撰述，《全宋文》无此文	唯一
富直方	宋朝奉郎致仕富公墓志铭	范之才	《全宋文》卷3055《范之才》仅录2篇，不含富直方墓志铭	
范氏（富直方妻）	宋安人范氏墓志铭	张泽	《全宋文》无张泽录文，富直方妻范氏墓志铭为张泽存世唯一撰述	唯一。《全宋文》卷6761《张泽》所述南宋孝宗朝"张泽"，与范氏墓志铭撰者北宋末张泽系同名
富直英	宋将仕郎富公墓志铭	富直柔	《全宋文》卷3402《富直柔》有录文多篇，但无富直英墓志铭	

《全宋文》是目前宋史学界收录宋代人撰述最为全面的文献，兹以此为参照，检验富弼家族14方墓志铭流传情况。

据表1，上述12方墓志铭文，由11名宋人撰写，其中有2篇铭文作者不详，系无名之作，有2篇铭文出自富绍荣之手。这些撰者多生活在北宋中后期、南宋初期，他们传下来的作品很少，而此次出土的墓志铭，是迄今为止这些宋人幸存不多的作品之一，有7篇墓志铭文是各自作者目前唯一仅存的作品，尤为珍贵。

（3）材料原始、保存完整。与纸质墓志铭文屡经翻刻转抄而遭到改动相比，出土墓志为石质或砖质文献的优势在于其原始性，因为它一经刻石、埋在地下人为改动的可能性很小，除非时间久远被风化剥落，字迹模糊，或者为盗墓贼所破坏。因此，出土墓志文献是最原始的，保持了文献内容、字体、排列款式的原貌。富弼家族墓葬出土的14方墓志无疑是原始的，没有任何改动。前文已述，12方墓志铭文为世之独存，其原始性不容置疑。富弼、富绍京二人的墓志铭文，尚见于传世文献，但经比对，后者已经后人传抄改动，内容有别，字体、款式也已面目全非，这更能说明出土材料原始、真实。① 所幸的是，遭受盗墓贼打劫后的富弼家族墓葬，其出土的14方墓志没有被破坏，除富弼、晏氏、侯氏、范氏（富绍荣妻）4方墓志铭文有极少量的文字因年久剥落无法识读外，其他10方均完整无损、清晰可辨。铭文内容长达6595字的富弼墓志仅有38个字无法识读，但保存于韩维《南阳集》卷29的文本可以补上。晏氏墓志铭文有1895个字，有26个字笔迹剥落难于卒读。侯氏墓志铭文874字，其中的10个字不清楚。富绍荣妻范氏墓志铭文有432字，不能识读者仅7字。这4篇铭文缺字率均不超过1.5%，并且缺字分散，不影响整篇铭文内容的主旨。这也是迄今为止出土宋代墓碑石中内容保存最完整的家族墓志之一，远比1996年度中国十大重大考古发现之一——四川华蓥宋代安丙家族墓地出土的唯一1方墓志内容完整。②

二 宋代富弼家族墓志史料价值

前面已述，《富弼家族墓地》对宋代富弼家族墓志的史料价值作

---

① 按，后文将具体比对富弼、富绍京二人墓志铭石质原始版本与传世纸质版本的异同。

② 按，据四川省文物考古研究院等编著的《华蓥安丙墓》，安丙家族墓地出土的唯一墓志安丙墓志，已被破坏为大小数十块的残块，志石上部中央、左侧中部及右下部缺失；铭文残缺严重，全文共约4960字，现存3800余字，缺失约23%的内容，且缺失字分布很广，已无法上下串读，严重影响了铭文不少关键信息。

了初步介绍和研究，笔者认为它的第一价值是研究宋代富弼家族史的一手完整的资料，这是宋代富弼家族墓志史料特点所决定的，众所周知，无须赘言。除此之外，宋代富弼家族墓志史料还有极珍贵的文献价值，主要表现如下。

1. 出土富弼、富绍京 2 方墓志有校勘二人传世墓志铭文的价值

上文提到，新出土的富弼、富绍京 2 方墓志，其纸质文本分别保存于韩维《南阳集》卷 29 和范祖禹《范太史集》卷 38 中。但是，二者有明显差别，前者是石质"祖本"，后者是纸质"传抄本"，前者对后者有校勘的价值。仔细对照富弼、富绍京 2 方出土墓志和传世墓志文献，除了字体、书法、版式显著不同之外，二者的内容也有不少差异，尤其是字数较多的富弼墓志铭。为了便于对比，兹将两种版本不同的富弼、富绍京墓志铭文有异之处摘撷于一起，列表如下（见表 2）。

表 2　　富弼、富绍京两种不同版本墓志铭文异文比照

序号	出土文本	传世文本	备注
1	且以太尉告其第	且赠太尉、郑国公	文异义别。"行状""神道碑"无对应叙述
2	夜不设寝榻，困则以冰雪沃面	夜分略假寐凭几，既寤	文异义别。"行状"同前者
3	真王佐才也	真是王佐才也	文异义同。"行状""神道碑"同前者，疑后者衍一"是"字
4	授将作监丞，知河南府长水县	授将作监丞，出知河南府长水县	文异义同。"行状""神道碑"同前者，疑后者衍一"出"字
5	应李文定公辟	用李文定公辟	文异义同。"行状""神道碑"同后者
6	何由得忠臣之心、来谏者之论哉	何由得忠臣之心、来谏诤之论哉	文异义同。"行状"与之俱异
7	除通判绛州	隆通判绛州	文异义别。"行状"同前者

续表

序号	出土文本	传世文本	备注
8	迁太子中允	擢太子中允	文异义同。"行状"同前者
9	用人或失其当	用人多失其当	文异义别。"行状"同前者
10	以示国威	以张国威	文异义同。"行状"同前者
11	非所以重威安民	非□□重威安民	"行状"同前者，前者可补后者缺字
12	重伤元元	重伤民力	文异义同。"行状"与之俱异
13	不宜以节旄王爵购募首恶	不宜以厚禄高爵购募首恶	文异义别。"行状"同前者
14	备边乏人	造次乏人	文异义别。"行状"同前者
15	以收才能	以备任使	文异义别。"行状"同前者
16	抚以德音	抚以恩信	文异义别。"行状"同前者
17	二年，召为开封府推官	三年，召为开封府推官	文异义同。"行状"同前者。"二""三"字形相近致异。疑"三"字误
18	擢知谏院	兼知谏院	文异义别。"行状"作"改知"，与之俱异
19	而东南九道颇乏守备	而东南九道俱无守备	文异义别。"行状"作"至乏"，与之俱异
20	立帅训练	部署训练	文异义别。"行状"同前者
21	以备他虞	可以备他虞	文异义同。"行状"同前者，疑后者衍一"可"字
22	贫尼抵罪者众	贫尼误犯罪者众	文异义别。"行状"作"抵刑"，与之俱异
23	以佐国用而弛其禁	以佐国用而弛其税	文异义别。"行状"同前者
24	公请罢燕与乐，以答天戒，戎使止就馆赐食，饮而不乐，不从	公请罢燕彻乐，以答天戒，戎使止就馆赐饮食，而不乐不宴	文异义同。"行状"与之俱异，疑后者落"不从"二字

续表

序号	出土文本	传世文本	备注
25	公曰	且曰	文异义别。"行状"同前者
26	后使北者还，虏果罢燕	后使北虏，归言："虏果罢燕"	文异义别。"行状""神道碑"与之俱异，但据文义后者更合理
27	因贬谏者	因贬言者	文异义同。"行状"同前者
28	使人人各得陈上过失	使人各得陈上得失	文异义别。"人人"，"行状"同前者；"过失"，"行状"同后者，作"得失"
29	尽除越职之禁	革除越职之禁	文异义同。"行状"同前者
30	寻诏许臣僚皆得言事	寻诏许臣下皆得言事	文异义同。"行状"同前者
31	乞选侍臣详阅	乞选侍臣分阅	文异义别。"行状"与之俱异
32	刘平战没，中贵人黄德和逃归，	刘平战没，中贵人黄德和上章	文异义别。"行状"同前者
33	诬平以降敌	诬平以降贼	文异义别。"行状"同后者
34	公又言："（刘）平受命，即日引道"	公言："中贵传命，（刘）平即日引道"	文异义别。改动较大。"行状"与之俱异
35	兼闻遣内侍按实	兼闻遣内侍往勘	文异义同。"行状"与之俱异
36	愿更遣文武信臣以往	愿更遣文武谨信者以往	文异义同。"行状"同前者
37	有唐之衰，始疑将帅，遂内臣监军	有唐之世，上始疑将帅，遂内臣监军	文异义别。"行状"同前者
38	臣恐兵权遂移	臣恐将权遂移	文异义别。"行状"同前者
39	西夏酋领吹同乞砂、吹同山乞各称伪将相来降	西夏首领吹同乞砂、吹同山乞各称伪将相来降	文异义同。"行状""神道碑"同后者
40	朝廷补乞砂以奉职，山乞以借职，安置荆湖间	朝廷补乞砂以奉职，山乞以借职安置，戍之荆湖间	文异义别，改动较大。"行状""神道碑"与之俱异
41	其家必已种族	其家必尽种族	文异义别。"行状""神道碑"与之俱异
42	纠察在京刑狱	纪察在京刑狱	文异义别。"行状""神道碑"同前者，疑后者误

续表

序号	出土文本	传世文本	备注
43	某以公事来,奈何以甘言见诱邪	某以公事来察,何以甘言见诱邪	文异义别。"行状"与之俱异
44	遣使萧英、刘六符来有求	遣使萧英、刘六符来求地	文异义别。"行状""神道碑"与之俱异
45	遂先命公为接伴	上先命公为接伴	文异义别。"行状"同前者
46	今君岂得闻天子命而不拜邪	今君岂得闻天子命而不拜	文异义同。"行状"同前者,疑后者落一"邪"字
47	(萧)英惕然起	萧英惕然起	文异义同。"行状"与前者,疑后者衍一"萧"字
48	九仞之功已大,岂以一篑而遽弃邪	九仞之功已大,岂以一篑之微而遽弃邪	文异义同。"行状"同前者
49	虏欲得晋祖所与关南十县者	敌欲得晋祖所与关南十县者	文异义同。"行状"与之俱异
50	朕欲得者祖宗故地耳	朕欲得者祖宗故地	文异义同。"行状"无对应字句。疑后者落一"耳"字
51	无乃复欲谋燕蓟乎	无乃复欲窥燕蓟乎	文异义别。"行状"同前者
52	其时北朝先遣拽剌梅里来聘,既而复出兵石岭关,以助河东	其时北朝先遣拽剌梅里来聘问,而复出兵石岭关,以助河东	文异义同。"行状"同前者
53	遂伐燕蓟	故伐燕蓟	文异义别。"行状"同前者
54	朕为人子孙	凡为人子孙	文异义别。"行状"同前者,疑后者误
55	昔澶渊白刃相向	昔澶渊之役,盟约相好	文异义别。"行状"同前者。文字改动较大
56	不欲使之肝脑涂地,不爱金帛,屈己以徇北朝之意	不忍使之肝脑涂地,不爱金帛,屈己以徇北朝之欲	文异义同。"行状"同前者
57	亦不愧天地神祇矣	亦不愧于天地神祇矣	文异义同。"行状"同前者
58	亦安可复理哉	亦安可复理此事	文异义同。"行状"同前者
59	退而六符谓公曰	退而六符告公曰	文异义同。"行状"同前者

续表

序号	出土文本	传世文本	备注
60	然金帛<u>必</u>不欲取	然金帛<u>坚</u>不欲取	文异义同。"行状"同前者
61	结婚易以生衅，<u>况</u>夫妇情好难必<u>复</u>，人命修短或异，则所<u>讬不坚</u>，不若增金帛之便也	结婚易以生衅<u>隙</u>，<u>盖</u>夫妇情好难必<u>兼</u>，人命修短或异，则所<u>盟不终</u>，不若增金帛之便也	文异义别。"行状"同前者。后者文字改动较大
62	南朝皇帝<u>必自有女</u>	南朝皇帝<u>向自有言</u>	文异义别。"行状"作"必有女"，与前者略同，疑后者误
63	虽<u>允宁</u>女成婚，亦<u>在</u>四五年后	虽<u>选</u>女成婚，亦<u>须</u>四五年后	文异义别。"行状"同前者，疑后者误
64	二论未决，<u>安敢徒</u>还	二论未决，<u>何敢便</u>还	文异义同，"行状"同前者
65	又辞不受	又<u>以</u>辞不受	文异义同。"以"字，"行状"作"恳"字，与之俱异
66	复假前官<u>持二事</u>以往	复假前官<u>议前事</u>以往	文异义同。"行状"同前者
67	公既行，至<u>乐寿</u>	公既行，至<u>灵丘</u>	文异义别。"行状"同前者，疑后者误
68	其中或有与口传<u>者异</u>	其中或有与口传<u>违异</u>	文异义别。"行状"作"小异"，与之俱异
69	因<u>宿待漏</u>舍一夕	因<u>宿侍宿</u>舍一夕	文异义别。"行状"作"既而宿于漏舍一夕"，与之俱异
70	以必不可<u>冀</u>相要耳	以必不可<u>势</u>相要耳	文异义别。"行状"作"事"字，与之俱异
71	卿<u>毋</u>固执	卿<u>无</u>固执	文异义同。"行状"作"勿"字，与之俱异
72	岂不祸乃国<u>邪</u>	岂不祸乃国<u>耶</u>	文异义同。"行状"作"乎"字，与之俱异。"邪""耶"形同
73	安知其不败<u>邪</u>	安知其不败<u>耶</u>	文异义同。"行状"作"乎"字，与之俱异。"邪""耶"形同

续表

序号	出土文本	传世文本	备注
74	或称献、纳，则不可知。	或称纳，今不可知。	文异义别。"行状"同前者，疑后者脱一"献"字
75	其后颉利为太宗所擒	况其后颉利为太宗所擒	文异义别。"行状"同后者，疑前者脱"况"字
76	我自遣使与南朝皇帝议之	我别遣使与南朝皇帝议之	文异义别。"行状"作"自当"，与之俱异
77	则如天不可得而升也	则如天不可得而上也	文异义同。"行状"同前者，疑后者误
78	值元昊使辞	值元昊致辞	文异义别。"行状""神道碑"同前者，疑后者误
79	有诏促公缀枢密院班	有诏促公假枢密院班	文异义别。"行状""神道碑"同前者，疑后者误
80	择诸路转运使，委转运使择知州，知州择知县	择诸路转运使，转运使择知州，知州择知县	文异义同。"行状"同前者，疑后者落一"委"字
81	元昊遣使奉书，称"男兀卒曩霄上父皇帝"，而不臣	元昊遣使奉书，称"男兀卒曩霄上父皇帝"，而称不臣	文异义别。"神道碑"同前者，疑后者衍一"称"字
82	逸不验	逸言不验	文异义同。"神道碑"同前者
83	官吏自前资待阙寄居者	官吏自前资待问寄居者	文异义别。"行状""神道碑"同前者。"阙""问"形近致误
84	即民所赘聚	即民所聚	文异义别。"神道碑"同前者
85	选其老幼病瘠者，籍名授券	别其老幼病瘠者，籍名授券	文异义别。"行状""神道碑"同前者
86	分主而均禀之	分主而均廪之	文异义别。"行状""神道碑"同后者。"禀""廪"形近致误，疑前者为误
87	其明年夏，麦既登，仍为计其道里远近，裹囊遣归业	其明年夏，麦既登，乃为计其道里远近，俾裹囊遣归业	文异义别。"行状""神道碑"与之俱异。"仍""乃"形近致误，疑前者误

续表

序号	出土文本	传世文本	备注
88	齐之禁兵谋，<u>以千人</u>屠其城以应	齐之禁兵谋，<u>于时</u>屠其城以应	文异义别。"行状"同前者
89	<u>明堂遂</u>，拜礼部侍郎	<u>未几，又</u>拜礼部侍郎	文异义别。"行状""神道碑"同前者
90	后数日，翰林欧阳公<u>对</u>	后数日，翰林欧阳公<u>入对</u>	文异义别。"行状""神道碑"与之俱异
91	岂有宰相一<u>日</u>不见天子乎	岂有宰相一<u>月</u>不见天子乎	文异义别。"行状"同前者。"日""月"形近致误，疑后者误
92	<u>遂径入见</u>	<u>径入见上</u>	文异义别。"行状"作"遂直入见上"，与之俱异
93	时仁宗倦勤庶政，皆仰成<u>宰府</u>	时仁宗倦勤庶政，皆仰成<u>宰相</u>	文异义同。"行状"同前者
94	二月，遂除司空，兼<u>侍中</u>、昭文馆大学士	二月，遂除司空，兼<u>侍郎</u>、昭文馆大学士	文异义别。"行状""神道碑"同前者
95	以示<u>夷狄</u>	以示<u>四邻</u>	文异义别。"行状"同前者
96	铭<u>诸</u>肺腑	铭<u>之</u>肺腑	文异义同。"行状"同前者
97	更愿公<u>不替今日之志</u>	更愿公<u>自兹输诚翊辅</u>	文异义别。"行状"同前者。以下"行状""神道碑"无对应字句
98	复用<u>□</u>请	复用<u>公</u>请	前者残缺。后者可补之
99	又以<u>□</u>同老言	又以<u>王</u>同老言	前者残缺。后者可补之
100	虽布衣，必与之<u>□</u>。<u>□</u>妄笑语，以下宾客为声名	虽布衣，必与之<u>亢</u>。<u>不</u>妄笑语，以下宾客为声名	前者残缺。后者补之
101	虽高年未尝一日废书不观，以至释氏老庄方外之说，莫<u>□</u>究极精致	虽高年未尝一日废书不观，以至释氏老庄方外之说，莫<u>不</u>究极精致	前者残缺。后者可补之
102	吾<u>才智</u>非能过人	吾<u>才学</u>非能过人	文异义同
103	北房<u>□</u>每至	北房<u>使</u>每至	前者残缺，后者可可补之

续表

序号	出土文本	传世文本	备注
104	盖忘其身之老且死，而言之□。□呼	盖忘其身之老且死，而言之<u>也</u>。<u>呜呼</u>	前者残缺，后者可可补之
105	以启神□	以启神<u>圣</u>	前者残缺，后者可补之
106	<u>壤</u>其奸萌	<u>攘</u>其奸萌	文异义别，"壤""攘"形近致误
107	晏氏元献公之□□。□静有法度	晏氏元献公之<u>女也</u>。<u>贤</u>静有法度	前者残缺，后者可补之
108	次适霍丘县□□□珪	次适霍丘县<u>令范大</u>珪	前者残缺，后者可补之
109	<u>骤谏</u>弗察	<u>时君</u>弗察	文异义别
110	公之<u>始</u>仕，<u>遘</u>我仁宗	公之<u>筮</u>仕，<u>遭</u>我仁宗	文异义别
111	遂司□□	遂司<u>谏垣</u>	前者残缺，后者可补之
112	<u>完</u>地息民	<u>守</u>地息民	文异义别
113	□□□□	<u>水溢民流</u>	前者残缺，后者可补之
114	峙粮<u>备器</u>	峙粮<u>授室</u>	文异义别
115	□□□□	<u>既极而通</u>	前者残缺，后者可补之
116	□□□□	<u>万世之利</u>	前者残缺，后者补之
117	□□□□	<u>翕然一室</u>	前者残缺，后者可补之
118	<u>明国若否</u>	<u>阙衮是补</u>	文异义别
119	□□□□	<u>实蹈其武</u>	前者残缺，后者可补之
120	□志公墓	<u>以</u>志公墓	前者残缺，后者可补之
121	<u>猗</u>万斯年	<u>亿</u>万斯年	文异义别。以上为富弼墓志铭文
122	司徒韩国公赠太尉之<u>仲子</u>	司徒韩国公赠太尉之<u>第二子</u>	文异义同
123	二子：<u>曰</u>定方、<u>曰直清，皆承务郎</u>	二子：<u>曰</u>定方，<u>授秘书省校书郎；曰直清，守将作监主簿</u>	文异义别。以上为富绍京墓志铭文

注：表中"传世文本"，是指采多种传本之长而精心点校的《全宋文》所收录的富弼和富绍京铭文。"行状""神道碑"，系范纯仁所撰的富弼行状、苏轼所撰的富弼神道碑。

由表2，"出土版本"和"传世文本"文字差异多达123处，其中有关富弼铭文的121处,有关富绍京铭文的2处。

在有关富弼铭文的121处文字不同者中,有17处是由"出土版本"或"传世文本"残缺所致,前者16处,后者1处,缺文不同位,可以互补,使得两种版本的铭文内容可以完整复原;另104处异文中,因字体形近而致异者8处,其余96处是因后人有意增删篡改所致,由此可见"传世文本"对原始文献的改动是极为严重的。在后人有意改动的104处文字中,导致"文异义同"43处,而导致"文异义别"多达67处。

有关富绍京铭文异文者仅2处,均是人为改动所致,有1处改动导致文异但不害义,而另1处则"伤辞害义"。

姑且不论"传世文本"改动是否合理,单从文献学的角度而言,无论哪一种情况的改动,都是不忠于原文的表现。因此,富弼、富绍京墓志铭文"出土版本"可补"传世文本"缺文1处,可校正"传世文本"异文106处。

为了帮助辨别富弼墓志铭文的"出土版本"和"传世文本"的异文对错,在表2中引入了富弼的"行状""神道碑"等富弼的另2种个人传记资料。这里,顺便交代一下三者的关系。范纯仁所撰的富弼行状,作于元丰六年(1083)六月,富弼死后不久;韩维撰写的墓志铭,作于同年十一月,富弼入葬前;而苏轼所撰的富弼神道碑,作于元祐二年(1087)二月,富弼立碑之时。① 范纯仁在富弼行状末尾交代了三者的关系:"某谨具公之家世、历官、行事,次为行状,将以求立言者铭于墓、纪于碑,及请谥于考功而书于国史,谨状。元丰六年七月,具位范某状。"② 可见,范纯仁所撰的长达9000余字的富弼行状,是之后韩维所作的富弼墓志铭、苏轼所撰的富弼神道碑,以及官方《国史》和取材于《国史》的《宋史·富弼传》的蓝本。

---

① 《长编》卷395,元祐二年二月辛卯,第9629页;又见苏轼《苏轼文集》卷18《富郑公神道碑》,第536页。

② 范纯仁:《范忠宣集》卷17《故开府仪同三司守司徒检校太师武宁军节度徐州管内观察处置等使徐州大都督府长史致仕上柱国韩国公食邑一万二千七百户食实封四千九百户富公行状》(以下简称《富公行状》),文渊阁四库全书本,第1104册,第728页。

对照富弼的行状、墓志铭及神道碑的内容，不难发现三者实际上是大同小异的，其中墓志铭取材于行状的文字最多，叙述顺序也与行状最一致。在具体人名、地名、时间、主要引文和主要史实上，富弼的行状、墓志铭及神道碑内容也是基本一致的。因此，富弼行状对甄别富弼墓志铭出土文本和传世文本两种版本异同有最直接的参考价值。稍晚成文的神道碑，对富弼墓志铭对校也有一定参考价值。

按照文献校勘学的方法，出土文本和传世文本两种版本"对校"是校勘富弼墓志铭最主要的方法，而富弼墓志铭直接取材的行状，是版本之外"他校"法的首选材料。神道碑也是实施"他校"法的重要材料。以富弼的行状、神道碑为参照，仔细核对墓志铭两种版本的异文，在行状、墓志铭及神道碑共同叙及的内容中，墓志铭出土文本和传世文本异文有95处（第28条视作2处），有60处异文是行状或神道碑同墓志铭出土文本的不同，有7处异文是行状或神道碑同墓志铭传世文本的不同，有22处行状或神道碑与之俱异，不能参照。可见，行状或神道碑对甄别墓志铭出土文本和传世文本异文的重要参考价值，是其他《宋史》《长编》等宋史研究材料所无法取代的。参照的结果，雄辩地说明富弼墓志铭出土文本是所有传世文本的"祖本"，具有校补传世文本的价值。

2. 其他12方墓志有补《全宋文》《宋史》等宋史研究大型文献不足的价值

2006年8月，曾枣庄、刘琳主编的《全宋文》360册，由上海辞书出版社、安徽教育出版社出版。该书是一部包含两宋320年间所有现存单篇散文、骈文、诗词以外的韵文的大型断代总集，共收集宋人作家9000余人，各文体文章十万余篇，字数约1亿。它是"迄今为止最大的断代文章总集"，被誉为"宋代百科的资料宝库"，对于"完善宋代的学术文献、填补宋代文化研究的空白、推动传统文化研究意义特别重大"[①]。但客观地讲，《全宋文》很难求"全"，限于主

[①] 曾枣庄、刘琳主编：《全宋文》，第2、97—98页。

客观条件，遗漏篇章在所难免。晚于《全宋文》2年出土问世的富弼家族14墓志铭，就无法收入其中。正是缘于此，富弼家族14墓志铭对《全宋文》有重要的补充价值。新出土的富弼、富绍京2方墓志，对《全宋文》卷1070《韩维·富文忠公墓志铭》[①]和《全宋文》卷2149《范祖禹·供备库副使富君墓志铭》[②]的补正，上文表2中已清楚显示，兹不赘言。另12方墓志铭，据前文表1，其价值有二。

第一，《全宋文》已有条目，但未收入该条目的宋人所作墓志铭，新出土的墓志铭可以补充之。它们依次是：

富绍荣所撰富鼎妻侯氏墓志，可补《全宋文》卷2527《富绍荣》；

范埴所撰富绍京妻张氏墓志，可补《全宋文》卷2823《范埴》；

富绍荣所撰富绍宁墓志，可补《全宋文》卷2527《富绍荣》；

范之才所撰富直方墓志，可补《全宋文》卷3055《范之才》；

富直柔所撰富直英墓志，可补《全宋文》卷3402《富直柔》。

以上共计5篇。

第二，《全宋文》无有关墓志铭作者条目，新出土的墓志铭可资其开辟新条目、并补充其内容。它们是：

李藻所撰富弼妻晏氏墓志铭，《全宋文》可辟"李藻"条目；

李寔所撰富弼弟富鼎墓志铭，《全宋文》可辟"李寔"条目；

贾登所撰富绍修妻墓志铭，《全宋文》可辟"贾登"条目；

苏觉所撰富绍荣墓志铭，《全宋文》可辟"苏觉"条目；

张泽所撰富直方妻范氏墓志铭，《全宋文》可辟"张泽"条目；

富绍修弟、不详名字所撰富绍修墓志铭，《全宋文》可辟"无名氏"条目；

不详作者所撰富绍荣妻范氏墓志铭，《全宋文》可辟"无名氏"条目。

---

① 曾枣庄、刘琳主编：《全宋文》卷1070《韩维·富文忠公墓志铭》，第227—239页。

② 曾枣庄、刘琳主编：《全宋文》卷2149《范祖禹·供备库副使富君墓志铭》，第319—320页。

以上共计7篇。

总之，新出土的富弼家族14墓志铭，对《全宋文》这部宋人文献总集的价值，既体现在对已收录文献（富弼、富绍京墓志铭）的校订上，又体现在对遗漏篇章（另12方墓志铭）的补充上，当引起学界的重视。

元人所修的《宋史》，是宋史研究的基本史料。它计有496卷，其中本纪47卷、列传255卷，为3115人立传。[①] 宋代富弼家族成员仅富弼、富绍庭和富直柔，《宋史》有本传，分别见卷312、卷312与卷375。其他家族成员，《宋史》别说立传，几乎无任何显示，如富鼎等人。仅所列富弼、富绍庭和富直柔3人的传记，其生卒年月，《宋史》就没有说清楚。新出土的14方墓志，既可弥补《宋史》传记之缺，又可校正《宋史》仅所列的富弼和富直柔两人的传记。前者已很明白，无须多言。这里就后者试举例予以说明。

先看富弼墓志对《宋史》富弼本传的校补。前面已述，范纯仁所撰富弼行状，是韩维所作的富弼墓志铭、苏轼所撰的富弼神道碑，以及官方《国史》和取材于《国史》的《宋史·富弼传》的蓝本。富弼墓志铭和《宋史·富弼传》取材同源，但差别不小，从篇幅上，富弼墓志铭是《宋史·富弼传》的两倍，同一史实的叙述更详细、具体。从质量上，《宋史》仓促成书，问题很多。[②] 仔细对照富弼墓志铭和《宋史·富弼传》，即可发现诸多端倪，兹枚举如下。

（1）富弼墓志铭详细列举了富弼上三代、下两代富氏家族成员数十人的名字、官职、婚配等情况，《宋史·富弼传》仅附有富弼子富绍庭的简单传记。

（2）据富弼墓志铭，天圣八年（1030），富弼中制举后，初授官将作监丞、知河南府知县，一个月后，应李迪的奏举，签书河阳节度判官厅公事。《宋史·富弼传》不详中举年份，又将富弼初授官错改

---

① 据黄慧贤主编《二十五史人名大辞典》下册《宋史》"目录"所列人名统计，《宋史》为3115人立传。详见《二十五史人名大辞典》下册《宋史》，中州古籍出版社1997年版，第1—20页。

② 陈高华、陈智超：《中国古代史料学》（修订本），第240页。

为将作监丞、签书河阳判官。

（3）宝元元年（1038），元昊反宋，富弼上疏陈八事，富弼墓志铭有具体 8 条内容，而《宋史·富弼传》则失载。

（4）宋夏战事正酣，西夏二首领吹同乞砂、吹同山乞降宋，这本是一件大事。富弼墓志铭记载二首领的名字，而《宋史·富弼传》则省略之。

（5）富弼为馆伴使，同辽使谈判的过程和争论的内容，富弼墓志铭记载很细致，而《宋史·富弼传》则一笔带过，比较简略。

（6）据富弼墓志铭，庆历三年（1043）三月，富弼拜资政殿学士兼翰林侍读学士，知审官院。《宋史·富弼传》则仅记为富弼拜资政殿学士兼侍读学士，不记其差遣官。

（7）据富弼墓志铭，元昊遣使奉书，称"男兀卒曩霄上父皇帝，而不臣"。《宋史·富弼传》则仅记，称"男不称臣"，省去称谓。

（8）据富弼墓志铭，庆历五年（1045），富弼除资政殿学士、知郓州，兼京东西路安抚使，寻又罢公安抚使。《宋史·富弼传》直接记为以资政殿学士出知郓州，不载其兼京东西路安抚使一实职。

（9）据富弼墓志铭，嘉祐三年（1058），宰相富弼的俸禄官由礼部侍郎升为礼部尚书，职由集贤殿大学士升为昭文馆大学士，监修国史。《宋史·富弼传》没有说富弼俸禄官的变化。

（10）富弼母亲为秦国夫人韩氏，《宋史·富弼传》简单称"母韩有娠"，容易使人产生歧义。

（11）据富弼墓志铭，嘉祐五年（1060），丁母秦国夫人韩氏忧而去相位，《宋史·富弼传》误记为嘉祐六年（1061）三月。

（12）据富弼墓志铭，宋英宗治平年间，富弼解除枢密使后的复杂任职，"拜镇海军节度使、同中书门下平章事，判河阳，封祁国公。今上践祚，移镇武宁军，进封郑国公。屡乞罢将相任，上以公累朝辅佐，年耆德盛，尤虚心待之。以尚书左仆射、观文殿大学士、集禧观使召公。公以足疾，未任拜，固辞。诏以新官，复判河阳。"而《宋史·富弼传》则简化为："拜镇海军节度使、同中书门下平章事，判扬州，封祁国公，晋封郑。"后者省去了时间顺序，两次判河阳的差遗，将宋英宗朝的和神宗朝的任命混为一谈。

（13）据富弼墓志铭，熙宁年间，富弼上书言事，得到宋神宗的手诏褒奖曰："义忠言亲，理正文直，苟非意在爱君，志存王室，何以臻此？敢不置之枕席，铭诸肺腑，终老是戒？更愿公不替今日之志，则天灾不难弭，太平可立俟也。"《宋史·富弼传》则无此内容。

（14）富弼墓志铭中，提到富弼的另两个儿子绍隆和绍京的有关事实，《宋史·富弼传》前者称"其子"，而后者则不提。

此外，新出土墓志材料对《宋史·富直柔传》的史实也有重要的补充作用。富直柔官至执政，《宋史》为其立了本传，但对北宋末的相关履历记载较为简略。新出土墓志材料虽无富直柔的墓志，但他人墓志多次提到富直柔，可以补《宋史》本传之缺。《宋史·富直柔传》对其北宋末年有关情况记载称：

> 富直柔，字季申，宰相弼之孙也。以父任补官。少敏悟，有才名。靖康初，晁说之奇其文，荐于朝。召赐同进士出身，除秘书省正字。

按，《宋史·富直柔传》对富直柔在北宋末年有关情况的记载比较简单，新出土墓志材料可以充实之：大观三年（1109），富直柔父富绍庭卒，是时他才16岁。他"少失所恃"，依靠叔父富绍京之妻张氏"以遂昏宦"。政和五年（1115），叔母张氏卒，富直柔官颍州颍上县（今阜阳市颍上县）主簿，"亟罢官归"赴丧，并请人为张氏撰写碑铭，"行义可嘉"。[①] 政和七年（1117），从兄富直方卒，身为迪功郎的富直柔"实承家事"，并于宣和二年（1120）七月二十三日操办完丧葬家事。[②] 宣和四年（1122），时任迪功郎、新差充京畿转运司勾当公事的富直柔，为从兄富直方妻范氏书写碑铭。[③] 新出土墓志

[①] 以上见范埴《宋故供备库副使赠右卫将军富公夫人太室人张氏墓志铭》，《富弼家族墓地》，第59—60页。

[②] 范之才：《宋朝奉郎致仕富公墓志铭》，《富弼家族墓地》，第66页。

[③] 张泽：《宋安人范氏墓志铭》，《富弼家族墓地》，第67—68页。

材料，在一定程度上弥补了《宋史·富直柔传》等传世文献中有关富直柔在宋徽宗时期的仕宦、家庭等情况的记载。

3. 宋代富弼家族墓志史料的缺陷

一般而言，墓志史料在记述墓主人的姓名字号、家族谱系、生平履历、婚姻子女等方面，既详细，又准确。这是因为墓志史料出自墓主人的子女亲属或亲朋好友之手，撰写者比较了解墓主人的有关情况。也正是缘于此，撰写者为墓主人曲笔回护的情况比较严重。宋人徐敦立认识到了这一点，指出："凡史官记事，所因者有四，一曰时政记，则宰执朝夕议政，君臣之间奏对之语也；二曰起居注，则左右史所记言动也；三曰日历，则因时政记、起居注润色而为之者也，旧属史馆，元丰官制属秘书省国史案，著作郎、佐主之；四曰臣僚墓碑行状，则其家之所上也。四者惟时政，执政之所日录，于一时政事最为详备……臣僚墓碑行状，于士大夫行事为详，而人多以其出于门生子弟之类，以为虚辞溢美，不足取信。虽然，其所泛称德行功业，不以为信可也；所载事迹，以同时之人考之，自不可诬，亦何可尽废云。"① 徐敦立的提示，值得我们重视。具体到富弼家族墓志，也难脱此窠臼。兹列举诸例，仅供大家参考。

（1）关于富氏何时徙居洛阳，出土墓志说法不一。

关于富氏家族何时徙居洛阳，出土墓志竟然有多种说法。

富鼎墓志认为，富氏家族于富弼曾祖富处谦时徙居洛阳。"少尹（富弼高祖富璘）于五代时自齐徙居汴，而邓公（富弼曾祖富处谦）自汴迁于洛，今为雒阳人也。"②

富绍荣墓志认为，富氏家族于富弼为相时徙居洛阳。"富氏在江浙为望族，韩国文忠公以盛德大业为时名相，始居洛，今为河南人

---

① 王明清：《挥麈录·后录》卷1《史官记事所因者有四》，第53—54页。
② 李寊：《宋故朝奉郎比部员外郎致仕上轻车都尉赐绯鱼袋富君墓志铭并序》，《富弼家族墓地》，第56页。

（今洛阳）"①。

富绍宁墓志也认为，富氏家族于富弼为相时徙居洛阳。"富氏之先见于姬周，显于李唐，逮我宋太师韩国公文忠公起家相三朝，居河南府洛阳县，凡是族属从焉。"②

由于富弼墓志未说富氏家族的迁徙问题，上述两种说法的正误，需求诸传世文献。富弼的行状记载，"其先出于周大夫富辰之后，至高祖讳璘，因五代之乱，自齐徙居于汴，仕唐至京兆少尹。至邓公（按，指富弼曾祖富处谦）始迁于洛，今为河南人"③。富弼行状记载与富鼎墓志一致，富氏家族自五代时富弼曾祖富处谦始迁于今洛阳，经富弼祖富令荀、父富言，至富弼、富鼎一代，已是四代洛阳人。据富弼为其父富言所作的墓志称，富弼、富鼎之父富言天圣九年（1031）九月三日，卒于都官员外郎、知万州任上，随其赴行的次子富奭因"跋历险远，不能全以归，用浮屠法火化"。十一月十四日，富言骨灰被带回家乡洛阳，藁穴于上阳佛舍。并于次年十一月十六日，葬于洛阳县北张村之夹马原。④也正是缘于富氏族居洛阳，富奭才费经周折，将父亲的骨灰葬于洛阳。由此，富绍荣墓志、富绍宁墓志中的说法，显然有希高慕远、曲意饰辞、自欺欺人之嫌。

（2）关于富弼和吕夷简、韩琦的交恶，墓志回避不谈。

出土墓志中，宰相富弼的铭文最长，记载最详。即便如此，也有诸多遗漏。墓志铭文将近一半的文字叙述的是富弼使辽、与辽国君臣争论的细致过程。富弼使辽、与辽国君臣斗争之事，是富弼一生中的大功之一，铭文理应多写，但比重太大。富弼参与范仲淹集团发动的"庆历新政"的大事，以及富弼贵为宰相后的所作所为，铭文记载很

---

① 苏觉：《宋故奉直大夫前提举利州路常平等事富公墓志铭》，《富弼家族墓地》，第63页。
② 富绍荣：《宋故朝奉大夫富君墓志铭》，《富弼家族墓地》，第61页。
③ 范纯仁：《范忠宣集》卷17《富公行状》，第715页。
④ 杜大珪：《名臣碑传琬琰之集》中卷39，富弼《富秦公言墓志铭》，文渊阁四库全书本，第450册，第498页。按，富言葬地，富弼所作的《富秦公言墓志铭》称之为洛阳县北张村之夹马原，而韩维所作《富文忠公墓志铭》称作河南府河南县金谷乡南张里，二者当指一处，概因地名的变动而致异。

少。重要的细节,如富弼和宰相吕夷简的微妙关系,富弼和韩琦两大河南名相的交恶,铭文有意回避或丝毫不提。富弼自幼与吕夷简家族有很深的交往。史载:"富言者,蒙正客也。一日,白曰:'儿子十许岁,欲令入书院事廷评太祝。'蒙正许之。及见,惊曰:'此儿他日名位与吾相似,而勋业远过于吾。'令与诸子同学,供给甚厚。言之子,即弼也。后弼两入相,亦以司徒致仕。"① 宋代吕氏家族是名门望族②,宰相吕蒙正、侄宰相吕夷简、孙枢密使吕公弼三代相继执政,后富弼与吕夷简③、吕公弼先后同朝共事。但是,富弼与吕夷简关系不和,富弼治宰相吕夷简下属之罪,吕夷简不悦,打击富弼,有意让他使辽,深入不测之地。铭文曰:

> (庆历二年)五月,改右正言、知制诰,纠察在京刑狱,赐三品服。时有用伪祠部牒为僧者,事觉,牒乃堂吏所为。开封府狱具而不及堂吏。公白执政,请收造伪者付吏。执政指其座曰:"他日,公自当居此,奚事沽激为?"公正色曰:"某以公事来,奈何以甘言见诱邪?必得吏,正其罪。"乃已差同判太常寺,兼礼仪事。时西陲困于用兵,庆历二年正月,北虏乘我间,聚其众境上,遣使萧英、刘六符来有求。朝廷以为忧,历选近臣任使事者,往往怯懦不敢行。执政以公名闻。④

---

① 《宋史》卷265《吕蒙正传》,第9418页;徐自明:《宋宰辅编年录校补》卷3,"真宗咸平六年",第95—96页。

② 王明清:《挥麈录·前录》卷2《本朝祖望之盛》记:东莱吕氏,文穆家也。文穆诸子,文靖兄弟也,名连简字。简字,生公字。公字,生希字。希字,生问字。问字,生中字。中字,生大字。大字,生祖字。在宋代,吕氏家族仅次于相州韩琦韩氏家族,官宦、人丁很盛。费衮:《梁谿漫志》卷1《宰相父子袭爵》载:"吕文靖初封申公,其子正献亦封申。韩忠献初封仪公,其子文定亦封仪。本朝父子为相,独此两家。且袭其爵,亦盛事也。"

③ 按,庆历二年五月,富弼任知制诰、纠察在京刑狱,因开封府吏伪造度僧牒事,与宰相吕夷简冲突,致吕夷简不悦,遭到打击报复,有意派他与辽使交涉。《宋史》卷313《富弼传》,第10250页。

④ 韩维:《富文忠公墓志铭》,《富弼家族墓地》,第44页。

此件事，其他文献载曰：

> 庆历二年，为知制诰，纠察在京刑狱。堂吏有伪为僧牒者，开封不敢治。弼白执政，请以吏付狱，吕夷简不悦。会契丹屯兵境上，遣其臣萧英、刘六符来求关南地。朝廷择报聘者，皆以其情叵测，莫敢行，夷简因是荐弼。欧阳修引颜真卿使李希烈事，请留之，不报。①

> 契丹聚重兵境，上遣其臣萧英等求关南地。兵既压境而使命非时，中外忿之。仁宗命宰相择报聘者，时虏情不可测，群臣皆不敢行。宰相吕夷简不悦弼。弼时为右正言、知制诰。夷简举弼使契丹。②

对照上述3则材料，墓志铭中隐去了"执政"的名字，而另两则史料直接点明宰相吕夷简不悦富弼，推荐他使辽，进入随时有生命危险的敌邦。

同样，富弼与韩琦交恶，墓志铭语焉不详：

> （嘉祐）五年，丁秦国太夫人忧。诏特罢春宴，五遣中使起公复位，公恳求终丧。从之，仍给半俸，辞不受。英宗即位，公服除，拜枢密使同中书门下平章事，迁户部尚书。踰年，以足疾求解机务，章二十上，拜镇海军节度使，同中书门下平章事，判河阳。封祁国公。③

这段文字极为简略地叙述了嘉祐五年（1060）至治平四年（1067）8年中富弼职务的变化：由宰相降为枢密使，再到地方官。其中的奥秘在于富弼和宰相韩琦关系紧张。富弼和韩琦都是今天的河南人，同范

---

① 《宋史》卷313《富弼传》，第10250页。
② 徐自明：《宋宰辅编年录校补》卷5，"仁宗庆历二年"，第244页。
③ 韩维：《富文忠公墓志铭》，《富弼家族墓地》，第50页。

仲淹发动"庆历新政",为庆历时代的名臣。富弼至和二年(1055)拜相,韩琦嘉祐元年(1056)任枢密使、三年(1058)六月也拜相,二人共同辅佐仁宗,世称"富、韩"。嘉祐五年富弼因母亲去世守丧而离开相位,仁宗5次派人请他复相位,他以子应为母守丧3年为由不从。次年六月,韩琦补富弼之位晋升为宰相。嘉祐八年(1063)四月英宗即位,五月前宰相富弼服丧期满,被召回京师,但相位为韩琦居,只好任以权位仅次于宰相的枢密使。韩琦身为首相,且为相已久,立足已稳,自然不乐功在其上的富弼重新回到相位,为了保位,为了安慰昔日的上司、僚友,给予他仅次于相位的枢密使加同中书门下平章事官衔(即枢相)①,并给予他文武百官的最高俸禄。② 曾为首相的富弼退而求其次,接受了任命。自此两人利用东、西二府对峙不断。富弼、韩琦对掌二府长官时期,正是多病不逊的宋英宗与垂帘听政的曹太后斗争最激烈的时期。韩琦站在宋英宗一方,富弼站在曹太后一方。治平元年(1064)五月,韩琦在"事先未与富公通气"的情况下,逼迫曹太后还政于宋英宗,富弼十分气愤。③ 宋英宗主政后,辅政有功的韩琦拜右仆射,封魏国公。④ 斗争的天平已明显倒向韩琦,失势的富弼先是消极怠工,而后连续上章20次,请求解除枢密使职务。治平二年(1065)七月,宋英宗批准富弼出任地方官。⑤ 上述富弼与韩琦交恶的内容,墓志铭只字未提。这与墓志铭人的作者韩维明哲保身,担心得罪韩琦、吕夷简两大家族有关。

这里仅以字数最长、记述最详的富弼墓志铭为例,指出出土墓志铭记述有不全、不详之处,需要引起大家的特别注意:出土文献是一手材料,有传世文献所不具备的优点,但也有曲笔回护记载失真的缺

---

① 参见马玉臣《试论北宋前期之枢相》,《中州学刊》2002年第5期。
② 《长编》卷205,治平二年七月壬戌,第4977页。时任枢相的富弼承认:"使相者文武中并是第一等俸禄。"按,枢相是使相的一种。
③ 蔡絛:《铁围山丛谈》卷3,冯惠民点校,中华书局1983年版,第48页。
④ 《宋史》卷312《韩琦传》,第10226页。
⑤ 按,关于富弼与韩琦交恶的研究,黄燕生《宋仁宗、宋英宗》,吉林文史出版社1997年版,第291—300页。

陷，我们可以信之，但不可全信。

近年来，考古界出土了不少数量多、史料珍贵的宋代墓志，富弼家族墓志就是其中的一个典型。这些出土材料为宋史研究提供了新的、一手史料，应当引起宋史学界同人们的重视！拙文仅从文献的角度略陈管见，意在抛砖引玉。

原刊于《史学史研究》2012年第1期

清代地方志中的《唐蕃会盟碑》汉文文本及其价值

唐穆宗长庆元年（821），唐与吐蕃会盟于长安，次年又会盟于逻些（今拉萨市），三年竖立了见证双方会盟和友谊的"唐蕃会盟碑"。此碑四面皆有铭文，汉藏文并存，其中西面右半部分是盟约的汉文部分。多年来，这块国宝级的碑刻，引起了中外学者的广泛关注，其中尤以王尧《唐蕃会盟碑疏释》（以下简称"王文"）和美国学者李方桂、柯蔚南著，王启龙译《唐蕃会盟碑研究——李方桂、柯蔚南〈古代西藏碑文研究〉摘译之二》（以下简称"李文"）为代表。[①] 毫无疑问，依据现存盟约的石质文本及其拓片进行的研究，是很有价值的。但是，石质碑刻传世1100多年，铭文字迹模糊不清，不少字甚至已经缺失，根本无法识读，给我们今天的研究带来了极大的困难。最近，笔者从清人黄廷桂等监修、张晋生等编撰的《四川通志》卷二一《西藏》[②]与清人和珅等奉敕撰的《钦定大清一统志》卷四一三《西藏·古迹》[③]、《嘉庆重修一统志》卷一九八《西藏·古迹》[④]中，惊

[①] 分别载《历史研究》1980年第4期；《西藏民族学院学报》2006年第6期。两文对目前研究现状均有总结。另外，张政烺：《跋唐蕃会盟碑》，《文物》1959年第7期，收入《张政烺文史论集》，中华书局2003年版，第374—381页。

[②] 黄廷桂等监修、张晋生等：《四川通志》卷21《西藏》，文渊阁四库全书，台北商务印书馆1986年版，第560册，第207—208页。

[③] 和珅等：《钦定大清一统志》卷413《西藏·古迹》，文渊阁四库全书，台北商务印书馆1986年版，第483册，第570—571页。

[④] 和珅等：《嘉庆重修一统志》卷198《西藏·古迹》，中华书局1986年版，第26986—26987页。

奇地发现了三份《唐蕃会盟碑》的纸质汉文文本，其中后两份几乎完全相同，实则是两份不尽相同的文本。对照今人的研究，保存于清代地方志中这两份文本，只是现存碑刻西面右半部分盟约的汉文部分内容。它们也是根据当时碑刻的铭文而录，只是做了增损。200多年前的碑刻铭文，显然比现在更清晰，会有助于对同源自一块碑刻的清代和今天文本的解读。可惜的是，今天研究者多忽略了这一点。兹将两份保存于清代方志中的文本照录如下，并据"王文""李文"所录碑文作了校补和断句，希望能给大家研究有所参照，需要说明的是，圆括号内为方志中的文本，方括号为笔者考证校补的文本。

一 《附唐（德宗）[穆宗]① 御制西藏碑文》②

唐文武孝德皇帝（撰）[与]③ 大蕃（神圣）[圣神]④ 赞普舅甥二主，商议社稷如一，（统）[结]⑤ 立（太）[大]⑥ 和盟约，永无沦替，神人皆以证知，世世代代使其称赞。是以盟文（即日）[节目]⑦ □□□□⑧之□□⑨。

文武孝德皇帝与大蕃（神圣）[圣神][赞]⑩ 普，绮之黎⑪赞陛

---

① "德宗"，据下文"文武孝德皇帝"，当作"穆宗"。按，唐德宗李适，公元780—805年在位。而唐穆宗李恒，公元821—824年在位，唯一年号为"长庆"，死后尊为"文武孝德皇帝"。先皇帝德宗不可能为后皇帝穆宗"御制"碑文，故《四川通志》所载误。
② 以下碑文见《四川通志》卷21《西藏》，文渊阁四库全书，第560册，第207—208页。
③ "撰"字，据"王文""李文"所录碑文与文义，当作"与"字。
④ "神圣"，据"王文""李文"所录碑文与文义，当作"圣神"。下文同。
⑤ "统"字，据"王文""李文"所录碑文与文义，当作"结"字。
⑥ "太"字，据"王文""李文"所录碑文，当作"大"字。
⑦ "即日"，据"王文""李文"所录碑文，当作"节目"字。
⑧ 原注曰"阙四字"，"王文""李文"所录碑文作一"题"字。二者异，当考。按，原注曰"阙四字"，今以"□□□□"示之。下文同此，不一一出注。
⑨ 原注月"阙二字"，"王文""李文"所录碑文作"於碑也"三字。二者略异，当考。
⑩ "赞"字，原脱，据"王文"所录碑文与前后文补。
⑪ "大蕃（神圣）[圣神][赞]绮之黎"八字，"李文"所录碑文作缺九字处理，并补作"赞陛下二圣舅甥睿哲"九字。据本文本与"王文"所录碑文，"李文"当误。而"绮之黎"三字，"王文"作"□□猎"。二者异当考。

450 / 一隅斋宋史文存

下，二圣舅甥，睿①哲鸿被，晓世运②之屯亨，悯生灵之涂炭③，其无内外④。商议叶同，务令万姓安□[泰]，□[所]⑤（恩）[思]⑥如一，成（又）[久]⑦□[远]⑧大□□□□□□□□□□□□□□□□⑨燕义。

[今]⑩二国所守见管封疆⑪，□□[以东]⑫属大唐国界⑬，其界以西方是大蕃境土。⑭彼此不为杀敌⑮，不举兵革，不相侵谋□□[封镜]⑯。或有猜阻，（挺）[捉]⑰生问事讫，给以衣粮放归。⑱今社□□□□□□□□□⑲，舅甥相安之义不朽。⑳

---

① "睿"字，"李文"所录碑文同。"王文"所录碑文误作"濬"字。
② "世运"，"王文""李文"所录碑文均作"今永"。二者异，当考。
③ "悯生灵之涂炭"，与前文"晓世运之屯亨"对称。而"王文""李文"所录碑文均作"衿悯之情"。
④ "其无内外"，"王文""李文"所录碑文均作"恩覆其无内外"。
⑤ 原注曰"阙二字"，据"王文""李文"所录碑文，当作"泰所"二字。兹据补之。
⑥ "恩"字，据"王文""李文"所录碑文与文义，当作"思"字。
⑦ "又"字，据"王文""李文"所录碑文与文义，当作"久"字。
⑧ 原注曰"阙一字"，据"王文""李文"所录碑文与文义，当作"远"字。
⑨ 原注曰"阙十八字"，"王文""李文"所录碑文作："喜，再续慈亲之情，重申临好之义。为此大好矣！"但与下文"燕义"二字无法衔接。
⑩ "今"字，原阙。兹据"王文""李文"所录碑文补。
⑪ "封疆"，"王文"所录碑文作"本界"，而"李文"阙。
⑫ 原注曰"阙二字"，"王文"所录碑文与下文"以西"，当作"以东"，兹补之。
⑬ "界"字，"王文"所录碑文作"境"字。二者略异，当考。
⑭ "其界以西方是大蕃境土"，"王文""李文"所录碑文作"已西尽是大蕃境土"。
⑮ "杀敌"，"王文""李文"所录碑文作"寇敌"。
⑯ 原注曰"阙二字"，据"王文""李文"所录碑文，当作"封镜"二字。兹补之。
⑰ "挺"字，据"王文""李文"所录碑文与文义，当作"捉"字。
⑱ 按，《旧唐书》卷196下《土蕃下》有盟文节文，曰："蕃、汉两邦，各守见管本界，彼此不得征，不得讨，不得相为寇雠，不得侵谋境土。若有所疑，或要捉生问事，便给衣粮放还。"与此段碑文出入很大，当引起用者注意。
⑲ 原注曰"阙十一字"，"王文""李文"所录碑文："稷叶同如一，为此大和然"，共十字。
⑳ "舅甥相安之义不朽"，"王文""李文"所录碑文作"舅甥相好之义善谊"。

清代地方志中的《唐蕃会盟碑》汉文文本及其价值 / 451

每须通传，彼此相倚①，一（任）[往]②□□□□□□□③路，蕃汉臣以将军□□□[谷交马]④。其绥（氏）[戎]⑤栅已东大唐祗应，清水县（以）[已]⑥西大蕃供应。[须合]⑦舅甥亲近之（后）[礼]⑧，使其两界烟尘不扬，□□□□[罔闻寇盗]⑨之名，须⑩无惊恐之患。□人情□，⑪乡□[土]⑫俱安，如斯乐业之□⑬恩，万代或有□美之声⑭，徧于日月所照矣。

蕃于蕃国受安，汉亦汉国受乐，兹乃合其大业耳！□⑮依此盟誓，永久不得私⑯易。然三宝及诸贤，并⑰日月星辰，□□□□□□□□□□约□□于陈刑之此大□□□。⑱倘不依此誓，蕃汉□□□□□□□破盟者来其殃祸也。⑲仍须□□□□□⑳，

---

① "彼此相倚"，"王文"所录碑文作"彼此驿骑"，而"李文"作"彼此相骑"。三者略异。
② "任"字，据"王文"所录碑文，当作"往"字。而"李文"此处阙。
③ 原注曰"阙七字"，"王文"所录碑文作"一来悉遵曩昔旧"七字。而"李文"此处亦阙七字。
④ 原注曰"阙三字"，据"王文""李文"所录碑文，当作"谷交马"三字。据此补之。
⑤ "氏"字，据"王文""李文"所录碑文与文义，当作"戎"字。
⑥ "以"字，据"王文""李文"所录碑文与前文"已东"，当作"已"字。
⑦ "须合"二字原文本无，兹据"王文""李文"所录碑文补。
⑧ "后"字，据"王文""李文"所录碑文与文义，当作"礼"字。
⑨ 原注曰"阙四字"，据"王文""李文"所录碑文，当作"罔闻寇盗"四字。据此补之。
⑩ "须"字，"王文""李文"所录碑文作"复"字。
⑪ "□人情□"，"王文""李文"所录碑文俱作"封人撤备"。
⑫ 原注曰"阙一字"，据"王文""李文"所录碑文，当作"土"三字。据此补之。
⑬ 原注曰"阙一字"，"王文"所录碑文不阙，而"李文"则阙。
⑭ "万代或有□美之声"，"王文"所录碑文作"垂于万代，称美之声"。而"李文"则阙之。
⑮ 原注曰"阙一字"，"王文""李文"所录碑文不阙。
⑯ "私"字，"王文""李文"所录碑文俱作"移"字。
⑰ "并"字，"王文""李文"所录碑文作"圣"字。二者异，当考。
⑱ "□□□□□□□□□□约□□于陈刑之此大□□□"，"王文""李文"所录碑文俱作："请为知证，如此盟约，各自契陈，刑牲为盟，设此大约。"
⑲ "□□□□□□□破盟者来其殃祸也"，"王文"所录碑文作："君臣任何一方，先为祸也。"而"李文"所录碑文作："[君臣]□□□□□□祸也。"
⑳ "仍须□□□□□"，"王文"所录碑文作"仍须仇报"，而"李文"所录碑文作"仍须雠□"。

尽①为阴谋者，不在破盟之限。蕃汉君臣并稽（古）［告］②立誓，周细为文。□□□□□□□。③

纪功碑（在大卜喇巖前，朝代年号未详。上刻：）云山为剑，风树为旍，用彰我武，永靖边夷。

按，对照"王文""李文"所录碑文，不难发现《四川通志》卷二一《西藏》幸存文字虽已残零不整，文字脱落较为严重，但也是据原碑刻或拓片而录，仍有一定的历史文献价值。其一，《唐蕃会盟碑》至迟于清朝雍正七年（1729）修《四川通志》时已经剥蚀残缺。既然清朝前期《唐蕃会盟碑》已经剥蚀残缺，那么200年后的今天碑文则更加剥落，字迹当更模糊不清，这从"李文"所录碑文可以得到明证。据我们统计，"李文"所录碑文有43个字因各种原因无法识读，只好以"□"表示。应该说，"李文"所录碑文是符合实际的，而"王文"所录碑文没有显示碑刻字迹弥漫、文字脱落情况，以完整文字面世，恐怕掺杂了个人的推理，是不太合乎史料传播规律的。《四川通志》所保存的碑文，虽已经残零不整，既反映了当时碑刻的现状，也可反映清代人在识读碑文的水平。在同出一源的某些字上，时间在前的碑文应当比晚出的要清晰、易识。如，"彼此相倚"，"王文"所录碑文作"彼此驿骑"，而"李文"作"彼此相骑"，三者略异。对比之下，"彼此驿骑"恐怕不准确。再如，"二国所守见管封疆"，"王文"所录碑文作"本界"，而"李文"阙佚。对照前后文，"封疆"二字似乎更符合唐人文体。诸如此类，不胜枚举。兹表明《四川通志》所录文字虽不及现幸存碑刻文物、文献大，仍有一定历史文献价值的，不能一概漠视之。其二，清人也十分重视与西藏的关系。见证汉藏友谊的《唐蕃会盟碑》，不仅为唐人所正视，也为清代人所珍惜。翻阅《四川通志》不难发现，这块碑刻是唯一收录的前朝碑刻。我们知道西藏的碑刻远远不止这一块，美国学者李方桂、柯蔚

---

① "尽"字，"王文""李文"所录碑文俱作"及"字。
② "并"字，据"王文""李文"所录碑文与文义，当作"告"字。
③ "□□□□□□□"，"王文""李文"所录碑文俱作："二君之验，证以官印，登坛之臣，亲署姓名，□□如斯誓文，藏于玉府焉。"

南著有《古代西藏碑文研究》一书，对西藏的传世碑刻作了大量的调查研究，其中不少是清以前的。在清人看来，见证汉藏友谊的《唐蕃会盟碑》一旦收入史书中，为石刻提供了又一文本，如果石刻后世风蚀或破坏，那么录入方志的碑文依然可以佐证汉藏那一段友好的历史。清人的这种意识在今天同样是值得肯定的。

二 《唐碑》①

在卫之伊克招庙大门右。上刻长庆初唐与吐蕃会盟之文，至今碑犹完好。其文曰：

> 大唐文武孝德皇帝、大蕃圣神赞普，舅甥二主商议社稷如一，结立大和盟约，永无沦替，神人俱以证之，世世代代使其称赞。是以勒石流传之于后也。
>
> 文武孝德皇帝与圣神赞普二圣，濬哲洪②被，晓久永之化，垂矜愍之情，恩覆并无内外。商议协同，务令万姓安泰，施恩如一，成久远大治之绩。兹者同心以申邻好之义，共成厥美。
>
> 今汉番二国所守见管封疆，洮、岷之东属大唐国界，其塞之西尽是大蕃地土。彼此不为杀敌，不举兵革，不相侵谋封境。或有（积）[猜]③阻，捉生问事，给以衣粮放归。令社稷山川无扰，各敬人神。
>
> 然舅甥相好之义，苦难每需通传，彼此相倚。二国常相往

---

① 和珅等：《钦定大清一统志》卷413《西藏·古迹》，文渊阁四库全书，第483册，第570—571页。又见和珅等《嘉庆重修一统志》卷198《西藏·古迹》，第26986—26987页。

② 和珅等：《钦定大清一统志》卷413《西藏·古迹》所载"洪"字，《嘉庆重修一统志》卷198《西藏·古迹》与"王文""李文"所录碑文俱作"鸿"字。

③ "积"字，《钦定大清一统志》卷413《西藏·古迹》、《嘉庆重修一统志》卷198《西藏·古迹》所载同。据"王文""李文"所录碑文与文义，当作"猜"字。

来，两路所遣唐差（番）[蕃]① 使，并于将军谷交马。其洮、岷之东大唐供应，清水县以西大（番）[蕃]② 供应。须（令）[合]③ 舅甥亲近之礼，使其两界烟尘不扬，同闻颂德之名，永无惊恐之虑。行人撤备，乡土俱安，并无相扰之犯，垂恩万代，则称美之声遍于日月所照矣。蕃于蕃国受安，汉亦汉国受乐，各依此盟誓，永不移易。当三宝及诸贤，日月星辰之下，刑牲设誓。如有不依此言，背约破盟者，受其殃祸也。蕃汉君臣并稽首告立，周细为文。二君之德，万载称扬，内外蒙庥，人民咸颂矣。

按，《旧唐书》：长庆元年九月，吐蕃遣使请盟，许之。乃命大理卿兼御史大夫刘元鼎充西番会盟使、兵部郎中兼御史中丞刘师老为副，元鼎等与谕讷罗同赴吐蕃（木）[本]④ 国就盟。此碑即当时所置也。

上述引文，出自《钦定大清一统志》卷四一三《西藏·古迹》。而《嘉庆重修一统志》卷一九八《西藏·古迹》，又据此全文抄录，只是个别文字略异。《钦定大清一统志》，始修于雍正即位之初、成书于乾隆八年（1743）。《嘉庆重修一统志》，始修于嘉庆十六年（1811）成书于道光二十二年（1842），所辑资料以嘉庆二十五年（1820）为断，故名《嘉庆重修一统志》。⑤ 后者在体例、内容上与前者多有一致之处。所录"唐碑"即是如此。

按，两部清《一统志》所载"唐碑"，就是著名的《唐蕃会盟碑》。比照"王文""李文"所录碑文，《一统志》所载"唐碑"文字完整，语义通畅，但与碑文字句出入很大，显然不是完全照录碑

---

① "番"字，据《嘉庆重修一统志》卷198《西藏·古迹》、"王文""李文"所录碑文与文义，当作"蕃"字。

② "番"字，据《嘉庆重修一统志》卷198《西藏·古迹》、"王文""李文"所录碑文与文义，当作"蕃"字。

③ "令"字，据《嘉庆重修一统志》卷198《西藏·古迹》同，据"王文""李文"所录碑文与文义，当作"合"字。

④ "木"字，据《嘉庆重修一统志》卷198《西藏·古迹》与文义，当作"本"字。

⑤ 杨正泰：《中国历史地理要籍介绍》，四川人民出版社1988年版，第244—245页。

文，而是清人在碑刻拓本的基础上作了增损连缀，使其字据完整，语义通联。

清《一统志》所载"唐碑"虽不是照录原碑刻，但是据原碑刻拓本而增损连缀而成，仍有一定的文献价值。如，唐朝皇帝与吐蕃赞普的"舅甥"关系，在"唐碑"中出现3次，这与《唐蕃会盟碑》碑文是完全一致的。再如，唐与吐蕃的边界问题，现存《唐蕃会盟碑》碑文已经残缺，无法断辨。"王文"所录碑文仅记作："以东属大唐国界，其界以西尽是大蕃境土"，而不详分界线。而清《一统志》所载"唐碑"则予以特别说明，"洮、岷之东属大唐国界，其塞之西尽是大蕃地□［土］"。洮河、岷山是唐与吐蕃的边界线。这对研究唐与吐蕃的边界问题是有价值的。

由于《唐蕃会盟碑》至今仍在，作为文物，其价值连城；作为文献，它是最原始的。但遗憾的是它已剥蚀，不少字迹已经模糊甚至完全脱落。今人或摩挲贞石，或拓本拍录，努力可贵，然终不得完整碑文。清人于200年前抄录碑文，载之史册，是有一定远见和价值的。从文献、文物流传的规律看，时间越晚，破坏越严重。尽管，清人未必比今人水平高、态度认真，但至少他们见到的碑刻要比现在完整清晰。因此，抄录于方志中的碑文仍有一定价值，它为我们提供了一种副本和参考。

原刊于《西藏民族学院学报》2009年第6期

《续资治通鉴长编》重印点校本校勘献疑

李焘的《续资治通鉴长编》经中华书局点校，自 1979 年至 1995 年陆续刊出，是目前该书通行的最好本子，给治宋史者提供了极大的方便。但中华书局点校本美中不足，有不少误校、漏校，学者们已有一些订补，如高纪春《〈续资治通鉴长编〉神宗朝记事校勘补正》[1]、梁太济《〈永乐大典〉残存〈长编〉宋神宗朝记事补校》[2]《〈长编〉点校本译名回改中存在的问题》[3]、张其凡《〈续资治通鉴长编〉点校本二至六册献疑》《〈续资治通鉴长编〉点校本七至十二册校读志疑》[4] 等。近日，该书点校本由中华书局重印。重印本只"改正了个别排印错误"[5]，其余内容与原点校本完全一致，故已为学界指出的大量校勘错误未能及时回改，实为一缺憾。最近，梁太济又指出点校本 300 条校勘错误[6]，这些错误重印本同样存在。除此而外，还有一些校勘错误，点校本及其重印本共同存在，兹献诸条，以就方家。

---

[1] 高纪春：《〈续资治通鉴长编〉神宗朝记事校勘补正》，《国学研究》第八卷，北京大学出版社 2001 年版，第 315—333 页。

[2] 梁太济：《〈永乐大典〉残存〈长编〉宋神宗朝记事补校》，《文献》1994 年第 2 期。

[3] 梁太济：《〈长编〉点校本译名回改中存在的问题》，《漆侠先生纪念文集》，河北大学出版社 2002 年版，第 499—507 页。

[4] 张其凡：《〈续资治通鉴长编〉点校本二至六册献疑》、《〈续资治通鉴长编〉点校本七至十二册校读志疑》，《宋初政治探研》，暨南大学出版社 1995 年版，第 287—352 页。

[5] 《长编·重印说明》，第 1 页。

[6] 梁太济：《〈长编〉点校拾遗》，《唐宋历史文献研究丛稿》，上海古籍出版社 2004 年版，第 469—551 页。

《续资治通鉴长编》重印点校本校勘献疑 / 457

（1）《长编》卷一一，开宝三年二月己卯："先是，禁商人私贩幽州矾，犯者没入之。……其后定令，私贩河东及幽州矾一两以上……"①

按：两处"幽州矾"下划地名专线不一致，应是"幽州"下划地名专线，故前者标识误。

（2）《长编》卷一二，开宝四年三月丁巳："改岭南思唐州为司明州……天下县以'唐'为名者，皆改之。"②

按："司明州"，《长编》卷一三开宝五年五月乙丑③与《元丰九域志》卷一〇《省废州军》④均记为"思明州"，故处应作校勘记。

（3）《长编》卷一六，开宝八年三月丁亥："己丑，有司言自二年至今，诏所贷死罪凡四千一百八人。"⑤

按："二年"，恐误。据《宋史》卷二〇〇《刑法二》⑥、《文献通考》卷一六六《刑五》⑦，"二年"作"三年"。

（4）《长编》卷一九，太平兴国三年四月丙戌："刑部郎中杨克让充两浙西南路转运使。"⑧

按："杨克"，误，当是"杨克让"。据同卷十二月末，"时两浙西南路转运使杨克让在福州"⑨，二者当是一人，前后所划人名专线应一致。

（5）《长编》卷二六，雍熙二年正月癸亥："上览诸道转运副使、知州、通判奏章有不联名者"⑩；《长编》卷三四，淳化四年五月甲午："诏诸道转运副使、知州、通判、知军监等，各于所部见任幕职、

---

① 《长编》卷11，开宝三年二月己卯，第242页。
② 《长编》卷12，开宝四年三月丁巳，第262页。
③ 《长编》卷13，开宝五年五月乙丑，第283页。
④ 王存：《元丰九域志》卷10《省废州军》，第476页。
⑤ 《长编》卷16，开宝八年三月丁亥，第337页。
⑥ 《宋史》卷200《刑法二》，第4986页。
⑦ 《文献通考》卷166《刑五》，第1444页。
⑧ 《长编》卷19，太平兴国三年四月丙戌，第428页。
⑨ 《长编》卷19，太平兴国三年十二月末，第438页。
⑩ 《长编》卷26，雍熙二年正月癸亥，第594页。

州县官内。"①

按："转运副使"疑是"转运使、副",因为州官"知州、通判"长贰对举,路官"转运使、副"也应对举。

(6)《长编》卷五二,咸平五年五月甲辰:"时<u>明</u>、<u>台</u>等州巡检、内品<u>徐志通</u>取百姓<u>李勤</u>等男四人为假子。"②

按:"<u>李勤</u>"、"<u>明</u>"州,《宋会要辑稿·职官》三六之三③与《宋史》卷四六六《王仁睿》④(第13602页)分别记之为"<u>李懽</u>"、"<u>温</u>"州,故此应作校勘记。

(7)《长编》卷八三,大中祥符七年十二月末:"是岁,天下户九百五万五千七百二十九,口二千一百九十九万六千九百六十五〔七〕。"⑤

按,据前后文与"校勘记",注〔七〕当是〔一七〕。

(8)《长编》卷九七,天禧五年十二月末:"所收租税,比<u>至道</u>末,……盐五十七万七千余石。"⑥

按:盐,天禧末比至道末是增,还是减?同卷同条记,天禧末,所收"盐一十六万三千八百余石"⑦,所费"盐十一万八千余石席"⑧。紧接一条记,"凡颗盐、末盐皆以五斤为斗。颗盐,卖价每斤自四十四至三十四钱,有三等。末盐卖价,每斤自四十七至八钱有三十一等。<u>至道</u>末,卖颗盐钱七十二万八千余贯,末盐一百六十三万余贯云"。⑨据至道末盐价、盐利收入和五十斤为一石推算,至道末收入盐,当在一百万石以上。由此,天禧末盐收入,比至道末当是减少,原文恐漏一"减"字。

---

① 《长编》卷34,淳化四年五月甲午,第748页。
② 《长编》卷52,咸平五年五月甲辰,第1131页。
③ 《宋会要辑稿·职官》36之3,第3888页。
④ 《宋史》卷466《王仁睿传》,第13602页。
⑤ 《长编》卷83,大中祥符七年十二月末,第1908页。
⑥ 《长编》卷97,天禧五年十二月末,第2258页。
⑦ 《长编》卷97,天禧五年十二月末,第2259页。
⑧ 《长编》卷97,天禧五年十二月末,第2260页。
⑨ 《长编》卷97,天禧五年十二月末,第2261页。

（9）《长编》卷一一二，明道二年四月己未："降龙图阁直学士、工部郎中冯季良为濠州防御使，赴本州。"① 卷一一三，明道二年九月甲申："再贬濠州防御使冯季良。"②

按：据文渊阁四库全书本同条、《长编》卷一一〇天圣九年十一月乙未③与同书景祐元年六月庚子④所记，"冯季良"应为"马季良"，故此应作校勘记。

（10）《长编》卷一一七，景祐二年九月末："是月，诏：今后内臣八仕三十年以上，累有劳效，经十年不曾迁转者，仰勘会明保取旨。"⑤

按：据文渊阁四库全书本同条所记，"八仕"应为"入仕"。《长编》同卷九月壬寅记："诏勾当御药院，自今选内臣入仕三十年以上，经十年不迁而累有劳者为之。"⑥ 此亦可佐证。

（11）《长编》卷一六七，皇祐元年八月丙子："前判河阳、武宁节度使、兼侍中夏竦。"⑦

按："判河阳"应是"判河南"，"武宁节度使"为衍文。文中"前"，是指庆历八年（1048）五月。据《宋史》卷二一一《宰辅二》⑧、《长编》卷一六四庆历八年五月辛酉所记："枢密使、河阳三城节度使、同平章事夏竦罢枢密使，判河南府。"⑨ 虽罢枢密使，依旧带"河阳三城节度使"衔。夏竦徙"武宁节度使"则在皇祐二年（1050）十月丙辰，而皇祐元年（1049）八月丙子称"武宁节度使"，显然有误。《长编》卷一六九，皇祐二年十月丙辰："河阳三城

---

① 《长编》卷112，明道二年四月己未，第2614页。
② 《长编》卷113，明道二年九月甲申，第2636页。
③ 《长编》卷110，天圣九年十一月乙，第2571页。
④ 《长编》卷113，景祐元年六月庚，第2679页。
⑤ 《长编》卷117，景祐二年九月末，第2758页。
⑥ 《长编》卷117，景祐二年九月壬寅，第2757页。
⑦ 《长编》卷167，皇祐元年八月丙子，第4010页。
⑧ 《宋史》卷211《宰辅二》，第5471页。
⑨ 《长编》卷164，庆历八年五月辛酉，第3951页。

节度使、兼侍中英国公夏竦为武宁节度使，进封郑国公。"①《宋史》卷二八三《夏竦传》也称："罢知河南府。未几（按，皇祐元年七月乙未），赴本镇，加兼侍中。飨明堂（按，在皇祐二年九月辛亥），徙武宁军节度使，进郑国公。锡赉与辅臣等。"②

同样，《长编》卷一六七，皇祐元年七月乙未："诏河阳三城节度使、同平章事、判河中府夏竦，赴本镇。"③"河中府"亦是"河南府"之误。

（12）《长编》卷一六七，皇祐元年九月已未："罢武举。"④

按：《宋史》卷一一《仁宗三》⑤，"已未"当是"己未"之误。皇祐元年九月辛卯为朔，而己未为二十九日。

（13）《长编》卷一八九，嘉祐四年二月乙亥："诏三司：'以天下广惠仓隶司农寺，逐州选募职、曹官各一人专监。'"⑥

按：据文渊阁四库全书本同条所记，文中"募职"当为"幕职"之误。

（14）《长编》卷一九八，嘉祐八年六月戊戌："时三司使蔡襄总应奉山陵事。"⑦

按："三司使"应为"权三司使"。据同卷癸巳记："权三司使蔡襄奏大行山陵一用永定制度。"⑧戊寅："翰林学士、权三司使蔡襄，为修奉太庙使。"⑨

卷二〇二，治平元年六月癸亥："三司使蔡襄"⑩；卷二〇四，治平二年正月二月辛丑："三司使、给事中蔡襄，为端明殿学士、礼部

---

① 《长编》卷169，皇祐二年十月丙辰，第4062页。
② 《宋史》卷283《夏竦传》，第9576页。
③ 《长编》卷167，皇祐元年七月乙未，第4006页。
④ 《长编》卷167，皇祐元年九月已未，第4015页。
⑤ 《宋史》卷11《仁宗三》，第227页。
⑥ 《长编》卷189，嘉祐四年二月乙亥，第4551页。
⑦ 《长编》卷198，嘉祐八年六月戊戌，第4816页。
⑧ 《长编》卷198，嘉祐八年六月癸巳，第4803页。
⑨ 《长编》卷198，嘉祐八年六月戊寅，第4811页。
⑩ 《长编》卷202，治平元年六月癸亥，第4895页。

侍郎、知杭州。"① 同样，二者"三司使"均错。宋制，三司使、权三司使均为三司之长，然班次、廪禄有别，史书常混用，当加识别。

（15）《长编》卷二〇四，治平二年二月辛丑："龙图阁直学士[二七]、工部侍郎吕公弼，权三司使。"②

按：据文渊阁四库全书本同条所记，文中"龙图阁直学士"应是"龙图阁学士"之误。另据《长编》卷二〇五，治平二年七月辛巳记："权三司使、龙图阁学士、工部侍郎吕公弼，为枢密副使。"③"龙图阁直学士"原为"龙图阁学士"，"直"字系校勘者加。

（16）《长编》卷二〇九，治平四年三月末："由有薛良孺者，（欧阳）修妻之从弟也。"④

按："（欧阳）修妻"，误，当是"（欧阳）修妻"。

（17）《长编》卷二〇九，治平四年三月癸酉："枢密使、礼部侍郎吴奎参知政事……'奎辅立先帝，其功尤大。'遂越次用之。"⑤

按：吴奎由枢密使为参知政事，是贬官，而不是"越次用之"。据《宋史》卷二一一《宰辅二》记："正月丙寅，吴奎除丧，复枢密副使。三月癸酉，以礼部侍郎，参知政事。"⑥ 故《长编》中"枢密使"当是"枢密副使"。

（18）《长编》卷二一一，熙宁三年七月辛卯："赐河东经略安抚司绸绢十万匹，令依转运司年计外，变籴麟府路粮草。"⑦

按：《长编》卷二一一，熙宁三年七月丁酉："赐河东经略司绸绢十万匹，令于转运司年计外，计置麟府路粮草。"⑧ 二条内容完全相同，显然重出，"校勘记"应以注明。

（19）《长编》卷二一四，熙宁三年九月戊子："在京应干仓界人

---

① 《长编》卷204，治平二年正月二月辛丑，第4946页。
② 《长编》卷204，治平二年二月辛丑，第4947页。
③ 《长编》卷205，治平二年七月辛巳，第4979页。
④ 《长编》卷209，治平四年三月末，第5078页。
⑤ 《长编》卷209，治平四年三月癸酉，第5082页。
⑥ 《宋史》卷211《宰辅二》，第5483页。
⑦ 《长编》卷211，熙宁三年七月辛卯，第5165页。
⑧ 《长编》卷211，熙宁三年七月丁酉，第5173页。

如因仓事取受粮纲及请人钱物,并诸司公人取受应干仓界并粮纲钱物并计赃钱不满一百徒一年,每一百钱加一等;一千流二千里,每一千加一等,罪止流三千里。其过致并与者,减首罪二等。徒罪皆配五百里外牢城,流罪皆配千里外,满十千即受赃为首者配沙门岛。若许赃未受,其取与过致人,各减本罪一等。为首者依上条内合配沙门岛者,配广南牢城。仍许人陈告,犯人该徒给赏钱百千[三一],流二百千,配沙门岛三百千。若系公人,给赏外更转一资。已上人,仍亦许陈首免罪、给赏。"①

按:此段文字断句有不少歧义,应断为:"在京应干仓界人,如因仓事取受粮纲及请人钱物,并诸司公人取受应干仓界并粮纲钱物,并计赃。钱不满一百,徒一年。每一百钱,加一等。一千,流二千里。每一千加一等,罪止流三千里。其过致并与者,减首罪二等。徒罪皆配五百里外牢城,流罪皆配千里外。满十千,即受赃为首者,配沙门岛。若许赃未受,其取与过致人,各减本罪一等。为首者,依上条内合配沙门岛者,配广南牢城。仍许人陈告,犯人该徒,给赏钱百千。流,二百千。配沙门岛,三百千。若系公人,给赏外更转一资。已上人,仍亦许陈首免罪给赏。"

(20)《长编》卷二一五,熙宁三年八月癸未:"同判司农事吕惠卿言:'淳化中,都下初置常平仓,贱籴贵发。至景德中,差开封府浚仪知县监仓事。祥符六年,始以两县常平仓并为在京常平'……《惠卿家传》云云已附五月十七日。"②

按:"开封府浚仪知县"与下文"两县"无法解释。据李焘附注,此段文字出自《惠卿家传》,已见于五月十七日。翻检《长编》卷二一三,熙宁三年五月丙午:"蒋静作《吕惠卿家传》云:三年五月,兼判司农寺。初,淳化中,始置常平仓,贱籴贵发。至祥符六年,并开封、祥符两县仓为在京常平仓。"③ 由此可知,"开封府浚仪

---

① 《长编》卷214,熙宁三年九月戊子,第5222页。
② 《长编》卷215,熙宁三年八月癸未,第5231页。
③ 《长编》卷213,熙宁三年五月丙午,第5130页。

知县"应是"开封、浚仪知县"。又据《宋史》卷八五《地理一》[①]记,浚仪县,即祥符县,大中祥符二年(1009)改。

(21)《长编》卷二一六,熙宁三年十月辛酉注文:"《日录》:九月一日,王安石、韩绛并荐李绶,除副承旨。当考。"[②]

按:《长编》卷二一五,熙宁三年九月乙未:"皇城使、端州团练使、知恩州李绶,为枢密副都承旨。"[③]九月乙未,即九月八日。李绶是除枢密副都承旨、还是副承旨,是在九月一日、还是九月八日?《宋会要辑稿·职官》六之四记,熙宁三年九月八日,以皇城使、端州团练使、知恩州李绶,为枢密副都承旨。据此,李绶于九月八日除枢密副都承旨。

(22)《长编》卷二一八,熙宁三年十二月末:"是岁,宗子赐名授官者四十五人。"[④]

按:《长编》卷二二八,熙宁四年十二月末:"是岁,宗子赐名、授官者六十六人。"[⑤]二处"赐名"与"授官"断句不统一。"赐名""授官"是两件不同之事,应该断开。

(23)《长编》卷二二七,熙宁四年十二月壬申:"诏:'军头司马步两直可拨入殿前、步军司,阙马者填虎翼,有马者填云骑。马直雍熙四年置步直端拱元年置。"[⑥]

按:此处标点有误,应断为:"诏:'军头司马步两直可拨入殿前、步军司,阙马者填虎翼,有马者填云骑。'马直雍熙四年置,步直端拱元年置。"

(24)《长编》卷二二九,熙宁五年正月壬寅:"而张茂则[九]与程昉独肯任此。"[⑦]

---

① 《宋史》卷85《地理一》,第2107页。
② 《长编》卷216,熙宁三年十月辛酉注文,第5251页。
③ 《长编》卷215,熙宁三年九月乙未,第5238页。
④ 《长编》卷218,熙宁三年十二月末,第5316页。
⑤ 《长编》卷228,熙宁四年十二月末,第5561页。
⑥ 《长编》卷227,熙宁四年十二月壬申,第5559页。
⑦ 《长编》卷225,熙宁五年正月壬寅,第5575页。

按:"张茂则"处下标识人名专线,误,当是"张茂则"。

(25)《长编》卷二三三,熙宁五年五月丙戌:"巡检下六千人,每千人岁约三千贯,是一岁费十八万贯。今若罢招此六千人,却以保甲代之,计所用钱粮费十八万贯尚剩十万贯,以十万余人替六千人,又岁剩钱十万贯。"①

按:文中数字前后抵牾。若"每千人岁约三千贯","巡检下六千人",则共享一万八千贯,而不是"岁费十八万贯"。而以保甲代巡检,"计所用钱粮费十八万贯尚剩十万贯",更是难以理解。"十八万贯"恐为"八万贯"之误。

(26)《长编》卷二三三,熙宁五年五月壬辰:"应舜臣请,复用旧口……四年十月末,应舜臣请汴口即用旧处。"②

按:由于标识误,整段文字未知"舜臣"是谁?《长编》卷二二七,熙宁四年十月庚辰:"同提举催促辇运、都官郎中应舜臣上言……王安石善其议,……于是汴口即用旧处。"③"舜臣"姓"应","应舜臣"当是"应舜臣",而"应舜臣请,复用旧口"当断为"应舜臣请复用旧口"。

(27)《长编》卷二三四,熙宁五年七月戊戌:"都知、押班、带御器械,差遣在京者乃听供职,他则否。"④

按:"押班"与"带御器械"间不当断开。"带御器械"是一带职名,与都知、押班不可并称。同卷同月辛丑条:"应外任客省使至閤门祗候、入内都知、押班并带御器械赴阙奏事,起居讫即退,更不供职。"⑤

(28)《长编》卷二二七,熙宁四年十月壬子注文:"其后,天下上司农寺岁敷免役钱额,月为缗钱一千三百三十四万三千六百有奇,

---

① 《长编》卷233,熙宁五年五月丙戌,第5651页。
② 《长编》卷233,熙宁五年五月壬辰,第5655页。
③ 《长编》卷227,熙宁四年十月庚辰,第5535页。
④ 《长编》卷234,熙宁五年七月戊戌,第5713页。
⑤ 《长编》卷234,熙宁五年七月辛丑,第5718页。

《续资治通鉴长编》重印点校本校勘献疑 / 465

岁支九百二十五万八千五百有奇，余为宽剩三百八万五千有奇。"①

按："月为缗钱"与"岁敷免役钱额""岁支"难以对应，数字也不相符。据《永乐大典》卷七五〇七引《中书备对》记："熙宁九年，帐府界诸路免役应管钱物数，元敷年额一千二百三十四万三千六百七十贯，年支九百二十五万八千五百八十五贯，宽剩三百八万五千二十二贯。"②《永乐大典》中还详细记录了各路、诸类数字，颇具可靠性。由此，《长编》中"月为缗钱"应为"日为缗钱"，"一千三百三十四万三千六百有奇"当为"一千二百三十四万三千六百有奇"。

（29）《长编》卷二三六，熙宁五年闰七月丙辰："西京左藏库使奚起为文思使，供备库副使冯京为如京副使，余增俸秩、赐帛有差。"③

按："供备库副使冯京为如京副使"，当考。据《宋史》卷二一一《宰辅二》④，时冯京为参知政事，而不是如京副使之类小官。

（30）《长编》卷二三六，熙宁五年闰七月辛亥："漳、洺河人户数十人，经待漏谢朝廷与开河出美田三四百里……漳河一淤凡数千顷……程昉作浮梁于洺州之五桥已了当。"⑤

按：据文渊阁四库全书本同条所记，"洺河"应是"洺河"之误，否则"洺州"与"洺河"无法对应。当据文渊阁四库全书本予以校改。

（31）《长编》卷二三八，熙宁五年九月丁未："岁赐与金帛数千万，已六七十年，六七十年畏契丹，非但今日。"⑥

按：辽、宋"澶渊之盟"规定之一，宋"岁赐"辽银十万两、绢二十万匹，共三十万。宋夏战争后，辽趁机敲诈，增加银、绢各十万，共计五十万。故"金帛数千万"应是"数十万"之误。

---

① 《长编》卷227，熙宁四年十月壬子注文，第5524页。
② 解缙等：《永乐大典》卷7507《中书备对》，第3357页。
③ 《长编》卷236，熙宁五年闰七月丙辰，第5731页。
④ 《宋史》卷211《宰辅二》，第5486—5488页。
⑤ 《长编》卷236，熙宁五年闰七月辛亥，第5729页。
⑥ 《长编》卷238，熙宁五年九月丁未，第5792页。

(32)《长编》卷二四二，熙宁六年三月辛卯："赐熙河经略司钱三千万缗，以备边费。"①

按："三千万缗"疑为"三十万缗"。

(33)《长编》卷二四三，熙宁六年三月壬申："诏详定职田：知州，藩府二十顷，节镇十五顷，余州及淮阳、无为、临江、广德、兴国、南康、南安、建昌、邵武、兴化军并十顷，余军、监七顷。通判藩府八顷，节镇七顷，余州六顷。"②

按："通判藩府"间当断为"通判，藩府"，如此方可与前文"知州，藩府"对应一致。

(34)《长编》卷二四六，熙宁六年八月庚寅："乞计会熊本以所赐夔路度僧牒二百。"③

按："夔路"应为"夔州路"。《长编》卷二四三，熙宁六年三月庚午："赐夔州路转运司度僧牒五百"④，可以佐证。

(35)《长编》卷二四六，熙宁六年八月戊戌注文："《兵志》第二卷《保甲篇》：自三代比闾族党之法废更，五季以来，竭邦财以养士卒，国以耗蠹。"⑤

按："自三代比闾族党之法废更，五季以来"句断句有误，应断为"自三代比闾族党之法废，更五季以来"。

(36)《长编》卷二四七，熙宁六年十月庚辰："秦凤路都转运使。"⑥

按："秦凤路"应为"秦凤等路"。据《长编》卷二四〇，熙宁五年十一月壬申：陕西路分为两个转运使路，"秦凤等路"与"永兴军等路"。⑦ 另，《长编》卷二四七，熙宁六年十月丙戌⑧、卷二四八

---

① 《长编》卷242，熙宁六年三月辛卯，第5903页。
② 《长编》卷243，熙宁六年三月壬申，第5926页。
③ 《长编》卷246，熙宁六年八月庚寅，第5996页。
④ 《长编》卷243，熙宁六年三月庚午，第5926页。
⑤ 《长编》卷246，熙宁六年八月戊戌注文，第6000页。
⑥ 《长编》卷247，熙宁六年十月庚辰，第6021页。
⑦ 《长编》卷240，熙宁五年十一月壬申，第5867页。
⑧ 《长编》卷247，熙宁六年十月丙戌，第6025页。

熙宁六年十二月丙子，两处"秦凤路"均应为"秦凤等路"。①

（37）《长编》卷二四八，熙宁六年十二月乙丑："诏：同判都水监侯叔献、权发遣监丞俞充知、主簿刘瑃各升一任，权提点开封府界诸县镇公事吴审礼、刘淑各减磨勘二年，并以兼提举淤田有劳也。"②

按："俞充知"疑为"俞充"，"知"字衍。《宋史》卷三三三《俞充传》："俞充，字公达，明州鄞人。登进士第，熙宁中为都水丞，提举沿汴淤泥溉田，为上腴者八万顷。检正中书户房、加集贤校理、淮南转运副使。"③

（38）《长编》卷二四九，熙宁七年正月辛酉："诏河北东路义勇、保甲，令农隙以前编排了毕，赐两路钱各十五万缗。"④

按："河北东路"与"两路"有矛盾，恐"河北东路"应为"河北东、西路"之误。据《长编》卷二四六，熙宁六年七月乙丑记⑤，河北路是时已分为东、西两路。

（39）《长编》卷二四九，熙宁七年正月丁卯："安石以章惇对……惇似可。"

按："惇似可"应是"惇似可"。⑥

（40）《长编》卷二五〇，熙宁七年二月己巳："诏三司出内藏库绢二十万赴熙河经略安抚司，以备军赏。"⑦

按：三司与内藏库无隶属关系，无权"出"内库钱物。故疑内藏库为左藏库之误。

（41）《长编》卷二五〇，熙宁七年二月壬申："知谏院邓润甫，请京东路逐州管勾常平官，许转运、提举司于入通判、职官人内奏举，不惟新法因此可以推行，至于一州政事亦有所赖。诏自今逐州管

---

① 《长编》卷248，熙宁六年十二月丙子，第6054页。
② 《长编》卷248，熙宁六年十二月乙丑，第6050页。
③ 《宋史》卷333《俞充传》，第10701页。
④ 《长编》卷249，熙宁七年正月辛酉，第6071页。
⑤ 《长编》卷246，熙宁六年七月乙丑，第5984页。
⑥ 《长编》卷249，熙宁七年正月丁卯，第6078页。
⑦ 《长编》卷250，熙宁七年二月己巳，第6081页。

勾无官可差，许奏举签判或职官一员。"①

按："职官"应为"幕职官"。

（42）《长编》卷二五二，熙宁七年四月壬申："诏三司勾当公事李杞等罢相度成都府置市易务，止具经画买茶，于秦凤、熙河路博买利害以闻。其后成都府转运司同议，亦以为便。"②

按：前一处"成都府"应是"成都府"。

（43）《长编》卷二五三，熙宁七年五月壬寅："王安石乞以经义检讨官余中等往江宁府，吏人给食钱外，依例与大将驿料从之。"③

按："依例与大将驿料从之"间应断为"依例与大将驿料。从之。"

（44）《长编》卷二五三，熙宁七年五月壬子："诏京东、河北置简中、崇胜、奉化厢军十指挥，怀、卫、濮州各二，德、博、齐州各一，总五千人，将修完河北州军城故也。"④

按：新置厢军"十指挥"，而六州合计为九指挥。《宋史》卷一八九《兵三》："奉化，熙宁七年，京东、河北置拣中厢军，怀、卫、濮各二，德、博、棣、齐各一。"⑤据此，《长编》漏一"棣"字。

（45）《长编》卷二五四，熙宁七年六月辛巳："两浙路提点刑狱、中丞卢秉为太常博士，升一任。"⑥

按："中丞"当为"殿中丞"。据《长编》卷二五三，熙宁七年五月丙辰："殿中丞、权发遣两浙路提点刑狱卢秉徙淮南东路。"⑦宋制，殿中丞与太常博士为一阶之差。

（46）《长编》卷二五七，熙宁七年十月丙戌注文："熙宁六年，王荆公初罢相，以吏部尚书、观文殿学士知金陵。"⑧

---

① 《长编》卷250，熙宁七年二月壬申，第6084页。
② 《长编》卷252，熙宁七年四月壬申，第6151页。
③ 《长编》卷253，熙宁七年五月壬寅，第6191页。
④ 《长编》卷253，熙宁七年五月壬子，第6195页。
⑤ 《宋史》卷189《兵三》，第4668—4669页。
⑥ 《长编》卷254，熙宁七年六月辛巳，第6210页。
⑦ 《长编》卷253，熙宁七年五月丙辰，第6197页。
⑧ 《长编》卷257，熙宁七年十月丙戌注文，第6279页。

《续资治通鉴长编》重印点校本校勘献疑 / 469

按：据《长编》卷二五二，熙宁七年四月丙戌，王荆公初罢相在熙宁七年四月丙戌。"六年"当为"七年"之误。① 当作校勘以明之。

（47）《长编》卷二六三，熙宁八年闰四月乙巳："知黔州、内殿崇班张克明……乞别为法。下详定一司敕所，请黔南獠与汉人相犯，论如常法；同类相犯，杀人者罚钱自五十千，伤人折二支已下罚自二十千至六十千。"②

按："杀人者罚钱自五十千"后，疑有漏文。"六十千"，据文渊阁四库全书本同条所记，为"六千"。《长编》卷三三一，元丰五年十二月丁巳："应泸州生夷如与华人相犯，并用敕律，同类相犯，即比附黔州蛮五等罚法。"③ 又《长编》卷四五三，元祐五年十二月乙卯："知泸州张克明奏请，应泸州新投降招附生界夷人。今后如与汉人相犯，并乞依汉法施行。若是同类相犯，乞比附黔州见行蛮人条制，以五刑立定钱数，量减数目断罚入官。应笞罪三贯，杖罪五贯，徒罪十贯，流罪二十贯，死罪三十贯。"④

（48）《长编》卷二六四，熙宁八年五月甲戌注文："昨来朝廷初行新法，差张询、王醇、林英勾当不得，遂差庭老。"⑤

按："张询"为"张峋"之误。《长编》卷二二二，熙宁四年四月癸酉："诏：两浙路提举常平等事、职方员外郎林英，太常博士张峋，管勾常平等事、著作佐郎王醇并冲替。先是，中书以两浙路水利、差役事皆不举，已差殿中丞张靓代醇，又下提点刑狱王庭老体量。"⑥ 又《宋会要辑要·职官》四三之二记：熙宁二年九月九日，太常博士张峋提举两浙路常平等事。

（49）《长编》卷二七一，熙宁八年十二月壬寅："司农张谔辄移

---

① 《长编》卷252，熙宁七年四月丙戌，第6168页。
② 《长编》卷263，熙宁八年闰四月乙巳，第6437页。
③ 《长编》卷331，元丰五年十二月丁巳，第7984页。
④ 《长编》卷453，元祐五年十二月乙卯，第10872页。
⑤ 《长编》卷264，熙宁八年五月甲戌注文，第6465页。
⑥ 《长编》卷222，熙宁四年四月癸酉，第5406页。

诸路转运司……（注文）而司农张鄂却牒帖诸路运使……其张鄂实有此。"①

按：据文渊阁四库全书本同条所记和对照前后文，后两处"张鄂"当为"张谔"之误，"使"为"司"之误。同书卷二八〇熙宁十年二月己酉记："前判司农张谔。"② 可以佐证。

（50）《长编》卷二七五，熙宁九年五月末："是月置岷州滔山监。"③

按：据文渊阁四库全书本同条所记，"滔山监"为"滔山监"之误。《长编》卷二六八，熙宁八年九月庚午记："岷州置铸钱监……后赐监名曰滔山。"④

（51）《长编》卷二七七，熙宁九年八月庚戌："凡九州二十六县，共兴修田四千二百余顷，并修复旧田五千八百余顷，计万八千余顷。"⑤

按：《宋史》卷四二六《程师孟传》也记，"淤良田万八千顷"。⑥ "四千二百余顷""五千八百余顷"与"万八千余顷"难以对应，"八千"二字恐为衍文。

（52）《长编》卷二七八，熙宁九年十月丙午注文："佃固论其不可。"⑦

按："佃"即"陆佃"，其下当标识人名专线，即为"佃"。

（53）《长编》卷二七八，熙宁九年十月丙午："赐度僧牒干，付韶州岑水场买铜；又五百付广南东路转运司买铅、锡。"⑧

按：据文渊阁四库全书本同条所记和对照前后文，"干"字应是"千"字。

---

① 《长编》卷271，熙宁八年十二月壬寅，第6643页。
② 《长编》卷280，熙宁十年二月己酉，第6877页。
③ 《长编》卷275，熙宁九年五月末，第6736页。
④ 《长编》卷268，熙宁八年九月庚午，第6562页。
⑤ 《长编》卷277，熙宁九年八月庚戌，第6779页。
⑥ 《宋史》卷426《程师孟传》，第12704页。
⑦ 《长编》卷278，熙宁九年十月丙午注文，第6805页。
⑧ 《长编》卷278，熙宁九年十月丙午，第6805页。

《续资治通鉴长编》重印点校本校勘献疑 / 471

（54）《长编》卷二七九，熙宁九年十二月丙申注文："元丰元年闰正月一日，陈安石云云。"①

按："安石"应是"陈安石"。《长编》卷二八四，熙宁十年九月乙丑注文②、卷二八七元丰元年闰正月丙子朔③可以佐证。

（55）《长编》卷二八三，熙宁十年七月乙亥："河既大决于曹村下埽……凡灌州县四十五，而濮、齐、郓、徐尤甚，坏官亭、民舍数万，田三十万顷。"④

按：《宋史》卷九二《河渠二》所记与之略同。⑤吕祖谦《宋文鉴》卷七五，孙洙《澶州灵津庙碑》记："凡灌郡县九十五，而濮、齐、郓、徐四州为尤甚，坏官舍民舍钜数万，水所居地为田三十万顷。"⑥而《长编》卷二八四，熙宁十年八月丙戌又称："初，水占州县三十四，坏民田三十万顷，坏民庐舍三十八万家。"⑦三者所记有异，校勘记当作说明。

（56）《长编》卷二八五，熙宁十年十一月壬戌："诏支钱六十万贯，分给陕西转运司，乘岁丰市运储。"⑧

按："运储"疑为"边储"。《长编》卷二八四，熙宁十年八月壬辰："诏：永兴、秦凤路各借熙宁十一年分盐钞三十万贯，熙河路二十万贯，付转运司，乘岁丰广置边储。"⑨

（57）《长编》卷二九三，元丰元年十月乙巳："都提举市易司言，乞以见钱于河北出丝蚕州县，俟三司和、豫买绸绢足日，如民愿请价钱，委令佐续支给，其收敛并依和买条施行。从之。"⑩

---

① 《长编》卷279，熙宁九年十二月丙申，第6837页。
② 《长编》卷284，熙宁十年九月乙丑，第6963页。
③ 《长编》卷287，元丰元年闰正月丙子，第7021页。
④ 《长编》卷283，熙宁十年七月乙亥，第6940页。
⑤ 《宋史》卷92《河渠二》，第2284页。
⑥ 吕祖谦：《宋文鉴》卷75《澶州灵津庙碑》，第1101页。
⑦ 《长编》卷284，熙宁十年八月丙戌，第6950页。
⑧ 《长编》卷285，熙宁十年十一月壬戌，第6990页。
⑨ 《长编》卷284，熙宁十年八月壬辰，第6954页。
⑩ 《长编》卷293，元丰元年十月乙巳，第7148页。

按："和豫买绸绢"即"和买"。《长编》卷一〇二，天圣二年四月辛酉："州县春初豫支钱和买绸绢。"① 故"和豫"间顿号应删去。

（58）《长编》卷二九三，元丰元年十月辛亥："韩存宝破泸夷后城等十三囤。"②

按："泸夷"，误，当是"泸夷"。《长编》卷二九六，元丰二年二月庚戌："讨泸州夷事馈运有劳也。"③ 此即仅标识"泸州"二字，可以佐证。

（59）《长编》卷二九六，元丰二年正月己卯："市易旧法听人赊钱……皆出息十分之二，过期不输息，外每月更罚钱百分之二。"④

按：此文原义为：若不输本钱，二分利息之外，再追加罚钱百分之二。故"过期不输息，外每月更罚钱百分之二"，当断为"过期不输，息外每月更罚钱百分之二"。

（60）《长编》卷二九六，元丰二年正月丁亥："诏：'诸路修城于中等以上户均出役夫……仍权住输钱。'"⑤

按：此处有上引号，而缺下引号，当于文末补之。

（61）《长编》卷二九六，元丰二年九月癸亥："有苏州常熟县天圣年簿……（注文）苏州常熟县天圣中簿。"⑥

按：注文中"天圣"，当是"天圣"。

（62）《长编》卷三〇二，元丰三年二月壬戌："诏权发遣提点京西北路刑狱胡宗回罚铜十斤，免冲替。坐越职治提举司事也。"⑦

按：《长编》卷三〇三，元丰三年三月丁丑："从京西南路提点刑狱胡宗回请也。"⑧ 胡宗回究竟提点京西北路刑狱，或是京西南路刑狱？《长编》卷二九九，元丰二年八月丁巳："诏权发遣京西南路提

---

① 《长编》卷102，天圣二年四月辛酉，第1354页。
② 《长编》卷293，元丰元年十月辛亥，第7150页。
③ 《长编》卷296，元丰二年二月庚戌，第7206页。
④ 《长编》卷296，元丰二年正月己卯，第7196页。
⑤ 《长编》卷296，元丰二年正月丁亥，第7198页。
⑥ 《长编》卷296，元丰二年九月癸亥，第7299页。
⑦ 《长编》卷302，元丰三年二月壬戌，第7361页。
⑧ 《长编》卷303，元丰三年三月丁丑，第7369页。

举常平等事张商英罚铜十斤，免冲替。坐越职治提点刑狱司事也。"①权发遣提点刑狱胡宗回、权发遣提举常平等事张商英，处罚相同，原因是互相"越职治事"，出现此类尴尬之事，当在一路。据此，胡宗回当为京西南路提点刑狱，"京西北路"当改为"京西南路"。

（63）《长编》卷三〇五，元丰三年六月庚子："诏权河北东路刑狱太常丞汪辅之，虞部员外郎陈知检，各罚铜二十斤。并坐前在河北转运司奏钱帛数不实也。"②

按：《宋会要辑稿·职官》六六之五五同条所记，"陈知检"为"陈知俭"。又《长编》卷二八七，元丰元年正月己巳："权河北东路转运副使、金部员外郎陈知俭追一官、冲替。"③《长编》卷三〇三，元丰三年三月壬子："诏前河北路转运副使陈知俭罚铜三十斤……坐河决曹村失备也。"④《长编》卷三〇八，元丰三年九月戊子："诏前权河北东路转运副使陈知俭……追一官，罚铜十斤，冲替……坐失举也。"⑤ 由此，"陈知检"当是"陈知俭"之误。

（64）《长编》卷三〇七，元丰三年八月丁巳："咋尝乞存留扬州转般仓。"⑥

按：据文渊阁四库全书本同条所记和对照前后文，"咋"当是"昨"。

（65）《长编》卷三〇八，元丰三年九月乙亥："六曹郎中为朝请、朝散、朝奉大夫，凡三等；员外郎为朝请、朝散、朝奉郎，凡三等；起居舍人为朝散郎，司谏为朝奉郎。"⑦

按："起居舍人"之前漏"侍御史为朝请郎"七字，当补之。据《宋史》卷一六九《职官九》记，"六曹"⑧ 即前行、中行、后行，改

---

① 《长编》卷299，元丰二年八月丁巳，第7281页。
② 《长编》卷305，元丰三年六月庚子，第7421页。
③ 《长编》卷287，元丰元年正月己巳，第7019页。
④ 《长编》卷303，元丰三年三月壬子，第7386页。
⑤ 《长编》卷308，元丰三年九月乙亥，第7482页。
⑥ 《长编》卷307，元丰三年八月丁巳，第7471页。
⑦ 《长编》卷308，元丰三年九月乙亥，第7482页。
⑧ 《宋史》卷169《职官九》，第4053页。

官制后，依次对应为朝请、朝散、朝奉；而原侍御史改为朝请郎、起居舍人为朝散郎、司谏为朝奉郎。

（66）《长编》卷三〇九，元丰三年闰九月辛丑："诏太子中舍、权发遣陕西路转运判官马申罢转运判官，差权发遣、同经制西河路边防财用事。"①

按："西河路边防财用事"当为"熙河路边防财用事"。《长编》卷三一四，元丰四年七月己亥："诏陕西诸路运军须粮草部夫官违期致阙者，依乏军兴法，转运司、熙河路同经制马申等一面施行。"②兹可佐证。

（67）《长编》卷三一一，元丰四年正月甲午："诏成都府路提举司支钱二十万缗、米十，万石梓州路支钱十万缗，供泸州军须。"③

按："米十，万石梓州路支钱十万缗"断句有误，当断为"米十万石，梓州路支钱十万缗"。

（68）《长编》卷三一二，元丰四年四月癸卯："判军器监、龙图阁直学士、太中大夫安焘，降授中大夫。坐与丞曾孝廉议事不协，互论奏，而大理推治焘所奏不实也。"④

按："丞"是指军器监丞？《长编》卷三一一，元丰四年正月甲午："将作监安焘所举……有过犯皆未尝在焘部下。丞曾孝廉既不签书，即申枢密院胁之，乞付有司根治。诏送大理寺。"⑤《长编》卷二九一，元丰元年八月己未："诏左谏议大夫史馆修撰安焘候使高丽回日，判将作监。"⑥显然，"丞"是指将作监丞，而不是军器监丞，当作校勘。

（69）《长编》卷三一二，元丰四年五月庚寅："诏河决小吴埽……

---

① 《长编》卷309，元丰三年闰九月辛丑，第7496页。
② 《长编》卷314，元丰四年七月己亥，第7604页。
③ 《长编》卷311，元丰四年正月甲午，第7533页。
④ 《长编》卷312，元丰四年四月癸卯，第7576页。
⑤ 《长编》卷311，元丰四年正月甲午，第7534页。
⑥ 《长编》卷291，元丰元年八月己未，第7122页。

仍令东、西路提举司速赈济。"①

按："东、西路"应是"河北东、西路"，应校补之。

（70）《长编》卷三一三，元丰四年六月辛未："承议郎王端臣提举京东、西路常平等事。先是，东、西路提举常平等事、通直郎王古，因奏事颇言常平法不便，诏差官替古，而端有是命。"②

按：王端臣不可能一人提举京东、西路等四路常平等事。故"京东、西路"疑为"京东西路"，"东、西路"疑为"京东西路"。"端有是命"，据上下文，当是"端臣有是命"。

（71）《长编》卷三一四，元丰四年七月己亥："诏陕西诸路运军须粮草部夫官违期致阙者，依乏军兴法，转运司、西河路同经制马申等一面施行。"③

按：据《长编》卷三〇九，元丰三年闰九月辛丑："诏太子中舍、权发遣陕西路转运判官马申罢转运判官，差权发遣、同经制西河路边防财用事。"④"马申"当是"马申"。

（72）《长编》卷三一七，元丰四年十月庚申："李宪引兵至汝遮谷……宪虑有伏兵。"⑤

按："宪"即"李宪"，应改为"宪"。

（73）《长编》卷三一八，元丰四年十月丙寅⑥条标识序号自"20"起。

按：《长编》中元丰四年十月内容分属于卷三一七、卷三一八两卷，自乙卯（序号1）至乙丑（序号54）共55条，为卷三一七；而自丙寅（序号20）至辛巳（序号77）共58条，为卷三一八。两卷共113条，根据元丰四年十一月编号分卷情况（共103条连续编号，分属于卷三一九、卷三二〇两卷），也可连续编号，而自20起编号，

---

① 《长编》卷312，元丰四年五月庚寅，第7574页。
② 《长编》卷313，元丰四年六月辛未，第7590页。
③ 《长编》卷314，元丰四年七月己亥，第7604页。
④ 《长编》卷309，元丰三年闰九月辛丑，第7496页。
⑤ 《长编》卷317，元丰四年十月庚申，第7666页。
⑥ 《长编》卷318，元丰四年十月丙寅，第7680页。

不知何意？

（74）《长编》卷三一九，元丰四年十一月己丑："西贼僭称南牟，内有七殿，其府库、馆舍皆已焚之。"①

按："南牟"，据文渊阁四库全书本同条记为"鼐摩"，系一地名，当改为"南牟"。《宋史》卷四六七《李宪传》："烧南牟府库。"②

（75）《长编》卷三二一，元丰四年十二月戊午："永兴军路委安抚使吕大防，鄜延路委权陕西路都转运使李承之，环庆路委权管勾陕西转运使钱勰，泾原路委永兴、秦凤等路提点刑狱李宁，熙河、秦凤路委秦凤等路提点刑狱杜常。"③

按：秦凤等路提点刑狱，是杜常或是李宁？《长编》卷三〇六，元丰三年七月甲子"诏权发遣提点河北西路刑狱、太常博士杜常，权发遣提点秦凤等路刑狱兼提举义勇、保甲，代太常博士李深。"④《长编》卷三二一，元丰四年十二月戊辰："权发遣秦凤等路提点刑狱公事杜常。"⑤据此，秦凤等路提点刑狱定是杜常，"永兴、秦凤"中"秦凤"二字为衍文。

（76）《长编》卷三二一，元丰四年十二月戊辰："上谓辅臣曰：'……不过如此也。'"⑥

按：此处漏一下引号，当于句末补之。

（77）《长编》卷三二三，元丰五年二月丙子："承议郎、集贤校理、检详枢密院户房刑房文字梁焘知宣州，未行，改京西路提点刑狱。以上批焘'可与一东南监司差遣'故也。"⑦

按：梁焘提点京西北路或是南路刑狱？《长编》卷三四一，元丰

---

① 《长编》卷319，元丰四年十一月己丑，第7709页。
② 《宋史》卷467《李宪传》，第13639页。
③ 《长编》卷321，元丰四年十二月戊午，第7738页。
④ 《长编》卷306，元丰三年七月甲子，第7436页。
⑤ 《长编》卷321，元丰四年十二月戊辰，第7746页。
⑥ 《长编》卷321，元丰四年十二月戊辰，第7745页。
⑦ 《长编》卷323，元丰五年二月丙子，第7791页。

六年十一月甲子："提点京西北路刑狱公事梁焘"①。故梁焘提点京西北路刑狱。原文漏一"北"字。

（78）《长编》卷三二四，元丰五年三月乙丑："诏江东路提点刑狱范峋体量，仍下见提举盐事官曾伉分析百姓不便所以，及州县违法因依以闻。"②

按："江东路"即"江南东路"。《长编》卷三二七，元丰五年六月丁巳："江南东路提点刑狱范峋言：'体量江南西路州县违法抑配卖盐事，曾伉具析铺户卖盐事，但有当增减处，州县不时改正。'诏曾伉点检举不如法者，有未便，即具奏请。"③ 二者所记略同，可以佐证。

（79）《长编》卷三二七，元丰五年六月丁巳："江西民病蹇周辅盐法，而范峋、曾伉但以州县违法为言也。"④

按："蹇周辅"当是"蹇周辅"。《长编》卷三〇八，元丰三年九月丁亥："命权发遣度支副使蹇周辅相度江西、广东卖盐。"⑤《长编》卷三二八，元丰五年七月庚子："河北路都转运使蹇周辅言：'江南西路通般广盐，臣始奏画立法。'"⑥

（80）《长编》卷三二八，元丰五年七月己酉："诏留李宪且在泾原照管边面。"⑦

按："李宪"漏标识人名专线，当补为"李宪"。

（81）《长编》卷三二九，元丰五年八月甲寅："诏：'河东转运判官蔡烨专管勾每年入中，或移税籴从便计置军粮十万石，于吴堡寨、永宁关封桩，斗不得过五百十'。"⑧

按：据《宋会要辑稿·食货》三九之三四记，"斗不得过五百

---

① 《长编》卷341，元丰六年十一月甲子，第8201页。
② 《长编》卷324，元丰五年三月乙丑，第7795页。
③ 《长编》卷327，元丰五年六月丁巳，第7873页。
④ 《长编》卷327，元丰五年六月丁巳，第7874页。
⑤ 《长编》卷308，元丰三年九月丁亥，第7490页。
⑥ 《长编》卷328，元丰五年七月庚子，第7905页。
⑦ 《长编》卷328，元丰五年七月己酉，第7908页。
⑧ 《长编》卷329，元丰五年八月甲寅，第7916页。

十"当为"斗不得过百五十"。

（82）《长编》卷三二九，元丰五年八月庚申："永兴军等路提点刑狱司言：'本路十八州军多未获强劫贼盗，即无立定年额，捉贼赏钱增给欲乞以四千缗为额。'从之。仍给场务钱：每岁永兴军五百千，河中府、陕、同、华、耀、商州各三百千，虢、解、邠、鄜州各二百千，延、庆、宁、丹州各百五十千，环坊州、保安军各百千。"①

按：以点校本合计各州军数字为三千九百缗，与原额"四千缗"不符。考之原委，"环坊州"断句误也，当断"环、坊州"。

（83）《长编》卷三三一，元丰五年十一月丙申："承议郎、考功员外郎范峋增差提点开封府界诸县镇公事。'增差'当考。"②

按：李焘自注曰："'增差'当考。"据同卷乙巳与《宋会要·职官》六六之二〇："诏提点开封府界诸县镇公事承议郎杨景略降一官。"兹表明，在范峋任提点开封府界诸县镇公事时，杨景略也在任，故言"增差"。李焘认为当考，实无必要。校勘记当明之。

（84）《长编》卷三三五，元丰六年六月丁："诏户部移置钱万缗均与永兴、秦凤路提举司。"③

按："万缗"岂足分配两路，疑其前遗漏。

（85）《长编》卷三三七，元丰六年七月戊申："门下、中书外省言：'自官制行已及期月，其间利害，官吏固已习知。'"④

按：新官制行于元丰五年五月一日，至六年七月已年余，"期月"恐有不当，当有校勘记。

（86）《长编》卷三三七，元丰六年七月壬子："户部言江、淮等路发运使蒋之奇奏。"⑤

按："发运使"应为"发运副使"。《长编》卷三三六，元丰六年

---

① 《长编》卷329，元丰五年八月庚申，第7921页。
② 《长编》卷331，元丰五年十一月丙申，第7977页。
③ 《长编》卷335，元丰六年六月丁卯，第8086页。
④ 《长编》卷337，元丰六年七月戊申，第8115页。
⑤ 《长编》卷337，元丰六年七月壬子，第8117页。

闰六月乙未："赐江、淮等路发运副使蒋之奇紫章服。"①《长编》卷三三八，元丰六年八月己卯："江、淮等路发运副使蒋之奇言。"②

（87）《长编》卷三三九，元丰六年九月癸卯："是日，尚书右丞王安礼面奏。"③

按："尚书右丞"应为"尚书左丞"。《长编》卷三三八，元丰六年八月辛卯："尚书右丞王安礼为尚书左丞。"④《长编》卷三四二，元丰七年正月乙丑："尚书左丞王安礼。"⑤

（88）《长编》卷三三九，元丰六年九月戊午："京东路转运使吴居厚。"⑥

按："京东路转运使"应为"京东路都转运使"。据同卷戊申："权发遣京东路转运副使吴居厚为天章阁待制、京东都转运使。"⑦ 同卷乙卯也记："京东都转运使吴居厚。"⑧ 同卷丁卯："京东都转运使吴居厚奏。"⑨《长编》卷三五四，元丰八年四月辛未："京东路都转运使、天章阁待制吴居厚降知庐州，以言者论其苛刻也。"⑩

《长编》卷三四〇，元丰六年十月癸未，"诏赐京东路转运使吴居厚"，⑪ 误同上。

（89）《长编》卷三三九，元丰六年九月壬申："兵部乞以川路见桩卖不堪官马及死马钱，委提举司官计置匹帛上京，川陕四路准此。从之。"⑫

按：宋神宗时"川陕四路"，当是六路，故"川陕四路"疑为

---

① 《长编》卷336，元丰六年闰六月乙未，第8102页。
② 《长编》卷338，元丰六年八月己卯，第8139页。
③ 《长编》卷339，元丰六年九月癸卯，第8159页。
④ 《长编》卷338，元丰六年八月辛卯，第8149页。
⑤ 《长编》卷342，元丰七年正月乙丑，第8231页。
⑥ 《长编》卷339，元丰六年九月戊午，第8168页。
⑦ 《长编》卷339，元丰六年九月戊申，第8161页。
⑧ 《长编》卷339，元丰六年九月乙卯，第8166页。
⑨ 《长编》卷339，元丰六年九月丁卯，第8172页。
⑩ 《长编》卷339，元丰八年四月辛未，第8407页。
⑪ 《长编》卷340，元丰六年十月癸未，第8183页。
⑫ 《长编》卷339，元丰六年九月壬申，第8174页。

"川峡四路"。"陕"字为"峡"字同源字。

（90）《长编》卷三四五，元丰七年五月己未："诏：'提举保甲司放罪。提举常平司拨粮二十万石，约保甲随处封桩。保甲司有灾伤，奏听朝旨赈济。河北、陕西准此。河北等路各十五万石，永兴等路各二十万石，秦凤路各十万石。'"①

按："秦凤路"一路言"各"，恐前后失应，疑"秦凤路"为"秦凤等路"之误。

（91）《长编》卷三四八，元丰七年八月丙申："诏支常积剩钱五十万缗，付熙河兰会路经制司市粮草。"②

按：据文渊阁四库全书本同条记，"常积剩钱"应为"常平积剩钱"。

（92）《长编》卷三五〇，元丰七年十一月丁未："河东经略使吕惠卿言：'近支末盐钱十三万缗［一二］，赴本路籴买。'"③

按：校勘记曰："十三万"，阁本"十三"作"三十"。其实，阁本误，校勘记当明之。"近支末盐钱"当指元丰七年十月。据《长编》卷三四九，元丰七年十月丁卯记："诏支末盐钞三十万缗，付河东路转运司市粮草。"④

（93）《长编》卷三五〇，元丰七年十二月末："场务钱五百五万九十。"⑤

按："九十"，《宋史》卷一七七《食货五》，记为"九千"。⑥ 二者有异，当作校勘予以明之。

（94）《长编》卷三七三，元祐元年四月乙酉："陕西转运司言：虢州南阳县界有军贼六七十人，杀捕盗兵三人，虑王充余党戈俊等亦

---

① 《长编》卷345，元丰七年五月己未，第8288页。
② 《长编》卷348，元丰七年八月丙申，第8353页。
③ 《长编》卷350，元丰七年十一月丁未，第8386页。
④ 《长编》卷349，元丰七年十月丁卯，第8365页。
⑤ 《长编》卷350，元丰七年十一月丁未，第8386页。
⑥ 《宋史》卷177《食货五》，第4310页。

在其间。"①

按：《宋会要·兵》一二之一一，所记略同。据《元丰九域志》卷一《京西路·邓州》、卷三《陕西路·虢州》②记，南阳县隶邓州，深居腹里，与虢州无界可言。而虢州下属三县，其一为朱阳。又刘挚《忠肃集》卷六《论捕盗》记："今王冲虽死，余党犹在，而成俊者（疑为戈俊）为之首，自近日于杜管镇劫略，啸聚渐盛，讨扑愈难。"③"杜管镇"，今卢氏"杜官镇"，宋时属朱阳县，但绝不属南阳县。故"南阳"当为"朱阳"之误。

（95）《长编》卷三七七，元祐元年五月壬戌："门下侍郎、韩维为仪仗使。"④

按：句中顿号误，当去。

（96）《长编》卷三八〇，元祐元年六月甲辰："右正言王觌言……"⑤

按："王觌"二字下漏人名专线，当补为"王觌"。

（97）《长编》卷三八七，元祐元年九月丁卯："辙又言……"⑥

按："辙"即"苏辙"，漏人名专线，当改为"辙"。

（98）《长编》卷四〇七，元祐二年十一月丙辰："枢密院言：'淮南转运副使赵偁奏……按：《元丰将官敕》，府界、京东西路二百五十六条，河北路二百五十五条，河东路二百五十八条，河南路二百五十一条。'"⑦

按："河南路"，宋无此路，故疑为"淮南路"。

（99）《长编》卷四四一，元祐五年四月戊戌："熙河兰岷路经略

---

① 《长编》卷373，元祐元年四月乙酉，第9042页。
② 王存：《元丰九域志》卷1《京西路·邓州》，第24页；卷3《陕西路·虢州》，第116页。
③ 刘挚：《忠肃集》卷6《论捕盗》，第117页。
④ 《长编》卷377，元祐元年五月壬戌，第9155页。
⑤ 《长编》卷380，元祐元年六月甲辰，第9228页。
⑥ 《长编》卷387，元祐元年九月丁卯，第9426页。
⑦ 《长编》卷407，元祐二年十一月丙辰，第9897页。

司言……"①

按："熙河兰岷路"系地名，不当标识书名专线，应标识地名专线，即为"熙河兰岷路"。

（100）《长编》卷四六〇，元祐六年六月末："文彦博辞子及进职，许之。"②

按："及"，即"文及"，文彦博之子。《长编》卷三五六，元丰八年五月庚戌："及、永世皆彦博子。"③《长编》卷四六八，元祐六年十一月壬寅："左朝奉郎、直龙图阁、权管勾西京留守司御史台文及，为集贤殿修撰、知河阳。"④ 故"及"当改为"及"。

（101）《长编》卷五〇五，元符二年正月壬子："莘王俣上表请就外第……永宁郡王偲上表请出合。"⑤

按：在"永宁郡"与"王偲"下标识端线，误，当分别于"永宁郡王"与"偲"下标识。偲，即赵偲，"永宁郡王"是其封号。同理，"莘王俣"标识同一端线，亦误，当于"莘王"和"俣"下分别标识。

（102）《长编》卷五一〇，元符二年五月癸丑："权户部尚书吴居厚试吏部尚书。"⑥

按："试吏部尚书"当为"试户部尚书"。据同卷己巳："朝散大夫、试户部尚书吴居厚……进秩一等。"⑦《长编》卷五一八，元符二年十一月丙子："宝文阁直学士、知成都府李南公，权户部尚书；试户部尚书吴居厚为龙图阁学士、权知开封府。"⑧ 而《长编》卷五一一元符二年六月己丑，"从户部侍郎吴居厚请也"，⑨ "侍郎"当是

---

① 《长编》卷441，元祐五年四月戊戌，第10610页。
② 《长编》卷460，元祐六年六月末，第11013页。
③ 《长编》卷356，元丰八年五月庚戌，第8519页。
④ 《长编》卷468，元祐六年十一月壬寅，第11172页。
⑤ 《长编》卷505，元符二年正月壬子，第12033页。
⑥ 《长编》卷510，元符二年五月癸丑，第12138页。
⑦ 《长编》卷510，元符二年五月己巳，第12150页。
⑧ 《长编》卷518，元符二年十一月丙子，第12326页。
⑨ 《长编》卷511，元符二年六月己丑，第12165页。

"尚书"之误。

（103）《长编》卷五一八，元符二年十一月辛未："渭州三指挥逃走及死亡共二百七十五人。"①

按："渭州三"处地名专线误，当标识为"渭州三"。

（104）《长编》卷五一九，元符二年十二月末："天下上户千三百二十七万六千四百四十一，丁三千一百六万一千四十五；客户六百四十三万九千一百一十四，丁千三百三十万三千九百四。"②

按：《长编》岁末载户口数字，通常为主户与客户对举，故"上户"疑为"主户"之误。

原刊于《宋史研究论丛》2006 年第 7 辑

---

① 《长编》卷 518，元符二年十一月辛未，第 12322 页。
② 《长编》卷 519，元符二年十二月末，第 12352 页。

《宋史》勘误一则

《宋史》卷二一一《宰辅二》载："（熙宁六年）四月己亥，文彦博自剑南西川节度使、守司空兼侍中、枢密使，授守司徒兼侍中、河东节度使判河阳。"①

按，文彦博究竟是出任枢密使，或是罢免枢密使？据同书同卷记，文彦博任枢密使时间是宋英宗治平二年（1065）七月庚辰，当时他的官衔是"淮南节度使、检校太师兼侍中、行扬州大都督长史、潞国公除枢密使"②。细查《宋史·宰辅表》，自治平二年七月至熙宁六年（1073）四月，没有提到文彦博罢免枢密使之事。很显然，《宋史·宰辅表》关于文彦博任免枢密使的两处记载是前后矛盾的。据文义，《宋史·宰辅表》所载文彦博于宋英宗治平二年七月庚辰任枢密使是很明确的，没有异议的；而宋神宗熙宁六年四月己亥，应当是文彦博罢免枢密使，以"使相"的身份外任河阳府知府。文彦博任枢密使时的官衔是"淮南节度使、检校太师兼侍中、行扬州大都督长史、潞国公"，和免任前夕的官衔"剑南西川节度使、守司空兼侍中"不一致，据《宋史》卷一四《神宗一》、《宋史》卷三一三《文彦博传》，这主要是因为刚刚即位的宋神宗于治平四年（1067）正月戊辰和九月壬寅两次迁官加职所致，限于篇幅，兹不详述。文彦博官衔虽在八年中是升迁的，但他的"实差"仍是枢密使。

但是，在《宋史·宰辅表》中，此句史料放在"执政进拜加官

---

① 《宋史》卷211《宰辅二》，第5488页。
② 《宋史》卷211《宰辅二》，第5482页。

一栏中，而不是"罢免"一栏。《宋史》点校者没有发现其中错讹，并在句读时点断不清。文彦博是北宋名臣，宰执官任免又是大事，史书记载颇多，兹采摘数则以佐正之。

（1）《宋宰辅编年录校补》卷八，"熙宁六年"条载：

> 四月已亥，文彦博罢枢密使。自剑南西川节度使、守司空兼侍中罢，授守司徒兼侍中、河东节度使，判河阳……彦博自治平二年七月为枢密使，是年四月罢，判河阳……在枢府凡八年。①

《宋宰辅编年录》与《宋史·宰辅表》同记录宋代宰执任免时间和官衔变化，在内容上最为一致，最直接指明：熙宁六年四月已亥文彦博罢枢密使，而不是任枢密使。

（2）《长编》卷二四四，熙宁六年四月已亥条载：

> 枢密使、剑南西川节度使、守司空兼侍中文彦博罢，授守司徒兼侍中、河南节度使，判河阳，从所乞也。②

《长编》既明示文彦博罢免枢密使，又说明其罢免的原因。

（3）《宋会要辑稿》职官一之一"三公三少"载：

> （熙宁）六年四月二十六日，枢密使、开府仪同三司、守司空、检校太师兼侍中、潞国公文彦博，守司徒兼侍中，判河阳。仍诏大敕系衔曹佾上，出入如二府仪。又诏彦博尝受先朝顾命，今罢枢府，宜依曾公亮罢相例推恩。③

《宋会要辑稿》略去文彦博"节度使"衔，但清楚地指明他被免

---

① 徐自明：《宋宰辅编年录校补》卷8，第432—433页。
② 《长编》卷244，熙宁六年四月已亥，第5944—5945页。
③ 《宋会要辑稿·职官》1之1，第2330页。

去枢密使"实差"。

（4）《宋史》卷313《文彦博传》载：

> 彦博在枢府九年，又以极论市易司监卖果实，损国体敛民怨，为（王）安石所恶，力引去。拜司空、河东节度使，判河阳。①

《宋史》本传不详时间，但从官衔对比上看，应是熙宁六年四月文彦博罢枢密使之事。

（5）《名臣碑传琬琰之集》下卷13《文忠烈公彦博传》载：

> 治平二年服阕，复以旧官，判河南。寻除侍中、淮南节度使，判永兴，入为枢密使兼群牧制置使，徙剑南西川节度使……（熙宁）六年，除守司空、河东节度使，判河阳。②

《名臣碑传琬琰之集》所录文彦博传记，源自《实录》，史料真实性毋庸置疑，但纪传体的传记，详于记事而略于记时，从中可以判断：文彦博从枢密使卸任后出判河阳府这一地方差遣。

（6）《潞公文集》卷22《赴河阳陛辞日面奏（熙宁六年）》载有文彦博熙宁六年罢免枢密使赴任河阳府前夕辞别宋神宗的奏议③，兹不录。

上引史料虽大同小异，但可以清楚地说明：熙宁六年四月，文彦博罢免西府长官枢密使，外任河阳府知府。《宋史·宰辅二》关于熙宁六年四月文彦博任免的文字是说他罢免枢密使的，而不是出任枢密使的，故应置于《宋史·宰辅表》执政"罢免"一栏，而不应放在

---

① 《宋史》卷313《文彦博传》，第10262页。
② 杜大珪编：《名臣碑传琬琰之集》下卷13《文忠烈公彦博传》，文渊阁四库全书本，第450册，第761—762页。
③ 文彦博：《文彦博集校注》卷22《赴河阳陛辞日面奏（熙宁六年）》，申利校注，中华书局2016年版，第693页。

"执政进拜加官"一栏中。此句话应断句为:"(熙宁六年)四月已亥,文彦博自剑南西川节度使、守司空兼侍中、枢密使,授守司徒兼侍中、河东节度使、判河阳。"任前官与任后官明确断开,以免引起歧义。

原刊于《中国史研究》2003年第2期

荥（滎）经县，还是荣（榮）经县？

——关于荥经县地名误写问题

荥经县，位于四川省中部偏西，今属雅安市。以其境内有荥水、经二河而得名。秦朝置严道县，属蜀郡。西晋永嘉后废。隋复严道县。唐武德三年（620）置荥经县，属雅州。元朝末年，明玉珍大夏政权省荥经县入严道县。明洪武十三年（1380）复置，仍属雅州。清朝属雅州府。1914年，属建昌道。1928年，直属四川省。1938年，属西康省。1950年，属西康省雅安专区。1955年属四川省雅安专区。1968年，属四川省雅安地区。2000年，属四川省雅安市。①

但是，在我国古代历史地理文献和今天一些历史地名词典中，荥经县由于其"荥"字与"荣"字体相似，而被屡屡误作"荣经县"。而在读音上，又由于"荥"字有两个读法，一读 yíng，一读 xíng，而有时会被误读为后者。这里，仅就其字体相近而致误的情况略举诸例，意在引起大家的注意，在使用古籍时要慎重；也希望已整理出版的历史地理文献和现今历史地名词典再版时，能纠正过来，免得误导他人。

一　在未整理文献中的错误

（1）樊绰：《蛮书》卷一《云南界内途程第一》："从奉义驿至雅

---

① 戴均良等主编：《中国古今地名大辞典》，上海辞书出版社2005年版，第2124页。

州界荣经县南道驿七十五里,至汉昌六十里。"①

(2) 郭允蹈:《蜀鉴》卷九《西南夷本末上》:"邛徕关,在雅州荣经县。"②

(3) 胡广等撰:《书经大全》卷三《〈禹贡〉·和夷底绩》:"和夷,地名。严道以西有和川,有夷道,或其地也。又按晁氏曰:'和夷二水,名和水。今雅州荣经县北和川水。'"③

(4) 王顼龄等撰:《钦定书经传说汇纂》卷四《〈禹贡〉上·和夷底绩》:"和夷,地名。《四川志》:和夷在黎雅越嶲等处。严道以西有和川,有夷道,或其地也。又案晁氏曰:'和夷二水,名和水,今雅州荣经县北和川水。'"④

以上未经整理的古文献中,荥经县显然被误作荣经县。当然,并不是所有文献都是如此,还有部分文献中荥经县是正确的。如,彭大翼《山堂肆考》卷二二四《鳞虫·鱼·缘木》:"雅州荥经水及西山汉谷中出鲋鱼……有足能缘木,声如儿啼。"⑤ 如是者甚多,兹不枚举。

二 在已整理文献中的错误

(1) 李泰:《括地志辑佚》卷四《雅州·荣经县》:"荣经,武德年间置,本秦严道县地。"⑥

---

① 樊绰:《蛮书》卷1《云南界内途程第一》,文渊阁四库全书本,台北商务印书馆1986年版,第464册,第3页。
② 郭允蹈:《蜀鉴》卷9《西南夷本末上》,文渊阁四库全书本,台北商务印书馆1986年版,第352册,第571页。
③ 胡广等撰:《书经大全》卷3《〈禹贡〉·和夷底绩》,文渊阁四库全书本,台北商务印书馆1986年版,第63册,第347页。
④ 王顼龄等撰:《钦定书经传说汇纂》卷4《〈禹贡〉上·和夷底绩》,文渊阁四库全书本,台北商务印书馆1986年版,第65册,第574页。
⑤ 彭大翼:《山堂肆考》卷224《鳞虫·鱼·缘木》,文渊阁四库全书本,第978册,第444页。
⑥ 李泰:《括地志辑校》卷4《雅州·荣经县》,贺次君辑校,中华书局1980年版,第206页。

（2）李吉甫：《元和郡县志》卷三三《剑南道·雅州》："荣经县，中下。东北至州一百一十里。本秦、汉严道县地，武德三年于此置荣经县。"①

（3）刘昫等撰：《旧唐书》卷四一《地理四·剑南道·雅州》："雅州，下都督府。隋临邛郡。武德元年，改为雅州。领严道、名山、卢山、依政、临邛、蒲江、临溪、蒙阳、汉源、火井、长松、灵关、杨启、嘉良、大利、阳山十六县。其年割依政、临邛、蒲江、临溪、火井五县，置邛州；汉源、阳山二县置登州。二年，置荣经县……荣经，汉严道县地。武德三年，置荣经县。县界有邛来山、九折坂铜山也。"②

（4）欧阳修、宋祁等撰：《新唐书》卷四二《地理四·剑南道·雅州》："荣经，中下。武德三年置。"③

（5）乐史撰：《太平寰宇记》卷七七《剑南西道六·雅州》记："荣经县，西南一百二十里。元二乡。本严道县地……武德二年置荣经县，因界内有荣经水口成为名。"④

（6）李焘撰：《长编》卷三〇一，元丰二年十二月壬戌："诏雅州荣经县依威、茂、黎三州免输义仓米，以所领户杂蕃人也。"⑤

（7）《长编》卷四四二，元祐五年五月辛未："都大提举成都府、利州、陕西等路茶事司言：'应雅州管下卢山、荣经县碉门、灵关寨，威、茂、龙州，绵州石泉县界并为禁茶地分，如敢侵犯，并依秦、熙等路法施行。'从之。"⑥

（8）《长编》卷四五四，元祐六年春正月乙酉："成都府利州路铃辖司言：'元祐敕应雅州管下卢山、荣经县碉门、灵关寨，威、茂州、龙州，绵州石泉县界，并为禁茶地分，缘诸州县镇皆是接连蕃

---

① 李吉甫：《元和郡县志》卷33《剑南道·雅州》，第804页。
② 《旧唐书》卷41《地理四·剑南道·雅州》，第1682页。
③ 《新唐书》卷42《地理四·剑南道·雅州》，第1083页。
④ 乐史撰：《太平寰宇记》卷77《剑南西道六·雅州》，第1554页。
⑤ 《长编》卷301，元丰二年十二月壬戌，第7338页。
⑥ 《长编》卷442，元祐五年五月辛未，第10631页。

蛮，若行禁止，窃虑别致搔动。'诏罢前敕。"①

（9）王存等撰：《元丰九域志》卷七《成都府路·雅州》："中下，荣经。州西南一百里……有荣经水。"②

（10）欧阳忞：《舆地广记》卷三〇《成都府路下》："中下，荣经县。本严道县地。晋属汉嘉郡。唐武德三年置荣经县，属雅州。"③

（11）《宋会要辑稿》记载雅州商税云："雅州，旧在城及名山、百丈、荣经、卢山县、平羌津、和川、车领、始阳、灵关、思经十一务，岁三万二千三十六贯。熙宁十年：在城一万三千二百八十六贯五百九十八文，名山茶场一万九千五百八十六贯九百一十二文，百丈场一千四百四十九贯五百五十文，荣经场九百七十贯二百七十三文，卢山场六百六贯一百七十五文，平羌津一百二十八贯三百八十九文。"④

（12）《宋会要辑稿》记载雅州酒税称："雅州，旧在城及名山、百丈、卢山、荣经县、车领、始阳七务，岁九千四百六十二贯。熙宁十年：祖额九百四十六贯二百五十三文六分。"⑤

（13）《宋史》卷四二《地理五·成都府路·雅州》："荣经，中下。"⑥

（14）《明史》卷四二《地理四·四川·雅州》："荣经，州西南。明玉珍省入严道县。洪武中复置。"

（15）《清史稿》卷六九《地理十六·四川·雅州府》："荣经，冲，繁。府南九十里。"⑦

上述文献，都是经整理出版的重要历史文献，也是大家比较常用的文献，发行量大，出版次数多。除了《长编》外，其他均是历史地理文献。出现上述明显的陈陈相因的错误，委实不能饶恕！

---

① 《长编》卷454，元祐六年春正月乙酉，第10888页。
② 王存、赵尔巽等撰：《元丰九域志》卷7《成都府路·雅州》，第317页。
③ 欧阳忞：《舆地广记》卷30《成都府路下》，第865页。
④ 《宋会要辑稿·食货》16之16，第5765页。
⑤ 《宋会要辑稿·食货》19之17，第6412页。
⑥ 《宋史》卷42《地理五·成都府路·雅州》，第2213页。
⑦ 《清史稿》卷69《地理十六·四川·雅州府》，中华书局1976年版，第2223页。

三　在现代历史地名辞典中错误

在现代历史地名辞典中，有将荥经县误作荣经县的。如，《中国古今地名大辞典》记载："荣经县：隋严道县地。唐改置荣经县。元省。明复置。清朝属四川雅州府。民国初属四川建昌道。"[1] 再如，《中国历史地名辞典》记载："荣经县：唐武德三年（620）置，治所即今四川荥经县。元末省。明洪武十三年（1380）复置。"[2] 作为日常工具书，其权威性、普及性毋庸置疑，但出现将类似荥经县误作荣经县的错误，其负面影响自然无法估量。

原始一些古文献的错误，大概误导了我们文献整理者和地名辞典的修撰者，出现了以讹传讹的连锁性反应。我们希望在使用历史文献时，要有所警觉，有所考辨，不要出现诸如此类的错误。当然，我们更希望文献整理者和地名辞典的修撰者作为专业研究人员，要精益求精，严把质量关，否则会影响大批非专业研究人员。

原刊于《黑龙江史志》2008 年第 20 期

---

[1] 臧励龢等编：《中国古今地名大辞典》，商务印书馆香港分馆 1982 年版，第 1095 页。

[2] 复旦大学历史地理研究所、《中国历史地名辞典》编委会：《中国历史地名辞典》，江西教育出版社 1989 年版，第 611 页。

事因难能，所以可贵

——评《晚宋时期财政危机研究》

关于宋代财政史的研究，学术界涉猎者很多，专攻者却很少，研究性专著则更屈指可数。在整个20世纪，国内宋史学界财政史的研究专著，仅有汪圣铎的《两宋财政史》这一开创性的著作。[①] 21世纪之初，张金岭博士、方宝璋博士、包伟民博士几乎同时分别推出《晚宋时期财政危机研究》《宋代财政监督研究》《宋代地方财政史研究》三部力作，使宋代财政史研究顿时增色不少。[②] 本文就张著略陈管见，以就教于作者与读者。

全书内容包括3章13节，11个表格，总计达15万字。著名的宋史专家胡昭曦为之作序。是书系统地介绍了晚宋时期——宁宗嘉定元年（1208）至帝昺祥兴二年（1279）——财政危机的演变过程，深入探讨了财政危机不断加深的原因，客观地分析了财政危机与晚宋政治的关系。拜读受惠之余，深感此作难能可贵！

大凡了解宋史者都知道，宋代文献传世者很多，只要肯下功夫，著文成书，并非难事。但是，传世的宋代文献时空分布极不平衡。就时间上而言，北宋多于南宋，南宋前期多于晚期。且传世的晚宋原始资料少且零乱，严重影响了晚宋历史乃至整个宋史研究的进程。随着宋史研究的蓬勃发展及研究领域的不断开拓，深入开发晚宋这块园地

[①] 汪圣铎：《两宋财政史》，中华书局1995年版。
[②] 张金岭：《晚宋时期财政危机研究》，四川大学出版社2001年版；方宝璋：《宋代财政监督研究》，中国审计出版社2001年版；包伟民：《宋代地方财政史研究》，上海古籍出版社2001年版。

愈显必要，尤其是"向广度、深度方面发展，特别需要新的突破"①。但受史料缺乏这一先天不足之影响，许多人望而却步，更不用说深入系统的研究。张金岭却知难而进，在其数十篇相关论文的基础上，力成今日之作。实属难能可贵！

就著作本身而言，其难能可贵之处有二。其一，资料丰富，持论有据。前文已述，史料不足已严重困扰着宋史学界。更何况人们对宋代总体印象莫过于"危机"，欲在人所共知的"危机"上作文章，加上史载阙如，可谓难上加难。然张"入山采铜""劈沙拣金"，深挖残存史料，通过排比无数个"一字半句"的材料，成功地克服了这些困难，推出一部"资料丰富、持论平实、创见突出"②的学术专著。打开扉页，密密麻麻的注释，足以说明资料之丰富。虽然所征引的文献均为人所共知，但"缺中成书""平中立奇"，更显出张所下功夫之深。其二，创见突出，不落俗套。与现行的财政史研究著作相比，是书研究对象十分具体，仅局限于晚宋七十二年的历史。这就要求作者不仅能在史料上下功夫，以充分发掘这些史料的价值；更要求作者在论证上下功夫，以构建出正确的理论体系。此书主要论述晚宋财政危机的表现、原因及影响。三部分内容层层叠进，环环相扣，紧凑合理，论证有力。这一新的论证方式，是对目前财政史"收入—支出—管理"研究模式的一个突破，值得学习借鉴。不仅如此，其论证视角，亦不局限于"从财政到财政"的定式。诚如张所言，"研究一个历史时期的社会财政史"，不只是"弄清财政收支状况"，更是要"弄清一个时代的物质和精神之样态"，故"除了探究财政经济本身的方方面面，也要注意财政与当时社会生活诸领域的互动关系"。③为此，作者特意列出"士大夫无耻"与"财政危机与南宋灭亡"二节，详细地探讨了晚宋时期"士大夫无耻"之现象、原因及其对财政危机的影响，分析了晚宋时期财政危机产生的深层社会原因，提出了

---

① 胡昭曦：《晚宋时期财政危机研究·序》，第1页。
② 胡昭曦：《晚宋时期财政危机研究·序》，第3页。
③ 张金岭：《晚宋时期财政危机研究》，第146页。

南宋亡于战争而非财竭的新观点。这些创见，令人耳目一新！

是书问世，对研究晚宋财政史乃至整个宋代财政、经济、政治、军事等方面的研究大有裨益。但是，由于晚宋史研究整体薄弱，其他"板块"研究尚不充分，从而限制了财政史研究的进一步深入。另外，在诸如晚宋生产与财政关系、宋朝"家法"与财政关系、皇权专政主义与财政关系等方面，都是该书研究薄弱之处。

原题目为《评〈晚宋时期财政危机研究〉》，刊于《中国史研究动态》2002年第11期

攻克宋代物价史研究的难关

——程民生《宋代物价研究》读后

宋史研究近百年来，其研究成果最集中、水平最高的当属宋代经济史领域。即便如此，宋代经济史研究仍有不少盲区、空白点或者薄弱点。其中，宋代物价就是其中一个薄弱点，薄弱原因在于宋代物价"史料多而琐碎，难以收集；时空广而情况复杂，不易驾驭；最关键的是，衡量物价的宋代货币之复杂，为中国历史之最"[①]。这一课题无疑是宋代经济史研究的一大难点，令人望而却步、心余力拙。学术界老前辈全汉昇、漆侠、朱瑞熙、王圣铎等先生，对宋代特定时期、特定地域某几种物品价格有一定的研究，但都不完整、系统和深入。最近，程民生先生完成的国家社科基金项目《宋代物价研究》，已于2008年11月由人民出版社出版。拜读后，敬佩之余，笔者另一反应是纷繁芜杂的宋代物价研究这一难题已被攻克。《宋代物价研究》一书有许多值得肯定之处，兹略举诸端，以与大家共同分享。

一是充分观照现实。

历史是过去的现实，现实是历史的延续，历史和现实是紧密相连的。研究历史能够启迪警示后人，而现实问题能引起人们思考检讨历史。我国史学自古就有关怀现实的良好传统，但自"文革"期间史学扮演了政治斗争工具的角色从而扭曲了史学独立精神后，进入改革开放以来，个别史学又跃入了"超脱"现实的怪圈，不少人将有限的精力花在毫无现实价值的问题上。史学与现实"过密"和"过疏"两

---

① 程民生：《宋代物价研究·前言》，人民出版社2008年版，第5页。

种倾向，都是不可取的，而"若即若离"成为很多史学工作者较为理智的选择。物价（包括商品价格和服务价格）是国民经济运行的体温计，体现着经济运行状况的综合指标，更是生产者利润的重要而复杂的杠杆。它既可以衡量经济运行的热度，也可以指示经济运行的健康水平和内在质量。而物价问题又是古今共同面临的问题，因此研究宋代物价问题，既是宋史研究一个具体而重要的基础课题，又是解决当今物价（尤其是房价）剧烈波动问题的重要历史依据。《宋代物价研究》一书选题"物价"贴近现实，其本身具有很强的实用性。程民生在其著作中，既贯彻了科学研究的精神，又倾注了关怀现实的热情。诚如程先生所述"物价是人民群众最关心的问题，古今中外不能例外"①，在细细梳理各种商品具体价格后，著作专列一章考察宋人生活水平，其中包括"下层百姓每天的收入""居民每天生活费用""家庭财产数量""住房面积"与"宋钱的币值及其他"5个专题，这正是当今人们极为关心的低收入家庭生活、物权法和房价暴涨、人民币购买力等现实问题的历史考察②，堪称著作的"画龙点睛之笔"③，既增加了研究的分量，又吸引了读者注意力。在商品分类上，在尊重历史的前提下，著作很注意与现代用语的对接，尽可能用现代术语来代替宋代物品的名称（如用现代用语"煤炭"代替宋人"石炭"），让读者易懂，也便于大家利用其研究成果。

二是研究全面系统。

《宋代物价研究》共有55万字，除了序、前言、尾语、征引书目版本、参考论著、后记之外，共分13章。作者几乎收罗了所有可资使用的史料，通过合理的分类排比，连点成线，有线到面，立面为体，全面系统地厘清了宋代的土地、建筑、粮食与其他饮食、纺织品与服饰、金属及矿产等自然资源、牲畜与动植物、人口、劳动力与服务、印刷品与手抄本、书画、文化用品、政治社会用品、交通运输与

---

① 程民生：《宋代物价研究·前言》，第1页。
② 程民生：《宋代物价研究》，第557—607页。
③ 王曾瑜：《宋代物价研究·序》，第2页。

工程、兵器、工具与日杂用品等 13 类 283 种宋代生产生活用品的价格，将两宋 320 年间大大小小的商品的价格和服务费用几乎"一网打尽"，分门别类地予以梳理；其中土地和粮食两类商品，作者注意按地区分别论述。在搞清各类各种商品的价格和服务费用具体价格的基础上，作者又结合历史实际对价格形成、变化及其原因和影响作了细致深入剖析，对宋代生活水平做了总体考察，使读者能够清楚地了解宋代同一物品由于质量差别、地区差别、时代差别而显示不同价格的动态变化，是人们深入解读宋代社会经济生活的一把钥匙。

《宋代物价研究》所介绍的 13 类 283 种商品的价格和服务费用，就实物而言，巨至山林田野，微者针头线脑，涉及面很广，头绪很多，"堪称是宋代物价的大全"[1]。其中许多物品价格如亭、假山、石头、滑石、沐浴、理发、温水器、头发、首级、泥人、面具等数十种，学界从未有人问津。这充分显示了作者宽广的学术视野、丰厚知识的积累。

三是表述准确简练。

《宋代物价研究》一书从芜杂的史料、繁多的名目中建构了一个逻辑清晰、条理明确的整体框架，反映了作者非凡的驾驭能力。而在材料甄别、取舍，数据准确计算，语言表述等微观细节问题上，作者做到了准确、精练和到位，也显示了高超的治史功力。

史学研究基于史料，但史料出自史家，已非完全客观，而是有很强的主观性，需要仔细甄别。《宋代物价研究》很注意区分辨别，如宋代数学家杨辉《详解九章算法》、秦九韶《数学九章》记载的有关"物价"的材料，被不少研究者视作宋代物价材料而径直引用。程民生经过考辨发现，"数学教科书并不具备这（按，指物价）个功能，只是为了说明算法，随便用一种物品做应用题而已"。杨辉《详解九章算法》中有关数据"与宋代毫无关系"[2]。宋代史料记载的物价有常态和非常态之分，"战争、灾荒等特殊时期和个别特殊地点的某些

---

[1] 王曾瑜：《宋代物价研究·序》，第 2 页。
[2] 程民生：《宋代物价研究·前言》，第 8 页。

物价，就不具备普遍的意义，只是表明灾害程度的晴雨表而已。"①对这些史料鉴别，是很必要的，有助于得出客观的结论。

宋代物价史料很丰富，使用时要精选简用，既不能长篇大段引用、史料堆砌，徒增读者负担，又要论出有据、论据充分。《宋代物价研究》在这方面做到极致，每条史料都选得很精当，用得很贴切，读起来很顺畅，使极为枯燥、艰涩的史学著作（尤其是经济史著作）变得活泼、耐读。为了精简文字，显示直观，作者还根据史料精心制作了15个表格。②

物价史研究，是与数字打交道的研究，要求慎之又慎，否则一字之差谬以千里。这正是宋代物价史研究难点重点之一。宋代物价史研究另一难点是宋代币值、度量衡时空差别很大和宋代文献记载不精确性。作者十分警觉这两大难点，对于每一个数据都做了小心求证和反复计算，对数字后的贯、文、石、斗、升、斤、两、匹、尺、寸等币值和计量单位，都一一精校；举凡史料记载不明者，作者也小心地合理地推理。③ 也正是缘于此，书稿完稿后，作者"大修、通改了8编，小改不计其数"④，尽可能做到引用数字无误、计算准确。

四是学术严谨规范。

在数字化时代，材料的搜集和占有变得相对容易。所以，史料丰富与否已不是衡量论著质量高下的唯一标准，而是否尊重他人劳动与资料的精确度成了当今评鉴学者治学态度和学术质量的重要规范。程民生是宋史学界历来主张和自觉践行学术规范的专家之一，用他的话说："我十分赞成现在倡导的学术规范，自学界开始倡导以来，就坚持遵守，尤其厌恶引用他人论著而不做说明的做法。"⑤《宋代物价研究》一书搜罗了所有研究宋代物价的论著，并作了客观的评介，在充

---

① 王曾瑜：《宋代物价研究·序》，第9页。
② 程民生：《宋代物价研究》，第198、200、201、204、210、211、395、395、396、425、533、580、610、619、625页。
③ 王曾瑜：《宋代物价研究·序》，第5—7页。
④ 程民生：《宋代物价研究·后记》，第662页。
⑤ 程民生：《宋代物价研究·后记》，第662页。

分理解和尊重前人研究的基础上，谨慎地陈述自己的见解。他的著述除了资料丰富外，对材料的核对也是极为严格的。宋代物价研究由于史书记载混乱，几乎无法直接电子检索，所有的物价史料都是作者通过阅读获得的。尽管国家课题研究期限很短，程民生坚守承诺、按时结项，但在质量上是严格把关的，没有因时间紧而牺牲质量，体现了他良好的信誉。为了保证质量，他"3 年没有任何节假日"[1]，全身心地投入课题研究，书稿"大修、通改了 8 编，小改不计其数"。即便如此，他仍不放心，书中引用每一条史料，在精校后，仍不厌其烦地注上文献的版本、卷次、册书和页码，以便他人查对监督。笔者用手头书籍随意核对他著作中所引的史料，全部准确无误。他治学如此严谨、认真态度，在学风浮躁的今天，实不多见，十分令人敬畏。

《宋代物价研究》一书，克服了"史料多而琐碎，难以收集；时空广而情况复杂，不易驾驭；最关键的是，衡量物价的宋代货币之复杂，为中国历史之最"[2] 等诸多难题，一举"将宋代 320 年间的物价及其相关费用钩沉考证出来，予以分门别类地梳理、论述，将宋代经济数字化或将物价具体化"，攻克了宋史领域基础而又专业、学术而又现实的长期苦恼的难题，并"使之成为宋史、中国经济史研究者便于查阅的案头书"[3]。书中处处浸透着作者多年辛勤劳作的心血、严谨认真的态度和以苦为乐、不断创新的精神。《宋代物价研究》一书，是程民生先生奉献给学术界又一部"深入细致"的"榜样"性的著作[4]，值得大家认真学习。

原刊于《中国经济史研究》2010 年第 2 期

---

[1] 程民生：《宋代物价研究·后记》，第 660 页。
[2] 程民生：《宋代物价研究·前言》，第 5 页。
[3] 程民生：《宋代物价研究·前言》，第 7 页。
[4] 王曾瑜：《宋代物价研究·序》，第 2 页。

体大思精　开拓创新

——读燕永成博士《南宋史学研究》

在中国传统社会史苑中，宋代史学尤其是南宋史学无疑为最为夺目的一朵奇葩。国学大师陈寅恪曾对宋代史学评论说："中国史学莫盛于宋。"[1] 史学大师邓广铭赞扬宋代史学说："宋代史学的发展所达到的水平，在封建社会历史时期内也是最高的。"[2] 另一位国学大师、近代宋史研究的开拓者蒙文通也肯定宋代史学说："史学莫精于宋"，而"宋代史学以南渡为卓绝"。[3] 宋代修史制度之完善，史家队伍之庞大，体裁之丰富，官私史著之众多，远超汉唐，而且深启明清。诚如中国台湾著名史学家王德毅所言："近七八百年来史学的发展，可以说全受南宋史学的影响。"[4] 宋史学术界和史学史学界，对宋代史学尤其是南宋史学的盛况，均予以了关注。吴怀祺的《宋代史学思想史》[5]、蔡崇榜的《宋代修史制度研究》[6]、宋立民的《宋代史官制度研究》[7]、汤勤福的《朱熹的史学思想》[8] 等论著和大量的论文，对南

---

[1] 陈寅恪：《金明馆丛稿》二编《陈垣明季滇黔佛教考序》，生活·读书·新知三联书店2001年版，第272页。
[2] 邓广铭、漆侠：《宋史专题课》，北京大学出版社2008年版，第5页。
[3] 蒙文通：《蒙文通文集》第3卷《经史抉原·跋华阳张君〈叶水心研究〉》，巴蜀书社1995年版，第470页。
[4] 燕永成：《南宋史学研究·序》，甘肃人民出版社2007年版，第1页。
[5] 吴怀祺：《宋代史学思想史》，黄山书社1992年版。
[6] 蔡崇榜：《宋代修史制度研究》，台北文津出版社1980年版。
[7] 宋立民：《宋代史官制度研究》，吉林人民出版社1999年版。
[8] 汤勤福：《朱熹的史学思想》，齐鲁书社2000年版。

宋的修史制度、史官制度、史学思想、史学家、史学体裁等均有相当分量的论述。但是，由于受"重北轻南"观念的影响，现有的研究往往以北宋概括南宋、以个案代替整体，难以概览南宋史学的全貌。从某种意义上讲，南宋史学研究水平的高下，深深影响着整个宋代历史和史学史研究的进程。这不仅因为"现今存留下来的研究宋代史的最基本、最直接的史料，大多数直接出自南宋，或与南宋有关联"①，而且因为南宋史学"特别重要，史家贡献亦独多，近八百年的史学发达，都是由南宋领导着"②，所以，研究南宋史学十分重要，又很迫切。最近，燕永成博士《南宋史学研究》（以下简称《史学》）一书，似可满足人们久久的企盼。

《史学》一书，共31万余字，除"绪论""结论"及"附录"外，分六章。"绪论"部分，介绍了宋代史学基本概况，分析了南宋史学繁荣的政治、经济、教育文化与学术思想四个基础，回顾了南宋史学的研究状况。第一章，首先叙述南宋史学鲜明的时代特色：以修当代史、地方志及军事史为重点，并形成了个性各异的区域史学。第二章，从史书成书的多样化、史书体裁的创新与史书编修领域的拓展等方面，论述了南宋史学多样的编修形式。第三章，就会通史观、正统论、夷夏说、义理观念及史学批评诸方面，逐一分析南宋史学的史学思想。第四章，论述南宋史学庞大的治史团队特点：有家族型的，有地区型的，或精于考证，或长于说理，或优于文学，各展所长。第五章，则是南宋史学的个案分析，通过对《中兴小历》与《系年要录》两部史书记述宋高宗朝中兴历史的分析比较，说明南宋史学存在对同一史事因记述者非一人而观点各异的特色，同时又指出各种史籍的纂修都负有其特殊的功用。第六章，讨论南宋史学的独特地位与影响，先就北、南宋对前代史及当代史之编修进行比较，再论南宋史家在史书编修方面的贡献和影响，而南宋史学思想影响后世最大。《结论》部分是全书的简明扼要的小结。"附录"部分，除附有"主要参

---

① 燕永成：《南宋史学研究·绪论》，第16页。
② 王德毅：《宋代史学的特质及其影响》，《台湾大学历史学报》1999年第23期。

考文献"外,还附录了作者精心考证与绘制的"南宋主要治史者史著著录存佚目录"。

细读《史学》,收益良多,可以说它是一部目前研究南宋史学最为系统、最深入的著作。这主要表现在以下诸方面。

一是打破原来"学案式"研究模式,自创按"特征分述"的研究体系。现今不少著作,诸如史学史类、文化思想类、经济史思想类、哲学史类等,多是按人物分类叙述的,往往是"人物简介—主要著述—主要思想观点"的传统"学案"的模式,带有相当的普遍性。这样的著作,"编起来"很容易,只要选几个代表性人物就似乎代表了某一时期或某一区域的思想或历史的全貌,以点带面,以偏概全,既缺深度,又失全面。但这类浅显的书籍,似乎更有市场,因为容易看懂,也方便转抄。作为学术性很强的著作,《史学》摒弃了传统研究的模式,在南宋史学史的研究上,开创了按"特征分述"的新体系,即"在广泛吸收前人及现有研究成果的基础之上,本著述重点按南宋史学的时代特征、编修方式、史学思想和治史队伍等几个方面加以系统地论述南宋史学的发展状况,并且通过比较说明南宋史学在两宋以及此后史学发展史中的地位,以便使人们从宏观方面全面把握南宋史学的基本状况"[①]。在第三章"丰富的史学思想"一章中,也很好地贯彻了这一方法,是从会通史观、正统论、夷夏说、忠节观、义理观及史学批评等方面,逐一分析的。[②] 这样的论证方式,其深入、全面、系统的优点自不待言,更重要的是难度很大,需要作者对整个南宋的史学家、史学著作、史学思想等掌握得烂熟于胸,方能下笔时流畅自如。事因难能,所以可贵。燕永成博士新辟的研究路径,是他多年苦思冥想的结果,显示了其不凡的功力,可贺可敬,颇值得大家借鉴。

二是密切注意史学与历史的结合。举凡史学史类的著作,容易将史学脱离历史环境,空泛无物,生涩干瘪,常被读者拒之门外。所以,在历史学大学科内,人们学习史学史的热情不高,尽管大家普遍

[①] 燕永成:《南宋史学研究》,第17页。
[②] 燕永成:《南宋史学研究》,第159—189页。

认为史学史很重要。这是因为我们多停留"在从史家、史学著作到史学思想"的路子上，没有潜入其之外的历史环境中，没有从丰富的历史史实中探求史学家成长的环境、史学思想形成的深刻原因。史学家是特定历史环境中的产物，而史学思想是受一定历史时期政治、经济、军事与文化教育制约的。只有将史学家、史学著作和史学思想同历史结合起来，才能有血有肉，丰富多彩。《史学》密切注意史学与历史的结合，使著作夯实丰满，生动活泼。如果说变法图强是北宋时代的主旋律的话，那么生死存亡则是南宋历史的显著特征。如，《史学》第一章抓住了南宋历史的这一特征，揭示了南宋史学家注重当代史、军事史著作编修的原因在于："深刻反思北宋亡国及维护中兴政权之需。"[1] 浙东事功学派的兴盛，与"该区域地处南宋政治中心地带"，生死存亡问题最严重迫切有关。[2] 南宋方志学"如此兴盛"[3]，南宋史学思想中"华夷之辨与南宋人的忠节观"，均和南宋民族矛盾突出、战争频繁、国土日蹙，存亡形势严峻息息相关。[4]

南宋是中国方志学发展和完善的时期，但"就宋代方志数量而言，以两浙最多"。其正是因为南宋政权建都杭州和两浙经济发达。[5] 熊克《中兴小历》与李心传《建炎以来系年要录》两部史书，在记述宋高宗朝中兴历史时存在差别，其原因"除二人自身对所修史书的要求和准备情况不同之外，主要与二人著述时代环境密切相关"，熊克在宋孝宗朝完成《中兴小历》时，宋高宗作为太上皇还活着，所以"对宋高宗朝史事的是非评判必然受到严重制约"；而李心传修《建炎以来系年要录》时，宋高宗已经去世，被宋高宗以"谋反"罪处死的岳飞已经平反，他见到了官私各方面的史书，这有利于对史实的评判、对材料的取舍。[6] 这些结合南宋历史实际来分析当时史学新现

---

[1] 燕永成:《南宋史学研究》，第19页。
[2] 燕永成:《南宋史学研究》，第38页。
[3] 燕永成:《南宋史学研究》，第66页。
[4] 燕永成:《南宋史学研究》，第164—178页。
[5] 燕永成:《南宋史学研究》，第62—64页。
[6] 燕永成:《南宋史学研究》，第240—247页。

象的论述,在《史学》中处处可见,既充实了内容,又分析允当。

三是详略得当、表文并茂。《史学》一书不仅布局合理,史料扎实,考证缜密,分析深刻,而且详略得当,表述准确、精练,读起来使人轻松、舒畅,显示了作者很好的语言素养。整部著作,引用史料很多,但没有长篇累牍地引用材料,夹叙夹议,在叙议中将必要的史料十分妥当地嵌入,显得十分自然、合理,不至于因大段古文而让读者生畏。这与作者多年从事文献整理撰写"校勘记"有关。在介绍史著作者时,《史学》寥寥数语,要而不繁地将史家的生平履历说得清楚明白。为了节省笔墨,《史学》还精心绘制了15个表格。表格中的内容,作者是下了一番苦功的。如表2—3"《长编·神宗朝》征引王安石《日录》与司马光《日记》、《纪闻》一览表"①,虽只有4行7列,内容不过100字,但要涉及李焘《长编》、王安石的《日录》与司马光《日记》、《涑水纪闻》4部著作,其中《长编·神宗朝》多达154卷,从中逐卷逐页查找、区分、统计征引次数、"据修"、"增(添)修"、"附注"和"附注说明"等另3部编修运用情况,绝非靠电子检索所能为之,需要相当的时间和精力。这样一小表尚且如此,而诸如表6—2"宋人汉代史研究著述一览表"、附录"南宋主要治史者史著著录存佚目录"多达数十页的表格,不知耗多少时日!

当然,《史学》也有一些技术性的错误,这也是值得注意的。其一错别字问题。如第39页末行"增"字,当作"增"字。其二注释问题。如第158页注"[215]《文献通考·经籍考》卷63",是否为"《文献通考》卷63《经籍考》"更合适?第268页倒数第5行"明程敏政的《新安文献志》",初读起来不易理解,是否改为"(明)程敏政:《新安文献志》"更合适?其三分段问题。如第261—263页几千字一段,似乎太长,让人读起来太累,也不容易把握主旨。其四标点问题。作者在使用分号和逗号或冒号时比较随意。如第62—64页各段首句"就……而论;……",在句子结构是总分的关系时,当加冒号或逗号,而加之分号,则变成了并列关系。其五版本问题。书后

---

① 燕永成:《南宋史学研究》,第130页。

附录"主要参考文献"中一些文献如《长编纪事本末》《晦庵朱文公文集》《南轩集》等,作者用的是未经整理的版本,而《长编》是从1979年至1993年陆续出齐的,《史学》仅注1979年是不妥的。其六选材范围问题。史学史研究的首先选材范围是专职史学家和专门史学著作,《史学》充分关注了此类选材。还有一类人不是史学家,也不专治史学的,没有专门的史著,如处于两宋之际的李纲,在其《李纲全集》卷143—153中保存有一些议论本朝及前朝史实、史家、史著的篇章。[①] 那些散见于文集中的片言只语,有的颇有价值,对弥补南宋后期史学史研究材料不足和充实南宋史学史研究尤为必要。

尽管《史学》略有不足,但总体而言,它是一部架构独特、内容充实、论述有力、结论允当、语言流畅的史学史著作,是很值得大家学习的。

原题目为《读燕永成博士的〈南宋史学研究〉》,刊于《中国史研究动态》2011年第1期

---

① 李纲:《李纲全集》,第1359—1445页。

中国气候史研究最新成果

——读葛全胜《中国历朝气候变化》

以气温和降水为内容的气候，是人类赖以生存的最重要的自然条件之一，人类无时无刻不需要气候、依赖气候、受制于气候，当然人类活动也局部影响乃至改变了气候。气候问题，是当今时代全人类最关心的话题之一，它已不是一个简单的环境问题，而是升级为经济问题、政治问题。我国历史悠久，地域广阔，气候复杂，气候问题备受历朝各代不同程度的重视。历史文献保存了大量的有关气候变化及对当时人们生产、生活影响的记录。但是，熟悉中国历史文献者知道，史书上的气候记录，往往是间断的，而不是连续的；是局部的，而不是全国的；是极端的或异常的气候的反映，而不是所有气温和降水变化的记录；是笼统的，而不是量化的；是时人受到明显影响后被动的感应行为，而不是主动测量、认真记录的行为结果。因此，研究中国历朝气候变化是极富挑战的课题。我国研究中国历史气候最早、最权威者，当属著名科学家竺可桢。他的中国历史气候研究代表作——《中国近五千年来气候变迁的初步研究》一文[1]，问世于20世纪70年代。迄今为止，尽管有学者在竺先生论文的基础上做了补充和修正，但这篇论文仍然是我国气候史研究的奠基之作。文理兼通的竺先生，在识读处理我国古文献和研究问题时，显示出游刃有余、深入浅出与点石成金的功力和神奇，是今人无法企及的。最近，葛全胜等编著的《中国历朝气候变化》一书，由科学出版社2010年出版，全书

---

[1] 竺可桢：《中国近五千年来气候变迁的初步研究》，《考古学报》1972年第1期。

90余万字,共分12章,"试图采百家之言,究内在机理,精细描述中国历朝气候变化及其对人类社会发展可能产生的影响"①,是总结前人研究基础上的拓展延伸和推陈出新,是中国气候史研究最新成果。拜读之余,受益良多,兹略述一二,与大家共享,借以求教是书著者。

一 全球化视野下鸟瞰中国历朝气候变化

历史上,中国是世界的一部分,中国的气候虽有自己的特色,但在多数情况下受全球大气候环境的制约。所以,研究中国的气候,应当将其置于全球气候背景下去探讨,得出的结论会更准确。该书就很好地贯彻了从世界看中国这一辩证思路,认为,"全球气候变化是区域气候变化的背景;在全球尺度上,区域气候变化是全球气候变化的组成部分。作为对各时间尺度上全球气候变化的响应,中国的气候变化在许多方面与各个时间尺度上的全球气候变化具有共同特征"②。是书研究的重点是中国史前时代至1911年历朝各代冷暖气温和干湿降水的变化状况,但为了准确定位和分析原因,葛先生很注意世界范围内气候状况。在第一章第一节安排了"第四纪以来全球气候变化"和第三章"过去2000年全球温度变化"4节内容。如,全新世全球变化分为早期增暖、中期温暖和晚期的转冷3个基本阶段③,对应的中国气候也分为上述相同的阶段④。与第三章"过去2000年全球温度变化"内容相对应,该书特意设计第四章"秦汉以来中国气候变化基本特征"、第五章"过去2000年气候变化与中国社会发展"两章内容,以示"世界—中国"相呼应。在具体论述中,该书很注意"世界—中国"气候的对照,如论及五代北宋时期气候,作者称:"五代北宋时期正值世界性的'中世纪温暖期'中前期","中国'五代'

---

① 葛全胜等:《中国历朝气候变化·自序》,科学出版社2010年版,第1页。
② 葛全胜:《中国历朝气候变化》,第2页。
③ 葛全胜:《中国历朝气候变化》,第3页。
④ 葛全胜:《中国历朝气候变化》,第14页。

气候是晚唐寒冷气候的延续，但北宋气候总体偏暖，与欧洲'中世纪温暖期'相一致"①。

这样处理的好处是：一是取材更广泛，证据更充足。传统研究中国气候的主要依据的是文物资料和文献资料，这些证据是不太充分的，尤其是宋朝以前更少。过去研究中，孤证的情况比较常见，以一地代表全国，以一个年份推论一个世纪，可谓"一叶知秋"的论证！随着科技手段的使用，树轮、冰芯、石笋、珊瑚、孢粉、湖泊和海洋沉积等"自然气候证据"或"自然气候档案"②，是探密古代气候的有力证据。应该承认，在利用科技手段获得"自然气候证据"方面，西方要领先于我们。北半球这类"自然气候档案"，对于同纬度的我国古代气候研究有重要的参考价值，并在相当大程度上弥补了或者印证了古文献的记载。该书在利用"自然气候证据"方面，贯彻得非常充分，这是以往人文社会科学领域研究我国古代气候极为薄弱的环节，颇值肯定！二是结论更可靠。证据充分，研究就会更细致，得出的结论自然更结实、可靠。这一点人皆知之，无须赘言。

在与世界科学接轨方面，自然科学比人文社会科学做得好，对话更直接，联系更紧密，受益更大。该书无处不体现自然科学工作者"全球视野"的优势，高空俯视，看得更全，看得更清。

二 区域比较下窥视中国历朝气候变化

历史上，中国的版图大小不一，即使分裂时期的朝代（如南北朝），其气候带也存在区域差异。我们几乎无法找到某一点或一地区几千年相对连续的气候资料，上文已述，在以往研究中始终存在以一点代表全国、以一个年份代表一个朝代的气候的弊端。这种尴尬，由于资料的匮乏相当时期内恐怕仍将存在，《中国历朝气候变化》同样不能解决。但是，该书采取相对合理的办法，即用区域史研究的方

---

① 葛全胜：《中国历朝气候变化》，第384页。
② 葛全胜：《中国历朝气候变化》，第32、33、51、61页。

法，来弥补以点代面的不足，进而管窥全国的气候变化情况。在第四章、第六章、第八章、第十一章等章节，均按照资料多寡进行了区域大小不同的划分，有细分东北部、东中部、东南部、西北部、青藏高原5区①，有的简单分为东中部与西部②；不同区域间历史时期分段也不尽一致，如秦汉以来2000多年中气候变化，东北部分为8个时间区间，东中部分为7个时间区间，东南部分为2个时间区间，西北部分为6个时间区间，青藏高原分为5个时间区间，各区间的起止时间点不一样，对应的王朝存在出入，气候状况也千差万别。在区域气候研究的基础上，将中国秦汉以来气候冷暖变化划分为7个阶段：公元前210—前180年、541—810年、931—1320年、1921—2000年4个相对温暖期，和181—540年、811—930年、1321—1920年3个相对寒冷期。

我们不敢说该书的气候分期一定科学，但是至少可以说，与前人研究相比，通过区域比较窥视中国历朝气候变化的方法是相对科学的，划分的时间点更清楚，把握的气候特征更准确。

三　气候社会学方法下反观中国历朝气候变化

《中国历朝气候变化》一书内容空前丰富，既与自然证据资料使用有关，更与研究的角度有关。与以往多数研究相比，该书研究不局限于冷暖气温变化问题，而且考虑到干湿降水变化问题和气候冷暖、干湿变化等气候要素对社会经济、政治、军事的影响。尤其是气候冷暖、干湿变化对社会经济、政治、军事的影响，我们姑且称为"历史气候社会学"研究的范畴，在篇幅上占全书一半以上。我个人认为，将历史气候和历史气候变化的影响放在一起讨论，比分开更好。气候变化，首先会引起旱涝、冷热等天灾的滋生与农作物、饮水、病菌的变化，进而迫及人类尤其是下层百姓健康、存亡，同时还会引起流

---

① 葛全胜：《中国历朝气候变化》，第66—74页。
② 葛全胜：《中国历朝气候变化》，第223、233、314、321、496、508页。

民、起义暴动、改朝换代、北方少数民族南下等连锁反应。二者一脉相承，有先后、因果逻辑关系。放在一起通盘考虑，有助于"诠释若干历史事件"[1]；反之，通过"历史事件"可以逆推、印证当时气候的状况。如，唐朝前期出现了历史上有名的"贞观之治""开元盛世"的局面，民变次数每年仅有 0.63 次，原因在于"衣食无忧"。在传统社会，粮食生产是"望天收"，取决于气候的好坏。唐朝前期的盛世，既与统治者政治清明有关，更与气候温暖、农业丰收有关。[2] 再如，明末李自成起义与陕西连年大旱导致农民颗粒无收、农民走投无路有关。[3] 因此，引用"历史气候社会学"研究的方法，丰富了历史气候学的研究内容，诠释了复杂历史社会现象产生的原因，也在一定程度上印证了当时气候的现状。

当然，该书也有不少值得推敲之处。首先，历史文献处理欠妥。中国历史文献浩如烟海，任何人有生之年根本无法穷尽。该书研究范围，上自第四纪，下至 1911 年，前后延绵 5000 多年，大量的历史文献，作者难以一一亲自卒读和校对。以笔者熟悉的宋代文献为例，该书注释体例、版本、引文简繁体转换、校对等方面，均存在不同程度的错误。其次，历史地名应当注明今天对应的政区名。古代地名所指空间范围、名称变化很大，应当注明其大致对应于今天的政区名和范围。否则，论著中大量的以今天某地气温类推古代气温，就可能不准确。但是，该书在绝大多数情况下，没有注明。最后，历朝气候影响缺乏概括总结。作者花了很大力气叙述历朝气候变化带来的变化，但忽略了规律性或者共性问题的思考。这是读者最需要明白之处。

总体而言，该书是一部视角新颖、取材广泛、内容丰赡、论述平实的学术著作，是值得大家学习和研读的。

原刊于《地理学报》2012 年第 7 期

---

[1] 葛全胜：《中国历朝气候变化》，第 22 页。
[2] 葛全胜：《中国历朝气候变化》，第 302、331、342、369 页。
[3] 葛全胜：《中国历朝气候变化》，第 559 页。

知今识古　究古察今

——读王福鑫《宋代旅游研究》

中国古代史、古代汉语与古文字学号称学术界三大"夕阳专业",难学、难产、难就业,向来不受年轻人所欢迎。不少误入"歧途"者,纷纷改弦易辙,从事富有朝气的、新生的"朝阳专业"。其中由中国古代史转向旅游史学,就是目前较时尚的选择之一,而且有的还十分成功地转型。不少"跳槽者"成功的实践表明,"老树春来发新花",传统的史学只要善于拓展领域,善于联系现实,仍然是晚霞别样红。而对缺兵少将的旅游史学而言,也是一个莫大的支援。毕竟旅游史学,离不开历史学。最近,王福鑫以其新著《宋代旅游研究》一书昭示:他就是上述由史学而转至旅游史学的成功转型者。

现在旅游史学丛书可谓"漫天飞舞",浅、滥的特点,说明了正在成长的学科尚处于年幼阶段。这也是旅游业火爆利益驱动下学者们极为浮躁的表现。《宋代旅游研究》一书,使笔者略略改变了对上述行为的看法。他的本科、硕士、博士全是学历史出身的,史学的严谨、缜密、扎实与系统,在他身上体现极深。但他又是长期从事旅游学教学、研究和管理者,游走于历史学和旅游学之间,洞察二学科的现状。他说:"众所周知,我国传统史学作为基础科学已经取得了令人瞩目的成就。但是,不能否认,传统史学在取得成就的同时,也存在视野不广、远离现实、应用性不强等问题。因此,改变现状,拓展和深化研究领域,繁荣学术,更好地为当代社会经济文化发展服务,是历史学界的一项重要任务。目前,旅游史这个应用学科虽已将生,但还很脆弱，需要学术界投入更多的力量为其培土施肥，使其成长壮大。"① 怀着"知今有助于识古、究古有利于察今"的情怀，王教授推出了他积累多年的研究系心得——《宋代旅游研究》。

《宋代旅游研究》一书，由河北大学出版社于2007年12月出版。全书共33万字，除序言和参考文献、后记外，主要分为绪论与正文5章16节。该书在充分占有史料的基础上，运用现代旅游学研究的理论与方法，按照"旅游活动的主体——旅游者，旅游活动的客体——旅游资源，旅游活动的媒介——旅游业"的理论分章设节、架构铺陈，全面、系统、深入地考察了宋代的旅游存在及其运动方式，揭示了宋代旅游的运动规律和特性，并对建构旅游断代史学科体系的架构和研究范式进行了有益的探索。细读此书，受益良多。有以下感受，谈之于大家，以便共享。

一 对中国传统旅游发展分期有独到见解

分类往往是科学的起点。无论是何种研究，恰当的归类与定义，是研究的起点，如同研究者拥有了工作的工具。对崭新的旅游学科而言，什么是旅游，它起源于什么时间，中国传统社会是否有旅游点活动等亟待回答的问题，是横在学界面前一座大山。对现代旅游而言，这些问题似乎可以马虎过去。而对研究中国传统旅游而言，作为一个严肃的学者，这些问题是必须有所回答的。否则，一切研究都是无稽之谈。王教授综合了国内外有关旅游的定义，比较倾向于旅游活动有广义和狭义之分，并明确提出："传统社会的人类旅游活动，实际上兼备两种意义上的内涵，但更多的是广义上的旅游。"② 明白了旅游的内涵和外延，为其研究中选材、分类找到了标尺。

"如果说旅游的定义是旅游学术界必须正视并明确回答的问题，那么，旅游的起源同样是学术界不能回避的问题。人类的旅游活动究

---

① 王福鑫：《宋代旅游研究·绪论》，河北大学出版社2007年版，第15页。
② 王福鑫：《宋代旅游研究·绪论》，第2页。

竟起源于何时？古代社会是否存在旅游活动？人类早期的旅游活动具有什么特质？诸如此类的问题，已经成为学者们讨论的热点问题。尽管旅游活动萌芽于早期的人类社会，古代社会存在多种形式的旅游活动，已经成为越来越多的人的共识，但仍有不少学者认为，旅游是近代以来的社会现象，是工业革命的产物。如果按照这些学者的思路去研究旅游的起源，就无法解释在浩如烟海的中国载籍中所记录的几乎是俯拾即是的旅游现象。"①很显然，学术界很流行的"旅游是近代以来的社会现象，是工业革命的产物"的观点，是很有缺陷的，是无视了传统社会的历史真实的。历史是今天的历史，今天是历史的延续。可以说，现代旅游的不少活动和形式，都是能从历史中找到显著痕迹的。"因此，对于人类早期的旅游活动，抱虚无的态度加以否定，或者视而不见，肯定不符合历史事实，也不能揭示出人类旅游的发展规律。"

在批判了已有观点的同时，王教授亮出了他的独到见解："旅游作为一种社会现象，它是人类社会发展到一定阶段的产物，并且随着人类社会经济、科技、文化的进步而发展。因此，人类的旅游活动也有一个产生、发展的过程，是一个由不成熟到成熟，由不发达到发达，由初级形态到高级形态的不断演进的过程。就中国传统旅游发展的历史来看，它经历了旅游传说时期、奠基时期、发展时期三个阶段。"他认为，西周之前，是中国旅游发展史的传说时期；西周至西晋时期，是中国旅游发展史的奠基时期；从东晋开始一直到清代或者更远点至 20 世纪 20 年代，是中国旅游发展史的发展时期。他根据不同时代旅游的特点，又以中唐为界将发展时期分为发展前期与后期。②在每一阶段，作者都详细阐述了其划分的理由。这是他多年苦思冥想的结果，是他游刃于历史学和旅游学的重要表现。作为学术界首位提出此论者，尽管未必完全允当，但有自己独到见解，已是难能可贵的。

---

① 王福鑫：《宋代旅游研究·绪论》，第 3 页。
② 王福鑫：《宋代旅游研究·绪论》，第 5—10 页。

二 实现了现代旅游学与传统历史学的完美结合，对现代旅游史学的研究有一定指导方法意义

举凡跨学科、跨时空研究都要面临理论与实际的对应问题。旅游史学同样如此，要用现代旅游学的方法和理论去研究中国传统社会的旅游活动，需要甄别史料、发掘史料、连缀史料。这是因为现代旅游学是按照现代科学体系去整理材料的，每年出版有《旅游学统计年鉴》，分门别类，条分缕析，十分清楚，使用起来很方便。但是，中国传统社会有关旅游活动的记载是无序的，没有诸如年鉴之类的工具书，一切需要从巨大的史料去中去爬梳。这在一定程度上限制了旅游史学的快速发展，致使旅游史学远远滞后于飞速发展的现代旅游业。对学者而言，史料功夫的高下，在某种意义上显示了其旅游史学研究的水平高低。诚如著名历史学家王曾瑜说："现代史学的解释或论析，全在于实证，故引用史料的丰富和准确，当然是衡量史学作品的学术水平的重要指标。王福鑫在这方面，无疑是非常刻苦，花费了极大的心血。他很讲究版本之学，援引的史料都是尽可能原始或好的版本。此书对相关史料确是下了'上穷碧落下黄泉'的死功夫，绝不是单纯依赖目前的各种古籍电脑软件。他肯定是用心读了不少史料，许多在我眼里完全有可能忽略的史料，经他穷搜冥索，并安装于适当的章节，就起到了点石成金的效能。"[①] 王先生的评价是中肯的。我这里需要的补充的是，现代旅游学与传统历史学的结合问题。

王福鑫对现代旅游学理论的熟悉，从前文独到见解可窥其一斑。著作的分章设节均是按照现代旅游学理论基本框架去安排的。比如，第一章"宋代旅游者"，所含四节依次是：旅游者之构成、士大夫的旅游需要心理、旅游者的旅游支付能力与旅游者的闲暇时间。第二章"宋代旅游资源"，包括自然旅游资源、人文旅游资源与旅游资源的开

[①] 王曾瑜：《宋代旅游研究·序》，第2页。

发三节。第三、第四章"宋代旅游业（上、下）"，分为宋代的旅馆业、宋代的饮食业、宋代娱乐业和旅游商业、旅游交通业与导游五节。这些章节的名称都是现代术语，而内容的陈述也是在尊重史实的前提下，按照现代旅游学的理论分设标题、架构铺陈的。如，在第二章第三节"旅游资源的开发"分设标题情况如下："一、宋代旅游资源开发的主体：（一）政府（二）私人（三）寺庙道观和宗教人士；二、宋代旅游资源的开发的形式：（一）独资开发（二）合作开发[1、官民合作；民家合作]。"① 如此分门别类，既利于分析的展开和深入，又有助于同现代社会的接轨，有助于传统史学对现代社会的服务。

有了研究工具，加工对象是十分重要的。对于宋史，王博士可谓娴熟。历史老本行出身的他，对整个中国史都是很熟悉的。虽然著作的主体范围是宋代历史，但探讨源流问题上，能够做到上下贯通，涉及历史知识信手拈来，所举事例十分典型、简洁。而对于宋史，他专攻积年，更是如数家珍。"治史本身必须讲求综合的基础知识，攻其一点，不及其余，不可能有高水平的研究。王福鑫此书虽然是专攻宋代旅游，但涉及的范围不能不说是相当广泛的。从此书的论述来看，他对不少古史的细节知识有准确的把握，表明他的勤奋好学与治史的扎实功底。"② 宋代史料极为丰富，这既是好事，又是坏事。材料多，不会有无米之炊的担忧。但是，宋代材料容量太大，版本众多，收集起来很费时间。同时，按照现代旅游学的理论，很难找到古今完全对照的关键词，电子检索是很难办的，故必须逐一翻阅，精研细读，辨别区分，才能找到需要的材料。有时，甚至找不到对应的史料，致使有些问题付之阙如。这从著作的内容的分配可以看出，比如第四章第二节"导游"一问题就很薄弱，显然是受材料不足所制约。但对多数问题，著作都做到了穷尽史料，论述夯实，显得厚重。比如，第三章第一节"宋代旅馆业"一节中论述旅馆房间价格问题，史书专门记载

---

① 王福鑫：《宋代旅游研究》，第211—231页。
② 王曾瑜：《宋代旅游研究·序》，第2页。

此类内容是相当散的。王博士可谓细心备至，他从宋人文同的《西岗俶居》一诗中"问得王氏居，十楹月四千"句，算出房间月租钱。此外，他还从秦九韶《九站章算术》、话本《杨温拦路虎传》等人们时常忽略的边角材料中找到很有价值的史料。[1] 从大家不经意的史料中著述立论，更能显示学者史学功力之深厚、用心之细密！

总之，《宋代旅游研究》是一部现代旅游学与传统历史学的结合完美的著作。这部书对现代旅游史学的研究是有一定指导方法意义的。笔者觉得可以简单概括如下：第一，用现代旅游学研究传统历史学，要注意对位准确，不能张冠李戴，现在有的未必古代一定有。第二，用现代旅游学研究传统历史学，要尊重历史，注重实证，有一分材料说一分话，能详则详，不以论带史、以论代史，不囫囵吞枣，不拔高历史，也不低估历史，实事求是。第三，用现代旅游学研究传统历史学，要注意挖掘、甄别史料，要发挥传统史学积累扎实的优势，要有"上穷碧落下黄泉"的死功夫，以支援经济利益膨胀下研究薄弱的旅游史学。第四，传统历史学要同现代接轨，要服务现代；而蓬勃发展的旅游业、旅游学，给我们提供许多选题视角，会引起我们对以往研究重新审视，对史料重新解读。

毫无讳言，《宋代旅游研究》也存在值得商榷之处。作为第一部系统研究宋代旅游的学术专著，其开创之功不可磨灭。是书按照旅游者—旅游资源—旅游业的理论安排章节、展开论述，全面、系统、深入地考察了宋代的旅游存在及其运动方式，本是无可厚非的。但从时空和容量上，著作存在不足。两宋320年历史，北宋250多万平方公里，南宋170多万平方公里，时空概念是很大的。在宏观研究的同时，分时期、划地域局部研究是必不可少的。否则，往往会有以偏概全的危险。而这一点正是《宋代旅游研究》严重缺失的地方。《宋代文豪与巴蜀旅游》[2]、《陆游与越中山水》[3] 二书，与《宋代旅游研

---

[1] 王福鑫：《宋代旅游研究》，第258—262页。
[2] 陈盈洁：《宋代文豪与巴蜀旅游》，巴蜀书社2007年版。
[3] 中国陆游研究会编：《陆游与越中山水》，人民出版社2006年版。

究》几乎同时问世，正凸显了后者在时空研究上的不足。著作署名为"宋代旅游"，从题目看，其在内容上应该是极为宽泛的。可是，宋代旅游文化、旅游文献等本应观照的内容却被忽略了。

此外，《宋代旅游研究》还存在一些笔误，也是应该避免的。如，第400页，"《全宋文》，巴蜀书社1990年版"，是错误的。《全宋文》（1—50册）第一次是由巴蜀书社出版的，时间是从1988年至1994年出齐的。第二次是由上海辞书出版社、安徽教育出版社于2006年出版的，共360册。第401页，《彭城集》的作者当是"刘攽"，而非"刘颁"。同页，陈舜俞"《督官集》"，误，当是"《都官集》"。第401、402页，[48]与[71]"曾巩：《曾巩集》，中华书局点校本1984年版"，是完全重复的，当删去其中一个。第404页，宋代韩淲著有《涧泉集》，而没有著《南涧甲乙稿》。《南涧甲乙稿》的作者当是韩元吉。同页，《朱子语类》，"中华书局点校本1994年版"，误，当是1986年出版的。第411页，"程民生：《两宋地域学文化》"，书名错，当是"《宋代地域文化》"。诸如此类的这些小毛病，当引起作者的注意。

瑕不掩瑜，《宋代旅游研究》虽存在不足，但总体上不失一部成功的学术著作。我们期待王福鑫教授能推出更好、更多的著作，为宋史和旅游史的研究做出更大的贡献。

原题目为《〈宋代旅游研究〉评述》，刊于《地理学报》2008年第8期

宋代经济史研讨会综述

为推动宋代经济史研究向纵深发展，由河北大学宋史研究中心主办的"宋代经济史研讨会"，于2001年10月在河北大学举行。来自中国大陆、台湾及韩国部分唐宋经济史研究专家学者60余人，围绕唐宋变革史与宋代经济史两个主题，或以提交论文形式，或以即兴发言的形式，进行了自由而热烈的讨论。兹将研讨情况简述如下。

一 关于唐宋变革史研讨的概述

在中国封建社会漫长的历史中，中国古代经济、政治、军事、文化等各方面于唐宋时期发生了显著的变化。这一变化，早已为国内外学者所关注，相关成果颇丰，见解各异。著名的历史学家漆侠的《唐宋之际社会经济关系的变革及其对文化思想领域所产生的影响》一文，从唐中叶以来封建国家土地制日益衰微，向土地私有制转化；新的土地兼并势力代替了旧有的如山东士族等老牌土地势力；封建租佃制关系占支配地位；两税法实施后封建国家与土地所有者、佃户三者之间的关系；封建国家与土地所有者之间的关系；唐宋之际土地关系的变化对文化思想领域所产生的作用6个方面，系统地论述了这一变革。孙继民的《唐后期中央与河北割据藩镇的财政关系》指出：唐代割据性藩镇对中央承担一定财政义务，中央在享受纳贡权力的同时，也对藩镇行使一定的财政调配权，同时还承担一定的支援地方财政的义务；唐代朝廷与藩镇之间有交换性质的贡赐关系。邢铁之的《唐宋家庭史研究述评》（经济部分），针对家庭社会研究这一热门课题进行了研究述评，提出社会家庭史与经济史、政治史、军事史等研究之不同，其原因是家庭变化与朝代更替、制度变革不完全同步，主张抓住以家庭财产传递当作手段、门户传递当作目的的古代家庭之特征进行家庭史研究，是解决目前学界面临的家庭变化与社会变革的矛盾这一困惑之可取的方法。

与会学者对上述的观点，展开了热烈的讨论。魏明孔认为，唐宋变革是中国封建社会的一大问题，研究者应注意唐宋政治、经济、文化、思想、军事变革历程、发育程度、延续时期不尽相同，应区别对待，因事而异。相对而言，漆侠先生在会上强调的以人身依附关系的强化与相对弱化，作为唐宋社会历史的变革标志，不失为一个值得重视的视角。李孝聪通过对现在的城市遗痕比较研究，发现地方行政、军事治所城垒的布局、形态自唐末五代宋初开始与中央京师皇城明显不一样。有不断"拓城"之特征，这一变化正反映了中央政府对地方政府控制的削弱，从而以实物资料这一论据佐证了文字材料记载的可靠性。漆侠充分肯定了李的新视角、新佐证；又补充说，唐末五代宋初地方政权不断"拓城"除了割据这一军事政治原因外，经济的发展、商品粮的增长、城市人口的剧增，突破了原来城市的容纳能力，是说明"拓城"的经济原因。宋初统治者在消灭割据诸政权时，不断拆毁地方城垒，自方腊起义后尤其是南宋，统治者又开始构筑城墙，以防止农民起义军的进攻。张希清（北京大学）从科举制度的初创（隋）、进一步完善（唐），到完备（宋真宗、仁宗时期）变化的角度论证唐宋"变革"。此外，吴松弟、游彪等从唐宋变革的"动力"和国家干预土地等方面，对问题的深入研究发表了各自的看法。

二 关于宋代经济史讨论综述

宋代经济史研究，是本次大会的另一主题，递交的文章多、自由发言活跃。依据大会讨论的内容，可从以下几个方面加以概述。

（1）物价与人口方面。宋代物价与人口一直是学界普遍关注的热门话题和疑难问题之一。程民生的《宋代物价考察》一文，收集了丰富的材料，通过对土地、房屋、粮食、纺织品、服饰、女口、牲畜、饮食、日杂用品、劳动力10种具有普遍意义商品价格的考察，旨在对宋人物质生活作一评估或为评估提供可靠数据。吴松弟《南宋路和全国主要户口数据的考证和估测》一文，对残存史籍中有关南宋路与当时全国官方统计的户口数据进行了精心考证，并从元人《紫山大全集》中找到了困惑宋代人口研究分析的一组关键性数据，即德祐二年（1276）全国有11746000户，完成了南宋初期、中期、晚期三个时点的数据确定。此外，他利用人口自然增长规律，为史载缺如的路分进行了估算，为宋代人口史研究提供了极大的方便。学者们还从家庭结构、家庭规模、行政区划变动、寺院豪族等特殊户统计诸方面提出了深化研究的建议。

（2）区域经济史方面。魏天安《北宋河南的人口与农业》一文，发现了宋代河南人口增长率低于当时全国平均水平甚至处于停滞状态的现象，探究了导致这一现象的原因是百姓负担过重、政府大量征兵造成的，进而得出宋代河南农业经济发展相对缓慢的结论。由于宋代河南与今之河南区划差异，沿边区域统计十分棘手，孙继民主张用现行修方志的处理办法来解决这一问题。方如金《试论两宋两浙路经济的发展及其在全国地位》一文，从现今浙江经济高水平发展的现实探究历史上两浙经济发展情况，通过用经济发展可持续性理论来关注历史问题。为此，他从两宋两浙地区人口、农业、手工业、商业、海外贸易等方面大量的事实，证明两浙经济综合水平雄居当时全国第一。也有学者认为，从两宋到今天，两浙经济地位有所变化。王曾瑜认为，两宋时期"苏湖熟，天下足"；而明清时期"湖广熟，天下足"这个事实恰说明两浙经济地位不总是名列全国榜首的。吴松弟也建议，在探究经济发展原因时应该注意生态环境的变化与其制约作用。在生产力发展水平、政局相对稳定的时期，经济的持续增长与生态环境关系就更加密切。

（3）商业方面。金渭显的论文《宋商在高丽活动》，利用《高丽史》等史料，对宋商在高丽经商的时间、次数、人数、活动范围、商品交换种类等做了细致考察。姜锡东专门探讨了宋代国有商业资本问题。他从国有商业资本的界定、种类、时空分布、资本来源、管理、运营、影响等方面提出自己的看法。

（4）部门经济方面。王菱菱在《宋代的胆铜法推广与规模化生产》一文中，对胆铜法冶炼技术的记载、推广时间、生产工艺及生产成本、规模进行了深入考察，动态地分析了这一技术在两宋应用水平的不平衡性，对宋代铜冶业规模生产予以比较准确的定位。高树林于《宋元两代矿冶户比较研究》一文中，主要比较分析了宋、元两代矿冶户的地位身份，兼述矿业生产方式、管理方式，意在说明元代矿冶户地位下降及矿业生产倒退的史实。

（5）财政史方面。在财政史方面上，杨倩描的《北宋公用钱"新额"时间考》一文，利用地名出现时间等手段对公用钱"新额"时间进行了周密的考证。曹福铉《宋代"料钱"研究》一文，探讨宋代料钱的特征、物价与官员俸禄关系、料钱与财政关系以及料钱支给方式与实际领取数额的关系，得出了料钱于北宋增加而于南宋减少的结论。

除此而外，游彪《宋代"禁寺、观毋市田"新解》一文，旨在探讨在宋代封建国家不抑兼并、自由买卖土地的前提下，并不否定封建国家对寺观购买土地行为有所干预与限制之史实的存在。这一问题引起了与会者热烈讨论，专家们有赞同者，亦有反对者。学者们还就经济史研究应注意的一些问题，如法令与实际执行的关系，正确辨别利用史料、经济与政治关系、学术规范、学术评论、学术合作等，做了有益的研讨。

原刊于《中国经济史研究》2001年第4期

2008年全国硕士研究生入学统考历史学基础试题简析

自1978年恢复研究生招生以来，我国高层次人才培养在30年中取得了巨大的成就。但是，其间也暴露了不少问题，如各招生单位自行命题，存在水平差异大、试题泄露的问题。为此，教育部于2007年开始试行硕士研究生入学统一考试，首先以教育学、历史学与医学3个学科为改革试点，2008年又扩充到农学。由各招生单位自行命题到全国统一命题的调整，是我国恢复硕士研究生人才培养制度30年来首次重大调整，引起了各方面关注，被称为"第二次高考"。新的招生制度对其他学科的影响姑且不说，但就历史学而言，是很大的，仅从2007年、2008年历史学全国复试分数线连创历史新低便可知晓一二。2007年全国A、B、C三区专业基础最低复试分数线分别为123分、117分、108分，最高A区复试线仅占总分300分的41%，已创下近几年历史新低；而2008年复试线三区分别为117分、105分、99分，比2007年分别下降6分、12分、9分，最高A区复试线仅占总分的39%，再创历史新低。究竟是什么原因导致分数线下滑？我想原因是多方面的，其中2008年历史学基础试题和考生试卷的答题情况当是一端。因此，对照2008年考试大纲，根据2008年研究生入学统一考试历史学基础试题主观题（以下简称08历史试题）和某省532份试卷的答题情况，我们认为08历史试题是特点明显，但缺陷突出，需要进一步改进命题，以便更好地推动全国本科历史教学改革和选拔高层次的人才。

一 08 历史试题的优点

第一，紧扣大纲，覆盖面广。根据教育部考试中心发布的《2008年全国硕士研究生入学统一考试历史学基础考试大纲》，无论从题型结构、题量大小、试卷结构内容，还是知识点覆盖面，08 历史试题都是基本符合考纲要求的。具体而言：（1）围绕大纲所要求的"考查目标"四个"基本"，08 历史试题充分考查到"基本史实"，名词解释 8 个小题（计 80 分）、问答题的第 2 小题的全部（计 30 分）和其余 3 小题的前半部分（计 53 分），共计 163 分，约占主观题总 260 分的 63%。在"基本材料"的解读上，史料分析 2 小题共 60 分，即体现于此。同时，史料分析 2 小题，问答题 4 小题，都在一定程度上体现了大纲所要求的"基本理论"的运用和"基本功"的展示。（2）08 历史试题题型结构是 4 种类型：选择题、名词解释、史料分析与简答题，和大纲规定完全一致。（3）08 历史试题共 34 小题，与 2007 年历史试题一样多，从考卷回答情况来看，除极个别考生外，绝大多数考生能在 180 分钟内完成答题。这说明 08 历史试题题量大小是合适的，是可行的。（4）08 历史试题（主观题）中国古代史有 4 小题共计 80 分，约占主观题总 260 分的 30.8%；中国近现代史有 3 小题共计 50 分，约占主观题总 260 分的 19.2%；世界古代中世纪史有 3 小题共计 50 分，约占主观题总 260 分的 19.2%；而世界近现代史共 4 小题共计 80 分，约占主观题总 260 分的 30.8%。这个比例是基本符合大纲试卷结构内容分布的。历史学一级学科（8 个二级学科）除通史所含 3 个二级学科（中国古代史、中国近现代史与世界史）外，其他 5 个二级学科中历史文献学、历史地理学和专门史 3 个二级学科，在 08 历史试题中有明显显示。这一点也是符合大纲"试卷结构内容"的精神的。（5）根据大纲的考查范围，08 历史试题（主观题）覆盖知识点见表 1。

表1

题序及题名	大纲考查知识点	备注
21. 夷陵之战	一、5.（1）三国鼎立局面的形成	范围之内、模糊
22. "三饷"加派	一、8.（6）明末农民战争	清晰
23. 少年中国学会	二、6.（6）五四运动	范围之内、模糊
24. 国立西南联合大学	二、8.（6）正面战场与敌后战场	范围之内、模糊
25. 圣像破坏运动	三、7.（3）拜占庭帝国	范围之内、模糊
26. 圣德太子改革	三、10.（5）日本封建国家和古代文化家和古代文化	范围之内、模糊
27. 德雷福斯事件	四、2.（11）19世纪后半期法国等政治制度与社会政策	范围之内、模糊
28. 卡德纳斯改革	四、9.（7）卡德纳斯改革	清晰
29. 九品中正制等（略）（略）	一、5.（2）魏蜀吴三国的政治与经济	范围之内、模糊
30. 英国政治制度（略）（略）	四、2.（1）英国资产阶级革命	范围之内、模糊
31. 元代行省制度及其意义	一、7.（6）	清晰
32. 晚清政府发展近代工商业政策的措施	二、3.（1）洋务运动；（3）清末新政；5.（2）维新变法	范围之内、模糊、综合
33. 罗马扩张	三、6.（3）罗马的扩张及其后果	清晰
34. 欧洲国际关系的变化（略）变化（略）	四、6.（1）（2）；9.（9）略 9.（9）略	范围之内、模糊、综合

注：一、二、三……与1、2、3……系大纲原标题序号，（1）等系作者据大纲考查知识点自加。

由表1看，08历史试题（主观题）所覆盖知识点很宽，古今中外，上下五千年，但都在大纲的考查范围之内，其中第22、28、31、33四题共80分，就是大纲的原列知识点。各知识点涵盖了政治、经济、军事、文化教育与国际关系等方面。

第二，突出主旨，保障安全。根据教育部大纲，全国硕士研究生入学统一考试历史学基础考试的主旨是：在遵循科学、公平、安全、规范的原则下选拔优秀人才。历史学统一考试就是为了打破过去20多年高校和其他有关招收单位研究生入学考试自行命题、独立门户、近亲繁殖、透题漏题、题型单一、范围狭小、资源浪费与管理混乱的局面而做出的重大改革，尽管遭到质疑，但仍将坚持下去。08历史试题（主观题）充分说明这一点。从学科来看，前面已述，08历史试题主要覆盖了历史学一级学科（8个二级学科）中通史所含3个二级学科，即历史文献学、历史地理学和专门史，在其中也有明显显示。从知识点而言，08历史试题（主观题）所覆盖知识点很宽，古今中外，纵贯五千年，政治、经济、军事、文化教育与国际关系等方面无所不包。这样命题可以改变过去不少单独命题"考中不考外、考外不考中、考古不考今、考今不考古、考史不考论和考论不考史"的弊端，也可改变过去学生为了应试而"学中弃外、学今弃古、学史厌论"的"偏瘫症"，更可以纠正目前对某些高校"一人通吃古今中外"师资队伍设置和授课体制。其科学、公平、规范性不言而喻。

就安全性而言，由于08历史试题（主观题）所覆盖知识面很宽，又有避开通常所说的热点、重点，让人感到处处是重点、处处是命题点，使市场上流行的考研材料无法猜到考题。即使有个别知识点被撞到，但由于试题具有一定的综合性，其效用甚微。

二　08历史试题的缺点

（1）命题偏难，得分过低。据教育部公布的2007年试卷答题情况统计分析报告，2007年平均得分为169.39分，难度系数为0.565分。但是，教育部公布的2007年初试成绩分数线，专业课为123分，总分为290分（包括政治、外语在内），为近5年最低。这说明历史学全国硕士研究生入学统一考试是很有难度的。而08历史试题（主观题）会更难。这从表2统计可以看出。

表2

得分档次（分）	份数	所占比例（%）
200—260	0	0
190—199	2	0.45
180—189	2	0.45
170—179	8	1.84
160—169	13	2.99
150—159	18	4.14
140—149	23	5.29
130—139	35	8.05
120—129	37	8.51
110—119	46	10.57
100—109	33	7.59
80—99	81	18.60
50—79	98	22.53
49—0	39	8.97

注：以上据某省2008年抽样435份有效试卷统计而得。2008年该省有效试卷为532份。

08历史试题主观题部分为260分，130分以上101份，占435份有效试卷的23.22%。即便加上客观题，其得分率也会低于2007年的。08历史试题主观题共有14题，其中第21、23、25、26、27、32共五题相对偏难；第22、28、31、33四题是大纲明确考点；第29、30二题是材料题，阅读材料答题，相对容易；第32、34二题是综合题，时间跨度大，有一定难度。在偏难题中，以第21题为最，据抽样476份试卷统计中，得0分者高达330份，占69.33%，多数考生将三国时期的"夷陵之战"误作春秋战国时期的"马陵之战"。

（2）通史偏重，其他不足。由于大纲强调以通史为主，"史学理论和史学史、历史文献学、历史地理学和专门史等方面的内容将有机体现"通史中，因此08历史试题就体现这一精神。但是，历史学是一级学科，下有8个二级学科，而通史只含中国古代史、中国近现代史与世界史3个二级学科。在试卷结构上，历史文献学、历史地理学和专门史3个二级学科在2008年试卷中虽有明显显示，但实际只是通史的附带品，甚至可以完全视作通史内容。相反，在中国史研究占主体的、研究生招生以中国史为主的格局下，2008年试卷中世界史试题所占比例竟高达50%，与中国史平分秋色。这与中国实际极为不符！而与世界史同为二级学科的史学史，在2008年试卷中没有显示，这也是极不恰当的。

（3）过度避热，题难失衡。出于安全考虑，适当避开通常所说的热点、重点，也是可以的。但过犹不及，本可以考人所共知的"赤壁大战"而出了"夷陵之战"，原可考"五四运动"而偏出了"少年中国学会"，本可以出"大化革新"而考了其前奏"圣德太子改革"。这不仅造成了题难，而且造成了命题覆盖点重复。如第21题"夷陵之战"与第29题材料分析题，同属于三国这一短暂时期。相反，研究极为重视、极有现实指导意义的中华人民共和国国史和当代世界史，竟然只字不提！这不仅与大纲不符，也造成试卷结构内容的失衡。

（4）记诵过多，综合不够。如前文分析，08历史试题充分考查到"基本史实"，名词解释8个小题（计80分）、问答题的第2小题的全部（计30分）和其余3小题的前半部分（计53分），共计163分。这些内容是记诵的东西。史料分析2小题共60分，在"基本材料"解读的基础上，有无史学功底均无妨答题。而能体现考生历史"基本功"的，只是问答题的第31、第32和第34题的后半部分"影响"（计33分）。第32、34题有一定的时间跨度，需要有综合能力。这样试题结构，很难显示考生的研究分析问题的能力与写作表达能力。

（5）教材各异，答案难一。目前，高校历史教材很多，没有绝对权威的教材，因此对不少问题而言难有统一的答案。这一现实问题，对2007年、2008年两年历史学统考，是有一定影响的。如，2007年第22题名词解释"圩田"，答案中"明清延续"一句，多数教材没有，考生自然答不上。2008年历史试题第21题"夷陵之战"，不少教材仅仅提到，很少说到"三国鼎立的局面最终形成"一句。如最通用的教材朱绍侯等主编的《中国古代史》[①]，有类似战争过程的描述，但根本没提"夷陵之战"四字，这使使用这个教材的高校的考生无从下笔。再如，2008年历史试题第31题"简述元代的行省制度及其意义"的参考答案中，"辖区辽阔、军政合一；置丞相、平章等官总领该地区事务；下设路、府、州、县"。三得分点计12分，多数考生没答。其中前两点，没答有些遗憾，而"下设路、府、州、县"一句4分，值得商榷，与"行省制度"本身似乎有距离。而考生讲到的"元代行省区域划分原则：犬牙交错，以北统南"，似乎更重要，答案中却没有。这都是当前面临的教材不统一，而答案须唯一的严重现实问题。这个责任不能由考生来"买单"！

三 有待改革之处

全国历史学硕士研究生入学统一考试，是教育部做出的重大改革。目前类似历史学的学科还有3科，以后还会有更多的学科加入统一考试行列。可以说，历史学硕士研究生入学统一考试是不可抗拒的趋势，是任何学校和个人难以扭转的。作为新生事物，其优点和缺点是并存的。问题是如何革除弊端，最大限度地发挥这一制度的优点。鉴于2008年历史试题存在的问题，应当予以重视，适时调整，以保证2009年统考不蹈覆辙。

（1）不避热点，恰当布局。硕士研究生入学统一考试，是高水平的考试，应该说命题可有较大自由度，凡大纲要求的均是"题眼"，甚至大纲没有要求，而本科生学过且应该掌握的，也可以适当涉及考题应该是考查考生基础与能力并举、热点和生僻兼备、重点同一般共存，要注意我国本科大众化教育与研究生精英教育、本科生全面学习与研究生集中创新的紧密衔接，要考虑教育发展与现代化建设需要的关系，要关注我国历史学术界研究力量、能力、方向和水平的差异，通盘考虑，合理布局。学术界研究的热点、重点，如王安石变法、敦

[①] 朱绍侯等编：《中国古代史》，福建人民出版社2004年版，第307页。

煌文献、辛亥革命、抗日战争、诸子思想等，均可以不同方式出题；现实关注的问题，如民族问题、宗教问题、领土主权问题、新中国成立后诸多问题、二战后世界众多热点问题，考题也可覆盖。统考犹如"指挥棒"，引导学生、高校与研究者，将有限的生命、宝贵的资源用到最重要、最需要的地方！

（2）通史为主，其他兼顾。历史学有8个二级学科，无数三级学科，统考很难面面俱到，照顾到三级学科，但以通史为主，完全可以兼顾其他5个二级学科。如，在史学史方面，可以考二十五史中某一部，可以考中国的马克思史学、西方的某史学流派；在考古与文物方面，可以考某一有名的出土文物和文献；在历史地理方面，可以考古都、政区、经济重心等热点问题。这样布局的好处在于，迫使不少本科历史系在课程设置、师资力量上要开设有关通史以外的课程、补充相关专业教师，使我国本科历史教育更走向完整，高层次人才就业更容易，考题布局更符合实际。以这种方式迫使本科教学水平自主更新，要比组织统一教学评估迫使其"以评促改"似乎更有效。

（3）减少记诵，重视能力。研究型教育，不在于能记住多少个字和命题，而在于如何利用工具书查找字，如何利用已有的知识提出命题、解决问题。如果考试过多考记诵，考生的能力就无法展示，真正优秀人才很难选拔出来，统考的意义就大打折扣。

（4）稳定题量，适当选做。考虑到学科命题点的覆盖、各高校的研究重点的差异以及考生爱好的不同，2009年试题应在量上求稳定，仍然是34小题，在主观题部分，分为必答题和选答题两类。名词解释8小题，可设计6个是通史性的试题，而另2个从4个或8个中选作，选答题出题范围可以自由一些，可涵盖多个二级学科或三级学科。简答题4个，3个是必答题，另1个是选答题，从4个备选题中选做。备选题也有一定的自由度，可以是不同学科，可以是热点、难点，可是简单的也可是综合性的。如此设计试题，可能会打破原大纲规定的中古、中近现、世古中、世近现的3：2：2：3的比例。

原刊于《中国研究生》2008年第7期

2009 年全国硕士研究生入学统考历史学基础试题（主观题）简析

历史学自 2007 开始实行全国硕士研究生入学统一考试以来，迄今已经三年。2007 年、2008 年两年历史学入学统考历史学基础试题（主观题）试卷，已有专文分析。[①] 2009 年考试情况如何呢？笔者根据河南省 2009 年全部 503 份试卷的答题情况，对照 2009 年考试大纲，试做如下分析，希冀对大家有所裨益。

一　2009 年历史试题的优点

1. 紧扣大纲，覆盖面广

根据教育部考试中心发布的《2009 年全国硕士研究生入学统一考试历史学基础考试大纲》，无论从题型结构、题量大小、试卷结构内容，还是知识点覆盖面，2009 年历史试题都是基本符合考纲要求的。具体而言：

（1）围绕大纲所要求的"考查目标"四个"基本"："基本史实"，2009 历史试题充分考查到"基本史实"，名词解释 8 个小题（计 80 分）、问答题的第 31 的后半部分（18 分）、第 32 小题的前半部分（计 15 分）和 33 小题的全部（计 30 分），共计 143 分，约占主观题总 260 分的 55%。在"基本材料"的解读上，史料分析 2 小题

[①]《2008 年全国硕士研究生入学统一考试历史学基础考试大纲》"附录"，高等教育出版社 2007 年版，第 17—38 页；马玉臣：《2008 年全国硕士研究生入学统考历史学基础试题简析》，《中国研究生》2008 年第 7 期。

共 60 分,即体现于此。同时,问答题 4 小题,都在一定程度上体现了大纲所要求的"基本理论"的运用和"基本功"的展示。

(2) 2009 年历史试题题型结构是 4 种类型:选择题、名词解释、史料分析与简答题,和大纲规定完全一致。

(3) 2009 年历史试题共 34 小题,与 08 年历史试题一样多,从考卷回答情况来看,除极个别考生外,绝大多数考生能在 180 分钟内完成答题。此说明 2009 年历史试题题量大小是合适的,是可行的。

(4) 2009 历史试题(主观题)中国古代史有 4 小题共计 80 分,约占主观题总 260 分的 30.8%;中国近现代史有 3 小题共计 50 分,约占主观题总 260 分的 19.2%;世界古代中世纪史有 3 小题共计 50 分,约占主观题总 260 分的 19.2%;而世界近现代史共 4 小题共计 80 分,约占主观题总 260 分的 30.8%。这个比例是基本符合大纲试卷结构内容分布的。历史学一级学科(8 个二级学科)除通史所含 3 个二级学科(中国古代史、中国近现代史与世界史)外,其他 5 个二级学科中历史文献学、专门史 2 个二级学科,在 2009 历史试题中有明显显示。这一点也是符合大纲"试卷结构内容"的精神的。

(5) 根据大纲的考查范围,2009 年历史试题(主观题)覆盖知识点见表 1。

表 1

题序及题名	大纲考查知识点	备注
21. 高缑	一、4、(3) 汉武帝与西汉强盛	范围之内、模糊
22. 南书房	一、8、(9) 康乾盛世	范围之内、模糊
23. 官督商办	二、3、(2) 洋务运动	范围之内、模糊
24. 陕甘宁边区	二、8、(7) 抗日根据地的开拓和建设	范围之内、模糊
25. 希吉拉	三、8、(1) 伊斯兰教的兴起	范围之内、模糊
26. 红白玫瑰战争	三、9、(4) 西欧封建国家的建立	范围之内、模糊
27. 拿破仑法典	四、2、(5) 法国大革命与拿破仑帝国	范围之内、模糊

续表

题序及题名	大纲考查知识点	备注
28. 凯恩斯主义	四、9、(8) 西方国家的恢复与调整	范围之内、模糊
29. 北宋前期官制特点	一、7、(1) 宋辽西夏金的政治制度	范围之内、模糊
30. 基督教在传播	四、7、(1) 基督教的兴起与发展	范围之内、模糊
31. 魏晋玄学	一、5、(10) 魏晋南北朝的思想、文化和科技	范围之内、模糊
32. 晚清湘淮军	二、3、(1) 湘军与晚清地方的势力；(2) 洋务运动	范围之内、清晰
33. 早期殖民强国的衰落	四、2、(2) 殖民扩张及其后果	范围之内、模糊
34. 19世纪以来民族国家建立	四、6、(1)(2)；9、(9) 略	范围之内、模糊、综合

注：一（二、三与四）与1（2、3、3……）系大纲原标题序号，(1) 等系作者据大纲考查知识点自加。

由表1看，2009年历史试题（主观题）所覆盖知识点很宽，古今中外，上下五千年，但都在大纲的考查范围之内，其中第30、32二题共60分，就是大纲所列的原列知识点。各知识点涵盖了政治、经济、军事、思想文化与国际关系等方面。

2. 题目熟悉，重点突出

2009年历史试题（主观题）给人第一感觉就是题目考查内容熟悉，没有偏题、怪题，这是2009年历史试题（主观题）有别于2008年历史试题（主观题）最明显之处，也是2009年历史试题命题最值得肯定的地方。此其一。其二，重点突出。与2008年历史试题（主观题）有意回避重点、熟悉点相比，2009年历史试题（主观题）另一个优点是命题不避重点、热点，相反重点突出。从朝代上看，西汉武帝、北宋、清朝康乾时期、洋务运动时期、抗日时期等，在考生心目中比较重要的时代，均有所涉及；就国别而言，英国、法国、西班牙、葡萄牙、俄罗斯、阿拉伯、拉美、亚非等世界史中重要国别都触及了；从内容看，玄学、宋代官制、抗日根据地、伊斯兰教、基督教、殖民扩张、民族国家独立等重要的历史范畴都涵盖了。

3. 难度降低、得分提升

由于上述两点原因，2009年的历史试题（主观题）难度要相对容易。据503份试卷卷面得分情况统计，260分主观题平均得分为114分，最高分190分（仅1人），最低0分（仅1人）。与2008年的历史试题（主观题）得分段相比，2009年的历史试题（主观题）高分得分段提高明显。

表2

得分档次（分）	2008年得分人数所占比例（%）	2009年得分人数所占比例（%）
200—260	0	0
190—199	0.4	0.2
180—189	0.4	2.2
170—179	1.8	2.6
160—169	3.0	6.6
150—159	4.1	6.2
140—149	5.3	8.5
130—139	8.1	7.8
120—129	8.5	7.0
110—119	10.6	8.9
100—109	7.6	7.0
50—99	41	25.4
0—49	9.0	11.5

注：以上据河南省2008年抽样435份有效试卷统计而得。按2008年某省有效试卷为532份。2009年数据是由全部503份有效试卷统计而得。

由表2对比看，2008年的历史试题（主观题）得分段在130分（含130分）以上占23.2%，而2009年为34%，上升11个百分点；

2008年得分段在99分（含99分）以下者占50.1%，而2009年为37.2%，下降约13个百分点。

二 2009年历史试题的缺点

1. 通史偏重，其他不足

由于考试大纲强调以通史为主，"史学理论和史学史、历史文献学、历史地理学和专门史等方面的内容将有机体现"通史中，因此2009年历史试题有体现这一精神之处。但是，历史学是一级学科，下有8个二级学科，而通史只含中国古代史、中国近现代史与世界史3个二级学科。在试卷结构上，历史文献学和专门史2个二级学科在2009年试卷中虽有明显显示，但实际只是通史的附带品，甚至可以完全视作是通史内容。相反，在中国史研究占主体的、研究生招收以中国史为主的格局下，2009年试卷中世界史试题所占比例竟高达50%，与中国史平分秋色。这与中国研究生招生和培养的实际极为不符！而与世界史同为二级学科的史学史、历史地理学，在2009年试卷中没有任何显示。这也是极为不恰当的。

2. 记诵过多，综合不够

如前文分析，2009年历史试题充分考查到"基本史实"，名词解释8个小题（计80分）、问答题的第31题的后半部分（计18分）、第32小题的前半部分（计15分）和第33小题的全部（计30分），共计143分，约占主观题总260分的55%。这些内容是记诵的东西。史料分析2小题共60分，在"基本材料"解读的基础上，有无史学功底均无妨答题。而能体现考生历史"基本功"的，只是问答题的第32题后半部分和第34题等2小题的（计35分）。第34题时间纵跨3个世纪，需要有综合能力。这样试题结构，很难显示考生的研究分析问题的能力与写作表达能力。

3. 严谨不够，有待商榷

个别试题命题不够严谨，如第21题，"告缗"，是汉武帝打击商人的措施之一，与"算缗"（即向商人征收财产税）是紧密相连的，为防匿报或虚报"算缗"鼓励告讦而出台了"告缗"，国家公布的评分答案中也是有"算缗"内容的得分点（3分）的。不少考生将"算缗""告缗"理解为两码事，漏答了"算缗"而失分。造成此种不必要失分者，并不是考生的过错，主要是命题者不够严谨，我们认为将题设计为"算缗""告缗"，恐更合理。再如，史料分析第29、30题，其中第29题，在引用马端临《文献通考》一段史料后，提示"依据材料并结合所学知识，回答以下问题"，这是设计史料分析题应有的"提示语"，是很正确的。但是，第30题"提示语"为"根据上述史料，回答问题"，似乎不需要"结合所学知识"只根据提供材料就可以了。从国家公布的评分答案来分析第30题"提示语"，他的叙述没有毛病，的确不需要"结合所学知识"只根据提供材料就足够回答问题。倘若此，第30题就不当是考查历史学的试题，充其量是一道中学生语文课文概括中心思想或段落大意练习题而已。考生得分说明这一点。在第29—34题共6题每题满分30分的大题中，第30题平均得分为17.30分，仅次于第32题的平均得分，为第二高平均得分；6人得满分30分，是满分为30分的六大题中，最高得分，最多得分；得分18分的试卷231份，也是最多的。是当然，一旦"结合所学知识，回答以下问题"，问题又出来了，第29题第三问"材料所见北宋前期职官制度有哪些主要特点"，答案给出3个特点，均是由"材料所见"，本身没问题，但是若"结合所学知识"，所给答案第3个特点"分散、削弱相权"，学术界是有争议的。退一步撇开学术界争议，主张"分散、削弱相权"说，那么"结合所学知识"，答案应补上"设参知政事（副相）以牵制宰相之权"。此外，试题知识点布局也有不足，如第23题"官督商办"和第32题"晚清湘淮军"都涉及"洋务运动"的知识点。一份试卷中两题考同一问题，显然是不妥当的。

4. 教材各异，答案难一

目前，高校历史教材很多，没有绝对权威的教材，因此对不少问题而言难有统一的答案。这一现实问题，对2007年、2008年两年历史学统考有一定影响的，而2009年也难免其患。如，2009年第31题"玄学"的历史背景，最通用的教材朱绍侯等主编的《中国古代史》，① 只讲到儒学独尊的地位因东汉灭亡而动摇，与教育部答案第一点儒学中"丧失统治思想的功能"意思接近，至于答案所述第一点"汉代儒学的神秘化、烦琐化"和第二点"经学传授的'宗法'、'师法'传统断裂"的内容，约占9分，教材中根本没有，而考生也没一个能答出来的。所以，这直接导致了大家熟悉的题目反而得分很低，本题平均得分只有7.28分，得分率为24%，为所有主观试题最低。而且答案中说儒学"丧失统治思想的功能"，也是值得商榷的。如朱绍侯等主编的《中国古代史》还认为"官方正统统治思想仍是儒学"②。类似这样的问题，都是当前面临的教材不统一而答案须唯一的严重现实问题。这个责任不能由考生来"买单"！

三 有待改革之处

全国历史学硕士研究生入学统一考试，是教育部做出的重大改革。目前类似历史学的学科还有3个学科，以后还会有更多的学科加入统一考试行列。可以说，历史学硕士研究生入学统一考试是不可抗拒的趋势，任何学校和个人难以扭转。作为新生事物，其优点和缺点是并存的。问题是如何革除弊端，最大限度地发挥这一制度的优点。鉴于2009年历史试题存在的问题，应当予以重视，适时调整，以保证2010年统考不蹈覆辙。

---

① 朱绍侯等主编：《中国古代史》，第377页。
② 朱绍侯等主编：《中国古代史》，第379页。

1. 通史为主，其他兼顾

历史学有 8 个二级学科，无数三级学科，统考很难面面俱到，照顾到三级学科，但以通史为主，完全可以兼顾其他 5 个二级学科。如，在史学史方面，可以考二十五史中某一部，可以考中国的马克思史学、西方的某史学流派；在考古与文物方面，可以考某一有名的出土文物和文献；在历史地理方面，可以考古都、政区、经济重心等热点问题。这样布局的好处在于，迫使不少本科历史系在课程设置、师资力量上要开设有关通史以外的课程、补充相关专业教师，使我国本科历史教育更走向完整、高层次人才就业更容易、考题布局符合实际。以这种方式迫使本科教学水平自主更新，要比组织统一教学评估迫使其"以评促改"似乎更有效。

2. 减少记诵，重视能力

研究型教育，不在于能记住多少个字、命题，而在于如何利用工具书查找字，如何利用已有的知识提出命题、解决问题。如果考试过多考记诵，考生的能力就无法展示，真正优秀人才很难选拔出来，统考的意义就大打折扣。

3. 稳定题量，适当选作

考虑到学科命题点的覆盖、各高校的研究重点的差异，以及考生爱好的不同，2009 年试题在量上求稳，仍然是 34 小题，在主观题部分，分为必作题和选答题两类。名词解释 8 小题，可设计 6 个是通史性的试题，而另 2 个从 4 个或 8 个中选作，选作题出题范围可以自由一些，可由涵盖多个二级学科或三级学科。简答题 4 个，3 个是必作题，另 1 个是选答题，从 4 个备选题中选作。备选题也有一定的自由度，可以是不同学科，可以是热点、难点，可是简单的也可是综合性的。如此设计试题，可能会打破原大纲规定的中古、中近现、世古中、世近现的 3∶2∶2∶3 的比例。

4. 合理布局，求同存异

这里包括两个命题布局和参考答案两个方面。硕士研究生入学统一考试，是高水平的考试，应该说命题可有较大自由度，凡大纲要求的均是"题眼"，甚至大纲没有要求，而本科生学到的应该掌握的，也可以适当涉及。但是，同一份试卷"命题点"要合理布局，避免重复。2008年、2009年考题都有同一份试卷两道试题涉及同一历史事件的弊病，希望2010年要一定避免！在参考答案的制定上，还要充分考虑我国高等教育的多样性，学术观点的分歧性和大学历史教材差异性，尽量回避有争议的问题的考试，同时要兼顾多家通行的教材，求同存异，力争使答案完善、观点一致。

刊于《高校教育研究》2009年第11期

稳中求变　难度增大

——2010年研究生入学考试历史学试卷主观题分析

历史学自2007年开始实行全国硕士研究生入学统一考试以来，迄今已经四年。2007年、2008年、2009年三年历史学入学统考历史学基础试题（主观题）试卷，已有专文分析。2010年考试情况如何呢？我们根据河南省2010年全部513份有效试卷的答题（以下简称"2010年试卷"）情况，对照2010年考试大纲，试做如下分析，希冀对大家有所裨益。

一　2010年历史试题的特点

第一，稳。根据教育部考试中心发布的《2010年全国硕士研究生入学统一考试历史学基础考试大纲》和前三年考试试题，无论从题型结构、题量大小、试卷结构内容、"考查目标"，还是知识点覆盖面，2010年历史试题主观题都是基本符合考纲要求的，而且与往年没有任何变化，这充分体现了我国历史学硕士研究生入学统一考试制度的相对稳定性。这里无须展开论述，只要对照考题和大纲一下就很明白了。

第二，变。在相对稳定的前提下，2010年全国硕士研究生入学统一考试历史学基础考试也有不同于往年和大纲的地方。具体而言：

（1）考查范围局部调整。对照考试大纲和前三年考试试题，中国古代史部分和近现代史部分试题分布和分值比重有较大变化。2010年试卷中涉及中国古代史部分的试题有6道，即第21题北府兵、第

22题青苗法、第24题《隋唐制度渊源略论稿》、第29题有关清朝"摊丁入亩"赋税变革问题、第31题西汉时期的诸侯王国问题和第33题欧亚大陆三大古典文明中心的思想特征,共计分值100分(其中第33题30分,有10分是中国史部分的),占试卷主观题260分的38%,比过去和大纲规定的分别多2道试题、多20分与高8个百分点(大纲规定的是30%)。这里需要说明,命题者可能会认为第24题《隋唐制度渊源略论稿》是近代史学家陈寅恪的作品,当属于中国近现代史考查范围,但实际上它是中国古代史的考查范围,因为只有学习中国古代史的考生会知道这部著作,而学习中国近现代史者并不熟悉。相反,近现代史部分试题只有第23题"筹办洋务始末"和第32题20世纪20年代至30年代的"中国社会性质"论战两道题,共计分值40分,占试卷主观题260分的15%,比过去和大纲规定的分别少1道试题、少20分与低5个百分点(大纲规定的是20%)。世界史涉及余下7个试题,与往年一样,但分值120分,占试卷主观题260分的46%,比过去和大纲规定的分别少10分与低4个百分点(大纲规定的是50%)。

(2)"能力"考查有所加强。前三年考试试题都是以考试考生记诵为主,综合程度不够。而2010年历史试题主观题,则加大了"能力"的考查力度。如史料分析题,在考查考生解读史料、分析问题的基础上,第29题有两段史料是文言文,要求考生先识读古文,再句读,占10分分值。虽然这段清代文字很简单,但从答卷来看,考生断句并不理想。这说明我们考生目前国文功底相当不好!四道问答题,第31—33题涉及时段长、区间大、流派多,要求考生应有一定的综合能力、论述能力,但从答卷来看,这3道题的平均得分分别为15.28分、4.95分与12.46分。评分参考细则中,这3道题都有特别的"评分说明",共同强调的是能力!

(3)导向教材之外。由于全国硕士研究生入学统一考试历史学基础考试是以大学通史教材为依据的考试,因此考生只重视教材的学习甚至考研复习资料的记诵,而忽略了学术动态的了解、原始史料的阅读、经典名著的阅读和写作能力的训练,往往出现"高分低能"的怪现象。这和我们提倡的创新型人才培养目标相去甚远，导致了不少导师对历史学统考的一致质疑。不过，2010年考试试题似乎在悄悄地纠正上述的某些弊端。其中第23题"筹办洋务始末"，是考查考生原始史料的了解；第24题"隋唐制度渊源略论稿"，是考查考生对经典名著的阅读和认识。两题各10分共计20分，考生答卷显示了令人震惊的记录：第23题"筹办洋务始末"，513份有效试卷平均得分只有1.55分，得满分10分者只有3人，得0分者97人；第24题"隋唐制度渊源略论稿"，513份有效试卷平均得分2.86分，得满分10分者只有4人，得0分者多达251人。新的"导向"暴露了我们目前不少考生和高校本科历史教学的平时准备的不足。

（4）专门设计答题纸。与前三年历史学统考考试不同，2010年不仅试题和答题纸分离，而且答题纸设计较为独特：答题纸设计为3张9页，其中第1、3张左端相连，每个试题独立方框，要求考生必须在所划定的区域内作答，未在指定的位置或超出边框限定区域的作答无效。这样设计的好处是：答卷纸纸质可以好一些，而试题纸纸质可以差一些，既节约经费，又便于考生答好题，不至于字迹印水；要求在指定方框内作答，考生就不至于无意答错地方，或可预防某些考生蓄意答错地方，制造作弊标记；试题和答题纸分离，答卷就是只有答题纸部分，这样只邮寄考生答题纸至规定评卷地方，减少邮寄费，同时减小试卷装订厚度，便于评阅。

第三，难。2010年考试试题，无疑是历史学统考四年来最难的一年。首先，从试题的难度看，2010年考试试题难度最大。据统计，2010年513份有效试卷平均得分为95.66分，而2009年503份有效试卷平均得分为114.022分，相比之下，2010年低了近20分。2007年试卷难度是0.565，260分主观题换算后146.9分；[①] 2008年应该在110分以上，因为2008年国家录取控制分数线仅比2007年、2009

[①] 2007年试题难度分析，见《2008年全国硕士研究生入学统一考试历史学基础考试大纲》"附录"，高等教育出版社2007年版，第18页。2009年试题难度分析，见马玉臣《2009年全国硕士研究生入学统考历史学基础试题简析》，《高校教育研究》2009年第11期。

年低 10 分。其次，从国家规定的历史学复试分数线看，2010 年复试线最低。2010 年历史学复试的国家分数线 A 类地区总分是 275 分，专业基础课 108 分；2009 年同类地区国家复试线总分是 290 分，专业基础课 120 分；2008 年同类地区国家复试线总分是 280 分，专业基础课 117 分；2007 年同类地区国家复试线总分是 290 分，专业基础课 123 分。相比较而言，2010 年复试国家线总分线和专业基础课分线均低于前三年，2010 年统考试题是统考四年来最低的一年。我们根据河南省 2010 年全部 513 份有效试卷的答题和得分情况作了初步统计，如表 1 所示。

表 1　河南省 2009 年全国硕士研究生入学统考历史学基础试题（主观题）各得分段统计

得分档次（分）	各档得分人数	各档得分人数所占比例（%）
200—260	0	0
190—199	1	0.19
180—189	4	0.78
170—179	2	0.39
160—169	6	1.17
150—159	20	3.89
140—149	15	2.92
130—139	30	5.85
120—129	43	8.38
110—119	56	10.92
100—109	48	9.38
50—99	231	45.03
0—49	55	10.72
0	2	0.39
小计	513	100

注：2010 年数据是由河南省全部 513 份有效试卷统计而得。

由表 1 统计看，主观题总 260 分，得分 130 分以上者仅 78 人，占

513 人的 15.2%。

具体到各个小题得分情况，我们也作了统计，如表 2 所示。

表 2　　　　河南省 2009 年全国硕士研究生入学统考历史学
基础试题（主观题）各小题得分统计

题序	平均得分	最高得分	最高得分人数	得零分人数	得分 50%—60% 人数	得分 60% 以上人数
21	2.42	10	25	294	47	70
22	5.34	10	19	65	65	238
23	1.55	10	3	97	14	24
24	2.86	10	4	251	26	46
25	5.00	10	18	147	24	237
26	2.16	9	1	178	39	36
27	3.66	10	12	74	110	77
28	1.21	10	5	376	37	34
29	17.95	26	1	5	132	246
30	17.34	30	1	10	158	203
31	15.28	28	2	26	85	210
32	4.95	30	1	41	6	12
33	12.46	30	14	44	77	122
34	3.46	25	1	271	15	10

注：2010 年数据是由河南省全部 513 份有效试卷统计而得。

表 2 数据显示，低分较低或说难度很大的试题是：第 21 题、第 23 题、第 24 题、第 26 题、第 27 题、第 28 题、第 32 题、第 34 题，平均低分率均低于 50%，而且有大量的得 0 分者。我们仔细看了一下试卷，发现得分最低、0 分较多的试题的原因，如第 21 题"北府兵"误答为"府兵"者很多。第 23 题"筹办洋务始末"、第 24 题"隋唐制度渊源略论稿"，是出题者的"新导向"，由于考生和高校本科历史教学的平时准备的不足，自然得分很低。第 26 题耶稣会、第 28 题弗莱明过于生疏，多数考生根本不知道；第 27 题彼得一世改革，理

应是送分题，而考生答不好，非常不应该！其中不少考生将彼得一世改革和1861年俄国废除农奴制改革混为一谈。第32题20世纪20年代至30年代的"中国社会性质"论战和第34题日本自由民主权利运动，属于偏题、怪题，前者学生平时不感兴趣，后者则是因为老师教学多数情况不讲（因为没有明治维新重要）。

二　2010年历史试题的缺点和改进之处

（1）通史偏重，其他不足。由于考试大纲强调以通史为主，"史学理论和史学史、历史文献学、历史地理学和专门史等方面的内容将有机体现"通史中，因此2010年历史试题有体现这一精神之处。但是，历史学是一级学科，下有8个二级学科，而通史只含中国古代史、中国近现代史与世界史3个二级学科。在试卷结构上，历史文献学和史学史2个二级学科在2010年试卷中虽有明显显示，但实际只是通史的附带品，甚至可以完全视作通史内容。相反，在中国史研究占主体的、研究生招收以中国史为主的格局下，2010年试卷中世界史试题所占比例竟高达46%，与中国史平分秋色。这与中国研究生招生和培养的实际"国情"极为不符！而与世界史同为二级学科的历史地理学，在2010年试卷中没有任何显示。这也是极为不恰当的。希望2011年考题能尽量兼顾历史学8个二级学科。

（2）答案严谨不够，有待商榷。回顾四年来全国历史学硕士研究生入学统一考试，不难发现每年颁布的标准答案都略有商榷之处。2010年历史学考试试题标准答案绝大多数是相对准确的，但第31题西汉时期的诸侯王国问题的答案似乎有商榷之处，题目明明是"西汉时期"，而答案中却有"秦统一后确立起专制主义中央集权制度，但分封制仍有强烈的影响"这一得分点，占4分。这一得分点没有1个考生能答上，所以本题30分，没有一个得满分！西汉时期的诸侯王国问题，至少有两方面的问题要考虑：一是诸侯王国问题的形成过程；二是诸侯王国问题逐步解决的过程。但所给标准答案中竟然没有提诸侯王国问题的形成过程。在诸侯王国问题逐步解决的措施中，汉代监察制——州制的逐步完善，对监督和监控诸侯王国发挥了一定的作用。而所给标准答案也没有相应的显示。

（3）答题纸设计不够合理。前面，我们肯定了答题纸的设计。这里，我们要答题纸设计考虑不周之处，2010年答题纸设计为3张9页，其中第1、3张左端相连，第2张为独立张，正反两面共4页，按照页序应夹在第1、3张中间，第1、2张的左端画有密封线，密封线以左填写考生信息。由于第2张为独立张，试卷装订时，一旦页序颠倒，即第7、8页在上，第5、6页在下，那么第5页左端考生信息，就转到原来第8页位置上，左端考生信息刚好置于右端。在正常从前往后翻时，根本不易发现，只有从后往前翻时才能发现。今年河南省试卷有多份考生信息透露，均是由此造成。希望以后，将3张粘在一起，就不至于出现上述无意中透露考生信息现象。

（4）过于回避热点重点，布局不尽合理。历史学是一门古老的学科，但也有鲜活的时代性。可以说，不同的时代有不同的关注热点和研究禁区。作为选拔人才的全国统一考试，政治性是一定要讲的，但学术性也是要顾及的。回顾四年来全国历史学硕士研究生入学统一考试试题，我们发现一个共同的特点是：尽量回避热点、重点，冷、偏、怪试题每年都有；农民战争问题讳莫如深，民族、宗教、边疆、中外关系等事关国家安全问题，基本不涉猎；汉魏三国南北朝时间段年年都考，甚至1年两次考及，而抗日战争、解放战争、1949年后的中国历史与1945年后世界的历史，是学术界和考生都感兴趣的历史，2010年根本没有考到；学术界研究如火如荼的社会史，在历年考卷中几乎看不到任何显示。历史学的魅力不在冰冷的史料、不在偶尔的冷门，而在于吸引大家兴趣的活生生的热点。作为全国硕士研究生入学统一考试，仅仅局限于出题人的某些嗜好，一味回避大家兴趣点，不仅会误导考生和高校本科教学，而且会使历史学仅有的魅力丧失，造成历史学研究后继乏人！这是统考最大的弊病，希望一定要去克服。

原题目为《2010年研究生入学考试历史学试卷主观题分析》，刊于《中国研究生》2010年第5期

历史学研究生全国统考的回顾及对本科教学的启示

——基于考生答卷情况的分析

历史学自 2007 开始实行全国硕士研究生入学统一考试（以下简称"统考"）以来，迄今已经进行了 5 年。笔者有幸连续参与了 2008 年、2009 年、2010 年、2011 年 4 个年份报考河南省招生单位历史学入学统考历史学基础试题（主观题）试卷的评卷工作，并撰有 3 篇试卷评析专文。[①] 在此基础上，主持完成 2007 年河南大学教学改革项目：《硕士研究生入学全国统一考试与本科历史教学的关系》。这里，结合历年教育部颁布的《全国硕士研究生入学统一考试历史学基础考试大纲》（以下简称"大纲"）和考生的答卷情况，简要谈谈笔者评卷的肤浅体会，希冀对我们本科教学有所裨益。

一　什么样的考试，考试什么？

根据教育部主管部门和教育部考试中心组织考研历史学命题专家修订的《全国硕士研究生入学统一考试历史学基础考试大纲（2011 年版）》规定，每年举行 1 次的全国硕士研究生入学统一考试历史学基础考试性质是：

[①] 马玉臣：《2008 年全国硕士研究生入学统考历史学基础试题简析》，《中国研究生》2008 年第 7 期；《2009 年全国硕士研究生入学统考历史学基础试题简析》，《高校教育研究》2009 年第 11 期；《2010 年研究生入学考试历史学试卷主观题分析》，《中国研究生》2010 年第 5 期。

历史学基础考试是为高等院校和科研院所招收历史学学科的硕士研究生而设置的具有选拔性质的全国统一入学考试科目，其目的是科学、公平、有效地测试考生所掌握的历史学学科大学本科阶段的专业基础知识、基本理论，评价的标准是高等院校历史学学科优秀本科毕业生所能达到的及格或及格以上水平，以利于各高等院校和科研院所择优选拔，确保硕士研究生的招生质量。

大纲很明确地解释了历史学统考的几个要点：（1）考试性质，是选拔性质，不是一般性的水平测试。（2）考试对象，是历史学学科大学本科阶段学习的优秀本科毕业生，不是同等学力的考生。（3）考试内容，是历史学学科大学本科阶段专业基础知识、基本理论，即"二基"。（4）考评标准，是历史学优秀本科毕业生所能达到的及格或及格以上水平，应该说要求很低。（5）考试的目的和意义，是科学、公平、有效地测试考生，以利于各高等院校和科研院所择优选拔，确保硕士研究生的招生质量。

大纲还明确规定考试的4个"考查目标"：（1）掌握基本史实，了解中外历史发展的主要过程、基本线索和阶段特征。（2）掌握基本理论，能正确运用辩证唯物主义和历史唯物主义的观点，分析、比较和评价重要的历史事件和人物。（3）了解历史研究的基本史料，并能以科学的理论和方法分析解读。能辨析史料的价值、偏颇或局限，获取有效信息。（4）论据确凿，论证严谨，逻辑合理，文字准确。也就是我们通常所说的历史学本科生应该达到的"四个基本功"：基本知识、基本理论、基本能力、基本表达。这是我们大学历史学本科培养的基本目标，也是历史学本科生区别其他专业的本科生的显著标志。

1. 怎样考？

统考如何考试，大纲规定也很清楚，即"答题方式为闭卷、笔试"，这和开卷、口试考试严格区分开来。"试卷满分为300分，考试时间为180分钟"，满分为300分的考题，要求考生在3个小时内连续一次性作答，考生错过固定考试时段固定的考点一律不补。因此，统考是刚性的、严肃的、客观的，不以考生的意愿为转移，也不以局部主客观因素为转移。

根据5年来考试情况，统考一般是试卷和答卷分离，客观试题要涂答题卡，主观试题要求在答卷纸上作答，每题答题位置、空间固定，答在其他地方一律无效。这和我们平时的期末考试不太一样。从评卷情况看，每年有个别考生答错地方，或者写多了超界线，或者答错了补答超界线。针对这种情况，我们本着以人为本的原则，均按正常作答评阅。在本人参加的4次评卷中，答卷纸设计最差的是2010年：2010年答题纸设计为3张9页，其中第1、3张左端相连，第2张为独立张，正反两面共4页，按照页序应夹在第1、3张中间，第1、2张的左端画有密封线，密封线以左填写考生信息。由于第2张为独立张，试卷装订时，一旦页序颠倒，即第7、8页在上，第5、6页在下，那么第5页左端考生信息，就转到原来第8页位置上，左端考生信息刚好置于右端。在正常从前往后翻时，根本不易发现，只有从后往前翻时才能发现。那一年河南省试卷有多份考生信息透露，均是由此造成。不过我们及时处理，没有造成负面影响。在笔者发表了《2010年研究生入学考试历史学试卷主观题分析》之后，2011年就改过来了，将答卷纸装订在一起了。

另外，大纲还对试卷内容比例、题型结构做了硬性规定。试卷内容比例是，中国古代史约30%、中国近现代史约20%、世界古代史中世纪史约20%，世界近现代史约30%。从比例分配看，统考试卷内容分配特点是：通史为主，中外平分，中国史"古多今少"，世界史"今多古少"。历年考题，除2010年考试外，其他四年严格遵循大纲规定。

至于试卷题型结构和题量大小、分值，5年来总体稳定，略有侧重。大纲要求，试卷题型结构是4种类型，其中前3种题型、题量与分值5年来没有任何变化：（1）选择题，20小题，每小题2分，共40分；（2）名词解释，8小题，每小题10分，共80分；（3）史料分析题，2小题，每小题30分，共60分。而变化最大的是第4种题型，2007年、2008年①、2009年②是"简答题"，2010年"问答题"③，但题量和分值一样，都是4小题，每小题30分，共120分。2011年是"论述题"，3小题，每小题40分，共120分。在总分120分不变的情况下，减少1题，意味着每题分值增加10分。由"简答题"，到"问答题"，再到"论述题"，考查的重点由知识点记诵向概括、组织能力的转变。其中，体现最明显的是评分细则的变化，2007年、2008年、2009年3年简答题，评分细则中只有"答案要点"，而2010年考题"问答题"评分细则中除了"答案要点"外，新增1项"评分说明"，凡是能试论结合、言之有据，言之有理者，"可酌情加分，但总分不得超过30分"。2011考题"论述题"评分细则中除了"主题内容要点"（即往年的"答案要点"）每题满分30分外，新增1项"论述组织评分标准"，分四等，满分10分，涉及史学理论的运用，学术动态，论证逻辑、语言表达诸项。不过，在实际评卷操作中，此项很难把握，考生也基本上还是答要点，评卷者一般是根据要点分多少酌情打"论述组织"分，从而导致2011年国家复试分数线专业课和总分大幅度提升，是统考5年来最高的一年。

2. 已经考了什么？

前面已述，统考是以通史为主，以新调整的2011年大纲为据统计，大纲分中国史（上古—1992）和世界史（上古—1991）两大类、四大项（中国古代史、中国近现代史、世界古代史和中世纪史、世界近现代史）、47小项、241个专题（其中中国近现代史2"小项"之下无专题，迳以"小项"数计入"专题"数）。5年考题涉及241个专题中的哪些专题了呢？为了大家参考，我们分大项逐一统计，其中

---

① 2008年考题4道"简答题"，依次有"简述"、"略述"、"简述"与"概述"等明显提示语。

② 2009年考题4道"简答题"，依次有"简述"、"简述"、"简析"与"概述"等明显提示语。

③ 2010年考题4道"问答题"，依次有"论述"、"论述"、"概析"与"论述"等明显提示语。

已经考过的内容用方括号标注在相关专题之后。

（一）中国古代史（共8小项56个专题）

（1）史前时代（3个专题）。旧石器时代的人类；新石器时代的主要文化遗存；氏族公社；古史的传说。

（2）夏商西周（5个专题）。夏朝与夏文化的探究；商朝及其考古发现；西周的盛衰；西周的制度和社会结构；西周的社会经济与文化。

（3）春秋战国（4个专题）。春秋五霸和战国七雄；春秋战国的经济的发展与社会变动；春秋战国的改革与变法；春秋战国的思想与文化［2010古代三大文明中心"中国文明中心"思想特征］。

（4）秦汉（9个专题）。秦朝统一及其历史影响；西汉建立与"文景之治"［2010西汉诸侯王国问题形成与消除①］［2011关于西汉初陈平丞相有关问题］；汉武帝的统治与西汉的强盛［2007推恩令］［2009告缗］；西汉后期的社会危机与王莽改制；两汉社会经济的发展；秦汉社会结构与社会矛盾；秦汉的民族关系；秦汉的思想、文化和科技。

（5）魏晋南北朝（7个专题）。三国鼎立与西晋统一［2008夷陵之战］；魏蜀吴三国的政治与经济［2008"九品中正制"有关问题］；西晋的短暂统一及其政治经济问题；东晋南朝的政治［2010北府兵］；江南社会经济的发展；十六国北朝的政治形势与民族关系；北魏孝文帝改革；魏晋南北朝时期士族的盛衰；魏晋南北朝的思想、文化和科技［2009玄学有关问题］。

（6）隋唐五代（9个专题）隋朝的统一与覆亡［2007隋朝加强中央集权和巩固统一的措施及其意义］；唐朝的建立和"贞观之治"；武则天和唐玄宗的统治；隋及唐朝前期国家制度与社会经济［2010《隋唐制度渊源略论稿》］；"安史之乱"与中晚唐政局；中晚

---

① 按，2010年考题"论述西汉时期的诸侯王国问题"，旨在考查西汉初年诸侯王国问题形成与文帝、景帝和武帝时期铲除诸侯王国问题的措施，还涉及"汉武帝的统治与西汉的强盛"这一专题。

唐的财政改革与社会经济；隋唐的民族关系与中外经济文化交流；隋唐的思想、文化和科技；五代十国的政治与经济。

（7）宋、辽、西夏、金、元（9个专题）宋朝建立与专制集权的加强［2009宋代中央官职特点有关问题］；北宋中期的统治危机与王安石变法［2010青苗法］；辽、西夏、金的建立及其制度；宋、辽、西夏、金的关系；元代的统一及其影响［2008元代行省制度及其意义］①［2011宣政院］；宋元的社会经济［2007圩田］［2011南宋经济发展表现］；宋元的社会矛盾与农民起义；宋元的思想、文化与科技；宋元对外经济文化交流。

（8）明清（鸦片战争前）（10个专题）明初专制集权统治的加强［2007科举制度］②；明中期的政治、社会危机与张居正改革；晚明政治与明末农民起义［2008"三饷"加派］；明清鼎革与清初的社会矛盾；清代疆域的奠定与多民族国家的统一［2007金瓶掣签］；康乾盛世及其社会问题［2010地丁银等有关赋税问题］；明清国家制度［2009南书房］；明清社会经济的发展；明清对外关系与贸易；明清的思想、文化和科技。

（二）中国近现代史（共17小项65个专题）

（1）列强的对华侵略（4个专题）。列强历次侵华战争；重要的不平等条约及其影响［2011十三行］；边疆危机与朝贡体系崩溃；列强划分势力范围。

（2）清统治的衰落（5个专题）。太平天国时期的农民战争；太平天国的政权和制度；湘淮军与地方势力的崛起［2009晚清淮军势力的崛起及其影响］；清廷政局；义和团运动。

（3）近代化的启动（5个专题）。"师夷长技以制夷"［2010《筹办夷务始末》］；早期维新运动；洋务运动［2008晚清政府发展近代民族工商业的措施］；商办企业［2009官督商办］；戊戌维新运动

---

① 按，该试题是以2008年考试大纲原专题"元代的行省制度"而命名的。2011年大纲删去该专题。

② 2007年考题第29题史料分析题，考查科举考试制度的问题，时间跨度很大，涉及自唐宋、明清至清末，但以明代为主。

[2008 晚清政府发展近代民族工商业的措施][2011 甲午战争对中国影响]。

（4）清末改革与社会变迁（4个专题）。清末新政与预备立宪[2008 晚清政府发展近代民族工商业的措施][2011 甲午战争对中国影响]；科举制度的废除和晚清教育改革[2007 科举制度①]；八旗绿营的衰落和新军的编练；会党与民变。

（5）辛亥革命（5个专题）。西学传播与革命思潮兴起；同盟会的建立；革命派与改良派的论战；革命党人的反清起义[2011 甲午战争对中国影响]；中华民国的建立。

（6）民初政局（3个专题）。民初政党与议会；二次革命、护国战争；南北对峙与军阀混战。

（7）五四运动与国民革命（6个专题）。民初经济发展；新文化运动；五四运动[2007 "一战"对中国影响][2008 少年中国会]；中国共产党的成立[2010 20世纪20—30年代"中国社会性质"论战]；中国国民党改组与第一次国共合作；国民革命与北伐战争。

（8）南京国民政府的建立和苏维埃革命（3个专题）。南京国民政府的建立及其内政、外交；中共土地革命与苏维埃政权；南京政府时期的社会经济与文化[2011 法币]。

（9）抗日战争（10个专题）。日本侵华与抗日救亡运动[2011 第二次中日战争对中国影响]②；抗日民族统一战线的形成[2007 新四军][2011 第二次中日战争对中国影响]；全面抗战的爆发；正面战场与敌后战场；国民政府的内政与外交[2011 第二次中日战争对中国影响]；中共抗日根据地的建立和发展[2009 陕甘宁边区][2011 第二次中日战争对中国影响]；沦陷区与伪政权；侵华日军暴行；抗日战争的胜利[2011 第二次中日战争对中国影响]；抗战时期的社会经济与文化[2008 西南联大][2011 第二次中日战争对中国

---

① 2007年考题第29题史料分析题，考查科举考试制度的问题，时间跨度很大，涉及自唐宋、明清到清末，但以明代为主。

② 按，这是一道跨度很大的综合性试题，涵盖"抗日战争"小项下多个专题。

影响]。

（10）国共内战（4个专题）。重庆谈判与政治协商会议；内战时期的政治、经济与社会；解放战争；中华人民共和国的成立。

（11）从新民主主义到社会主义（1949—1956）（3个专题）。政权的巩固与经济建设；对外政策与抗美援朝；社会主义改造。

（12）社会主义发展道路的探索（1956—1966）（3个专题）。发展模式的探索与实践；经济建设的曲折；国内政治与对外关系。

（13）"文化大革命"（1966—1976）（3个专题）。从"五一六通知"到全面内乱；批林批孔；从"反击右倾翻案风"到粉碎"四人帮"。

（14）拨乱反正（1976—1978）（2个专题）。"两个凡是"与真理标准大讨论；中共十一届三中全会。

（15）改革开放的进程（1978—1992）（3个专题）。农村与城市经济体制改革；特区建设与改革开放；邓小平南方讲话与社会主义市场经济的确立。

（16）共和国时期的民族关系与区域发展（1个专题）。

（17）共和国时期的文化、教育与科技（1个专题）。

（三）世界古代中世纪史（共11小项45个专题）

（1）史前人类（3个专题）。人类的起源与进化；农业革命与文明的产生；史前文化。

（2）古代西亚诸文明（5个专题）。苏美尔—阿卡德文明；古巴比伦王国、亚述帝国、新巴比伦王国；赫梯、腓尼基和以色列历史；波斯帝国；古代西亚文字与宗教。

（3）古代埃及文明（3个专题）。古代埃及的主要王朝；宗教崇拜与墓葬习俗；古代埃及的文化。

（4）古代印度文明（4个专题）。印度河流域的早期文明；吠陀文明、婆罗门教与种姓制度［2007阐提］；列国时代的新兴宗教与思想；孔雀帝国与佛教的传播［2010古代世界三大文明中心——印度的思想特征］。

（5）古代希腊文明（6个专题）。克里特文明和迈锡尼文明；希腊城邦制度；希波战争与伯罗奔尼撒战争［2010 提洛同盟］；雅典民主政治［2011 雅典民主政体与罗马共和政体比较］；马其顿帝国与希腊化时代［2007 亚历山大东征及其影响］；古代希腊的宗教与文化［2010 古代世界三大文明中心——希腊的思想特征］。

（6）古代罗马文明（5个专题）。罗马共和国制度和罗马的扩张［2008 罗马的扩张及其影响］［2011 雅典民主政体与罗马共和政体比较］；元首政治与早期罗马帝国；基督教的兴起与传播［2009 基督教的发展与罗马帝国的政策］；罗马帝国的危机；古代罗马文化。

（7）中世纪的西欧（5个专题）。法兰克王国；封君封臣制度和农奴制；西欧主要国家的君主制度［2007 凡尔登条约］［2009 英国红白玫瑰战争］［2011 英国君主专制政体问题］；中世纪的城市［2011 汉萨同盟］；中世纪基督教文化。

（8）伊斯兰文明的兴起与扩张（4个专题）。伊斯兰教的兴起［2009 希吉拉］；阿拉伯帝国；阿拉伯文化及其传播；奥斯曼土耳其的扩张。

（9）中世纪的东欧（5个专题）。查士丁尼时期的拜占庭；拜占庭帝国的政治和文化［2008 圣像破坏运动］；东欧诸国的起源和发展；蒙古人的统治与莫斯科公国；俄罗斯帝国的兴起。

（10）中世纪的东亚与南亚（3个专题）。从大化改制到幕府体制［2008 圣德太子改革］；中日文化交流；从笈多王朝到莫卧儿帝国。

（11）古代美洲文明（2个专题）。古代中美洲文明；印加文明。

（四）世界近现代史（共11小项75个专题）

（1）近代初期的欧洲（6个专题）。文艺复兴；新航路的开辟和早期殖民扩张［2009 早期殖民强国葡萄牙、西班牙衰落原因］；君主专制时代的英法；宗教改革和反宗教改革［2007《九十五条论纲》］［2010 耶稣会］；重商主义和商业革命；科学革命。

（2）欧美主要国家的社会转型（17个专题）。尼德革命；英国资产阶级革命；开明君主专制；启蒙运动；美国独立战争法国大革命与拿破仑帝国［2009 拿破仑法典］；工业革命；19世纪英国改革［2008 1844 年英国政体演变问题］；19世纪法国政治演进［2008 德雷福斯事件］；美国内战［2011《黑人法典》］；俄国农奴制改革［2010 彼得一世改革］；德意志的统一、意大利统一［2009 19 世纪以来民族国家建立的四次浪潮］；19 世纪晚期欧美主要国家的政治与经济［2007 1500—1913 年法、荷、英、俄 4 国 GDP 和人口变化及原因］①；第二次工业革命与工业文明；工人运动与社会主义运动；马克思主义的诞生；近代欧美文学艺术的主要流派。

（3）近代的亚非拉（10 个专题）。大西洋奴隶贸易；拉丁美洲独立运动［2009 19 世纪以来民族国家建立的四次浪潮］；独立后拉美的政治与经济变化；殖民入侵前的亚非拉国家；19 世纪中后期亚洲反殖斗争；英国对印度的殖民统治；瓜分非洲；埃及阿里改革［2011 阿里改革］；土耳其坦志麦特；日本明治维新［2010 日本自由民权运动］②；20 世纪初亚洲的觉醒。

（4）近代欧洲国际关系与第一次世界大战（4 个专题）。三十年战争与威斯特伐利亚和约；维也纳会议与欧洲国际体系［2008 20 世纪初欧洲的世界优势地位表现与"一战"后的丧失］；两大军事同盟；第一次世界大战。

（5）俄国革命与共产国际（8 个专题）。1905 年革命；二月革命；十月革命；苏维埃社会主义国家的建立；"战时共产主义"与"新经济政策"；德国十一月革命［2011 魏玛共和国］；匈牙利革命［2009 19 世纪以来民族国家建立的四次浪潮］；共产国际。

（6）凡尔赛—华盛顿体系（3 个专题）。巴黎和会［2010 国际关系原则］；国际联盟；华盛顿会议。

（7）两战之间的世界（7 个专题）。苏联的社会主义建设与"斯大林模式"；西方国家的恢复与调整［2009 凯恩斯主义］；世界经济危机与罗斯福新政［2007 1901—1939 年美国历届政府的经济政策］；日本军国主义和德意法西斯［2010 德国扩张步骤］；甘地主义；凯末尔主义；卡德纳斯改革［2008 卡德纳斯改革］。

---

① 按，这是一道时间跨度很长的试题，涉及专题较多，权置于此。
② 日本自由民权运动，大纲没有对应的专题，根据相近原则，权置于此。

（8）第二次世界大战（5个专题）。法西斯国家的侵略扩张与欧美大国的对策；第二次世界大战爆发；反法西斯同盟的形成；欧洲战场与太平洋战场；国际反法西斯战争的胜利。

（9）第二次世界大战后的世界格局（4个专题）。雅尔塔体系；联合国的建立；冷战与两大阵营的对峙［2011 两伊战争］①；殖民体系的解体与第三世界的兴起［2009 19世纪以来民族国家建立的四次浪潮］。

（10）第二次世界大战后的西方国家（5个专题）。美国的内政与外交；西欧主要国家的内政与外交；战后的日本；西欧的一体化进程［2007 欧洲煤钢联营协定］；当代科技革命［2010 弗莱明］。

（11）第二次世界大战后的苏联与东欧（6个专题）。苏南冲突；赫鲁晓夫的改革；东欧社会主义国家；苏联超级大国地位的确立；戈尔巴乔夫改革；东欧剧变与苏联解体［2009 19世纪以来民族国家建立的四次浪潮］。

笔者根据2011年新修订的考纲，对5年的考题点分布作了简单的罗列。有的考题无法与大纲专题严格对应，根据相近原则，权且"挂靠"，未必允当。总体而言，中国史考题具体，世界史综合性较强；中国古代史汉、宋元、明清时期，近现代史民族工商业、中日关系，世界史古代文明古国和世界宗教、英国史，是5年来命题最集中之处；相反，中国的农民运动史、世界的工人运动史、科技文化史，中国的公元前221年以前、唐朝、1949年以后的历史，以及世界1945年以后的历史诸多专题，2011年新修订的考纲有的没设专题，有的虽列但从不考及。

三 答得如何？

统考是选拔性考试，其广度、深度与难度绝非一般性水平测试所能相比，也非统考之前各招生单位自行命题所能匹配。这直接反映在

---

① 两伊战争，大纲没有对应的专题，根据相近原则，权置于此。

考生答卷和得分上，据统计：2007年主观试题260分，全国抽检平均得分141.66分[①]；2008年主观试题260分，报考河南省招生单位平均得分110分以上；2009年主观试题260分，报考河南省招生单位平均得分114.02分；2010年主观试题260分，报考河南省招生单位平均得分95.66分[②]；2011年主观试题260分，报考河南省招生单位平均得分141.09分。这组数据，应低于大纲所述的"历史学学科优秀本科毕业生所能达到的及格或及格以上水平"，即主观试题260分的60%为156分。足见，统考试题之难，考生得分之低！

5年来国家控制复试最低分数线一组数字，也可说明问题。以A区为例，并参照文学类复试控制分数，列表如下。

年份	英语、政治得分（分）	专业得分（分）	总分（分）	文学（不含艺术）总分（分）
2007	41	123（满分300）	290	350
2008	39	117（满分300）	280	350
2009	40	120（满分300）	290	340
2010	36	108（满分300）	275	345
2011	40	120（满分300）	295	355
2006	48	72（满分150）	315	350

统考5年来，国家控制复试最低分数线一致在300分以下，比统考前最近一年2006年相比，相差至少20分。与相近的人文类学科文学国家控制复试分数线相比，差距在50分以上。原因就在专业课满分300分，而得分率多数在40%以下。受专业课得分低之影响，英语线和历史类考生见长的政治分数线也跌至40分左右。

根据笔者几年评卷看，考生一般失分最多的是中国人相对陌生的

[①] 见教育部考试中心《2008年全国硕士研究生入学统一考试历史学基础考试大纲》，高等教育出版社2007年版，第18页。

[②] 马玉臣：《2010年研究生入学考试历史学试卷主观题分析》，《中国研究生》2010年第5期。

世界史考题。比如2010年，报考河南省招生单位513名考生，世界史为第25、26、27、28、30、33、34题7题满分总140（主观题总分260分），其中得零分考卷数依次是147份、178份、74份、376份、10份、44份、271份。从而，创下了2010年低得分率的新纪录！

四 启示是什么？

（1）研究大纲。统考已经进行了5年，尽管大家质疑声不停，但不断改进中的统考将仍是维护公平、公正选拔人才的主要途径。教育部颁布的考纲是具有权威性、指导性的，是考试命题和考生备考的基本依据，对本科历史学教学有一定的引导作用，至少参加每年考研的同学是一定要学习研究的。而我们教授通史主干课的老师，在坚持自己特色的前提下，一定要认真研究一下大纲，对课程内容作适当的调整，凡是大纲要求到的专题，一定要讲到，甚至要重点讲授。当然，我们不必照纲宣科，要照顾历史学的广度和深度。

（2）研究教材、注意授课。教育部虽颁布了统一的考纲，但没有全国同一的教材，同一知识点在不同教材里提法不一样。而命题的专家来自全国各高校，命题所依据的教材是不一样的，评分答案来源不一。比如，2007年考题"圩田"，评分答案中有"明清延续"一句，多数教材没有。再如，2008年考题"夷陵之战"，不少教材仅仅提到，很少说"三国鼎立的局面最终形成"。最为通行的古代史教材由朱绍侯主编的《中国古代史》，有类似战争过程描述，但根本没有提及"夷陵之战"四字，多数考生答不上来。当年，报考河南省招生单位476名考生，有330份试卷是零分，是5年来零分率最高的一道考题！这种现象的产生，主要是教材不统一所致！学生不可能学习多种教材，而教师则有条件、有义务博采众长，以给学生最全面、最可靠的讲授。

（3）强调基础、强化能力。统考是"历史学基础考试"，与本科生通史课"打基础"性的学习目标是完全一致的。受过历史学训练的考生和同等学力的考生，最大的区别就是专业基础的不同。同等学力的考生擅长死记硬背，考分往往较高，但一进入研究生学习，基础差、知识面窄、历史感薄的弱点就暴露无遗。所以，我们不能因为应对考研而放弃通史学习、基础学习！统考"考查目标"第二、第三、第四特意分别考查考生应该具备的三个能力：正确运用辩证唯物主义和历史唯物主义的观点分析问题的能力、史料解读能力与语言组织能力。历年统考不同程度地强调能力的考查，尤其是2011年考题有"论述组织"30分，属于"专项分"。上述能力，考生普遍很差，而且提高很慢，需要老师反复教、学生反复练，才能逐步提高！

（4）注重平时，注意练字。历史学是一门积淀很厚的老学科，强调日积月累，强调功夫在平时。在教学中，我们要克服投机心理，要认真讲好每一节课、讲透每一个问题，严格把好学生每一道关，让学生在课堂上、阅读中、考卷中、论文中都能认真对待。统考答题主要考手写，要求考生在寒冷而又紧张的气氛中连续书写2000—3000字的汉字，并要将大脑的信息准确、快速、清楚地写在答卷纸上，是有相当的难度！因此，平时练字也是学生一门天天要上的"必修课"。

于大家情况各异，笔者也没有真正参加过考研实战，故不能给大家提什么有参考价值的对策。外语、政治，考研辅导班的最新信息很重要，要做有针对性的准备，宁信其有，不可马虎。同时，要找模拟题自己控制时间，从头到尾按照正式考试的情况练习，切忌随意翻翻看看，力争使脑、手一致，提高答题的速度。练习中暴露的问题，要及时补上，不要有任何侥幸心理。对于专业课，旅游和文博专业独立命题，笔者不懂，无法给大家交流。提醒一点，一定要将答卷写清楚，一定不要漏题、空题，会的一定要答好，不会的努力去答，争取答满试卷。

对于参加历史学统考的同学，在专业课准备上，要有实战练习，提高答题水平。要再熟悉一下考研大纲，大纲要求的知识点一定要掌握，过去3年就曾经有以大纲知识点命题的现象，如2008年的元代行省制度、罗马帝国的扩张及其后果、卡德纳斯改革等。过去考过的知识点，通常不会重复考试，所以有限的时间不要用在这些无关紧要的地方。根据以往的考试情况，我个人做一点提示，看同学们是否已经掌握：（1）春秋战国的改革与变法；（2）诸子百家思想；（3）秦始皇统一问题；（4）东晋门阀政治；（5）历史上有关盛世的问题；（6）唐宋变革问题；（7）宋朝的变法与学术思想问题；（8）明清思想与学术；（9）民族资本主义问题；（10）民族政策问题；（11）抗日战争问题；（12）文明古国（重点是埃及、巴比伦与波斯帝国）；（13）世界宗教（佛教）；（14）文艺复兴问题；（15）资本主义建立与发展（重点是德国）；（16）两次工业革命与世界大战有关问题。

中国史中农民战争问题、原始社会、国史部分、史学史与史学理论、考古部分一般无须用力，世界史中1945年以后部分、共产国际部分、小的国家问题也一般无须过问。中国史一般命题较隐晦，需要仔细审题；世界史命题比较直接，但跨度大，需要前后概括。在答题上，名词解释一定要简单、概括，不必太具体；史料分析题，问啥答啥，实在不行，可以将有关史料抄上；问答题，要注意时间先后，注意分段，注意写清楚。另外，考试判卷是踩点给分，答错不扣分，若时间允许的话，可以多答一点。

原题目为《历史学研究生全国统考的回顾及其启示》，刊于《内蒙古师范大学学报》2011年第9期

硕士研究生入学考试统考科目命题改革刍议

我国自1978年恢复研究生招生培养制度以来，研究生入学考试已形成定制，得到了国家、社会、培养单位和考生及家长的高度关注，其重要性、严肃性、统一性、客观性和公平性仅次于高考，被考生称为"中国第二次高考"。但是，研究生入学考试的性质、时间、命题方式、组织管理、考查环节有自己的特点，不同于其他类型的考试。研究生入学考试是考生改变命运、招研单位提升创新能力、国家选拔培养高级人才的"第一入口"，涉及多方利益。利之所在，弊必生焉。近年来，一些考生、老师和其他社会人员，不惜铤而走险，涉嫌舞弊者越来越多，手段越来越高科技化，负面影响也日益扩大。研究生考试组织管理在很多方面值得总结，其中命题方式就是一端。针对2012年研究生入学统考科目英语考前泄密造成重大不良影响问题，结合往年研究生入学统考科目暴露的考试违规违纪行为，我们认为研究生入学统考科目（政治、英语）在继续坚持全国统考的前提下，命题方面应做如下改革。

一 统考科目（政治、英语）分级命题，化整为零

目前，考研作弊最多、影响面最大的是全国统一考试科目。在全国17门考研入学统考科目中，以公共课科目中的政治和英语（非外语专业考生使用）两科目通用量最大，作弊最多，影响面最广。凡是

参加研究生入学考试者，政治科目人人必考一张卷，而英语科目全国90%以上考生使用同一试卷。这两科目是公共科目，对广大非政治、外语专业的考生而言，大学期间开课的时间有限，投入学习时间不多，比较难以得分。因此，社会考研辅导机构便将目光投向量大、利厚、考生急需的政治和英语两科。为了"生意"，社会考研辅导机构总是千方百计"猜题押题"，"透题卖题"，考前卖答案，考试中传送答案等，更有甚者动用高科技手段作弊。本文所说的改革命题方式，主要指的是政治、英语这两门公共课科目。为了防止社会考研辅导机构从中渔利，为了尽可能减小考题一旦泄露后的影响面，国家命题中心在总结以往政治、外语试题命题成败经验的基础上，可借鉴数学试题分级命题的方式，尝试分类分级统一命题。具体地说，仍由教育部命题中心组织专家统一封闭出题，试题应针对不同学科、专业的特点和要求，分为四个难度不同的级别，考试的内容应和专业贴得更近一些。具体设计如下（见表1、表2）。

表1　　　　　全国研究生入学统考政治科目分级分类情况

级别	适用专业	理由	备注
政治Ⅰ	政治学、哲学、法学、经济学、管理学、美学、社会学	我国的这些学科基本上是从政治学派生而来，对马克思主义哲学、政治经济学要求较高。多年来研究生复试分数线明显高于其他学科，说明这些学科背景出身的考生，政治科整体水平较高。文科类考生比理工科类考生少考1门公共课，政治科试题难度应高于理工科类	难度适当加大，试题内容可略微侧重于马克思主义哲学、政治经济学的知识点。其他方面与往年一样

续表

级别	适用专业	理由	备注
政治Ⅱ	文学、历史学、外国语言学、教育学、新闻学等其他文科类学科	我国的这些学科门类是传统学科,对马克思主义哲学、政治经济学学习水平大体相当。文科类考生比理工科类考生少考1门公共课,政治科试题难度应大于理工科类。保持以往的试题难度,适当减少记诵,增大主观分析试题比例,突出文科分析论证、组织概括能力	保持以往的试题难度,适当减少记诵,增加主观分析试题比例,突出文科分析论证、组织概括能力
政治Ⅲ	理学类	根据多年研究生复试分数线明显低于文科的情况,理学类考生的大学政治课学习水平相近	与往年相比,适当降低难度,侧重政治性、时势性方面的考查
政治Ⅳ	工学类	工学类考生在大学本科学习中,专业课、实践课压力大、占用时间多,对政治课学习整体不高,且水平相当	与往年相比,适当降低难度,侧重政治性、时势性方面的考查

表2 全国研究生入学统考英语科目分级分类情况

级别	适用专业	理由	备注
英语Ⅰ	外国语言文学类(第二外语是英语者)	外语类考生语言天赋较好,学习英语的环境条件优越,时间有保证	难度适当加大,考查可略侧重于读写译和外国经典作品的欣赏
英语Ⅱ	文学、历史学、政治学、哲学、法学、经济学、管理学、美学、社会学、教育学等文科类学科	我国的这些学科门类的文科类考生,比理工科类考生少考1门公共课,学习时间较多,英语科试题难度应高于理工科类	保持以往的试题难度,增加人文社科阅读方面的考点,重视写作能力的考查

续表

级别	适用专业	理　由	备注
英语Ⅲ	理学类	根据多年研究生复试分数线低于文科的情况，理学类考生的大学英语课学习水平相近。理科类考生比文科类考生多考1门公共课，英语科试题难度应低于于文科类	与往年相比，适当降低难度，侧重科技英语知识点，重视说、读、写、译能力的考查
英语Ⅳ	工学类、体育学、艺术学、美术学、音乐学	工学类与体、音、美类考生在大学本科学习中，专业课、技术实践课压力大、投入时间多，对英语课学习整体不高，且水平相当	与往年相比，适当降低难度，侧重与工学类与体、音、美类相关专业方面知识的考查

这种分类分级命题，兼顾了我国目前大学本科各学科专业实际特点，适当化整为零，虽然会增加命题专家的劳动量和考试成本，但是可以有效维护教育部在高层次人才选拔工作的主导地位，可以降低风险、减小一旦泄密后造成的负面影响面，在抵制防范招研工作中一切已存在和可能产生的丑恶行为方面争取主动权。

二　统考科目（政治、英语）减少客观试题，增加主观试题

自20世纪80年代客观性试题引入各类各级考试以来，这种试题得到了广泛的使用，研究生入学统考科目也概莫能外。实事求是地说，客观性试题与我国传统的主观性试题相比，有显著的优点：使用客观化试题，考生答题容易，试卷评阅容易，评卷人（或读卡器）无主观性、评价结果客观公正。但是，缺点也很突出，考生的逻辑推理能力、组织概括能力、语言表达能力、书法书写能力等无法显示出来，中等水平考生间的差异难以甄别，对选拔高水平人才研究生考试而言，其弊端尤为明显。因此，在目前研究生入学和复试专业课考试

环节中，绝大多数导师一般不采用客观化试题，而是采用传统的主观性试题，以便选拔有分析研究、组织概括等潜能的考生。客观型试题的另一大弊端是极易作弊：答案 ABCD 选择，考生无须左顾右盼，只要直盯右前方考生手动的位置和写字母的姿势，便知道选择的答案；考生通过比画指头、摸五官，便可将答案准确地传达给对方，监考老师无证可言；考生可将答题卡放在一侧，周围的考生可以一目十行，看个大概；考生通过书写 1234 或 ABCD 字条，即可将答案轻松地传给对方；考场内、外通过编写 1234 或 ABCD 最简便的短信，也可将答案轻松地传给对方。上列诸端，是在没有泄露试卷的情况下发生的，仅仅是考试作弊众多现象的一角。

近年来，全国大学生英语四、六级考试和研究生入学统考屡屡暴露考生作弊的现象，其主要原因在于考务管理，当然试题试卷本身也值得检讨。考生作弊最易得逞的并不在主观型试题，而在于客观型试题。熟悉研究生入学统考公共课程政治和英语科目者，会发现政治科目客观型试题分值为 45 分，占试卷总分（满分 100 分）的 45%；而英语科目客观型试题分值为 60 分，占试卷总分（满分 100 分）的 60%。多年来，我国研究生入学统考公共课程政治和英语科目国家控制复试分数线，大多数学科专业将这两科目划定在 45 分以下，如 2012 年研究生招生考试复试国家分数线 17 个学科门类中，只有经济学、文学和管理学 3 个学科门类高于 45 分。作弊考生只要在政治和英语科目客观型试题上能够得手，主观型试题自己发挥发挥，多少得点分，即可轻松上线。因此，在命题改革上，主、客观型试题结构和比例应当调整。我们认为，这两科客观型试题应减少，分值控制在 30 分，占试卷总分 100 分的 30%。即便考生作弊"成功"，但主观型试题不会做，同样难以蒙混过关。

三　统考科目（政治、英语）答卷全国集中统一评阅，采用网评方式

目前，我国研究生入学考试制度实行集中统一和分散处理相结合

的原则。所谓集中统一，是指教育部统一规定报名时间、考试时间，统一划定复试分数线（"985"高校除外），统一分配招生指标，统一颁布公共课（英语、政治、数学科目，下同）与部分门类学科（如历史学、教育学、农学、医学等，下同）专业课考试大纲，统一组织上述科目专业课考试的命题，统一制定上述科目考试参考答案。所谓分散处理，是指考生网上报名后到生源所在地市教育局现场确认，上述科目之外的所有专业课命题和专业课答案的制定由各招研单位自行处理，所有科目考试由各地级市教育局组织、安排地点和监考，所有试卷的评阅由各省招办组织教师集中批阅报考本省招研单位的各科试卷，所有试卷的评阅手段（手评或机评）、尺度由各地自行决定，等等。教育部和地方省市教育主管部门长期分工合作，共同担负研究生入学考试的方方面面的责任和风险，共同处理研究生入学考试从报名、命题、试题印刷、运输、保管、监考、评阅、统计等考试有关林林总总的环节链条，其压力之大、工作之繁、过程之长、关注度之高，绝不亚于全国高考。由于环节太多，参与人太杂，出现问题也是难免的。

根据以往的考试情况，比较容易出现问题的环节主要在自行命题、考试和评卷上。而对于统考科目而言，易出现问题的是后两个环节，而这两个关键环节恰恰是教育部不能直接掌控的。鉴于国情，像古代社会科举考试省试和殿试那样，将考生都集中于北京去考试，恐怕不现实，但统考科目由各省集中后统一送往教育部指定的单位，然后组织专家统一尺度评阅完全是可能的。上文已分析，若统考科目英语与政治减少客观试题、增加主观试题后，为了防止各地因自我保护主义而放宽评阅尺度和个别人作弊情况的发生，为了统一评判尺度，便于教育部集中统一监管，可考虑将两科送往教育部制定的高校统一评阅。其理由是：

第一，可行性。每年参加全国研究生入学考试的考生数量不多，即使是人数最多的也不过120万余人，远不及四、六级英语考试的考生多。四、六级英语考试试卷已由教育部制定的高校统一评阅多年，情况很理想，也积累了不少经验，完全具备评阅数量少、题量相当

（满分都是100分）、试题结构类似、难度大体相同的英语统考科目。而对于政治统考科目，教育部已有组织四、六级英语考试试卷评阅的多年经验，北京某高校评阅报考位于北京市的招研单位政治统考科目也已经多年，接管数量上大约是其常年评阅份数4倍的全国政治统考科目试卷，完全是可能的。

第二，必要性。不管出于何种目的，同一份试卷，按照相同的参考答案评判，不同人的打分不一致情况比较常见。更何况地方保护主义作祟，总怕本省招研单位招不到学生，有意或无意放宽尺度，"可给可不给者给分"，"答错者不扣分"，主观性未免太强。因此，各省评判尺度宽严不一，同一科目分数存在差异是客观存在的。这种情况会有失公允，影响教育部最终划线，影响我国研究生招生考试制度（尤其是统考制度）的良好声誉。

第三，操作性。为了提高效率，防止评卷老师作弊，统考科目英语、政治可以采用微机评阅。试卷扫描后，输入电脑，工程师根据评卷人的分工，将图像裁割分类，评卷人按程序登录后只能见到派发给他某试题答卷的一部分，快速浏览打分，比手工评阅快2倍以上；评卷人又无翻阅试卷、移分、合分、复查之苦。同一份试题派发给2人评阅，打分误差在该题满分的1/6之内，考生实际得分是二者的平均值；若超过该题满分1/6阈值的，试题组长会马上发现，及时通知评卷人三评或四评。目前，各省高考试卷已经实行微机评卷多年，快捷高效，客观公正，省时省力。不少省份（如河南省）2012年研究生入学统考科目也借鉴高考的成功经验，全面采用微机评卷方式，效果非常理想。

主客观条件已经具备，研究生入学统考科目英语、政治采用机评，集中统一评阅已是大势所趋，指日可待。

研究生入学统考制度已经实行多年，而且已有扩大科目范围之势，我们有成功经验可数，也有难尽如人意之痛。面对社会的巨大压力加上国家高度重视，研究生入学统考科目英语、政治命题改革，已是当务之急。教育部应主动出击，率先操控抵制腐败和防范作弊的闸门，根据实际情况分类分级命题，减少客观性试题，采用现代化手段集中统一评卷。这或许是大家期待的研究生入学统考改革的突破口。

原刊于《研究生教育研究》2013年第1期

后　　记

现在是 2020 年 11 月 26 日晚上八点，开封的天已经完全黑下来了，窗外涧水河内外灯光柔和，我静静地打开电脑，着手为《一隅斋宋史文存》写后记。其实早在半年前，极有爱心和责任感的全相卿博士已经开始整理玉臣的文稿，和几位学生负责了几乎全部的整理、校对文稿的工作，和部分未能保存下来电子稿的早期文稿的输入工作。相卿早早就嘱托我写后记，我却迟迟不知道如何下笔，一拖再拖至今日，千言万语不知如何开始。

玉臣家境贫寒，幼时又被送入舅家为嗣，几年后再辗转回到父母身边，命运亦算坎坷。其家位于深山，求学之路不易，需翻山、蹚水，每每身着半截湿裤，冬夏皆是，且又衣食不足，其中艰辛不一而足。然玉臣生性乐观、善良、勤奋、上进，求学不辍，先后师从漆侠先生、程民生、李华瑞、贾玉英、刘坤太、刘复生诸先生，在学术上终有所成。然幼年经历已养成他勤奋努力，却自俸极简、不知顾惜自身的隐患，长期身体透支终至一病不起，徒留给家人和师友们的悲伤和叹息。

时间过得真快，玉臣已经离开我们七年零二百八十天了，七年前，孩子刚刚 10 岁，实乃懵懂孩童不解人生七味，今已长成高高少年初识求学苦乐，我亦有了些许白发，时光荏苒，长眠于家乡青山绿水中的玉臣无喜无悲。然而，诸多关爱着他的师友们却都还念着他、想着他，这才有了为他出版一本文存的想法。在历史文化学院和宋文化研究院诸位领导和师友的关爱、相卿等人的推动和学生孟泽众、华明星、吕萌园、潘梦斯、韩苹、鲁畅的努力下，将玉臣生前公开发表的四十篇文章整理出版，作为对他永远的纪念。

"十年生死两茫茫，不思量，自难忘"，玉臣离开虽不及十年，然亦不远矣。抬起头，看到窗外涧水河畔柔和灯光下的河水，不由想到玉臣家乡那条小河，应该还是从他的栖息之所前不急不缓，静静流淌而过。

杨高凡

2020 年 11 月 26 日